JN412214

동서철학의 소통과 현대문제

● 지은이

곽신환 김낙필 김문준 김석수 김세정 김연재 도면회 민황기
박재순 신정근 양재학 유일환 이광호 이남인 이상익 이승환
이재권 이종성 이주향 장승구 정병석 정연홍 정영기 정재현
조남호 천병돈 최영성 최영진 최정묵 황의동

동서철학의 소통과 현대문제

초판 1쇄 발행일 2013년 2월 15일

지은이 | 최영진 · 김문준 외
편 집 | 이찬희
발행인 | 최원필
발행처 | 심산출판사
주 소 | 서울시 은평구 불광동 219-7 예은 101호
전 화 | 02-357-0633
팩시밀리 | 02-357-0631
E-mail | simsan@korea.com
등록번호 | 제1-2114호(1996년 11월 28일)

ISBN 978-89-94844-21-3 93150

* 책값은 뒤표지에 표시되어 있습니다.

동서철학의 소통과 현대문제

최영진 · 김문준 외 지음

심산

● 간행사

흐르는 시간의 순리대로 송인창 교수님도 올해 2월에 30여 년간 몸담으셨던 대전대학교 철학과에서 정년을 맞이하게 되었습니다. 지난해 송인창 교수님의 정년을 맞아 이 책을 기획한다는 소식을 듣고 새삼 감회가 일었습니다. 그런데 벌써 1년이 지나 이렇게 간행사를 쓰노라니 송인창 교수님과 같은 동향 출신으로서 맺었던 오랜 추억도 떠올리게 됩니다.

대전대학교의 개교 직후 취임하여 30여 년간 대전대학교와 더불어 동고동락해 온 송인창 교수님은 교수의 본분인 교육에 늘 최선을 다하여 존경받는 교육자였습니다. 학술 연구에서도 남다른 열의를 보여 꾸준히 많은 논문과 저서, 번역서 등을 발표하여 학자로서의 귀감이 되었습니다. 2008년 문화체육관광부 우수학술도서로 선정된 『동춘당 송준길』, 2012년 문화체육관광부 우수학술도서로 선정된 『천명과 유교적 인간학』은 송인창 교수님의 꾸준한 연구와 저술의 대표 업적이라고 할 수 있습니다.

아울러 다양한 학회 활동을 통해 한국철학계의 발전에 헌신하신 공로가 적지 않습니다. 한국동서철학회 회장, 한국주역학회 회장, 새한철학회 회장, 한국동양철학회 회장 등 학회의 중진으로 활동하셨고, 제22차 세계철학자대회 조직위원회 부회장과 한국 철학계를 대표하는 한국철학회 회장을 역임하셨습니다. 이는 지방대학 교수로서, 또한 동양철학 전공자로서 쉽지 않은 경력입니다. 이는 송인창 교수님이 꾸준히 학회 활동하면서 학계 발전에 공헌해 온 결과입니다. 뿐만 아니라 시인으로 등단하여 시집을 발행한 시인이기도 합니다.

그동안 송인창 교수님은 교육자이자 학자 지식인으로서, 시대 사명에 소홀하지 않으려는 지성인으로서 최선을 다하셨습니다. 평생 역학(易學)을 중심으로 하고 동양 철학사상, 한국 선비의 지성 등 한국사상과 동양사상 전반에 걸쳐 큰 업적을 남기셨습니다. 그러한 왕성한 학문 활동의 근저에는 항상 현대 사회에 대한 문제의식을 지니고 이 시대의 철학자로서 역할을 다하려는 시대적 사명감이 자리하고 있습니다.

송인창 교수님은 정년을 앞둔 최근까지도 학문에 대한 열정을 크게 두 분야에 줄기차게 쏟아 붓고 있습니다. 먼저 평생의 근거지였던 충청 지역 유학의 지평을 넓히는 데 노력을 기울이고 있습니다. 아울러 인간 삶의 변화의 원리이자 항상성의 지표인 주역 연구에 몰두하여 동아시아 역학의 학술적 구명을 핵심 연구 과제로 삼고 있습니다. 이와 관련하여 학술 논문 집필에 그치지 않고, 연구소를 운영하여 후학을 양성하고, 대중에게 유학과 역학의 실천적 의미를 더 쉽게 소개하기 위해 대중 강연을 하는 데에도 많은 애정을 기울이고 있습니다.

이처럼 송인창 교수님은 정년퇴직을 앞두고 있지만 오히려 그동안 못다 한 일들을 다하고자 하는 계획을 가지고 있어서 더욱 바빠질 것 같습니다. 앞으로 꾸준한 연구와 저술활동, 그리고 사회에 공헌하기 위한 노력을 계속할 것으로 보입니다.

이번 송인창 교수님의 정년을 맞이하여 교수님을 존경하는 학자 서른 분이 교수님의 정년을 기념하기 위해 옥고를 모았습니다. 이 책은 제1부 동양 철학사상의 지혜, 제2부 한국 선비의 지성, 제3부 현대 문명과 역학, 제4부 서양철학의 지평, 제5부 현대 사회의 문제와 철학사상 등으로 이루어져 있습니다. 그 내용은 동양사상과 한국사상, 서양철학에 이르기까지 다양한 분야를 아우르는 것으로서 평소 교수님의 학문적 관심과 교류를 알 수 있게 하는 내용입니다.

그동안 학문에 대한 열정과 교육에 매진하신 송인창 교수님의 빛나는 정년을 거듭 축하드립니다. 더욱 건강하시고, 새로운 길을 여는 계기가 되기를 바라 마지않습니다.

2013년 2월

간행위원장 성균관대학교 교수 최영진

목차

간행사 | 최영진 • 4

제1부 동양 철학사상의 지혜

공자의 학습관 | 이재권 • 10

공자에 있어서의 인의 내재성 연구(보충) | 유일환 • 44

맹자의 이상정치론 | 최정묵 • 73

묵자 전쟁비판론의 입론체계 | 이종성 • 97

주자의 공동체적 생태윤리 | 이승환 • 119

사단칠정론과 모종삼 | 정재현 • 153

모종삼의 양명학 연구에 관한 비판적 검토 | 조남호 • 174

내단 수행에서의 덕행 실천의 문제 | 김낙필 • 204

제2부 한국 선비의 지성

입암 민제인의 인간관 | 민황기 • 226

『성학십도』를 통하여 본 퇴계 이황의 성학관 | 이광호 • 257

우계와 율곡-서로 다른 트랙과 스펙 | 곽신환 • 281

우계 성혼 사상의 심학적 요소 | 김세정 • 313

『석담일기』의 역사의식과 서술방법 | 최영성 • 339

우암 송시열의 도학적 경세론 | 황의동 • 370
우암 송시열의 지도자 덕목 | 김문준 • 394
다산 정약용의 권학사상 | 장승구 • 417

제3부 현대문명과 역학
현대문명에 대한 역학적 성찰과 전망 | 이상익 • 442
『역전』의 도기결합적 성인관 | 정병석 • 465
이천 역학의 형이상학 연구 | 천병돈 • 490
생태역학과 인간윤리의 이해 | 김연재 • 514
후천개벽사상의 이론적 근거 | 양재학 • 549

제4부 서양철학의 지평
현상학적 환원과 현상학의 미래 | 이남인 • 574
A. N. Whitehead's Ideas on Peace | 정연홍 • 607
디폴트 논리 연구 | 정영기 • 619
니체의 헤라클레이토스와 원효의 일심 | 이주향 • 645

제5부 현대사회의 문제와 철학사상
한국사회의 유교적 전통과 가족주의 | 최영진 • 666
신채호의 투쟁적 자아관 | 신정근 • 684
기축시대의 도래와 유영모의 철학 | 박재순 • 716
1930년대 한국 사회주의 지식인의 민족주의 운동 비판 | 도면회 • 741
글로벌 시대의 다문화 교육 | 김석수 • 762

| 제1부 |

동양 철학사상의 지혜

공자의 학습관*

| **이재권**(충북대 사회교육과 교수) |

1. 시작하는 말

요즈음 한국에서는 실업난이 심각하다. 대학을 졸업하고서도 취직을 하지 못해 애태우는 청년실업 문제도 심각하거니와, 또 취직을 하더라도 조기에 퇴출되는 사람들이 재취업을 하기 위해 몸부림을 치고 있다. 과거에는 20년 공부해서 30년 동안 활용했는데, 언제부터인가 20년으로 줄어들더니 근래에는 10년 정도 활용하기도 어렵게 되었다. 그래서 생겨난 유행어가 사오정(45停), 오륙도(56盜), 삼팔선(38善), 이태백(2太白)이라는 말이다. 이제 한 번 취직해서 그곳에서 정년까지 마치는 영구 직장의 개념이 사라지고, 수시로 입사와 퇴사를 반복해야 하는 노동의 유연성이 우리 사회에도 새로운 문화로 정착이 되어 가는 것 같다. 새로운 직장에 취업해서 새로운 일을 하기 위해서는 준비가 필요하다. 그래서 생겨난 말이

* 이 논문은 『대동철학』 24집(대동철학회, 2004)에 개재된 논문을 수정한 것이다.

평생학습이다. 과거에는 20년 공부해서 평생을 우려먹었지만, 이제는 죽는 날까지 평생 동안 공부하지 않으면 안 된다. 또한 지식의 양도 엄청나게 늘어나서 공부를 해도 해도 끝이 없다. 이래저래 학습이라는 말이 중요하게 다가온다. 이 글은 공자의 학습관을 알아보는 데 목적이 있다.

공자는 고대 중국(춘추시대)에 위대한 사상가요, 정치가이며, 교육자였다. 그는 정치가로서는 실패했지만, 사상가 · 학자 · 교육자로서는 성공했다. 그는 유가 학파의 개창자이며, 최초로 사학(私學)을 번창시킨 인물로서 중국 역사상 영원한 스승〔師表〕으로 추앙받고 있다. 정치에서의 실패가 그로 하여금 다른 쪽, 즉 사상과 학문 · 교육 쪽에서 빛을 발하게 하였다. 그는 나이 열다섯 살에 학문에 뜻을 두어 평생 배움을 게을리하지 않았고, 그의 명성을 듣고 찾아온 제자들과 더불어 함께 가르치고 배우며 최초의 학단을 이루었다. 이리하여 중국 학술사에서 가장 찬란한 백가쟁명의 길을 열었던 것이다.

공자는 교사로서도 훌륭한 스승이었지만, 교사이기 전에 한 사람의 배우는 사람〔學人〕으로서도 만인의 모범생이었다. 『논어』의 첫 구절이 배우고 익히는 내용으로 시작되고 있다. 공자를 연구하는 많은 이들이 여기에 주목하고 있다. 최근덕은 "『논어』는 학이시습지(學而時習之)로 시작해서 지명 · 지례 · 지언(知命 · 知禮 · 知言)으로 끝난다. 『논어』에서 가장 많이 나오는 글자는 학(學)과 교(敎)와 지(知)이다. 다른 유교 경전도 크게 어긋나지 않는다."[1]라고 하였으며, 정종은 "『논어』 전편(全篇)을 통한 강령이라고 일컬어지는 '학이시습지, 불역열호(學而時習之, 不亦說乎)'라는 한 구절은 액면 그대로 공자의 진리와 교육에 대한 희망에 찬 신념과 정열을

1) 최근덕, 「한국 유학과 교육」, 金忠烈 · 孔繁 外, 『孔子思想과 21세기』, 동아일보사, 1994, 91쪽.

토로하고 있다."[2]고 한다. H. G. 크릴도 "『논어』의 모두에 나오는 이 유명한 말을 보면 공자가 학자란 사실, 그리고 그 학문 목표는 실천적이었음을 단번에 알 수 있다."[3]고 하면서 이 구절에 주목하고 있다.

그런데, 공자가 학자이고 교사이며 사상가였으므로 그와 제자들의 문답·대화를 엮어 놓은 『논어』에도 이와 관련된 내용이 아주 많다.[4] 학(學)·사(思)·교(教)·회(誨)·인(仁)·도(道) 등이 대표적인 단어들이다. 종래의 연구에서는 공자를 주로 교사·학자에 초점을 맞추었다. 따라서 기존의 연구자들이 주로 사용한 말이 학문·교육 등의 단어이다. 그러나 과거에 사용한 개념을 오늘날의 개념으로 바꾸어 사용하는 데에는 많은 주의가 요구된다. 하상규의 말대로, "공자의 교육 사상은 춘추시대의 사회 구조를 배경으로 한 것이다. 따라서 그가 사용한 교육적 개념들을 오늘날 서구의 민주주의 사상을 배경으로 한 교육적 개념과 관련하여 이해하는 데는 보다 신중한 검토가 필요하다."[5] 왜냐하면, 몇몇 중요한 개념들은 그것이 사용된 배경에 따라 의미가 전혀 다를 수도 있기 때문이다. 또한 종래에는 개념의 분석에는 소홀했다. 비교적 근래에서 와서야 『논

---

2) 鄭瑽, 『孔子의 教育思想』, 集文堂, 1980, 42쪽.

3) H. G. Creel, *Confucius : The Man and Myth* (1949), 『孔子 : 인간과 신화』, 이성규 역, 지식산업사, 2003, 133쪽.

4) 그런데 공자와 그 제자들의 대화 방식이 소크라테스와 소피스트들의 대화의 방식과는 차이가 있다는 견해도 있다. 즉 전자의 대화는 후자의 대화처럼 상호 대등한 입장에서 토론을 한 것이 아니라, 한 쪽(제자)에서 묻고 다른 쪽(스승: 공자)에서 일방적으로 해답을 제시하는 권위주의적 대화라는 것이다. 이런 내용에 관해서는 李成珪, 「諸子의 學과 思想의 理解」, 『講座 中國史1』, 서울대 동양사연구실 편, 지식산업사, 1989, 166쪽과 벤자민 슈윌츠, 『중국 고대사상의 세계』, 나성 옮김, 살림, 1996, 139쪽을 참고하기 바람. 그러나 이런 분석에는 문제가 있다. 『논어』에서의 대화는 사제 간의 대화이고, 플라톤 대화편들에서 대화의 상대는 사제 간이 아니라 논적들을 설득시키려는 것이다. 대화의 성격이 다르다.

5) 하상규, 『공자 교육 사상의 개념적 이해』, 문음사, 1999, 34쪽.

어』를 분석적으로 연구한 결과물들이 나오고 있다.[6] 본 논문에서는 공자의 교육관보다는 그의 학습관에 초점을 맞추어 정리해 보려고 한다. 교육과 학습은 그 내용 · 목표 · 방법 등에서 많은 공통점과 일치점이 있겠지만, 근본적인 차이점은 교육은 교사의 입장을 중시하고, 학습은 학생의 입장을 중시한다는 것이다. 앞서 말한 것처럼 기존의 연구들은 주로 교사 · 교육에 관심을 갖다 보니, 상대적으로 학생 · 학습에는 소홀했다. 오늘날 서양 학문의 용어인 learning을 학습으로 번역하는데, 이 말은 『논어』의 학이시습지(學而時習之)에서 취했을 것이다.[7] 물론 학습(學習)을 붙여서 한 단어로 쓴 용례도 『예기(禮記)』와 『사기(史記)』에 보이기는 한다. 어쨌든 본 논문은 기존 연구 성과들의 도움을 받아 『논어』를 중심으로 공자의 학습관을 정리하는 데 목적이 있다. 논자는 학습의 개념을 정리함에 있어서 이와 관련된 학문 · 교육 · 교(敎) · 회(誨) 등의 개념들과 비교를 시도하고, 또한 서양의 교육학에서 말하는 학습(learning)과의 차이점도 밝혀 보려고 한다. 다만 지면상(논문 분량)의 관계로 비교하는 작업은 다음에 별도의 논문에서 다루고자 한다.

2. 학습에 대한 해석적 관점

인문학에서는 사실도 중요하지만, 그보다는 해석이 더 중요하다고 볼 수 있다. 우리가 이 논문에서 분석하려고 하는 『논어』라는 텍스트도 객관

6) 분석적 시각으로 『논어』를 연구한 대표적인 저작으로는 趙紀彬의 『論語新探』과 하상규의 『공자 교육 사상의 개념적 이해』 등이 있다.

7) 논자의 입장과 같은 견해가 이전의 연구에서도 보인다. 毛禮銳 · 沈灌群 主編, 『中國教育通史(第一卷)』, 山東, 山東教育出版社, 1985, 260쪽 참조.

적으로 존재하는 것이지만, 어떤 시각과 입장으로 바라보느냐에 따라 전혀 다른 내용으로 이해될 수 있다. 그러므로 모든 사실은 이론 의존적이라고 말하는 것이다. 공자의 '학습'과 관련해서도 마찬가지다. 공자에 대해 전통적인 해석[8)]을 하는 입장에서는 학(學)·교(敎)·회(誨) 등의 개념 분석을 하지 않고 일반적으로 혼용하며, 주로 학문과 교육이라는 말로 설명한다. 그런데, 이에 대해 새로운 해석을 시도하는 입장에서는 당시가 신분제 사회라는 데 주목하여 민(民)과 인(人)을 구별한다. 따라서 저 개념들도 자연히 구별된다. 그 결과 전통적 해석의 내용과 새로운 해석의 내용 사이에 큰 차이가 발생한다. 여기서는 학습과 관련하여 전통적 해석과 새로운 해석의 입장을 살펴보고 종합적으로 검토해 보려고 한다. 그런데, 지면상의 관계로 여기에서는 전통적 해석만 싣고, 새로운 해석과 양자의 비교 검토 내용은 다음 기회에 발표하도록 하겠다.

전통적 해석을 하는 학자들은 대부분 학문과 교육을 명확히 구분하지 않고 일반적으로 혼용하고 있지만, 여기서는 기존의 연구 성과들을 편의상 학문과 교육이라는 항목으로 나누어 서술하겠다. 이 입장에서는 '학습'에는 크게 주목하지 않았다.

8) 여기서 전통적 해석이라고 할 때의 '전통'은 시간적으로 과거라는 의미가 아니라, 해석상의 시각이나 입장을 가리키는 의미로 사용한 것이다. 그러므로 현대의 학자라도 전통적인 입장에 서 있는 경우에는 이 범주에 포함시킨다.

3. 학문

1) 학문의 개념

전통적 해석의 입장에서는 학(學)을 대체로 학문으로 해석하므로, 먼저 학문이라는 주제로 정리해 보겠다. 공자가 학문이라는 말을 사용하지는 않았다. 그는 학(學)과 문(問)을 따로 말했는데,[9] 뒷날 이를 합쳐서 학문이라고 부르게 되었다.[10]

우선 학(學)의 자의(字義)부터 살펴보자.

『설문(說文)』에 의하면 "효(斅: 學의 古字)는 깨닫다"[11]라는 의미라고 한다. '배울 학'자는 "머리에 관을 올려 쓴 성장(盛裝)을 한 집례자(執禮者)의 모습이다. '아들 자'에서 보면 후손들이 조상에게 올리는 제례의 모습으로 오랜 조상숭배 전통의 표현이다. 이 제례의 의장(意匠)은 많은 의미를 함축한다. 종교적 믿음, 조상에 대한 정념과 나아가 우주관이나 인간관을 모색하는 의미가 내포되었다."[12] 학(學)의 어원은 아직 명확히 알려져 있지 않다.[13] 원래 짚 종류로 의식을 위해 머리를 땋거나 묶어 장식

---

9) 공자는 學과 思의 병행을 중시했을 뿐만 아니라(예: "學而不思則罔, 思而不學則殆" 「爲政」), 공부를 함에 있어서 물음의 중요성도 강조했다(예: "敏而好學, 不恥下問." 「公冶長」). 學問이라는 말이 이로부터 유래되었다. 毛禮銳 · 沈灌群 主編, 앞의 책, 254쪽 참조.

10) 學問이라는 말은 「孟子」에 보인다. ① "孟子曰: 仁, 人心也 ; 義, 人路也. 舍其路而弗由, 放其心而不知求. 哀哉! 人有雞犬放, 則知求之 ; 有放心而不知求. 學問之道無他, 求其放心而已矣." (「告子上」, 11 · 11) ② "吾他日未嘗學問, 好馳馬試劍. 今也父兄百官不我足也, 恐其不能盡於大事, 子爲我問孟子!" (「騰文公上」, 5 · 2) ③ 그 밖에 『漢書; 淮南厲王傳』, 『漢書; 王吉傳』, 『漢書; 王尊傳』, 『後漢書; 蔡邕傳』, 『荀子; 勸學篇』, 『商君書; 墾令』, 『淮南子; 脩務訓』 등에도 學問이라는 단어가 등장하고 있다.

11) 『說文』. "斅覺悟也."

12) 유덕조, 「儒와 學의 사상사 분기문제」, 『湖西史學』, 湖西史學會, 제34집, 2003, 214쪽.

하는 행위를 나타낸 것인데, 그 예식이 군자와 소인의 분별을 의미하는 제도적 형식으로 고정되었다.[14] 자해(字解)는 오히려 『백호통(白虎通)』에서 취한 것이다.[15] 한(漢)·당(唐) 사이의 대부분의 『논어』 주소(注疏)들에서는 『백호통』의 설을 따랐다.

그런가 하면, 주희(朱熹)는 「대전(大傳)」의 설을 따라

> "배움이라는 것은 본받는〔效〕 것이다. 사람의 본성은 모두 착하지만, 깨달음에는 선후가 있으니 뒤에 깨닫는 자는 반드시 먼저 깨닫는 자를 본받아야 착한 것을 밝혀서 그 처음으로 돌아갈 것이다."[16]

라고 하였다. 전통적으로 이 두 가지 해석, 즉 깨닫는다는 의미와 본받는다는 의미가 모두 받아들여져 왔다.

유가는 학(學)을 '인간됨'으로 이해하는데, 인간다운 인간이 되기 위해서는 지식의 습득과 윤리적 실천의 양면을 모두 갖추어야 하지만, 그 중에서 지식보다는 실천을 더 중시하고 강조하는 것이 유가 학문의 특징이라고 볼 수 있다.[17] 다시 말하면, 유가의 학은 덕을 이룸—자아 덕성의 성취 혹은 도덕적 자아의 완성—을 목표로 하는 학문이다.[18] 학(學)에 대한 위와 같은 두 가지 해석은 뒷날 송명철학(宋明哲學)에 가서 도문학(道問

---

13) 위의 논문, 187쪽 참조.

14) 위의 논문, 192쪽.

15) 『白虎通』, 「辟雍篇」. "學之爲言覺也. 以覺悟所未知也."

16) 『論語』, 「學而」, 朱注. "學之爲言, 效也. 人性皆善, 而覺有先後; 後覺者, 必效先覺之所爲; 乃可以明善, 而復其初也."

17) 黃義東, 「儒家의 學問觀」, 『易과 哲學』, 觀中柳南相先生停年退任紀念論叢, 1993, 401쪽.

18) 陳修武, 「論語首章言'學' 申義」, 錢穆 等著, 『論孟硏究論集』, 臺北, 黎明文化事業公司, 1981, 242쪽.

學)과 존덕성(尊德性)을 중시하는 입장으로 서로 나뉘어졌다.

2) 학문의 내용

『논어』에는 학(學)자가 64번 등장한다. 정종은 학의 의미를 두 가지로 나누었다. 그 하나는 학을 지식 습득의 방편으로 보고, 다른 하나는 학을 실천궁행으로 인격을 완성하여 군자가 되는 방법으로 보았다. 그는 전자를 협의로, 후자를 광의로 보았다. 물론 전자는 궁극적으로 후자에 포함된다고 본다.[19] 이런 차이는 한글로 옮길 때도 드러나는데, 전자는 대개 '학습하다' 혹은 '배우다'로, 후자는 '학문'으로 번역한다(물론, 양자를 구별하지 않는 경우도 흔하다). 그럼 앞의 것부터 살펴보자.

학을 좁은 뜻의 지식 습득으로 보는 대표적인 경우가 유명한 『논어』의 첫 구절이다.

> "공자가 말하기를: 배우고 그것을 때에 맞게(혹은, 때때로) 익혀 나가면 기쁘지 않겠는가?"[20]

"학이시습지(學而時習之)는 일차적으로 널리 일반적인 지식을 학습하는 것을 말한다. 물론 여기에서 지식이란 그 대상이 당시에는 예악(禮樂)을 가리키는 것이 된다. 공자는 요순(堯舜) 이래의 중국 문화를 집대성한 사람이다. 그는 주대(周代)의 문물을 가장 이상적인 제도라고 여겼는데, 이것을 주문(周文)이라고 부른다. 이 주문의 실질적인 내용이 곧 예악이

---

19) 鄭瑽, 앞의 책, 205~207 참조.

20) 『論語』, 「學而」, 1 · 1. "子曰: 學而時習之, 不亦說乎?" 앞으로는 편의상 『論語』의 편명만 밝힘. 판본은 楊伯峻, 『論語譯注』(中華書局)版을 따름.

다. 공자는 이러한 예악을 다시 일으켜 주문의 정신을 부흥하고자 하였다. 이미 완성된 객관적 도덕규범인 예악을 학습하고 이 예악에 따라 행하게 되면, 사람은 그 마음이 순수해져서 지극히 평온하게 되고 무한한 즐거움을 얻게 된다." 이는 결국 "객관적 리(理)의 체득을 통한 영원한 가치의 실현을 뜻하게 되고, 이는 곧 인격 완성으로 이어져 얻어지는 즐거움을 느끼게 된다."[21] 위에서 말한 것처럼 공자의 학문 내용은 주로 예와 악이지만, 그 중에서 더 중요한 것은 역시 예라고 할 수 있다. 그래서 공자는 "예를 배우지 않으면 남 앞에 나설 수가 없다."[22]고 했다. 그는 예에 관한 지식은 고전을 통해서 배워야 한다고 주장했다. 공자가 말하기를 "젊은이들은 집에 들어가면 부모에게 효도하고, 밖에 나가면 어른을 공경하며, 말을 삼가되 말하게 되면 미덥게 하고, 널리 사람들을 사랑하며, 어진 사람을 가까이 해야 한다. 이와 같이 몸소 실천하고도 남은 힘이 있거든 문헌을 배워야 한다."[23] 여기서 문헌의 내용은 제도와 문물에 관한 지식, 즉 시(詩) · 서(書) · 예(禮) · 악(樂)이다. 이처럼 공자는 구체적인 지식을 배우는 데 반대하지 않았다. 공자가 말하기를,

> "인(仁)을 좋아하되 배우기를 좋아하지 않으면 그 폐단은 어리석은 데 있고, 지혜롭게 처신하기를 좋아하되 배우기를 좋아하지 않으면 그 폐단은 방탕해지는 데 있고, 신의를 좋아하되 배우기를 좋아하지 않으면 그 폐단은 자기를 해치는 데 있고, 정직을 좋아하되 배우기를 좋아하지 않으면 그 폐단은 남의 아픈 곳을 찌르는 데 있고, 용기를 좋아하되 배우기를 좋아하지 않으면 그 폐

---

21) 동양고전연구회, 『논어-번역 · 주석 · 해설』, 지식산업사, 2002, 10쪽.

22) 「季氏」, 16 · 13. "不學禮, 無以立."

23) 「學而」, 1 · 6. "子曰: 弟子, 入則孝, 出則悌(弟), 謹而信, 汎愛衆, 而親仁. 行有餘力, 則而學文."

단은 소란을 피우는데 있고, 굳센 것을 좋아하되 배우기를 좋아하지 않으면 그 폐단은 저돌적인 데 있다."[24)]

고 했다. 이 예문에서 보는 바와 같이 "공자는 예절조문 · 고대 성현들의 언행과 지(智) · 인(仁) · 용(勇)의 도덕의식을 배우지 않으면 여러 폐단이 생긴다고 생각했다. 이는 즉 부모를 사랑할 때는 부모를 사랑하는 데 대한 지식을 알아야 하고, 임금을 사랑할 때는 임금을 사랑하는 데 대한 지식을 알아야 한다는 뜻으로 만약 그렇지 못할 때는 치효(痴孝) · 우충(愚忠)이 생길 수 있다는 뜻이다. 따라서 예에 관한 지식을 배운 연후에야 도덕적인 경지를 높일 수 있는 것이다."[25)] 공자 자신이 누구보다 배우는 것을 좋아했다는 것을 우리는 『논어』의 곳곳에서 발견할 수 있다. 공자가 말하기를, "열 가구 정도의 작은 마을에도 반드시 나처럼 충성스럽고 신의 있는 사람이 있겠지만, 나만큼 배우기를 좋아하는 사람은 없을 것이다."[26)]라고 했다. 이와 같이 공자는 문헌을 통한 지식의 습득을 중요하게 생각했다. 그렇지만 이것은 군자가 되기 위한 필요조건에 불과하지 결코 충분조건은 될 수 없다는 것이 공자의 생각이다.

이제 넓은 뜻의 학문에 대해 알아보자. 학문은 책을 읽어 지식을 습득하는 것이 기본이지만, 그 속에는 실천한다는 의미가 들어 있다. 공자는 자신이 열다섯 살에 학문에 뜻을 두었노라고(志于學) 고백했다.[27)] 이때의 학(學)은 지식 습득의 의미가 아니라 도(道)라는 의미다.[28)] 공자가 말하기

---

24) 「陽貨」, 17 · 8. "子曰: …… 好仁不好學, 其蔽也愚 ; 好知不好學, 其蔽也蕩 ; 好信不好學, 其蔽也賊 ; 好直不好學, 其蔽也絞 ; 好勇不好學, 其蔽也亂 ; 好剛不好學, 其蔽也狂."

25) 朱伯崑, 『중국고대윤리학』, 전명용 외 옮김, 이론과 실천, 1990, 70쪽.

26) 「公冶長」, 5 · 28. "子曰: 十室之邑, 必有忠信如丘者焉, 不如丘之好學也."

27) 「爲政」, 2 · 4. "子曰: 吾十有五而志于學, 三十而立, 四十而不惑, 五十而知天命, 六十而耳順, 七十而從心所欲, 不踰矩."

를, "아침에 도를 깨우치면 저녁에 죽더라도 괜찮다."[29]고 했으며, 또 "선비가 도에 뜻을 두고서 허름한 옷과 거친 음식을 부끄럽게 여기는 사람과는 함께 도를 논의하기에 부족하다."[30]고도 했다. 학문에 뜻을 두었다는 것은 곧 도를 배우는 데 뜻을 두었다는 말이다.[31] 여기에서 도라는 것은 인도(人道), 즉 사람이 마땅히 가야 할 올바른 도리를 말한다. 다시 말해서, 이것은 실천적 진리이다. 애공이 묻기를, "제자 가운데 누가 학문을 좋아합니까?" 하니, 공자가 대답하기를, "안회라는 사람이 있었는데 학문을 좋아하여 노여움을 옮기지 않았으며, 같은 허물을 되풀이하지 않았습니다. 불행하게도 명이 짧아 일찍 죽고 이제는 없으니, 그 뒤로는 학문을 좋아하는 사람에 대해서 듣지 못했습니다."[32]라고 했다. 여기에서 학문을 좋아한다는 것은 노여움을 옮기지 않고, 허물을 되풀이하지 않는다는 것이다. 이때의 학문은 지식적인 면이 아니라, 인간적인 측면을 말하는 것이다. 다시 말해서, "안회가 학문을 좋아했다는 공자의 판단 기준이 안회의 풍부한 지식에 있었던 것이 아니라 그의 품덕(品德)이 남보다 뛰어났다는 데 있었다. 공자의 생각은 사람의 지식은 풍부해질 수 있지만 만약 좋은 인품을 갖추지 못한다면 도를 터득했다고 할 수는 없다는 것이다."[33] 공자 학문의 궁극적인 목적은 군자가 되어 인간 사회의 질서를 확립하는 데 있다.[34] 흔히 유학을 내성외왕(內聖外王)의 학문이라고 한다. 안으로는 도덕

---

28) 馮友蘭, 『中國哲學史新編(第1册)』, 168쪽 및 「述而」, 7·6. "子曰: 志於道" 참조.

29) 「里仁」, 4·9. "子曰: 朝聞道, 夕死可矣."

30) 「里仁」, 4·9. "子曰: 士志於道, 而恥惡衣惡食者, 未足與議也."

31) 馮友蘭, 『中國哲學의 精神-新原道』, 郭信煥 編譯, 崇田大出版部, 1985, 33쪽.

32) 「雍也」, 6·3. "哀公問 : 弟子孰爲好學? 孔子對曰: 有顔回者好學, 不遷怒, 不貳過. 不幸短命死矣, 今也則亡, 未聞好學者也."

33) 朱伯崑, 앞의 책, 32쪽.

34) 李完栽, 「孔子의 學問觀」, 東亞大學校 博士學位論文, 1990, 제4장 공자학문의 목적 참조.

적 수양을 통해 자아를 완성하고, 밖으로는 깨달은 진리를 세상에 펼쳐 천하를 평안하게 하는 것이 유가가 학문을 하는 목적이다. 그러므로 공자가 말하기를, "군자가 문헌을 널리 배우고 예로써 단속한다면 또한 도리에 어그러지지 않을 수 있을 것이다."[35]라고 하여, 지식 공부와 윤리적 실천을 함께 해야 한다고 했다. 이와 같이 공자의 학문 속에는 언제나 윤리적 실천을 담고 있다. 그래서 공자가 말하기를, "군자가 먹는 데 배부름을 구하지 않으며, 거처하는 데 편함을 구하지 않으며, 해야 할 일은 부지런히 하고, 말은 신중히 하며, 도덕과 학문이 높은 사람으로부터 (자기 자신을) 바로 잡으면, 배우기를 좋아한다고 할 수 있다."[36]고 했다. 이때의 학문은 박학(博學) · 심문(審問) · 신사(愼思) · 명변(明辨)과 같은 지적인 공부가 아니라, 독행(篤行) 즉 실천적인 공부를 말한다. 사람이 학(學) · 문(問) · 사(思) · 변(辨)에만 열중하고 실천하지 않으면, 결코 학문을 좋아하는 도덕적인 군자라고 할 수가 없다.[37] 이와 같이 유가의 학문은 단지 진리의 추구, 지식체계의 습득, 지식의 증대에만 머무는 것이 아니라, 알고 있는 지식을 몸소 실천하여 사람다운 사람이 되는 데 있는 것이다.[38] 이것이 순수 이론철학의 발전에 장애가 된 것은 물론이다.

3) 학(學)과 사(思)의 관계

공자는 외부로부터의 지식 습득〔學〕과 주체적인 생각〔思〕의 보완적 관

35) 「雍也」, 6 · 27. "子曰: 君子博學於文, 約之以禮, 亦可以弗畔矣夫!"

36) 「學而」, 1 · 14. "子曰: 君子食無求飽, 居無求安, 敏於事而愼於言, 就有道而正焉, 可謂好學也已."

37) 匡亞明, 『孔子評傳』, 江蘇省, 南京大學出版社, 1995, 240쪽.

38) 황의동, 앞의 논문, 405쪽.

계를 중시했다. 그러나 논리적 순서로 보면 사(思)보다는 학(學)이 먼저다. 공자가 말하기를,

> "내 일찍이 하루 종일 아무 것도 먹지 않고, 밤새도록 잠도 자지 않고서 생각에 잠긴 적이 있었으나, 아무런 소득이 없었으니 배움에 힘쓰느니만 못한 일이다."[39]

라고 했다. 공부를 함에 있어서 자신의 확고한 주관도 필요하지만, 먼저 시(詩)·서(書)·예(禮)·악(樂)과 같은 전통적인 문헌을 배워서 익혀야 한다. 정종은 '학'을 독서·학습·박학(博學)·난독(亂讀), 인류 문화의 수용, 타자에 의한 교육, 타력 의존적 교육이라고 정의한다. 그는 계속해서 말하기를, 방법적인 면에서 교육을 타자교육과 자기교육의 두 가지로 나눌 수 있는데, 타자에 의한 교육의 단계는 자기 학습 이전에 주로 밖으로부터 교육을 받아들이는 시기요, 자기에 의한 교육의 단계는 타자로부터 받아들이는 것에 의존하기 보다는 자력으로 자기 자신을 가르치는 자학·자습의 시기라고 한다. 앞의 것을 학(學)의 단계라고 한다면, 뒤의 것은 사(思)의 단계라고 본다.[40] 무릇 학자는 많이 배워서 많이 알아야 한다. 그래서 공자는 남을 가르치기 전에 자신이 많이 배워서 많은 것을 기억했고, 또한 그런 일을 싫어하지 않았던 것이다.[41] 이처럼 그는 후천적인 학습의 중요성을 강조했다. 공자가 열심히 공부하여 박학다식하고 무불통지하자 당시의 사람들이 그를 천재라고 생각했다. 그러나 그는 이를 완강히 부정했다. 공자가 말하기를, "나는 태어나면서부터 아는 사람이 아니

39) 「衛靈公」, 15·31. "子曰: 吾嘗終日不食, 終夜不寢, 以思, 無益, 不如學也."
40) 鄭瑽, 「學·思相輔의 原理」, 『孔子思想과 現代』, 韓國孔子學會 엮음, 思社硏, 1990, 217쪽.
41) 「述而」, 7·2. "子曰: 默而識之, 學而不厭, 誨人不倦, 何有於我哉?" 참조.

고, 옛 것을 좋아하여 부지런히 그것을 추구하는 사람이다."[42]라고 했다. 공자가 천재로 태어났는데 겸양으로 천재가 아니라고 말한 것인지, 아니면 교육적인 배려에서 후천적인 학습의 중요성을 강조해서 한 말인지, 아니면 정말로 그가 천재는 아니고 수재로 태어났지만 열심히 공부하여 천재에 버금가게 된 것인지는 알 수 없으나, 그는 학문이 잘 익혀지지 않는 것을 진심으로 근심했다.[43] 그만큼 공부는 힘들고 어려운 일이다.

공자는 열심히 공부하여 예로부터 전해 내려오는 학문과 지식에 대해서 모르는 것이 없게 되었다. 그러자 사람들이 그를 박식한 사람이라고 평하게 되었다. 당시 사람들은 이런 평을 좋은 뜻으로 말한 것이다. 그러나 공자는 자신에 대한 이런 평을 못마땅하게 여겼다. 왜냐하면, 그가 천자의 자리에 있지 못하여, 비록 "선현의 제도를 전하되 새로운 것을 창작하지 아니하며, 옛 것을 믿고 좋아한다."[44]고 말하기는 했지만, 그가 자신의 주체적인 생각과 관점도 없이 단순히 이것저것 많이 아는 잡학박사가 아니라는 것이다. 그래서 공자가 말하기를, "사〔子貢〕야, 자네는 내가 많이 배워서 그것을 기억하는 사람이라고 여기는가?"라고 물었던 것이다. 이에 자공이 대답했다. "그렇습니다. 그렇지 않은가요?"라고 하자, 공자가 말하기를, "아니다. 나는 하나로써 관통하느니라."라고 했다.[45] 그러니까 공자는 학습의 과정에 하나의 원칙〔一以貫之〕이 있다는 것이다. 그 하나〔一〕는 사(思: 思考 · 思惟 · 思慮)이다. 정종은 사고(思考)를 다음과 같이 정의한다. "감성적으로 주어진, 또는 지각된 자료를 총괄하고 대상의 여

42) 「述而」, 7 · 20. "子曰: 我非生而知之者, 好古, 敏以求之者也."

43) 「述而」, 7 · 3. "子曰: 德之不修, 學之不講, 聞義不能徙, 不善不能改, 是吾憂也."

44) 「述而」, 7 · 1. "子曰: 述而不作, 信而好古, 竊比於我老彭." 참조.

45) 「衛靈公」, 15 · 3. "子曰: 賜也, 女以予爲多學而識之者與, 對曰: 然, 非與? 曰: 非也, 予一以貫之."

러 측면의 연관성 · 전체성 · 법칙성 또 본질적 · 보편적인 것을 논리적 · 통일적으로 파악하고 그것을 추상화 또는 개념화시킴으로써, 하나의 지식이나 사상으로 정립해 가는 과정, 다시 말해서 외부로부터 오는 지각 자료를, 개념 · 판단 · 추리 등의 지적 작용을 통일해가는 차원 높은 정신 작용"으로서 "사(思)는 이른바 사고(작용)를 기다려서 비로소 종합 · 분석하고 추상 · 개괄도 하는 등의 갖가지 지적 방법을 동원하여, 학(學)의 단계에서 부여 · 공급된 지적 · 체험적 자료들을 질서세우고, 체계화하는 것"[46]이라고 한다. 벤자민 슈월츠도 사(思)라는 말이 갖는 대부분의 의미론적 외연이 서양 언어인 thought가 갖는 의미론적 외연과 대부분 일치한다고 하면서, 이것은 공자가 학습한 것의 내용에 대한 생각과 이것을 더 큰 전체에 관련시키는 것을 의미한다고 한다.[47] 이렇듯 공부는 지식 습득〔學〕에서 시작하고, 또 그것이 무엇보다 중요하지만, 거기에는 반드시 자신의 관점을 가지고 자기 식으로 정리하고 해석해야〔思〕 하는 것이다. 그러므로 정이(程頤)도 "학은 반드시 사(思)에 근본을 두어야 한다."(學必本于思)고 했으며, 다산(茶山)도 "사(思)란 자심(自心)으로(혹은 自心을 통하여) 스스로 구하는 것이니, 불사(不思)하면 본말을 구명하지 못하게 되므로, 자심(自心)을 경시하면 안 된다."[48]고 했던 것이다.

공자는 늘 중용의 도를 취했기 때문에 학과 사의 문제도 어느 한 쪽에 치우치지 않고, 양자의 조화를 꾀했다. 그러므로 공자가 말하기를, "배우기만 하고 생각하지 아니하면 종잡을 수 없어 터득하지 못하고, 생각만 하고 배우지 아니하면 위태롭다."[49]고 한 것이다. 공자는 당시 사회의 혼

46) 정종, 앞의 논문, 227쪽.
47) 벤자민 슈월츠, 『중국 고대사상의 세계』, 나성 옮김, 살림, 1996, 141쪽.
48) 정종, 앞의 논문, 218쪽.
49) 「爲政」, 2 · 15. "子曰: 學而不思則罔, 思而不學則殆."

란을 치유하기 위해서는 주나라 예악 문물제도로 돌아가야 한다고 생각했으므로, 이를 달성하기 위해서는 고대의 문헌을 통해서 그것을 배우고 또 사람들에게 가르쳐 주어야 했던 것이다. 즉 학은 시(詩)·서(書)·예(禮)·악(樂)과 같은 지식의 습득 과정을 말하는 것이며, 사는 자신의 주체적 입장에서 그것들의 의미를 분석하고 이해하는 과정을 말하는 것이다. 많이 보고·듣고·읽고·경험해서 많이 아는 것〔多學而識之, 博學多識〕은 초보적 단계지만, 이것을 소홀히 하면 독단에 빠질 위험성이 있다. 그렇지만, 이렇게 남의 지식 공부에만 매달리고 자신의 독창성을 발휘하지 않으면 계속 남의 뒤꽁무니만을 따라다니는 꼴이 되고 만다. 그래서 자신의 관점·시각〔一以貫之〕을 정립해서 재정리하고 재해석해야 하는 것이다. 한마디로 학의 단계에서 사의 단계로 나가야 한다. 이것이 학문의 발전이다. 결국 이 양자를 결합하여 통일하는 것이 제대로 된 학문일 것이다. 그러므로 공자가 말하기를, "배운 것을 음미하여 새로운 것을 터득해 나간다면 스승 노릇을 할 수 있을 것이다."[50] 남의 스승이 되려면 먼저 옛 것을 많이 배워서 익혀야 하고, 그것을 단순히 전달하는 데 그쳐서는 안 된다. 배워서 안 지식을 자기 식으로 이해하고 소화해서 학생들에게 체계적으로 잘 설명하고 이해시켜 주어야 한다. 그런데 공자는 이와 같은 학과 사의 순수 학문의 단계에서 그치지 않는다. 학자의 단계에서 실천가의 단계로 나아가야 한다. 이강수는 다음과 같이 말한다. 그(공자)는 지(知)·인(仁)·용(勇) 세 가지 덕(三達德)을 지니고 실천할 수 있는 사람을 이상적 인간, 즉 성인(聖人)으로 보았다. 공자의 학의 목표는 지·인·용 세 가지 덕을 갖추고 실천할 수 있는 사람이 되는 것이다. 그리고 이 세 가지 덕은 학과 사의 병진(竝進), 충(忠)과 서(恕)의 교제(交濟), 극기

50) 「爲政」, 2·11. "子曰: 溫故而知新, 可以爲師矣."

복례(克己復禮), 그리고 어떤 일에도 빼앗기지 않을 수 있는 독지(篤志), 불구(不懼)의 용(勇)에 의하여 얻을 수 있다.[51] 주희도 윗 구절(「爲政」 2 · 15)을 이천의 말을 인용하여 다음과 같이 주해했다.

> "마음에서 구하지 않으므로 어두워서 얻는 것이 없고, 그 일을 익히지 않으므로 위태로워서 편안하지가 않다. 정자(程子)가 말하기를: 널리 배우고, 살펴 묻고, 삼가 생각하고, 밝게 분별하고, 독실히 실행하는 다섯 가지 중에서 어느 하나만이라도 없으면, 그것은 학문이 아니다."[52]

4. 학습

1) 학습의 개념

전통적 해석에서는 학습을 중요하게 다루지 않았는데(學習을 주제로 해서 정리한 글은 지극히 드물다), 논자가 전통적 해석의 입장에서 이 문제를 정리해 보겠다. 『논어』에 '학습(學習)'이라는 단어는 나오지 않는다. 다만 「학이(學而)」편 첫 구절에 "학이시습지, 불역열호?(學而時習之, 不亦說乎?)"라고 하였는데, 뒷날 '학(學)'과 '습(習)'을 붙여서 '학습(學習)'이라는 하나의 단어로 사용하게 되었다. '학(學)' 자에 대해서는 이미 앞에서 언급하였으므로 여기에서는 '습(習)' 자와 '학습'에 대하여 살펴

---

51) 李康洙, 「先秦時代 儒家와 道家의 學의 槪念」, 『人文科學』, 연세대학교 인문과학연구소, 제 59집, 1988, 47쪽.

52) 朱熹, 論語集註. "不求諸心, 故昏而無得 ; 不習其事, 故危而不安. 程子曰: 博學 · 審問 · 愼思 · 明辨 · 篤行, 五者廢其一, 非學也."

보기로 하자.

먼저 '습' 자에 대하여 알아보자. 『설문』에서는 "習, 數飛也, 從羽白聲." 이라고 하였으며, 그 주(注)에 "習, 鳥肄飛也"라 하였으니, '습'의 원래 뜻은 새끼 새가 날개를 펄럭이며 자주 나는 연습을 한다는 것이다. 『중문대사전(中文大辭典)』에는 '습'의 뜻을 17가지로 분류해 놓았는데, 그 중에서 몇 가지만 살펴보자.[53] ① 『설문』의 뜻과 관련하여 『예기(禮記)』「월령(月令)」편의 예문을 들었는데,[54] 여기에 '학습'이라는 말이 등장한다. ② "송습야(誦習也)"라고 했다. 송습은 송독(誦讀)과 같은 뜻이다. 예문으로 「학이」편의 "학이시습지"를 들었다. ③ "학야(學也)"라고 했다. 예문으로는 『여씨춘추(呂氏春秋)』와 그 주(注)를 들었는데, 주(注)에서 '습'을 '학'이라고 풀이했다.[55] ④ "훈련야(訓練也)"라고 했다. ⑤ "습관야(習慣也)"라 하고, 그 예문으로 『논어』「양화(陽貨)」편의 "성상근야, 습상원야.(性相近也, 習相遠也.)"를 들었다. 그런가 하면, 양백준(楊伯峻)은 "학이시습지"의 '습'의 의미를 온습(溫習)·연습(演習)·실습(實習)으로 풀이하고, "습상원야"의 '습'의 의미를 습염(習染)·습관(習慣)으로 풀이했는데,[56] 오늘날 학자들은 대체로 그의 견해에 동의한다.

다음으로 '학습'의 어의에 대하여 알아보자. 『중문대사전』에는 ① "각오습이야(覺悟習肄也)"(깨우치고 익힘)라 하고, 예문으로는 '습'에서 살펴본 『예기』「월령」편과 그 주(注)를 들었다. ② "학이송습야(學而誦習也)"(배우고 소리내어 읽음)라 하고, 예문으로는 「학이」편의 "학이시습지"와 이 구절의 주희 주(注)[57]와 『사기(史記)』의 문장[58]을 들었는데, 『사

53) 『中文大辭典』, 11493쪽.

54) 『禮記』, 「月令」, 季夏. "溫風始至, 蟋蟀居壁, 鷹乃學習, 腐草爲螢."

55) 『呂氏春秋』, 卷九. 「季秋紀」, 審己. "退而習之三年" 및 高注, "習, 學也."

56) 楊伯峻, 『論語譯注』, 香港, 中華書局, 1992, 278쪽.

기』에 '학습'이라는 단어가 등장한다. 한편, 『한한대사전(漢韓大辭典)』에서는 '학습'을 풀이하기를, ① 새끼 새가 날갯짓을 배움(예문, 『예기』「월령」편), ② 지식이나 기능을 배우고 익혀서 터득함(예문, 『사기』「시황본기」)이라고 하였다.[59] 또한 국어사전에는 "배우고 익힘"이라고[60] 풀이하고 있다. 장기적(張其昀)은 "학과 습은 류는 같되 일은 다르니, 학(學)이란 사람을 좇아 배워서 지도를 받는 과정이라 행동으로 드러나지 아니하나, 습(習)은 익혀서 행위로 스며드는 것이다. …… 여기 습이야말로 학문의 방법인 것이다. 이 습은 실습(實習)·실측(實測)·실험(實驗)·실천(實踐)이라는 뜻을 모두 포함하고 있다."고 한다.[61]

이와 같이 동양의 고전에 학습이라는 말이 등장하기는 하지만 흔히 사용되지는 않았다. 현대에 서양의 학문이 전래되어 learning의 번역어로 '학습'이 채용되면서 오늘날 이 말이 교육학 용어 및 일상용어로 사용되고 있다. 특히 중국의 학자들은 고전 속의 '학' 자를 거의 학습(學習)으로 번역한다. 또 하나의 중요한 문제는 학습과 교육이 구별 없이 거의 같은 의미로 사용되고 있다는 점이다. 과거에는 대부분의 학자들이 교육이라는 말을 즐겨 썼는데, 최근 들어서 학습이라는 용어를 강조하는 학자들이 생겨나고 있다. 그런데 문제는 용어만 바뀌었을 뿐 내용상의 차이는 거의 없다는 것이다. 유소군(劉紹軍)은 책 제목을 『유가학습사상연구(儒家學習思想研究)』[62]라고 했는데, 학습의 개념 정의도 하지 않았을 뿐만 아니라, 이 말과 교육이라는 말의 개념을 전혀 구별하지 않았다. 그러니까 이 책

---

57) 『朱子集註』. "學之爲言, 效也. …… 鳥數飛也. 學之不已, 如鳥數飛也."

58) 『史記』, 「始皇本紀」. "士則學習法令辟禁."

59) 단국대학교 동양학연구소, 『漢韓大辭典 제4권』, 단국대학교출판부, 2003, 134쪽.

60) 한글학회 지음, 『우리말큰사전』, 어문각, 1992, 4530쪽.

61) 張其昀, 『孔子學說의 現代的 意義』, 華岡校友會 譯, 형설출판사, 1981, 163쪽.

62) 劉紹軍, 『儒家學習思想研究』, 武漢, 華中師範大學出版社, 2001.

에서 '학습'이라는 말을 '교육'이라는 말로 바꾸면, 이전 학자들의 교육 사상과 아무런 구별,혹은 차별성이 없다. 다시 말해서, 이전 학자들이 즐겨 사용한 '교육'이라는 말을 단지 '학습'이라는 말로 바꾸어 참신성을 가장했을 뿐이다. 마승렬(馬承烈)의 「공자적학습관(孔子的學習觀)」[63]이라는 글도 역시 마찬가지다. 그는 이 논문을 ① 학습의 중요성 ② 학습 태도 ③ 학습 방법 등의 내용으로 구성했는데, 실제의 내용으로 봐서 목차를 ① 교육의 중요성 ② 교육 태도 ③ 교육 방법으로 고쳐도 하등 문제가 없어 보인다. 여기서는 학습에 관해 산발적으로 서술한 기존의 연구 성과를 모아 간략히 정리해 보기로 하자.

2) 학습의 의미

공자를 비롯하여 일반적으로 중국사상은 진리에 대한 사심 없는 추구 또는 순진한 지적 호기심 그 자체에는 관심이 적고, 구원적 진리에 더 많은 관심을 갖고 있다.[64] 이 문제는 익히 잘 알려진 것처럼 당시 중국의 사회상과 밀접한 관련이 있다. 즉 춘추시대에는 도시 국가적 삶이 확장되어 광역의 제국을 향한 움직임이 일어나 전통 귀족사회가 동요하면서 사회와 신분 · 정치와 경제 등 모든 면에서 격변이 일어났다. 전통과 제도는 새로운 힘으로 충돌하고, 미신과 지성 · 야욕과 정의가 격돌했다. 공자는 이에 정면으로 대응하여 학습이라는 새로운 삶의 양식을 정립하여 항구적인 길을 열었다. 당시는 정신 · 문화적으로 고도의 수준에 도달해 있었고, 문헌의 전승 · 문물의 유산 · 현자의 전문 기술과 기능 등 다양한 유산

63) 馬承烈, 「孔子的學習觀, 『孔學硏究』, 濟南, 齊魯書社, 2002.

64) 벤자민 슈월츠, 앞의 책, 나성 옮김, 154쪽 참조.

들이 유지되었다. 특히 노(魯)나라는 그 중심지였다. 공자는 바로 그 성과들을 적극 수용하여 의의를 재발견하고 선양하였다. 그의 학(學)의 실체는 문물이었고, 그것은 일종의 문물 비평의 소산이었다.[65]

따라서 공자가 의도하는 학습의 목표는 한마디로 말해서 사람다운 사람이 되는 것이다. 공자는 학습을 통해서 착하지 않은 사람을 선량한 사람으로, 소인(小人)을 대인 군자(大人 君子)로 만들려고 했다. 공자가 이상적으로 생각한 군자는 인(仁)을 체득한 도덕적 인간이다.[66] 인을 체득한 군자가 되려는 사람은 천재〔生而知之者〕를 제외하고는 누구나 성인의 가르침을 학습해야 한다.[67] 그러므로 선인(善人)의 길에 대한 자장(子長)의 물음에, 공자는 "옛 사람들의 발자취를 따라가지 아니하면서도 또한 성인의 경지에는 들어가지 못한다."[68]고 대답했던 것이다. 성인의 가르침을 진심으로 믿고 착실하게 학습해야만 도덕군자가 될 수 있다. 이처럼 성인의 가르침을 학습하는 자는 열성으로 가득 차 있어야 할 뿐만 아니라, 학습의 진척 자체도 도덕적 성향의 동시적인 함양에 의존한다. "문화에 대해서 넓게 배우고 배운 것을 의례로써 요약하는 군자는 아마도 자신이 표방하는 것을 배반하지 않을 것이다."[69] 의례의 진실된 준수는 학습으로부터 자동적으로 흘러나오는 것은 아니며, 의례의 계속적인 실천에 대한 관심이 결여된 학습은 도덕적 삶과는 완전히 분리된다. '선의 의지'는 학습의 적절한 추구를 위한 영원한 전제 조건이 되어야만 한다.[70] 어쨌거나 도덕・인격의 수양에서 학습은 매우 중요하다. "학습은 다른 가치들과 마찬

---

65) 유덕조, 앞의 논문, 209쪽.

66) 劉韶軍, 앞의 책, 15쪽.

67) 南相鎬, 「孔子仁學」, 臺北, 臺彎大學校 博士學位論文, 1991, 101쪽.

68) 「先進」, 11・20. "子長問善人之道. 子曰: 不踐迹, 亦不入於室."

69) 벤자민 슈월츠의 번역.

70) 벤자민 슈월츠, 앞의 책, 나성 옮김, 149쪽.

가지로 전체로부터 분리될 수는 있지만 결국에는 개인의 도덕적 함양과 사회의 질서화에 중심적 역할을 담당한다. 적절한 목표를 갖춘 학습이 없으면, 덕성들은 맹목적인 것이 되고 예는 기계적인 것이 된다."[71] 독서를 통한 학습에 가장 회의적인 태도를 가졌던 자로에게 공자는 다음과 같이 충고한다. "학습은 좋아하지 않고 인(仁)만을 좋아할 경우, 그 폐단은 우둔함이다. 학습은 좋아하지 않고 지식만을 좋아할 경우, 그 폐단은 방탕함이다. 학습은 좋아하지 않고 신임만을 좋아할 경우, 그 폐단은 해로운 행동들이다. 학습은 좋아하지 않고 올곧음만을 좋아할 경우, 그 폐단은 도량의 협소함이다. 학습을 좋아하지 않고 용기만을 좋아할 경우, 그 폐단은 무모함이다. 학습은 좋아하지 않고 강직함만을 좋아할 경우, 그 폐단은 무질서한 언동이다."[72] 이 예문에서 벤자민 슈월츠는 '학'을 모두 '학습'으로 번역했다.(같은 책 149~150쪽)

공자가 의도하는 학습의 일차적인 목적은 도덕적인 인간이 되는 것이지만, 궁극적 목적은 관리가 되고 통치자가 되는 것이다. 자하(子夏)의 말처럼 "벼슬하면서도 남는 힘이 있으면 학습하고, 학습을 통해서 (인격과 학문이) 넉넉해지면 벼슬을 하는 것"[73]이 공자와 유가의 궁극 목표다. 이처럼 "공자의 학습과 지식의 개념이 갖는 두드러지는 함축적 의미는 사회·정치적 삶에 관한 것이다. …… 개명된 사회는 현명하고 유덕한 사람들에 의해서만이 다스려질 수 있으며, 궁극적 의미에서 판단할 때, 덕은 지식에 의존한다. …… 통치자는 마땅히 참된 지식을 획득해야만 한다는 것과, 참된 지식을 획득한 자들만이 마땅히 정치에 참가해야 한다는 사실을 공자는 전혀 의심하지 않았다. 이러한 학습과 지식이 없으면 도는 회

---

71) 위와 같음.

72) 「陽貨」, 17·8, 註24번과 같음.

73) 「子長」, 19·13. "子夏曰: 仕而優則學, 學而優則仕."

복될 수 없다. 학습의 엘리트는 마땅히 존재해야만 한다."[74)]

그러면 공자는 도덕군자가 되고 통치자가 되기 위하여 어떤 노력과 준비를 했을까? "공자가 열다섯 살에 학문에 뜻을 두고 서른 살에 독립적인 인격체가 될 시기에 학습한 옛 것의 주요 내용(學古)은 예(禮)·악(樂)·시(詩)·서(書) 등이며, 실천 공부의 내용은 효제(孝悌)가 주를 이루었다."[75)] 비록 자로가 공자에게 "어찌 반드시 책을 읽은 다음에만 배우는 것이냐?"[76)]고 반문한 적이 있기는 하지만, 공자는 분명히 학습의 일차적 텍스트는 고전임을 의심치 않았다.

5. 교육

1) 학문과 교육의 동일시

논자가 공자의 학습관을 논술하면서 교육을 다루는 까닭은 전통적인 해석에서는 위에서 논의한 학문과 여기에서 다룰 교육을 거의 동일시하고 있기 때문이며, 또한 뒤에서 논의할 새로운 해석에서는 양자를 구별하기 때문에 이를 비교하기 위해서이다. 전통적인 해석에 의하면, "학문이란 자의적(字義的)으로 배우고 묻는 교육활동을 의미한다. …… 교육이 인간 능력을 계발하고 인간의 바람직한 변화를 추구하는 활동이라면 그

74) 벤자민 슈월츠, 앞의 책, 나성 옮김, 150쪽.

75) 남상호, 앞의 논문, 43쪽. 벤자민 슈월츠는 당시 교양을 갖춘 士들의 필수과목이었던 六藝 중에서 활쏘기[射]와 수레몰기[御] 등 군사가 되기 위한 무예의 학습에 대해서는 공자가 비판적 입장을 견지했었다고 주장한다. 벤자민 슈월츠, 앞의 책, 나성 옮김, 136~137쪽 참조.

76) 「先進」, 11 · 25. "子路曰: 有民人焉, 有社稷焉, 何必讀書, 然後爲學?"

내용이 곧 학문이다."[77]라고 보며, 또한 "공자는 육경(六經)의 찬술과 교수에서 보이듯이 학문과 교육을 연결시켰다."[78]고 한다. 이와 같이 학문과 교육을 동전의 앞뒷면 관계로 보기 때문에 전통적인 해석에서는 교학사상(教學思想) · 교학방법(教學方法) 등과 같이 교(教)와 학(學)을 붙여서 사용한다. '교학(教學)'은 현대 교육학에서의 교수-학습(教授-學習)이라는 말과 같다고 볼 수 있다. 그리고 교학상장(教學相長)이라는 말도 사용한다. 사전에서는 이 말을 다음과 같이 정의하고 있다. "교학상장은 교와 학 사이에 상호 제약 · 상호 침투 · 상호 촉진 등 모순과 통일의 변증 관계를 보여 준다. 교사의 가르침과 학생의 배움은 교학과정의 두 축을 공동으로 구성한다. 교사는 교학의 지도자인 동시에 조직자이고, 학생은 교학의 대상이요 교육의 객체(내용: 논자의 註)를 받아들이는 자이다. 교와 학은 서로 부단히 깊이 스며들고 끊임없이 발전하는 동일 과정의 양 측면이다. 교는 학으로 말미암아 보탬이 되고, 학은 교로 말미암아 나날이 발전한다. 교는 학을 조장할 수 있고, 반면 학도 교를 조장할 수 있다."[79] 전통적인 해석에서는 학문 · 학습 · 교육을 거의 같은 의미로 사용한다. 앞에서 이미 학문과 학습에 대해 논술했으므로 여기에서는 교육에 대하여 간략하게 정리해 보기로 하자.

2) 교육의 개념

『논어』에 '교육'이란 단어는 쓰이지 않았고, 단지 '교(教)' 자만 7번 등

77) 황의동, 앞의 논문, 398쪽.

78) 李東俊, 「儒學의 教學思想」, 『儒學原論』, 성균관대학교 유학과 교재편찬위원회, 성균관대출판부, 1981, 212쪽.

79) 『中國儒學百科全書』, 北京, 中國大百科全書出版社, 1997, 224쪽.

장한다. 『설문』에 의하면 “교는 위에서 베풀고, 아래에서 본받는 것”[80]이라고 했다. 『한한대사전』에는 ‘교’의 뜻을 20가지나 제시했다.[81] 그 중에서 몇 가지만 살펴보자. ① 가르치다, 교육하다, 훈육하다. 예문으로는 “교라는 것은 좋은 것(착한 것)을 조장해 주고, 허물(잘못)을 막는 것”[82]이라는 예가 있다. ② 지도하다, 교도하다, 가르쳐 이끌다. ③ 훈련하다. 연습하다. 단련하다. 예문으로는 “훈련하지 않은 백성으로써 전쟁한다면, 이는 백성을 버리는 것이라고 한다.”[83] “군사들과 백성들을 통솔함에 있어서는 그들이 잘 훈련되기를 바란다.”는 예가 있고, 그 주에는 “교는 습(習)이다.”라고 하였다.[84] ④ 본받다, 본뜨다, 모방하다, 효(效) 및 법(法)의 의미와 통한다.[85] 정종에 의하면, “공자는 아직 교육이라는 낱말을 쓰지도 않았고, 또 교육의 가능성 여부에 대해서도 뚜렷한 견해의 표명이 없다. 그에게선 서양철학적 사고방식 곧 개념규정에 대한 선행적 · 전제적인 작업 같은 것을 찾아보기 힘들다. 그럼에도 공자만큼 교육을 중시하고, 그에 바탕한 교육입국을 도모한 교육에의 신념인도 없다. 따라서 그는 교육실천자로서, 교육사상가로서 등장하는 것”[86]이라고 한다.

『맹자』에는 ‘교’ 자가 31번 등장하는데, ‘교’ 한 글자만 단독으로 쓰인 경우가 대부분이고, 교회(敎誨)가 2번, 교육(敎育)이 한 번 쓰였다. 맹자는 세상의 영재를 모아 그들을 가르치고 기르는 것이 군자의 세 가지 즐거움〔三樂〕 가운데 하나라고 했다.[87] 여기에서 ‘교육’이 하나의 단어로 쓰였

80) 『說文』. “敎, 上所施, 下所效也.”

81) 『漢韓大辭典』, 제6권, 294~95쪽.

82) 『禮記』, 「學記」. “敎也者, 長善而救其失者也.”

83) 「子路」, 13 · 30. “子曰: 以不敎民戰, 是謂棄也.”

84) 『呂氏春秋』, 「仲秋紀」, 簡選. “統率士民, 欲其敎也.” 「高誘注」. “敎, 習也.”

85) 『廣雅』, 「釋詁3」. “敎, 效也.” 『廣韻』, 「效韻」. “敎, 法也.”

86) 鄭瑽, 「孔子의 敎育思想」, 윤사순 외, 『孔子思想의 발견』, 민음사, 1992, 153쪽.

을 뿐만 아니라, 그것도 단 한 번만 등장한다. 한편, 우리에게 잘 알려진 『중용(中庸)』의 첫 문장에도 '교' 자가 나온다. "하늘이 명한 것을 가리켜 성(性)이라 하고, 성(性)을 따르는 것을 가리켜 도(道)라 하고, 도(道)를 닦는 것을 가리켜 교(敎)라고 한다."[88] 또한, "성(誠)으로 말미암아 참된 것을 가리켜 성(性)이라 하고, 명(明)으로 말미암아 참된 것을 가리켜 교(敎)라고 하니, 참되면 밝아지고, 밝아지면 참되다."[89] 그러니, "교란 밝힘이라는 노력을 통해서 인간 본연의 자리로 돌아오게 하는 활동이다."[90] 정리하면, 고전 속에서는 '교' 자만 주로 쓰였고, 교육이라는 말은 흔히 사용되지는 않았다. 교육이라는 말 역시 서양 교육학의 용어인 education의 번역어로 채택된 후 현대에 와서 널리 사용되고 있다.

3) 교육의 목표

공자 생존 당시 국가의 교육 목표와 공자가 생각한 교육의 목표 사이에는 같은 점도 있고 다른 점도 있었다. 국가의 교육 목표는 국가에 필요한 관리를 양성하는 데 있었다면, 공자의 경우는 성인이나 군자 같은 도덕인의 양성에 일차적 목표를 두었다. 그러면서도 그는 도를 실현하기 위해서는 기회가 있을 때 관리가 되어 정치에 참여해야 한다고 보았다.[91]

---

87) 『孟子』, 「盡心上」, 13 · 20. "孟子曰: 君子有三樂, …… 得天下英才而敎育之, 三樂也."
　* 교육이라는 말은 다음의 문장에도 등장한다. 宋, 佚名氏, 『儒林公議 下』. "今朕建學興善, 以尊士大夫之行, 而更制革弊, 以盡學者之才, 其於敎育之方, 勤亦至矣." 『漢韓大辭典』, 제6권, 298쪽.

88) 『中庸』, 一章. "天命之謂性, 率性之謂道, 修道之謂敎."

89) 『中庸』, 二十一章. "自誠明謂之性, 自明誠謂之敎 ; 誠則明矣, 明則誠矣."

90) 황의동, 앞의 논문, 401쪽.

91) 남상호, 『육경과 공자인학』, 예문서원, 2003, 256쪽.

공자가 위나라에 갈 때 염유가 수레를 몰았다. 공자가 말하기를, "(백성들이) 많구나!" 고 하자, 염유가 말하기를, "백성들이 많아졌다면 또 무엇을 보태야 하겠습니까?" 하고 물었다. 그러자 공자가 "부유하게 만들어야지." 하고 대답했다. 다시 염유가 묻기를, "부유해졌다면 또 무엇을 더해야 하겠습니까?" 하니, 공자가 "가르쳐야 한다." 고 대답했다.[92]

국가의 교육 목표는 백성들이 부유하게 사는 데 두었겠지만, 공자는 그것이 필요하다고 인정하면서도 거기에서 더 나아가 인격을 갖춘 군자를 길러야 한다고 생각했다.

군자는 지성과 덕성을 겸비한 사람으로 학문적으로는 사람이 마땅히 가야할 길을 찾는 사람이요, 도덕적으로는 원만한 인격을 갖춘 사람이며, 계급적으로는 관리가 되어 백성을 다스리는 사람이다.[93] 그러면 어떻게 해야 이런 군자가 될 수 있을까? 그것은 한마디로 인(仁)을 체득해야 한다. 따라서 "공자 교육관의 핵심은 인이다. 공자가 행한 교육의 내용이나 방법 모두 그 본질은 인, 즉 사랑이다."[94] 공자의 인은 사람의 본질이며, 인의예지(仁義禮智)의 본질이다. 그러므로 어떻게든 인을 체득해야 한다. "공자가 말하기를, 뜻있는 선비와 어진 사람은 자신이 살기 위해 인을 해치는 일은 없지만, 자신을 희생하여 인을 이루는 경우는 있다."[95] 역시 인을 체득하기란 쉽지는 않지만, 뜻을 이루기 위해서는 그 길을 가야만 한다. "증자가 말하기를, 선비는 뜻이 크고 굳세지 않으면 안 되니, 책임은

---

92) 「子路」, 13 · 9. "子適衛, 冉有僕. 子曰: 庶矣哉! 冉有曰: 既庶矣, 又何加焉? 曰: 富之. 曰: 既富矣, 又何加焉? 曰: 教之."

93) 金益洙, 『儒家思想과 教育哲學』, 형설출판사, 1982, 96~97쪽.

94) 남상호, 앞의 책, 258쪽.

95) 「衛靈公」, 15 · 9. "子曰: 志士仁人, 無求生以害人, 有殺身以成仁."

무겁고 갈 길은 멀기 때문이다. 인의 실현을 자기의 임무로 삼으니 무겁지 아니한가? 죽은 뒤에나 그만둘 것이니 멀지 아니한가?"[96] 증자가 공자의 생각을 잘 대변하고 있다. 결국, 공자가 생각하는 교육의 목표는 인을 체득하여 군자가 되고, 군자가 되어 도덕을 실천하고 또한 관리가 되어 갈고닦은 경륜을 세상에 펼치는 것이다.

4) 교육의 내용

공자가 말하기를, "도에 뜻을 두고, 덕을 지키며, 인에 의지하고, 육예를 두루 익힌다."[97]고 하였다. 공자의 이 말 속에는 교육에 대한 그의 생각이 모두 들어 있다. 춘추 말년에 귀족 정치에 참여해서 일정한 지위를 얻고자 하는 사람은 예(禮) · 악(樂) · 사(射) · 어(御) · 서(書) · 수(數) 등 여섯 가지 기본 능력, 소위 육예(六藝)를 갖추어야만 했다. 이런 내용들이 당시 귀족들의 교양이었다. 그래서 신분 상승에 관심이 있었던 공자도 이런 교양을 독학과 때로는 사람들에게 물어서 자력으로 습득했던 것이다.[98]

훗날 공자가 선생이 되어 제자들을 가르치게 되었을 때는 자신이 배운 내용보다 더 많은 것들을 그들에게 가르쳤다.[99] 구체적으로 말해서 공자는 문(文) · 행(行) · 충(忠) · 신(信) 등 네 가지를 가르쳤다. 이 네 가지를 다시 실천 공부와 글공부 둘로 나눌 수 있고, 이 가운데 순서상 실천 공부가 우선이며, 또 실천 공부 가운데서도 효제(孝悌)가 우선이다.[100] 공자는

96) 「泰伯」, 8 · 7. "曾子曰: 士不可以不弘毅, 任重而道遠. 仁以爲己任, 不亦重乎? 死而後已, 不亦遠乎?"
97) 「述而」, 7 · 6. "子曰: 志於道, 據於德, 依於仁, 游於藝."
98) 匡亞明, 앞의 책, 29~30쪽.
99) 「述而」, 7 · 25. "子以四教: 文, 行, 忠, 信."
100) 남상호, 앞의 책, 256쪽.

도덕을 실천하고도 힘이 남거든 글공부를 하라고 했다.[101] 사교(四教)에서 행(行)은 예에 합당하고 도덕을 실천하는 행위(행동)이며, 충(忠)은 진심으로 행한다는 뜻이고, 신(信)은 자신이 말한 것을 어기지 않는다는 신의를 의미한다.[102] 그러면, 공자가 가르친 글공부는 무엇인가? 사교(四教) 중 글공부의 대상은 시(詩)·서(書)·예(禮)·악(樂) 등이다.[103] 그런데, 당시의 공교육 과목인 『주례(周禮)』「대사도(大司徒)」의 향삼물(鄕三物)에는 시·서·예·악의 경전 교육에 관한 기록이 없다. 그것은 아마도 공교육은 실용적인 교양 교육 수준이었기 때문일 것이다. 공자가 이와 같은 경전을 가르친 것은, 단지 교양인 및 관리의 양성에만 관심을 두었던 국가의 공교육과는 달리, 그 이상 성인 군자의 양성을 목표로 삼았기 때문일 것이다.[104]

한편, 공자는 제자들에게 덕행(德行)·언어(言語)·정사(政事)·문학(文學) 등 네 분야〔孔門四科〕도 가르쳤다.[105] 사과(四科)의 내용은 다음과 같다. 덕행은 덕스러운 행동으로서 내면화된 도덕을 말하고, 언어는 변론술이니 국가 사이의 교섭(외교)에서 상대를 설득하는 능력을 말하며, 정사는 정치보다 좀 더 구체적인 표현으로서 관리의 행정 업무 능력을 의미하고, 문학은 『시(詩)』, 『서(書)』, 『역(易)』과 같은 경전에 관한 지식을 말한다.[106] 이렇게 보면 사교(四教)와 사과(四科)는 대체로 부합된다.[107]

---

101) 註23(「學而」, 1·6) 참조.

102) 蜂屋邦夫, 『중국사상이란 무엇인가』, 한예원 옮김, 학고재, 1999, 57쪽.

103) 「泰伯」, 8·8. "子曰: 興於詩, 立於禮, 成於樂." 참조. 남상호는 『易』과 『春秋』는 공자 말년에 정리 편찬한 것이기 때문에, 교재로 사용했다 하더라도 얼마 못했을 것이라고 주장한다. 남상호, 앞의 책, 257쪽 참조. 『史記』, 「孔子世家」, "孔子以詩書禮樂教" 참조.

104) 남상호, 앞의 책, 257쪽 참조.

105) 「先進」, 11·3. "德行: 顔淵, 閔子騫, 冉伯牛, 仲弓. 言語: 宰我, 子貢. 政事: 冉有, 季路. 文學: 子游, 子夏."

5) 교육의 대상

교육의 대상에 대한 전통적 해석의 입장과 새로운 해석의 입장 사이에는 큰 차이점이 존재한다. 그 핵심은 단적으로 유교무류(有敎無類)에 대한 해석의 차이다.[108] 여기서는 이 구절에 관한 전통적 해석의 관점만을 다루기로 한다. 전통적인 해석은 이 구절을 문자 그대로 '가르침에 차별을 두지 않았다'고 보는 것이다.[109] 그러나 학자들의 해석에 약간의 차이점도 있다. 먼저 곽말약(郭沫若)의 입장부터 살펴보자. 공자는 백성이 교육을 받아야 한다고 생각했으며, 이것은 노예제 시대에 귀족의 자제만이 교육을 누릴 권리가 있었던 것과는 전혀 다르다. 그는 인도(仁道)의 선전자이므로 배우는 일이 인도와 관련되었고, 가르치는 일도 당연히 그것과 관련되었다고 생각했다. 그는 빈자와 부자를 구분하지 않았고 대상을 가리지도 않았다. 그는 교육에는 차이가 없다〔有敎無類〕고 생각했다. 당연히 제자를 받아들이는 데 털끝만큼의 조건도 없었다. 다만 '마른 쇠고기 열꾸러미'〔束脩〕를 갖고 오는 예의를 취하기만 하면 가르쳐 주었다. 즉 공자는 "보(脯) 한 묶음 이상을 가지고 와 스승 뵙는 예를 차리기만 해도 내 일찍이 가르쳐 주지 않은 적이 없었다."[110]고 하였다.[111] 김익수는 이것을 평민교육(平民敎育)이라고 표현하였고,[112] 장기적(張其昀)은 "사해 안에

106) 蜂屋邦夫, 앞의 책, 한예원 옮김, 57~58쪽 참조.

107) 郭沫若, 『中國古代思想史』, 조성을 옮김, 까치, 1991, 113쪽.

108) 「衛靈公」, 15 · 39. "子曰: 有敎無類."

109) 황간은 "사람에게는 귀천이 있으나 다 같이 가르침에 힘입게 해야지, 그 종류가 서민과 천민이라 하여 가르치지 않아서는 안 된다."고 해석하였다. 주희는 사람의 본성은 다 선하므로 착한 부류의 사람과 나쁜 부류의 사람을 막론하고, 가르치게 되면 누구나 다 본래의 선한 본성을 회복하여 그러한 차별도 없어진다고 보았다. 동양고전연구회, 『논어』, 226쪽.

110) 「述而」, 7 · 7. "子曰: 自行束脩以上, 吾未嘗無誨焉."

서는 모두가 형제"[113]라는 자하(子夏)의 말을 인용하면서 '유교무류'는 오늘날 의무교육의 효시로서 그것과 완전히 부합되는 것이라고 주장한다.[114]

한편, 남상호는 "공자의 교육 대상에는 신분의 빈부귀천이 없었지만 현실적인 제약은 있었다. 능력상 하우(下愚)가 아닌 중인(中人) 이상이라야 가능했으며,[115] 한 속의 육포를 가져와 스승 뵙는 예를 행해야 하는 등의 기본적인 것은 요구했던 것이다. 뿐만 아니라 학생의 분발하는 마음 또한 전제되어야 한다."[116]고 해석했다. 실제로 교육에서 학생의 배우고자 하는 열의와 학습 동기는 그 효과 면에서 중요한 요인이 될 수 있다. 그래서 공자는 "알려고 애쓰지 않으면 일깨워 주지 않고, 표현하려고 애쓰지 않으면 틔워 주지 않는다. 한 모서리를 들어 주었는데도 다른 세 모서리를 헤아리지 못한다면 되풀이하여 가르치지 않는다."[117]고 하였다. 진대제(陳大齊)도 유교무류(有敎無類)의 '류'를 빈부귀천의 신분적 종류로 보지 않고, 능력의 부류로 보았다. 그리고 그는 이때의 능력을 주희의 입장과 같이 도덕적인 능력으로 보았다. 그는 다음과 같이 주장한다. "다만 가르침만 있고 종류는 없다. 이로부터 추론하면 최상과 최하 양극단의 사람도 교육을 받을 필요가 있다. 지극히 지혜로운 사람은 비록 악(惡)으로 변화하는 것이 쉽지 않지만 교육을 실시하면 선(善)한 것 위에 선을 더할

---

111) 郭沫若, 앞의 책, 조성을 옮김, 113쪽.

112) 김익수, 앞의 책, 111쪽 참조.

113) 「顔淵」, 12 · 5. "司馬牛憂曰: 人皆有兄弟, 我獨亡." "子夏曰: 商聞之矣: 死生有命, 富貴在天. 君子敬而無失, 與人恭而有禮. 四海之內, 皆兄弟也. 君子何患乎無兄弟也?"

114) 張其昀, 앞의 책, 華岡校友會 譯, 135~37쪽.

115) 「雍也」, 6 · 21. "子曰: 中人以上, 可以語上也; 中人以下, 不可以語上也." 참조.

116) 남상호, 앞의 책, 257쪽.

117) 「述而」, 7 · 8. "子曰: 不憤不啓, 不悱不發, 擧一隅不以三隅反, 則不復也."

수 있다. 지극히 어리석은 사람은 비록 선으로 변화하는 것이 쉽지 않지만 교육을 실시하면 얼마쯤은 선을 기르고 악을 제거할 수 있다. 그러므로 교육은 최상과 최하 양극단의 사람에게도 역시 효과가 있다. 다만 그 효과는 크지 않을 따름이다. 중간 부류의 사람들은 원래 선할 수도 악할 수도 있는데 선으로 변하거나 악으로 변하는 주요 결정권은 습관에 달려 있다. 습(習)은 곧 환경의 영향을 받는 것이니 요즘 말하는 가정교육, 학교교육, 사회교육 더 나아가서 인격에 영향을 줄 수 있는 일체의 힘을 포괄한다. 그러니까 일반인에 대해서 말하면 교육은 효과가 있을 뿐 아니라 그 효능이 또한 매우 강대하다."[118)]

6) 교육의 방법

공자는 위대한 학자요, 훌륭한 교육자였으므로 자신만의 독특한 교육 방법이 있었고, 그 방법을 사용하여 훌륭한 제자들을 많이 길렀다. 원대한 교육의 목표를 세워서 좋은 교육과정(내용)을 만들고 실력 있는 선생과 능력과 열의를 겸비한 학생이 열심히 가르치고 배우려고 해도 적절한 교육방법을 사용하지 않는다면 능률이 오르지 않을 것이다. 따라서 교육의 방법은 교육에 있어서 다른 어떤 구성 요소 못지않게 중요하다고 할 수 있다. 공자는 누구보다도 이 사실을 잘 알고 있었으므로 다양한 방법으로 최적의 맞춤식 교육을 펼쳤던 것이다.

다만 이 논문의 전체 주제인 학습관에 대한 전통적 해석과 새로운 해석의 비교를 논의하는 과정에서는 교육의 방법 문제가 중요한 토론 거리가 아니므로 여기에서 그 내용을 언급하는 것은 생략하도록 하겠다.

---

118) 陳大齊, 『공자의 학설』, 안종수 옮김, 이론과 실천, 1996, 379쪽.

6. 맺는 말

지금까지 공자의 학습관에 대한 전통적 해석을 살펴보았다. 공자는 열악한 환경에서 자라났으나 학문에 뜻을 세우고 열심히 공부하여 일가를 이루었으니, 다름 아닌 유가이다. 그래서 그는 중국 최초로 사학을 번창시킨 인물로 일컬어진다. 그는 독학으로 큰 학문적 성취를 이루어 위대한 학자가 되었고, 인격적으로는 성인이 되었으며, 자신이 공부한 내용을 후학들에게 전수하는 데도 탁월한 능력을 발휘하여 훌륭한 교사가 되었다.

이 논문은 공자의 학습관에 대한 전통적 해석과 새로운 해석의 차이점을 살펴보고, 그 원인을 밝혀 보려는 목적으로 씌여졌다. 그 과정에 학습관과 밀접한 관련이 있는 학문관과 교육관까지 다루게 되었다. (전통적 해석의 입장에서는 학문과 교육을 중시하고 학습에는 거의 주목하지 않았다. 반면에 새로운 해석의 입장에서는 학습을 중요하게 다룬다.) 나아가 이 용어들이 갖는 전통적인 개념과 현대의 우리가 사용하는 이 말들의 개념이 어떤 차이가 있는가를 알아보려고 하였다. 그런데, 아쉽게도 지면상(분량)의 관계로 이 논문에서는 전통적인 해석의 내용만을 다루게 되었다. 새로운 해석과 양자의 비교, 그리고 개념의 차이 등에 관해서는 다음에 별도의 논문으로 발표하겠다.

전통적인 해석에서는 학문 · 교육 · 학습을 거의 같은 의미로 사용한다. 그래서 본론에서 이 내용들을 모두 다룬 것이다. 그러나 다음 논문에서 다룰 새로운 해석에서는 이들을 구별한다. 또한 후자의 입장에서는 교육을 교(教)와 회(誨)로 나누어 보는데, 전자의 입장에서는 이런 구별을 시도하지 않았다. 『논어』에는 학(學) · 문(問) · 습(習) · 교(教) · 회(誨) · 사(思) 등의 말들이 한 글자로서 한 단어의 역할을 하고 있다. 그러던 것이 뒷날 학문(學問) · 학습(學習) · 교육(教育) 등 두 글자 한 단어의 말로 바뀌어 나타나기도 하는데, 고전 속에서는 여전히 한 글자로 이루어진 단어가 훨씬 자주 사용되었다. 한 글자로 이루어진 단어는 그 의미가 포괄적인 데 비하여 두 글자로 이루어진 단어는 의미가 제한적이고 더 명확하다. (고전 속의 한 글자로 이루어진 단어를 두 글자의 단어로 번역할 때 의미상의 차이가 생기는 경우가 허다하다. 오늘날 고전의 번역에 가장 큰 애로 사항이 바로 이 점이다.) 현대에 서양 학문이 수입되어 번역될 때 대개 두 글자 이상의 단어를 사용했고, 오늘날 이것이 일반적으로 사용되고 있다. (두 글자로 이루어진 단어들의 대부분이 이미 서양 학술 용어의 번역어로 사용되었기 때문에, 동양 고전 속의 한 글자 단어를 두 글자 단어로 바꾸어 쓸 말이 없다. 그렇게 했을 경우에는 서양 학문의 개념과 혼란이 일어나 어려운 문제가 발생한다.) 그러므로 우리가 사용하고 있는 말들, 특히 학술 용어의 개념을 우리 것으로 정착시키기 위해서는 원래의 개념과 용법, 그리고 그 개념의 변천 과정을 살펴보는 일도 필요하리라고 본다. 본 논문이 의도하는 목적 가운데 하나도 이것이다. 이 논문은 이런 목적을 이루기 위한 하나의 시론으로 씌여진 것이다.

공자(孔子)에 있어서의 인(仁)의 내재성(內在性) 연구(보충)*

— 핑가레트의 인외재설(仁外在說)에 대한 반론을 겸하여

| **유일환**(전 충남대 강사) |

1. 서론

공자(孔子)에 관한 연구 중에서 최근 한 세대 안에 가장 주의를 끈 것의 하나는 핑가레트의 예(禮)의 관점에서 해석한 공자의 철학[1]이라고 할 수 있다. 95쪽인 이 소책자의 내용은 잘 알려진 중국학 학자들에 의해서 '철

---

* 이 글은 같은 논제로 『동서철학연구』 제30호(한국동서철학회, 2003. 12.)에 실린 것을 일부 보충한 것임.

1) Herbert Hingarette, *Confucius : The Secular as Sacred* (Prospect Heights, Illinois : 1998 reissued by Waveland Press, Inc.) 이 책은 내표지와 목차 서문이 11쪽, 본문 84쪽으로 모두 95쪽의 분량이다. 이 책은 한국어판으로 두 종류의 번역본이 나와 있다. Herbert Hingarette 저, 『孔子입니다 聖스러운 俗人』, 盧仁淑 역, 일선기획, 1990. 이 책 板權紙의 지은이 표시는 잘못되어 있어 교정했다.; H. 핑가레트 저, 『공자의 철학 - 서양에서 바라본 禮에 대한 새로운 이해』, 송영배 역, 서광사, 1993.

학적으로 고무된 공자에 관한 책', '이 훌륭한 작은 책은 공자를 해석한 현대의 고전이다.', '50년간 공자를 연구해 오는 동안 나는 핑가레트 교수의 이 책보다 고무적인 다른 어떤 저술도 본 기억이 없다.'[2]라는 등등의 격찬[3]을 들었고 "이 책이 출간된 후 이내 학계의 지대한 관심을 불러 일으켰고, 철학잡지 *Philosophy East and West*에 몇 차에 걸쳐 서평, 질의, 논박, 그리고 이에 대한 저자의 답변이 기재되었으므로 미루어 이 책이 갖는 영향력과 그 가치는 이미 객관적인 평가가 이루어진 것이라고 생각[4]할 수 있다.

그 중에 필자의 주목을 끈 것은 핑가레트의 인(仁)의 근원에 대한 주장으로서 이른바 인외재설(仁外在說)[5]이다. 공자의 철학을, 예의 실천을 통한 인간의 인간다운 존엄성을 강력히 옹호하는 철학[6]으로 파악하는 핑가레트의 견해는 공자 이해에 있어서 참신한 관점을 보여 주고 있다고 할 수 있을 것이다. 그런데 그는 '신성스런 예식'에 참여하는 사람에게서 드러나는 '인(仁)'이 결코 인간 내면의 심리학적 의미를 가지지 못한다는 견해를 일관되게 견지하고 있다. 나아가 그는 『논어』 가운데의 여러 중요 개념들이 역시 인간 내면의 심리학적 의미를 가지지 못함을 강조하고 있다. 핑가레트에 의하면, 그것은 공자가 그런 의식을 전혀 가지지 못하였기 때문으로, 『논어』의 중요 개념들을 인간 내면을 다룬 것으로 보는 기

---

2) 송영배, 앞의 책, 7쪽.

3) 앞의 책, 盧仁淑 역, 5~6쪽의 「노인숙 교수께」 참조. 이곳의 글은 저자인 핑가레트가 번역자 盧仁淑 교수에게 보낸 편지글이다.

4) 앞의 책, 盧仁淑, 141쪽, 「역자 후기」.

5) "仁外在說"이라는 말은 필자가 命名한 것이다. 핑가레트는 上記의 책에서 禮를 중심으로 孔子의 철학을 논하는 가운데 일관되게 仁은 결코 심리학적 개념이 될 수 없다는 주장을 견지하고 있다. 달리 말해 廣義의 仁이 외재적 이라는 말에 다름 아니다.

6) 송영배, 앞의 책, 6쪽.

존의 관점으로 이해해서는 안 된다는 것이다. 따라서 공자의 인(仁)에 관한 논의는 예식에 참여하는 가운데에서 드러나는 인간의 존엄성의 근거로서 역시 외재(外在)하는 것으로 귀결된다. 필자는 이 논문을 통하여 인(仁)의 내재성(內在性)을 검토하고 아울러 핑가레트가 주장한 인외재설(仁外在說)의 관점에 반론을 제기하고자 한다.[7)]

2. 고자(告子)의 이른바 인내의외설(仁內義外說)

공자 나아가 유가(儒家)에서 설하는 도덕적 개념들이 외재적인 것인가 아니면 내재적인 것인가 하는 문제는 일찍이 전국시대 중기에 고자(告子)가 제기하였다.

> (고자가 말하였다.) "인(仁)은 (마음에) 내재하는 것이지 (몸 밖에) 외재하는 것이 아니다.〔仁, 內也, 非外也.〕 의(義)는 외재하는 것이지 내재하는 것이 아니다."〔義, 外也, 非內也.〕 맹자(孟子)가 말했다. "무엇을 가지고 인(仁)은 내재하는 것이고 의(義)는 외재하는 것이라고 하는가?"
>
> (고자가) 말하였다. "저 사람의 나이가 많아서 내가 그를 나이 많은 사람으로 받드는 것이지 나한테 나이 많은 것이 있는 것은 아니다. 그것은 마치 저것이 희어서 내가 그것을 희다고 여기는 것과 같다. 그것이 외부에서 흰 것에 따라가는 것이기 때문에 외재적인 것이라고 하는 것이다."

---

7) 이 글의 범위는 『論語』에 한정시킨다. 핑가레트의 論議가 그러하기 때문이다. 핑가레트의 주장에 대한 기존의 평가, 논평들, 그리고 저자의 답변에 대한 자료는 입수하지 못하였으므로 이 글에서 참조할 수 없었다.

(맹자가) 말하였다. "다르다. 백마(白馬)의 흰 것에서는 백인(白人)의 흰 것과 다름이 없다. 모르기는 하겠지만, 말의 나이 많은 것을 나이 많다고 여김이 사람의 나이 많은 것을 나이 많다고 여김과 다름이 없겠는가? 또 나이 많은 것을 의(義)라고 하는가, 나이 많은 이로 받드는 것을 의(義)라고 하는가?"[8]

이것이 고자의 이른바 인내의외설(仁內義外說)로서, 인(仁)이 내재한다는 점에 대해서는 고자가 설명하고 있지 않다. 엄격하게 논하면 고자는 인(仁)과 의(義)는 성(性)을 조작 내지 왜곡시킴으로써 생기는 것이라는 근본 관점에 서 있었으므로[9] 주자(朱子)의 견해처럼 인내(仁內)라고 하기보다는 '의(義)'에 비해서 내적(內的)이라는 견해로 보이지만[10] 먼저 의외설(義外說)을 다룬다.

고자는 저 사람이 나이가 많아서 내가 그를 어른으로 공경하는 것이고 어른 됨은 저 사람에게 있지 나에게 있는 것이 아니므로 백색(白色)이 외부에 보이는 경우와 같은 것이라고 설명하고 있다.[11] 이에 대해 맹자는 늙은 말과 늙은 사람을 대하는 것은 다를 수밖에 없으니, 노인의 경우에 경

---

8) 焦循, 沈文倬 點校, 『孟子正義』, 北京, 中華書局, 1987, 「告子章句上」, 743~744쪽. "(告子曰 :) "仁, 內也, 非外也. 義, 外也, 非內也." 孟子曰 : "何以謂仁內義外也?" 曰 : "彼長而我長之, 非有長於我也. 猶彼白而我白之, 從其白於外也. 故謂之外也." 曰 : "異. 於白馬之白也, 無以異於白人之白也. 不識, 長馬之長也, 無以異於長人之長與? 且謂長者義乎, 長之者義乎?"" 이하의 原文과 인용 쪽수는 이 책을 기준으로 한다. 표점은 필요시에 필자가 수정하였다. 『新完譯 孟子』(下), 車柱環 역, 명문당, 1970, 20~21쪽 참조.

9) 蕉循, 앞의 책, 「告子章句上」, '性猶杞柳也章' 第一, 732쪽. "告子曰 : "性, 猶杞柳也; 義, 猶棬也. 以人性爲仁義, 猶以杞柳爲桮棬."" 이 논문에서의 『孟子』 章名은 車柱環 譯本에 따랐다.

10) 明 胡廣 等撰修, 『孟子集註大全』, 卷之一, 『孔子文化大全』, 『四書大全』(三), 同編輯部, 山東省 濟南市 : 山東友誼書社, 1989, 2727쪽 참조. "…… 但比義差在內耳."

11) 『趙岐注』, 같은 곳. "告子言見彼人年長大, 故我長敬之. 長大者, 非在於我也, 猶白色見於外也."

(敬)이라는 가치 관념이 개입되는 것이며, 또한 단지 나이가 많다는 사실에서는 의(義)의 문제가 발생할 수 없고 '나이 많은 이'를 받들 때〔長〕 비로소 의(義)는 문제가 발생할 수 있음을 분변(分辨)하고 있다. 인용문에 계속된 말 역시 같은 관점에서 고자와 맹자 사이의 주장이다. 동편(同篇) 제5장 「선작향인장(先酌鄕人章)」의 다음 대화에서는 좀 더 분명하게 맹자의 견해가 나오고 있다.

맹자가 (공도자에게) 말했다. "'숙부를 공경하는가, 아우를 공경하는가?' 고 물으면 그 사람은 '숙부를 공경한다' 고 말할 것이다. '아우가 시위(尸位)에 있으면 누구를 공경하는가?' 고 하면 그 사람은 '아우를 공경한다' 고 말할 것이다. 그대가 '(그렇다면) 그가 숙부를 공경하는 것은 어디에 있는 것인가?' 하고 물으면 그 사람은 '(시동이 있어야 할) 자리〔位〕에 있기 때문이다.' 라고 말할 것이다. 그대 역시 '(향인이 빈객의) 자리에 있기 때문이다' 고 말하라. 늘 공경하는 것은 형에게 있고, 이렇게 잠시 동안 공경해야 하는 것은 향리 사람에게 있는 것이다."[12]

맹자는 숙부와 아우와 향인을 대함에 있어서 평상시와 잠시라는 특수한 경우의 차이[13]에 따라 그 공경의 대상이 달라질 뿐이어서 숙부를 공경함은 **내심(內心)의 발로(發露)**이므로 이처럼 '어른을 어른으로 **공경하는 것**' 으로 의(義)의 내재를 설명하고 있다.

그런데 필자는 인의(仁義)의 내재를 설명함에 있어서 진일보한 해석이

---

12) 焦循, 같은 책, 「告子章句上」, 제5장. "孟子曰 : "'敬叔父乎? 敬弟乎?' 彼將曰 : '敬叔父.' 曰 : '弟爲尸, 則誰敬?' 彼將曰 : '敬弟.' 子曰 : '惡在其敬叔父也?' 彼將曰 : '在位故也.' 子亦曰 : '在位故也.' 庸敬在兄, 斯須之敬在鄕人."" 『孟子』(下), 車柱環 역, 24쪽 참조.

13) 『趙岐注』, 같은 책, 746쪽. "庸, 常也. 常敬在兄, 斯須之敬在鄕人也."

시도되어야 한다고 생각한다. 『맹자』「고자(상)」에는 맹자와 고자(2회), 맹계자(孟季子)와 공도자(公都子), 맹자와 공도자, (맹)계자와 공도자[14] 사이에 모두 5회에 걸쳐 의(義)의 내재·외재에 대한 논변이 이루어지고 있으나 상대방이나 독자에게 심지어 맹자의 제자인 공도자조차도 간단히 이해된 것은 아니었다.

우리가 의외설(義外說), 곧 의외재설(義外在說)을 주장하는 쪽과 의내설(義內說), 곧 의내재설(義內在說)을 주장하는 쪽의 견해를 검토해 보면 모두 변함없이 다음의 관점에 서 있음을 알게 된다. 즉, 의외설을 주장하는 견해는 항상 '예적 공동체(禮的 公同體)의 관계성'에 중점을 두고 있으며, 의내설은 '도덕가치가 발로되는 개인의 주재성'에 중점을 두고 있다. 이 견해가 인간 본성에 관한 정의(定義)와 함께 연계되어 설명되어지고 있어서 쉽게 이해되어지지 않는 점이기도 하다. 다시 말해 의외설을 지지하는 쪽에서는 자아〔Self〕를 '상호 관계성' 속에서 찾고, 의내설쪽에서는 '내면적 주재성' 속에서 자아를 규정하고 있다. 비록 의외설이 인간 본질로서 내재하는 가치의식의 발로와 자각에 있어서 인(人)·물(物)의 본질을 뒤섞어서 경험세계와 가치세계를 혼동하고 있으나[15] 공자 이래로 유가에서 안인(安人)의 과정으로서 예적 관계성(禮的 關係性)에 대한 자아의 공동체적 의식은 여전히 중대한 의의를 지니고 있다. 이런 자아를 필자는 우리我〔Woori's Self〕라고 부르고, 또한 개개인의 도덕 가치와 자각의 주재성을 가지는 것을 개체아〔Individual Self〕라고 부른다.[16] 양자는 중첩

---

14) 焦循, 같은 책, 제5장, 747쪽. "季子聞之, 曰 : "敬叔父則敬, 敬弟則敬, 果在外, 非由內也." 公都子曰 : "冬日則飮湯, 夏日則飮水. 然則飮食亦在外也?"

15) 勞思光 저, 『中國哲學史』(古代篇), 鄭仁在 역, 128~133쪽 참조.

16) 여기에서 自我는 자기 정체성을 유지시켜 주는 것, 인간의 내적 확립을 자아의 정립으로 보는 일반적 의미로 사용하였다. 필자가 파악하는 공자에 있어서의 인간은 心身一切的, 天人相關的, 自他不二的인 중심 의미가 있다. 『논어』에서 자아의 문제를 논

되기도 하지만 결코 완전히 같지는 않다. 공자 이래 유가는 개체아를 진덕 수신(進德 修身)〔修己〕에서 중심으로 삼고 통치 문제〔安人〕에서는 이를 확충하여 우리我의 극진한 발휘를 주지(主旨)로 하고 있다고 볼 수 있다.

인용문을 보면 고자가 "저 사람의 나이가 많아서 내가 그를 **나이 많은 사람으로 받드는 것**이지 나한테 나이 많은 것이 있는 것은 아니다.", "초(楚)나라 사람의 나이 많은 이를 어른으로 받들고 역시 나의 어른을 어른으로 받드는데 이것은 **어른을 기쁘게 하는 것**이기 때문이다."[17] 등등의 주장에서 그를 **나이 많은 사람으로 받드는 것**이나 **어른을 기쁘게 하는 것**은 모두 **예적(禮的) 상호관계** 속에서 구현된다. 동시에 공동체 안에서 참여하는 나의 존엄성이 보지(保持)되고 있어서 인성(人性)으로 말하면 우리我의 발휘로 볼 수 있다. 맹자가 나이 많은 말과 나이 많은 사람을 대하는 공경함, 신위(神位)에 있는 동생을 공경함은 예적(禮的) 상호질서 관계를 규정하는 기저로서 개체아의 발휘가 중심이 되고 있어서, 가치의식이나 가치자각의 발로로서의[18] 의(義)는 모두 나 안에 구유하고 있는 것이다. 이것은 공자가 "의(義)로써 바탕을 삼고 예(禮)로써 행한다."[19]고 한 말에 다름 아니다.

인(仁)에 있어서는 "남을 사랑함〔愛人〕"[20]이든 "초월적 의미의 대공(大公)한 경계"[21]이든 개체아를 중심으로 삼고 있음은 분명하다.[22] 이것은 마

하기 위해서는 我, 己, 身, 志, 欲 등의 개념에 대한 분석이 있어야 하겠지만 여기서는 상론하지 않는다.

17) 焦循, 앞의 책, 「食色性也章」, 第四, 744쪽. "(告子曰)長楚人之長, 亦長吾之長, 是以長爲悅者也, 故謂之外也."

18) 勞思光, 앞의 책, 68~69쪽 참조.

19) 『論語』, 「衛靈公」. "子曰: "君子義以爲質, 禮以行之.""

20) 『論語』, 「顔淵」. "樊遲問仁. 子曰: "愛人.""

21) 勞思光, 앞의 책, 73쪽.

치 찬 물이나 더운 물을 찾는 것이 마음에 욕구하기 때문[23]인 것과 같다.

요컨대, 『맹자』에 나타나는 인내(仁內) · 의내(義內)의 문제에 대한 쟁론에서 행위의 동인이 인간 안의 심성세계에 내재하므로 인내 · 의내가 될 수밖에 없음이 맹자의 주장의 논거로서 이것은 공자와 다르지 않다.[24]

3. 『논어』, 『맹자』 해석의 검토: 중국인의 사유 특성에서의 접근

나카무라 하지메(中村元)는 『중국인의 사고방식』에서 중국인의 사유방식이 추상적 사유능력이 부족함을 여러 예를 들어 밝히고 있다.[25] 이런 결론은 문자로 쓰인 문헌을 통해서 귀납적으로 증명한 것이다. 나카무라 하지메가 불교 학자이므로 대개 한문으로 번역된 불교 서적을 통해서 얻은 결론이다. 불교는 한대(漢代)에 중국에 전래되어 위진남북조 이후에 불교적 사유가 중국적 사유에 영향을 주고 있다. 불교의 깊은 내재적 자아 관조가 중국인의 사유에 광범위하게 영향을 준 상황 아래에서 이렇게 분석되고 있다는 것은 불교가 전래되기 이전의 고대 중국의 사고방식에서는

22) 仁義禮智를 포괄하는 廣義의 仁은 개체아의 발휘가 우리我의 극진함에 이른 것으로 볼 수 있다.

23) 焦循, 앞의 책, 747쪽, 『趙岐注』. "湯水雖異名, 其得寒溫者, 中心也. 雖隨敬之所在, 亦中心敬之, 猶飮食從人所欲, 豈可復謂之外也."

24) 핑가레트는 "유럽적 관념", "불교와 도교적 사고"를 배제하고 보아야 한다고 하고 있는데(송영배 역, 17쪽), 『老子』의 사고가 혹시라도 『맹자』에 나타난다면 그것은 戰國 중기 이전의 공통된 중국적 사고이지 『노자』 영향이라고 볼 수 없을 것이다.

25) 中村元 저, 『中國人의 사유방법』(原題 : 東洋人の思惟方法 2), 金知見 역, 도서출판 까치, 1990, 「제 3장 추상적 사유의 미발달」 참조. 項退結도 이 관점을 일부 수용하고 있다. 項退結 저, 『中國民族性硏究』, 홍인표 역, 을유문화사, 1975 참조. 특히 55~61쪽 「사고방식」 부분.

더욱더 중국적 특성을 드러내고 있다고 보는 것이 당연하다. 필자는 이에 근거하여 논해 본다.

예를 들어 『맹자』 「진심(상)」편을 보자.

> 맹자가 말했다. "구하면 얻어지고 버려두면 잃어버리는 경우에는 구하는 노력은 얻는 데에 유익하다. 나에게 있는 것을 구하기 때문이다〔求在我者也〕. 구하는 데 도(道)가 있고 얻는 데 명(命)이 있는 경우에는 구하는 노력은 얻는 데에 무익하다. 나 밖에 있는 것을 구하기 때문이다〔求在外者也〕."[26)]

"나에게 있는 것〔在我者〕"라는 표현은 '있다' '없다'의 개념이 아니라 '본래부터 (내 안에) 가지고 있다'는 뜻이다. 『맹자집주(孟子集註)』에는 "인(仁)·의(義)·예(禮)·지(智)를 이르는데 본성이 (안에) 지니고 있는 것이다."[27)]고 하고 있는데 '안에〔在〕'라는 의미는 뒤 문장에 "나 밖에 있는 것〔在外者〕"이라는 '밖〔外〕'과 대응되는 개념으로 사용된 것을 보아도 분명히 알 수 있다. 그렇지만 맹자나 주자는 모두 '내(內)'나 '중(中)'이라는 말을 사용하지 않고 있다.[28)] 겨우 최근 양백준(楊伯俊)의 『논어석주(論

---

26) 蕉循, 앞의 책, 「盡心(上)」, 882쪽. "孟子曰 : "求則得之, 舍則失之, 是求有益於得也, 求在我者也. 求之有道, 得之有命, 是求無益於得也, 求在外者也."" 車柱環, 『新完譯 孟子』(下), 216~217쪽 필자 改譯.

27) 朱熹, 『孟子集註』. "在我者, 謂仁義禮智, 凡性之所有者."

28) 漢代 趙氏의 注에는 "謂修仁行義, 事在於我, 我求則得, 我舍則失. 故求有益於得也."라고 하고 있어서 仁을 닦고 義를 행하는 行爲로 보아 "在我"를 그냥 '나에게 달려 있다'는 정도로 해석하고 있다. 이 관점은 성리학과 훈고학의 차이라는 학문배경에서 발생한다. 『맹자』 원문의 "求則得之, 舍則失之"는 古語에서 상용되는 말이지만 그 말에 해석을 한 맹자철학에서 보든지 이 章이 속한 篇을 보아도 『집주』의 설이 맹자의 본의에 가깝다. 宋代 13경주소의 孫奭 疏에서도 이 점은 알 수 있다. "正義曰, 此章言爲仁由己富貴在天者也. 孟子言仁義禮智性之所有, 如就性而求之則得之, 舍而不求則亡. 是則仁義禮智求之有益於得者也. 是求之在我者也. 以其仁義禮智, 有生之初, 性固有者, 是

語譯注)』에서야 "내 자신의 안〔內〕"으로 옮기고 있다.[29)]

또한 맹자는 "만물이 나에게 갖추어져 있다(萬物皆備於我矣)."고 하고 있는데 역시 성(性)이나 심(心)으로밖에 설명할 수 없음이 명백하지만[30)] 추상적으로 '온갖 사물의 이치'라고도 충분히 할 수 있었음에도 불구하고 그냥 "만물"이라고 구체적으로 표현하여 대화하고 있고 온갖 사물의 이치를 알 수 있는 '보편적 자아'[31)]를 그냥 "나〔我〕"라고 표현하여 '내 안에' 갖추어져 있음을 설명하고 있다.

공자의 경우에도 뚜렷하다.

> 사십에 이르러서 (판단에) 혼란을 일으키지 않았고 오십에 천명(天命)을 알았고 '육십에 귀가 순(順)하였다.'[32)]

爲在我者也." 趙氏 注, 孫奭 疏, 『孟子注疏解經』, 권 제13上.(『十三經注疏 附校勘記』, 淸 阮元用文選樓藏本校勘, 淸 嘉慶20年重刊 宋本)

29) 楊伯俊, 『論語譯注』, 中華書局, 1980, 302쪽. "因爲所探求的對象存在於我本身之內." 경서 주석에서 최대한 원문에 가깝게 주석하는 경우에 있어서는 意譯에서와는 달리 일부러 자신의 견해를 注文에서만 설명하는 점도 있다. 그러나 더욱 분명한 것은 전국시대 『맹자』에서 청대 焦循의 『孟子正義』에 이르기까지 그대로 두어도 의미를 전달하는 데에 하등의 불편이 없었다는 점이다. 이 점은 漢字의 다의적 특성 때문이기도 하겠지만 보다 근원적으로는 중국인의 사유방식에서 연유하고 있다고 보아야 할 것이다.

30) 焦循, 앞의 책, 「盡心章句上」, 권26, 882쪽. "孟子曰 : "萬物皆備於我矣. 反身而誠, 樂莫大焉. 强恕而行, 求仁莫近焉."" (趙氏)注, "物, 事也. 我, 身也."; 같은 책, 883쪽, "謹按 : 此章申明知性之義也. 知其性而乃盡其心, 然則何以知其性? 以我推之也. 我亦人也, …… 人之欲卽同乎我之欲, 故曰萬物皆備於我矣."

31) 앞과 같음. "我本自稱之名, 此我旣指人之身, 卽指天下人人之身." 注에서는 '我'를 '身'으로 주석하고 깨달음을 통해 온갖 사물의 이치를 아는 것으로 설명하고 있지만 맹자철학에서 知性, 知心하는 것은 분명히 그 身 '안의 자아'인 것이다. 본래 사람의 온몸을 心과 身으로 나누어 보지 않는 동양적 관념에 기인하기도 하지만 漢代의 注 역시 구체적 표현이라는 중국적 사고방식의 특색으로 볼 수 있다.

32) 『論語』, 「爲政」. "四十而不惑, 五十而知天命, 六十而耳順."

이 중 '육십에 귀가 순(順)하였다〔六十而耳順〕.'라는 공자의 언급은 오늘날 해석에 있어서 보는 사람을 당혹하게 할 수밖에 없을 것이다. 한편으로 '순(順)'은 '혹(惑)'이나 '천명(天命)'처럼 그 의미를 해석해 낼 수 있는 명확한 언표인 듯하지만 '귀〔耳〕'에 덧붙여 있어서 오히려 가늠하기가 더욱 어렵게 되어 있다. 차라리 '육십이순(六十而順)' 하면 보다 용이하게 접근할 수도 있을 것이다. 단지 "귀가 순하다." 하여 구체적인 몸의 일부를 지칭함으로써 『논어』를 읽는 오늘날의 우리로 하여금 당혹하게 하는 것이다. 그러나 공자가 만년에 이 말을 제자들에게 하던 상황에서 제자들이 그 의미를 명백하게 요해(了解)하진 못했을지라도 그 대체의 내포의미는 추지(推知)할 수 있었을 것이다. 이런 그 당시 제자들과 공자 사이의 이해의 공간은 오늘날 유가의 철학에 익숙하지 않거나 공자의 철학체계를 분명하게 요해(了解)하려고 하는 사람에게는 자신의 선입견을 버리고 공자의 삶의 세계를 총체적으로 끊임없이 반추하도록 요구하는 것이다.

『설문해자(說文解字)』에 의하면 성(聖)과 성(聲)은 통하는 글자로서 성(聖) 자에 '이(耳)'가 있는 것은 이순(耳順)과 성(聖)과의 관련성을 나타내고 있고, '성(聖)'이 어느 분야에서 정통한 것을 뜻하며[33] "최근에 발굴된 『노자(老子)』 백서(帛書)에 의하면, 보다 고본(古本)인 갑본(甲本)은 성인(聖人)을 '성인(聲人)'으로 표기하고 있고, 을본(乙本)은 '耶'으로 표기하고 있다. …… 모두 소리(聲)를 귀(耳)로 듣는다(聽)는 뜻이다. 여기서 '소리'란 곧 '신의 소리'다. 성(聖)이란 곧 '신의 소리를 들음'이다."[34] 반드시

---

33) 許身 撰, 段玉裁 注, 『說文解字注』, 上海, 上海古籍出版社, 1981, 「十二篇上」, 耳部, 聖字條, 592下쪽. ", 通也, …… 聖, 叡也. 「洪範」曰, 叡作聖. 凡一事精通亦得謂之聖. 从耳. 聖从耳者謂其耳順. 『風俗通』曰, 聖者, 聲也. 言聞聲知情, 按聲聖字相假借."

34) 김용옥, 『檮杌論語』[1], 통나무, 2000, 71쪽. 이곳의 聖에 관한 설명은 全人格者의 의미가 아니라 孔子를 '聖人의 후예' 라고 한 聖의 本義를 설명하는 중에 나온 말이다.

'신의 소리'를 뜻하는지는 회의가 들기도 하지만 고대 중국에 있어서는 전문가의 능력이나 상달(上達)의 경지를 귀〔耳〕를 가지고 표현하고 있는 것이다.

"이순(耳順)"에서 '눈〔眼〕'이 아니라 '귀〔耳〕'인 것은 당연히 눈으로 보는 것보다 귀로 듣는 것이 더욱 광범위하여[35] 현실에서의 이상실현을 위해 공자가 파악하려고 했던 정치, 사회, 국제정세 등의 실정(實情)을 이해하는 데 직접적이기 때문이다. "순하다〔順〕"는 말은 '거슬리지 않는다'[36]고 하면 더욱 이해하기 쉽다. '무엇이'(主體) '무엇과'(對象) 거슬리지 않는다는 것일까? 대상으로서의 무엇은 귀로 듣는 모든 것이며, 그것 안에는 듣는 천하 현실의 실정은 물론이고 현실에 반영된 과거의 실정까지를 포괄한다.[37] 그 중에는 좋은 소리, 나쁜 소리가 모두 있다. 또한 보는 것까지도 포괄한다. 공자가 "덕(德)이 닦여지지 않는 것, 학문이 익혀지지 않는 것, 의(義)를 듣고도〔聞義〕 옮겨가지 못하는 것, 선(善)하지 않음을 고치지 못하는 것, 이것들이 나의 근심이다."[38]라고 한 말에서 "의(義)를 듣는다〔聞義〕."는 것은 '눈으로 보는 것'을 포괄하고 있기 때문이다.

요컨대 나 밖으로부터 들어오는 정보의 총칭을 말하는 것이다. 주체로서의 무엇은 한마디로 하면 심(心)이라고 할 수 있다. 여기의 심(心)은 후대(後代)의 정다산(丁茶山)이 말한 "안으로는 함축(含蓄)되어 있고 밖으로는 운용(運用)되는 것"[39]으로 "다시 말하면 향외적(向外的) 활동의 능

---

35) 程樹德 撰, 程俊英 · 蔣見元 點校, 『論語集釋』一(『新編諸子集成』(第一輯), 北京, 中華書局, 1990), 76쪽, "【發明】慈湖訓語(駁異引) : 目之所見猶寡, 耳之所接爲多."

36) 劉寶楠 · 劉恭冕 撰, 高流水 點校, 『論語正義』, 中華書局, 1990, 45쪽. "焦氏循補疏 …… 順者, 不違也."

37) 皇疏引李充云. "耳順者, 廳先王之法言, 則知先王之德行." 앞의 책, 45쪽.

38) 『論語』, 「述而」. "子曰 : "德之不修, 學之不講, 聞義不能徙, 不善不能改, 是吾憂也.""

39) 丁若鏞, 『與猶堂全書』II, 二, 25, 「心性總義」. "惟其含蓄內在運用向外者." 李乙浩, 『茶山

(能)을 갖춘 내재자(內在者)이다. 곧 활성적 내재자(活性的 內在者)인 것이다."[40] 뒤의 "칠십이종심소욕, 불유구.(七十而從心所欲, 不踰矩.)" 에서 쓰인 심(心)의 의미와 같으면서 그 전 단계의 경계로 보아야 자연스럽기 때문이다.

공자는 15세에서 70세에 이르는 인생역정을 말하는 가운데 인(仁) 자를 전혀 말하지 않았다. 그러나 우리는 그 과정 자체가 인(仁)의 성취과정이라는 데에 이의가 있을 수 없다. "공자가 말하는 인(仁)은 분명히 관계론적인 것이지만, 두 사람의 관계에 국한되는 것은 아니다. 그것은 모든 관계, 인적 관계, 물적 관계, 우주론적 관계의 총상과 관련되는 것이다."[41]

인(仁)이 우주론적 관계성을 지닌다면 심(心) 역시 향외적 능력(向外的能力)을 갖추고 있어야 하고, '순하다〔順〕' 곧 '거슬리지 않는다' 함은 주체가 객체와의 만남의 관계에서 그 관계성을 초월해 있다는 것이다. '이순(耳順)' 에서는 '만남' 이라는 관계를 넘어서서 지천명(知天命) 다음 단계로서 본래부터 하나라는 경계에 들어서 있기 때문이다. 만일 주자처럼 "앎이 지극한 데에 이르러 생각하지 않아도 얻어지는 것"[42]이라고 해석한다면 앎〔知〕의 얻음〔得〕을 말하는 수준이어서 불혹(不惑)과 별 차이가 없게 되어 지천명을 요해(了解)할 수 없게 된다.[43] 그러므로 공자의 이순

經學思想硏究』, 韓國文化叢書, 제19집, 을유문화사, 1966, 107쪽에서 재인용.

40) 李乙浩, 앞의 책, 108쪽.

41) (계속) "그리고 그 관계의 성격이 윤리적인 데에 국한되는 것도 아니다. 孔子의 仁은 윤리적인 범주에 머물지 않는다. 그것은 윤리적(ethical)이라기보다는 감성적(Feeling-oriented)인 것이요, 감성적인 것이라기보다는 심미적(esthetical)인 것이다. 그것은 이성적 판단에 기초한 도덕적 요구(postulation)가 아니다." 김용옥, 『檮杌論語』[1], 174쪽.

42) 朱熹, 『論語集註』, 『四書章句集註』, 臺北, 鵝湖出版社, 民國73=1984, 권1, 54쪽. "知之之至, 不思而得也."

43) 徐復觀, 「有關中國思想史中一介基題的考察-釋論語'五十而知天命'」, 『學術與政治之間』,

은 '사리를 분별하여 요해하다'는 뜻으로 말하고 듣는 사람의 상승경지가 나타나고 있다.

다시 중국인의 사유방식의 특성으로서 구상성의 강조라는 관점에서 생각해 보면, 공자와 제자들과의 이해의 공간은 공자가 스스로 육십의 연세에 이르기까지 온몸으로 체오(體悟)한 경지를 단순히 귀〔耳〕라는 몸의 일부를 표현하여 말하여도 능히 이해할 수 있는 상황임을 뜻하고 있으며 이런 상황의 이해야말로 공자철학을 이해하려고 할 때 반드시 거쳐야 하는 과정인 것이다. 주지하듯이 『논어』에서 공자가 하는 말은 그 당시의 가능한 한 구어(口語)에 가깝게 문자로 기록한 것이다. 그리고 공자 당시의 구어는 당연히 중국적 사유 안에서 유통되고 있던 것이다. 그러므로 우리가 공자의 철학을 온전히 이해하려고 할 때 이런 중국적 사유를 이해함으로써 공자철학의 실체에 접근이 가능한 것이다.

4. 핑가레트의 공자 이해의 문제점

핑가레트는 스스로 중국 문자의 특성에 관해서는 알지 못한다고 하고 있으며, 그가 중국학 전문가는 아니지만[44) 『논어』를 통한 공자 이해에 관한 전문가임을 자처하고[45) 자신의 저술관점을 계속 견지하고 있으므로[46)

臺北, 臺灣學生書局, 民國74=1985 再版, 382~383쪽 참조.

44) 앞의 책, 송영배 역, 19쪽 「머리말」 참조.

45) 앞의 책, 송영배 역, 「머리말」 참조. 그곳에서 핑가레트는 『論語』 원전을 중심으로 하고 나머지는 2차 문헌과 주석들을 상당히 참고했음을 밝히고 있지만 자신의 견해가 올바름을 견지하고 있고, 1993년의 「한국어판 서문」에서도 바뀐 점이 보이지 않는다.

46) 송영배 역, 앞의 책, 11~12쪽 「한국어판 서문」 참조. 1972년 초판 이래로 변치 않는 관점이다.

여기에서는 핑가레트가 인(仁)을 내재적 의미를 가지지 못한다고 논한 문제에 관하여 논하고자 한다.[47]

핑가레트가 공자를 이해한 결과는 다음과 같이 『논어』를 해석하는 지평을 가질 것을 주문한 데에서 분명히 알 수 있다.

> 그러나 이곳(제3장)과 이 책의 다른 장들에서 내가 (일관되게) 주장하고 있듯이, 공자에게 있어서 기본적인 것은 비의적(秘義的)인 교리나 주관적(심리적) 상태가 아니라, 바로 공적인 제반 상황에서의 실제 행위이기 때문에, 그는 실제 행위의 맥락에서 말하고 있는 것으로 보아야 한다.[48]

"공적인 제반 상황에서의 실제 행위"로 본 핑가레트의 기본 관점은 분석철학적 연구성과에서 나온 것[49]으로 틀렸다고 할 수 없을 것이다. 그러나 그것은 겉으로 드러난 언어적 표현과 그 실제행위에 머무른 관점으로서 그 행위를 행하도록 하는 인격의 성숙과 그 궁극적 지향을 간과 내지 홀시하고 있다. 또한 핑가레트가 『논어』를 이해하는 관점은 다음에서 분명해진다.

---

47) 핑가레트가 공자를 이해하는 방법론은 필자와 통하는 점이 있다. "원전이 무엇을 말하고 있으며 무엇을 의미하고 있는가, 원전이 무엇을 말하고 있지 않으며 어떤 의미를 함축하고 있지 않은가를 찾아보려고 노력하였다."는 점에서 그러하다. 그러나 그러한 주장의 한계는 공자의 삶의 기반이 되었던 사회적, 역사적 배경에 대한 깊은 이해가 전제되지 않으면 또 하나의 오류로 흐를 가능성이 너무 크다는 점이다. 이 점은 『新約』에서 예수의 말만을 몽땅 뽑아서 탐독한다고 해서 결코 예수의 삶이 균형 잡히게 이해될 수 없는 것과 같다.

48) 앞의 책, 송영배 역, 74쪽. 원문에는 그냥 "비의적"이라 되어 있으나 인용문에서는 같은 책, 74쪽에 의거 필자가 한자로 썼다. 인용문 중의 '( )'는 譯者의 책에서는 '[ ]'로 되어 있는데 이 글의 체제에 맞춘 것으로, 역자가 독자의 이해를 돕기 위해 보충의 말을 가한 것이다. 이하 같다.

49) 앞의 책, 3~10쪽, 「옮긴이의 말」 참조.

> 우리가 해서는 안 될 일은 『논어』에 나오는 공자의 용어를 (개개인의) 심리적 차원의 문제로 보는 일이다. (공자의 이런 핵심적 개념을 전혀 개인의 심리상의 문제로 볼 수 없다는 새로운 시각에서) 이런 것들을 바라볼 수 있는 첫 번째 단계는 인 및 그와 관련된 다른 "덕목"들 그리고 예라는 것 등은, 『논어』 원문에서 '의지', '감정', '내심의 상태'라는 말과는 전혀 관계가 없다는 것을 인지하는 일이다. '그런 이유 때문에' 인을 바로 그 사람의 내적 심리 또는 정신적 상태 또는 그 진행 과정을 지시하는 인으로 치환하는 것에 대비될 만한 것을 『논어』에서는 결코 찾아볼 수 없다. 확실히 그러한 연관 관계에 대하여 체계적으로나 또는 비체계적으로나 전혀 공들인 흔적이 보이지 않는다.[50)]

이처럼 핑가레트는 저술 전반에 걸쳐서 공자의 철학이 내적인 심리개념과는 전혀 관계가 없다고 하고 있다. 당연히 인(仁)도 그렇게 이해하고 있다. 그러나 앞 장에서 논한 바와 같이 이것은 그가 그렇게 표현할 수밖에 없는 중국인의 사유의 특성을 이해하지 못한 데서 오는 한계이다.

핑가레트의 『논어』해석에 있어서 근본적인 오해는 첫째, 『논어』에 표현된 문자의 특성으로 드러나는 중국적 사고방식의 특성을 간과한 데서 시작되고 있다.

계속해서 그는 지적한다.

> 위의 논지에 대해 유일하게 명백한 예외는 「자한」, 9 : 28[51)]과 그것이 반복된 「헌문」, 14 : 30[52)]에서 볼 수 있다. 두 구절에서 인(仁)한 사람은 우(憂: 불행한, 근심스러운, 걱정스러운)하지 않다고 한다. 더구나 그 문장의 앞뒤 맥락은

50) 앞의 책, 송영배 역, 77쪽.

51) 『論語』, 「子罕」. "子曰 : "知者不惑, 仁者不憂, 勇者不懼.""

52) 『論語』, 「憲問」. "子曰 : "君子道者三, 我無能焉. 仁者不憂, 知者不惑, 勇者不懼.""

이것이 (인에) 부수되는 속성이 아니고 오히려 (인의) 특성을 본질적으로 규정하고 있음을 보여 주고 있다. …… 거의 동어 반복적인 성격의 앞의 두 구절은 거의 같은 방법으로 "인한 사람은 우하지 않는다."를 받아들여야 할 것을 시사하고 있다. 우는 인과 반대되는 것이라고 추정해 보는 것은 정당하다. …… 분명히 번역자들은 완전히 일치를 볼 수 없는 한문용어에 대해 적절하고 특정한 유럽의 용어를 무엇으로 정할까 고르고 있는 것이다. 이런 용례들 중에 공통분모가 있는지를 보면, 모든 용례에서 우는 골치 아픈 상태(a troubled condition)를 의미하고 있음을 알 수 있다. ……

하지만 실제로 우가 사용되는 문맥을 따라, 『논어』 원문을 검토해 보면 우리는 다른 그림을 얻게 된다. 「위정」, 2 : 16[53]에는 부모가 자식의 병에 대해 우한다는 말이 있다. 이 문장에서 우리는 객관적이고 불길한 걱정거리, 즉 일정 상황에서의 객관적인 불안감과 연관되어 특징지어진 부모의 모습을 보게 된다. …… 서양인들은 이런 대응의 "걱정거리"를 아주 쉽고도 자연스럽게 "내적인" 심리상태로 한정시키는 것이다. 그러나 **우리들 자신이 억지로라도 이 『논어』 원문을 직접 보고 나서, 적어도 이 구절에는 심리적으로 내적인 또는 주관적인 어떠한 뜻을 풍기는 말이 전혀 없다는 것을 알아야 한다**. 아이의 병은 (객관적으로) 눈으로 볼 수 있는 상태요, 부모의 걱정이 담긴 대응으로 또한 눈으로 볼 수 있는 상태라고, 우리는 진실로 말할 수 있는 것이다. 그러나 원문 텍스트 자체 때문이 아니라, 우리 자신들이 무언으로 전제하고 있는 상념이 바로 부모의 걱정된 모습이야말로 걱정스런 "내심의" 상태에 뿌리를 박고 있다고 반드시 생각하게끔 하는 것이다.

「술이」, 7 : 3[54]에서 공자는 사람으로서 미덕, 배움, 도의의 추구를 못하는

---

53) 『論語』, 「爲政」. "孟武伯問孝. 子曰 : "父母唯其疾之憂.""

54) 『論語』, 「述而」. "子曰 : "德之不修, 學之不講, 聞義不能徙, 不善不能改, 是吾憂也.""

것, 그 점이 사람을 우하게 만든다고 한다. 이 문장에서 다시 우리는 인간의 대응행위는 바로 **객관적으로 무질서하고 혼돈된 상태에서 일어남**을 보게 되는 것이다. 왜냐하면 이런 무질서와 혼돈은 공자가 지적한 자기의 도와 반대되기 때문이다. 그것들은 **틀린 행위**(비행(非行))인 것이다. 「술이」, 7 : 18[55]에서 공자는 자신은 배움을 추구하는 것을 즐거워하고 바라기 때문에 우를 잊고 노년이 오는 것도 잊는다고 한다. 여기에서 다시 노년이라는 좋지 않은, 그러나 아주 객관적인 불안이 우와 나란히 있는 것이다.

내 주장의 요점은 전혀 그러한 생각이 그의 머리에 떠오르지도 않았다는 것이다. 우리(서양인)들에게는 삶의 모든 구석구석에까지 매우 친근한, 그런 내적 · 심리적인 삶의 비유가 『논어』에는 단적으로 존재하지 않는다. 그런 내적 · 심리적 삶이 부정당하다는 가능성마저도 『논어』에는 보이지 않는다.[56]

이상 인용문은 심리적 개념의 예외로서 지적하고 있는 "우(憂)" 조차도 심리적으로 해석해서는 안 되는 까닭을 설명하고 있다. 우선 핑가레트의 해석의 문제점을 논하기 위해서 셋째 문단에서 대상이 된 『논어』 「술이」, 7 : 3을 인용해 본다.

子曰 : "德之不修, 學之不講, 聞義不能徙, 不善不能改, 是吾憂也." 「德之不修」章

Confucius announces that the failure to pursue man's virtue(te), learning, morality—these make him yu[57]

55) 『論語』, 「述而」. "葉公問孔子於子路, 子路不對. 子曰 : 女奚不曰 : 其爲人也, 發憤忘食, 樂以忘憂, 不知老之將至云爾!"

56) 핑가레트, 앞의 책, 77~80쪽. 章의 숫자는 번역서에 따랐고, 인용문의 굵은 글씨는 譯者가 한 것이며 이하도 같다.

57) Herbert Fingarett, *Confucius : The Secular as Sacre*. (Illinois : Waveland Press, Inc., 1998 reissue.), p.45.

이 장을 핑가레트는 "공자는 사람으로서 미덕, 배움, 도의의 추구를 못하는 것, 그 점이 사람을 우하게 만든다고 한다."고 해석하고 있다. 구체적으로 말해 '불수(不修)'를 가지고 수덕(修德)을 시도함 자체가 실패하고 있다고 이해하고 있는데, 이것은 절식(節食)을 계속하기로 굳게 결심하지만 일주일을 넘기지 못하고 얼마 후에 다시 시도하는 다이어트 실패자들과 같은 실패의 경험담에 다름 아니다.

또, "덕지불수(德之不修)"의 '수(修)', "학지불강(學之不講)"의 '강(講)', "문의불능사(聞義不能徙)"의 '사(徙)', "불선불능개(不善不能改)"의 '개(改)'는 각각 이 문장에서 나름의 의미가 분명히 존재하고 있는데 어떻게 모두 "추구하다〔pursue〕"로 옮길 수 있는가? "문의불능사, 불선불능개"를 어떻게 하나로 합쳐서 "도의〔morality〕"로 보는가? 「덕지불수(德之不修)」장의 장지(章旨) 내지 '우(憂)'를 "객관적으로 무질서하고 혼돈된 상태에 대한 근심"뿐이라고 단정하고 있고, 노년이 옴을 '우(憂)'와 나란히 보고 있다.

심지어 자식의 질병에 대한 부모의 근심, 걱정을 "내적인" 심리 상태로 확대시켜 볼 수 없다는, 고대 동양인들을 가당치 않은 비인간(非人間)으로 상정하고 있다. 우리는 흔히 TV 등의 각종 매체에서 칼, 냄비, 취사도구 등만을 가지고 장구하게 생활양식을 유지해 오고 있는 씨족, 부족 마을을 볼 수 있다. 그들에게 모성(母性)이 없는가? 그들에게 부성(父性)이 없는가? 종족보존의 본능은 살아 있는 존재의 본능이고, 동물에서도 모성과 부성은 내적인 심리상태에 나온다. 하물며 자식의 질병을 걱정하는 부모의 마음이 내적인 심리상태에서 나오지 않는다고 할 수 있겠는가? 핑가레트는 자신의 주장을 합리화하기 위하여, 실제로 행동으로 나타내는 근원으로서의 인간보편적, 내적, 심리적 상황을 잊어버리고 있는 것이다. 이런 인간이해의 관점은 비상식적이며 최악이라고 단언할 수 있다.

그의 견해는 동서 철학이 근본적으로 서로 다른 분야의 하나인 수신론(修身論) 또는 수양론(修養論)에 대한 무지를 드러내고 있다. "유학은 실제로 의지의 순화(純化)를 위학(爲學)의 주요 목적 삼고 있으니 달리 말해 도덕경계(道德境界) 문제를 특별히 중시한다. 공맹(孔孟)에서 송명 제유(宋明 諸儒)에까지 이점은 불변하는 통의(通儀)라 할 수 있다. 원시교의(原始教義) 중 의지의 순화 문제와 상응하는 것은 '인(仁)' 관념이다. 이것은 후세에 발전하여 '공부론(工夫論)'이라는 특수부문이 생겨났다."[58]

해당 장에 대한 필자의 우리말 번역은 다음과 같다.

> 스승님께서 말씀하셨다. "덕(德)이 닦여지지 않는 것, 학문이 익혀지지 않는 것, 의(義)를 듣고도 옮겨 가지 못하는 것, 선(善)하지 않음을 고치지 못하는 것, 이것들이 나의 근심이다."

단적으로 이 장은 덕(德) · 학(學) · 용(勇) · 개(改)의 미진(未盡)에 대한 근심을 말하고 있는 수신론으로 보아야 한다. 달리 말해, 인자(仁者)를 지향한 인격의 고양이라는 하나의 입체적이고도 온전한 생명체의 내재적 관련에서 보이는 완성 단계적 문제로 보아야 할 것이다.[59]

핑가레트의 『논어』 해석에서 근본적인 둘째 오해는, 입체적 생명체의 인격의 단계가 아닌 평면적 자구(字句)나 의미 파악을 바탕으로 하고 있다는 점이다. 공자가 말하는 인격의 단계는 당연히 인격의 최고단계의 고양을 의미한다. 이것을 상달(上達)이라 하였다.

중요한 것은 이 인격의 고양단계에서의, 공자의 부정적 표현에 대한 이

58) 勞思光, 『思辯錄 : 思光近作集』, 臺北, 東大圖書股份有限公司, 民國85=1996, 46쪽.
59) 徐復觀 저, 『中國人性論史(先秦篇, 道 · 法家 人性論)』, 유일환 역, 을유문화사, 1995, 19~21쪽 참조.

해가 핑가레트는 없다. 인용문에서 공자는 지고(至高)의 덕(德) · 의(義) · 선(善)의 경지에 오르는 것을 지향하고 있음은 『논어』를 볼 때 너무도 자연스러운 것이다. 이 과정에서의 방법은 사실 매우 간단하다. 곧, 하나씩 하나씩 자신이 가능한 것을 성취하고, 나아가 더 높은 단계로 진행하는 방식인 것이다. 이때의 부정적 표현은 평면적으로 전체를 긍정하거나 부정하는 차원이 결코 아니다. 달리 말해, 전(全) 목표를 달성하기 위해서 하나씩 성취한 것을 덜어나가는 방식이며, 아직 덜어내지 못한 것에 대한 극복부족을 '불(不)'이라는 말로 표현한 것이다. 그러므로 불수(不修)는 지금까지 성취된 것을 넘어서서 더 높은 단계에서 아직 극복〔修〕하지 못한 점을 뜻한다.

요컨대, 덕(德) · 학(學) · 용(勇) · 개(改)를 못하는 것이 아니라 이미 진행하고 있는〔修〕 과정에서 스스로가 지향하는 경계에는 너무 미진(未盡)하다고 토로하고 있는 것이다.

'덕(德)'은 매우 넓은 의미내포를 가지고 있어서 한 사람의 인격의 고양단계를 나타낼 수 있다. '학(學)' 역시 공자에게 개인의 수신(修身)뿐 아니라 천하의 진로를 찾는 나침반이었다. 공자의 학문은 예술, 문화, 역사, 교육, 통치 등 천하사(天下事)를 포괄하고 나아가 과거에서 미래까지 일관하는 것으로 그의 학적 정진(學的 精進)을 내포하므로 수신으로 수렴된다.[60] 의(義)를 보고도 행하지 않는 것은 용기가 없는 것[61]이므로 '의(義)'는 진정한 용기를 말하고 있다. 추호라도 자신의 불선(不善)을 보는 순간 깨끗이 없애기에 주저하지 않아야 한다.[62] 공자의 호학(好學)을 생각할 때, 이

60) 『論語』, 「雍也」 · 「顔淵」. "子曰 : "(君子)博學於文, 約之以禮, 亦可以弗畔矣夫!""

61) 『論語』, 「爲政」. "見義不爲, 無勇也."

62) 『論語』, 「述而」. "子曰 : "三人行, 必有我師焉. 擇其善者而從之; 其不善者而改之." 「季氏」, 孔子曰 : "'見善如不及, 見不善如探湯.' 吾見其人矣, 吾聞其語矣!""

장은 깨달음에 매진하는 자신의 흡족하지 않음을 근심〔憂〕하는 말로서, '덕(德)을 닦음은 끊임없이 계속해도 부족하고' '학문은 익히고 익혀도 충분치 않으며' '의(義)는 듣는 대로 실천하여도 미진(未盡)하고' '불선(不善)을 고쳐가지만 여전히 미흡한 자신을' 바라보면서 수신 안에서의 진선(盡善)의 어려움을 토로한 것이 이 「덕지불수(德之不修)」 장이다. 이런 공자의 근심은 "아침에 도(道)를 들으면 저녁에 죽어도 좋겠다!"[63]는 외침과 궤를 같이한다.

인격의 완성 단계적 관점에서 보면 공자 나아가 각자의 근심은 결코 같은 수준의 근심일 수가 없다. 핑가레트가 인용한 「헌문」편의 한 장을 보자.

> 스승님께서 말씀하셨다. "군자의 도(道)는 셋인데, 내가 능한 것은 없다. 인자(仁者)는 근심하지 않고, 지자(知者)는 의혹에 빠지지 않고, 용자(勇者)는 두려워하지 않는다〔仁者不憂, 知者不惑, 勇者不懼〕." 자공(子貢)이 "스승님께서 스스로를 말씀하신 것이다." 하였다.[64]

자공의 말은 공자 스스로가 도달한 경계에서 한 말이지 자공 자신이나 다른 사람의 경계로서 보아서는 제대로 요해(了解)할 수 없다는 말이다. 공자의 말은 이상인격(理想人格)으로서의 인지용자(仁知勇者)에 견준 자신의 경계다. "지자불혹(知者不惑)" 하지 않는 이곳의 공자와 「위정」의 "사십이불혹(四十而不惑)"은 단순한 비교에서는 분명히 모순이 된다. 그

---

63) 『論語』, 「里仁」. "子曰 : "朝聞道, 夕死可矣!"" 古注계통은 천하에 도가 행하여짐을 듣는 것으로, 新注계통은 공자의 진리에 대한 열망을 담고 있는 것으로 보고 있다. 필자는 후자에 따랐다.

64) 『論語』, 「憲問」. "子曰 : "君子道者三, 我無能焉 : 仁者不憂, 知者不惑, 勇者不懼." 子貢曰 : "夫子自道也!""

러나 혹(惑) → 불혹(不惑)이라는 도덕경지의 성취로 보면 전혀 문제가 될 수 없다. 이런 식의 상충점은 『논어』에서 어렵지 않게 발견할 수 있다.[65] 역시 수신론의 차원으로 보지 않으면 공자는 거짓말쟁이가 될 수밖에 없는 것이다.

핑가레트는 주장한다.

> 공자에게 있어서 기본적인 것은 비의적(秘義的)인 교리나 주관적(심리적) 상태가 아니라, 바로 공적인 제반 상황에서의 실제 행위이기 때문에, 그는 실제 행위의 맥락에서 말하고 있는 것으로 보아야 한다.[66]

"공적인 제반 상황에서의 실제 행위"의 관점을 공자철학 전반에 적용시켜야 한다는 말이다. 과연 그러할까? 예(禮)를 가지고 말하면 더욱 그러한 듯하다. 그러나 핑가레트의 이 언급은 예의 실천현장에 초점을 맞춘 말이다.

부모의 죽음에 삼년상이 너무 길다는 재아(宰我)의 말에, 공자는

> 무릇 군자는 상중(喪中)에 맛있는 것을 먹어도 달지 않고〔不甘〕, 음악을 들어도 즐겁지 않고〔不樂〕, 거처하는 것이 불안〔不安〕하기 때문에 그렇게 하지 않는 것이다. 이제 네 마음이 편하다니〔安〕 그대로 하여라![67]

---

65) 『論語』, 「公冶長」. "子貢曰 : "我不欲人之加諸我也, 吾亦欲無加諸人." 子曰 : "賜也, 非爾所及也!""과 「衛靈公」. "子貢問曰 : "有一言而可以終身行之者乎?" 子曰 : "其恕乎! 己所不欲, 勿施於人."" 「太白」, "子曰 : "篤信好學, 守死善道. 危邦不入, 亂邦不居.""과 「憲問」. "子曰 : "士而懷居, 不足以爲士矣!""의 '居'.

66) 앞의 책, 송영배 역, 74쪽.

67) 『論語』, 「陽貨」. "夫君子之居喪, 食旨不甘, 聞樂不樂, 居處不安, 故不爲也. 今女安, 則爲之!"

삼년의 상제(喪制)는 예(禮) 중에서 가장 의례적(儀禮的)이지만 그 안에 슬픔〔戚〕이 없으면 근본을 잃고 마는 것이다. 공자는 슬픔이 덜어지고 편안한 심적 상태가 되는 경과시간으로서 3년 상기(喪期)를 주장하고 있다. 불감(不甘)·불락(不樂)·불안(不安)이 내적 심리상태가 아니면 무엇인가?

예(禮)의 실천현장에서 중용(中庸)은 으뜸가는 덕목이다. 그렇지만 부모의 죽음에 슬픔을 다하지 못하면 그 으뜸의 덕목은 기저를 잃고 상례의 존재가 무의미해진다.[68] 단지 중용을 지킬 뿐이라는 학문적 언변은 매우 쉽다. 그러나 동서고금을 막론하고 실천현장에서는 실천현장에서 반드시 지켜야 하는 으뜸덕목이 있기 마련이고, 더 나아가 생각하면 중용적 행위는 그 으뜸덕목의 실현현장인 것이다. 법(法)의 경우에는 법에 어긋나지 않으면 될 수 있고, 나아가 항상 보편적 입법원리에 충실하다는 말로 표현할 수 있을 것이다. 그러나 장구히 유지되어 오는 공동체사회에서의 예(禮)가 강조되는 경우. 곧 공자는 말한다.

> 윗사람이 예(禮)를 좋아하면 백성들이 감히 불경(不敬)하지 못하게 된다.[69]
>
> 일이 이루어지지 못하면 예악(禮樂)이 융성하지 못하고, 예악이 융성하지 못하면 형벌이 정당하게 시행되지 않는다.[70]

위의 예문은 치도(治道)의 관점에서 예(禮)가 백성들에게 어떻게 적용되어 가는지를 말하고 있다. 예(禮)를 좋아한다는 말은, 단지 '좋아함'이 아니라 '예(禮)를 실천하기를 좋아한다'는 말이다. 물론 여기에는 위엄을 강조하는 엄격한 예의를 배제할 수는 없겠지만, 공자가 말하는 근본 의미

---

68) 『論語』,「八佾」. "林放問禮之本. 子曰: "大哉問! 禮, 與其奢也, 寧儉. 喪, 與其易也, 寧戚.""
69) 『論語』,「子路」. "上好禮, 則民莫敢不敬."
70) 『論語』,「子路」. "事不成, 則禮樂不興; 禮樂不興, 則刑罰不中."

는 윗사람이 예(禮)의 범주 안에서 주요한 위상을 가지는 '경(敬)'으로써 예를 좋아한다는 말이 내재되어 있다. 그리하면 법으로 강요하지 않아도 법 이전의 경적(敬的) 사회질서가 잘 유지된다는 뜻이다. 경의 실천은 음악으로써 어울려져야 백성의 심리가 안정될 수 있다. 곧, 이 경우 객관적 상황이든 주관적 상황이든, 상대가 있어나 없거나 막론하고, 공동체 구성원의 상황과 어울리지 않으면 안 되며, 그래서 예(禮)와 악(樂)은 어우러지게 되어, 자연스럽게 심리적일 수밖에 없는 것이다.

요컨대, 공동체의 상호조화를 구현하기 위한 예(禮)는 객관상황에서 뿐만 아니라 주관적 상황에서도 심리적 근원으로서 작용되고 있는 것이다.

핑가레트의 『논어』 해석에 있어서 근본적인 오해의 셋째는, "유럽적 관념", "불교와 도교적 사고"를 배제하고 보아야 한다는[71] 점이다. 도교적 사고에 『노자』가 포함되면 공자와 노자의 다른 점만을 중시한 것이다. 두 사람이 동시대의 선후배임을 생각한다면 훨씬 더 많이 같은 명제를 공유하고 있었던 것을 간과하여서는 안 된다.[72]

핑가레트의 『논어』 해석에서 근본적인 오해의 넷째는, 『논어』에 출현하는 구체적인 낱말이 공자철학 안에서 가지는 의미를 간과하고 있다. 또한 장절(章節)에 관계되는 구체적인 개인적 사회적 배경과 적용범주의 차이를 무시하고 있는 점이다. 앞의 인용문에서 "인(仁)한 사람은 우(憂)하지 않다."는 전후 구절의 분석을 통하여 "우는 인과 반대되는 것이라고 추정해 보는 것은 정당하다."고 하고 있다. 그러나 「안연(顔淵)」편에서 공자는 군자가 "불우불구(不憂不懼)"하는 까닭을 다음과 같이 말하고 있다.

---

71) 핑가레트, 앞의 책, 송영배 역, 17쪽.

72) 물론 그 명제를 실현하는 방안은 같지 않았다.

스승님께서 말씀하셨다. "안으로 살펴보아 꺼림이 없으면 대체 무엇을 근심하고 무엇을 두려워하겠는가?"[73)]

내성(內省)은 내 마음속으로 살펴본다(성찰)는 뜻이다. 증자가 말한 삼성(三省)[74)]의 성(省)과 같은 말이다. 구(疚)는 병(病)을 표현한 말이지만 "내성불구(內省不疚)라는 말은 의미심장하여 부자(夫子)의 언외(言外)의 의미를 읽어야 한다."[75)]

대개 철학자는 스스로 문자를 창조할 수 없다. 철학자가 일반적인 말을 사용하더라도 그 말이 철학자의 이론 중에서 어떤 의미를 갖는가는 다른 문제이다. 철학사의 통례에 의하여 말하면, 철학자가 사용한 단어의 확실한 의미는 모두 일정한 정도에 있어서 '체계내의 약정성(約定性)'을 가지고 있다.[76)] 이 구(疚)자는 괴(愧: 부끄럽다) 등[77)]으로 해석되는데, 모두 마음이 떳떳하지 않거나 평안하지 않은 상태를 나타내고 있어서 자칫 『논어』전체의 맥락에서 보지 않으면 전혀 다른 결과가 나오기 쉽다. 다시 말해, 내 마음 안을 살펴보아 떳떳함에 거리낌이 없으면 "불우불구"하는 것이다.

질문자인 사마우(司馬牛)는 "그의 형인 환퇴(桓魋)가 난(亂)을 일으키려하자 송(宋)나라에서 와서 배우는데 항상 근심하고 두려워했으므로 공자

73) 『論語』, 「顔淵」. "司馬牛問君子. 子曰 : "君子不憂不懼." 曰 : "不憂不懼, 斯謂之君子矣乎?" 子曰 : "內省不疚, 夫何憂何懼!""

74) 『論語』, 「顔淵」. "曾子曰: "吾日三省吾身""

75) 淸 陸隴其, 『松陽講義』. ""內省不疚" 一語, 意味深長, 朱子平日所謂無愧于心, 補夫子言外之意." 來可泓, 『論語直解』, 上海, 復旦大學出版社, 1996, 318쪽에서 재인용.

76) 勞思光 저, 앞의 책, 鄭仁在 역, 72쪽 참조.

77) 來可泓, 『論語直解』, 318쪽 보통 疵(『集注』의 晁氏), 罪惡(包咸) 등 여러 가지이지만 모두 내적인 허물의 관점에서 보고 있다.

가 깨우쳐준 것이다."[78] 그러나 「위령공(衛靈公)」에는 "군자는 도(道)를 위해 근심하지〔君子憂道〕 가난을 위해 근심하지 않는다."[79] 하고 있다. 그러므로 "인자불우(仁者不憂)"의 이곳의 의미는 '내적인 떳떳함'을 말하고 있는 것이고 "노년이 오는 것도 잊는" 경우는 배움에 심취하여 늙음을 초월한 경지를 나타낸 것이다. 그러나 인(仁)을 넘어 성(聖)[80]에 이르러서도 역시 근심, 걱정은 없을 수가 없다.

공자 당시 천하는 날로 약육강식화(弱肉强食化)되어 가는 중이었으므로 어찌 천하 내세(來世)를 생각 없이 바라볼 수 있겠는가? 이것이 이른바 "군자우도(君子憂道)"다. 역시 "불수(不修)"의 '우(憂)'와 천하현실(天下現實)에 대한 '우(憂)'는 결코 같을 수가 없다. 단순히 "우는 인과 반대되는 것이라고 추정해 보는 것은 정당하다."고 할 수 없는 것이다. 또한 결코 "골치 아픈 상태"로만 볼 수는 없다.

핑가레트의 학적 방법은 일견 매우 합리적인 듯하지만, 이런 방법의 난점은 대상 자료가 『논어』에 특정되었을 경우, 대화록이라는 『논어』의 내용은 빙산의 일각에 불과하여 나머지 구각을 파악하기가 지극히 어렵다는 점에 있다. 더욱 도덕경지의 수신(修身) 과정에 따라, 제자에 따라 달라지는 언표들 중에서, 많지 않은 낱말을 적출하여, 마치 공자와 동시대의 서양 사람들은 공자와는 달리 심리적 내면으로부터 사고하는 것이 당연한 듯 자설(自說)을 견지하는 것은 매우 온당치 못한 것이다.

기원전 5~6세기에 실존하였던, 당시 중국천하를 구석구석 살피고 다

78) 劉寶楠·劉恭冕, 高流水 點校, 『論語正義』, 北京, 中華書局, 1990, 487쪽. "孔曰: "牛兄桓魋將爲亂, 牛自宋來學, 常憂懼, 故孔子解之.""

79) 『論語』, 「衛靈公」. "子曰: "…… 君子憂道不憂貧.""

80) 『論語』, 「子罕」. "大宰問於子貢曰: "夫子聖者與? 何其多能也?" 子貢曰: "固天縱之將聖, 又多能也." 子聞之曰: "大宰知我乎! 吾少也賤, 故多能鄙事. ……""

녔던 공자를 『논어』만으로 올바르게 이해한다는 것은, 마치 오늘날 각종 영양소를 잘 배합하면 사람의 먹거리와 인생의 문제까지도 완전히 대체할 수 있다고 주장하는 것과 같이 지극히 위험한 것이다.

5. 결론

이상으로 인내의외설(仁內義外說), 중국인의 사유방식, 핑가레트의 관점 검토를 통하여 인(仁)의 내재 문제(內在 問題)를 다루어 보았다. 인(仁)의 내재성을 설명하는 데에는 동시에 자아의 문제에 관해 역시 설명이 병행되어야 함을 느끼고 있다. 이점은 다음을 기약할 수밖에 없었다. 공자, 특히 『논어』의 문헌학, 해석학적 검토 위에서, 인(仁)과 자아를 논하는 것은 해석자의 관점이 지극히 다양하게 적용될 가능성이 상존한다. 『논어』 자체가 그럴 가능성을 함유하고 있기 때문이다. 이런 연구는 우리나라에서는 아직 미흡한 것 같다.

인(仁)의 내재성에 관한 설명은 다른 방식으로도 충분히 할 수 있을 것이다.[81] 필자는 핑가레트에 관한 비판이 논제(論題)에 전제되어 있으므로 그의 논증에 따라서 검증하는 방식을 쓴 것이다. 인(仁)의 내재성이나 의(義), 예(禮)의 문제를 본격적으로 논의하면 공자철학의 핵심과 전반에 관련되는 것이다. 동서양의 사고를 논하는 단계에서는 동서양 철학의 동이(異同)이 문제가 대두되기도 하며 그에 수반하여 동서 철학의 방법론이나 범주론적 차이가 언급되어야 하는데 핑가레트는 그렇지 않다. 게다가 핑가레트는 그 핵심적인 의의를 지니는 수신론—후대의 공부론—에 대한

81) 황갑연, 『공맹철학의 발전』, 서광사, 1998, 1장 참조.

이해가 없다. 그의 오해는 이점에서 기인하고 있다고 볼 수 있다.

그러나 핑가레트의 공자 이해는 예(禮)를 중심으로 한 설명에 있어서 새로운 공자 이해를 가능하게 하고 있어서 독창적이라고 할 수 있다. 비록 예(禮)를 설명하기 위해서 행한 인(仁)에 관한 논의에 큰 문제가 있지만 오히려 인(仁)이 올바르게 이해된 바탕 위에서 핑가레트의 예(禮)에 관한 논의는 중국철학사나 한국철학사에 중요한 의의를 가질 수 있다고도 사료된다.

맹자의 이상정치론*

– 입론의 근거와 실현의 공효를 중심으로

| **최정묵**(충남대 철학과 교수) |

1. 시작하는 말

인간이 살아가는 사회는 여러 분야로 나누어져 있다. 그렇기 때문에 각 분야에서 일하는 사람들이 자신들의 역할을 제대로 수행해 나갈 때 살기 좋은 세상은 만들어진다. 어느 한 곳 중요하지 않은 분야가 없지만 그래도 그 가운데에서 가장 중요한 것을 꼽는다면, 역시 정치 분야라 하지 않을 수 없다. 왜냐하면 정치는 국가를 경영하는 것이기 때문이다. 각각의 분야가 서로 조화를 이루도록 하고, 총체적인 발전 방향을 모색하는 것이 그 역할이다.

문제는 이렇게 중대한 책임과 역할을 담당한 정치는 부패하기 쉽다는 것이고, 그렇게 된다면 국민들은 더할 수 없는 고통에 빠지게 된다는 것

* 이 논문은 『대동철학』 제40집(대동철학회, 2007. 9)에 게재된 것임.

이다. 특히 권력이 한 곳에 집중되고 이를 견제할 만한 제도적 장치가 마련되어 있지 못하며, 통치자는 자신의 이익만을 생각한다면 국민의 삶은 최악의 상황을 맞이하게 마련이다.

오늘날 우리가 누리고 있는 민주주의는 국민 한 사람 한 사람의 인권과 삶에 대한 가치가 인정됨으로 해서 가능하게 된 것이다. 유학은 오늘날의 민주주의와 동일한 의미를 지닌 것은 아니지만, 국민의 행복을 지향하는 정치관을 지니고 있었다. 즉 유학은 그 궁극적 목적을 살기 좋은 세상을 만드는 것에 두고 있다. 이러하기 때문에 개인의 도덕적 수양은 사회적 관계 실현에서 완성된다고 보는 관점을 지니게 된다. 공자 삶의 과정과 『대학』에 있어 수신(修身)·제가(齊家)·치국(治國)·평천하(平天下)는 바로 유가의 이러한 입장을 잘 보여 주는 것이다.

이러한 유학의 정치관을 충실히 계승하고 이것의 실현을 강조한 사상가가 맹자이다. 그는 백성을 위한 정치를 일찍이 표방하고 이것의 실현을 자신의 사명으로 삼고 있다. 부국강병만을 목적으로 살아가는 많은 제후들과 만나면서 왕도정치(王道政治)[1]의 필요성과 이것이 실현되어야 하는 당위성을 피력하였다. 그러나 그의 노력에도 불구하고 그러한 정치는 실현되지 못하였다.

그러면 이것이 실현되지 못한 이유는 어디에 있는가? 진정 그가 그토록 부르짖은 정치사상은 현실에서는 실현 불가능한 이상주의에 불과한 것인가? 왕도정치의 당위성과 필연성을 힘주어 말하였지만, 그가 인식한 가능의 토대가 혹 잘못된 것은 아닌가?

이러한 문제를 염두에 두고 그가 간절하게 원하였던 왕도정치가 실현

---

1) 맹자가 언급하고 있는 '仁政', '王道', '王政', '道', '堯舜之道', '文王之治' 등은 모두 이상정치를 표현하고 있는 것이다. 劉澤華 主編·葛荃 副主編, 『中國古代政治思想史』, 天津, 南開大學出版社, 1992, 77쪽, 참조.

된 사회의 모습과 입론의 토대로 제시된 내용을 살펴봄으로써, 현대의 정치에 있어 맹자의 왕도정치는 어떠한 의미를 지니고 있는가를 정리해 보고자 한다.

2. 왕도정치 입론의 근거

1) 왕도정치의 출발점

정치의 역할과 책임에 대한 문제의식은 삶의 현실에서 발생하는 제 문제에 대한 통찰의 결과이다. 유가(儒家)는 인간의 본성에 긍정적 해석을 끊임없이 해 나아가며, 동시에 도덕적 본성에 입각한 정치의 실현을 요청하고 있다. 이러한 맥락을 이어 가고 있는 것이, 맹자의 왕도정치이다. 그러면 맹자가 제시하는 왕도정치는 어떤 의미를 지닌 것인가? 그는 이것을 패도(霸道)와 구분하여 아래와 같이 설명하고 있다.

> 무력으로 인(仁)을 가장하는 자는 패자(霸者)이니, 패자는 반드시 큰 나라를 가져야만 한다. 덕(德)을 가지고 인을 행하는 자는 왕자(王者)이니, 왕자는 반드시 큰 나라를 필요로 하지 않는다. 탕왕(湯王)은 70리로, 문왕은 100리로 왕업(王業)을 이루었다. 힘을 가지고 남을 복종시키는 자에게는 마음으로부터 진정으로 복종하는 것이 아니라 힘이 모자라기 때문이다. 덕으로 남을 복종시키는 자에게는 마음이 기뻐서 진정으로 복종하는 것이니, 마치 칠십 명의 제자들이 공자(孔子)에게 복종하는 것과 같은 것이다.[2)]

---

2) 『孟子』, 「公孫丑 上」. "孟子曰 以力假仁者霸, 霸必有大國. 以德行仁者王, 王不待大. 湯以

무력과 권력 등 힘에 의한 지배가 아니라, 사람을 사랑하는 마음으로 정치를 하는 것 이것이 왕도(王道)이다. 맹자의 이러한 덕에 의한 정치를 강조하는 사고는 공자의 사상에서 가장 크게 영향 받은 것이다. 일찍이 공자는 정치를 함에 그 근본이 되어야하는 것은 덕(德)이라 강조하고 그 중요성을 북극성에 비유하여, 아래와 같이 설파하였다.

> 정치를 함에 덕으로 근본을 삼는다면 마치 북극성이 북극에 자리 잡고 있으면 뭇 별들이 이를 중심으로 도는 것과 같다.[3)]

덕에 의한 정치는 시간과 장소를 불문하고 이탈해서는 안 되는 가장 중심이 되는 것이다. 이와 같이 덕치(德治)는 변하지 않는 통치행위의 준거로서 제시되고 있다. 공자는 아울러 덕치의 공효를 외부적 규율에 의거 행위의 제약만을 강조하고 있는 법에 의한 통치와 비교하여 아래와 같이 술회한 바 있다.

> 법령으로 지도하고 형벌로 다스리면 백성은 처벌을 피하려고만 하고 부끄러움이 없다. 덕으로 인도하고 예로서 질서를 유지하면 수치스러움을 알고 바르게 된다.[4)]

공자의 도덕정치에 대한 강조는 치자의 역할에 대한 자각에서 비롯한 것이다. 도덕적 선도가 치자가 완수해야 할 가장 중요한 역할이자 책임이

七十里, 文王以百里. 以力服人者, 非心服也, 力不贍也, 以德服人者, 中心悅而誠服也, 如七十子之服孔子也."

3) 『논어』, 권2, 「爲政」. "子曰 爲政以德, 譬如北辰, 居其所, 而衆星共之."

4) 『논어』, 권2, 「爲政」. "子曰 道之以政, 齊之以刑, 民免而無恥. 道之以德, 齊之以禮, 有恥且格."

라고 보는 것이다. 정치의 역할을 도덕적 교화에 있다고 보는 것이 기본 입장이다. 이러한 관점에 있었기 때문에 "가르치지 않고 죽이는 것은 학살이요, 타이르지 않고 잘못된 결과만을 보는 것은 포악한 것이다."[5]라고 말할 수 있는 것이다.

맹자의 왕도정치 사상은 바로 공자의 이러한 덕치주의에 입각하여 전개된 것이다. 여기에 인간의 도덕적 본성에 대한 자각은 더더욱 왕도정치 실현의 당위성을 강조하게 만들고 있다.

맹자가 이야기하는 왕도정치는 그 실현 가능성이 고원한 것이거나, 억지로 맘먹고 노력해야 하는 것도 아니다. 다른 사람들이 당하는 고통을 가슴 아파하고 함께하려는 마음에서 출발하는 것이다. 남의 힘든 상황을 안타깝게 여기는 인간의 원초적 동정심, 이것의 정치적 실현 즉 백성들의 고통을 나의 일처럼 여기는 치자의 마음에서 시작된다는 것이다. 이러한 마음을 실천하게 되었을 때, 다스리기는 참으로 쉬운 것이라 아래와 같이 맹자는 역설하고 있다.

> 사람은 모두 남에게 차마 하지 못하는 마음을 가지고 있다. 옛날의 선왕(先王)들은 이 남에게 차마 하지 못하는 마음이 있었기 때문에, 남에게 차마 하지 못하는 정치를 하였던 것이다. 이처럼 남에게 차마 하지 못하는 마음을 가지고 남에게 차마 하지 못하는 정치를 행한다면, 천하(天下)를 다스리는 것은 마치 손바닥 위에 있는 물건을 움직이는 것처럼 쉬울 것이다.[6]

왕도정치를 실현할 수 있다고 말할 수 있는 근거 혹은 그것의 필연성

---

5) 『논어』, 권20, 「堯曰」. "子曰 不教而殺謂之虐, 不戒視成謂之暴."

6) 『맹자』, 「公孫丑 上」. "孟子曰 人皆有不忍人之心. 先王有不忍人之心, 斯有不忍人之政矣. 以不忍人之心, 行不忍人之政, 治天下可運之掌上."

내지 당위성은 어떻게 확보할 수 있는가? 이러한 문제에 대한 맹자 답변의 중심적인 내용은 인간의 본유한 덕성에서 찾아지고 있다.

2) 실현의 근거

차마 하지 못하는 마음을 토대로 한 차마 하지 못하는 정치 실현의 가능성은, 인간에게 본래적으로 주어진 네 가지의 실마리 즉 사단(四端)의 본유성(本有性)에 있음을 아래와 같이 맹자는 피력하고 있다.

> 이런 것에서부터 살펴본다면 측은하게 생각하는 마음이 없으면 사람이 아니고, 부끄러워하는 마음이 없으면 사람이 아니며, 사양하는 마음이 없으면 사람이 아니고, 시비를 가리는 마음이 없으면 사람이 아니다. 측은해 하는 마음은 인(仁)의 단서(端緖)이고, 부끄러워하는 마음은 의(義)의 단서이며, 사양하는 마음은 예(禮)의 단서이고, 시비를 가리는 마음은 지(智)의 단서이다. 사람에게 이 사단(四端)이 있는 것은 마치 그에게 사체(四體)가 있는 것과 같다.[7)]

인간이면 팔다리의 사지가 있는 것처럼, 사람에게 있어 사단(四端)은 본래적으로 주어진 것이다. 나아가 인의예지(仁義禮智) 사덕(四德)이 선천적으로 주어진 것이라 언급함으로써, 맹자가 꿈꾸는 도덕정치의 당위성과 필연성을 설명하고 있다.

> 불쌍히 여기는 마음을 사람들이 모두 가지고 있고, 부끄러워하는 마음도 사

7) 『맹자』, 「공손추 상」. "由是觀之, 無惻隱之心, 非人也, 無羞惡之心, 非人也, 無辭讓之心, 非人也, 無是非之心, 非人也. 惻隱之心, 仁之端也, 羞惡之心, 義之端也, 辭讓之心, 禮之端也, 是非之心, 智之端也. 人之有是四端也, 猶其有四體也.

람들이 모두 가지고 있으며, 공경하는 마음도 사람들이 모두 가지고 있고, 시비를 가리는 마음도 사람들이 모두 가지고 있다. 측은하게 여기는 마음은 인(仁)이요, 부끄러워하는 마음은 의(義)요, 공경하는 마음은 예(禮)요, 시비를 가리는 마음은 지(智)이다. 인의예지(仁義禮智)는 밖으로부터 주어진 것이 아니라 내가 본래 가지고 있는 것인데, 다만 생각하지 아니하였을 뿐이다.[8]

인간의 도덕적 본성에 대한 고유성의 인정은 단순히 인간에 대한 존재 규정이라는 의미만을 지닌 것이 아니다. 이제 여기에서 인의예지는 인간이면 마땅히 실천하지 않으면 안 되는 당위성과 필연성의 의미를 지니게 되는 것이다.[9]

맹자 왕도정치의 기본입장이 되는 또 하나의 전제는 백성이라는 일반 민중에 대한 인식의 문제이다. 정치는 일반적으로 치자(治者)와 피치자(被治者)라는 구도를 이루고 있다. 이때 이 관계를 어떻게 보느냐 하는 것은 매우 중요한 문제라 아니할 수 없다. 왜냐하면 이것은 양자의 정치적 관계 형성은 물론 피치자 즉 일반 민중을 어떤 존재를 인식하고 있는가 하는 포괄적 인간관의 내용까지도 담고 있는 것이기 때문이다. 이것에 대한 맹자의 기본 입장은 백성이 가장 소중하고 사직은 그 다음이며, 임금은 가장 가벼운 것으로 보는 것이다.[10] 맹자는 사회에는 군자와 야인 즉

---

8) 『맹자』, 「告子 上」. "惻隱之心, 人皆有之, 羞惡之心, 人皆有之, 恭敬之心, 人皆有之, 是非之心, 人皆有之. 惻隱之心, 仁也, 羞惡之心, 義也, 恭敬之心, 禮也, 是非之心, 智也. 仁義禮智, 非由外鑠我也, 我固有之也, 弗思耳矣."

9) 공자는 '殺身成仁' 등의 언급을 통하여 인간다움의 의미로 仁을 제시하였는데, 맹자는 이를 이어 '捨生取義'를 말하였다. 이것은 공자에서의 義가 당연한 준칙을 말한 것에 불과함에서 인륜의 덕목이라는 함의를 지니게 된다. 方立天 지음, 『중국철학과 이상적 삶의 문제』, 이홍용 옮김, 예문서원, 1998, 56~58쪽 참조.

10) 『맹자』, 「盡心 下」. "民爲貴, 社稷次之, 君爲輕."

통치자와 피통치자의 구분이 있어야 하지만, 다만 그 구분은 순전히 사회적 분업을 통한 상호부조에 목적이 있다고 보았다.[11] 왕도정치는 바로 이러한 민본의식(民本意識)을 저변에 깔고 있기 때문에 가능할 수 있다.[12]

이러한 맹자의 정치사상은 이른바 민본주의[13]라 불리고 있는데, 이것의 전개가 왕도론이다. 그런데 이것은 하늘이 만민을 낳고 그 통치자로서 유덕한 사람을 천자로 명한다는 『서경(書經)』과 『시경(詩經)』 이래의 전통적 천명관을 계승한 것이다.[14]

천자(天子)는 하늘의 뜻에 의해 결정된다는 이른바 정치적 천명사상이, 유가의 정치와 최고통치자의 존재의미에 대한 바탕이 되고 있다. 이러한 이해내용이 그대로 맹자에 전승되고 있는 것이다. 이러하기 때문에 요(堯) 임금이 순(舜)에게 천하를 물려 준 것이 아니라, 하늘이 순에게 넘겨 준 것이라 이해하게 된다. 천자가 하늘에 사람을 천거할 수는 있지만 하늘로 하여금 그에게 천하를 주게 할 수는 없는 것이다. 따라서 요에서 순으로의 권력이양은, 요가 순을 하늘에 천거함에 하늘이 이를 받아들였고, 백성들에게 드러냄에 백성 또한 받아 줌으로써 이루어진 것이다.[15]

---

11) 이것은 맹자가 許行의 '君臣并耕'을 비판하고 있는 것에서 확인할 수 있다. 『맹자』, 「등문공 상」, 풍우란 지음, 『중국철학사 상』, 박성규 옮김, 까치, 1999, 187~188쪽 참조.

12) 아까스까 기요시는 왕도란 군주가 성인이 되는 동시에 민중 본위로 그 생활을 안정시킨 시책을 정하고 널리 교육을 펴서 도의적 조화를 이룬 사회를 실현하는 일이라 규정한다. 그리고 이러한 민중 본위의 관점이 군주의 시책에 대해 당시로서는 대담한 비판을 가능하게 한 것으로 보고 있다. 아까스까 기요시, 우노 세이이찌 엮음, 「유가사상의 역사적 개관」, 『중국의 사상』, 김진욱 옮김, 열음사, 1993, 21쪽 참조.

13) 김형효는 맹자의 민본주의는 현대적 의미의 민주주의와는 달리 '국민을 위한' 만 부각되어 있고, 주체로서의 국민상인 '국민의' 와 수단으로서의 국민상인 '국민에 의하여' 가 나타나 있지 않지만, 맹자 당시의 시대적 상황을 고려한다면, 민본주의와 민주주의를 질적으로 다르다고 하는 주장은 설득력을 갖지 못한다고 주장한다. 김형효, 『맹자와 순자의 철학사상』, 삼지사, 1990, 158쪽 참조.

14) 우노 세이이찌 엮음, 『중국의 사상』, 김진욱 옮김, 열음사, 1993, 80쪽 참조.

그런데 문제는 하늘의 뜻을 어떻게 알 수 있으며, 백성들이 받아들였음을 어떻게 아는가 하는 것이다. 맹자와 대화를 나누던 만장(萬章) 역시 여기에 의문을 품고 '하늘에 천거함에 하늘이 받아주시고, 백성들에게 드러냄에 백성들이 받아 주었다는 것은 어떠한 것입니까?'라고 질문하고 있다.

'순으로 하여금 제사를 주관하게 함에 모든 신들이 이를 흠향하였으니 이것이 하늘이 받아 주신 것이요, 일을 주관하여 함에 있어 일이 순조롭게 이루어져 백성들이 편안하였으니, 이는 백성이 받아들인 것이다.'라고 맹자는 답변하고 있다. 그리고 요에서 순으로의 천자 이양 과정을 상세히 설명하고 있다. 즉 순이 요를 28년간 돕고 요가 승하하자, 요의 아들을 피하여 남하(南河)의 남쪽으로 갔다. 그러나 제후들이 모두 순에 갔으며, 옥사에 송사하는 사람들이 요의 아들이 아니라 순에게 갔으며, 덕을 구가(謳歌)하는 사람들이 요의 아들이 아닌 순을 구가(謳歌)하였으니, 이것이 천운(天運)이라는 것이다.

결국 하늘의 뜻은 민의(民意)에 있음을 보여 주는 것으로, 백성의 마음은 천의(天意)에 상응하고 있음을 말하고자 함이다. 이러한 의미는 '하늘이 보는 것은 백성들이 보는 것으로부터 비롯되며, 하늘이 듣는 것은 백성들이 듣는 것으로부터 비롯된다.'라고 하는 『서경(書經)』, 「주서(周書)·태서(泰誓)」편의 말을 인용하고 있는 데서 극명하게 드러나고 있다.[16] 이러한 맹자의 언급 속에는 민의를 얻는 것은 다름 아닌 인정(仁政)

15) 『맹자』, 「萬章 上」. "萬章曰 堯以天下與舜, 有諸. 孟子曰 否. 天子不能以天下與人. 然則舜有天下也, 孰與之. 曰 天與之. 天與之者, 諄諄然命之乎. 曰 否. 天不言, 以行與事示之而已矣. 曰 以行與事示之者如之何. 曰 天子能薦人於天, 不能使天與之天下, 諸侯能薦人於天子, 不能使天子與之諸侯, 大夫能薦人於諸侯, 不能使諸侯與之大夫. 昔者堯薦舜於天而天受之, 暴之於民而民受之, 故曰 天不言, 以行與事示之而已矣."

의 실현에서 가능함을 천명함으로써, 왕도정치는 선택이 아닌 필연의 과제임을 설명하려는 의도를 담고 있다. 하늘과 소통되는 백성의 뜻에 대한 강조가 맹자의 왕도사상을 민본주의라 평가받게 하는 것이다. 이것은 백성의 마음을 얻는 것이 곧 천하를 얻는 것임을 천명한 다음의 언급에서 분명하게 드러나고 있다.

> 걸과 주가 천하를 잃은 것은 백성을 잃은 것이니, 백성을 잃었다는 것은 그 마음을 잃은 것이다. 천하를 얻음에 길이 있으니 백성을 얻으면 천하를 얻게 된다. 백성을 얻는 데 방법이 있으니 그 마음을 얻으면 백성을 얻게 된다. 그 마음을 얻는 길이 있으니 원하는 것을 주어 모이게 하고, 싫어하는 것을 베풀지 말아야 한다.[17)]

맹자가 제시하고 있는 백성의 마음을 얻는 방법은 그들이 원하는 것을 얻게 해 주고, 싫어하는 것을 하지 않게 하는 것이다. 맹자의 왕도정치에 대한 요청은 이상사회에 대한 막연한 동경에서 나온 것이 아니다. 이는 처참한 당시 상황에 대한 통절한 인식과 이를 해결하고자 하는 간절한 염원의 발로인 것이다. "왕도정치를 실현한 임금이 나오지 않음이 지금보다 더 드물었던 적이 있지 않았으며, 백성들이 학정(虐政)에 시달려 초췌해

16) 『맹자』, 「만장 상」. "曰 敢問薦之於天而天受之, 暴之於民而民受之, 如何. 曰 使之主祭而百神享之, 是天受之, 使之主事而事治, 百姓安之, 是民受之也. 天與之, 人與之, 故曰 天子不能以天下與人. 舜相堯二十有八載, 非人之所能爲也, 天也. 堯崩, 三年之喪畢, 舜避堯之子於南河之南. 天下諸侯朝覲者, 不之堯之子而之舜, 訟獄者, 不之堯之子而之舜, 謳歌者, 不謳歌堯之子而謳歌舜, 故曰天也. 夫然後之中國, 踐天子位焉. 而居堯之宮, 逼堯之子, 是簒也, 非天與也. 太誓曰 天視自我民視, 天聽自我民聽, 此之謂也."

17) 『맹자』, 「離婁 上」. "孟子曰 桀紂之失天下也, 失其民也, 失其民者, 失其心也. 得天下有道, 得其民, 斯得天下矣. 得其民有道, 得其心, 斯得民矣. 得其心有道, 所欲與之聚之, 所惡勿施爾也."

진 것이 지금보다 더 심한 적이 없었다."[18]라고 한 이 말은 맹자의 현실인식과 처절한 문제의식을 잘 보여 주고 있다.

왕도정치 실현은 선택적인 것이 아니라 반드시 이루어져야 한다는 것이 맹자의 기본입장이다. 이러하기 때문에 이러한 직분을 제대로 수행하지 못하는 왕은 존립의 가치가 없다고 보는 것이다.

왕의 역할은 백성을 위한 것이기 때문에 그 이름에 맞는 책임과 역할을 다하지 못한다면, 그 존재 의미는 상실되고 만다. 따라서 자리에 대한 보존 역시 인정될 수 없다. 이러한 사고는 역성혁명에 대한 긍정으로 이어진다.[19] 하나라 걸왕과 은나라 주왕을 왕이 아닌 일부(一夫)라 부르고, 인(仁)과 의(義)를 해친 잔적(殘賊)이라 칭하는 것은 바로 이러한 사고를 극명하게 보여 주는 것이다.[20] 임금이 인의(仁義)를 실천하는 것은 임금 되는 근본임을 천명하여, 왕도정치의 실천은 백성을 위한 임금의 시혜(施惠)가 아니라 책임과 역할을 다하는 것일 뿐임을 말하는 것이다.

맹자의 왕도정치 실현에 대한 필연성은 나름대로 파악한 역사의식에서 기인한 것이기도 하다. 인간의 역사는 혼란과 안정이 반복적으로 있어 왔다는 것이다. 이것이 맹자의 이른바 일치일란(一治一亂)의 역사관이다.[21] 이러한 관점에 기초하여 왕도정치 실현의 역사적 필연성을 주장하려는 입장이다. 성인 출현의 500년 주기설 또한 이러한 의식의 표출이다.

---

18) 『맹자』, 「공손추 상」. "王者之不作, 未有疏於此時者也. 民之憔悴於虐政, 未有甚於此時者也."

19) 맹자의 이러한 혁명에 대한 정신은 중국 역사에 있어 신선한 주장일 뿐만 아니라, 그를 정치 민주주의의 가장 위대한 지지로 평가받게 만들었다. WING-TSIT CHAN, *A Source Book In Chinese Philosophy*, Princeton, Princeton University Press, 1970, 50쪽 참조.

20) 『맹자』, 「梁惠王 下」. "齊宣王問曰 湯放桀, 武王伐紂, 有諸. 孟子對曰 於傳有之. 曰 臣弑其君可乎. 曰 賊仁者謂之賊, 賊義者謂之殘, 殘賊之人謂之一夫. 聞誅一夫紂矣, 未聞弑君也."

21) 『맹자』, 「滕文公 下」. "天下之生久矣, 一治一亂."

요순으로부터 탕왕에 이르기까지의 시간이 500여 년이었고, 탕왕으로부터 문왕에 이르기까지가 500여 년이었으며, 문왕으로부터 공자에 이르기까지가 500여 년이라는 것이다. 성인이 나오면 얼마간은 그 영향이 있게 되는데, 맹자가 생존하였던 시대는 공자로부터 불과 100년 밖에 차이가 없는데 왕도를 행하는 자가 없음을 한탄하고 있다.[22] 그러나 이 말 속에는 자기가 살고 있는 시대에 반드시 왕도정치의 실현을 보고자 하는 사명의식과 의지가 담겨져 있다.

3. 왕도정치의 실현방법과 그 공효

1) 경제적 측면

왕도정치의 경제적 측면에 있어 실현은 민생의 안정에 있다. 이러한 토대의 마련은 생명을 유지하고 재생산하기 위한 자연의 질서에 순응하는 정치에 있음을 맹자는 다음과 같이 역설하고 있다.

> 농사의 시기를 어기지 않게 하면 곡식을 다 먹을 수 없으며, 촘촘한 그물을 웅덩이와 못에 넣지 않으면 물고기와 자라를 이루 다 먹을 수 없으며, 도끼를 제때에 산림에 들여놓으면 재목을 다 쓸 수 없게 될 것입니다. 곡식과 물고기

22) 『맹자』, 「盡心 下」. "孟子曰 由堯舜至於湯, 五百有餘歲, 若禹 皐陶, 則見而知之. 若湯, 則聞而知之. 由湯至於文王, 五百有餘歲, 若伊尹萊朱則見而知之. 若文王, 則聞而知之. 由文王至於孔子, 五百有餘歲, 若太公望散宜生, 則見而知之. 若孔子, 則聞而知之. 由孔子而來至於今, 百有餘歲, 去聖人之世, 若此其未遠也. 近聖人之居, 若此其甚也, 然而無有乎爾, 則亦無有乎爾."

와 자라를 이루 다 먹을 수 없으며, 재목을 이루 다 쓸 수 없으면, 이것은 백성으로 하여금 산 사람을 부양하고 죽은 사람을 장사 지내는 데 유감이 없게 하는 것입니다. 백성으로 하여금 산 사람을 부양하고 죽은 사람을 장사 지내는 데 유감이 없게 하는 것이 왕도정치(王道政治)의 시작입니다.[23)]

맹자 당시의 생산체계는 우리가 사는 오늘과는 현격한 차이가 있다. 과학기술의 발달은 온실과 비닐하우스 등을 이용하여 과일과 채소를 제철이 아닌 때에도 생산 가능하게 만들고 있으며, 물고기 역시 양식기술의 발달로 인위적인 생산이 가능한 것이 오늘의 상황이다. 그러나 자연의 상태에서 보면 예나 지금이나 제때가 있음에는 큰 변화가 없다. 각각의 나무가 자라는 데는 일정한 시간이 필요하고, 물고기 역시 각각의 산란기가 정해져 있다.

숲 속의 나무를 한순간에 남벌하면 홍수 시에 산사태 등의 자연재해를 겪게 될 뿐만 아니라, 또 다른 시기에 필요한 재목을 구할 수 없게 된다. 맹자가 제시하고 있는 위의 내용들은 경제문제를 해결하기 위한 제도적인 측면 등 정책의 방향을 말한 것은 아니지만, 자연의 질서 그 시의(時宜)에 적중(的中)할 줄 아는 인간의 지혜를 보여 주는 것이다. 그리고 이것을 통해서 백성의 생존을 위한 경제문제의 중요성에 대해서 피력한 것이다. 이러한 맹자의 문제의식은 아래의 글에서도 명확하게 확인할 수 있다.

오무(五畝)의 택지에 뽕나무를 심으면 50대의 사람들이 비단옷을 입을 수 있으며, 닭, 돼지, 개 등의 가축을 기름에 번식하는 시기를 놓치지 않게 하면 70

---

23) 『맹자』, 「양혜왕 상」. "不違農時, 穀不可勝食也, 數罟不入洿池, 魚鼈不可勝食也, 斧斤以時入山林, 材木不可勝用也. 穀與魚鼈不可勝食, 材木不可勝用, 是使民養生喪死無憾也. 養生喪死無憾, 王道之始也."

대 노인이 고기를 먹을 수가 있고, 백무(百畝)의 밭에 농사지을 시기를 빼앗지 않는다면 수명의 식구를 가진 가구가 굶주리는 일이 없게 될 것입니다. 학교의 교육을 신중하게 실시하여 효제(孝悌)의 도를 되풀이하여 가르친다면 반백의 노인이 등에 짐을 지거나 머리에 짐을 이고 길을 다니지 않게 될 것입니다. 70대 노인이 비단옷을 입고 고기를 먹으며, 일반 백성들이 굶주리거나 헐벗지 않게 되고서도 왕 노릇을 하지 못한 사람은 아직 있은 적이 없습니다.[24)]

이처럼 맹자가 민생의 문제를 강조하는 이유는 어디에 있는가? 유가가 사회변화와 발전에 역할을 하리라 기대를 거는 것은 선비계층이다. 도덕적 수양을 거친 사람들은 비록 생활이 궁핍하다 하더라도 양심을 버리는 행위는 하지 않는다. 그러나 보통의 사람들은 생존이 문제가 되는 상황에 이르게 되면 윤리의식은 부차적인 것이 되어 버린다. 맹자는 인간의 도덕적 본성을 인정하고는 있지만, 그보다 더 문제가 되는 것이 욕구라고 하는 것도 간파하고 있다. 특히 보통사람들에게 우선적인 것은 양심의 문제가 아니라 생존을 위한 욕구임을 인지하고 있는 것이다.

일정한 생산이 없어도 항상된 마음을 갖는 것은 선비나 가능한 것입니다. 일반 백성들은 일정한 생산이 없으면 항상된 마음도 없는 것입니다. 진실로 항심이 없으면 방탕 · 편벽 · 사악 · 사치 등을 하지 못함이 없습니다. …… 이런 까닭에 현명한 임금은 백성의 생업을 제정해 주되, 반드시 위로는 부모를 섬길 만하며, 아래로는 처자를 기를 만하여 풍년에는 1년 내내 배부르고, 흉년에는 죽음을 면하게 합니다. 그런 연후에 선(善)으로 나아가게 하니 백성들이 잘 따

---

24) 『맹자』, 「양혜왕 상」. "五畝之宅, 樹之以桑, 五十者可以衣帛矣, 雞豚狗彘之畜, 無失其時, 七十者可以食肉矣, 百畝之田, 勿奪其時, 數口之家可以無飢矣, 謹庠序之敎, 申之以孝悌之義, 頒白者不負戴於道路矣. 七十者衣帛食肉, 黎民不飢不寒, 然而不王者, 未之有也."

르는 것입니다. 지금 백성의 생산은 위로 부모를 섬기기에 부족하고 아래로는 처자를 기르기에 부족하며, 풍년에도 1년 내내 고통스럽고 흉년에는 죽음을 면하지 못합니다. 이것은 죽음을 구제하기에도 두려운 생황이니, 어느 겨를에 예의를 다스리겠습니까.[25]

위는 백성의 생존문제와 도덕심의 관계에 대한 현실적인 판단 그리고 이를 해결하려는 노력의 절실함을 피력한 말이다. 인간이 삶의 과정에서 봉착하는 많은 문제점 중에 하나는 이익과 의리의 대립적 상황이다. 옳은 일에 이익이 결부될 때가 가장 바람직한 것이지만, 현실은 늘 그런 상황만을 만들지 않는다. 문제는 이익이냐 아니면 옳음이냐는 극단적인 선택의 순간이다. 양심 있는 사람은 아무리 큰 이익이 된다 하더라도 그것이 옳지 않은 일이면 하지 않을 것이다. 절박한 문제는 말 그대로 생존과 긴밀한 관계에 있을 때이다. 이러한 위기의 순간에 보통 사람들에게 있어 양심은 고려의 대상도 되지 못할 것이다. 맹자가 그토록 경제의 문제를 강조한 것은, 바로 이러한 일상인들의 현실적인 삶의 모습을 목도하였기 때문일 것이다.

따라서 육체의 생존적 욕망이 인의(仁義)라는 도덕적 본성을 압도하여, 인간다움의 길로 나아가지 못하는 상황은 적어도 만들어지지 않아야 한다. 양생상사(養生喪死)에 있어 무감(無憾)이 왕도의 시작이라 말하는 것은 이러한 이유 때문이다.

맹자는 왕도정치를 실현하는 세부적인 내용을 다섯 가지로 나누어 제

25) 『맹자』, 「양혜왕 상」. "無恒産而有恒心者, 惟士爲能. 若民則無恒産, 因無恒心. 苟無恒心, 放辟邪侈, 無不爲已. …… 是故明君制民之產, 必使仰足以事父母, 俯足以畜妻子, 樂歲終身飽, 凶年免於死亡. 然後驅而之善, 故民之從之也輕. 今也制民之產, 仰不足以事父母, 俯不足以畜妻子, 樂歲終身苦, 凶年不免於死亡. 此惟救死而恐不贍, 奚暇治禮義哉"

시하고 있다. 첫째는 인재등용의 문제이다.[26] 어진 사람을 존경하고 능력 있는 사람이 맘 놓고 일할 수 있는 여건을 만드는 것이다. 이렇게 하여 뛰어난 인물들이 자신의 능력에 맞는 자리를 얻게 한다면, 세상의 선비들이 모두 기뻐하며 그 나라에서 벼슬하기를 바라게 될 것이다.

둘째는 상업에 있어 세금과 관련된 내용이다. 하나는 시장에서 점포를 갖고 영업하는 사람들에게 점포세를 징수하되 물품에 대한 세금은 징수하지 않는 것이고, 다른 하나는 여건에 따라서는 법을 통한 단속만 하고 점포세조차도 징수하지 말라는 제안을 내놓고 있다.

셋째는 통행세에 대한 제안이다. 나라의 경계인 관문을 지나갈 때 간단한 조사만 하고 통행세를 받지 않는 것이다. 이렇게 되면 세상의 여행자들은 모두 기뻐하여 그 나라 지나가기를 좋아할 것이라는 입장이다.

넷째는 농사짓는 사람들에 대한 세제부분이다. 농사를 짓는 사람에게는 공전(公田) 경작을 돕게 하고 세금을 걷지 않으면 모든 농민들이 기뻐하여 그 나라의 들에서 농사짓기를 원할 것이라는 주장을 한다. 여기에는 맹자의 정전제도에 내용이 담겨져 있다.

다섯째 내용은 가구 즉 주택에 관련된 것으로, 부포(夫布)와 리포(里布) 같은 부가세 면제에 관련한 주장을 펴고 있다. 부포는 사람에게 부과되는

---

26) 인재등용 혹은 현자에 대한 예우의 중요성에 대해서 맹자는 곳곳에서 강조하고 있다. "장차 큰일 할 임금은 반드시 함부로 부르지 못하는 신하가 있다. 도모하고자 하는 것이 있으면 찾아갔으니, 덕을 받들고 도를 좋아함이 이와 같지 않으면 일을 하기에 부족하다." 고 말하고 탕왕이 伊尹에게서 배우고 신하로 삼은 일과 桓公이 管仲에게 배운 뒤에 신하로 삼은 일을 소개하고 있다. 『맹자』, 「공손추 하」. "故將大有爲之君, 必有所不召之臣. 欲有謀焉, 則就之. 其尊德樂道, 不如是不足與有爲也. 故湯之於伊尹, 學焉而後臣之, 故不勞而王. 桓公之於管仲, 學焉而後臣之, 故不勞而霸." 그리고 "천하를 위해 인재 얻는 것을 仁이라 한다. 이러한 까닭에 천하를 남에게 주는 것은 쉬우나, 천하를 위하여 인재를 얻기는 어렵다."(「滕文公 上」. "爲天下得人者謂之仁. 是故以天下與人易, 爲天下得人難.")라고 말하기도 하였다.

세로 공역에 나아가지 않는 사람이 내는 것이고, 리포는 택지의 부과세로 주변에 뽕이나 삼을 심지 않는 자에게 부여하는 세금이다.[27] 맹자는 이것이 제대로 실행되었을 때의 효과에 대해서도 이어서 말하고 있다.

> 이 다섯 가지를 실행할 수 있다면 이웃나라 백성들이 그를 부모처럼 우러러볼 것이다. 그 자제들을 거느리고 그 부모를 공격하는 일은 사람이 생겨난 이래 아직 성공한 적이 없었다. 이렇게 되면 천하에 대적할 사람이 없게 될 것이다. 천하에 대적할 자가 없는 사람은 하늘의 사명을 받은 사람이니, 그러하고도 왕 노릇하지 못한 사람은 아직 없다.[28]

위에서 제시된 내용들이 시행된다면 이웃나라의 백성들조차 부모처럼 여기게 될 것이고, 이런 사람은 그 누구도 대적할 수 없는 것이니, 이렇게 하고도 왕 노릇을 제대로 하지 못할 사람은 아무도 없을 것이라는 주장이다. 부모처럼 우러름을 받을 수 있다는 말 속에는, 부모가 자식을 사랑하는 것이 마땅한 것처럼, 왕 역시 이러한 제도를 실천하는 것은 선택의 문제가 아님을 설명하는 의미 또한 담고 있다.

---

27) 『맹자』, 「공손추 상」. “孟子曰 尊賢使能, 俊傑在位, 則天下之士皆悅而願立於其朝矣. 市廛而不征, 法而不廛, 則天下之商皆悅而願藏於其市矣. 關譏而不征, 則天下之旅皆悅而願出於其路矣. 耕者助而不稅, 則天下之農皆悅而願耕於其野矣. 廛無夫里之布, 則天下之民皆悅而願爲之氓矣.”

28) 『맹자』, 「공손추 상」. “信能行此五者, 則鄰國之民仰之若父母矣. 率其子弟, 攻其父母, 自生民以來, 未有能濟者也. 如此, 則無敵於天下. 無敵於天下者, 天吏也. 然而不王者, 未之有也.”

2) 복지정책

왕도정치에 있어 경제적인 측면의 문제 해결은 가장 기본적인 요소에 불과하다. 여기에도 백성을 사랑하는 마음이 바탕에 깔려 있는 것이지만, 백성을 안타까운 마음으로 사랑하는 것을 강조해서 표현한다면 인정(仁政)이라 할 것이다.[29] 맹자가 강조하였던 이런 부분을 요즘의 말로 한다면 복지정책의 실현이다.

모든 사람의 삶의 질을 높이는 것이지만, 특히 중점을 두어야 하는 것은 특별히 더 어려운 상황에 처해 있는 사람들에 대한 배려이다. 맹자는 늙고 아내가 없는 사람 · 늙고 남편이 없는 사람 · 어리고 부모가 없는 사람 · 늙고 자식이 없는 사람 이른바 환(鰥) · 과(寡) · 고(孤) · 독(獨)에게 최우선적으로 인정을 베풀어야 한다고 주장하고 있다. 이것은 제선왕(齊宣王)이 왕도정치에 대해서 물었을 때, 문왕(文王)이 실천한 예로 답변한 내용이다.[30] 이러한 인정(仁政)의 시혜(施惠)는 위에서 제시된 사람들에게만 국한되지 않음은 물론이다. 세상에서 가장 힘든 상황에 있으면서 의지할 곳 없는 사람들이기 때문에, 가장 시급하게 베풀어야 한다는 의미를 담고 있을 뿐이다. 왜냐하면 인정(仁政)은 천하를 대상으로 하는 것이기 때문이다.[31]

그러나 이러한 인정(仁政)의 시행은 가식적으로 그저 잘 보이기 위한 선심(善心)이나, 형식적인 제도만으로는 불가능하다. 이러한 점을 간파하

29) 『맹자』, 「이루 상」. "堯舜之道, 不以仁政, 不能平治天下."

30) 『맹자』, 「양혜왕 하」. "王曰 王政可得聞與. 對曰 昔者文王之治岐也, …… 老而無妻曰鰥. 老而無夫曰寡. 老而無子曰獨. 幼而無父曰孤. 此四者, 天下之窮民而無告者. 文王發政施仁, 必先斯四者."

31) 채인후 지음, 『맹자의 철학』, 천병돈 옮김, 예문서원, 2000, 176쪽 참조.

여 맹자는 "지금 백성을 사랑하는 마음과 백성을 사랑한다는 명성을 듣고 있는데도 백성들이 그 혜택을 받지 못하여 후세의 모범이 될 수 없는 것은 선왕의 도를 행하지 않았기 때문이다. 그러므로 한갓 선심만 갖고 정치를 할 수 없으며 한갓 법만 가지고는 저절로 행해지지 않는다."[32]라고 말하고 있는 것이다.

왕도정치의 실현은 백성과 더불어 고통과 기쁨을 함께하려는 왕의 진실한 마음이 있을 때에만 가능하다. 이러한 여민동락(與民同樂)에 대해서 맹자는 곳곳에서 강조하고 있다. 맹자가 양혜왕을 만나러 갔을 때 그는 연못가를 거닐며 홍안(鴻鴈)과 미록(麋鹿)을 보고 현자도 이것을 즐기느냐고 물었다. 맹자는 이에 현자라야 이것을 즐길 수 있다고 말하고 문왕에 대한 이야기를 들려주었다. 문왕은 백성의 힘을 빌려 대(臺)와 소(沼)를 만들었으나 백성들이 그것을 즐거워하여 그 대를 영대(靈臺)라 부르고 그 소를 영소(靈沼)라 하며, 미록(麋鹿)과 어별(魚鼈)이 있음을 즐거워하였는데, 이것은 백성과 더불어 즐거움을 함께하였기 때문이라 설명한 것이다.[33]

부모와 자식이 서로 만나지 못하고 형제(兄弟)와 처자(妻子)가 뿔뿔이 흩어지는 처참한 상황에, 왕은 음악이나 좋아하고 사냥을 즐기고 있다면 모든 백성은 그를 비판할 것이다. 그러나 백성이 좋아하는 것을 좋아하고 백성이 걱정하는 것을 함께 걱정한다면, 백성 또한 군주의 즐거움과 걱정에 대해 함께 즐거워하고 또 걱정하게 될 것이다. 따라서 모든 백성의 즐

---

32) 『맹자』, 「이루 상」. "今有仁心仁聞而民不被其澤, 不可法於後世者, 不行先王之道也. 故曰, 徒善不足以爲政, 徒法不能以自行."

33) 『맹자』, 「양혜왕 상」. "孟子見梁惠王, 王立於沼上, 顧鴻鴈麋鹿, 曰 賢者亦樂此乎. 孟子對曰 賢者而後樂此, 不賢者雖有此, 不樂也. …… 文王以民力爲臺爲沼. 而民歡樂之, 謂其臺曰靈臺, 謂其沼曰靈沼, 樂其有麋鹿魚鼈. 古之人與民偕樂, 故能樂也."

거움과 걱정을 함께하고도 왕 노릇을 제대로 하지 못하는 사람은 있지 않다는 것이 맹자의 주장이다.[34)]

맹자는 백성들이 살기 좋게 만드는 것을 왕의 책무라 보고 있다. 그러나 권력은 아주 쉽게 백성을 고통 속에 몰아넣을 수 있다. 그 대표적인 예는 형벌을 혹독하게 하거나 세금을 과중하게 거둬들이는 것이다. 부패하기 쉬운 것을 권력의 속성으로 보는 이유는 바로 이러한 일들을 쉽게 저지를 수 있기 때문이다. 맹자는 이 점을 간과하지 않는다. 그래서 형벌을 신중히 하고 세금을 가볍게 할 것을 강조하고 있다. 이렇게 할 때만이 백성은 맘 놓고 농사지을 수 있고, 효제충신(孝悌忠信)을 닦을 수 있는 여유를 갖게 됨으로써, 가정의 안과 밖에서 인간의 도리를 실천할 수 있게 된다는 것이다.[35)]

3) 덕성교육

개인의 도덕적 심성에 대한 자각과 이것의 사회적 실현을 하도록 하는 것 또한 치자의 역할이다. 따라서 이것을 온전히 이루어 내도록 하는 교육 역시 매우 중요한 의미를 갖게 된다. 특히 맹자가 강조하는 교육은 대상에 대한 정보를 얻는 지식축적이 아닌 덕성함양에 대한 것이다.

---

34) 『맹자』, 「양혜왕 하」. "今王鼓樂於此, 百姓聞王鐘鼓之聲, 管籥之音, 擧疾首蹙頞而相告曰 吾王之好鼓樂, 夫何使我至於此極也. 父子不相見, 兄弟妻子離散. 今王田獵於此, 百姓聞王車馬之音, 見羽旄之美, 擧疾首蹙頞而相告曰 吾王之好田獵, 夫何使我至於此極也. 父子不相見, 兄弟妻子離散. 此無他, 不與民同樂也."; 같은 곳. "齊宣王見孟子於雪宮. 王曰 賢者亦有此樂乎. 孟子對曰 有. 人不得, 則非其上矣. 不得而非其上者, 非也. 爲民上而不與民同樂者, 亦非也. 樂民之樂者, 民亦樂其樂, 憂民之憂者, 民亦憂其憂. 樂以天下, 憂以天下, 然而不王者, 未之有也."

35) 『맹자』, 「양혜왕 상」. "王如施仁政於民, 省刑罰, 薄稅斂, 深耕易耨. 壯者以暇日修其孝悌忠信, 入以事其父兄, 出以事其長上."

학교의 교육을 신중하게 실시하여 효제(孝悌)의 도를 되풀이하여 가르친다면 반백의 노인이 등에 짐을 지거나 머리에 짐을 이고 길을 다니지 않게 될 것입니다.[36]

교육은 실천을 목표로 하는 것이고, 그 실천의 내용은 원리에 대한 탐구가 아닌 인간다운 길을 걷도록 하는 것이다. 이러한 맹자의 교육에 대한 견해는 공자의 교육정신에 근본을 두고 있다.[37] 가까운 사람에 대한 보은의 마음을 다른 사람에게까지 미쳐 갈 수 있도록 하는 것, 이것이 공맹을 위시한 유가의 교육정신이다. 나의 부모 섬기는 마음으로 다른 사람의 부모를 공경하며, 내 자식 사랑하는 마음을 다른 사람의 자식에까지 미루어 감[38]을 목표로 삼은 것은 바로 이러한 의미를 나타내고 있는 것이다. 추은(推恩)의 실행은 부모를 정성껏 봉양하고 자식을 힘껏 사랑하는 형태의 가족애적 도덕원칙을 동심원적 확대 과정을 통해 전체 사회의 구성원에 이르도록 하는 것이다.[39]

왕도정치의 완성은 인간다움의 실현에 있다. 이는 인간의 선천적 본성인 도덕성의 온전한 실현을 의미한다. 따라서 본성에 대한 자각과 이를 완성하게 만드는 백성에 대한 도덕적 교화가 이루어질 때 왕도의 완성은 가능하게 된다. 요와 순의 정치 역시 이러한 인간다움의 실천에 있었기 때문에 유가의 이상정치로 평가받을 수 있는 것이다. 맹자 역시 이러한 사고의 맥락을 이어 가기 때문에 '요순의 도는 효제(孝弟)일 뿐이다.'[40]라

36) 『맹자』, 「양혜왕 상」. "謹庠序之敎, 申之以孝悌之義, 頒白者不負戴於道路矣."
37) 『논어』, 권1, 「學而」. "子曰 弟子入則孝, 出則弟, 謹而信, 汎愛衆, 而親仁. 行有餘力, 則以學文."
38) 『맹자』, 「양혜왕 상」. "老吾老以及人之老, 幼吾幼以及人之幼."
39) 이해영, 「맹자의 왕패론에서 본 세계화」, 『퇴계학』, 제14집, 안동대학교 퇴계학연구소, 2004, 77쪽 참조.

고 말하고 있다.

맹자 왕도사상이 최종 목표는 인간 개개인의 도덕적 완성과 사사물물의 완성을 통한 평천하(平天下)의 세계 구현에 있다.[41] 이것은 인간의 도덕적 성취는 타인의 이익을 도모하는 실천의 완수에서 이루어진다는, 수양과 정치를 하나의 궤 속에 연계 짓는 유학의 특징을 보여 주는 것이다.

4. 맺는 말

살기 좋은 세상은 모든 사람들의 소망이고, 또 이렇게 만들기 위해 대부분의 사람들은 노력하며 산다. 이것은 어떤 분야에서 어떤 일을 하든 공통된 바람일 것이다. 그러나 때로는 자신 혼자와 그리고 관련된 몇몇의 이익만을 위해 살아가는 사람들도 존재한다. 문제는 이러한 사람들이 세상을 주도해 가는 힘을 지니고 있을 때이다.

정치적 구조로 세상을 구분하여 본다면 치자(治者)와 피치자(被治者) 두 부류로 나누어진다. 치자는 세상을 이끌어 가는 가장 강력한 힘을 소유한 사람들이다. 따라서 무리를 선도하는 지도자의 역할은 시간의 고금(古今)과 장소의 동이(同異)를 막론하고 매우 중요시될 수밖에 없다.

절대권력을 소유하였던 봉건시대의 군주든, 권력의 뿌리를 국민에게 두고 있는 현대의 정치에서의 치자든 그 역할과 책임은 무겁고도 큰 것이라 아니할 수 없다. 맹자의 왕도정치 사상은 바로 이러한 치자의 올바른 위상이 무엇인가를 간파하고, 제대로 된 책임과 역할의 완수를 설파한 것

40) 『맹자』, 「고자 하」. "堯舜之道, 孝弟而已矣."

41) 송인창, 「맹자 왕도사상의 체계」, 『동양철학연구』, 제17집, 동양철학연구회, 1997, 332쪽 참조.

이다.

백성이 살기 좋은 세상을 만드는 것이 왕도정치의 궁극적 목적이다. 살기 좋은 세상은 일차적으로 생존의 문제가 해결된 상태이고, 나아가 자신의 도덕적 본성을 온전히 실현하는 것이다. 이러하기 때문에 맹자는 가장 기본이면서 반드시 해결해야 할 선결문제를 경제 곧 민생의 문제라고 말하게 된다. 그러나 이러한 민생의 문제는 왕도정치의 시작에 불과하다.

왕도정치의 진정한 실현은 백성 개개인 모두가 도덕적 본성에 대한 자각과 온전한 구현이 이루질 때만이 가능하다. 맹자는 왕도정치의 당위성을 인간이 지닌 본유의 도덕성과 민본의식 그리고 치자의 책임과 역할 등을 통하여 설명하고 있다. 그리고 이것을 실현하기 위한 제도 등에 대해서도 나름의 견해를 제시하고 있다. 오늘의 관점으로 본다면 다소 미흡하다고 말할 수밖에 없는 것들이지만[42], 이 속에는 당면한 문제를 해결하고자 하는 처절한 고민의 산물이 깃든 것임을 인정하지 않을 수 없다. 왕도정치의 실현에 대한 맹자의 외침은 시대적 사명이요, 진리 실현을 위한 투철한 실천정신의 표출이다.

맹자가 제시하고 있는 제도적 장치들이 우리가 살고 있는 이 시대의 문제들을 완전하게 해결하지는 못한다. 그러나 적어도 그토록 강조하였던

---

42) 단적으로 생업을 위한 정전제에 대한 논의는 당시의 부당한 정치적 상황을 논파하는 데서 의도적으로 핵심을 비껴 간 것이라는 비판적 시각도 존재한다. 당시 부와 권력의 배분 문제 즉 지배와 교육을 담당하였던 기득권 세력들이 어떻게 구성되었는지 등에 대한 본질적 비판의 결여를 지적하는 입장이다. 백민정, 『맹자: 유학을 위한 철학적 변론』, 태학사, 2005, 344쪽 참조. 이제 우리가 다시 맹자의 이론과 주장을 살펴봄에 있어, 시대적 한계상황을 인정할 수밖에 없다는 옹호적 울타리만을 쳐놓는다면, 오히려 그 본질이 왜곡될 수밖에 없을 것이다. 맹자의 태도와 주장에 대한 총체적인 부정을 다 수용하지 않는다 하더라도 이러한 비판적 접근에 대한 가치를 수용할 때, 단순한 주장의 순수성이나 단순성에 몰입하여 맹신하고 열광하는 상태에서 벗어나게 될 수 있을 것이다.

치자가 지녀야 할 근본자세와 책임에 대한 논의들은, 오늘에도 유효한 것이라 아니할 수 없다. 혁명에 대한 맹자의 옹호는 바로 이러한 치자의 책임의식을 각성시키는 매우 강력한 의지의 표출이라 할 수 있다.

치자는 자기 자신이나 소속된 정당의 이익만을 위해 정책을 펴서는 아니 된다. 왜냐하면 부모가 모든 자식을 사랑하듯, 치자는 모든 백성을 사랑해야 하는 존재이기 때문이다. 국민을 사랑하는 마음을 갖고 있지 않으면서 정치를 하고자 하는 사람은 가장 큰 죄인이 될 수 있음을 상기해야 한다. 이것이 왕도정치 즉 인정(仁政)이라는 말이 담고 있는 가장 큰 의미일 것이다.

맹자는 왕도정치의 시작에 불과한 것으로서 민생의 문제해결을 제시하였다. 이것을 단적으로 산 사람의 먹고사는 문제와 죽은 사람을 장사지내는 데 유감이 없게 하는 것이라 표현하고 있다. 맹자가 왕도정치의 출발점에 불과하다고 말한 이 문제는, 과학과 기술문명이 발달한 이 시대에도 온전히 해결되지 못하고 있다.

이런 점에서 맹자의 문제의식은 오늘날에도 유효하다고 할 것이다. 또한 거창하게 정치의 역할에 대해서 말하지 않더라도, 육체적 생존도 보장받지 못한 사람들과 사치와 향락에 빠진 사람들의 대비적 삶이 우리의 현실이라면, 이제 다시 타인의 고통을 함께할 것을 강조한 맹자의 외침에 귀 기울여야 함은 이 시대 우리의 사명인 것이다.

묵자 전쟁비판론의 입론체계*

| **이종성**(충남대 철학과 교수) |

1. 머리말

전쟁은 오늘날까지 인류의 역사 속에서 인류가 가지고 있는 자신의 욕망－즉, 타자를 자기화하려는 확장적 권능의 발휘와 함께 비록 전쟁이 그친 상황에서도 언제 발발할지 모르는 위태로운 잠재태로 존재하고 있다. 전쟁은 언제나 인류를 위협하는 불안요인인 것이다.

사전적 정의에 따를 때, 전쟁이란 "둘 이상의 서로 대립하는 국가 또는 이에 준하는 집단 간에 군사력을 비롯한 각종 수단을 사용해서 상대의 의지를 강제하려고 하는 행위 또는 그 상태"[1]라고 규정된다. 생물학적 진화론자들은 전쟁이 인간의 공격적 본능 때문에 일어난다고 한다. 그러나 역사적 맥락에서 볼 때, 전쟁은 통치계층의 특정한 이익을 대표하는 국가적

---

* 이 글은 『인문학연구』, 통권87호, 충남대학교 인문과학연구소, 2012, 205~228쪽에 수록된 「묵자 전쟁비판론의 기본입장」을 수정 보완한 것임.

1) 『두산세계대백과사전(22)』, 두산동아, 2002, 497쪽.

기능의 한 형태로서 나타난 것이라고 할 수 있다.

그런데 인류 역사상 묵자가 활동하였던 춘추전국시대만큼 전쟁이 빈발했던 시대도 드물다. 춘추전국시대는 연일 전쟁이 그치지 않던 일종의 세기말적 혼돈의 시기였다. 묵자에 따르면, "지금 세상은 전염병이 나돌고 있고, 백성들 대부분이 수고롭게 부지런히 일해도 추위에 떨거나 굶주리며 죽은 자를 방치하여 도랑과 구덩이에 굴러다니는 경우가 매우 많았다."[2]고 한다. 또한 이른바 '세 가지 우환거리'(三患)라고 일컬어지는, "배고픈 자가 음식을 얻지 못하고, 추운 자가 옷을 얻지 못하고, 일하는 자가 휴식을 얻지 못하는"[3] 상황이 당대의 현실이었다.

이처럼 인간의 생존권 자체가 위협받던 암울한 시대가 바로 묵자가 활동한 시대배경이다. 이 시대는 너무 잦은 전쟁으로 인하여 삶의 질서가 유린되고 민생이 도탄에 빠졌기 때문에 많은 사람들이 전쟁의 종식을 기원하였다. 지식인들 역시 너나없이 전쟁의 종식을 부르짖고 나섰다. 그러나 지식인들 사이에도 전쟁종식에 대한 방법은 서로 간에 입장의 차이를 보였다. 병가와 법가의 경우 적극적 전쟁을 통해 전쟁을 종식시키고자 하였던 반면 유가나 도가, 묵가 등은 전쟁부정의 입장을 강하게 피력하였다. 특히 그 중에서도 묵가는 전쟁비판론, 이른바 '비공(非攻)'의 기치를 들고 전쟁반대의 최전선에 섰다.

본고는 묵자의 전쟁비판론에 주목하고, 그 이론적 기초와 내용, 그리고 사상적 완결의 문제를 검토해 보고자 한다. 그리고 이에 대한 검토에 앞서 묵자가 침략전쟁을 막은 구체적 사례를 살펴봄으로써, 묵자의 전쟁비

---

2) 『묵자』, 「兼愛下」. "今歲有癘疫, 萬民多有勤苦凍餒, 轉死溝壑中者, 旣已衆矣." (『묵자』 원문에 대한 번역은 박재범 옮김, 『묵자』(홍익출판사, 1999)를 기초 자료로 삼고, 문맥에 따라 수정하여 풀어 옮겼음을 밝힌다.)

3) 『묵자』, 「非樂上」. "民有三患: 飢者不得食, 寒者不得衣, 勞者不得息."

판론이 단지 이론적 주장에 그친 것이 아니라 강한 실천정신의 토대 위에 논의된 것임을 확인해 보고자 한다.

2. 묵자가 침략전쟁을 막은 사례

묵자의 전쟁비판론에 관한 사상적 입장은 『묵자』「비공」편에 상세히 기록되어 있다. 그런데 「비공」편이 주로 전쟁 반대에 관한 묵자의 사상적 입장을 논의한 점이 특징이라면, 「노문」편(제49편)과 「공수」편(제50편)에는 묵자가 실제로 침략전쟁을 막은 사례가 소개되어 있어서 주목된다. 「노문」편에는 '지초공정(止楚攻鄭)'[4] 및 '조제벌노(阻齊伐魯)'[5]라는 전쟁 방어에 관한 일화가 소개되어 있다. 그리고 「공수」편에는 묵자가 침략전쟁을 준비 중인 초나라를 직접 찾아가 공수반(公輸般)이라는 인물과 토론을 벌여 그를 설복시키고 마침내 초나라 혜왕까지 설득시켜 전쟁을 막았다는 일화가 등장한다. 이것이 '지초공송(止楚攻宋)'의 고사이다. 그리고 이것이야말로 묵자가 침략전쟁을 막은 가장 극적이면서도 유명한 일화에 해당한다.[6] 여기에서는 이 내용만을 살펴보기로 하겠다.

공수반은 노반(魯般)의 호이며, 초나라에 있을 때 초왕이 송나라를 침공할 수 있도록 전쟁무기를 잘 만들었던 인물이라고 전해진다.[7] 그는 일

---

4) 초나라 노양문군이 정나라를 공격하려 한 것을 묵자가 듣고 전쟁을 중지시킨 것을 말한다. 그 내용에 대해서는 『묵자』, 「노문」편을 참고할 것.

5) 제나라가 노나라를 공격하려 하자 묵자가 제나라 장군 項子牛를 먼저 만나 설복시키고, 이어서 제나라 대왕 田和를 만나 불의한 전쟁을 일으킨 자는 하늘의 형벌을 받게 된다는 예를 들어 전쟁을 중지시킨 일을 말한다. 이에 관한 자세한 내용은 『묵자』, 「노문」편을 참고할 것.

6) 渡邊卓, 『古代中國思想の硏究』, 東京, 創文社, 1977, 763쪽 참조.

찍이 초나라를 위해 배를 만들어 수전에서 월나라를 패퇴시킨 이력이 있는 인물이었다. 그가 이제는 초나라를 위해 공성용 무기인 '구름사다리(雲梯)'를 만들어 송나라를 공격하려고 준비 중이었다. 제나라에 있던 묵자는 이 소식을 듣고 제나라를 떠나 열흘 낮 열흘 밤을 달려, 초나라의 서울인 영(郢)에 도착하여 공수반을 만났다.[8] 그리고 공수반을 설득시키고자 하는 취지에서 하나의 살인청부를 제안한다.

공수반이 물었다. "선생은 무슨 일로 오셨는지요?" 묵자가 말하였다. "북쪽에 나를 업신여기는 자가 있어 선생의 힘을 빌려 그를 죽이고자 합니다." 공수반은 기쁘지 않은 모습을 지었다. 묵자가 말하였다. "천금[9]을 드리겠습니다." 공수반이 말하였다. "나는 의로운 사람으로서 결코 사람을 죽이지 않습니다." 묵자가 일어나 두 번 절하고 말하였다. "몇 말씀 드릴까 합니다. 나는 북쪽에서 선생이 구름사다리를 만들어 송나라를 공격하려 한다는 말을 들었습니다. 송나라가 무슨 죄가 있겠습니까? 초나라는 땅이 남아돌고 백성들은 그에 비한다면 수가 부족합니다. 부족한 백성들을 희생시키고, 남아도는 땅을 빼앗기 위하여 다툰다는 것은 지혜롭다 말할 수 없습니다. 송나라는 죄도 없는데 그 나라를 공격한다는 것은 어진 일이라고 할 수 없습니다. 그것을 알면서도 간하지 않는 것은 충성이라고 말할 수 없습니다. 간하여 뜻을 이루지 못하는 것은 강

---

7) 『여씨춘추』, 「愛類」, 高誘 注. "公輸, 魯般之號也, 在楚爲楚王設攻宋之具也." 공수반의 이름은 '魯般'이라는 표기 이외에 '魯班'으로도 표기되는데, 현재 중국에서는 대부분 후자의 경우로 사용한다.

8) 『묵자』, 「공수」. "公輸盤爲楚造雲梯之械成, 將以攻宋. 子墨子聞之, 起於齊, 行十日十夜而至於郢, 見公輸盤."

9) 원문의 '십금'에 대하여 손중원은 '이백 냥 금자'로 풀이하고 있고(孫中原, 『墨學通論』, 沈陽, 遼寧教育出版社, 1997, 256쪽), 필원과 손이양은 다같이 '천금'으로 풀이하고 있다. 필자는 필원과 손이양의 견해에 따라 '십금'의 의미를 '천금'으로 풀기로 한다.(孫詒讓, 『墨子閒詁』, 北京, 中華書局, 2001, 484쪽 참조.)

직하다고 말할 수 없습니다. 의를 받들어 사람을 죽이지 않는다고 하면서 많은 백성들을 죽이는 것은 사려분별을 안다고 할 수 없습니다." 이에 공수반은 설복당하였다.[10]

묵자는 자신이 제안한 살인청부가 사실은 공수반 자신이 현재 수행하고 있는 일임을 각성시킨다. 묵자가 볼 때 공수반은 살인청부업자에 지나지 않는다. 왜냐하면 한 사람도 죽일 수 없다는 공수반이 침략전쟁을 위해 무기제작에 심혈을 기울이는 일 자체가 모순이기 때문이다. 살인이 정의롭지 못한 일이라면, 다수를 살인하는 전쟁이야말로 가장 불의한 일일 수밖에 없다. 그래서 묵자는 "큰 나라가 남의 나라를 침략하여 병합하는 것은 한 사람의 죄 없는 사람을 죽이는 것보다 그 죄가 수천만 배나 더한 것이다."[11]라고 비판한다. 이러한 이유 때문에 공수반은 묵자의 말을 듣고 설복당할 수밖에 없었다.

공수반을 설복시킨 묵자는 이제 공수반에게 초나라 왕을 만날 수 있게 해 달라고 요청하고, 그의 도움을 얻어 초왕을 친견한다. 그리고 전쟁의 불의함에 대해 다음과 같은 대화를 나누었다.

묵자가 초나라 혜왕을 만나 말하였다. "지금 여기에 한 사람이 있는데, 그 사람은 화려한 자신의 수레를 버려두고 이웃에 있는 다 낡은 수레를 훔치려 합니다. 화려한 자신의 비단옷은 버려두고, 이웃에 있는 거친 갈옷을 훔치려고

10) 『묵자』, 「공수」. "公輸盤曰: 夫子何命焉爲? 子墨子曰: 北方有侮臣, 願藉子殺之. 公輸盤不說. 子墨子曰: 請獻十金. 公輸盤曰: 吾義固不殺人. 子墨子起, 再拜曰: 請說之. 吾從北方聞子爲梯, 將以攻宋. 宋何罪之有? 荊國有餘於地, 而不足於民, 殺所不足, 而爭所有餘, 不可謂智. 宋無罪而攻之, 不可謂仁. 知而不爭, 不可謂忠. 爭而不得, 不可謂强. 義不殺少而殺衆, 不可謂知類. 公輸盤服."

11) 『묵자』, 「천지하」. "將猶皆侵凌攻伐兼幷. 此爲殺一不辜人者. 數千萬矣."

합니다. 좋은 음식과 고기는 버려두고, 이웃에 있는 겨와 지게미를 훔치려고 합니다. 이 사람을 두고 어떠한 사람이라 하겠습니까?" 왕이 말하였다. "도적질하는 버릇이 있는 사람이오."[12)]

이상의 대화에서 묵자의 논변에 나타난 논증기교는 일종의 유비추론에 해당한다. 묵자는 국가 간의 침략행위가 도적질을 하는 행위와 다를 바 없음을 유비한 것이다.[13)] 즉, 침략전생은 어떤 사람이 자기가 가지고 있는 것은 외면하고 이웃이 가지고 있는 것을 탐내 훔치려고 하는 행위와 전혀 다를 게 없다는 것이 묵자의 입장이다. 묵자는 이러한 논지를 초나라와 송나라의 경우에 적용하여 보다 구체적인 논변을 구사한다.

묵자가 말하였다. "초나라 땅은 사방 오천 리나 되지만 송나라 땅은 사방 오백 리에 불과하니, 이것은 마치 화려한 수레와 낡은 수레를 비교하는 것과 같습니다. 초나라에는 운몽이라는 못이 있는데, 그 근처에는 물소와 외뿔소, 고라니와 사슴 같은 짐승들이 가득하고, 장강과 한수에는 물고기와 자라, 악어 등이 있어 천하의 부를 이루고 있습니다. 그러나 송나라는 꿩과 토끼, 붕어조차 없습니다. 이것은 기장과 고기를 겨나 지게미와 견주는 것과 같습니다. 초나라에는 장송 · 문재 · 편남 · 예장 같은 좋은 재목들이 나지만 송나라에는 장목이 없습니다. 이것은 수놓은 비단옷을 천한 갈옷과 비교하는 것과 같습니다. 저는 왕께서 송나라를 공격하려 하는 것 역시 앞에 든 사례와 같다고 생각합니다. 대왕께서는 반드시 의로움만 손상하게 되고 아무것도 얻지 못할 것입니다."[14)]

---

12) 『묵자』, 「공수」. "子墨子見王, 曰: 今有人於此, 舍其文軒, 鄰有敝轝, 而欲竊之; 舍其錦繡, 鄰有短褐, 而欲竊之; 舍其粱肉, 鄰有糠糟, 而欲竊之. 此爲何若人? 王曰: 必爲竊疾矣."

13) 孫中原, 『墨子的知慧: 墨子說粹』, 北京, 生活 · 讀書 · 新知三聯書店, 1995, 240쪽 참조.

14) 『묵자』, 「공수」. "子墨子曰: 荊之地, 方五千里, 宋之地, 方五百里, 此猶文軒之與敝轝也;

이상과 같은 묵자의 유비추론적인 발언은 상당한 설득력을 가졌다. 묵자의 말을 듣고 초나라 왕은 마음이 동요될 수밖에 없었다. 그러나 초나라 왕은 자신이 전쟁 계획 자체를 포기하기에는 너무 멀리 와 버렸다는 것을 알고 있었고, 이러한 이유로 묵자의 전쟁반대론을 쉽게 수용할 수 없는 상황이었다. 이에 묵자는 초나라 왕 앞에서 공수반과 더불어 가상의 모의 전투를 벌일 것을 제안하기에 이르고, 이 모의 전투에서 공수반의 모든 공격을 막아내는 드라마 같은 퍼포먼스를 벌이게 된다.

왕이 말하였다. "좋은 말이오! 그렇지만 공수반이 나를 위하여 구름사다리를 만들었으니 꼭 송나라를 빼앗아야만 하겠소." 그래서 묵자는 공수반을 만났다. 묵자는 허리띠를 끌러 성의 모양을 만들고, 나무 조각으로 성을 방어하는 장치를 만들었다. 공수반이 여러 차례 성을 공격하는 기계를 변화시켜 공격하였으나 묵자는 그때마다 이를 막아 냈다. 공수반은 성을 공격하는 기계를 다 써먹었으나, 묵자의 수비에는 여유가 있었다. 공수반이 굴복하였다. 그러나 그는 말하였다. "나는 선생을 막아 낼 방법을 알고 있지만 말하지 않겠습니다." 묵자도 역시 말하였다. "나도 당신이 나를 막아 낼 방법을 알고 있지만 나도 말하지 않겠습니다." 초나라 왕이 그 까닭을 물으니 묵자가 말하였다. "공수반 선생의 뜻은 다만 저를 죽이려고 하는 것일 뿐입니다. 저를 죽이면 송나라에는 성을 지킬 수 있는 사람이 없을 것이기 때문에 충분히 공격할 수 있을 것이라고 생각하는 것입니다. 그러나 저의 제자는 곰골리 등 삼백 명이나 되는데, 이미 저의 수비하는 기계를 가지고서 송나라 성 위에서 초나라 군대를 기다리고 있습니다. 비록 저를 죽인다 하더라도 그것을 없앨 수는 없습니다." 이에 초나

荊有雲夢, 犀兕麋鹿滿之, 江漢之魚鱉黿鼉爲天下富, 宋所爲無雉兎狐狸者也, 此猶粱肉之與糠糟也; 荊有長松 · 文梓 · 楩枏 · 豫章, 宋無長木, 此猶錦繡之與短褐也. 臣以三事之攻宋也, 爲與此同類, 臣見大王之必傷義而不得."

라 왕이 말하였다 "좋습니다. 나는 송나라를 공격하지 않겠습니다."[15]

이 일화는 묵자의 노력으로 초나라가 송나라를 공격하는 일을 멈추었다는 이야기이다. 묵자의 철학이 매우 실천적이며 구세주의적인 성격을 가졌음을 알게 하는 일화라고 할 수 있다.

약소국을 겸병하고자 치러지는 침략전쟁은 군비조달을 위한 민중의 착취를 전제하며 수많은 인명을 담보로 삼는다. 어느 한 집단의 이익을 확대하고자 다른 집단에게 조직적 폭력을 가하는 모든 종류의 정치적 행위가 전쟁이라고 볼 때,[16] 이러한 전쟁은 속성상 불의함을 벗어나지 못한다. 묵자는 어떠한 경우라도 침략전쟁은 이익이 없고 유해할 뿐이라고 주장하며,[17] 몸소 전쟁 방어에 앞장섰다. 묵자는 침략전쟁을 강력하게 부정하면서 몸소 그 침략전쟁을 방어하기 위하여 혼신의 노력을 기울인 평화의 전도자였음을 알 수 있다.

그렇다면, 묵자의 강력한 전쟁 방어의 실천성은 과연 어떠한 사상적 근거로부터 연유하는 것일까? 이에 대한 논거를 우리는 이제 묵자의 이른바

---

15) 『묵자』, 「공수」. "王曰: 善哉! 雖然, 公輸盤爲我爲云梯, 必取宋. 於是見公輸盤, 子墨子解帶爲城, 以牒爲械, 公輸盤九設攻城之機變, 子墨子九距之, 公輸盤之攻械盡, 子墨子之守圉有餘. 公輸盤詘, 而曰: 吾知所以距子矣, 吾不言. 子墨子亦曰: 吾知子之所以距我, 吾不言. 楚王問其故, 子墨子曰: 公輸子之意, 不過欲殺臣. 殺臣, 宋莫能守, 可攻也. 然臣之弟子禽滑釐等三百人, 已持臣守圉之器, 在宋城上而待楚寇矣. 雖殺臣, 不能絶也. 楚王曰: 善哉! 吾請無攻宋矣. 子墨子歸, 過宋, 天雨, 庇其閭中, 守閭者不內也. 故曰: 治於神者, 衆人不知其功, 爭于明者, 衆人知之."

16) 『민족문화백과사전』의 「전쟁」조에 따르면, 조미니(Jomini, B. D.)는 전쟁을 일으키는 원인이 다음과 같은 여섯 가지 때문이라고 본다. ① 권리의 회복 및 보호, ② 주요 국가 이익의 보호 및 유지, ③ 세력 균형의 유지, ④ 정치적 혹은 종교적 이념의 전파 · 말살 또는 보호, ⑤ 영토의 획득에 의한 국가의 영향력 및 세력의 증대, ⑥ 정복욕의 충족. 이러한 여섯 가지 이유 역시 한 집단의 이익의 확장을 위해 다른 집단에게 조직적 폭력을 가한다는 점에서는 예외일 수 없음을 알 수 있다.

17) 趙雅博, 『十子批判』, 臺北, 星光出版社, 1992, 242쪽.

'겸애(兼愛)' – '비공(非攻)' – '천지(天志)'의 철학체계를 중심으로 보다 구체적으로 논의해 보기로 한다.

3. '겸애(兼愛)' – 이론적 기초와 '호혜적 교환의 원칙'

묵자는 사회정의가 해체되고 도덕적 타락이 심각하였던 춘추전국시대의 상황을 목도하면서, '천하의 해'가 극에 달했음을 인정함과 동시에 그 원인이 상호간의 무자비한 침탈 때문이었다고 주장한다. 그래서 묵자는 "큰 나라가 작은 나라를 공격하고, 큰 집안이 작은 집안을 어지럽히고, 강자가 약자를 위협하고, 큰 집단이 작은 집단에게 횡포를 부리며, 사기꾼이 어리석은 사람을 속이고, 귀한 자가 천한 자를 깔보는 것, 이것이 천하의 해이다. 또한 군주가 은혜롭지 않고 신하가 불충하고, 아비가 자애롭지 못하고 자식이 불효하는 것, 이것 또한 천하의 해로움이다."[18]라고 한다.

그런데 묵자에게는 대국이 소국을 공격하는 침략전쟁은 '천하의 해' 중에서도 가장 큰 해로서 인식되었다. 묵자는 전쟁과 사회적 혼란의 원인이 모두 '불상애(不相愛)'에 있다고 보면서, 오로지 '자애(自愛)'와 '자리(自利)'만을 취하여 타자를 미워하고 해치는 행위로부터 '천하의 해'가 생겨난다고 진단하였다. 그리고 이러한 '천하의 해'는 오직 자기 자신만을 사랑하고 자기의 이익만을 취하고자 하는 '별군(別君)'과 '별사(別士)'들로부터 비롯된 것이라고 주장한다.

묵자는 '불상애(不相愛)'를 극복하는 방안으로 적극적인 '겸애'의 방

18) 『묵자』, 「겸애하」. "若大國之攻小國也, 大家之亂小家也, 强之劫弱, 衆之暴寡, 詐之謀愚, 貴之敖賤, 此天下之害也. 又與爲人君者之不惠也, 臣者之不忠也, 父者之不慈也, 子者之不孝也, 此又天下之害也."

법을 제안한다. 묵자는 "만약 세상 모든 사람들이 서로 겸애한다면 나라와 나라는 서로 공격하지 않을 것이며, 집안과 집안은 서로 어지럽히지 않을 것이며, 도적들은 없어지고 왕과 신하와 아비와 자식들은 모두 효성스럽고 자애로울 수 있을 것이다. 만일 이와 같다면 천하가 다스려질 것이다."[19]라고 한다.

이승환은 묵자의 '겸애'가 '호혜성의 원칙'에 토대를 둔다고 한다.[20] 그런데 사회심리학적으로 '호혜성'이 타인의 행동을 향한 개인의 동종교환식(in-kind)의 긍정적 내지 부정적 반응을 가리킨다고 보았을 때, '호혜성의 원칙'으로서의 '겸애'란 항상 자기와 타자 간의 주고받는 행위를 전제한다. 그리고 묵자에게 있어서 그 주고받음의 대상은 '사랑(愛)'과 '이익(利)'이다. 묵자가 '겸상애(兼相愛)'에 '교상리(交相利)'를 결부시키는 이유가 여기에 있다. 이렇게 본다면, 묵자의 '겸애'는 '호혜적 교환의 원칙'이라고 말할 수 있는 종류의 것이다.[21] 묵자의 겸애는 '호혜적 이타주의'와는 거리가 멀기 때문이다.

묵자는 자기의 이익을 성취하기 위해서 자기가 먼저 모든 사람을 사랑하는 자애(自愛)의 한 방법이 겸애라고 주장한다. 그래서 묵자는 "사람을

---

19) 『묵자』, 「겸애상」. "若使天下兼相愛, 國與國不相攻, 家與家不相亂, 盜賊無有, 君臣父子皆能孝慈, 若此則天下治."

20) 이승환, 『유가사상의 사회철학적 재조명』, 고려대학교출판부, 1998, 104~107쪽 참조.

21) 관점에 따라서는 묵자의 '겸애'가 '호혜성의 원칙'이라고 본 이승환의 견해는 마땅히 '교환의 원칙'이라고 수정되어야 한다고 볼 수도 있다. 이러한 주장을 전폭적으로 수용하기 위해서는 우선 '호혜성'의 의미에 대한 천착이 필수적으로 수반되어야만 한다. 그러나 이러한 주장은, 묵자의 겸애를 자칫 극단적 이타주의의 윤리설로 해석할 수 있음에 대한 우려라고 받아들일 수 있다고 본다. 따라서 본고에서는 양자의 견해를 절충하여 '호혜성의 원칙'을 '호혜적 교환의 원칙'이라고 이해해 보고자 한다. 묵자의 '호혜적 교환의 원칙'은 상호간의 윈(win)-윈(win) 전략과도 같으며, 이러한 원리적 토대로부터 묵자의 '겸애'는 자신의 가치론적 목표를 보다 분명하게 강조하게 되는 것이라 본 것이다.

겸애하는 것은 결코 자신을 밖으로 배제시키는 것이 아니라 자신도 사랑을 받는 것이다. 자신이 사랑을 받으면 사랑 또한 자신에게 보태진다."[22] 라고 한다. 뿐만 아니라 『시경』「대아」편을 인용하여 다음과 같이 말하기도 한다.

> 「대아」편은 다음과 같이 말하고 있다. "어떠한 말이라도 응대가 없는 것은 없고, 어떠한 덕이라도 보답이 없는 것은 없다. 나에게 복숭아를 던져 준다면, 나는 너에게 자두로 갚는다." 이것은 다른 사람을 사랑하는 사람은 반드시 다른 사람의 사랑을 받게 되고, 다른 사람을 미워하는 사람은 반드시 다른 사람으로부터 미움을 받게 된다는 것을 말한 것이다.[23]

이처럼 묵자의 겸애론은 '호혜적 교환의 원칙'을 벗어나지 않는다. 그래서 묵자의 겸애는 인간의 감정과는 무관하면서, 이해타산의 성향을 갖는 일종의 비정감적 합리원칙이라고 평가되기도 하는 것이다.[24]

묵자는 '겸애교리(兼愛交利)'의 방법이 "다른 사람의 나라를 볼 때 자기 나라처럼 보고, 다른 사람의 집안을 볼 때 자기 집안을 보는 것처럼 보고, 다른 사람의 몸을 볼 때 자기 몸처럼 보는 것"[25]이라고 한다. 묵자는 다음과 같이 말한다. "만약 천하 사람들로 하여금 다른 사람 사랑하기를 자기 몸 사랑하듯 하게 하여서, 자제나 신하된 자가 부형과 군왕을 자기 몸처럼 여긴다면 어찌 불효함이 있을 것이며, 부형이나 군왕 된 자가 자

22) 『묵자』, 「대취」. "愛人不外己, 己在所愛之中. 己在所愛, 愛加於己."

23) 『묵자』, 「겸애하」. "大雅之所道曰: 無言而不讐, 無德而不報, 投我以桃, 報之以李. 卽此言愛人者必見愛也, 而惡人者必見惡也."

24) A. C. Graham, *Disputers of the Tao: Philosophical Argument in Ancient China*, Open Court, La Salle, Illinois, 1991, 41쪽.

25) 『묵자』, 「겸애상」. "視人之國, 若視其國, 視人之家, 若視其家, 視人之身, 若視其身."

제와 신하를 자기 몸처럼 여긴다면 어찌 자애치 아니함이 있을 것인가? 다른 사람의 집을 자기 집 돌보듯 한다면 누가 훔치겠으며, 다른 사람의 몸을 자기 몸 돌보듯 한다면 누가 해치겠으며, 다른 사람의 가문을 자기 가문처럼 본다면 누가 어지럽히겠으며, 다른 사람의 나라를 자기 나라처럼 본다면 누가 공격하겠는가?"[26]

묵자는 다른 사람의 국가를 자기 국가처럼 볼 때, 다른 사람의 국가도 자기 국가를 공격하지 않을 것이라고 한다. 즉, 겸애교리의 '호혜적 교환의 원칙'이 지켜질 때 국가 간의 전쟁도 일어나지 않는다는 것이 묵자의 입장이다. 다분히 실리주의에 기반을 둔 묵자의 겸애교리설의 논의는 경험적이며 결과론적 사유방식으로부터 도출되고 있음을 알 수 있다. 뿐만 아니라 묵자의 겸애교리설은 일상의 통속적 생활감정을 자극함으로써 세속적 대중의 관심을 촉발시킴과 동시에 이성적 반성을 통한 공리주의적 윤리화를 제안하는 계기로 작용한다.[27]

여기에서 묵자가 주목한 것이 바로 '리(利)'의 차원전환 문제였다. 즉, '세속적 리'를 '정의로운 리'의 차원으로 승화시키는 문제가 그것이다. 묵자는 "의가 곧 리"[28]라고 하여 자칫 개별적 욕망으로 흘러 방향성을 잃을 수 있는 이익의 문제를 윤리적 차원으로 승화시킨다. 일종의 공리주의적 정의관을 확립한 것이라 볼 수 있다. 그런데 이 같은 묵자의 논의는 이제 천하 만민의 이익증진 문제로 전이됨으로써, 겸애교리설의 구체적 실현방안인 '비공(非攻)'을 주장하는 데에 이르게 된다.

---

26) 『묵자』, 「겸애상」. "若使天下兼相愛, 愛人若愛其身, …… 視父兄與君若其身, 惡施不孝? …… 視弟子與臣若其身, 惡施不慈? …… 視人之室若其室, 誰竊? 視人身若其身, 誰賊? …… 視人之家若其家, 誰亂? 視人之國若其國, 誰攻?"

27) 大塚伴鹿, 『墨子の研究』, 東京, 森北書店, 1943, 145쪽 참조.

28) 『묵자』, 「경상」. "義, 利也."

4. '비공(非攻)': 전쟁비판론의 내용과 '불침해의 원칙'

묵자는 천하 만민의 이익을 증진시키는 일에 있어서 '비공'으로 대변되는 '불침해의 원칙'을 요청한다. 환언한다면, 묵자는 '호혜적 교환의 원칙'으로부터 '불침해의 원칙'을 도출한다.[29] '비공'은 '겸애'의 확장이며[30], '겸애'를 가장 직접적으로 적용한 교의이다.[31] 요컨대, 천하 만민을 자기와 동일시할 것을 강조하는 묵자의 겸애론적 안목에서 볼 때, 자가의 이익이나 자국의 부강만을 위한 침략전쟁은 겸애의 도리에 어긋나는 가장 불의한 행위이다. 침략전쟁은 이를 아무리 교식하고 정당화할지라도 결코 용납할 수 없는 죄과이기 때문에 묵자의 '겸애'는 필연적으로 '비공'의 논의를 생산할 수밖에 없는 것이다.[32]

그런데 묵자는 결코 일체의 전쟁을 반대한 것이 아님에 유의할 필요가 있다.[33] 이와 관련하여 박문현은 묵자가 "전쟁 목적을 기준으로 할 때 침략전쟁만 반대할 뿐 나라를 보위하기 위한 자위의 전쟁은 반대하지 않는다."[34]고 하면서, "원칙적으로 전쟁을 거부하는 평화주의자이지만 모든 전쟁을 일률적으로 부정하는 입장을 취하지는 않았다. 다른 나라의 부당

29) 이승환, 『유가사상의 사회철학적 재조명』, 107쪽 참조.

30) 張永義, 『墨子與中國文化』, 貴州, 貴州人民出版社, 2001, 55쪽.

31) A. C. Graham, *Disputers of the Tao: Philosophical Argument in Ancient China*, p.43.

32) 신동호, 「묵가 십론의 체계」, 『철학연구』, 제20집, 한국철학연구회, 1975, 133쪽.

33) 复旦大學哲學系中國哲學教研室 編著, 『中國古代哲學史(上)』, 上海, 上海古籍出版社, 2011, 32쪽. 묵자는 실제상 전쟁을 두 가지 종류로 구분한다. 그 하나는 '攻'이며, 다른 하나는 '誅'이다. '誅'가 정의의 전쟁이라면, '攻'은 정의롭지 못한 전쟁이다. 묵자는 '攻'을 반대하지만 '誅'를 반대하지는 않는다.(复旦大學哲學系中國哲學教研室 編著, 『中國古代哲學史(上)』, 32쪽.)

34) 박문현, 「묵가의 겸애와 비공의 평화론」, 『통일전략』, 제7권 3호, 한국통일전략학회, 2007, 273~274쪽.

한 일방적 침입에 대처하기 위한 자위의 전쟁은 정당화될 수 있으며, 평화의 필요악으로서의 정의의 전쟁까지도 정당화될 수 있다는 상대적인 전쟁폐지론자였다고 볼 수 있다."[35]고 주장한다.

묵자는 전쟁의 참상을 차마 눈뜨고 볼 수 없을 지경이라고 인식하고, 당시 전쟁을 일으킨 침략국의 위해를 다음과 같이 지적한다. "이웃나라의 변경을 넘어가서는 사람들이 농사지은 곡식들을 베어 버리고, 그곳의 나무들을 베어 버리고, 성곽을 부수고 연못을 묻어 버리며, 짐승을 함부로 죽이고 종묘를 불 질러 없애며, 백성들을 찔러 죽이고 노약자들을 죽여 없애며, 그 나라의 보물들을 가져간다."[36] 이것은 타자에 대한 '침해', '침탈', 그리고 '침범'이라고 말해지는 종류의 '천하의 해'가 다름 아닌 침략전쟁으로 인해 야기되었음을 고발한 내용이다. 묵자는 이러한 타인의 '소유권에 대한 침해'가 정의롭지 못하다고 보면서, 그 이유를 다음과 같이 설명한다.[37]

"이제 어떤 사람이 남의 과수원에 들어가서 복숭아와 배를 훔쳤다고 가정해 보자. 이러한 경우에 소문을 들은 사람들은 모두가 그를 비난하고 위정자가 알면 그를 벌할 것이다. 이는 어째서인가? 타인에게 손해를 입혀서 자기의 이익을 꾀했기 때문이다. 남의 닭과 돼지를 훔친 자는 그 불의함이 복숭아와 배를 훔친 자보다 더 심하다. …… 남의 마구간에 들어가 소와 말을 훔친 자는 그 불의함이 닭과 돼지를 훔친 자보다도 더 심하다. 이것은 무슨 까닭인가? 타인에게 손해를 입힘이 더 많기 때문이다. 진실로 타인에게 손해를 입힘이 많으면

35) 박문현, 「묵가의 겸애와 비공의 평화론」, 274쪽.

36) 『묵자』, 「비공하」, "入其國家邊境, 芟刈其禾稼, 斬其樹木, 墮其城郭, 以湮其溝池, 攘殺其牲牷, 燔潰其祖廟, 勁殺其萬民, 覆其老弱, 遷其重器."

37) 이승환, 『유가사상의 사회철학적 재조명』, 107쪽 참조.

많을수록 그 불인함도 더 심하고, 그 죄과도 더 커진다. 무고한 사람을 살해하여 그 의복을 빼앗고, 그의 창이나 칼을 훔친 자의 불의함은 남의 마구간에 들어가 소와 말을 훔치는 것보다 더 심하다. 이것은 무슨 까닭인가? 이는 타인에게 손해를 입힘이 더욱 많은 까닭이다. 진실로 타인에게 손해를 입힘이 더욱 많아지면, 불인함도 더욱 심해지고 죄과도 더욱 커진다. 이와 같은 행위를 보고 천하의 군자들은 모두가 이를 알고 비난하며 불의라고 말한다."[38]

그래서 묵자는 "한 사람을 죽이면 그것을 불의라고 하는데, 이렇게 되면 마땅히 한 번 죽을죄가 생겨난다. 만약 이와 같이 말해 본다면 열 사람을 죽이면 불의함도 열 배 가중되고 반드시 열 번 죽을죄가 생겨난다. 백 사람을 죽이면 그 불의함도 백 배 가중되므로 반드시 백 번 죽을죄가 생겨난다."[39]는 입장을 피력하게 된다.

그럼에도 세속의 군자들은 그 불의함을 깨닫지 못한다. 그들은 '소유권의 침해'가 가장 심각한 침략전쟁의 불의함에 대해서조차 아무런 죄의식을 느끼지 못한다. 그래서 묵자는 다음과 같이 말한다. "이제 크게 불의한 짓을 자행하여 남의 나라를 공략하는 자에 이르러서는 이를 나무라지도 아니하고 도리어 기려서 의로운 자라고 하니, 진정 그것이 불의한 짓인 줄을 깨닫지 못하는 까닭에 이를 서책에 기록하여 후세에 남기는 것이다."[40] 또한 묵자는 다음과 같이 말하기도 한다. "이제 비교적 작은 비행

---

38) 『묵자』, 「비공상」. "今有一人, 入人園圃, 竊其桃李. 衆聞則非之, 上爲政者得則罰之, 此何也? 以虧人自利也. 至攘人犬豕雞豚者, 其不義又甚入人園圃竊桃李. …… 至入人欄廐, 取人馬牛者, 其不義又甚攘人犬豕鷄豚. 此何故也? 以其虧人愈多. 苟虧人滋多, 其不仁茲甚, 罪益厚. 至殺不辜人也, 扡其衣裘, 取戈劍者, 其不義又甚入入欄廐取牛馬. 此何故也? 以其虧人愈多. 苟虧人愈多, 其不仁滋甚矣, 罪益厚. 當此天下之君子, 皆知而非之, 謂之不義."

39) 『묵자』, 「비공상」. "殺一人, 謂之不義, 必有一死罪矣. 若以此說往, 殺十人, 十重不義, 必有十死罪矣. 殺百人, 百重不義, 必有百死罪矣."

은 그릇된 줄 알아서 비난하지만 크게 비행을 저질러 남의 나라를 침공함은 나무랄 줄조차 모르고 도리어 기려서 의롭다 하니, 이 어찌 의와 불의를 분변할 줄 안다고 할 수 있겠는가?"[41]

묵자가 볼 때, 침략전쟁만큼 '불의'한 행위도 달리 없었다. 그래서 묵자는 어떠한 침략전쟁도 용인하지 않는다. 그럼에도 묵자가 활동하던 당시에 묵자의 전쟁비판론을 공격하며 '침략전쟁을 합리화하는 자들'이 있었다. 묵자는 이들을 '식공전자(飾攻戰者)'라고 불렀다. 그들은 당시 강대국이었던 초(楚) · 오(吳) · 제(齊) · 진(晉) 네 나라의 경우를 사례로 들어 침략전쟁의 유용성에 대해 다음과 같이 주장했다.

> 남쪽으로는 초나라와 오나라의 왕, 북쪽으로는 제나라와 진나라의 왕을 보면, 처음 나라에 봉해졌을 때에는 그 영지가 겨우 수백 리가 되지 못했고, 백성들의 수도 수십만이 되지 못했다. 그러나 공전을 벌였기 때문에 토지의 넓이는 수천 리에 이르게 되었고, 백성의 수는 수백만 명에 이르게 되었다. 그러므로 공전을 비난할 수는 없는 것이다.[42]

이에 대해 묵자는 다음과 같이 논박한다.

> 비록 네다섯 개의 나라들이 이익을 얻었다 할지라도 정도를 행한 것은 아니

---

40) 『묵자』, 「비공상」. "今至大爲不義攻國, 則不知非, 從而譽之, 謂之義, 情不知其不義也, 故書其言以遺後世."

41) 『묵자』, 「비공상」. "今小爲非, 則知而非之, 大爲非攻國, 則不知非, 從而譽之, 謂之義, 此可謂知義與不義之辯乎?"

42) 『묵자』, 「비공중」. "南則荊吳之王, 北則齊晋之君, 始封於天下之時, 其土城之方, 未至有數百里也, 人徒之衆, 未至有數十萬人也, 以攻戰之故, 土地之博, 至有數千里也, 人徒之衆, 至有數百萬人, 故當攻戰則不可非也."

다. 비유컨대, 의사가 병든 사람을 약으로 치료하는 것과 같다. 지금 여기 의사가 있어서 약을 조제하여 세상 모든 병자들에게 약으로 쓴다고 하자. 만 명이 이것을 먹고 만약 네다섯 명이 효과를 보았다면, 이는 오히려 약을 옳게 쓴 것이 아니라고 말할 수 있다. 그러므로 효자는 그것을 자신의 어버이에게 들게 하지 않을 것이며, 충신은 그것을 자신의 왕에게 들게 하지 않을 것이다.[43]

묵자는 소수의 이기적인 욕망과 정의롭지 못한 이익추구 때문에 다수가 피해를 보아서는 안 된다고 생각한다. 그래서 묵자는 이기적인 욕망과 정의롭지 못한 이익으로 발생하는 일체의 침략전쟁을 반대한다. 묵자는 당시의 전쟁이 군왕의 명예와 거기에서 얻어지는 이익에 대한 욕망 때문에 일어난다고 보았는데,[44] 이에 대한 손익계산은 차라리 잃는 것보다 못한 결과를 초래한다고 인식한다.[45] 이러한 연유로 묵자는 침략전쟁이 합리화된다거나 권장되어서는 안 된다고 강조한다.

5. '천지(天志)' : 전쟁비판론의 완결과 신권주의의 요청

이상과 같은 묵자 전쟁비판론의 논의 속에는 '소유권의 침해'와 관련된 '이익'의 문제가 항상 결부되어 배제되는 법이 없음을 알 수 있다. 묵자가 볼 때, 침략전쟁은 불필요한 재용의 낭비를 초래하는 '소모전'일 뿐

43) 『묵자』, 「비공중」. "雖四五國則得利焉, 猶謂之非行道也. 譬若醫之藥人之有病者然. 今有醫於此, 和合其祝藥之于天下之有病者而藥之. 萬人食此, 若醫四五人得利焉, 猶謂之非行藥也. 故孝子不以食其親, 忠臣不以食其君."

44) 『묵자』, 「비공중」. "我貪伐勝之名, 及得之利, 故爲之."

45) 『묵자』, 「비공중」. "計其所自勝, 無所可用也. 計其所得, 反不如所喪者之多."

이다. 그래서 묵자는 침략전쟁이 위로는 하늘의 이익에 위배되고, 가운데로는 귀신의 이익에 위배되며, 아래로는 인민의 이익에 위배되는 행위일 뿐이라고 한다. 이와 관련하여 묵자는 다음과 같이 말한다.

> 하늘이 내린 사람을 부려 하늘이 내린 도읍을 공격하니, 이것은 하늘의 백성을 찔러 죽이고, 신위를 파괴하며 사직을 뒤엎고 희생으로 쓸 짐승들을 함부로 죽이는 것이니, 이것은 위로는 하늘의 이익에 부합되지 않는다. …… 하늘의 사람들을 죽이고 귀신의 제주를 없애며 옛 왕들을 부정하고 만백성을 해치며, 백성들을 흩어지게 하는 것이니, 이것은 가운데로는 귀신들의 이익에 부합되지 않는다. …… 하늘이 내린 사람을 죽여 사람들을 이롭게 하는 점은 매우 박하다. 군대에 들인 비용을 계산해 보면, 모두가 백성들이 입고 먹는 재물이다. 천하 백성들이 사용할 재물을 고갈시키는 것이 얼마나 많은지 이루 다 헤아릴 수 없는 정도이니, 이것은 아래로는 사람들의 이익에도 부합하지 않는다.[46]

이처럼 세상에 존재하는 그 어떤 존재에게도 결코 이익이 될 수 없는 행위가 침략전쟁이기 때문에 묵자는 침략전쟁 자체를 포기할 것을 강력하게 요청한다.

그런데 묵자의 전쟁비판론에서 한 가지 주목할 것은 '소유권의 침해'에 따른 불이익이 인간뿐만 아니라 위로는 하늘과 귀신의 범주에까지 적용된다는 사실이다. 이러한 측면은 묵자의 '천지(天志)' 및 '명귀(明鬼)'의 사상과 밀접한 연계성을 갖는다. 그럼에도 이러한 특징 때문에 묵자 전쟁

---

46) 『묵자』, 「비공하」. "夫取天之人, 以攻天之邑, 此刺殺天民, 剝振神之位, 傾覆社稷, 攘殺其犧牲, 則此上不中天之利矣. …… 夫殺之人, 滅鬼神之主, 廢滅先王, 賊虐萬民, 百姓離散, 則此中不中鬼之利矣. …… 夫殺之人, 爲利人也博矣. 又計其費, 此爲周生之本, 竭天下百姓之財用不可勝數也, 則此下不中人之利矣."

비판론의 형이상학적 근거가 '천지'에 있다거나, 또는 묵자 전쟁비판론이 '천지'의 유심론적 허위의식을 전제함으로써 현실적 구체성을 상실한 한계를 벗어나지 못하였다고 비판될 수는 없다.

묵자의 이른바 '천지'의 의의는 고원한 형이상학의 정초를 위하여 제안된 것이 아니다. 그것은 형이상학적 생성론이나 종교적 창조론의 주장과는 전연 관련이 없는, 일상의 인민들이 보고 들은 경험적 축적의 산물로서,[47] 공리주의적 논거의 표준일 뿐이다. 묵자는 사물의 유무나 사리의 옳고 그름을 판단할 때, 다수인의 경험내용이나 실제적인 견문 여하를 기준으로 삼는데,[48] 이는 묵자가 제시한 '세 가지 표준'(三表)[49] 가운데 제2법의 내용이기도 하다.

이상과 같은 점을 고려할 때, 묵자가 전쟁비판론 설명에 원용되고 있는 '천지'의 사상은 묵자의 공리주의적이고 경험주의적[50]인 사상적 색채를 제대로 반영한 것이라고 평가할 수 있다. 실제로 다음과 같은 묵자의 설명이 이를 방증한다. "묵자는 천지를 세워 의법(儀法)을 세웠는데, 그것은 마치 바퀴 만드는 사람이 그림쇠(規)를 갖고 있는 것과 같고 장인이 곱자(矩)를 갖고 있는 것과 같다."[51]

---

47) 신동호, 「묵가 십론의 체계」, 148쪽.

48) 『묵자』, 「명귀하」. "子墨子曰: 是與天下之所以察知有與無之道者, 必以衆之耳目之實知有與亡爲儀者也. 請惑聞之見之, 則必以爲有; 莫聞莫見, 則必以爲無. ……" 참조.

49) 『묵자』, 「비명상」. "何謂三表? 子墨子言曰: 有本之者, 有原之者, 有用之者. 於何本之? 上本之於古者聖王之事. 於何原之? 下原察百姓耳目之實. 於何用之? 廢以爲刑政, 觀其中國家百姓人民之利. 此所謂言有三表也."

50) 북경대학철학계중국철학연구실, 『중국철학사』는 묵자철학의 특징을 경험주의적 관점에서 서술하고 있는 주목할 만한 연구 성과에 해당한다. 그럼에도 이 저서 역시 묵자가 천명 중심의 이론으로부터 완전히 벗어나지 못하고 군권신수론을 구체적으로 긍정하였음을 한계로 지적한다.(北京大學哲學系中國哲學研究室, 『中國哲學史』, 北京, 北京大學出版社, 2001, 50쪽 참조.)

풍우란(馮友蘭)은 묵자의 '천지'와 '명귀'가 '겸애'를 실행하도록 하기 위하여 도입한 일종의 '종교적 제재'에 해당한다고 주장한다.[52] 후외려(侯外廬) 역시 묵자의 '천지'란 신격화된 최고법칙이며, 이 법칙에 근거하여 상벌을 집행하는 귀신 또한 전통의식에 적용된 초자연적 감독력에 불과한 것으로서, 그것은 종교적인 것과는 전혀 무관한 것이라고 주장한다. 더불어 그는 묵자가 주장한 '천지' 사상의 의의를 밝히는 과정 가운데, 고대 사상에 대한 역사주의적 분석방법이 단지 종교적 형식만을 천착함으로써 종교적 형식 이면의 진보적 역사내용을 경솔히 말살하는 경우가 있을 수 있음을 신중하게 경고하기도 한다.[53]

묵자의 전쟁비판론에 결부된 '천지'는 묵자 전쟁비판론의 철학체계를 완결하려는 목적에서 요청된 하나의 신권주의적 지남이라고 할 수 있다. '천지'가 가진 다음과 같은 긍정적 요소가 존재하기 때문이다. "하늘의 운행은 광대하면서도 사사로움이 없고, 그 베푸는 은혜는 두터우면서도 공덕으로 내세우지 않으며, 그 밝음은 오래가면서도 쇠퇴하지 않는다."[54] 요컨대, '천지'는 전쟁비판론을 강화하기 위한 묵자의 사상적 준거로서, 이는 유효성, 객관성, 명확성, 장구성을 지닌 것이다.[55]

---

51) 『묵자』, 「천지하」. "故子墨子置立天之(志), 以爲儀法, 若輪人之有規, 匠人之有矩也."

52) Fung Yu-Lan, *A Short History of Chinese Philosophy*, The Free Press, New York, 1966, 56쪽 참조. 묵자는 하늘이 겸애하는 자에게 상을 주고 별애하는 자에게는 벌을 내린다고 본다. '천지'는 기본적으로 정의를 욕구하고 불의를 증오하기(欲義惡不義) 때문이다. 풍우란은 벤담(Bentham)의 공리주의적 영향 아래 묵자의 '천지'를 일종의 '종교적 제재'로 간주한 것이다.

53) 侯外盧 主編, 『中國思想史綱』, 北京, 中國青年出版社, 1991, 50쪽 참조.

54) 『묵자』, 「법의」. "天之行廣而無私, 其施厚而不德, 其明久而不衰."

55) 王讚源, 『墨子』, 臺北, 東大圖書公司, 1996, 85쪽 참조.

6. 맺는 말

이상의 논의는 묵자 전쟁비판론의 특징과 의의를 담고 있는 '비공'의 내용을 중심으로, '비공'의 이론적 근거인 '겸애'와 더불어 그 이론적 완성을 위해 요청된 '천지'의 사상을 검토해 본 것이다. 이제 끝맺음으로 본문의 내용을 요약 정리하면 다음과 같다.

(1) 묵자의 전쟁비판론은 단지 이론에만 그친 것이 아니라, 실제적인 구세주의적 차원의 실천행위로 나타났다. '지초공정(止楚攻鄭)' 및 '조제벌노(阻齊伐魯)'라는 전쟁 방어에 관한 일화를 비롯한 '지초공송(止楚攻宋)'의 고사가 이를 말해 준다. 침략전쟁에 대한 이 같은 방어의 사례들은 묵자의 전쟁비판론이 탁상공론이 아닌 구체적 실천론이었음을 알게 한다.

(2) 묵자는 전쟁비판론의 기초로서 '호혜적 교환의 원칙'인 '겸애'를 강조한다. 묵자는 천하에 해로움이 생기는 원인이 서로 사랑하지 않기 때문이라고 보는데, 천하의 해로움 중에서 전쟁만큼 해로운 것이 없다고 한다. 이에 묵자는 '겸애'가 침략전쟁을 막는 필수적인 전제조건이라고 주장한다.

(3) 묵자의 전쟁비판론은 '불침해의 원칙'인 '비공'으로 전개된다. '비공'은 '겸애'의 확장이며, '겸애'를 가장 직접적으로 적용한 교의이다. 묵자는 전쟁 중에서도 특히 침략전쟁을 부정하는데, 그것의 특성이 불의할 뿐만 아니라 어떠한 이익도 주지 않기 때문이다.

(4) 묵자가 볼 때, 전쟁으로 인한 '소유권의 침해'는 인간에게 불이익을 초래할 뿐만 아니라 그 불이익은 귀신과 하늘에까지 미친다고 한다. 이런 측면에서 묵자는 전쟁비판론의 사상적 완결을 위하여 하늘의 권위를 요청한다. 그것이 바로 '천지'[56]이다.

묵자의 전쟁비판론은 '겸애' - '비공' - '천지'의 철학체계를 토대로 삼아, 함께 사랑하고 서로가 이익을 나누고자 한 평화의 사상이었다는 점에 의의가 있다. 침략전쟁은 침략국이나 피침략국 상호 간의 불이익을 초래하는 파괴행위에 지나지 않으며, 어떠한 경우라도 그 행위는 정의롭지 못한 절도 행위에 지나지 않기 때문에 폐기되어야만 한다는 것이 묵자의 주장이다. 이러한 묵자 전쟁비판론의 철학 정신은 핵전쟁의 위기를 안고 사는 현대의 인류에게도 많은 시사점을 던져 주기에 충분하다.

그러나 현시점에서 우리는 묵자가 설파한 전쟁비판론의 철학을 다만 하나의 꿈으로 치부한 것은 아닌지, 인류는 오히려 묵자의 정신을 외면하는 삶의 역사를 선택하면서 살아온 것은 아닌지 묻지 않을 수 없다. 초나라의 송나라 침공 계획을 막은 후 송나라를 지나가다가 내리던 비를 피하려던 묵자를 그곳 사람들은 어떻게 대하였는지 다시 한번 생각해 보지 않을 수 없다.

> 묵자는 돌아가는 길에 송나라를 지나갔다. 마침 비가 내려 그곳 마을 문 안으로 들어가 비를 피하려 하였다. 그러나 마을 문을 지키는 사람이 그를 들여보내 주지 않았다. 그래서 묵자가 말하였다. "신묘하게 일을 다스린 사람에 대하여 사람들은 그의 공을 알지 못하고, 밝게 드러내 놓고 다툰 사람만을 백성들은 알아주는구나."[57]

21세기의 현재적 상황에서도 묵자의 전쟁비판론은 매우 절실하게 요청된다. 지금도 지구촌 어디에선가는 총성이 멈추지 않고 있기 때문이다.

---

56) 묵자가 주장한 '천지'의 종교성 여부에 대해서는 보다 면밀한 검토가 필요하다. 이에 대한 보다 구체적인 검토는 하나의 연구 과제로 남기기로 한다.

57) 『묵자』, 「공수」. "子墨子歸, 過宋, 天雨, 庇其閭中, 守閭者不內也. 故曰: 治於神者, 衆人不知其功, 爭於明者, 衆人知之."

주자(朱子)의 공동체적 생태윤리

| **이승환**(고려대 철학과 교수) |

1. '주자학적 생태윤리'의 정당화 가능성

인류가 생태 또는 환경문제에 적극적인 관심을 가지게 된 것은 지금으로부터 고작해야 30~40년 전인 20세기 후반부터이다. 지금으로부터 무려 8백여 년 전에 살았던 주자는 과연 생태나 환경 문제에 관심을 가졌을까? 우리는 주자의 저작 곳곳에서 낙후한 생산력으로 인한 기근, 그리고 홍수나 가뭄과 같은 자연재해로 인한 흉작에 대해 근심을 토로하는 것을 볼 수 있다. 이렇게 열악한 시대 조건 속에서 '자원절약'이나 '환경보호' 또는 '동물의 권리'와 같은 생태윤리적 문제의식은 생겨날 수 없었다고 보는 것이 솔직한 판단일 것이다. 그렇다면 과연 '주자의 생태윤리'라는 개념은 정당화될 수 있는 것일까? 과연 주자의 사유체계를 생태윤리의 관점에서 재구성하는 일은 불가능한 것일까?

---

* 이 논문은 『간재학논총』, Vol. 5(간재학회, 2006년)에 게재된 것임.

필자는 주자의 사유체계를 생태윤리학적으로 재구성할 수 있는 근거를 주자 사상의 생명철학적 특성에서 찾을 수 있다고 본다. 주지하다시피 주자는 자연계의 근원적 질서를 '생명의지(生意)'의 관점에서 파악하고, 자연계의 운행에 내재된 생명의 본성을 '인(仁)'이라고 불렀다. '인'이라는 생명의 본성은 자연의 일부분인 인간에게도 그대로 품부되어 인간의 본성을 이룬다. 인간의 목적은 자신의 본성인 '인'을 실현하는 데 있으며, '인'은 자신의 생명뿐 아니라 타존재의 생명까지 살려주는 '성기 · 성물(成己 · 成物)'의 과정을 통해서 실현된다. '성기 · 성물(成己 · 成物)'을 통하여 모든 존재의 생명을 길러내는 일을 유학에서는 '참찬화육(參贊化育)'이라고 부른다. 주자는『논어』의 '인(仁)',『맹자』의 '측은지심(惻隱之心)',『주역』의 '생생불식(生生不息)', 그리고『중용』의 '성기성물(成己成物)'과 '참찬화육(參贊化育)' 등의 관념을 종합하여 거대한 철학적 건축물을 구성하였으며, 여기에는 인간과 자연의 본성을 '생명력' 즉 '인'으로 보는 그의 입장이 잘 투영되어 있다. 그는「인설(仁說)」의 첫머리에서 이렇게 말한다.

> 천(天) · 지(地)는 만물을 생(生)하는 일을 마음으로 삼으며, 인간을 비롯한 모든 생명은 '천지의 마음'을 얻어 (각자의) 마음으로 삼는다. 그러므로 '마음의 덕(德)'에 대해 말할 때에는 비록 그것이 모든 존재를 총섭하고 관통하는 능력은 갖추어지지 않은 바가 없지만, 한마디로 요약해서 말한다면 오직 '인(仁)'일 따름이다.[1]

1)『朱熹集』, 67-23(3542쪽),「仁說」. "天地以生物爲心者也. 而人物之生又各得夫天地之心以爲心者也. 故語心之德雖其總攝貫通無所不備, 然一言以蔽之, 則曰仁而已矣."

우주를 관류하는 생명의 본성을 '인'으로 보는 주자의 사유체계는 '생명철학'으로 불러도 아무런 손색이 없을 만큼 생명의 고귀함에 대한 체오(體悟)와 경외감으로 일관하고 있다. 주자의 이러한 태도는 생명을 무차별적으로 남획하거나 생태계의 위기가 갈수록 심화되는 현대사회에 충분히 대안적 사유방식으로 작용할 수 있다고 본다. 만일 주자가 오늘과 같은 생태위기의 시대에 살았더라면, 그는 다른 어떤 윤리학자에 못지않게 자신의 고유한 목소리로 생태윤리의 정당성과 당위성을 외쳤을 것이다. 따라서 비록 주자가 생태문제나 환경문제에 대해 구체적인 언급을 하지 않았다고 하더라도, '주자학적 생태윤리'는 현재적 맥락에서 재해석을 통하여 충분히 의미 있는 정당화가 가능하다고 생각한다.

2. 주자의 '공동체적 생태관'

1) '우주대가정'으로서 생명공동체

동·서양을 막론하고 고대인들은 자연계의 모든 존재가 생명력을 간직하고 있다는 물활론(animism)을 믿었다. 근대에 들면서 물활론은 주술적이거나 신비적인 것으로 여겨지게 되고, 대신 자연계의 모든 생명은 분자구조로 환원될 수 있다는 기계론적 환원주의가 인간의 인식을 지배하게 되었다. 그러나 근대적 세계관의 한계가 드러나고 생태문제에 관한 관심이 고조되면서 새로운 유형의 생명관들이 나타나게 되었다. 지구 전체를 하나의 유기적 생명체로 간주하려는 러브록(Lovelock)의 '가이아 이론', 개개의 낱생명은 보생명(co-life)과 상호 협력하여 하나의 거대한 생명을 이룬다는 장회익의 '온생명 이론', 그리고 생태계를 그저 물리적인 인과과정으로 간주하기보다 하나의 공동체적 협력체계로 간주하려는 머레이 북친의 '사회 생태학' 등이 바로 그러한 예이다.

고대중국의 경우 모든 존재에 생명력이 깃들어 있다는 물활론의 입장도 있었지만(도교의 경우), 유학에서는 생태계를 하나의 커다란 가정으로 간주하려는 공동체주의의 입장을 견지해 왔다. 예를 들어 『주역』에는 천 · 지(乾 · 坤)를 부모로 간주하고, 인간은 부모의 교감에 의해 태어난 자식으로 보려는 입장이 잘 드러나 있다. 생태계를 가정 공동체와 유비적 관계로 파악하려는 입장은 송대에 들어 장횡거(張橫渠)의 「서명(西銘)」에서 매우 수려한 문체로 재천명되었다.[2] 주자는 자연세계를 이해할 때 『주역』과 『중용』 그리고 「서명」 등에 나타난 가정공동체의 모델을 그대로 받아들인다.[3] 이러한 공동체적 모델에서는 인간뿐 아니라 자연계 안의 모든 생명을 가진 존재는 천 · 지의 자식으로 간주된다. 소위 '생명의 동근원성(co-origination of life)'으로 부를 수 있는 이러한 입장을 주자는 다음과 같이 표명한다.

> "건을 아버지로 삼고 곤을 어머니로 삼는 일은 생명을 가진 존재라면 어떤 것도 그러지 아니함이 없으니, 이것이 이른바 '리(理)는 하나다'(理一)라는 말이다."[4]

주자의 생태관은 자연을 인간사회의 '가정'과 같은 공동체로 간주한

2) 『張載集』, 「正蒙」, 〈乾稱〉. "乾稱父, 坤稱母 ; 予茲藐焉, 乃混然中處. 故天地之塞, 吾其體 ; 天地之帥, 吾其性. 民吾同胞, 物吾與也."

3) 『朱子全書』, 上海古籍, 13책, 「西銘解」. "天, 陽也, 以至健而位乎上, 父道也; 地, 陰也, 以至順而位乎下, 母道也. 人稟氣於天, 賦形於地, 以藐然之身, 混合無間而位乎中, 子道也."

4) 위의 책. "蓋以乾爲父, 坤爲母, 有生之類, 無物不然, 所謂理一也. ……"

다. 구성원들이 가정 내에서 각기 고유한 정체성을 지니면서도 상호 협력과 의존의 관계를 맺으며 한 가족으로 살아가듯, 생태계 안에서 다양한 종들은 각기 고유한 지위와 역할을 가지고 전체 안에서 공생관계를 유지한다. 이런 모델에서 본다면, 생태계의 흐름은 경쟁이나 투쟁의 관계라기보다 상호협력과 의존의 맥락에서 이해된다. 공동체의 구성원들은 '우주대가정' 안에서 각기 고유한 지위와 역할을 지니고, 각자의 성실한 역할 수행을 통해 공동체의 번영과 발전을 위해 이바지한다.

노사광(勞思光) 교수는 『중국철학사』「송명편」에서 성리학의 천도관(天道觀)에 내재된 난점으로 '생생불식(生生不息)'의 우주관을 든다. 그에 의하면, 식물을 제외한 나머지 생물들은 자신의 생존을 위하여 다른 생명을 파괴하므로, '생생불식(生生不息)'이라는 명제는 이율배반의 난관에 처한다는 것이다. 한 생명이 생존하기 위하여 다른 생명의 파괴에 의존하는 이러한 현실을 노사광은 '생명계의 내재모순'이라고 말한다.[5] 하지만 생태계를 바라보는 노사광의 이러한 견해는 전형적으로 근대적 사유의 영향을 받은 것이다. 근대적 사유체계는 원자론 · 기계론 · 환원론 · 진화론 등에 의거하여 세계를 설명하려고 하며, 특히 생명계를 바라볼 때 경쟁과 투쟁 그리고 약육강식과 자연도태라는 '적대주의'(adversaryism)의 관점을 도입한다. 이러한 적대주의적 자연관은 근대적 세계관의 중핵을 이루며, 이는 경쟁을 통한 진보와 배타적 자유를 주장하는 자유주의적 세계관과도 밀접한 관련이 있다.

노사광의 관점은 다분히 원자론적 또는 개체론적이다. 그는 생태계의 흐름을 개체생명의 생존과 개체생명의 파괴라는 '개체론적 시각'에서 바라본다. 노사광은 근대의 진화론자들과 마찬가지로, '생명체'와 생존가

---

5) 勞思光, 『中國哲學史』, 上三, 宋明篇, 臺北, 三民書局, 民國70年, 83쪽 참조.

능한 종들을 선택하는 '환경의 힘' 사이의 순환적 과정을 무시하고 있다. 개체와 전체 사이의 상호작용과 순환과정을 간과하는 이러한 입장은 근대의 진화론에 침투되어 있는 원자론과 기계론 그리고 적대주의적 편견에서 기인한 것이다. 근대적 진화론이 놓치고 있는 지점은 생태계의 흐름에는 경쟁과 투쟁만이 아니라, 오히려 공생과 협력이 종(種) 진화의 주요한 요인이 된다는 점이다. 개체생명은 언제나 자신을 둘러싼 다른 생명들과 관련을 맺으며 활동한다. 생태계의 순환은 단순히 일방적인 관계가 아니라, 관계의 결과가 다시금 원인이 되고, 원인이 다시 결과를 빚어내는 순환적 상호영향성에서 이해되는 관계구조이다.[6] 이러한 순환적 상호 영향관계의 사실에 기초하여 찰스 엘튼(Charles Elton)과 같은 생태학자는 생태계를 가정과 같은 공동체적 모델로 간주할 것을 제안한다.[7] 뿐만 아니라 머레이 북친(Murray Bookchin)이나 피터 모린(Peter Morin)과 같은 윤리학자들 역시 자연을 그저 단방향으로만 작동하는 기계론적 과정으로 볼 것이 아니라 하나의 공동체로 간주할 것을 주장한다.[8] 이러한 공

---

6) 이러한 의존관계를 잘 드러내주는 개념이 바로 먹이사슬이다. 생태공동체는 먹이사슬을 통해 보존 · 유지 · 성장 · 진화한다. 생산자(식물)는 유기적 혼합물(설탕, 녹말, 섬유소)을 가지고 무기물 분자(이산화탄소, 물)로부터 자신의 먹이와 에너지를 만들어 낸다. 광합성은 생산자가 먹이를 만드는 기본과정이다. 소비자는 먹이를 생산자에게 직 · 간접적으로 의존한다. 1차 소비자인 초식동물은 생산자인 식물로부터 직접적인 먹이를 얻는다. 먹이가 되는 식물은 비록 초식동물에게 자신을 먹이로 제공하지만, 초식동물들은 그것을 소비함으로써 혜택을 입는다. 먹이가 된 식물은 죽었지만, 그는 다른 초식동물 안에 살아서 그들의 생명을 유지시켜 준다. 육식동물은 초식동물을 취함으로써 제2의 소비자가 되거나, 다른 육식동물을 취함으로써 제3의 소비자가 된다. 쥐 · 개 · 돼지 · 인간 등은 잡식동물로서 동물과 식물 모두를 먹이로 취한다. 먹이사슬의 끝에는 분해자가 있다. 균이나 박테리아가 분해자에 해당하는데, 이것들은 죽은 유기물을 먹어치운 후, 단순한 무기물로 분해해 버린다. 분해된 무기물들은 생산자가 다시 사용한다. 이러한 분해자들을 곤충들이 다시 먹어 치운다. 생태공동체는 이러한 무한한 상호의존의 과정을 통해 번식하고 순환한다.

7) Charles Elton, *The ecology of animals*, London: Paperbacks and Methuen, 1966.

동체의 모델에서 볼 때 생태계의 흐름은 경쟁이나 투쟁이 아닌 협동과 상호영향의 차원에서 이해할 수 있게 된다. 동종의 개체들은 협동을 통해 한층 높은 차원의 상위개체를 형성하고, 이러한 상위개체들은 다시 그들 사이의 협동을 통해 한층 더 높은 상위개체를 형성해 나가면서, 최종적으로 하나의 거대한 협동체제 즉 '우주대가정'과 같은 생태공동체를 이루게 된다. 이러한 관점에서 본다면, 생태계를 하나의 가정공동체로 간주하는 주자의 입장은 생태계를 바라보는 또 하나의 참신하고 유효한 관점으로 정당화될 수 있을 것이다.

2) 생명의 자기목적성과 생명의지(生意)

생명체의 가장 본질적인 특징은 '살고자 하는 의지'(生意)이다. '살고자 하는 의지'는 생명체의 바깥에서 계획적으로 부여된 것도 아니고, 자기 외부의 원인에 의해 강요된 것도 아니다. '살고자 하는 의지'는 생명체가 자체적으로 지닌 특징으로서, '자기목적성'이라는 말 외에 달리 표현할 길이 없다. '자기목적성'이라는 개념은 생명의 목적이 다른 목적으로부터 파생되거나 다른 어떤 목적을 위해서도 아니고, 오직 하나밖에 없는 자신의 생명을 보존하려는 일차적 목적을 위해 활동한다는 점을 가리킨

8) Murray Bookchin, *The Philosophy of Social Ecology*, Montreal: Black Rose Books, 1995; Morin, Peter Jay, *Community Ecology*, Blackwell Science: 1999; Collins, J. P., "Community ecology in a changing world," *Ecology*, New York, 2001; Janovy, J., "Concurrent Infections and the Community Ecology of Helminth Parasites," *Journal of Parasitology*, 2002; Bares, J. & Wilczek, A., "Integrating micro and macro evolutionary processes in community ecology," *Ecology*, New York, 2003; Morin, P. J., "Community ecology and the genetics of interacting species," *Ecology*, New York, 2003.

다. 주자는 '우주대가정'에 간직된 생명의 '자기목적성'을 다음과 같이 설파한다.

> "천 · 지는 만물을 낳는 것으로 마음을 삼는다."[9] 하늘은 땅을 감싸고서 별다르게 작위(作爲)하는 바가 없이 그저 만물을 생(生)할 따름이다. 옛날이나 지금이나 낳고 또 낳아 다함이 없다.[10]

여기서 주자는 천 · 지가 만물을 낳는데 별다른 '작위'가 없음을 밝히고 있다. '작위'란 의도적인 계획, 또는 생명 이외의 다른 목적을 가리킨다. 우주대가정은 자신의 생명을 보존하고 연속시키려는 '자기목적성' 이외에 다른 어떤 목적이나 의도적 계획도 지니지 아니한다. 생태계가 지닌 이러한 '자기목적성'의 특징은 '생명의 연속성'이라는 다음 특징으로 자연스럽게 우리를 안내한다.

3) 종(種)의 연속성과 생명의 패턴

생명이 지닌 주요한 특징 중의 하나는 연속적이라는 데 있다. 『주역』에서는 "낳고 또 낳는"(生生) 생명의 연속성을 천 · 지의 위대한 덕(德)으로 찬탄하였고(天地之大德曰生), 『중용』에서는 꾸준히 생명을 길러 내는 생명계의 성상(性狀)을 "정성스러움"(誠)으로 묘사하였다(誠者天之道). 그렇다면 낙엽이 떨어지고 나무가 말라비틀어지는 늦가을에도 만물을 생(生)하려는 '천지의 마음'이 깃들어 있다고 할 수 있는 것일까? 그리고 칼로

9) 『二程外書』, 권3.

10) 『어류』, 53-12. "天地以生物爲心. 天包著地, 別無所作爲, 只是生物而已. 亘古亘今, 生生不窮."

베듯 매서운 바람과 살을 에는 차가운 서리에도 '생의(生意)'가 담겨 있다고 할 수 있는 것일까? 주자는 제자의 질문에 다음과 같이 답한다.

(제자가 물었다.) "혹독하게 추운 기후도 생기(生氣)라고 할 수 있습니까?" 답했다. "두 가지 것이 아니다. 다만 잠깐 수렴하는 것일 따름이다. 춘 · 하 · 추 · 동은 모두 한 가지 기운이다."[11)]

제자가 물었다. "천지가 만물을 생하려는 마음은 잠시라도 멈춘 적이 없습니다. 그런데 기후가 쌀쌀해져서 낙엽이 떨어질 때는 그 마음을 어떻게 볼 수 있습니까?" 답했다. "천지의 마음은 항상 존재하지만 다만 사람들이 보지 못할 뿐이다. 그러므로 반드시 '복(復: 복괘(復卦)의 일양(一陽))'에 이르러서야 비로소 엿볼 수 있다."[12)]

생명체는 자신의 생명을 보존하기 위해 부단히 노력할 뿐 아니라, 자기 증식을 통해 종(種)의 생명을 연속시켜 나간다. 비록 하나의 개체생명이 생을 마감한다 하더라도 그가 낳은 자식들은 부모를 이어 연속적으로 종 차원의 생명을 유지해 나간다. 즉 우주대가정 안에서는 개체 구성원들의 생성이나 소멸에도 불구하고 종 차원의 생명은 연속적으로 이어지며, 다양한 종들의 생명이 모여 '우주대가정'이라는 거대한 생명 공동체를 구성하는 것이다. 주자는 종 단위의 생명이 연속적으로 이어지는 흐름 속에서 일관된 생명의 패턴 즉 '리(理)'를 발견한다.

---

11) 『어류』, 6-65. "問: "肅殺之氣, 亦只是生氣?" 曰: "不是二物, 只是斂些. 春夏秋冬, 亦只是一氣." 可學(62세).

12) 『어류』, 71-48. "天地生物之心, 未嘗須臾停. 然當氣候肅殺草木搖落之時, 此心何以見?" 曰: "天地此心常在, 只是人看不見, 故必到复而後始可見." 僩(69이후).

> 다만 기운이 응취하기만 하면 곧 리(理)가 그 안에 있게 된다. 예를 들어 천 · 지 사이에 있는 인간과 다른 존재들, 그리고 초목과 금수들은 그 생명 안에 모두 종(種)이 없을 수가 없다. 종자(種子)도 없이 제멋대로 개체 생명이 생겨나는 것이 아니다. 이러한 과정은 모두 기(氣)의 응취로 인한 것이다. …… 기가 있으면 곧 리가 그 안에 있게 된다.[13)]

여기서 주자가 말하는 '종'이라는 개념은 다의적이다. 즉 종은 생물을 체계적으로 분류하는 기본단위로서의 종(specie)의 의미, 겉씨식물과 속씨식물이 가지고 있는 생식기관 즉 씨앗(seed)의 의미, 이와 더불어 다세포 생물이 생식을 위하여 지니고 있는 정자(spermatozoon)의 의미, 그리고 유전형질의 결정에 작용하는 세포 내의 구조단위를 가리키는 유전자(gene)의 의미 등을 두루 내포한다. 주자는 종차(種差)를 결정짓는 결정적 인소(현대의 개념으로 말하자면 유전자)를 생명활동(즉 기(氣))안에 내재한 일관된 패턴 즉 '리(理)'에 귀속시킨다. 다시 말해서, 기운이 응축되어 생명활동이 전개되면 이 안에는 반드시 종적 특성을 결정짓는 패턴(理)이 있기 마련이어서, 리는 이러한 생명활동을 일정한 생물종으로 태어나게 방향 짓는다는 것이다. 이렇게 해서 태어난 다양한 생물종들은 종 차원에서 생명의 흐름을 이어가며, 다시금 이러한 종들이 함께 모여 우주대가정의 연속성 즉 '생생불식(生生不息)'을 가능케 한다.

4) 생명의 본성: 인(仁)

주자에 의하면 가을이 되어 낙엽이 떨어지고 겨울이 되어 혹독한 추위

13) 『어류』, 1-13. "只此氣凝聚處, 理便在其中. 且如天地間人物草木禽獸, 其生也, 莫不有種, 定不會無種子白地生出一箇物事, 這箇都是氣 …… 但有此氣, 則理便在其中." 僩(69이후).

가 닥쳐도 만물을 생(生)하려는 천지의 마음은 잠시도 멈춘 것이 아니다.[14] 심지어 나무가 말라죽어도 그가 남긴 씨앗 속에는 생명의지가 간직되어 있다. 즉 '살고자 하는 의지(生意)'는 겨울이 되어서 말라 딱딱해진 한 알의 씨앗 속에도 잠재적 형태로 간직되어 있는 것이다. 주자는 씨앗에서 시작하여 싹을 틔우고, 꽃을 피우고 열매를 맺어 다시금 새로운 생명으로 이어지는 생명의 순환과정을 다음과 같이 설명한다.

> 곡식의 씨앗으로 비유하자면, 한 알의 곡식은 봄이 되면 생명이 피어나기 시작해서, 여름에는 싹을 이루고, 가을에는 열매를 맺고, 겨울에는 거두어들이는데, 생명의지가 여전히 그 안에 간직되어 있다. 낱낱의 곡식 알갱이 안에는 각기 하나의 생명의지가 간직되어 있어서, 파종을 하면 다시 생장한다. 인·의·예·지 또한 그러하다.[15]

이처럼 낱낱의 씨앗 속에 간직되어 있는 생명의 본성을 주자는 '인(仁)'이라고 부른다.

> '인(仁)'은 …… 만물이 거두어져 저장된 때라도 언제 멈춘 적이 있겠는가? 모두 그 안에 생의(生意)를 머금고 있는 것이다. 예를 들어 곡식 씨앗(穀種), 복숭아 씨(桃仁), 살구씨(杏仁) 등의 종류는 땅에 심자마자 곧 살아나니 죽은 물건이 아니다. 그래서 '인'이라고 부르는 것이니, 생명의지가 충만함을 알 수 있다. 봄에 만물이 소생하고 여름에는 그 생명이 성대해지고, 가을에는 생명의

---

14) 『어류』, 6-87. "天之春夏秋冬最分曉: 春生, 夏長, 秋收, 冬藏. 雖分四時, 然生意未嘗不貫; 縱雪霜之慘, 亦是生意."

15) 『어류』, 20-91. "以穀種譬之, 一粒穀, 春則發生, 夏則成苗, 秋則結實, 冬則收藏, 生意依舊包在裏面. 每箇穀子裏, 有一箇生意藏在裏面, 種而後生也. 仁義禮智亦然."

지가 점점 수렴되어, 겨울에는 생명의지가 거두어져 간직된다.[16]

여기서 주자는 씨앗 → 싹 → 꽃 → 열매로 이어지는 생명의 순환과정을 설명하고 있다. 이러한 과정은 계절의 절기로 보면 춘 → 하 → 추 → 동의 순서를 거치며, 이러한 계절에 조응하여 생명의지(生意)는 생(生) → 성(盛) → 렴(斂) → 장(藏)의 과정을 밟아가며 순환한다. 생명의 연속성을 설명하면서 주자는 매우 재미있게도, 복숭아 씨와 살구 씨를 예로 든다. 이러한 씨앗 속에는 생명의지가 간직되어 있으므로 도인(桃仁)·행인(杏仁)이라고 부른다는 것이다.

씨앗에 담겨 있는 생명력을 '인(仁)'이라고 부르는 언어습관은 주자에 의해 처음 시작된 일은 아닌 것 같다. 주자 이전인 북송대에 편찬된 『태평어람』에서는 '대추씨 속의 인'(棗核中仁)이라는 단어를 쓰고 있으며[17], 역시 송대 인물인 양백암(楊伯嵒)은 "속어에서는 과일 씨앗의 가운데를 인이라고 부른다. …… 인은 생의(生意)가 깃든 곳으로, 모든 과일은 이를 얻어 생명을 펼쳐나가는 토대로 삼는다는 말이다."[18]라고 적고 있다. 이로 볼 때 과일의 씨앗을 '인'이라 부르는 일은 주자 이전에도 이미 널리 보편화된 언어습관 또는 사고방식이었던 것 같다.

(새우의 속살을 하인(蝦仁)이라고 부르는 것도 딱딱한 새우껍질 속에 간직되어 있는 부드러운 생명력에 주목한 말이라고 여겨진다. 또한 현대 중국의 생물학에서 동물세포 내부의 핵을 인이라 부르고, 눈동자 즉 안구(眼球)를 안인(眼仁)이라고 부르는 것도 송대 이래의 이러한 언어습관에

---

16) 『어류』, 6-80. "仁 …… 且如萬物收藏, 何嘗休了, 都有生意在裏面. 如穀種·桃仁·杏仁之類, 種著便生, 不是死物, 所以名之曰'仁', 見得都是生意. 如春之生物, 夏是生物之盛, 秋是生意漸漸收斂, 冬是生意收藏."

17) 『太平御覽』, 卷九六五引, 《劉根別傳》. "可服棗核中仁二十七枚."

18) 楊伯嵒, 『臆乘』. "俗稱果核中子曰仁 …… 是蓋仁者生意之所寓, 謂百果得此爲發生之基."

서 유래한 것으로 보인다.)

모든 생명체는 자신의 생명을 유지하기 위해서 능동적으로 노력하고 애쓰는 성향을 지닌다. 이러한 '생명의 본성'을 주자는 '인'이라고 부른다. 주자에 있어 '인'은 단순히 인간관계에만 적용되는 규범윤리적 덕목이 아니다. '인'은 규범세계 안에서 인간이 실천해야 할 최고의 덕목이기도 하지만, 궁극적으로는 인간을 포함한 생명공동체 즉 우주대가정의 본성이며 그 구성원들의 본성이기도 하다. 이런 점에서 '인'은 생명의 본성(生之性)이고 생명의 원리(生之理)이다. 이러한 '인'의 본성이 '쓰임'(用)으로 발휘될 때는 모든 살아있는 생명에 대한 연민의 도덕감정(惻隱之心)으로 드러난다. 주자는 이와 관련하여 다음과 같이 말한다.

> '인'은 (계절에서는) 춘(春)에 속하고 (오행에서는) 목(木)에 속한다. 봄날에는 천지에 생명의 기운이 발동하여 왕성하게 화기(和氣)가 감도는 것을 보라! 초목이 싹을 피울 때 처음에는 겨우 바늘만 하다가 순식간에 점점 자라나 가지와 잎이 되어 꽃을 피우고 열매를 맺기까지 그 변화가 대단하니, '생하고 또 생하려는 의지'(生生之意)를 엿볼 수 있다. 인애(仁愛)가 아니면 어떻게 그러하겠는가? 본래 그 본원처에 '인애(仁愛)와 온화(溫和)의 이치'가 있어서 이와 같은 것이니, 쓰임으로 발휘될 때 저절로 자상하고 측은한 마음이 되는 것이다.[19]

5) 생명의 지향성

생명활동은 언제나 인지활동과 더불어 전개된다. 모든 수준의 생명체

19) 『어류』, 17-43. "仁屬春, 屬木. 且看春間天地發生, 藹然和氣, 如草木萌芽, 初間僅一針許, 少間漸漸生長, 以至枝葉花實, 変化万狀, 便可見他生生之意. 非仁愛, 何以如此. 緣他本原處有箇仁愛溫和之理如此, 所以發之於用, 自然慈祥惻隱."

(식물 · 동물 · 인간)는 자신을 둘러싼 외부환경과의 교호작용을 통하여 생존을 위해 필요한 정보를 수집하고 해석하며 이를 기초로 자신의 생명활동을 전개한다. 이런 점에서 생명활동과 인지활동은 떼려야 뗄 수 없이 긴밀하게 연결되어 있으며, 생명활동은 차라리 인지과정 그 자체라고 할 수 있다. 주자는 생명활동에 내재된 인지활동에 대하여 다음과 같이 말한다.

> 천하의 존재들은 지극히 미세하고 보잘것없는 생물까지도 모두 마음(心)을 가지고 있으며, 단지 지각하는 능력이 있고 없고의 차이만 있을 뿐이다. 가령 한 포기의 풀과 한 그루의 나무도 햇빛이 있는 곳을 향하면 곧 생장하지만, 음지를 향하면 곧 시들어 버리니, 그들의 내면에 좋아함(好)과 싫어함(惡)이 있기 때문이다. 지극히 커다란 천 · 지와 같은 경우, 수많은 만물을 생해내면서 운행하고 소통시키며 사계절과 밤낮으로 한순간도 멈추지 않으니, 마치 무엇(누구)인가가 있어서 그렇게 밟아 나가는 듯하다. 천 · 지는 그 안에 '무심한 마음'(無心之心)을 지니고 있다. 복괘(復卦)를 보면 하나의 양효(陽爻)가 아래서부터 생겨나니, 이것이 바로 '만물을 낳는 마음'(生物之心)이다.[20]

여기서 주자는 아주 미세한 생물까지도 모두 마음(心)을 가지고 있다고 말한다. 즉 식물이 햇빛을 향하여 뻗어 가고 햇빛을 쪼이지 못하면 시들어 버리는 이유를 식물이 간직하고 있는 '호오'(好惡)의 능력에서 찾고 있다. 생명체가 자신의 생명을 유지하기 위하여 이렇게 외부환경을 향하여 반응하고 취사선택하려는 성향은 '지향성'이라고 불린다. 주자가 "천하

20) 『어류』, 4-24. "天下之物, 至微至細者, 亦皆有心, 只是有無知覺處爾. 且如一草一木, 向陽處便生, 向陰處便憔悴, 他有箇好惡在裏. 至大而天地, 生出許多萬物, 運轉流通, 不停一息, 四時晝夜, 恰似有箇物事積踏恁地去. 天地自有箇無心之心. 復卦一陽生於下, 這便是生物之心."

의 생물들은 모두 마음을 가지고 있다"고 말하는 것은 생명활동에 필수적으로 수반되는 지향성을 가리켜 말한 것이다.

주자는 나아가 우주대가정의 부모인 천 · 지 역시 '무심(無心)한 마음' 즉 '비지향적 지향성(unintentional intentionality)'을 가지고 있다고 말한다. 여기서 '무심한 마음'이란 아무런 의도나 조작이 없이, 그저 만물을 생하고 또 생하려는 순일한 지향활동을 가리킨다.[21] 주자 수양론의 궁극목표는 인간으로 하여금 천 · 지의 운행에 내재된 '무심한 마음'처럼 아무런 계교나 조작이 개입되지 않은 순일한 지향성을 확보하게 하는 일을 목표로 한다. 『주역』의 '무사, 무위(無思, 無爲)' 그리고 『중용』의 '불면이중, 불사이득(不勉而中, 不思而得)' 등의 관념은 무정의(無情意) · 무계도(無計度)한 천도의 운행을 본받은 성인(聖人)의 경지를 가리킨다. 주자는 이러한 성인의 경지를 수양론의 '미발(未發)' 개념과 연결시켜 함양공부의 토대로 삼는다.[22]

주자에 의하면, 인지적 과정은 모든 수준의 생명활동에 내재해 있다. 천지에도 심(心)이 있고 인간에게도 심이 있으며, 심지어 동 · 식물에도 심이 있다. 주자의 이러한 관점은 범심론(panpsychism)과 같은 신비주의적 입장으로 오해되기 쉽다. 하지만 주자의 이러한 언명은 범심론으로 이해되기보다, 모든 생명활동에 수반된 지향성에 대한 경험적이고 구체적인 통찰에서 나온 것으로 보아야 할 것이다. 만물에 심이 있다고 해서 모든 존재들이 '심장'을 가지고 있다거나, '영혼'을 가지고 있다거나, '두

---

21) 주자 수양론에서 '지향성' 그리고 '비지향적 지향성'에 대해서는 이승환, 「성리학적 수양론에 나타난 심신관계 연구: 朱熹 심리철학에 나타난 지향성의 문제를 중심으로」, 『중국학보』, 2005를 참조하시오.

22) 이와 관련해서는 이승환, 「朱子 수양론에서 未發의 의미: 심리철학적 과정과 도덕심리학적 의미」, 『퇴계학보』, 119집, 2006을 참조하시오.

뇌'를 가지고 있다는 말은 아닐 것이다. 씨앗의 한가운데를 지칭하는 핵심(核心), 손바닥의 한가운데를 가리키는 장심(掌心), 회전축의 한가운데를 의미하는 축심(軸心) 등의 백화(白話) 용례에서 알 수 있듯이, 심은 사물의 한 가운데에 들어있는 핵심적인 내용(中心)을 가리킨다. 즉 모든 존재의 내면에 들어 있는 핵심적인 부분이 바로 심인 것이다. (백화의 이러한 용례를 미루어 나간다면, 심지어 무생물에도 심이 있다고 말할 수 있을 것이다. 예를 들어 '연필심(鉛筆心)'이 그러한 경우에 해당한다. 그러나 그렇다고 해서 무생물을 포함한 모든 존재들이 영혼이나 정신을 가지고 있다는 말로 해석되어서는 안 될 것이다.) 생명체의 경우, 한 생명의 내부에 간직되어 있는, 외부환경과의 교호작용에서 선별과 선택을 가능케 해 주는 핵심적인 반응 능력이 바로 심이다. 주자는 아래 글에서 심의 구체적인 능력으로 지각(知覺)을 든다.

> (제자가) 물었다 "동물에게는 지각능력이 있지만 식물에게는 지각능력이 없는 것은 왜 그렇습니까?" 답했다. "동물에게는 혈기(血氣)가 있으므로 지각할 수 있다. 식물의 경우에는 비록 지각이라고 말하기는 어렵지만, 역시 한가지로 생명의지를 엿볼 수 있다. 만약 꺾어 버리면 곧 마르고 시들어져 다시 싱싱해지지 않으니, 지각능력이 있는 듯도 하다. 전에 꽃나무 한 그루를 보니, 아침 햇살이 비칠 때 싱싱하게 피어오르던데, 생명의지가 있어서 껍질로 감싸 두지 못하여 저절로 뚫고 나오는 것이었다. 늙은 가지와 잎은 금방 시들고 말라 버렸으니, 생기(生氣)의 운행이 이미 다한 것이다."[23)]

23) 『어류』, 4-33. "問: "動物有知, 植物無知, 何也?" 曰: "動物有血氣, 故能知. 植物雖不可言知, 然一般生意亦可默見. 若戕賊之, 便枯悴不复悅懌(池本作"澤"), 亦似有知者. 嘗觀一般花樹, 朝日照曜之時, 欣欣向榮, 有這生意, 皮包不住, 自迸出來; 若枯枝老葉, 便覺憔悴, 蓋氣行已過也.""

여기서 주자는 동물에게는 지각(知覺)능력이 있다는 사실을 인정하지만, 식물의 경우에는 다소 유보적이다. (아래에서 소개할 69세 이후의 글에서는 식물에게도 지각능력이 있다고 분명하게 인정한다. 각주25의 글 참조.) '지각' 즉 인지능력은 생명활동의 본질이다. 인지능력이 반드시 신경섬유나 뇌를 필요로 하는 것은 아니다. 주자가 위에서 말한 것처럼, 식물 역시 외부환경을 향하여 인지활동을 전개한다. 현대의 생물학적 지식에 비추어 볼 때 주자의 이러한 관찰은 대단히 정확한 것이다. 예를 들어 식물보다 더 미세한 생명체인 박테리아의 경우에도 인지활동을 하는 것은 매한가지이다. 박테리아는 식물과 마찬가지로 비록 뇌는 가지고 있지 않지만 자신의 생존을 위해 인지활동을 훌륭하게 수행한다. 박테리아는 환경 속에 나타나는 화학적 차이를 감지할 수 있기 때문에, 당분을 향하여 헤엄쳐 가고, 산(酸)으로부터 벗어나려고 애를 쓴다. 박테리아는 열을 감지해서 피하고, 빛을 향해 접근하거나 후퇴하기도 한다. 식물이나 박테리아가 수행하는 앎(knowing)으로서의 인지활동은 인간의 인지능력인 사고(思考: thinking)보다 훨씬 폭이 넓으며, 생명계의 모든 수준에 고루 분포되어 있는 것이다. 지각활동과 그에 수반된 지향활동은 반드시 사고(thinking)를 필요로 하지 않는다. 지각은 생명체가 자기보존과 증식활동을 위하여 자체적으로 간직하고 있는 지향적 능력이다.

주자는 지향성을 인간에게만 국한시키지 않고 동물과 식물 모두에게 적용한다. 지향성은 인간 종에게만 고유한 것도 아니고, 인간의 '정신'만이 지니는 고유한 특징도 아니다. 지향성은 환경을 탐지하고 이용하도록 자연선택된 생명체에 이미 간직되어 있는 것이다. 생명체가 드러내는 지향성은 외부세계의 환경이나 대상으로 향하는 시선, 머리 또는 더듬이의 방향, 그리고 목적성을 띤 신체 동작에서 잘 드러나며, 특히 인간의 경우 '감정의 흐름(情)'과 '의식의 전개(思慮)'에서 뚜렷이 엿볼 수 있다.[24] 모든 생명체에 지향적 능력을 부여하고 있다는 점에서 본다면, 주자는 생명체를 심리-물리적 통합체(psycho-physische Einheit)로 간주하고 있으며, 오직 '인간'만을 영혼 · 의식 · 정신의 소유자로 보려는 서양의 기독교적 지적전통과 뚜렷한 차이를 보인다.

3. 생태계에서 인간의 지위와 책임

1) 존재론적 위계질서

생명과정은 인지과정이다. 생명활동에 내재된 이러한 인지능력은 존재계에 분포된 종(種)의 차이에 따라 그 수준과 정도를 달리한다. 주자는 인간-동물-식물에 분포된 인지능력의 차이를 다음과 같이 설명한다.

> 제자가 다시 물었다. "사람과 날짐승 그리고 들짐승은 모두 지각능력이 있지만, 다만 (종차에 따라) 지각에는 통하고(通) 막힘(塞)의 차이가 있습니다. 초목의 경우에도 지각이 있습니까?" 답했다. "역시 있다. 가령 화분의 꽃은 물을 주면 곧 왕성하게 피어나고, 꺾으면 곧 시들어 버린다. 지각이 없다고 하면 되겠는가? 주무숙(周茂叔: 렴계(濂溪))은 창밖의 풀을 뽑아 버리지 않고 "내 뜻과 한가지이다."고 하셨으니, 곧 (풀에도) 지각이 있음을 말한 것이다. 다만 날짐승과 들짐승의 지각은 사람의 지각만 못하고, 풀과 나무의 지각은 날짐승 · 들짐승의 지각만 못하다.[25]

---

24) 생명체가 지닌 지향성에 관한 해설로는 앤드루 브룩 · 돈 로스 편저, 『다니엘 데닛』, 석봉래 역, 몸과 마음, 2002, 166~170쪽을 참고하시오.

여기서 주자는 존재계에 분포한 종의 차이에 따라 지각의 능력도 각기 다르게 분포되어 있음을 말한다. 즉 존재계의 종적 차이에 따른 인지 능력의 차이를 인정하는 것이다. 인간-동물-식물로 이어지는 존재계의 위계질서는 단지 지각능력의 차이에만 국한되지 않는다. 주자에 의하면 존재계의 위계질서는 나아가서 각 종들이 부여받은 리(理)를 드러내는 방식에 있어서도 차이를 보인다. 즉 각 생명체를 구성하는 재질의 차이(즉 기(氣)의 청탁(淸濁), 통색(通塞), 편정(偏正) 등)에 따라 각 종들의 성(性: 성향이나 성능)도 차이를 발생하게 된다. 주자에 의하면, 인간은 가장 맑고 바른 기로 이루어져 있으므로 오상(五常)을 모두 갖추고 있으며, 우주대가정 안에서 가장 영특한 존재이다. 동물은 탁한 기로 이루어져 있어서 오상을 고루 갖추지 못한 채 다만 혈기에 의한 지각활동만 수행하는 존재이다. 식물은 혈기를 갖지 못하여 지각능력이 동물보다 떨어지며, 오상을 갖추지 못했음은 말할 나위도 없다.[26] 이렇게 존재계에 분포한 다양한 종들은 지각능력에 있어 차이를 보이며, 특히 오상의 품부에 있어 커다란 차이를 보인다. 이를 주자는 "리는 한 가지이지만 나뉘어 다르다."(理一分殊)라는 명제로 표현한다.

25) 『어류』, 60-45. "又問: "人与鳥獸固有知覺, 但知覺有通塞, 草木亦有知覺否?" 曰: "亦有. 如一盆花, 得些水澆灌, 便敷榮; 若摧抑他, 便枯悴. 謂之無知覺, 可乎? 周茂叔窗前草不除去, 云'与自家意思一般', 便是有知覺. 只是鳥獸底知覺不如人底, 草木底知覺又不如鳥獸底."" 僩(69이후).

26) 『주희집』, 59-69(3066쪽)(65세), 答余方叔〈大猷〉. "天之生物, 有有血氣知覺者, 人獸是也; 有無血氣知覺而但有生氣者, 草木是也. 有生氣已絶而但有形質臭味者, 枯槁是也. 是雖其分之殊, 而其理則未嘗不同. 但以其分之殊, 則其理之在是者不能不異. 故人爲最靈而備有五常之性, 禽獸則昏而不能備……"

2) 참찬화육(參贊化育): 참여적 진화

주자는 가정 안에서 부모의 역할과 자식의 역할이 다르듯, 생태계 안에서 천 · 지의 직분과 인간의 직분은 구분되어야 한다고 본다.

> 정자(程子)께서는 『중용(中庸)』의 '찬천지지화육(贊天地之化育)'을 설명하면서 '자연과 인간이 하는 일에는 각기 직분이 다르다'고 하셨다. 참 옳은 말씀이다.[27]

만약 도가(道家)에서처럼 인간과 만물이 아무런 차등도 없이 평등한 가치를 갖는다고 한다면, 인간과 자연 사이에 역할구분이나 직분의 구별은 불가능해질 것이다. 그러나 생태계를 하나의 우주대가정으로 간주하는 공동체주의의 모델에서는 구성원들의 고유한 역할 수행과 상호 협력을 통해서 공동체가 유지 · 보존된다고 여기는 것은 당연한 귀결이다. 주자는 천 · 지가 하는 일과 인간이 하는 일에는 각기 다른 직분이 있다고 말한다. 즉 천 · 지가 하는 일을 인간은 할 수 없는 것이 있고, 역으로 인간이 하는 일을 천 · 지는 할 수 없는 것도 있다고 본다. 주자는 『중용』에 나오는 "찬천지지화육(贊天地之化育)" 구절에 대한 해석을 통하여, 천 · 지와 인간의 직분이 서로 구분됨을 설명한다.

> 『중용』에서는 "천 · 지의 화육을 돕는다."라고 했다. 인간은 천 · 지의 중간에 처하여 비록 모두 동일한 리(理)를 지녔지만, 자연과 인간이 하는 일에는 각기 직분이 있다. 인간이 할 수 있는 일을 자연은 할 수 없는 경우가 있다. 가령

27) 『어류』, 64-57. "程子說贊化處, 謂天人所爲各自有分, 說得好!" 淳(61 · 70세).

자연은 능히 만물을 생하지만, 씨 뿌리고 밭가는 일은 반드시 사람의 힘을 써야 하고, 물은 능히 만물을 적셔주지만 관개(灌漑)는 반드시 사람의 힘을 써야 하며, 불은 능히 사물을 사르지만 땔나무를 해서 밥을 짓는 일은 반드시 사람의 힘을 써야 한다. "마름질해서 완성시키고 천지를 돕는 일"(裁成輔相)은 반드시 사람이 해야 하는 일이니, (천지를) 돕는 것이 아니면 무엇이겠는가? 정(程)선생께서 "참찬(參贊)의 뜻은 돕는다는 말이 아니다."라고 하셨는데, 이 설명은 잘못된 것이다.[28)]

주자에 의하면, 천 · 지(자연)가 하는 일을 인간이 할 수 없는 것이 있고, 이와 반대로 인간이 할 수 있는 일을 천 · 지(자연)는 할 수 없는 경우도 있다. 천 · 지는 비록 인간에게 생명을 부여해 주기는 하지만, 직접 밭을 갈거나 논에 관개를 해서 사람 입에 밥을 떠먹여 주지는 않는다. 마치 부모님이 나에게 생명을 주셨다고 해서, 부모님께서 성년이 지난 나를 대신해서 직장에 취직을 하고 월급을 타다가 나를 먹여 살릴 의무는 없는 것과 마찬가지다. 부모님께서 나에게 건강한 육체를 주셨지만, 내가 성년이 되어 벌어먹고 사는 것은 전적으로 나의 책임인 것이다. 이런 점에서 부모로서 천 · 지가 해야 할 직분이 있고, 자식으로서 인간이 해야 할 직분은 서로 구별되는 것이다.

천 · 지의 직분과 인간의 직분을 구분하는 주자의 공동체주의적 생태관은 자칫하면 '인간중심주의'라는 오해를 받을 수 있다. 씨를 뿌리고 관개를 하여 식량을 생산해내는 일은 '자연'에서 벗어난 '문명'에 속하는

28) 『어류』, 64-55. "贊天地之化育. 人在天地中間, 雖只是一理, 然天人所爲, 各自有分, 人做得底, 卻有天做不得底. 如天能生物, 而耕種必用人; 水能潤物, 而灌漑必用人; 火能熯物, 而薪爨必用人. 裁成輔相, 須是人做, 非贊助而何? 程先生言: 參贊之義, 非謂贊助. 此說非是." 閎祖(59이후).

일로 보이기 때문이다. 하지만 씨를 뿌리고 관개를 하는 인간의 능력 역시 점진적인 진화를 통해서 얻어진 자연적 능력이 아닌가? 인간의 이러한 능력은 까치가 나뭇가지를 물어다가 나무 위에 둥지를 짓는 일처럼 점진적 진화의 과정을 통해서 얻게 된 능력이다. 과연 우리는 인간의 자연에 대한 개입은 '문명'이라고 여기고, 까치가 나무 위에 집을 짓는 일은 '자연'에 속한다고 보아야 할 것인가? 과연 '태초 그대로의 때 묻지 않은 자연' 즉 북친의 용어를 빌리자면 '1차 자연'이라는 개념은 성립할 수 있는 것일까?

진화론적 관점에서 본다면, 인간은 적극적이고 능동적으로 '1차 자연'에 개입해서 합목적적으로 자연을 변형시키도록 진화해 왔다. '1차 자연'에 개입해서 이를 생명의 원리에 맞게 재성(裁成)하려는 인간의 활동은 '2차 자연'이라고 부를 만하다.[29] 천 · 지의 운행은 항상 만족스러운 상태로 전개되는 것만은 아니다. '1차 자연'에는 항상 태풍 · 지진 · 홍수 · 가뭄 · 해일 · 산불과 같은 위험요소와 재난의 위협이 도사리고 있으며, 때로 '1차 자연'의 변동은 먹이사슬의 단절을 초래하거나 특정한 종을 멸종시켜 버리기도 한다. 과연 가뭄과 홍수 등 재해를 빚어내는 '1차 자연'의 위력 앞에서 인간은 말없이 순종하는 것이 옳은가? 홍수가 닥치면 제방을 쌓아 생존을 도모하고, 가뭄이 오면 관개를 하여 곡식을 키워 내는 인간의 능력 역시 오랜 시간 동안 진화를 통해 얻어진 제2의 자연적 능력이 아니겠는가? 과연 오랜 시간 동안 축적해 온 진화의 성과를 던져 버리고, 인간의 고유한 특성을 무화(無化)시켜 버린 채 짐승이나 벌레와 더불어 소위 '평등한 삶'을 살아가는 것이 옳은 길일까? 주자는 이러한 심층생태주

29) 1차자연과 2차자연이라는 개념은 머레이 북친의 용어임. 『사회생태론의 철학』, 문순홍 역, 솔 출판사, 1997, 64쪽 참조.

의(deep ecology) 또는 생태중심주의(eco-centrism)의 주장에 찬동하지 않을 것이 분명하다. 공동체적 생태관(community ecology)의 지지자로서 주자는 인간이 다른 생명체에 비해 인지적(지각과 사고)으로나 도덕적(오상)으로 월등히 뛰어나며, 천·지를 도와서 만물을 화육해야 하는 막중한 책임을 지니고 있다고 본다. 따라서 주자는 인간이 다른 존재와 더불어 무차별적으로 평등한 삶을 살아야 한다고 생각하지 않을 것이며, 자연의 거대한 힘 앞에서 무력하게 주저앉아 언제 닥쳐올지 모르는 운명을 기다려야 한다고 여기지는 않을 것이다.

인간이 타존재에 비해 월등한 인지적 능력과 도덕적 능력을 갖추었다고 보는 주자의 관점에서는, 1차 자연에 속한 야생동물이나 초목에게는 도덕적 책임감이나 이를 실천에 옮길 만한 인지적 능력이 갖추어졌다고 보지 않는다. 만일 모든 생명체들이 존중받아야 할 '본래적 가치'를 지니고 있다면, 이러한 가치를 인식하고 존중해야 할 책임은 오로지 우주대가정에서 가장 영특한 구성원인 인간의 도덕적·인지적·미학적 능력에게로 귀결된다. 우주대가정 안의 다른 어떤 존재도 인간을 대신할 만한 이러한 능력을 보유하고 있지 않다. 천·지를 보조하여 만물을 자라나게 도와주는 '참찬화육(參贊化育)'의 능력은 오직 인간만이 간직한 능력이다. (이런 점에서 본다면, 생태계의 보존을 위해 인간의 능동적 책임과 적극적 개입을 강조하는 북친의 입장은 주자의 관점과 매우 비슷하게 닮아 있다고 할 수 있다.)[30]

오늘날 인간의 활동에 영향 받지 않는 원시적인 자연은 거의 남아 있지 않다고 해도 과언이 아니다. 빙하의 극점이나 대양의 심연도 예외가 아니다. 심지어 야생동물조차도 인간의 적극적인 노력과 개입을 통하여 멸종

30) 머레이 북친, 위의 책, 66쪽 참조.

을 모면하고 종을 보존하는 경우를 종종 보곤 한다.[31] 이제 1차 자연에 속한 야생동물의 생존은 그들을 보호하고자 하는 인간의 결정과 노력에 의해서만 가능하다. 1차 자연의 생명체들은 자신이 원하든 원하지 않든, 어느 정도까지는 인간의 보호와 관리를 받고 있으며, 야생보호 지역이 원시적이고 야생적인 방식으로 보전되느냐의 여부는 거의 전적으로 인간의 결정과 태도에 달려 있다고 해도 과언이 아니다.[32] 생태계의 미래는 '1차 자연'을 보호하고 존중하려는 '2차 자연'에 속한 인간의 도덕적 · 인지적 · 미학적 노력에 달려 있다. 우주대가정인 생태계를 보전하고 그 안에 속한 다양한 구성원(種)들의 다양성과 연속성을 유지시키는 일은 생태공동체주의적인 '참여적 공진화'(participatory co-evolution) 즉 '참찬화육'의 노력에 의해 가능해지리라고 생각한다. 이러한 '참여적 공진화'를 위해 필요한 것은 인간의 도덕적 · 인지적 · 미학적 능력과 책임의식이다. 『중용』에서는 '참여적 공진화'의 실천적 과정을 "성기 · 성물(成己 · 成物)"이라는 말로 표현한다.

(천 · 지의 덕성인) '정성스러움'(誠)은 자기를 이루는 일(成己)로 그치는 것

---

31) 지구의 많은 지역에서 사슴의 분포는 과잉상태를 보이고 있으며, 이미 그 지역의 수용능력의 한계를 압도하고 있다. 포식동물의 부재로 말미암아 사슴은 너무 많이 증가하였으며, 이는 서식처의 식물들과 먹이사슬에 엄청난 재앙이 되고 있다. 사슴의 과잉번식이 다른 식물을 비롯한 생명체의 파괴를 유도하는 것이다. 이와 유사한 문제가 아프리카에서도 발생하고 있다. 동아프리카의 야생동물 보호구역에서 코끼리 수가 지나치게 많아져서 이제는 먹이가 부족한 실정이다. 그냥 내버려 두면 주위 植生의 상당부분을 파괴할 것이며, 굶어 죽는 코끼리도 늘어나게 될 것이다. 코끼리의 무한 번식을 억제할 적당한 방법을 찾지 않으면 안 된다. 자연계의 진화를 동물에게 방임적으로 맡겨 두면 생태계에 심각한 재앙을 가져올 수 있는 것이다. J. R. 데쟈르뎅(Joseph R. Desjardins), 김명식 옮김, 『환경윤리의 이론과 전망』, 자작아카데미, 1999, 188쪽 참조.

32) 머레이 북친, 위의 책, 65쪽 참조.

이 아니라 타존재까지 이루어 주는(成物) 소이가 된다. 자기를 이루는 일은 인(仁)이요, 타존재를 이루어 주는 일은 지(知)이다.[33]

왜 『중용』에서는 '자신을 이루는 일'(成己)은 인(仁)에 해당하고, '타존재를 성취시켜 주는 일'(成物)은 지(知)에 해당한다고 말하는 것일까? 주자는 이 구절에 대해 다음과 같이 설명한다.

> '정성스러움'(誠)은 자기를 이루는 방법이지만, 나 스스로에게 진실하여 거짓이 없으면 저절로 타존재에까지 미치게 된다. 자기를 이루는 차원에서 말하자면, 자기를 다하여 터럭만큼의 사위(私僞)도 없으므로 인(仁)이라 한 것이다. 타존재를 이루어주는 차원에서 말하자면, 각 존재의 물성(物性)에 따라 성취시켜 주어서 그 합당한 바를 얻게 해 주므로 지(知)라 한 것이다.[34]

주자의 해석에서 알 수 있듯이, '자기를 이루기'(成己) 위하여 필요한 일은, 스스로에게 진실되게 아무런 거짓도 없이 생명의 본성을 정성스럽게 실현해 나가는 일이다. 이는 생명의 실현이라는 점에서 인에 해당한다. '타존재를 이루어주기'(成物) 위해서는 타존재의 본성과 수요를 잘 파악하여 각기 필요로 하는 요소를 지원해 주어야 한다. 즉 '참여적 공진화'를 위해서 인간은 자신의 본성에 대해서도 알아야 하지만, 나아가서 타존재의 본성에 대해서도 충분한 인식을 가져야만 한다.[35] 이때 '타존재

---

33) 『중용』, 25장. "誠者, 非自成己而已也, 所以成物也. 成己, 仁也; 成物, 知也."

34) 『어류』, 64-107. "誠, 雖所以成己, 然在我眞實無僞, 自能及物. 自成己言之, 盡己而無一毫之私僞, 故曰仁; 自成物言之, 因物成就而各得其當, 故曰知." 銖(67이후).

35) 『어류』, 64-59. "盡其性者, 是從裏面說將出, 故能盡其性, 則能盡人物之性, 以贊天地之化育."

의 성취'(成物)를 위해 필요한 '지식'(知)은 단순한 '과학기술적 지식'이 아니라 도덕적인 의미까지 함께 담고 있는 지식이어야 한다. 단순한 과학기술 지식은 '가치중립성'과 '객관성'으로 위장한 채 오직 인간이라는 소수의 종만을 위하여 봉사하기 쉽다. '참여적 공진화'를 위해 필요한 지식은 우주대가정의 모든 구성원들을 고루 성취시켜 줄 수 있는 '도덕-과학적 지식'이어야 한다.

주자의 공동체적 생태관에 따르면, 문화적인 것(예를 들어 인간의 지식)은 자연적인 것(천지의 생명활동)과 서로 협력할 수 있어야 하며, 사회적인 것(예를 들어 인간의 제도)은 자연적인 것과 서로 조화하도록 운영되어야 한다. 주자에 의하면 자연재해를 관리할 수 있는 인간의 대처능력 즉 과학 지식이 부족할 경우, 생태계의 안정성은 오히려 흔들리게 되고, 나아가서는 생태계에 더 큰 재난과 손상을 가져오기 십상이다. 자연재해에 노출될수록 인간은 자신의 생존을 도모하기 위하여 아직 재해를 입지 않고 남아 있는 이용가능한 자연·자원에 집중적으로 눈을 돌리게 되기 때문이다. 주자에 의하면, 자연재해에 대한 대처능력의 부재뿐 아니라 인간 사회에서 일어나는 불평등의 격차 역시 자연에 대한 무분별한 착취와 남획으로 연결될 수 있다고 본다. 즉 탐오한 관료 및 토호-대지주에 의한 무자비한 수탈은 빈민층과 피지배계층으로 하여금 자신들의 생존을 도모하기 위하여 아직 남아 있는 이용가능한 자연에 대해 무분별한 개발과 착취를 자행하게 만들기 때문이다. 주자는 순희(淳熙) 8년 절동(浙東)지방의 구황(救荒)을 위하여 양절동로 상평다염공사(兩浙東路 常平茶鹽公事)라는 직책을 받고 부임하여, 그 지역 주민들의 기근으로 인한 참상을 보고하는 글에서 다음과 같이 적고 있다.

민정(民情)의 처참함이 하루하루 더욱 심해지고 있습니다. 단지 하호(下戶)만

식량이 부족한 것이 아니라, 사대부와 관료계층 그리고 삼등인호(三等人戶)[36] 가운데도 자진해서 거렁뱅이의 대열에 속하기를 원하는 자가 있으니, 그들의 몰골을 살펴보면 참으로 어찌할 수 없어 보입니다. 가을이 된 뒤부터는 밭을 팔고 가옥을 부수고 뽕나무 밭을 베고, 처자식을 팔고, 밭가는 소를 팔아넘기기까지 안하는 일(안파는 것)이 없이, 지나친 헐값에도 불구하고 다만 팔리기만 하면 요행으로 여깁니다. …… **민물고기 · 새우 · 고둥 · 조개도 늪에서 이미 다 없어진 지가 오래이며, 들판의 푸성귀와 풀뿌리도 다 캐먹고 없습니다**. 광활한 지역의 백성들은 굶주리면서 유랑(流浪)하여, 아침이 되면 저녁을 도모하지 못하고 있습니다. 그 가운데 더욱 심한 사람은 옷으로 몸을 가리지도 못하고 얼굴에 핏기가 없으며, 늙은이를 부축하고 어린 것을 이끌고서 울부짖으며 헤매이다 곳곳에서 무리를 이룹니다. 이런 참상을 보면 너무도 비참하고 측은하여 차마 똑바로 쳐다볼 수조차 없습니다.[37]

위 글에서 주자는 절강지방의 수한(水旱)으로 인한 백성들의 참상을 생생하게 묘사하고 있다. 우리가 다루려는 생태문제와 관련하여 여기서 주목할 만한 구절은 “민물고기 · 새우 · 고둥 · 조개도 늪에서 이미 다 없어진 지가 오래이며, 들판의 푸성귀와 풀뿌리도 다 캐먹고 없습니다.”라는 표현이다. 먹을 것이 없어서 처자식까지도 팔아 버려야 하는 상황이라면,

36) 南宋대에는 향촌의 戶를 家産의 소유에 따라 다섯 등급으로 나누었다. 1 · 2 · 3등급은 上戶라고 불렀으며(3등급은 때로 中戶로 불리기도 했다), 4 · 5등급은 下戶라고 불렀다. 1 · 2등호는 地主를 가리키고, 3등호는 小地主 또는 비교적 여유가 있는 自耕農을 가리킨다. 4등호와 5등호는 자기 땅을 소유하지 못한 빈민층 농민을 가리킨다.

37) 『주희집』, 16-14(653쪽), 「奏救荒事宜狀」. “民情嗷嗷, 日甚一日, 不獨下戶乏食, 而士子宦族第三等人戶, 有自陳願預乞丐之列者, 驗其形骸, 誠非得已. 兼自秋來, 賣田拆屋, 斫伐桑柘, 鬻妻子, 貨耕牛, 無所不至, 不較價之甚賤, 而以得售爲幸. …… 魚蝦螺蚌, 久已竭澤, 野菜草根取掘又盡, 百里生齒, 飢困支離, 朝不謀夕. 其尤甚者, 衣不蓋形, 面無人色, 扶老攜幼, 號呼宛轉, 所在成群, 見之, 使人酸辛怵惕, 不忍正視.”

들판이나 연못에서 잡아먹을 만한 것이라고는 이미 다 잡아먹어 버려서, 온전하게 남아 있는 생물 종이 거의 없어진 상황이었을 것으로 짐작된다. 이처럼 자연재해에 대처할 수 있는 인간의 능력이 갖추어지지 않는다면, 인간은 자신의 생존을 도모하기 위하여 아직 남아 있는 온전한 자연으로 눈을 돌리고 그곳을 향하여 집중적인 수렵과 채취 그리고 남획을 자행할 수밖에 없는 것이다. 비단 자연재해뿐 아니라, 지배계층의 과도한 수탈과 착취 역시 인구의 대다수를 차지하는 피지배계층으로 하여금 자신의 생존을 위하여 아직 남아 있는 온전한 자연으로 눈을 돌리게 만든다. 이로 볼 때 사회적인 것(정치 · 경제제도)은 자연적인 것과 무관한 것이 아니라 오히려 심대한 영향을 미치며, 문화적인 것(과학 · 도덕 · 지식) 역시 생태계에 상호연관적으로 영향을 준다는 것을 알 수 있다. 주자의 공동체적 생태관에 의하면, 인간에 의한 자연의 파괴를 막기 위해서는 먼저 "인간의 인간에 대한 착취가 제거되어야" 하며, 인간의 인간에 대한 착취가 줄어들수록 인간의 자연에 대한 착취 역시 감소할 수 있다. 인간은 자연과 결코 서로 분리된 것이 아니며, 오히려 인간이 만든 사회적 제도나 문화적 성취는 생태 공동체에 직 · 간접적으로 긴밀한 영향을 미친다는 점을 알 수 있다. 인간의 사회제도가 '자연적인 것'에 알맞게 조정되고, '문화적인 것'은 생태계에 적합한 방식으로 운영될 때 비로소 '참여적 공진화'가 가능하게 되는 것이다.

오늘날 퇴비를 사용한 유기농법이나 오리농법과 같은 친자연적 영농기술은 '참여적 공진화'를 위한 '문화적인 것'의 작은 사례에 해당한다. 이러한 '도덕-과학적 지식'은 생명의 토대인 대지를 풍요롭게 하고, 종들의 다양성과 협동체계를 보장함으로써 생태계를 풍요롭게 한다. 생태기술은 단순한 과학적 기술이 아니라 도덕적 기술이다. 도덕적 기술은 이윤의 창출을 목적으로 설계된 자본주의적 기술을 감독하고 교정해 줄 수 있는 도덕적 기술이다. 주자의 '참여적 공진화'의 관점에 의하면, 인류의 탄생 이래 축적해 온 이성과 지식이 지난 수세기 동안 자연세계에 악영향을 끼쳤다는 이유만으로 단번에 폐기되어야 할 필요는 없다. 오히려 우리는 누적된 지식을 토대로 인간과 생태계 모두에게 득이 되는 "만물이 같이 자라나도 서로 해를 입히지 않는"(萬物竝育而不相害) 공생의 방향을 선택할 수도 있는 것이다.

4. 생태윤리로서 주자의 덕윤리

윤리학은 그 목적과 방향에 따라 크게 덕윤리와 규칙윤리로 구분된다. 규칙윤리의 목표는 '행위'(action)에 지침이 되는 원리나 규칙을 밝히고 이를 옹호하는 것이다. 규칙윤리학에 따르면 윤리학자의 임무는 합리적인 사람이라면 왜 이러한 규칙을 따라야 하는지 그 이유를 밝힘으로써 도덕규칙을 정당화하는 일이다. 그러나 현존하는 (특히 자유주의 전통 내에서) 대부분의 규칙윤리는 이러한 규칙에 따르는 일이 결국은 행위당사자의 '합리적 자기이익(rational self-interests)'에 부합한다는 것을 증명함으로써 도덕규칙의 정당성을 옹호한다. 그러나 자기이익에 기반한 규칙윤리를 생태계에 적용하게 된다면, '생태윤리'라는 개념조차 성립하기 어렵게 될 것이다. 대부분의 경우 생태계의 보존과 타존재에 대한 경외감은 '합리적 자기이익'에 반하는 것이기 때문이다.

이런 점에서 생태윤리를 다룰 때는 규칙중심의 윤리학이 아니라 '성품의 윤리' 즉 '덕윤리'가 더 적합하다고 보인다. "나는 무엇을 해야 하는가?"의 문제가 아니라 "나는 어떤 성품의 '사람(agent)'이 되어야 하는가?"의 문제가 자연을 대하는 태도로서 더욱 적합하기 때문이다. 덕윤리는 행위의 규칙이나 원리가 아니라, 도덕적 성품을 강조한다. 생태윤리는 공리주의나 의무론에 입각한 행위의 규칙을 제시하는 일보다는, 자연을 대하는 행위자의 도덕적 '성품을 변화시키는 일'에 중점을 둔다. 주자학에서는 윤리학의 이러한 과제를 '기질(氣質)을 변화시키는 일'로 표현한다.

덕윤리가 규칙윤리보다 생태윤리로서 더 적합하다는 또 하나의 이유는 생태계의 복잡성과 관련이 있다. 아무리 과학적 지식으로 무장한 생태학자라 하더라도 인간의 어떤 행위가 생태계의 안정과 번영을 위해 너 나을 것인지 정확하게 예측하기 어렵다. '대지의 윤리(Land Ethic)'를 제창한 레오폴드(A. Leopold)는 "과학자는 생태공동체의 작동방식을 정확히 알 수 없다. 다만 과학자는 생명 매커니즘이 너무도 복잡해서 그것의 작동방식을 완벽하게 알 수 없다는 것만을 알 따름이다."라고 말한다.[38] 또 근본생태주의자인 네스(Arne Naess)는 "과학자들은 심지어 작은 규모의 생태계에라 하더라도 새로운 화학적 소재가 여기에 미칠 수 있는 결과에 대해서 정확하게 예측할 수 없다."라고 말한다.[39] 이처럼 생태계의 복잡성과 예측불가능성을 전제로 한다면, 우리는 구체적인 상황에서 어떤 도덕규칙이 생태계의 보전과 안정에 더 이바지할 것이라고 쉽게 단정하기란 쉽지 않다. 생태계의 복잡성을 고려한다면, 어떤 도덕적 규칙도 '확실한 실천적 지침'을 제공한다고 여겨지지 않는다. 이러한 복잡성의 상황에서 필요한 것은 섣부르게 행위의 규칙을 제정하는 일이 아니라, 생태계의 안정성을 보전하기에 적합한 태도, 성향, 성품을 길러 내는 일이다. 추상적 원리와 규칙을 적용하기 전에 인간이 먼저 해야 할 일은 자연을 사랑하고 경외하고 아끼려는 성품이다. 이런 점에서 본다면, 주자의 덕윤리

---

38) Aldo Leopold, *Sand Country Almanac*, pp.240~241. 국내번역으로는 『모래땅의 사계』, 윤여창 · 이상원 공역, 푸른숲, 1999.

39) Naess, *Ecology, Community, and Lifestyle*, 26~27쪽.

즉 자신의 본성인 인(仁)의 실현을 통하여 타자와 소통 · 교감하고, 자기의 성취뿐 아니라 타존재의 성취까지도 염두에 두는 성기 · 성물(成己 · 成物)의 윤리는 생태공동체의 안정과 번영을 위한 윤리학으로 새롭게 해석될 수 있다고 생각한다. 주자의 덕윤리에서 '인' 개념은 핵심적 중요성을 갖는다. '인'은 인간을 포함한 천지 · 만물이 공통으로 간직한 생명의 본성이며, 이런 이유에서 '인'은 주체와 타자 사이의 교감과 소통을 가능케 하는 '공감의 원리'로 작용한다.

> 인(仁)이란 천 · 지가 만물을 낳는 마음으로서, 사람과 모든 존재들은 이 마음을 얻어서 각자의 마음으로 삼는 것이니, 천 · 지와 사람 그리고 다른 모든 존재들이 다 함께 이 마음을 얻어서, 마음의 덕(德)이 언제나 서로 관통하지 않음이 없다. 비록 천 · 지가 되고 사람이 되고 동 · 식물이 되어 각기 다르기는 하지만, 실은 한 가닥 맥락이 서로 관통하고 있다. 그러므로 이 마음을 체득하여 간직해서 길러 나가기만 하면, 마음의 리(理)는 어디에고 이르지 못할 곳이 없게 되어, 절로 사랑하지 않음이 없게 된다. 조금이라도 이기적인 욕심으로 가려지자마자 곧 단절된 틈이 있게 되어, 마음이 뻗어 나가더라도 사랑이 미치지 못하는 곳이 있게 된다. 그러므로 세상의 잔인하고 인정머리 없는 사람들은 다만 이기적인 욕망에 가려서 자기와 천지 · 만물의 마음이 서로 관통한다는 이치를 알지 못한 것이다.[40)]

40) 『어류』, 95-33. "蓋謂仁者, 天地生物之心, 而人物所得以爲心, 則是天地人物莫不同有是心, 而心德未嘗不貫通也. 雖其爲天地, 爲人物, 各有不同, 然其實則有一條脈絡相貫. 故體認得此心, 而有以存養之, 則心理無所不到, 而自然無不愛矣. 才少有私欲蔽之, 則便間斷, 發出來, 愛便有不到處. 故世之忍心無恩者, 只是私欲蔽錮, 不曾認得我與天地萬物心相貫通之理."

여기서 볼 수 있듯이, '인'은 인간을 포함한 천지·만물이 공통으로 간직한 생명의 본성이다. 우주대가정의 구성원으로서 인간은 생태계의 모든 존재들과 더불어 생명의지라는 공통된 자기목적을 실현하기 위하여 활동한다. 이러한 자기목적은 인간만이 지닌 목적이 아니라 우주대가정의 구성원들이 공통으로 간직한 목적이다. 이런 점에서 생명이라는 자기목적성은 우주대가정의 공동선(Common Good)인 셈이다. 이러한 공동선을 외면한 채 '인간'이라는 개별 종만의 번영을 추구하는 일을 주자는 '사욕'이라고 부른다. '사욕'은 우주대가정의 공동선을 저해하는 이기적 욕망이다. 이기적 욕망은 공동선을 저해하고, 훼손된 공동선은 다시금 공동체의 구성원들에게 이상기후와 환경오염이라는 자연재난의 형태로 앙갚음한다. 개체와 전체의 상호영향성을 무시한 개별 종의 이기적 욕망은 결국 생태계의 안정을 해치고, 생태계의 불안정은 다시금 이기적인 개별 종에게 재난의 형태로 되돌려주면서, 결국은 자·타의 공멸을 초래하게 된다. 이런 점에서 생명의 동근원성을 자각하고 생태공동체 안에서 성기·성물의 공동체적 삶을 살도록 권유하는 주자의 덕윤리는 인간 종의 횡포로 이미 심각한 수준으로 불안정해지고 있는 우주대가정을 되살릴 수 있는 치료제가 아닐 수 없다.

주자는 "이기적인 욕망으로 인해 벌어진 틈새를 없애자마자, 곧 타자와 자기가 하나이고, 타존재와 자기가 하나라는 것을 알 수 있으며, 공동선이 절로 이루어지게 된다."[41]고 말한다. 주자가 제안하듯 생태문제를 위하여 우선적으로 필요한 태도는 "이기적 욕망으로 인한 틈새를 없애는 일"(無私意間隔)이다. 소유적 개인주의로 인한 '인간과 인간의 틈새'는 물론이고, 인간 종의 이기심으로 인한 '인간과 자연의 틈새' 그리고 인간 종

41) 『어류』, 6-78. "此意思, 纔無私意間隔, 便自見得人與己一, 物與己一, 公道自流行."

의 오만함으로 인한 '문명과 생태의 틈새' 역시 우주대가정의 공동번영을 위하여 극복해야 할 과제가 아닐 수 없다.

5. 주자 생태공동체주의의 현대적 의미

현대에 생태계를 바라보는 시각은 크게 두 종류로 정리될 수 있다. 하나는 인간 자신의 이해관계에 입각하여 인간 종의 이익을 해치지 않는 범위에서 자연을 성공적으로 약탈하려는 입장을 들 수 있다. 다른 하나는 인간을 자연의 일부로 환원함으로써, 인간의 인위적 노력이나 이성적 능력을 극소화 또는 무력화시키려는 입장이 있다. 전자는 자연을 인간의 발아래 종속시키려는 인간중심주의의 입장이고, 후자는 인간을 자연의 일부로 간주하고 인간 종의 고유한 능력을 무장해제시키려는 생태중심주의의 입장이다. 이러한 양극의 입장들은 결국 인간 종(種)이 지닌 도구적 합리성을 고수함으로써 지속적으로 자연을 약탈하든가, 아니면 인간의 이성을 무력화시킴으로써 신비적이거나 비이성적인 종교로 흘러 버릴 위험이 있다. 자유주의를 신봉하는 인간중심주의자들이 자연세계의 약탈과 남획을 이데올로기적으로 정당화해 주었다면, 신비주의를 신봉하는 생태중심주의자들은 인간을 자연세계에 복속시킴으로써 진화를 통해 획득한 인간의 고유한 능력과 역할을 간과해 버린다.

특히 생태중심주의자들에게 인간의 지위는 하찮은 것으로 전락해 버리는데, 이러한 경향은 러브록(James Lovelock)의 『가이아』에서 두드러지게 나타난다. 그는 인간을 가이아의 몸에 기생하는 '지적 벼룩' 정도로만 인정한다. 생태중심주의는 인간에 대해 지나친 혐오감과 극도의 적개심을 가지고 반문명과 반테크노놀로지를 주장한다. 근대가 자연계를 탈마법화시켰다면, 생태중심주의는 자연계를 재마법화시키고 재신비화시킨다. 생태중심주의를 대변하는 '심층생태주의'는 도가 · 불교 · 구루 · 요기들의 직관으로부터 메시지를 이끌어 온다. 동양의 종교를 캘리포니아식 신비주의로 변형시켜 수사학적으로 재포장한 심층생태주의는 백만년이 넘는 진화의 과정을 통해 성취한 인간의 능력을 무화시켜 버리는 조야한 영성주의이다.[42)]

인간중심주의와 생태중심주의는 너무나 서로 반대방향으로 치달린다. 하나는 인간이 계속 생태계에 대한 성공적인 약탈자로 남기를 원하는 입장이고, 다른 하나는 인간이 이성과 도덕적 능력을 버리고 새나 짐승과 함께 뒹굴기를 원하는 입장이다. 주자는 이 양극단의 중간에 선다. 주자는 우리에게 극단적인 인간중심주의를 버리고 인간이 우주대가정의 자식임을 인식하도록 권유하는 한편, 극단적인 생태중심주의를 버리고 인간이 우주대가정의 능력 있고 책임감 있는 존재로서 천 · 지를 도와 모든 존재를 살리는 일에 동참할 것을 권유한다. 주자는 인간이 생태공동체 안에서 능동적으로 천 · 지의 화육을 돕는 '참여적 공진화'의 주체로 나설 것을 주장한다. 인간의 지적능력, 단순히 과학기술적 지식이 아닌 도덕-과학적 지식은 이러한 공진화의 가능성을 더욱 증진시킬 수 있다. 『중용』에서 '타존재를 이루어 주는 일(成物)'을 '지(知)'와 연관시킨 것도 바로 이러한 이유에서이다. 인간의 도덕-과학적 지식에 의해 천 · 지의 화육을 보조하는 일—이것이 바로 '참찬화육' 즉 '참여적 공진화'를 위한 인간의 역할이다.

42) 심층생태주의에 대한 체계적 비판으로는 다음 글을 참고하시오. 『과학과 철학』, 과학사상연구회, 통나무 출판사, 2000, 제11집, 202~210쪽.

사단칠정론과 모종삼*

| **정재현**(서강대 철학과 교수) |

1. 이끄는 글

이 글은 사단칠정론(이하 사칠논변)[1]에 나타난 퇴계의 리발(理發) 테제에 입각해서 모종삼(牟宗三)의 주자해석을 비판하려 한다.[2] 리발 테제란 사단과 칠정을 '리발'과 '기발(氣發)', 혹은 '필연적 선'과 '우연적 선악'으로 서로 대조하여 기술할 수 있다는 입장이다.[3] 퇴계의 리발 테제에 대

* 이 논문은 2008년 정부(교육과학기술부)의 재원으로 한국연구재단의 지원을 받아 수행된 연구임. 또한 이 연구는 2009년도 서강대학교 교내연구비 지원에 의해 연구되어 『철학논집』 제29집(서강대학교 철학연구소, 2012. 5)에 게재된 것임.

1) 여기서는 퇴계와 고봉 사이의 논변에 한정한다.

2) 우리의 논의와 관련해서, 모종삼 자신이 사칠논변에 대해 글을 쓰지는 않았으나, 그의 제자라 할 수 있는 두유명이나 이명휘 등이 모종삼의 유학해석 내지 주자해석의 틀을 빌려와 사칠논변을 해석하고 있으므로, 결국은 모종삼의 철학적 입장(특히 유학해석과 관련한)이 이러한 해석들에 깃들어 있다고 본다.

3) 사칠논변 안에서 퇴계의 입장은 다음과 같은 전환을 하였다: '사단은 리에서 발하고 칠정은 기에서 발한다.' (四端發於理 四端發於氣) → '사단의 발은 순수한 리이기에 선

한 기존의 해석은 크게 다음과 같이 세 가지로 나누어 볼 수 있을 것이다. 리발이 사실은 주자의 본지에 어긋나지 않는다는 입장, 주자의 본지에 어긋난다는 입장, 혹은 두 가지 측면을 다 가지고 있는 입장으로 나눠 볼 수 있을 것이다. 처음 입장의 경우는 주자의 리(理) 개념에 입각해서 (수반론이건, 리의 창조적 해석이건 간에)[4] 리발을 주자학의 틀 안에서 이해하려 한다. 두 번째의 경우는 퇴계는 적극적으로 주자를 벗어나려고 하지는 않았지만, 결국 양명적 심학(心學), 혹은 맹자적 심학의 길로 나아갔다는 입장(이명휘, 두유명 등 모종삼의 제자들이나 모종삼의 영향을 받은 학자들[5])이다. 마지막 입장은 퇴계가 주자학과 양명학을 절충할 수 있는 제3의 길(부위훈)[6]로 나아갔다는 것이다. 이 글은 특별히 두 번째 입장을 비

하지 않음이 없고, 칠정의 발은 기를 겸하기 때문에 선악이 있다.' (四端之發純理 故無不善 七情之發兼氣 故有善惡) → '사단은 리의 발이고 칠정은 기의 발이다.' (四端理之發 七情氣之發) → '사단의 발은 리를 주로하고 칠정의 발은 기를 주로 한다.' (四端之發主於理 七情之發主於氣) → '사단은 리가 발하고 기가 따르는 것이고, 칠정은 기가 발하고 리가 타는 것이다.' (四則理發而氣隨之 七則氣發而理乘之)' 로 전환되었음. 사칠논변에 대해서는 『역주사단칠정논쟁 I』, 황준연 등 옮김, 학고방, 2009 참조.

4) 수반론적 해석에 대해서는 이승환, 「퇴계 리발(理發)설의 수반론적 해명-고봉과의 사단칠정 논변을 중심으로」, 『동양철학』, 34집, 2010, 191~237쪽 참조, 리의 창조적 해석에 대해서는 Chung-ying Cheng, 「Correctly Understanding Li 理 in 朱熹 and 李退溪: 理發氣生 氣發理生」, 『제22차 퇴계학국제학술회의 대회보』, 2009, 505~23쪽 참조.(이하 성중영으로 약칭)

5) 이명휘의 입장에 대해서는 李明輝, 『四端與七情: 關於道德情感的比較哲學探討』, 대북, 대만대학출판중심, 2005 참조. 두유명의 입장에 대해서는 Tu Wei-ming, "Yi T'oegye's Perception of Human Nature: A Preliminary Inquiry into the Four-Seven Debate in Korean Neo-Confucianism," *The Rise of Neo-Confucianism in Korea*, New York: Columbia University Press, 1985, 261~281쪽 참조.(이하 두유명으로 약칭) 사실 퇴계를 주자와는 다른 틀, 즉 맹자나 왕양명에 가까운 것으로 보아 퇴계의 독창성을 주장하는 입장은 상당히 광범위하게 퍼져 있다. 이들 모두가 모종삼의 유학해석을 구체적으로 따르는 것은 아니지만, 퇴계의 해석과 관련해서는 적어도 유사한 그룹으로 묶을 수 있다고 생각한다.

판하려 한다.

본격적인 논의를 하기 전에, 먼저 모종삼의 유학해석에 대한 비판을 왜 사칠논변을 중심으로 했는지 해명이 간단히 필요할 듯하다. 내가 보기에 사칠논변은 도덕적 감정인 사단(四端)과 자연적 감정인 칠정(七情) 사이의 관계를 규명하기 위한 논쟁으로, 유학 전통 내에서 감정(情)을 중심으로 마음(心), 본성(性)을 가장 포괄적으로 심도 있게 다뤘던 논의이다. 그런데 바로 이 지점이, 즉 도덕성의 원리를 찾기 위해 마음, 본성, 감정의 상호관계를 논했던 지점이 모종삼의 유학 평가 및 칸트 철학에 대한 평가가 이루어지는 곳[7]이기에, 이 글은 자연스럽게 모종삼의 비판과 사칠논변을 연결 짓게 되었다. 따라서 이 글은 모종삼의 주자해석을 비판하는 1차 목적 외에 사칠논변의 적절한 해석을 제공하려는 2차 목적도 가지고 있다. 이러한 목적들을 위해 2장에서는 모종삼의 유학해석의 특징과, 이런 모종삼의 유학해석에서 본 퇴계의 리발론을 각각 제시하고, 그러한 입장을 극복하기 위해 3장에서 리발론의 적절한 해석이라고 볼 수 있는 리발론의 주자적 해석을 제시하겠다.

6) 부위훈의 입장에 대해서는 Charles Wei-hsun Fu, "T'oegye's Thesis on the Four Beginnings and Seven Feelings: A Philosophical Examination", *Korea Journal: Korean National Commission for Unesco*, 23, 1983 참조.(이하 부위훈으로 약칭)

7) 사실 엄밀히 말하면, 모종삼 논의의 중심은 마음, 본성, 감정의 관계보다는 맹자의 '盡心知性知天'과 '天命之謂性'에서 드러나는 마음, 본성, 하늘의 관계이다. 이것이 바로 모종삼이 말하는 정통 유가의 심성론과 우주론이다. 모종삼 지음, 『모종삼 교수의 중국철학 강의』, 김병채 외 옮김, 예문서원, 2011, 119~146쪽.

2. 모종삼의 유학해석과 퇴계의 리발론(理發論)

모종삼 유학해석의 가장 큰 특성은 칸트의 도덕철학을 이용하여 유학 전통을 해석하고, 또한 유학의 관점에서 칸트의 도덕철학을 평가했다는 것이다.[8] 그는 칸트에 대해서는 서양 윤리학사에 있어서 유일하게 도덕성의 초월적 성격과, 도덕에 있어서의 의지의 자율원칙을 드러냈다고 칭찬하였다. 그럼에도 칸트의 도덕철학은 의지의 자율을 구체적 마음과 연결시키지 못함으로써 한계를 드러냈다고 하였다. 즉 칸트는 이성과 감정의 엄격한 구분 하에, 모든 정감을 도덕 주체 밖으로 배제시켜 버리고, 도덕 주체를 단지 실천이성으로만 받아들였기에[9], 이성이 가진 판단능력은 획득했지만, 감정이 가진 실천능력은 상실했다고 한다.[10] 이와는 달리 정통 유가 윤리에서 도덕적 감정인 사단은 "마음(心)인 동시에 감정(情)이고 또한 이치(理)이다."[11]라고 하였다. 따라서 사단의 능력으로 표현되는 유학의 도덕주체는 판단능력과 실천능력을 아울러 갖춘 것이라고 하였다. 모종삼은 나아가 칸트의 도덕적 용어를 빌려, 주자의 도덕철학은 타율윤리학으로, 이는 자율윤리학을 보여 주는 공맹, 육상산, 왕수인, 호굉, 유종주의 정통에서 벗어난 일종의 별종(別宗)이고, 어떤 측면에서, 주자의 도덕철학은 그 타율성의 측면에 있어서 칸트의 도덕철학보다 못한 모습을

---

8) 이 방면의 모종삼의 성과는 그의 『心體與性體』에 반영되어 있다. 특히 1권 총론 부분을 참조할 것. 모종삼, 『心體與性體』 I, II, III, 대북, 정중서국, 1990.(이하 모종삼으로 약칭)

9) 李明輝, 『儒家與康德』, 臺北, 聯經出版事業公司, 1990, 38쪽.(이하 이명휘로 약칭)

10) 그러나 칸트도 『도덕형이상학의 기초』나 『실천이성비판』등과 같이, 특별히 도덕의 정당성을 추구하는 곳에서는 감정을 배제하지만, 도덕의 실천을 다루는 곳에 있어서는 감정의 역할을 배제하지 않는다. 예컨대, 칸트가 강조하는 '법칙에 대한 존경심' 에서 존경심은 감정이지만, 도덕의 실천에 있어서 '동기' 의 역할을 한다.

11) 모종삼, 127쪽.

보인다고 생각하였다.

맹자나 양명의 학문을 유학의 정통으로 보아, 주자학을 별종이라고 보는 것은 나름의 이유에서 그렇다 치고, 주자의 도덕철학을 칸트의 체계보다도 못한 타율윤리학이라 보는 이유는 무엇인가?[12] 자율이란 칸트의 통찰에 의하면 의지의 자기 입법의 기능을 말한다. 모종삼이 정통으로 삼는 맹자와 왕양명 철학에서는 비록 칸트 도덕철학과는 구조상에서 적지 않은 차이를 보이지만, 이러한 의지의 자기 입법의 기능이 뚜렷하다.[13] 예컨대 맹자에게서 자율성의 측면은 맹자가 '인의(仁義)의 내재성'[14]을 주장한 데서 드러난다. 인의는 칸트의 의미에서 도덕법칙을 의미할 것인데, 이것이 우리의 마음에 내재되어 있음은 우리의 마음이 바로 도덕법칙의 제정자임을 보여 주는 것이고, 따라서 이를 칸트가 말한 의지의 자기 입법성으로 해석할 수 있다고 하였다. 예컨대 맹자가 "인의예지(仁義禮智)는 밖으로부터 들어오는 것이 아니라, 나에게 본래부터 갖추어져 있는 것이다. 다만 그것을 깨닫지 못하고 있을 뿐이다. 그러므로 구하면 얻을 것이지만 내버려 두면 잃어버린다."[15]고 주장했을 때, 맹자는 오직 우리의 의지만으로 성취 가능한 도덕법칙을 가리키고 있다는 것이다. 그것은 성취함에 있어서 의지 밖의 것을 고려해야만 하는, 그래서 필연적이지 않고 보편적일 수 없는 행복의 규칙을 가리키지 않는다. 이명휘는 이 지점을 지적하기 위하여 칸트의 다음과 같은 말을 인용한다.

---

12) 모종삼, 『칸트의 도덕철학』, 이명휘, 36쪽에서 재인용.

13) 이명휘가 지적하듯이 칸트와 유교도덕철학의 유사성은 어디까지나 자율의 원칙 차원에서이지, 구체적인 윤리학 체계 차원에서가 아니다. 후자의 차원에서는 두 철학 사이에 커다란 차이가 있다. 이명휘, 71쪽.

14) 『맹자』, 「고자상」.

15) 『맹자』, 「고자상」.

도덕의 정언명령을 만족시키는 것은 언제든지 누구나 할 수 있다; 경험을 조건으로 하는 행복의 규칙을 만족시키는 것은 항상 가능하지 않고 또 누구나 할 수 있지도 않다. (심지어 단지 하나의 목표에 대해서도 그러하다.) 왜냐하면 전자의 경우 필연적으로 진실하고, 순수한 격률에 관련된 반면 후자는 욕구된 것을 실현시키는 힘과 자연적 능력에 관련되어 있기 때문이다.[16)]

인의의 내재성은 맹자에 있이서 성선설이니 시단설로 표현되는데, 어기서 말하는 성선설이나 사단설은 칸트가 도덕성 원칙을 세움에 있어서 배제하려고 했던 인성(人性), 경향성, 감정이 아니다. 그것을 감성으로 국한시켜 버리면, 맹자가 말하는 성선(性善)의 의미를 놓쳐 버린다. 맹자의 성(性)이나 사단은 이성을 포함하는 본심을 가리키는 것으로 이해되어야 하고, 또한 자연의 인과성에 제한되는 물욕이 아니라, 그런 인과성을 초월하는 자유의 인과성을 말하는 것으로 이해해야 한다고 하였다. 맹자의 사단은 자연적 감정, 수동적 감정이 아니라, 능동적이고, 초월적이며, 보편적 감정이다.[17)]

중국의 전통에서 감정보다 이성에 주목한 이는 묵가였다. 그들은 유가의 "자신의 부모를 친히 하고 그 마음을 다른 사람의 부모를 친히 하는데 미쳐야 한다."는 태도 대신에 "타인을 자신처럼 사랑해야 한다."고 주장했다. 사람의 통상적 감정(人之常情)에 입각해서는 이럴 수가 없다. 하지만, 묵가의 이러한 보편적 사랑의 관점은 도덕적 동기에 의한 것이 아니라, 자리(自利)나 공익(公益)을 위한 계산적인 것이었다. 모종삼의 관점에

---

16) KpV, KGS, Bd, 5, S. 36f. 이명휘, 36쪽에서 인용.

17) 모종삼은 사단을 '구체적 보편'이라고 표현한다. 모종삼, 127쪽. 보편적 감정이란 인간의 마음의 양태를 보편적 이성과 구체적 감정으로 양분하는 칸트의 체계 내에서는 불가능한 표현이다.

의하면 결과적 선(善)을 위한 묵가의 도덕적 주장은 결코 도덕적 가치를 가질 수 없는 것이었다. 정통 유가는 이처럼 이해를 따지는 것과, 혹은 앞서 말한 대로 경향성의 감성에 의존해서는 진정한 도덕을 성취할 수 없다고 보았다. 오직 내면의 본심에서 유래하는 사단의 이성적 감정만이 진정한 도덕성을 함유한다고 보았다. 이렇게 능동적이고 보편적 감정의 존재를 통해, 본성과 도덕성이 마음과 일치를 이루었던 맹자, 양명, 호굉, 유종주 등의 정통 유학의 전통은 칸트가 도달하지 못했던 자연과 도덕의 이원성을 극복했다고 믿었다. 그것은 유학이 자율성을 실천이성 (의지)에만 허용한 칸트를 넘어섰고, 또한 칸트에게서는 신에게만 허용했던 지적 직관 즉 자유, 영혼불멸, 신 등과 같은 개념들의 인식을 단지 요청이나 가설로서가 아니라, 인간의 인식으로서 허용했음을 의미한다.[18] 이것이 바로 의지의 자율 원칙을 중국의 정통 유가 사상에서 발견할 수 있다고 본 모종삼의 견해이다.

모종삼이 보기에, 유학의 정통적 흐름과는 달리 주자의 철학은 타율 윤리학이다. 적어도 칸트는 감정을 배제한 실천이성을 통해 자기 입법을 달성했으나, 주자는 심(心)이 리(理)가 아니라고 함으로써 도덕법칙의 외재성을 드러냈기 때문이다. 또한 주자의 마음은 기본적으로 활동하는 도덕심이 아니고, 관찰하는 인식심이다.[19] 주자는 심이 리가 아니고, 성(性)이 리라고 함으로써, 심을 기(氣)를 함유한 인식심에 국한시켜 버렸다. 이것은 맹자, 양명, 유종주 등에게서 심이 곧 리이고, 따라서 심이 도덕법칙의 입법자인 동시에 그 실현원칙(능력)을 갖춘 자율의 윤리학과는 전혀 다른 타율의 철학이다.

---

18) 이 부분에 대한 논의는 정재현, 「모종삼의 칸트 비판은 정당한가?」, 『가톨릭철학』, 14호, 한국가톨릭철학회, 2010, 233~54 참조.

19) 이명휘, 36쪽.

맹자와 주자의 차이를 심각하게 보는 모종삼의 유학에 따르면, 사칠논변에서 퇴계가 취한 리발론은 주자의 틀을 벗어난 것이라고 본다. 다시 말해 사단과 칠정을 각각 리발(理發)과 기발(氣發)로 대거하여 거론한 것과, 사단을 순리(純理)이기에 무조건적으로 선(善)한 것으로, 칠정을 기(氣)를 겸했기에 선악이 있는 것으로 대거하여 거론한 것은 주자의 틀에서 받아들이기 힘든 주장들이라는 것이다. 주자의 틀이란 리기(理氣) 형이상학과 심성정(心性情)의 관계를 다룬 심성론, 나아가 격물치지(格物致知)의 수양론을 말한다. 리기 형이상학은 모든 사물은 리기로 이루어졌다는 것인데, 이들의 관계는 개념적으로는 구분이 되어도(不相雜), 현실적으로는 떨어질 수 없다(不相離)고 한다. 이들의 불상잡, 불상리 관계는 리의 무운동성과 기의 운동성의 가정 하에 이루어졌다. 주자의 심성정(心性情) 이론이란 이러한 리기 형이상학을 전통적인 심리 현상에 적용한 것으로, 이에 따르면 심은 성정(性情)을 포섭·통솔하는 것(心統性情)인데, 심에 깃들인 성과 정은 각각 심의 리와 심의 기로 볼 수 있다는 것이다. 따라서 성은 리이지만, 심이나 정은 리가 아니라 기라고 (혹은 기를 포함한 것이라고) 할 수 있다. 격물치지의 주자학적 수양론의 입장은 다분히 수동적이고, 점진적인 선지후행(先知後行)의 수양방법이라고 말할 수 있다. 격물치지의 주요 방법으로 주자가 강조한 독서는 심즉리(心卽理)와 지행합일(知行合一)을 강조하는 양명에게서 부차적 의의(蛇足)를 지닐 뿐이었다. 이러한 주자학의 틀에 따르면, 사단과 칠정을 리기(理氣)로 각각 호거하던지, 혹은 사단은 무불선(無不善), 칠정은 유선악(有善惡)이라고 각각 기술하는 퇴계의 리발설은 수용하기 힘들다. 사단과 칠정은 그것이 감정인 한, 둘 다 리기를 갖추고 있으며, 또한 리(理)와 기(氣)는 각각 무운동성과 운동성을 갖는 것이므로, 칠정의 기발은 모르지만, 사단의 리발은 수용하기 힘들다는 것이다.[20] 또한 사단과 칠정이 감정인 한, 사단이 선한 것을 가리키고, 칠정이 유선악(有善惡)을 가리킨다면, 사단은 그저 칠정의 부분집합으로만 여겨져야 하는데, 그럴 경우, 퇴계의 리발과 기발의 호거(互擧) 및 사단의 무불선과 칠정의 유선악의 호거는 오해의 소지가 많다는 것이다.

모종삼의 제자, 두유명과 이명휘는 공히 퇴계와 고봉의 사칠논변이 맹자와 주자간의 심성정(心性情) 구도에서의 차이에서 벌어진 논변이라고 생각한다. 그들은 또한 퇴계의 리발과 기발 주장이 맹자의 구도를 따르고 있고, 고봉은 그런 퇴계의 일탈에 대해 주자의 심성정 이론을 바탕으로 비판하고 있다고 본다.[21] 이런 시각의 영향을 받은 일군의 학자들도 퇴계의 리발설을 주희보다는 오히려 심의 능동성을 강조하고,[22] 심(心), 성(性), 정(情)을 통합해서 보려는 맹자나 양명의 이론에 가깝다고 주장한다.[23] 즉 그들에 따르면, 퇴계의 리발설에서 보이는 리발과 기발의 호거는 맹자나 양명이 대체(大體)와 소체(小體), 심(心)과 감각기관 등을 구별하고 전자를 강조한 것과, 나아가 칸트가 예지계와 현상계, 혹은 자유 인과

20) 그러나 이상하가 주장하듯이 고봉은 퇴계의 주장인 사단의 理發이나 無不善에 대해서 이견이 없었다. 그가 끝까지 받아들일 수 없었던 것은 善한 칠정을 氣發이라고 할 수 있느냐의 문제였다. 이것은 주자학의 전통에서 얼마든지 퇴계의 리발 테제를 수용할 수 있음을 보여 준다. 이상하, 「退溪 · 高峯 四七論辨의 인식논리와 그 의미」, 『인문연구』, 53호, 영남대학교인문과학연구소, 2007, 63~90쪽 참조.

21) 부위훈도 이런 가정을 가지고 있다. 부위훈, 21쪽 참조. 理發, 主於理 등이 조금만 더 나아가면 맹자나 양명의 입장 같다는 것이다. 그러나 부위훈은 퇴계의 시도를 어느 한쪽에 치우친 것이 아니라, 정주학과 육왕학의 갈등을 해소할 수 있는 융합적 입장이라고 보았다. 부위훈, 22쪽.

22) 양명의 지행합일설과 격물에 있어서의 物을 心 밖의 것이 아니라, 心 안의 일로 보려는 시도 등에서 보여진다.

23) 많은 학자들은 퇴계가 존덕성 공부를 중시하였던 점, 논의의 무게중심을 리기론에서 심성론으로 옮겨왔던 점, 평생 『심경부주』를 존중했다는 점 등등의 이유로 퇴계의 학문을 일종의 心學으로 불러 왔다. 최재목, 『퇴계 심학과 왕양명』, 새문사, 2009, 121쪽 참조.(이하 최재목으로 약칭)

성과 자연 인과성을 구분하고 전자를 강조한 것에 비견될 수 있다고 한다.[24] 사단과 칠정은 도덕적 감정과 자연적 감정을 지칭하는 것 같은데, 이는 자연스럽게 모종삼이 '본체론적 감수성'(초월적 감정)과 '감성적 감수성'(자연적 감정)을 구분한 것과 호응이 된다.[25] 모종삼은 전자를 후자와는 달리, 주체적이고 초월적인 것으로 보고, 후자와는 다른 메커니즘 속에 위치시키면서, 전혀 다른 것으로 설명하고 있다. 이것은 퇴계와 마찬가지로 감정 안에 이질적 성격의 감정들이 있음을 말하는 것이다. 한마디로 초월적 감정과 보통의 감정을 구분한 모종삼의 시도는 단순히 이성과 감정을 엄격히 구분하고, 도덕적 감정을 포함한 모든 감정을 실천이성의 도덕 주체로부터 배제한 칸트나 그와 유사하게 성정(性情)을 엄격하게 분리하고, 감정의 단일한 메카니즘만을 인정한 주희의 체계와는 다르다는 것이다. 따라서 이들은 비록 퇴계 자신은 주자학을 존숭한다고 하지만, 그리고 사실상 퇴계 자신도 의식하지 못했을 수도 있지만, 리발 테제를 내놓음으로써, 즉 리의 운동성을 인정함으로써, 퇴계학은 타율윤리학으로서의 주자학의 구도로부터 벗어났다고 보는 것이다.

3. 리발론의 주자 – 퇴계적 해석

그러나 퇴계나 주자의 체계가 과연 맹자의 체계와 양립불가능한지는 의문이다. 주자는 일생동안 사서(四書) 특히 사단이 나타나는 『맹자』와

24) 이명휘, 137쪽.

25) 두유명도 사단과 칠정의 구분을 feeing과 emotion으로 표현한다. 전자는 인지적인 것과 의지적인 것을 포함한, 능동적이고 이성적인 감정이고, 후자는 그렇지 않다는 것이다. 즉, 사단의 감정 메커니즘이 칠정의 그것과 다르다고 본 것이다. 두유명, 276쪽.

칠정이 나타나는 『중용』(사실 엄격하게는 『예기』) 사이에 어떤 갈등이 있다고 생각하지 않았다. 퇴계 또한 한 번도 자신의 입장이 주자와 충돌된다고 생각하지 않았고, 그래서 양명학에 대한 비판을 시도하였던 것이다.[26] 또한 고봉과의 논쟁을 회피하지 않았고, 이러한 논쟁을 통해 원만한 결론에 도달할 수 있다고 믿었다. 그도 또한 주자와 마찬가지로 사서 내지 경전들 간의 일관성을 믿었던 것이다. 이런 일관성 추구의 과정 중에, 주자에게 보이는 갈등요소는 주희의 철학 자체에 내재된 것으로, 결코 주희 철학 자체를 벗어나서 그 원천을 찾을 필요가 없는 성격의 것이다. 주희에게서 보이는 태극과 무극의 관계, 태극과 음양의 관계, 소이연지고(所以然之故: 자연법칙)와 소당연지칙(所當然之則: 도덕법칙) 사이의 관계 등등은 이런 성격의 것들이다. 리(理)에는 활동성과 비활동성이 다 있다는 것도 바로 이런 맥락에서 이해해야 한다. 퇴계는 전자를 소종래(所從來: 형이상학적 기원)로, 후자를 소주(所主: 논리적 기원)로 설명하고 있다.[27] 따라서, 흔히들 고봉을 주자의 입장, 퇴계를 맹자의 입장으로 보거나 혹은 고봉을 형이상학-우주론적 입장, 퇴계를 도덕론적 입장으로 기술하거나, 혹은 나아가 주자와 퇴계의 차이를 각각 리기론과 심성론의 차이로 보는데, 내가 보기에 고봉이나 퇴계, 나아가 주자의 관심도 다 거경궁리(居敬窮理)의 점진적 수양방법을 통해 성인(聖人)이 되기를 목표로 하는 주자학의 틀 속에 있다. 퇴계가 실천적이었기에 리발을 주장했다는 것은 퇴계의 분석적이고 이론적 태도의 측면을 소홀히 하는 것이다.[28] 그렇다

---

26) 이황, 『퇴계전서』, 권 41, 「전습록논변」 참조.

27) 부위훈은 퇴계의 發이 두 개의 철학적으로 다른 의미 즉 '~로부터 옴' (issuing from)과 '드러남' (manifesting)을 가지고 있다고 지적한다. 부위훈, 16쪽.

28) 예컨대, 남명은 퇴계가 제자들에게 「태극도설」, 「서명」, 「계몽」 등의 글을 가르치는 것을 보고, "초학자로서 灑掃應待도 할 줄 모르면서 입으로만 천리의 오묘함만 이야기 한다."고 비판하였다. 그러나 퇴계는 "아래서부터 배워서 위에 이르는 것은 순서

고 흔히들 퇴계나 고봉에게, 후대의 주리파나 주기파와 연결시키는 수양론적, 정치적 관심들의 차이가 있는 것도 아니었다. 퇴계나 고봉은 별다른 입장의 차이 없이, 주자에게서 보이는 원래의 갈등적 요소들의 각 측면을 대변하고 있을 뿐이다.[29] 퇴계는 고봉과 마찬가지로, 주자를 존중하였고, 그 때문에 주자의 우려, 즉 심학(心學)이 가진 자의성에 대한 우려의 시선으로 양명학에 대한 비판을 전개하였던 것이다. 이렇게 행동한 퇴계는 정말 자신의 입장을 잘 몰랐던 것인가?[30]

내가 보기에 주자학의 심통성정(心統性情)이나 격물(格物)에 대한 좀 더 정확한 이해가 모종삼의 견해를 비판하고, 주자와 퇴계를 자율의 윤리학으로 되살려 줄 수 있다고 본다. 그것은 심통성정의 체용론적 해석과 격물이론의 실존적 해석이다. 먼저 심통성정의 해석과 관련해서, 모종삼의 모순된 태도를 지적할 수 있다. 사실 모종삼의 핵심적인 개념인 '구체적 보편'의 개념은 서구의 구체-특수-경험/추상-보편-초월의 틀을 부인한다. 그런데 흥미롭게도 주자학을 비판하는 모종삼의 관점이 무의식중에 서구의 이런 구분의 틀을 사용하고 있다. 즉, 모종삼이 주자의 리(理)나

로서는 당연하지만, 배우는 사람으로 오랫동안 익히고 얻는 것이 없으면 중도에서 그만두기 쉽기 때문에 근본을 가르쳐 주는 것만 못하다." 고 하여, 학문의 체단 또는 본원, 원두처를 강조하였다. 이황 저, 『퇴계집』, 장기근 역해, 「言行錄」, 敎人, 홍신문화사, 2003, 361쪽.(이하 언행록으로 약칭)

29) 이 점에서 나는 사칠논변을 상대편을 공격하는 논쟁이 아니라, 공동의 목표를 향한 협동작업으로 본다. 정재현, 「사단칠정논변의 명학적 이해」, 『중국학보』, 한국중국학회, 2002 참조.

30) 물론 퇴계가 생각한 것보다 퇴계학이 주자학과 다를 수 있고, 또한 모종삼 학파의 생각과는 달리 퇴계학이 양명학과 같다고도 할 수가 없는 면이 있기에, 나는 퇴계학이 주자학과 양명학을 융합할 수 있다는 부위훈의 견해에 어느 정도 동의한다. 부위훈 참조. 다카하시 스스무(高橋進)도 퇴계의 철학을 '持敬則窮理' 라고 하여 주자학과도, 양명학과도 다른 철학을 전개했다고 주장하였다. 최재목, 129~130쪽에서 재인용.

성(性)을 추상적이고, 초월적이라고 하는 이면에는 바로 서구 혹은 칸트의 구체-특수-경험/추상-보편-초월을 틀을 주자에 적용하는 것이 아닌가 한다. 다시 말해 맹자나 양명 등에서 보이는 '구체적 보편'으로서의 도덕적 정감을 주자는 그것이 그저 감정인한 기(氣)에 속한다고 함으로써, 칸트와 마찬가지로 그것이 가진 보편성을 살리지 못했다고 본다. 그런데, 왜 모종삼 학파에서는 맹자나 양명에게는 가능한 구체적 보편의 도덕적 정감이 주자에게는 불가능하다고 할까? 맹자나 양명에게 구체적 보편이 가능하면, 주자에게도 구체적 보편이 가능하다고 보고 싶다. 모종삼은 무의식적으로 보편성은 주자의 틀 속에는 리(理)나 성(性)에게 부여된 것이므로, 주자학의 리기론의 틀이나, 성정(性情)의 분리에서는 사단을 제대로 위치지울 수 없고, 따라서 유학의 핵심전통을 캐치하지 못한 것으로 보는 것 같다. 그러나, 내가 보기에 모종삼의 '구체적 보편'의 개념은 오히려 주자의 체용론적 심통성정(心統性情) 개념으로 살려질 수 있고, 모종삼 체계 내에서는 그것을 살릴 뚜렷한 해결책이 없다. 심을 바로 리로, 또한 기로 놓으면, 심의 방종, 자의성, 우연성을 막을 도리가 없다. 도덕적 감정은 초월적이면서 구체적인 것이라는 모종삼의 선언만으로는 그 초월성, 보편성을 확보할 수가 없다.

두 번째로 보다 정확한 격물해석이 필요한 이유는 결국 주자학과 양명학의 구분이 수양론에 달려 있기 때문이다. 내가 퇴계를 주자학에 위치시키는 이유도 이른바 퇴계의 '경(敬)의 심학(心學)'이 양명의 '양지(良知) 심학(心學)'[31]과는 달리 '거경궁리(居敬窮理)'라는 주자학의 점진적 학문방법의 연장선상에 있기 때문이다. 여기서 퇴계의 격물을 '실존적'이라고 칭하는 것은 오해의 소지가 있을 수 있는데, 왜냐하면 몇몇 학자들은

31) 최재목, 125~131쪽.

'실존'이라는 말을 양명의 격물해석에 적용하기 때문[32]이다. 그러나 퇴계의 격물(格物)이 경(敬)의 태도를 가지고 이루어진다는 점에서 그 과정을 단순히 '인식론적'으로 묘사할 수는 없을 것이다.

1) 심통성정(心統性情)의 체용론적 해석[33]과 다관점주의(multiperspectivism)

최재목이 지적하듯이, 퇴계와 주자가 양명과 달라지는 점은 리(理)의 규범적 통제성이다.[34] 리는 우주의 구성원리이자, 개개 사물의 구성원리이다. 이것이 인간의 심(心)에 적용이 되면 리 즉 성(性)은 심의 구성원리가 된다. 양명의 심즉리(心卽理) 이론이 가진 자의성을 우려하는 퇴계와 주자의 입장에서, 심을 규제하는 리 혹은 성의 역할을 강조하게 되는 것은 자연스러운 일일 것이다. 그럼에도 불구하고, 동아시아 내재적 초월의 문화맥락[35]에서, 주자의 리 개념은 단순히 추상적이고 정태적인 보편 원리로 인지될 수 없다. 그것은 모종삼이 생각하는 주어진 혹은 고정된 원칙이 결코 아니다. 리는 기(氣)와 함께 사물 구성의 원리로 보아야 하고, 사물이 잠시도 멈추지 않는 변화의 과정에 있다는 점을 생각해 보면, 리는 어떤 형태로든 움직임에 관련 맺고 있다고 말할 수 있다.[36] 적어도 기

32) 대표적인 학자는 오카다(岡田武彥)이다. Takehiko Okada, "Wang Chi and the Rise of Existentialism", *Self and Society in Ming thought*, ed. by Wm. Theodore de Bary, New York: Columbia University Press, 1970, 121~144쪽.

33) 미발의 性은 心의 體이고, 이발의 情은 心의 用이라고 하여, 마음을 체용으로 나누어 이해해야 한다는 퇴계의 견해에 대해서는, 이황, 『퇴계전서』, 권41, 「심무체용변」과 「성학십도 · 심통성정도」 참조.

34) 최재목, 127쪽.

35) 모종삼 · 서복관 · 장군매 · 당군의 「중국문화선언」 참조.

가 없는 리는 현상계에 존재론적으로 성립불가능하고, 또 심이 없는 기는 인식론적으로 성립불가능하다. 따라서 주자가 심과 리를 분리시켰기에 별종(別宗)이라는 모종삼의 설은 충분치 않다고 하겠다. 주자가 어떻게 인의(仁義)의 내재성을 부인했겠는가? 주자의 심통성정의 틀에서 심과 성의 관계는 성이 바로 '심이 가진 경향성(德)'과 '정(情)의 이치(理)'를 가리키는 사실에서 찾아져야 한다.[37] 덕(德)은 일종의 심의 잠재적 성향 혹은 경향성(disposition)을 가리키고, 이것은 감정의 발현으로 구현되기에, 우리는 심은 그 잠재적 경향에 따라 운용된다고 할 수 있다. 퇴계는 이 성(性)과 정(情)의 관계에 대해, "물에 비유한다면 괴 있는 것이 성이고, 흐르는 것은 정이다. 괸 물이 나가서 흐름이 되고, 흐름은 괸 데서부터 나오는 것이니, 괸 물과 흐르는 물이 어찌 다르겠느냐?"[38]고 하였다. 여기서 물을 마음(心)의 비유로 본다면, 보다 정확하게 심성정(心性情)의 관계를 알 수 있을 것이다. 이렇게 성과 정은 심의 잠재적 경향과 그 발현이라는 두 가지 측면을 가리킨다는 것이 심통성정(心統性情)의 의미이다. 성중영은 심통성정의 체용론적 의미를 다음처럼 기술하고 있다.

> 비록 본체생성(ontogenesis)이 성(性)으로부터 심(心)으로 진행되어 이루어지지만, 심이 일단 있게 된다면 심은 본성(性) 안의 모든 활동과 경향성들을 통합하고 종합하며, 인식과 행위를 하기 위해 그런 활동과 경향성들을 통솔할 수 있는 것으로 생각될 수 있다. 이런 점에서 심은 고유의 지각적이고 반성적인 활동을 통해 본성(性)의 형태를 드러내고, 따라서 본성과 그것의 감정으로의

36) 태극도설에서 이치인 "태극이 움직여 陽을 낳는다."는 표현을 생각해 보면, 퇴계의 理發, 理動, 理到가 전혀 불가능한 표현이 아님을 알 수 있다.
37) 주자가 仁을 정의하면서 "心之德, 愛之理"라고 한 것에서 착안하였다.
38) 언행록, 講辨, 377쪽.

활성화를 통합하여 하나의 유기체적 단일성을 형성할 수 있다고 말해질 수 있다. 마음이 또한 삶의 목표를 위해 결정을 내리고 행위하는 힘을 가지고 있기에, 마음은 또한 본성과 감정을 자신의 통제 하에 둔다고 말해질 수 있다. 이것이 마음이 그 자신의 목표를 위해 어떻게 본성과 감정을 계발시키고 변형시킬 수 있는지를 설명한다. 그러나 또한 마음의 지각적인 것과 의지력이 본성의 감정 및 본성의 근거와 본질적으로 연결되어야만 하는데, 왜냐하면 본성이 원래 마음을 운용시키는 것이기 때문이다. 달리 말하자면, 마음과 본성 사이에는 상호 연관성이 있는데, 이것은 마음이 그 자율성을 주장하는 데 있어서 본성이나 감정과 떨어질 수 없음을 의미한다.[39]

여기서 심은 주재능력, 성은 잠재적 성향, 정은 그 잠재적 성향의 발현을 각각 가리킨다. 심성정의 체용론적 해석을 통해, 우리는 심성정의 세 가지가 전혀 다른 것임을, 전혀 다른 실체임을 가리키는 것은 아님을 알게 되었다. 퇴계는 이점에서 "인(仁) · 의(義) · 예(禮) · 지(智)를 성(性)이라고 하지만 또한 인의(仁義)의 마음이라고도 한다. …… 측은(惻隱) · 수오(羞惡) · 사양(辭讓) · 시비(是非)를 정(情)이라고 하지만 또한 측은한 마음이나, 수오 · 사양 · 시비의 마음이라고도 한다."[40]고 하였다. 이 점은 부위훈의 '다관점주의'를 도입해서도 확인된다.

정이: "하늘(天)의 측면에서는 '명(命)'이라 하며, 도덕적 당위라는 측면에서는 '리(理)'라고 하며, 인간(人)의 측면에서는 '성(性)'이라 하며, 몸의 주재자라는 측면에서는 '심(心)'이라 한다."[41]

---

39) 성중영, 514쪽.

40) 「성학십도 · 심통성정도설」.

41) 『정씨유서』 18, 부위훈 23쪽에서 재인용.

퇴계: "『대학』에서는 성(性)을 말하지 않고, 심(心)을 말하였다. 『중용』에서는 심을 말하지 않고 성을 말하였다. 『논어』에서는 성(性), 명(命), 인(仁), 의(義)를 말하지 않았다. 그러나 『맹자』에서는 이들 모두를 언급하며, 상세히 논의하였다. 왜 그러한가? 심과 성은 리와 동일하다. 천(天)에 의해 부여받았다는 측면에서는 성이라고 하며, 사람이 갖고 있는 것이라는 측면에서는 심이라고 한다. …… 성, 명, 인, 의는 동일하다. 그것들을 나누어서 말하면(分而言之) 물론 서로 다르지만, 총괄하여 말하면(總而言之) 모두 천(天)에 의해 부여된 것들이다." 42)

부위훈의 다관점주의란 그가 주자학과 양명학을 통합할 수 있는 길로 제시한 "기능적 형태 안에서의 전체주의적 다관점주의로서의 신유학 형이상학"(Neo-Confucian metaphysics as a version of holistic multi-perspectivism in the functional form) 이론이다. 이것은 언어의 융통성 있는 사용에 기반하고 있다. 부위훈이 위의 인용을 통해 드러내고 싶은 것은, 주자학에서와 마찬가지로 퇴계학에 있어서도 도덕법칙을 드러내는 것은 심(心)일 수도, 성(性)일 수도, 정(情)일 수도 있다는 것이다. 도덕법칙은 오직 성을 가리키기에 그것을 인식하는 심과 동일시 될 수 없고, 또한 그것은 정과 동일시될 수 없다고 퇴계나 주자가 본 것은 아니다. 심성정의 일치는 주자학에서도 얼마든지 용인될 수 있는 표현이다. 부위훈은 퇴계가 사단을 말할 때에는 맹자의 편(소종래를 형이상학적으로 해석)을 들다가, 칠정을 말할 때에는 주자의 편(소종래를 현상학적으로 해석)을 든다고 한다. 이렇게 주자학은 심성정의 일치성을 표현함에 있어서, 적어도 언어의 융통적 사용을 주장하는 점에서 양명학과 그다지 차이가 있지

42) 『퇴계전서』, 4권, 325쪽, 부위훈, 23쪽에서 재인용.

않다. 그런데, 종종 격물치지의 인식론적 개념 틀로 인하여 오해를 줄 수 있고, 그리고 언어적 표현상에 있어서의 융통성의 측면에서 주자학이 양명학과 정도적 차이가 있는 것이 사실이기에, 그런 점에서 주자학을 별종이라고 할 수 있다. 그러나 주자학은 적어도 그 체용론적 측면과 다관점주의의 측면을 가지기에, 다시 말해 맹자학이나 양명학에게서 확인되는 의지의 자율성, 도덕 법칙의 내재성 등등의 관점을 가지고 있다는 점에서, 모종삼이 생각하듯이 타율의 철학으로는 자리매김할 수 없다.

2) 격물(格物)의 실존적 해석

퇴계가 격물해석에 있어서 주자를 따르고 있다는 점은 최재목의 다음과 같은 말이 잘 보여 준다.

> …… 퇴계의 심학은 경서 · 성현 · 리를 강조하는 경향성이 있다. 경서 · 성현 · 리는 일종의 '마음을 비추는 거울'이다. 그래서 퇴계에서 말하는 마음은 '거울을 단 고요한 마음'이라 할 수 있다. 이에 비해 양명은 육경개사론(六經皆史論)의 논지 전개에 잘 드러나 있듯이 모든 이치(경서 · 성현 · 리)의 핵심을 마음이 발출해 내는 것으로 보는 경향성이 있다. 그래서 양명에서 말하는 마음은 '태양 같은 활발한 마음'이라고 할 수 있다.[43]

'거울 같은 마음'과 '태양 같은 마음'의 은유적 표현들이 보여 주는 입장은 흔히 말하는 인식심과 도덕심의 차이를 말한다. 맹자의 마음이 도덕심이라면, 순자의 마음은 인식심이고, 양명의 마음이 도덕심이라면, 주자

---

43) 최재목, 131쪽.

의 마음은 인식심이다. 그런데, 이런 인식심과 도덕심의 차이는 정말 커다란 것일까? 적어도 모종삼과 그의 추종자들에게는 이것이 커다란 것 같다. 앞서 말했듯이, 모종삼과 그의 추종자들이 주자학을 유학의 별종 내지 타율의 윤리학으로 보는 커다란 이유는 주희의 마음이 리(理)의 제정자로서의 도덕적 마음이 아니라, 리의 관찰자로서의 인식적 마음이라고 보는 데 있었기 때문이다. 그들이 주희의 체계를 인식심으로 그린 이유는 주희가 탐구와 수양의 원리로 제시한 격물치지가 바로 이런 주희 마음의 구조를 잘 드러내 준다고 보았기 때문이다. 그리하여 주자학에서 마음에 온갖 리를 포함하는 만리가 갖추어졌다고 할 때의 포함과 갖춤이나 마음이 본성과 감정을 통솔한다고 할 때의 통솔의 의미는 리에 대한 심의 인식론적 관계를 의미한다고 본다.

그러나, 격물의 의미는 모종삼이 생각하는 그런 인식론적인 탐구가 아니다. 양명이 젊었을 때, 대나무를 격물하기 위해서 몇날 며칠을 관찰했지만 결국 대나무의 격물은 실패하고, 몸에 병만 얻었다는 해프닝도 주희의 격물을 인식론적인 탐구로 생각했기 때문이다. 물론 격물에 외부의 사물을 인식하는 견문지지(見聞之知)가 포함되는 것은 사실이지만,[44] 보다 중요한 의미에서 일반적으로 격물에서의 물(物)은 비록 우리 마음 안의 것이라고 할 수 없지만, 그렇다고 우리 마음에서 완전히 독립적인 것도 아니다. 그것은 대체로 우리가 가진 마음의 이치를 깨우치게 하는 계기로서의 외부사물이다. 내가 생각하는 주자의 격물은 외부 사물과의 교류를 통하여, 자연스럽게 내 마음의 이치가 밝히어지는 과정이다. 대나무를 예

44) 주자와 마찬가지로 퇴계에도 이런 측면이 보인다. 언행록, 논격치 341쪽 "계사에 있을 때, 하루는 선생께서 제갈량의 팔진도에 언급하면서, 그 도설을 내어 보이시고, 별본을 베끼게 하시면서 말씀하셨다. '이것도 격물치지의 공부의 일단이니, 글을 읽는 틈틈이 유의하여 연구해 보아라.'"

로 들자면, 그저 대나무를 수동적으로 관찰하는 것이 격물이 아니라, 대나무와의 상호교류를 통해서 자연스럽게 내 마음 속에 이치가 생기게 되는 과정이 격물이라는 것이다. 이것은 그 깨달음의 성격이 능동적이고 자발적이라는 점에서 '실존적'이라고 할 수 있다. 한형조는 다음과 같이 주자의 격물에 대해 말한다.

"주희가 〈진리는 나의 밖에 있다〉고 여김으로써 유학의 정맥에서 비껴갔다는 단정에 대해 이렇게 반박할지 모른다. 〈심통성정의 체용론적 구도 안에서 주희는 인간 속에 리가 모두 갖추어져 있다고 하지 않았던가〉하고. 그렇지만 자신 속에 있다는 리(理)는, 앞으로 사단과 칠정의 논의에서, 그리고 아울러 정약용과 이재의(李載毅)의 왕복편지에서 본격적으로 살피겠지만 자신의 힘으로 직각적으로 확인하는 것이 아니라, 인식론적으로 다시 말하면 이차적이고 간접적인 방식으로 확인한다. 주희가 사단의 단을 〈실꾸리를 짐작할 수 있는 단서〉라고 읽었을 때 이 인식론적 입장은 확고해졌던 것이다. 모든 드러나는 것은 정(情)이고 그 안에 뭉쳐진 실꾸리가 성(性)이다(性發爲情). 그러므로 성(性), 즉 인간의 본질이자 이념은 자신의 내부에 있지만 그것은 인식론적 반성을 통해야 다다를 수 있는 그 무엇으로 엄밀히 말해서 〈외부〉인 것이다."[45]

비록 한형조는 격물의 대상을 〈외부〉라 부르고 있지만, 그러나 이때의 '외부'의 의미는 '자신의 내부'에 있지만, 인식론적 반성을 통해야 다다를 수 있는 그 무엇'인 그 이상 그 이하도 아니다. 이런 의미의 외부라면, 그러한 외부의 이념을 따르는 것이 어떻게 '인의(仁義)의 내재성(內在性)'을 부인하는 것이 되겠는가? 어떻게 타율의 윤리학이라 하겠는가?

45) 한형조, 『주희에서 정약용으로』, 세계사, 1997, 119~20쪽.

4. 결론

주자학이 유학 전통에서 정통이 아니고, 별종이며, 나아가 타율윤리학이라고 평가했던 모종삼의 유학해석이 지나친 것이었다는 것을 보이는 것이 이 글의 목적이었다. 이 목적을 위해 퇴계의 리발(理發) 주장을 맹자학이나 양명학의 틀이 아니라 주자학의 틀에 속하는 것으로 해석해 보는 방식을 택하였다. 왜 직접 주자의 입장에서 모종삼을 비판하지 않고, 퇴계의 입장을 빌어다 모종삼을 비판하는 우회로를 택하였는가? 그것은 퇴계의 리발 테제가 주자학의 갈등적 요소, 혹은 모순적 요소를 가장 잘 드러내는 상징적인 것이기에, 그것을 잘만 사용한다면, 모종삼의 입장을 공격하는 데, 이것보다 나은 것이 없다는 판단 때문이었다.

퇴계의 리발 테제는 얼핏 양명의 심학적 경향을 나타내는 듯하기도 하고, 또한 주자학의 갈등적 요소를 잘 드러내기에, 주자학의 본질 및 양명학과 주자학의 차이를 보여 주는 데에도 가장 적당한 것일 수 있다. 비록 내가 이 글에서 퇴계의 리발 테제를 주자학의 틀 속에서 해명하고 있지만, 그렇다고 퇴계의 입장이 완전히 주자의 입장과 똑같다고 주장하는 것은 아니다. 어쩌면 퇴계학은 양명학과도 혹은 주자학과도 다른 별개의 학문일 수 있다. 여기서는 다만 양명학과의 친근성을 드러내는 기존의 해석들에 대해, 퇴계학이 가진 친주자학적 요소를 부각했을 뿐이다. 퇴계학의 고유성을 드러내는 작업은 여기서 시도되지 못했다.

모종삼의 양명학 연구에 관한 비판적 검토

| **조남호**(국제뇌교육대학원 국학과 교수) |

1. 서론

이 글은 모종삼의 양명학 연구를 비판적으로 검토하고자 한다.[1] 모종삼의 양명학 연구에 대한 기존의 한국 학계에 의한 논의는 양명후학과 관련된 모종삼의 학파분류만이 눈에 띌 뿐이다.[2] 대만 학계에서는 대부분 모종삼을 옹호하는 경향이고, 중국 학계에서는 왕기와 관련해서 부분적으로 찬성하거나[3] 비판하는 경향[4]이 있다.

모종삼은 양명학에 대한 관심이 지대하였다.[5] 칸트를 비판하기 위하여

1) 필자는 이미 모종삼의 주희 연구를 이미 발표하였다. 이것은 그 후속편이다. 조남호, 「모종삼의 주희 비판과 그에 대한 재평가」, 『철학사상』 37, 2010.

2) 김세정, 「중국의 양명학과 연구 경향에 대한 분석과 비판」, 『양명학』 22, 2009.

3) 方祖猷, 『王畿評傳』, 南京大學出版部, 2001.

4) 彭國翔, 『良知學的展開 - 王龍溪與中晚明的陽明學』, 三聯, 2005.

5) 모종삼은 성리학을 세 노선으로 정의한다. 호굉 - 劉宗周, 육구연 - 왕수인, 정이 - 주희

육왕학을 들어야 했던 것이다. 그래서 『치양지교』(致良知教), 『육왕일계지심성지학』(陸王一系心性之學, 1956),[6] 『종육상산도유즙산』(從陸象山到劉蕺山, 1979) 등을 차례로 편찬하였다. 그중 가장 체계적으로 완성된 형태가 『종육상산도유즙산』이다. 그런데 이 책은 양명학 전부를 포괄적이고 체계적으로 다루고 있지 못하고 있다. 특히 태주학파는 거의 논하지 않는다. 나여방(羅汝芳)만 겨우 부분적으로 다루고 있을 뿐, 왕간(王艮), 왕동(王棟), 양기원(楊起元), 주여등(周汝登)에 대해서는 거의 언급이 없다.[7] 그리고 이지(李贄)에 대한 언급도 보이지 않는다. 이는 모종삼이 북송오자나 남송 대 유학자에 대해서 하나씩 상세하게 언급한 것과 비교하면 대조가 된다. 또한 모종삼은 불교에 대해서도 『불성여반야』(佛性與般若)라는 상당한 분량의 책을 내고 있다. 유식종, 대승기신론, 천태종에 대한 상세한 논의는 그의 학식이 풍부함을 보여 준다. 이에 비해 양명학에 대한 초라한 연구는 양명학의 다양한 학자와 그들의 철학 사상을 다루기에는 그의 역량이 미치지 못했음을 뜻한다. 양명학은 많은 학자들이 있고 그들의 다양한 사상을 하나로 묶기에는 쉽지 않은 점이 있다. 오히려 모종삼은 유종주(劉宗周)에 대해서는 상당한 분량에 걸쳐 자세하게 논의하고 있다. 그런데 유종주는 양명학자라기보다는 담약수 학파에 속하는 인물로 보아야 한다. 담약수 학파는 양명학파와 관계가 깊지만, 양명학을 비판하는 쪽에 있었다. 모종삼은 양명후학인 왕기나 나여방의 어록을 인용하는데 주로 『명유학안』에서 인용하고 있다. 그런데 『명유학안』은 황

가 그것이다. 그중에서 호굉-유종주 노선이 주돈이, 장재, 정호를 계승하여 心體와 性體의 의미를 밝혔다고 한다.

6) 이 책은 잡지에 발표한 것을 모은 것이다. 전집에 실려 있는 것으로 책으로 출판된 것은 아니다.

7) 양명후학에서 이들의 민간강학은 철학적으로 매우 중요한 문제이다.

종희의 시각에 따라 편찬된 것이다. 황종희는 양명학자들의 문헌에서 불교나 도교와 관련된 내용이 있는 것들은 배제하고, 유가적인 내용만을 수록하고 있다. 따라서 『명유학안』만을 따르는 모종삼은 왕기나 나여방의 어록의 중요한 내용들을 놓치고 있는 것이다. 양명학자에게 도교나 불교는 매우 중요한 이론이었다.

이 글은 왕양명과 양명 후학으로 나누어 모종삼의 양명학 연구를 살펴보고자 한다. 그리고 그것이 가지는 문제점을 논의할 것이다. 모종삼의 연구가 주로 칸트적인 이해에 바탕으로 두고 있음을 밝히고, 그것이 전통적인 도교나 불교의 방법론을 의도적으로 배제하고 있음을 보여 줄 것이다. 유종주에 대한 연구도 필요하나 여기서는 생략하겠다. 이 글은 또한 육구연과 유종주는 언급하지 않겠다. 육구연과 왕양명은 밀접한 관련이 있지만, 육구연 자체만으로도 연구가 필요하다. 유종주에 대한 연구는 담약수 학파와 관련된 문제인데다, 상당히 많은 분량이어서 다른 연구가 필요하다.

2. 왕양명

1) 사구교

모종삼은 왕양명의 가장 핵심적인 이론을 사구교로 보고 있다. 왕양명이 죽기 직전(1527년)에 천천교(天泉橋)에서 일어난 왕기와 전덕홍간의 사유(四有)와 사무(四無)에 관련된 논쟁이 그렇고[8], 그 이후 허부원(許孚

8) 王守仁, 錢德洪, 王畿가 있는 자리에서 벌어진 논쟁이다. 왕기는 四無說을 주장하였는

遠)과 양기원, 주여등 사이에 일어난 논쟁(1592년)도 이것에 대한 논쟁이다.[9)]

왕양명의 사구교는 다음과 같다.

> "무선무악은 심의 본체이고, 유선유악은 생각(意)이 움직인 것이고, 지선지악은 양지이고, 선을 실천하고 악을 제거하는 것은 격물이다."(無善無惡是心之體, 有善有惡是意之動, 知善知惡是良知, 爲善去惡是格物)

모종삼은 '무선무악은 마음의 본체이다.'라고 하는 것을 다음과 같이 해석한다. 무선무악은 지선(至善)이라고 말하지만, 무선무악은 '좋은 것도 하지 말고, 나쁜 것도 하지 말라.'는 뜻이다. 선악이 상대하는 개념어는 모두 사용할 수 없다. 다만 하늘의 신령스럽고 밝고 분명한 지각은 정정당당하게 스스로 자기를 유지하니, 이것을 마음의 자체의 실제적인 모습이다. 이 마음은 마땅히 즉시 초월적 본심이고, 중성적인 기의 신령한 마음이 아니라고 한다.(165쪽)[10)] 모종삼은 여기서 도교나 불교의 수양론을 차용한 왕양명의 공부론과 결별하고, 초월이란 개념으로 사용함으로써 칸트적인 의미로 설명한다.

그런데 마음의 본체는 이와 같지만 마음의 발동은 사욕과 기질의 막힘 혹은 영향을 받아 왜곡되지 않을 수 없다. 이로 인해 '선과 악이 있는 것

데 전덕홍은 四有說을 주장하였다. 왕양명은 전자는 上根人을 위하여 주장한 것이고, 후자는 中根以下人을 위하여 주장한 것이라고 한다. 그리고 왕양명은 上根人은 兼修中下해야 한다고 한다. 반면에 鄒守益은 "無善無惡心之体" 구절을 "至善無惡者心"이라고 기록하였다.

9) 허부원은 「九諦」에서 性体가 至善無惡임을 주장하고, 無善無惡을 반대한 반면에, 주여등은 「九解」에서, 四無說의 뜻을 밝혔다.

10) 이하 쪽수는 모종삼, 『從陸象山到劉蕺山』, 上海古籍出版社, 2001을 인용한다.

은 생각(意)의 작용이다.' 여기서 발동은 의(意)라고 말한다. 의는 경험 층에서 말하는 것이다.(165쪽) 그는 경험을 초월과 대비해서 설명하고 있는 것이다.

생각이 선하냐 악하냐를 마음의 신령스럽고 밝고 분명한 지각이 스스로 알지 않음이 없는 것이 양지라고 한다.(167쪽) 마음 자체가 스스로 선악의 기준을 갖고 있고 그 기준이 양지라는 것이다. 그리하여 양지는 지극한 선으로 나타난다.

모종삼은 지선(至善)이 마음의 본체라고 하는 것은 내용이 없는 주장(虛說)이고, 양지가 초월적으로 임해 비추는 작용으로 말미암아 도리어 지선으로 나타나는 것이 실질적인 주장(實說)이라고 한다. 양지가 임해서 비추는 것은 다만 공허한 한 번의 깨달음이 아니라 임해서 비추는 한 번의 지각 가운데 숨어서 저절로 응당 어떠한 방향을 결정하니, 이것이 양지의 천리라는 것이다.(168쪽) 양지가 도덕적인 법칙을 갖는다는 뜻이다. 양지가 한 방향을 결정할 뿐만 아니라 그 자체는 참으로 성실하고 안타까워하는(眞誠惻怛) 일종의 그만둘 수 없는 그 방향(천리)을 생각에서 실현하니, 생각이 있는 곳(物)에 이르러 성실하게 하고 바르게 하는 역량이다. 이로 말미암아 성의는 격물에 있으니, 이것이 선을 실천하고 악을 제거하는 격물이다. 그것은 내 마음의 양지의 천리를 모든 사물에 다 실천하여, 모든 사물이 그 리를 얻는다는 것이다.(168쪽)

모종삼은 양지가 개인 차원이 아니라 우주의 차원까지 확장된다고 한다. 격(格) 자의 바르게 한다(正之)는 뜻은 사물에서 모두 전환되어 이룬다(成)는 뜻이 된다. 격물은 자기를 이루고(成己) 사물을 이룬다(成物)는 것을 말한다. 이룬다는 실현시킨다는 것을 말한다. 양지의 밝은 지각(明覺)은 실현원리이다. 자기를 실현시키는 것은 도덕창조의 원리이고, 덕행의 '순수하여 또한 그침이 없다.'는 것이다. 사물을 이룬다는 우주 생성 변화의 원리이고, 도덕 형이상학의 존재론적 원리이다. 원교(圓教)[11] 하에서 도덕창조와 우주생성변화는 하나이고, 하나는 모두 밝은 지각(명각)의 감응 가운데 맑게 드러난다.(朗現)(170쪽)

그런데 모종삼의 생각(意念)에 대한 이해는 양명학의 공부론을 고려하고 있지 않다. 양명학의 생각에 대한 이해는 불교나 도교에 기반한다. 양명학은 도교나 불교의 공부 방법론을 채용하고 있다. 기존의 학계에서는 양명학을 이해하는 데 있어서 도교나 불교의 공부를 배제하고 있다. 모종삼의 경우는 특히 그렇다.

좌선공부에서 떠오른 생각은 모두 잡념이다. 선한 생각이든 악한 생각이든 모두 마음의 본래성을 가로막는 잡념인 것이다. 다만 선한 생각이든 악한 생각이든 모두를 제거해야 하는 것은 어렵고, 선과 악을 가르는 기준마저 무시할 염려가 크다. 그런 점에서 처음에는 선한 생각을 기르고 악한 생각을 제거하는 노력을 키워야 한다. 이것은 이미 주자학에서 동찰(動察)이란 공부법으로 제시된 바 있다. 그러나 동찰은 마음이 발동하는 것에만 초점을 맞추기 때문에 마음의 평안함을 얻기 어렵다. 이는 이미 주희의 호남학 비판에서 논의가 되었다.[12] 왕양명도 이러한 공부법을 제안하고 있다. 처음에는 이러한 공부를 하다가 궁극적으로는 무념무상의 경지에 이르러야 한다. 이러한 문제를 돌파하기 위해서는 좌선을 통해 자신의 내면을 깊숙이 들어가야 하고, 그 속에서 어떤 궁극적인 본체를 깨달아야 하는 것이다.

---

11) 모종삼은 원교를 최고선을 뜻하는 궁극적인 개념으로, 서양철학의 잠재적 무한이 아니라 현실적 무한의 개념으로 쓴다. 모종삼, 『중국철학특강』, 정인재, 정병석 역, 형설출판사, 1993, 342~360쪽 그러나 원교는 원래 불교에서 교판에 나오는 최고의 가르침을 뜻한다. 모종삼은 이를 최고선과 행복을 연관시켜, 칸트적인 개념으로 변용하여 쓰고 있다.

12) 조남호, 『주희 중국철학의 중심』, 태학사, 2004, 57~72쪽.

양지에 대한 이해에서도 모종삼은 왕양명의 양지는 스스로 시작이 도덕적이기 때문에 반드시 맹자에서부터 온 것이지, 불교의 종밀(宗密)과 무슨 관계가 있는가라고 반문한다. 종밀은 '지는 심의 본체다.'(知是心之本體)고 한다. 이는 양명이 지는 심의 본체라고 하는 것과 같다. 그래서 모종삼은 양명의 양지는 규봉종밀로부터 온 것이라는 주장에 대해 "사상 의리의 발전은 원래 법도와 규범을 가지고 있어, 사람들 모두 실제 얻을 수 있고, 스스로 말할 수 있으니, 어찌 타인을 빌리겠는가?"라고 하면서, 종밀의 지는 본체인 실체가 없으면서도 고요한 것(空寂)에서 나온 신령스런 지각(靈知)의 작용이라는 것이다.(156쪽) 결국 종밀의 지는 현실과 떨어진 추상적이고, 도덕적이지 않다는 것이다.

그런데 왕양명의 양지는 불교의 공적영지와 관련이 있다. 왕양명은 불교, 도교 등 삼교합일론자이다. 삼교가 궁극적으로 지향하는 점이 같다고 본 것이다. 왕양명은 불교나 도교가 강조하는 궁극적인 경지 즉 생사의 윤회를 벗어날 수 있는 지점을 주장한다. 불교에서는 영지(靈知), 도교에서는 영명(靈明), 유가에서는 양지라고 한 것이다. 모든 것은 마음의 문제이고, 그 마음에서도 가장 핵심이 지(知)라고 본 것이다. 영적인 능력 가운데 지가 그것이다. 그렇다고 그것이 완전히 불교나 도교적인 것은 아니다. 그것을 통해 유가 특히 맹자의 정신을 발휘하고자 하였다. 영적인 능력이 유가적인 도덕규범으로 나온다는 것이다. 아니 유가적인 도덕규범을 영적인 능력까지 올리는 것이다. 그러한 주체는 모종삼이 말하는 윤리적인 주체에만 한정되지 않는다. 양명학에서 이야기하는 주체는 윤리적인 주체를 넘어서 왕도를 지향하는 주체, 다시 말하자면 정치 철학적 혹은 사회 철학적인 주체를 지향한다.

모종삼은 초월적인 직관을 통해 경험적인 생각을 제어해야 한다고 하는데 이것의 구체적인 공부를 설명하고 있지 않다. 구체적으로 어떻게 해야 하는지를 설명하고 있지 않다. 생각(意)을 경험적인 층차로, 양지를 초월적인 층차로 구분해 내는 것이 모종삼의 특징이다. 의념 곧 생각을 통해 선악이 생긴다고 하는 것인데 여기서 생각을 경험적인 층차로 설명할 수 있는가 재고해 보아야 한다. 의념은 공부 중에 떠오르는 생각이다. 이 생각은 외부 경험과도 관련이 되지만, 그렇지 않은 경우도 있다. 경험을 통해 내부의 지각이나 의식이 생길 수도 있다. 그러나 왕양명은 외부 세계와의 관계 이전에 내 마음속의 문제를 중시한다. 내 마음에 떠오르는 생각이 없어야 하는 것이다. 여기서 선악의 유무를 문제 삼기보다는 내 마음의 호오를 점검해야 한다. 선과 악의 존재론적인 문제라기보다는 선을 좋아하고, 악을 미워하는 마음이 문제인 것이다. 좋아하고 미워하는 마음이 사적인 마음으로 흐르기 쉽기 때문에 그러한 생각이 없어야 하는 것이다.

모종삼은 칸트적인 도식을 가지고 설명하고 있다. 경험과 초월이라는 도식이 그것이다. 그리고 초월이라는 개념도 궁극적인 본체인 양지를 설명하는 데 의미가 있다. 선악을 초월한다는 의미이다. 이 초월적인 양지를 가지고 경험적인 생각을 제어하는 것이 모종삼이 생각하는 도식이다. 과연 양지가 초월적인 도식인가에 대해서도 논의가 되지 않는다. 모종삼은 양지가 초월적인 형식이라고 전제하고 있는 것이다.

모종삼의 경험-초월이라는 도식보다는 의식-무의식 혹은 심층의식이라는 도식이 오히려 양명학의 많은 점을 설명할 수 있다. 양지는 심층의식 속에서 있는 가치기준이라고 하는 것이 좀 더 적절하다. 물론 프로이드의 심층의식은 근원적인 욕망을 뜻하지만 양명학에서는 도덕적인 가치를 뜻하는 점에서 차이가 있다.

2) 지적 직관[13)]

모종삼은 양지를 최고의 가치기준으로 평가한다. 양지는 도덕실천의 근거일 뿐만 아니라 모든 존재의 존재론적 근거이다.(157쪽) 도덕적 형이상학이고, 서양철학의 객관 분석 및 관조적 형이상학이 아니라, 실천적 형이상학이고, 원교적 실천형이상학이다.(157쪽) 더 나아가 앞에서 본 것처럼 양지는 '도덕창조의 원리'이고, '우주 생성 변화의 원리'이고, '도덕 형이상학의 존재론적 원리'이다. 양지가 이 정도라면 거의 신적인 것에 가깝다. 양지 본체는 초월적 도덕본심이다.(157쪽)

칸트는 우리들이 지적 직관을 가질 수 없다고 하였지만, 왕양명은 양지의 밝은 지각(明覺)의 감응으로부터 이러한 지적 직관을 승인한다. 감성과 지성으로부터 보면 유한한 존재이어서, 유자는 결코 스스로를 높여서는 안 된다. 양지의 밝은 지각(명각)으로부터 보면 비록 유한하지만 무한하니, 스스로를 비천하게 보아서도 안 된다고 한다.(171쪽) 왕양명이 양지의 신명한 지각이 감응하는 것으로 대상(物)을 설명하는데 이는 도덕 실천적이고, 동시에 존재론적이다. 이것은 칸트의 현상이 아니고, 물자체이다.(159쪽) 그리고 감응은 감성주의의 접수 혹은 영향이 아니고, 심리학의 자극과 반응이 아니다. 실은 고요한 것에 즉(卽)하고, 느끼는 것에 즉하고, 신(神)이 느끼고 신이 응하는 초월적 창생적 그대로 실현하는 감응이어서, 이것은 반드시 칸트의 인류가 가지지 못하는 '지적 직관'의 감응이라고 한다.(159쪽)

그런데 칸트는 인간은 본체를 알 수 없기 때문에 본체를 알 수 있는 지

13) 모종삼의 지적 직관에 대한 비판적 논의는 김영건, 「모종삼의 도덕적 형이상학과 칸트」, 「모종삼의 지적 직관과 칸트의 심미성」, 『동양철학에 관한 분석적 비판』, 라티오, 2009.

적 직관이 없다고 한다.[14] 감성적 직관이 대상으로부터 직관하는 수동적인데 반해 지적 직관은 능동적으로 대상을 생각하면 그대로 대상을 만들어 낸다.[15] 이에 비해 모종삼은 지적 직관을 신에 귀속시킨다. 모종삼은 신과 인간을 구분하여 "만일 마음을 주체로 놓는다면 하나는 신에 속하고 하나는 인간에 속한다. 이것은 주체를 잘못 놓은 것이다. 칸트에게 인간은 결정적으로 유한한 존재이고, 무한한 마음을 가질 수 없는 것이다."[16]

칸트의 지성직관과 모종삼의 지적 직관은 차이가 있다. 전자는 반성적인 것이고, 대상에 대한 것이고, 후자는 비반성적이고, 비대상적이다. 전자는 영원히 추구하지만 얻을 수 없는 이상적인 목표를 지향하지만, 후자는 즉시 얻을 수 있는 시점이다. 전자는 비판의 심사를 통과한 나머지이고, 후자는 비판을 통하지 않고 미리 가정한 전제이다.[17]

이러한 차이에도 불구하고 모종삼이 추구하는 것은 칸트의 서양철학이 인정하지 않는 신적인 속성을 갖는 마음이 있다는 것이다. 모종삼은 신의 본질은 무한심(無限之心)이라고 한다. 인식론적인 마음은 유한한 마음이고 그것을 넘어서는 것이 무한한 마음이다. 무한한 마음은 유가의 본심 혹은 양지이고, 도가의 도심 혹은 현지(玄智)이고, 불교의 여래자성청정심(如來自性淸淨心) 혹은 반야지(般若知)이다.[18] 이러한 신적인 마음은 동양의 유불선이 모두 가지고 있다고 한다.[19]

---

14) 한자경은 초월 자아의 순수의식을 초월 철학의 출발점으로 삼고 있는 한 칸트 역시 감성적 직관과 구분되는 지적 직관을 내용적으로 이미 인정한다고 한다. 한자경, 『자아의 연구』, 서광사, 1997, 141쪽.

15) 칸트는 명시적으로 지적 직관이 상제에 속한다고 말한 적은 없다. 鄧曉望, 『儒家倫理新批判』, 중경대학출판사, 2010, 197쪽.

16) 모종삼, 『現象與物自身』, 21쪽.

17) 鄧曉望, 『유가윤리신비판』, 중경대학출판사, 2010, 209쪽.

18) 모종삼, 『圓善論』, 學生書局, 209~265쪽.

그런데 이러한 마음만 가지고 있다고 해서 즉시 신이 되는 것은 아니다. 마음을 확충해 나아가야만 하는 것이다. 공부론적으로 볼 때 비유하자면 이러한 마음은 초생달과 같아서 미약하고 큰 보름달이 되어야 한다. 보름달이 되어야만 원만하고 궁극적인 것이 된다. 이에 대한 언급을 모종삼은 생략하고 있는 것이다. 모종삼은 원만한 것을 직접적으로 선취된다고 가정하고 있다. 공부론을 무시하기 때문이다.

모종삼은 도교나 불교적 방식을 통하여 양지를 깨닫는 것을 신비주의로 설명한다. 양지를 돈오로 설명하는 것에 대해서 돈오는 어떠한 신비도 없고 다만 도덕 본성에 상응할 뿐이라고 한다. 돈오는 곧바로 사람들로 하여금 순수하게 도덕적 심체의 조금도 숨기는 것이나 왜곡하는 것 잡박한 것이 없게 하여(무조건적으로) 전부를 드러나게 하여 도덕행위의 '순수하여 그침이 없는' 것을 낳게 할 뿐이니, '물줄기가 터져서 막을 수 없는' 것이다.[20]

모종삼은 신비주의에 대한 비판적인 사고를 가지고 있다. 모종삼에 따르면 신비주의는 서양철학에서 하나의 정식 체계로 성립한 적이 없었고, 경지만 있을 뿐 독립적인 체계를 가진 적이 없다고 한다. 따라서 신비주의를 가지고 동양의 사상을 표현하기에는 문제가 있다고 본다.[21] 동양의 사상을 신비주의라고 표현하면 동양의 사상도 신비주의가 된다고 한다. 그는 맹자, 장자, 중용 등을 신비주의라고 규정한 풍우란을 타당하지 못하다고 비판한다. 그는 맹자, 장자, 중용 등의 철학사상은 신비주의가 아

---

19) 모종삼은 양명학을 오로지 불교와 관계 하에서 고찰한다. 도교는 생략하고 있다. 아마도 도교는 근대적인 학문세계로 편입되지 못하였기 때문에 그는 도교와의 영향관계를 무시하고 있는 것이다.

20) 모종삼, 『심체와 성체』 2, 상해고적출판사, 2010, 339쪽.

21) 모종삼, 『중국철학특강』, 정인재, 정병석 역, 형설출판사, 1993, 363쪽.

니라 중국적 이성이라고 주장한다.

칸트에 따르면 신비주의에서는 초월적인 세계를 직관할 수 있고, 도식(schema)을 통해 구체적으로 나타낼 수 있다고 한다. 그런데 우리는 초월적인 세계를 구상할 수 없기 때문에 직관할 수 없다고 칸트는 신비주의를 비판한다.[22] 모종삼은 이러한 칸트의 신비주의 비판을 이어받는다. 그리고 중국 철학의 개념을 도식을 통해 직관할 있는 것에 대해서 모종삼은 회의적이다. 도식을 통하지 않고서도, 모종삼은 직관할 수 있다고 주장한다. 그것이 지적 지관이다.

이러한 모종삼의 이러한 신비주의 비판은 당시 중국의 멸망을 구하려는 학문적 시도에서 나온 것이다. 중국이 멸망하리라는 예감 하에서 신비주의적인 사고를 벗어나자는 것이다. 그래서 그는 신비주의적인 사고를 중국철학에서 과감히 제거한다. 그것은 곧 중국 철학의 공부론을 제거하는 결과를 낳는 것이다. 신비주의가 주관적인 심리현상에 지나지 않고, 객관적인 실재를 설명하지 못한다는 한계를 갖는다.[23] 그렇다고 해서 성인을 지향하려고 하는 이들의 실제적인 공부를 등한시해서는 안 될 것이다.

3) 양지감함(良知坎陷)

왕양명이 말하는 양지는 항상 현성(現成)의 지식을 취한다. 마치 말하지 않아도 깨우치는 세상의 최고의 지식이 양지이다.(181쪽) 양지와 지식은 항상 바뀌고 뒤섞이면서 변별되지 않는다. 실제로는 원칙상 변별할 수 있다. 이 뜻이 명확하다면 양지 천리는 하나의 마땅히 행하고, 마땅히 하

22) 같은 책, 366쪽.

23) 林月惠, 『良知學之轉折-聶雙江與羅念庵思想之硏究』, 臺灣大學, 2005, 619쪽.

지 않아야 할 선천적 결정이다. 시비선악은 마땅히 해야 하고 마땅히 하지 말아야 할 것이고, 이 모두는 어둡지 않은 양지 천심에서 발동하기 때문에 양지의 천리라고 말한다. 항상 깨어 있어서 간격이 없는 것이 천리의 유행이다. 이 양지가 다만 천심(天心)의 영명(靈明)이기 때문에 그것은 스스로 시비선악을 알아 어떤 것을 응당해야 하고 어떤 것을 응당하지 말아야 하는 것에 대해서 선천적인 결정을 하고, 내 몸과 독자적인 주재가 된다. 후래의 왕기 나여방은 이로부터 영명(靈明)을 말했다.(182쪽)

그런데 왕기와 나여방의 영명이란 신비적인 체험 속에서 나오는 마음의 환한 지각능력이다. 지각능력은 모든 시간에 계속 나타나는 것이 아니라 한 순간의 생각(一念)으로 나타난다. 그 순간에 드러나는 것이 본래적인 것이다. 그 본래적인 것이 드러나는 것은 오랜 동안 도교나 불교처럼 내면에 집중해서 얻어지는 것이 아니라 본체를 깨닫기만 하면 되는 것이다. 그 깨달음의 현재성을 인정하는 것이 현성양지이다.

그런데 그 순간순간은 끊어지기 마련이기 때문에 연속적으로 천리가 유행되도록 해야 하는 것이다. 양지가 모든 경우에 즉시 드러난다(現成)고 하는 것은 성인이나 가능한 경지인 것이다. 모종삼은 현성양지를 너무 쉽게 생각하고 있는 것이다. 그리고 현성양지는 세상에 대한 깨달음을 갖는 것이다. 이것을 모종삼은 오로지 도덕적인 능력에만 한정하여 설명하고 있다. 그리고 지식(知識)이라고 하는 것은 감각기관을 통해서 얻는 것이다. 다른 말로 지각(知覺)이라고 한다. 지식이나 지각 모두 잡다한 앎이기 때문에 궁극적인 기준이 되는 양지는 차이가 있다. 모종삼은 이것을 경험적으로 얻는 지식으로 간주하고 있다. 이는 장재(張載)의 표현대로 덕성지지(德性之知)와 견문지지(見聞之知)의 차이로 설명될 수 있다. 양명학에서 보자면 주자학은 덕성지지는 추구하지 않고, 견문지지만을 추구하는 것이다. 그래서 양명학에서는 견문지지를 인정하지 않는 것이다. 양지와 지각의 관계에 대해서는 양명학에서 많은 논의가 있지만, 양지와 지각은 분리되지 않고, 양지에 근거하지 않는 지각은 문제가 있다고 하는 것이다.

그런데 모종삼은 치양지의 치(致)란 글자는 행위의 수양공부의 집중을 표시할 뿐만 아니라, 지식을 가지고 보충해야 함을 표시한다고 한다.(176쪽) 더 나아가서 양지는 자신을 전환 혹은 부정(坎陷)하여 대상을 이해하고 주재해야 한다고 한다.(177쪽)[24] 그런데 이러한 사고는 논리적으로 모순이 된다. 현성양지는 깨달음을 통해 양지를 현실에 실천하면 되는 것인데 반해, 양지만 가지고 안 되고 지식을 보충해야 한다는 것은 양지의 절대성에 흠이 간다. 지식을 인정하는 사고로 나아가는 것이다. 그리고 자신을 전환 혹은 부정하여 대상을 알고 주재한다는 것은 지식을 융섭한다는 의미도 되지만, 전환 혹은 부정에 초점을 맞추면 이것은 양지감합론과 연관이 된다. 모종삼은 높은 수준의 도덕이성(內聖)이 자신을 전환하여(坎陷) 현대의 민주주의와 과학의 이론 이성으로 전환되어야 한다고 한다.(外王) 덕성주체에서 지성주체로 전환하는 것이다. 모종삼의 양지감합론은 민주나 자연과학이라는 당시 중국의 문제를 해결하고자 한 데서 나온 것이다.

3. 양명후학

1) 정통성문제

---

24) 劉述先은 양명의 치양지학이 경험지식 이외의 한 층차이고, 경험지식과 충돌을 일으키지 않는다고 한다. 劉述先, 『理一分殊』, 上海文藝出版社, 2000, 119쪽.

모종삼은 양명후학을 세 파로 나누어 설명한다. 하나는 절중파(浙中派), 둘은 태주파(泰州派), 셋은 강우파(江右派)다. 그는 여기서 의리계통에 따라 나눈 것이 아니라 지역에 따라 구분한다. 절중파는 왕용계를 주로 하고, 태주파는 나여방을 주로 하고, 강우파는 섭표와 나홍선을 주로 한다.(188쪽) 이러한 구분은 황종희가 양명후학을 여덟 파로 나눈 것과 대조가 된다. 황종희는 지역별로 학파를 구분하였다. 황종희는 절중(浙中), 강우(江右), 남중(南中), 초중(楚中), 북방(北方), 오민(粤閩) 등 여섯 가지로 나누고 있다. 이러한 분류를 현대적 개념에 따라 분류한 것이 강전무언(岡前武彦)이다. 강전무언은 양지현성파(良知現成派), 양지수증파(良知修證派), 양지귀적파(良知歸寂派)로 분류한다. 강전무언은 양지가 그대로 현성설(現成說)을 제창한 자로 왕기(王畿)와 왕간(王艮)을 들고 있는데 이를 좌파(左派)이자 현성파(現成派)라고 한다. 그리고 양지귀적설(良知歸寂說)을 제창한 자는 섭표와 나홍선을 들고 있는데 이를 우파(右派) 또는 귀적파(歸寂派)라고 한다. 그리고 양지수증설(良知修證說)을 제창한 자로 추수익과 구양덕을 들고 있는데 이를 정통파 또는 수증파(修證派)라고 한다.[25] 그런데 이러한 삼 파 분류는 현대의 학자들에 의해 이의가 제기되었다. 수중파의 사상은 이미 왕기나 왕간에 의해 제시되고 있고, 현성 양지도 수증파가 주장하고 있다.[26] 내용적으로 양명후학을 구분하는 것이 쉽지 않다.

황종희는 양명후학 가운데 강우학파를 중심으로 놓고 있다.

"왕양명의 학문은 오직 강우만이 전해지는 것을 얻었는데, 추수익(鄒守益),

25) 岡前武彦, 『王陽明과 明末의 儒學』, 明德出版社, 1970.

26) 林月惠, 『良知學之轉折-聶雙江與羅念庵思想之硏究』, 臺灣大學, 2005.

나홍선(羅洪先), 유문민(劉文敏), 섭표(葉豹)가 뛰어났다. 다시 전해져 왕시괴(王時槐), 만정언(萬廷言)이 되니 모두 왕양명이 다 밝히지 못한 뜻을 근원에서 추하였으니, 이것은 월 지역의 유폐와 어긋나게 행동이 스승의 학설을 끼고서 학자의 입을 막았지만, 강우학파만이 오직 그것을 타파하여, 양명의 길이 그에 힘입어 추락하지 않게 되었다. 대개 양명의 한평생 정신은 모두 강우에 있으니 또한 감응하는 리가 마땅하다."[27]

황종희가 강우학파를 양명학의 적통이라고 평가하는 것은 태주학파 비판과 상관이 있다. 태주학파의 법도에 벗어난 행동(狂禪)은 명의 멸망을 가져왔고, 그것을 시정하기 위해서는 고요함을 추구하는 강우학파가 필요하다는 것이다.

모종삼은 강우학파에 대한 황종희의 평가를 직접적으로 비판한다. 그가 보기에 강우학파의 인물은 매우 많지만 독특한 통일적인 품격이 없다. 강우학파의 통일적인 이론이 없다는 것이다. 추수익, 구양덕, 진구천(陳九川)은 모두 양명의 제자이지만, 스승의 학설을 대체로 지키고 넘지 않았다. 추수익이 가장 순정하니, 마치 절중의 전덕홍과 같다. 황홍강(黃弘强), 유문민, 유방채(劉邦采)는 섭표와 나홍선의 영향을 받았으나, 스승의 학설을 지킬 수 없었고, 담을 넘어서지 않았다. 섭표와 나홍선은 강우학파 가운데 먼저 논란의 발단을 발동한 자이기 때문에 강우를 언급하는 자는 모두 이 두 사람을 주목한다. 그러나 이 두 사람은 양명문하에 이르러 직접 가르침을 받은 자가 아니다. 섭표는 양명이 죽은 뒤 스스로 신위를 설치하여 제자로 칭하고, 나홍선은 양명을 본 적이 없고, 양명이 죽은 뒤

27) 『명유학안』, 권16. "江右王門學案 姚江之學, 惟江右爲得其傳, 東廓, 念菴, 兩峰, 雙江其選也. 再傳而爲塘南, 思默, 皆能推原陽明未盡之旨, 是時越中流弊錯出, 挾師說以杜學者之口, 而江右獨能破之, 陽明之道賴以不墜. 蓋陽明一生精神, 俱在江右, 亦其感應之理宜也."

「양명연보」를 교정하고 스스로 후학이라고 칭하였지만, 문인이라고 칭하지 않았다.(211~212쪽)

모종삼은 황종희가 "월지역의 유폐와 어긋나게 행동아 스승의 학설을 끼고서 학자의 입을 막았지만, 강우학파만이 오직 그것을 타파하여, 양명의 길이 그에 힘입어 추락하지 않게 되었다."라고 하는 이 총체적인 평가에 대해서 동의하지 않는다. 추수익과 유문민이 양명의 전수를 얻었다고 말하면 괜찮지만, 섭표 나홍선도 그 전수를 얻었다고 말하면 잘못이다. 그들이 유독 월중(越中)의 시끄러움을 타파할 수 있었다는 것도 잘못이다. 그는 섭표 나홍선이 불만의 대상은 주로 왕기(王畿)라고 보았다. 왕기는 바탕이 고상하고 남보다 영민하여 기세가 왕성하여 남을 무시하는 곳이 없을 수 없었다. 설사 기세가 왕성하여 남을 무시하는 곳이 없더라도, 동문들은 모두 복종할 필요가 없지만, 어찌 나홍선과 섭표가 양명문하에 미치지 못하면서, 제일 먼저 이의를 제기할 수 있는가? 이것은 세속인의 감정으로 사람을 헤아린 것이라고 한다.(212쪽) 그렇다고 해서 모종삼은 섭표를 양명학에서 제외하지 않는다. 섭표가 주희의 관념을 인습적으로 썼지만, 주희의 길로 가지 않았다고 그는 평가한다.(254쪽)

반면에 모종삼은 왕기를 높게 평가하였다. 그는 왕기를 왕양명의 적통이라고 보았다. 왕기의 영민함은 근거가 없는 것이 아니고, 그는 대체적으로 양명의 규범을 지키고 발휘하였다. 다만 제멋대로 하고 벗어나는 점(蕩越)과 소홀하여 명료하지 않은 곳을 제거하면, 그가 말하는 대체는 양명이 본래 가지고 있는 것이라고 한다. 그는 당시 양명학파 누구보다도 양명의 뜻에 정통하였고, 양명의 모든 주장에 대해 그는 준수하고 넘어서지 않고, 달리 새로운 주장을 세우지 않았다. 그는 오로지 양명을 오로지 주장하고 다른 것을 섞지 않았다고 한다.(200쪽)

모종삼이 왕기를 높이고 섭표를 낮춘 것은 철학사적으로 의의가 있다.

그러나 섭표도 학문적으로 정당하게 평가해야 할 것이다. 오로지 왕기의 입장에서 섭표를 비판하는 것은 문제가 있다.[28)]

2) 귀적

모종삼은 귀적파 특히 섭표를 비판하는 데 상당한 분량을 할애한다. 왕기와 섭표의 편지(致知意辨)를 상세하게 분석하고 있다. 이 부분이 양명학의 정통성을 다루는 부분이라고서 중시하였던 것이다.

모종삼은 양지를 최고의 기준으로 삼고, 그것이 즉시 현실로 드러난다고 주장한다. 본체가 곧 공부라고 주장하는 것이다. 그래서 본체와 공부를 나누는 것에 대해서 비판적이다. 이러한 예로 섭표와 나홍선을 들고 있다.

> "양지는 본래 고요하지만, 사물에 감응하여 지각이 있다. 마음이 발동하는 것을 알고, 지각이 발동하는 것을 양지로 생각해서 발동하는 근거를 잃어버려서는 안 된다. 마음은 안을 주로 하고 밖에 응한 뒤에 밖이 있는 것이다. 그림자를 밖으로 하는 것은 밖으로 응하는 것을 마음으로 하고 나서 마음을 밖에서 구해서는 안 된다. 그러므로 배우는 자는 도를 구하는데 안의 고요함을 주로 하는 것으로부터 구하고, 마음을 고요하게 하고 항상 안정되게 한다."[29)]

섭표와 나홍선은 양지를 이발과 미발로 나누어, 선을 알고 악을 아는

28) 왕양명은 귀적파나 현성파 모두를 인정하고 있다. 『王文成公全書』, 卷37, 「訃告同門文」. "前年秋, 夫子將有廣行, 寬(錢德洪), 畿(王畿)各以所見未一, 俱遠離之無證也, 因夜侍天泉橋而請質焉, 夫子兩是之, 且進之以相益之義. 冬初(十月)追送嚴灘, 請益, 夫子又爲究極之說."

(知善知惡)의 양지는 이발(已發)의 양지로, 의지하기에 부족하고, 반드시 마음을 비우고 고요한 상태를 유지하는(致虛守寂) 공부를 통과해야 미발의 고요한 본체(寂體)에 도달해야, 참된 양지라고 한다. 이 미발의 본체가 핵심을 얻어서 참되고 순수하게 기르면 스스로 발동하여 중절(中節)하지 않음이 없다는 것이다.(212쪽) 이것은 미발의 고요한 본체의 양지가 이발의 양지를 주재하고, 이른바 치지는 마음을 비우고 고요한 상태를 유지하여(致虛歸寂) 고요한 본체의 양지를 실현하여 주재로 삼는 것이다.(213쪽)

섭표와 나홍선은 본체를 깨닫기 위해서는 고요한 상태를 유지하는 구체적인 공부로 폐관(閉關)을 주장한다. 폐관이란 도교에서 감각기관의 작동을 멈추고 내면에 집중하는 것을 말한다. 내면에 집중하는 것을 궁극적으로 여긴다면 이것은 깨달음이란 목표를 설정하려는 방편에 지나지 않고, 또한 그것을 즉시 깨달음을 대상으로 놓으려는 사고에 지나지 않게 된다. "그들은 귀적(歸寂)을 주장하니, 곧 폐관귀적하여 미발의 고요한 본체로 돌아가는 것이다. 나홍선 또한 폐관삼년하여 이른바 '마른 나무같이 한번 적막하니, 모든 것이 물러나고, 천리가 밝았다.' 이다. 이것은 권법이다. 이것은 다만 양지자체를 묵식하는 것이다. 왕기가 말하는 "기다림을 면치 못한다."고 한 것이다. 만일 한번 기다리고자 하였으면, 기다리는 것도 불가한 것이 아니다. 이것을 가지고 양명의 의미에 영향을 주어서는 안 된다. 섭표 나홍선이 귀적을 주장하는 것이 양명의 의미를 해석하면 안 된다."(225쪽)

모종삼이 보기에 귀적은 내면적으로 볼 때 이것은 곧 깨달음을 대상화

---

29) 『명유학안』, 권17. "江右王門學案二 貞襄聶雙江先生豹 良知本寂, 感於物而後有知. 知其發也, 不可遂以知發爲良知, 而忘其發之所自也. 心主乎內, 應於外, 而後有外.外其影也, 不可以其外應者爲心, 而遂求心於外也. 故學者求道, 自其主乎內之寂然者求之, 使之寂而常定."

하려는 태도를 벗어나지 못한다. 그리고 자신의 주관적인 생각(光景)에 지나지 않는다. 그것은 고요한 본체의 밝음이라고 하는데 개념 즉 관념에 지나지 않는다. 그것은 하늘의 밝음(天明)이 아니다.

외면적으로 볼 때도 문제가 있다. 귀적파의 깨달음을 현실에 적용하는 데서도 문제가 생긴다. 이러한 깨달음은 스스로 발동하여 절도에 맞는다고 하는 데 문제점이 있다. 『중용』에서 희노애락이 아직 발동하지 않은 것과 발동한 것을 구분하는데 이것은 대상과 관계해서 나오는 격발의 의미가 있고, 양지는 발동은 스스로 드러나느냐 드러나지 않느냐의 문제인 것이다.(214쪽) 귀적파는 발(發)과 미발(未發)을 쓰는데 반해서, 현성파는 드러남과 드러나지 않음, 현현이라고 한다. 귀적파는 점교인데 반해 현성파는 원교이다. 이러한 차이가 공부에서 드러난다는 것이다. 그리고 모든 것이 물러나고 고요한 것으로 돌아간 다음에 나와서 사물에 응하는 것은 생각의 사사로움과 사욕과 기질의 잡됨을 면할 수 없고, 양지천리가 계속되지 못한다.(220쪽) 그리고 깨달음은 구체적이지 못하고 추상적이다. 구체적이고자 한다면 현실에서 드러나야 한다. 현실에서는 수없이 고생하게 마련이다.(226쪽) 바깥 대상과 관계하는 데 있어서 정말로 저절로 비출 수 없고, 제대로 일을 처리할 수 없는 경우가 많다.(236쪽)

모종삼은 귀적파의 철학이 이통(李侗)의 '미발기상체인'(未發氣象體認)과 같다고 하는 평가에 대해서, 동의하지 않는다. 이통의 '미발기상체인'은 고요한 본체 혹은 양지의 참된 본체를 체인하는 관문을 통과하는 것이고 한번 알면 모든 것을 아는 것이 가능한 것인데 반해, 귀적은 추상적으로 지의 본체 자체를 단순하게 드러낸 것에 불과하고, 순조롭게 관철시키는 것을 드러내지 않는다.(220쪽) 그리고 모종삼은 귀적파가 양명후학의 주된 흐름과도 같지 않다고 주장한다. 양명이 양지를 깨닫고 치양지를 제출한 뒤, 그 후학의 공부는 모두 양지를 유지(保任)하고 지키기 위한 것이다. 양지를 유지하고 지키는 것을 치(致)라고 하기 때문에 공부는 모두 이로부터 최소한도 발걸음을 시작했다고 한다. 추수익의 "경에서 힘을 얻는다."(得力于敬)는 계신공구를 주로 하고, 전덕홍의 "움직임에서 움직이지 않는다."(無動于動), 계본은 용척(龍惕)을 주로하고, 자연을 주로하지 않았으니, 모두 양지를 유지시켜서 항상 드러나게 하였다는 것이다.(220쪽)

모종삼은 귀적파가 고요한 본체로 돌아가는 것을 치지(致知)라고 하는 것은 사물의 감응과 관련하는 왕양명의 치지와 다르다고 한다. 그래서 모종삼은 귀적파의 치지는 왕양명의 치지의 단계가 아니라 전단계라고 주장한다. 그리고 그들이 격물을 인정하지 않는 것도 이러한 까닭이라고 한다. 격물은 사물과 관련을 맺는데 맺지 않는다면 격물공부를 인정하지 않게 되는 것이다.

모종삼은 왕기를 인정하고, 섭표 나홍선을 비판한다. 기준은 왕양명의 치양지 이론이다. 왕양명의 치양지론은 양지가 그대로 드러남을 인정하는 것이다. 그것 이외의 것은 왕양명의 이론이 아닌 것이다.[30] 그런데 왕양명의 치양지론은 앞에서도 본 것처럼 깨달음과 그것의 실현에 있다. 그런데 모종삼은 실현 쪽에만 중점을 둔다. 깨달기 위한 점진적인 공부에는 전혀 관심이 없다. 물론 왕기는 고요함을 유지하려는 귀적 공부에 대해서는 비판적이다. 그러면서도 왕기는 점진적인 귀적 공부의 필요성을 인정하고 있다.[31] 귀적파가 귀적 공부를 통해 중시하려는 점은 궁극적인 것을 얻고자 하는 것이다. 폐관을 통해 깊은 본성으로 나아가고자 하는 것이다. 귀적파에서 볼 때 왕기의 현성 양지는 깊은 층차로 가지 못하고 있는 것이다. 강우학파에서 왕시괴가 나오는 것은 그 때문이다. 왕시괴는 양지

---

30) 임월혜는 귀적파를 왕양명에서 진헌장으로 전향하였다고 한다. 林月惠, 『良知學之轉折轉折-聶雙江與羅念庵思想之硏究』, 581쪽. 그러나 진헌장은 귀적파보다는 현상파 쪽에 가깝다.

를 넘어서 투성(透性)공부를 주장한다. 투성공부란 환히 비추는 마음에서 더 나아가 그것을 움직이는 근거로서의 본성을 깨닫는 것이다. 이러한 논의에 대해 모종삼은 양지(心體)위에 또다시 성체(性體)를 놓는 것이라고 비판한다. 모종삼은 성체와 심체의 관계를 이는 알지 못하고 양지 만능주의로 나아가고 있는 것이다.[32] 그러기 때문에 모종삼이 귀적을 왕양명의 초기학설이라고 비판하고 있는데 이것은 적절하지 않다.

3) 타파광경(打破光景)

모종삼은 나여방을 세 가지로 평가한다. 하나는 태주학파의 전통적인 품격을 가진 것이고, 둘은 광경의 타파를 중시하였고, 셋은 인으로 종지를 귀결시켜 지체와 인체를 완전히 하나로 하여, 생성변화와 만물일체를 말하였다. 양명후학에 왕학의 풍격을 완성한 자는 이계(二溪) 왕기와 나여방이라고 한다.(204쪽)

나여방을 모종삼은 중시한다. 왜냐하면 그가 광경을 타파하자고 주장했기 때문이다. 이것이 왕기와 함께 일컫는 이유라고 한다. 왕기는 호가 용계(龍溪)이고, 나여방은 호가 근계(近溪)이다. 두 사람은 양명후학에서 이계라고 불리운다. 광경이 무엇이길래 모종삼은 이렇게 중시하는가?

왕양명은 양지 본체는 현재에 나타난 감응의 시비의 결정처에서 드러난다고 한다. 이것이 즉시 깨닫는 것(當下卽是)이다. 모종삼은 여기서 추상적 광경에 머무르지 말라고 한다.(157쪽)

---

31) 임월혜에 따르면 왕기, 황홍강, 구양덕은 모두 귀적공부를 인정하고 있다. 林月惠, 『良知學之轉折轉折-聶雙江與羅念庵思想之硏究』, 456쪽. 이러한 공부를 인정하는 것은 임시방편(權敎)이지, 근본 핵심(實敎)은 아니다.

32) 모종삼, 『從陸象山到劉蕺山』, 상해고적출판사, 295~313쪽.

황종희는 나여방을 다음과 같이 평가한다.

“선생의 학문은 어린아이 양심이 배우지 않고 생각하지 않는 것을 목표로 한다. 천지만물이 본체를 같이하고, 육체를 관철하고, 나와 남을 잊는 것을 큰 것으로 여긴다. 이 리는 낳고 낳아 쉼이 없고, 억지로 잡아서도 안 되고, 억지로 지속시켜서도 안 되고, 즉시 전체적으로 뒤섞어서 상황에 맞게 적용한다. 공부는 목표에 도달하기가 쉽지 않아, 목표에 도달할 필요가 없는 것을 공부로 삼아야 한다. 가슴속이 넓어 주변에 닿지 않고, 주변에 의지하지 않는 것을 가슴속이라고 여긴다. 배의 줄을 놓아 바람 부는 대로 노를 맡기니 옳고 그름이 없다. 배우는 사람이 살피지 않으니, 망령되이 고요하고 맑은 것을 마음의 본체로 여긴다. 흉경막에 막히고, 광경에 집착하고, 이것은 귀신의 살아나는 곳이고, 하늘의 밝음이 아니다. …… 비록 본래부터 알지 못하는 사람이더라도, 갑자기 그 마음을 밝게 하면 진리가 눈앞에 있다. 한번 송명리학의 얄팍한 지식체계의 기풍을 씻어 버리고, 즉시 실현시켰으니, 선생과 같은 사람이 없다.”[33]

황종희는 나여방을 “송명리학의 얄팍한 지식체계의 기풍을 씻어 버리고, 즉시 실현시켰으니, 선생과 같은 사람이 없다.”고 한다. 모종삼은 이러한 평가를 그대로 이어받는다. 송명리학의 얄팍한 지식체계란 개념분석이다. 모종삼에 의하면 양명학은 천(天), 도(道), 리(理), 성(性)은 모두 허설(虛說)이고, 본심만이 실설(實說)이다. 본심도 허설이고, 양지만이 실

33) 『명유학안』, 卷34. “泰州學案三 參政羅近溪先生汝芳 先生之學, 以赤子良心, 不學不慮爲的, 以天地萬物同體, 徹形骸, 忘物我爲大. 此理生生不息, 不須把持, 不須接續, 當下渾淪順適. 工夫難得湊泊, 卽以不屑湊泊爲工夫, 胸次茫無畔岸, 便以不依畔岸爲胸次, 解纜放船, 順風張棹, 無之非是. 學人不省, 妄以澄然湛然爲心之本體, 沉滯胸膈, 留戀景光, 是爲鬼窟活計, 非天明也. …… 雖素不識學之人, 俄頃之間, 能令其心地開明, 道在現前. 一洗理學膚淺套括之氣, 當下便有受用, 顧未有如先生者也.”

설이다.(206쪽) 송명 대 유학자들은 천, 도, 리, 성 등의 개념 분석에 치중하여 그것을 대상화시켰다. 북송부터 시작해 발전하여 왕양명에 이르러 분석이 이미 끝에 이르렀다. 그러한 대상화는 양지의 그림자에 불과한 것이다. 이것을 양지로 이해하면 큰 오해이다.(207쪽) 이는 이론적인 분석을 통해서 알 수 있는 것이 아니다.

모종삼은 다른 학자들은 대부분 의리를 해석하여 도덕적인 기준을 세우는 데 중점을 두어, 마음으로 이 해석을 받아들인 데 머물러 광경의 문제를 바로 바라볼 겨를이 없었다고 한다. 나여방만이 이 문제를 직접적으로 제기한 것이다. 그래서 개념분석의 문제점과 대상화를 광경으로 보고 그것을 타파해야 한다고 한 것은 역사의 발전의 필연이고, 나여방도 이 필연을 받아들인 것이다.(206쪽)

모종삼은 나여방의 "즉시 전체적으로 뒤섞어서 상황에 맞게 적용하고", "공부는 목표에 도달하기가 쉽지 않다. 목표에 도달할 필요가 없는 것을 공부로 삼아야 한다."[34]는 경지를 높게 평가하고 이것은 타파광경한 이후라고 한다. 이는 무공부(無工夫)의 자태가 없는 것이 드러나야지, 정말로 공부를 필요로 하지 않는 것은 아니다. 이것은 하나의 절대적인 공부이고, 모순적인 공부라고 한다.(206쪽)

모종삼은 일체의 분석적인 강설 예를 들면 정심, 성의, 치지, 격물의 층층 관계를 해설하면 모두 도덕적인 기준을 세우고, 실천할 궤도를 세우는 것이지만, 진정으로 하면 분석 없는 궤도라고 말할 수 있고, 공부 없는 공부로 나아가야 하니, 모순적인 공부이다고까지 한다.(207쪽)

---

34) 『명유학안』, 권34. "工夫難得湊泊, 卽以不屑湊泊爲工夫" 원래 이 말은 나여방의 『명도록』에 나온다. "汝若果然有大襟期, 有大氣力, 又有大大識見, 就此安心樂意而居天下之廣居, 明目張膽而行天下之達道.工夫難得湊泊, 卽以不屑湊泊爲工夫, 胸次茫無畔岸, 便以不依畔岸爲胸次.解纜放船, 順風張棹, 則巨浸汪洋縱橫任我, 豈不一大快事也耶?"

그리하여 모종삼은 나여방은 앞에 있는 것을 씻어 버리고 높은 수준을 가지고(淸新俊逸) 한다고 평가하고, 나여방을 리학가라고 옹호한다.(211쪽) 이는 황종희가 나여방을 선종이라고 하고 규정하는 것에 대한 비판이기도 하다.[35] 그는 또한 왕기는 텅 비고 현묘하면서 방탕하다로 오인되고, 나여방은 정식에 빠져 제멋대로라고 오인된다고 하고, 이것은 사람의 병이지 법(존재)의 병은 아니라고 한다. 이러한 사람의 병에 대해서는 의리의 경계를 분명히 하고, 둘째는 정말로 공부 없는 공부를 해야 한다.(211쪽)

그런데 이러한 타파광경을 불교적으로 이해하려는 사고도 있다. 고청미(古淸美)는 나여방이 불교의 영향을 받았다고 한다. 불교에서는 그릇된 마음이 일어나고 없어지는 것을 광경이라고 보고, 참된 마음에 의해서 그릇된 생각을 타파해야 한다고 한다. 이에 나여방은 심의 본체인 양지를 깨달아 참된 생각과 그릇된 생각을 구별해 나아가야 한다고 한다.[36] 이러한 사고는 모종삼의 이해보다 한 걸음 더 나아간 것이다. 사실 모종삼은 광경을 자기 식대로 이해하고 있는 것이다. 광경은 정좌하여 자신의 내면을 들여다보는 경우에 나타나는 증상 중의 하나이다. 자신의 깊은 내면세계로 들어가는 공부를 하다 보면 그 속에서 어떤 것이 떠오르게 되고, 그것이 진리라고 생각하는 경우가 있게 마련이다. 그 경우도 넘어서야 하는데, 그것이 옳다고 고집하는 경우에 광경이 되는 것이다. 이것은 망상이 되는 것이다. 이 망상과 양지 혹은 진심을 구별하는 것이 양명학과 불교다. 광경타파는 중요한 공부이긴 하지만, 그것이 궁극적인 차원은 아니

35) 『명유학안』, 卷34. "泰州學案三 參政羅近溪先生汝芳 然所謂渾淪順適者, 正是佛法一切現成, 所謂鬼窟活計者, 亦是寂子速道, 莫入陰界之呵, 不落義理, 不落想像, 先生眞得祖師禪之精者."

36) 古淸美는 나여방의 타파광경이 불교의 『원각경』, 『능엄경』과 관련이 있음을 주장한다. 고청미, 「'羅近溪' 打破光景' 義之疏釋及其與佛敎思想之交涉」, 『佛敎的思想與文化』, 219~232쪽.

다. 광경타파는 끊임없이 부정해 나가는 과정인 것이다. 모종삼은 이를 '목표에 도달하지 않는 것을 공부로 삼아야 한다.' 라는 말을 인용하는 것이 이 뜻이다. 선종에서는 이러한 상태를 '완롱정혼'(玩弄精魂)이라고 한다. 본성을 깨닫는 것이 아니라 낮은 차원의 의식작용을 진실로 알게 된다는 것이다. 선종에서도 본성을 깨달아 끊임없이 광경을 타파하는 것을 중요시하지만, 모든 것을 부정하는 것이 중요하다. 고청미는 이러한 것을 이해하지 못하고 나여방에서 타파광경이 중요한 철학적 논제라는 모종삼의 틀을 답습하고 있는 것이다.

그리고 오히려 나여방에게서 인의 본체를 체득하려는 공부는 중요하다. 나여방은 50세 때 영국부(寧國府)에서 왕기를 초청하여 만물일체지인(萬物一體之仁)을 듣고, 다음해 영제궁(靈濟宮) 학술대회에서 그것을 강의하여 호평을 받는다.[37] 오히려 모종삼은 나여방이 만물일체지인의 핵심을 얻지 못했다고 주장하지만(207쪽) 구체적으로는 설명하지 않는다.

4. 양명학의 공부론

왕양명의 양지는 단순히 유학적인 사고에서 얻은 것이 아니라 불교나 도교의 수련방법을 차용하였다.[38] 왕양명은 먼저 폐관정좌(閉關靜坐)하는 공부를 학생들에게 강조하였다. 단순한 지적인 이해가 아니라 도교 식의 좀 더 근원적인 내면공부를 주장한 것이다. 왕양명은 고요한 한가운데 자신의 몸을 안으로 비추니 수정궁과 같았다고 한다. 자신의 몸과 마음을 환히 들여다보았다는 것이다. 정신을 응결하여 닭이 알을 품고 있듯이,

37) 이경룡, 「나여방사상연구」, 대만대박사학위논문, 1998, 38~43쪽.

용이 여의주를 기르듯이, 여자가 아이를 배고 있듯이 정신이 항상 깨어 있어야 한다는 것이다.[39] 그래야만 정신이 무오류적인 인식을 할 수 있다는 것이다. 이러한 공부 방법은 왕기, 왕간, 안균, 나여방에게로 전승되었다. 양명후학의 주된 이론가들이 이러한 공부 방법을 채택했다는 것은 양명학의 종지라고 할 만하다.[40]

그러나 이러한 공부 방법은 정적주의에 빠지기 쉽기 때문에 왕양명은 '성찰과 극치' 공부를 제시한다. 그것은 '천리를 보존하고 인욕을 제거하는 방법'으로 마음이 발동한 상태에서 그 싹을 살피어, 제거하는 방식이다. 마음이 천리인가 인욕인가를 항상 관찰하는 것이 필요하다. 이는 주자학적인 사고와 다르지 않은 점이다. 이것을 쉽게 푼 것이 치양지론이다. 누구나 양지를 가지고 있고, 그것을 각자의 역할에 맡겨 실현시켜야 한다고 한다. 내면적인 체험 속에서 양지가 주체가 되어야 한다는 것이다. 그것이 곧 유가를 표방하는 이유가 된다.[41]

불교에서 지각은 눈, 귀, 코, 혀, 몸, 등의 감각기관이 대상과 관계해서 느끼는 것(覺)과 제육식인 앞의 다섯 가지를 분별하는 작용(知)을 가리킨다. 여기서 분별하는 작용은 이성적인 판단을 의미한다. 불교는 이성적인 작용의 근원에는 심층의식이 있고 그 의식의 배후에는 참된 의식이 있다고 한다. 그 참된 의식 자체도 실체가 없음을 깨달아야 참된 지혜에 도달

---

38) 최근에 양명학과 불교 도교의 연관관계를 살피는 연구들이 나오고 있지만, 총체적인 비교보다는 단순한 개념상의 비교에 그치고 있다. 劉聰, 『陽明學與佛道關係硏究』, 巴蜀書社, 2009; 陳永革, 『陽明學派與晩明佛教』, 人民大學出版社, 2009; 朱曉鵬, 『王陽明與道家道教』, 人民大學出版社 2009 등이 대표적인 연구들이다.

39) 『王畿集』, 권2. "滁陽會語 精神意思, 凝聚融結, 如雞覆卵, 如龍養珠, 如女子懷胎."

40) 이상훈은 오히려 이러한 공부들이 양명학의 보편성에서 벗어난 특수한 것이라고 주장한다. 그러나 이러한 주장은 재검토할 필요가 있다. 이상훈, 「양명후학의 양명학의 보편성과 특수성」, 『대동철학』, 57집, 2011, 154쪽.

41) 왕양명의 공부과정의 전환에 대한 논의는 『王畿集』, 권2, 滁陽會語에 나온다.

할 수 있다.(轉識成智)

양명학에서는 의식의 배후의 단계를 불교나 도교의 방법을 써서 직접적으로 깨닫는 것을 주장한다. 그것은 곧 제육식의 기능이 멈추고 칠식이나 팔식의 기능이 작동하는 것과 같다. 이성적인 기능은 오히려 궁극적인 차원으로 가는 것을 방해한다. 그것이 정지해야만 마음속 깊은 층차로 내려갈 수 있다는 것이다. 이성의 기능에서 중요한 것이 분별하는 작용이다. 옳고 그름을 따지고 계산하는 작용이다. 또한 이러한 기능은 자아의 분열된 모습을 초래한다. 이러한 일상적 자아의 모습을 넘어서야 진정한 내면의 자아를 만날 수 있다는 것이다. 왕양명이나 양명후학에서 강조하는 것이 "어떠한 사고작용도 없는 것"(何思何慮)[42]이나 "사고작용이 없이 상제의 법칙을 따른다."(不知不識 順帝之則)[43]를 자주 인용하는 것은 그 때문이다. 그것이 곧 미발에 대한 체인이다. 양명학에서는 미발에 대한 직접적인 체인을 강조한다. 양명학에서 미발은 주자학적인 의미에서 의식이 작동하는 정도가 아니라, 심층 의식을 뜻한다.

왕양명의 양지를 가지고서는 양명후학을 전개 과정을 제대로 설명할 수 없다. 양명학 이외에 진헌장이나 담약수, 그리고 도교와 불교를 아울

42) 『전습록』. "一日, 論爲學工夫. 先生曰:「教人爲學, 不可執一偏: 初學時心猿意馬, 拴縛不定, 其所思慮多是人欲一邊, 故且教之靜坐, 息思慮. 久之, 俟其心意稍定, 只懸空靜守如槁木死灰, 亦無用, 須教他省察克治. 省察克治之功, 則無時而可間, 如去盜賊, 須有個掃除廓淸之意. 無事時將好色好貨好名等私逐一追究, 搜尋出來, 定要拔去病根, 永不復起, 方始爲快. 常如貓之捕鼠, 一眼看著, 一耳聽著, 才有一念萌動, 卽與克去, 斬釘截鐵, 不可姑容與他方便, 不可窩藏, 不可放他出路, 方是眞實用功, 方能掃除廓淸. 到得無私可克, 自有端拱時在. 雖曰何思何慮, 非初學時事. 初學必須思省察克治, 卽是思誠, 只思一個天理. 到得天理純全, 便是何思何慮矣.」"

43) 『나근계선생어록휘집』. "羅子曰:「若天則, 可以見而求, 可以問而得, 則言語耳目, 各各用事, 群龍皆有首矣. 寧不愈求而愈不可得也耶? 蓋易之象, 原出自文王.詩之頌文王者, 必曰: 不識不知, 順帝之則」"

러 고려해야 한다. 그중에서도 특히 도교가 중요하다. 진헌장은 불교와 도교에 맞서 유학의 종지를 옹호하고자 했다. 이는 삶과 죽음의 문제를 해결하기 위해서는 윤회를 초월해야 하고 그것을 신리(神理)에서 찾았다. 그것은 도교적 냄새가 많이 나서 왕양명은 양지로 대체하고자 하였다. 그러나 양지의 내용도 도교의 정기신(精氣神)을 근간으로 한 것에 지나지 않는다. 왕기는 신리가 도교적인 원신(元神)과 비슷해서 사용하기를 꺼려했다. 오히려 생리(生理)에 대해서 언급하고자 했다. 안균은 인신(仁神)을 주장하여 신리의 새로운 단계를 제시하고자 했다. 나여방은 성체(性體)와 심체(心體)로 나누어 생리(生理)와 신리(神理)로 설명한다. 생리는 고자가 말하는 '먹고 즐기는 것이 인간의 타고난 본성이다.'(食色之謂性)를 의미한다. 욕망을 누르지 말고 인정하자는 의미이다. 그렇다고 그것을 그대로 인정하는 것이 아니라 그것을 적절하게 조절할 것을 주장한다. 그 욕망이 충족되는 상황 속에서 근본적인 깨달음(신리)을 추구해야 한다. 신리는 심체에 속하고, 생리는 성체에 속한다고 한다. 그러나 성체는 심체의 생리이기 때문에 서로 분리되지 않는다. 궁극적으로는 신리가 중요하다. 나여방은 이 신리가 곧 하늘에서 부여되는 것이고, 그것은 맹자의 진심(盡心), 지성(知性), 지천(知天)을 통해 이루어진다. 이는 담약수 학파가 비판하는 공허한 것이라는 것을 넘어서 실제적인 도덕적인 원리를 얻는 계기가 된다는 것이다.[44)]

5. 결론

모종삼은 근대적인 철학자이다. 그는 주자학[45)]과 마찬가지로 양명학 자체에 대한 관심이 없다. 오로지 중국 철학을 어떻게 하면 근대화할 것인가가 그의 관심사였다. 아니 칸트라는 서양 근대철학과 양명학을 어떻게 조화시켜 넘어설 수 있는가이다. 그래서 그는 양명학의 중요한 수양공부를 신비주의로 몰면서 배제하고 새로운 양지 개념을 통해 자신의 철학을 세우고자 하였다. 양지를 통해 누구나 지적인 직관을 가짐으로써 주관과 대상을 분리하려는 서양철학적 한계를 넘어서려는 것이 모종삼의 철학이다. 그러나 이러한 모종삼의 주장도 역으로 신비주의라고 하는 견해도 있다.

양명학의 수양공부는 도교와 불교를 바탕으로 하고 있다. 이러한 수양공부는 주관적인 신비적인 깨달음에 의존하고 있지만, 궁극적인 자아의 본성을 찾고자 하는 측면이 있다. 이러한 공부를 바탕으로 양명학은 유가적인 인륜을 긍정하고자 하는 것이다. 이것을 제외하고 양명학을 설명하는 것은 적절하지 않다. 양명학이라는 전통철학을 어떻게 현대적인 관점에서 재해석할 것인가는 중요하다. 그러나 그 공부 방법을 인정하지 않고서 양명학을 논의하는 것은 근본적으로 불가능하다.

44) 이경룡, 「나여방: 양지에서 생리와 신리로 전환」, 한국양명학회 2008 봄 학술대회 발표문.

45) 조남호, 「모종삼의 주희 비판과 그에 대한 재평가」, 『철학사상』 37, 2010.

내단수행에서의 덕행 실천의 문제

| **김낙필**(원광대 한국문화학과 교수) |

1. 머리말

내단사상은 성명쌍수(性命雙修)의 수행을 통해 도를 체득하고 선인의 경지에 이르는 것, 즉 성선(成仙)을 목적으로 한다. 내단사상은 도교의 다양한 요소 가운데 개인적 구도노력의 측면이 가장 두드러지므로 그 수행이론이나 방법에 관한 주목할 만한 내용들이 많다. 중국의 경우 내단사상은 당말 · 송초 이후로 이론적으로 재정비과정을 거치는데 선불교와 성리학과의 사상교섭이 중요한 계기로 작용하였다.

내단사상에서 제시하는 수행과정은 보통 정좌수행을 통해 참된 진기(眞氣, 즉 약물)를 발생시키고 이를 채취하며 단을 증득하는 명공(命功)의 과정과 본성의 자각을 통해 초탈하는 성공(性功)의 과정으로 나누어진다. 이중 명공이 내단사상의 특징적 요소인 까닭에 여기에 주목하여 수련과정을 논의하는 경우가 많다. 정로(鼎爐) · 약물(藥物) · 화후(火候)라는 내단 삼요(三要)의 개념도 주로 여기에 관련된 것이라 할 수 있다. 이 글에서는 방향을 달리하여 이러한 수련의 과정에서 성공, 즉 마음의 수련의 측면은 어떻게 논의되는가에 초점을 맞추어 살펴보려고 한다.

마음의 수련은 도를 체득하여 정신적 초탈과 자유를 얻어 나간다는 것이 대전제가 된다. 이를 대전제로 하고 수련과정에서 논의되는 마음수련의 방향은 크게 세 가지이다. 첫째 청정무욕한 삶의 자세이며, 둘째 정좌를 통해 무념무상에 들어가는 것이며, 셋째 이타적 선행의 축적 즉 덕의 실천이다. 여기서는 덕의 실천으로 좁혀 살펴보겠지만 이는 고립적으로 살펴볼 것은 아니며 세 가지가 긴밀한 관련 속에서 논의되고 있음에 유념할 필요가 있다.

내단사상의 성립과정을 보면 명공부분은 호흡법 등 춘추전국시대에 대두된 방선도(方仙道)류의 양생법에 유래한 것이 많다. 이에 반해 마음수련의 부분은 도가사상에 뿌리를 두면서도 내단사상의 역사적 발전과정에 따라 불교사상, 성리학 등에게서 다양하게 영향을 받았음이 발견된다. 유불도 삼교의 사상교섭을 통해 내단사상의 이론적 틀이나 실천방법이 보완되면서 마음수련의 측면도 조금씩 변모한 것이다. 이 글은 변모과정 중 비교적 이론적 성숙기에 해당하는 송원 이후 후기 내단사상을 위주로 하는 관점을 중심으로 살펴보려고 한다. 여기에도 다양한 각론이 있으므로 이를 하나로 묶어 살펴보는 데에는 무리가 있으나 이 글에서는 함께 논의하였음을 밝힌다.

2. 도성덕취(道成德就)의 개념

내단사상에서 원경으로 받드는 『주역참동계(周易參同契)』에서는 "도와 덕을 성취한다(道成德就)."란[1] 개념을 제시하고 있다. 여기서의 도란 성선을 향한 수행을 의미한다면 덕은 이타적 선행을 의미한다. 초기도가에서 도는 우주의 궁극적 실재라는 의미를 지니며 덕은 도가 만물을 생성화육하는 작용을 지칭한다. 후일 도가적 전통에서는 도는 우주자연의 도란 의미 외에 도를 체득하기 위한 공부론적인 의미의 도, 즉 수행의 길(無爲, 虛靜 등)이란 의미와 도를 체득한 성인의 경지를 지칭하는 다양한 의미로 사용되었다. 노자가 제시한 덕은 도가 만물을 생성화육하는 작용을 지칭하며 『도덕경』에서는 이를 본받아 사람과 만물을 두루 살리는 행위를 할 때 도와 하나가 된 상덕(上德), 또는 현덕(玄德)이라고 표현하고 있다. 이를 실천하는 과정에서 자신을 낮추고 이기적 탐욕을 절제하며 다른 사람들과 부드럽게 조화를 이루는 등의 여러 덕목이 함께 논의되고 있다.

도가의 덕이 제시되기 이전 덕은 본래 인문적 자각이 싹튼 주대(周代) 이후로 일관되게 중시되던 개념으로서 한 개인이 자각적 노력을 통해 얻은 인격적 성취나 또는 남을 위한 이타적 선행을 의미하였다. 유가는 이러한 덕의 개념을 중시하고 부각시켜 두 가지를 인(또는 인의)이라는 개념에 통합하였다. 인은 곧 천명을 실현하고 인격을 완성하는 핵심 요소로 간주되었다. 『논어(論語)』에서 “아침에 도를 들으면 저녁에 죽어도 좋다.”라[2] 할 때의 도는 인의 실천이었으며 덕과 내용을 달리하는 것은 아니었다.

『참동계』에서 제시한 도성덕취에서의 도는 공부론적 의미에서의 도라 할 수 있다. 이는 기본적으로는 초기도가에서 제시한 도와 덕의 개념에서 벗어난 것은 아니지만 좀 더 확대해 보면 유가와 도가를 융합하는 성격을 지닌다고 말할 수 있다. 이렇게 본다면 도성덕취란 개념은 수행의 측면에

---

1) 『參同契』, 上.

2) 『論語』, 제4「里仁」. “朝聞道 夕死可矣”

서 볼 때 무위허정을 중심으로 한 도가적 공부론과 유가적 덕의 실천의 종합이라는 의미로 볼 수 있다. 그러나 『참동계』에서의 도는 도가적 무위・허정의 수행만을 의미하는 것은 아니며 인체 내의 수화(水火) 이기(二氣)의 만남을 통한 금단(金丹)의 제조라는 또 다른 측면을 의미하는 것으로 내단사상에서는 풀이하고 있다. 다만 『참동계』에서 논의되는 덕행의 실천은 주로 수행이 어느 정도 성취된 이후의 과정에 관한 것이며 초기단계에서는 주로 허정한 마음이 강조되는 것이 특징이다.

『참동계』 외에도 외단사상의 주창자인 갈홍(葛洪, 283~363)이 『포박자(抱朴子)』에서 덕행의 실천을 매우 중시한 것은 널리 알려진 사실이다. 덕행의 구체적 내용은 천지의 호생지덕(好生之德)을 본받아 생명을 사랑하고 위난을 구하라는 내용이 위주가 된다. 그는 덕을 다음과 같이 설명한다. 『장생을 원하는 사람은 반드시 선을 쌓고 공을 세워야 한다. 자비심을 지니고 사물을 대하며 자신을 용서하듯 남을 용서하고 어진 마음이 곤충에까지 미쳐야 한다. 남의 행운을 기뻐하고 남의 괴로움을 가엾게 여기며 남의 위급함을 구해 주고 남의 빈궁을 도와주어야 한다. 다른 사람의 얻음을 보고 내가 얻은 것처럼 생각하고 남이 잃은 것을 보고 내가 잃은 것처럼 생각한다. 자신을 귀하게 여기거나 자랑하지 않으며 나보다 나은 자를 질투하지 않고 남을 음해하지 않는다. 이것을 덕이라 한다."[3] 이를 통해 볼 때 내・외단을 막론하고 신선사상 성립 초기부터 덕행의 실천을 매우 중시하였음을 알 수 있다. 영원한 생명을 추구하는 선인에게 생명은 어느 것보다 고귀한 것이므로 생명이 잘 보존되도록 지켜 주는 것이 소중하다는 것이다.

---

3) 『抱朴子』, 제6 「微至」. "求長生者 必欲積善立功 慈心於物 恕己及人 仁逮昆蟲 樂人之吉 愍人之苦 賙人之急 救人之窮 見人之得 如己之得 見人之失 如己之失 不自貴 不自譽 不嫉妬勝己 不妄陷陰賊 如此乃爲德"

갈홍이 보는 수행은 명철한 지혜를 갖춘 자가 천지의 이법을 파악하여 우주적 생명력을 확충해 나가는 작업이라고 할 수 있다. 명철한 지혜에 바탕하여 덕을 실천하며 자신의 인격을 승화시킨 바탕에서 선인의 경지가 성취된다는 의미이다. 이러한 전인적 인격의 고양 없이 선인의 성취, 즉 성선은 불가능하다는 것이 그의 입장이다. 이런 입장에서 그는 덕행을 쌓음이 없이 방술에만 힘쓰는 것을 비판하였다.[4]

갈홍이 제시하는 덕행은 세상을 떠나거나 벗어나서 행하는 것이 아니라 세상 속에서 인의충신을 행하면서 이루어지는 것으로서 유교적 덕목을 적극적으로 수용하려는 뜻을 읽을 수 있다.[5] 이미 초기도교의 경전인 『태평경(太平經)』에서도 진정한 수행자는 이타적 구세를 뜻한다고 밝힌 바 있다.[6] 이를 감안하면 포박자에는 치인(治人)과 치세(治世)를 동일한 맥락에서 보는 당시의 관점이 반영된 것으로 보인다.

당말 · 오대 이후 내단사상을 재정비한 종려파(鍾呂派)에서는 『참동계』에서 제시한 도와 덕의 개념을 공(功)과 행(行)으로 바꾸어 표현하고 있다. 공이란 개인적 수도노력의 측면을 의미하고 덕은 세상에 덕을 베푸는 행위를 의미한다. 그들의 대표적 문헌인 『종려전도집(鍾呂傳道集)』에서는 선인의 등급을 5등급으로 구분하고 최고의 경지를 천선(天仙)이라고 불렀다. 자신의 개인적 수행, 공의 측면만으로는 궁극의 경지인 천선에 도달할 수 없고 천선은 공과 행이 충족되어야 도달할 수 있다고 제시함으로써[7] 『참동계』의 입장을 보다 구체화하였다. 나아가 여동빈은 개인적 수

---

4) 『抱朴子』, 제3 「對俗」. "欲求仙者 要常以忠孝和順仁信爲本 若德行不修 而但務方術 皆不得長生也"

5) 何立芳, 『道教社會倫理思想之硏究』, 巴蜀書社, 2005, p.64.

6) 王明, 『太平經合校』, 中華書局, 1960, 724항.

7) 「論眞仙」, 『正統道藏』, 제7책, p.461. "鍾曰地仙厭居塵世 用功不已 而得超脫 乃曰神仙 神仙厭居三島 而傳道人間 道上有功 而人間有行 功行滿足 受天書以返洞天 是曰天仙 旣爲天

행의 측면을 공으로, 이타적 덕의 실천을 행으로 표현하고 두 가지의 겸전을 주창하였다.[8] 이와 관련하여 이타적 덕의 실천의 측면을 인도(人道)로, 수행을 통한 향내적 자아완성을 좁은 의미의 선도(仙道)로 규정하였다. 덕의 실천을 내단수련의 필요한 전제조건으로 보는 입장으로서 인도 실천의 충분한 바탕이 없으면 선도수련에 입참할 자질이 부족하다고 본 것이다.[9] 이는 개인적이며 출세간적인 성격을 지니기 쉬운 내단사상의 폭을 넓히려는 시도로 보인다. 그가 제시한 덕목은 인의충신(仁義忠信) 등 유가적 덕목으로서 포박자의 내용과 일맥상통한다.

전진도(全眞道)의 창립자 왕중양(王重陽, 1112~1170)이 제시한 공행론은 종려전도파의 공행론을 계승한 것으로 파악된다. 그는 진공이란 "마음을 깨끗이 하고 뜻을 안정시키며 참으로 맑고 고요히 하며 원기를 안고 하나인 도를 지키며 신을 보존하고 기를 견고하게 해야 한다."[10]라고 말한다. 진행에 관해서는 "진행을 원한다면 모름지기 수행하여 덕을 쌓고 가난한 사람을 구제하며 고통 받는 사람을 일으켜 준다. 어려움에 빠진 사람을 보면 구하고자 하는 마음을 지니고 선한 사람으로 교화시켜 도에 입문하게 해야 한다. 일을 행할 때는 남을 앞세우고 나를 뒤로하며 만물과의 관계에서 사사로움이 없어야 한다. 이것이 진행이다."[11] 이러한 왕

仙 若以厭居洞天 効職以爲仙官 下曰水官 中曰地官 上曰天官 於天地有大功 於今古有大行 官官升遷歷任三十六洞天 而返八十一陽天 而返三淸虛無自然之界"

8) 『呂祖全書』, 권7, 「水火成酒」, 『藏外道書』, 제7책, p.76. "선도를 공부하려면 공과 행을 닦아야 한다. 공은 근면하고 힘써 수련하는 것이며 행은 남을 이롭게 하고 만물을 살리는 것이다(學仙須立功行 功則勤苦修煉 行則利人濟物)."

9) 呂洞賓, 『參同經』, 中, 「葆守眞元章」, 제14, 『藏外道書』, 제7책, p.308. "仙道를 닦으려면 먼저 人道를 닦아야 하며 人道를 닦지 아니하면 仙道도 멀어진다(欲修仙道 先修人道 人道不修 仙道遠矣)."

10) 『重陽全眞集』, 권10, 「玉花社疏」, 『正統道藏』, 제25책. "若要眞功者 須是澄心定意 打疊精神 無動無作 眞淸眞靜 抱元守一 存神固氣 乃眞功也"

중양의 사상은 용문파(龍門派)의 창립자 구처기(丘處機, 1148~1227) 등에도 그 대요가 계승되어[12] 지속적으로 큰 영향을 끼쳤다.

청대의 유일명(劉一明, 1734~1821)이 도를 성인에 이르는 길로, 덕을 현인의 길로 제시하는 것도 비슷한 맥락의 관점이다.[13] 유일명에 의하면 덕의 실천은 공부는 자기 스스로 할 수 있고 행해야 하는 공부라면 도의 수행은 스승을 통하여 전수받는 과정이 필요하다.[14] 그는 덕의 실천이 자력적이고 누구나 행할 수 있는 보편적 성격을 지니고 있다면 단의 제련을 통한 도의 증득은 밝은 스승의 지도가 없이 이루어지기 어렵다는 점을 지적한다.

3. 연기(煉己)·축기(築基)와 덕행 실천

연기·축기라 함은 본격적으로 단을 제련하는 명공수련에 들어가기 전에 갖추어야 하는 준비단계를 의미한다. 이는 집을 지을 때 기초가 튼튼해야 하듯 수련자가 마음의 준비를 갖추어야 한다는 의미로 사용된 표현이다. 연기가 주로 마음의 준비에 해당하는 것이라면 축기는 건강한 몸을 유지하는 것을 의미한다.[15] 두 가지를 나누어 말하는 경우도 있으나 합

---

11) 위와 같음. "若要眞行 須要修行蘊德 淸貧拔苦 見人患難 常懷拯救之心 或化誘善人入道修行所爲之事 先人後己 與萬物無私 乃眞行也"

12) 丁原明 등 공저, 『早期全眞道教哲學思想論講』, 齊魯書社, 2011, p.158.

13) 『修眞九要』, 중, 「積德修行」, 제2, 『藏外道書』, 제8책. "故古之聖人 必先明道 古之賢人 必先積德 未有不明道而能聖 未有不積德而能賢 然欲希聖 必先希賢 若欲成道 必先積德 道德兩用 內外相濟 聖賢之學業得矣 道者爲己之事 德者爲人之事 修道有盡 而積德無窮"

14) "德者自己人世之事 道者師傳成仙之事 不積德而欲修道 人事且不能 仙道怎得成 可不三思乎"

15) 『修眞後辨』, 『藏外道書』, 제8책, p.514. "所謂煉己者 以用功言 所謂築基者 以固氣言 煉

하는 경우는 연기를 대표개념으로 사용하는 경우가 많다.

『참동계』에서는 양기라는 표현이 보이는데[16] 북송 장백단(張伯端, 987~1082) 이후로는 흔히 연기라는 표현을 흔히 사용하였으며 연기에 해당하는 공부로서는 무욕 청정한 마음자세와 덕을 쌓는 실천 두 가지를 들고 있다.[17]

무욕청정한 마음을 중시하는 것은 『참동계』 이래 일관되게 계승된 전통이므로 여기서는 논의를 생략하기로 한다. 장백단은 "금단을 닦는 공부인은 먼저 음덕을 쌓고 인간사의 책무를 다해야 한다."[18]라고 말한다. 『오진편』에서는 만일 수행을 통해 음덕을 쌓지 않으면 움직임마다 보이지 않는 장애가 발생한다고[19] 말한다. 음덕이란 세상에 어울려 살며 남모르게 선행을 쌓는 것을 의미한다. 원대의 진치허(陳致虛)는 이에 관해 "남에게 은혜를 베풀되 보답을 바라지 않는 것이 음덕이다. 선행을 쌓되 아는 사람이 없는 것이 음덕이다. 남을 어려움에 빠지지 않게 하는 것이 음덕이며 몰래 방편을 사용하는 것이 음덕이다."라고[20] 풀이하였다. 나아가 『오진편』에서는 수련에 필요한 약물을 찾는 것이 어려운 것이 아니며 통달한 자는 깊은 덕행의 실천에 의존한다고 말한다.[21] 즉 덕행의 실천이 축적되

己純熟 則還丹可望 築基堅固 則神室穩當 煉己築基 豈小事哉 呂祖三次還丹 煉己不熟也 紫清半夜風雷 築基不固也"

16) 『參同契』, 상편. "內以養己 安靜虛無"

17) 『悟眞篇』, 上, 제10수. 王木, 『悟眞篇淺解本』, 中華書局, 1989, p.18. 오진편에서도 개인적 향상의 수행을 도로, 이타적 덕의 실천을 덕이라 표현한다. "可謂道高龍虎伏 堪言德重鬼神欽"

18) 『靑華秘文』, 「採取圖論」, 『正統道藏』, 제7책, p.9. "金丹之士 先修陰德 以盡人事"

19) 『悟眞篇』, 中, 제56수, 王木, 앞의 책, p.121. "若非修行積陰德, 動有群魔作障緣"

20) 『正統道藏』, 제4책, p.423. "夫施與不求報陰德也 積善無人知 陰德也 不陷人於險 陰德也 暗中作方便 陰德也"

21) 『悟眞篇』, 상편, 제11수, 王木, 위의 책, p.19. "黃芽白雪不難尋 達者須憑德行深" 이에 대한 청대 朱元育의 『悟眞篇闡幽』에서는 "도를 배우는 자는 모름지기 덕행을 힘써

면 참된 진기의 발생이 쉬어진다는 의미이다.

장백단은 덕 없는 자에게 내단수련을 잘못 전수한 후 하늘의 견책을 받았다고 술회한 덕이 있다.[22] 이는 내단수련 이외의 일체의 수행방편을 부정적으로 비판하는 그의 자력적 기개와는 어울리지 않는 면도 있다. 천지의 이법에 어긋난다고 보는 신념을 우회적으로 표현한 것으로 보인다.

덕행실천의 중시와 함께 장백단은 내단수련을 위해 심산유곡에 들어가는 것을 반대하고 오히려 시정의 삶속에서 남모르게 정진하는 것을 권한다.[23] 이는 갈홍의 『포박자』 이래 강조되던 입장으로서 혼속화광(混俗和光)하며 음덕을 쌓으라는 의미로 풀이할 수 있다. 출가 수도의 길을 대비한 전진도의 경우는 약간 달랐지만 명청 내단파에 이르기까지 혼속화광의 입장은 중요한 전통으로 자리 잡았다.

청대의 황원길(黃元吉)도[24] 지극한 덕이 아니면 지극한 도가 깃들지 않는다는 『중용』의 내용을 원용하여 덕행을 쌓은 만큼 도의 성취가 이루어진다고 말하고[25] 덕행의 필요성을 다음과 같이 강조한다.

쌓아 단의 바탕을 형성해야 한다. 金丹大道는 규모를 벗어나고 삼계를 초월하여 無上至眞法寶라고 불리어진다. 그러나 지극한 덕이 아니면 어떻게 대도를 체득할 것인가?(學道者 當勤修德行 以立丹基也 金丹大道 旣脫樊 籠超三界 是謂無上至眞法寶矣 苟非至德 何以凝至道乎)" 라고 말한다.

22) 장백단은 도덕적 바탕이 충분치 못한 자에게 잘못 도를 전해 준 것을 참회하고 반드시 忠·孝·仁·慈·剛·方·正·直한 인물이라야 도를 수련할 수 있다고 강조하였다. 『悟眞篇』, 後序, 王木, 앞의 책, p. 176.

23) 『悟眞篇』, 中, 제64수, 王木, 같은 책, p.130. "수행할 때 세속에 섞이고 빛을 감추니 둥금에 당하면 둥글고 모남에 만나면 모나게 대하네(修行混俗且和光, 圓卽圓兮方卽方)."

24) 淸의 道觀(1821~1850), 咸豊(1851~1861)년간의 인물.

25) 孔德澤, 『樂育堂語錄注解』, 十堰市氣功科學硏究會, 1995. p.57. "子思曰苟不至德 至道不凝 是知人有一分德 卽有一分道 有十分德 卽有十分道 若無至德至道不凝也 是煉道者 煉此仁慈而已矣"

> "내가 매일 적공루행(積功累行)을 가르치는 것은 공덕과 도가 서로 관련이 없는 것이 아니기 때문이다. 공행을 널리 쌓고 음덕을 많이 닦으면 천연의 양심과 인자한 본래면목이 간직되어 추호의 잡념이 없게 되며 선천적 청정진기(淸淨眞氣)가 간직되기 때문이다. 그렇지 않고 망상을 제거하지 않은 채 성선(成仙)하면 이는 완선(頑仙)으로서 대라천국(大羅天國)에 참여할 수 없을 것이며 천궁(天宮)에 오르지 못할 것이다."[26)]

구체적으로 덕이란 무엇을 의미하는가? 앞에서 말한 바와 같이 넓게는 천지의 호생지덕을 본받아 호생지덕을 베푸는 것으로 언급되지만 구체적으로는 인의충신 등의 유가적 덕목을 지칭하는 경우가 많다. 이는 사회적 존재로서의 개인이 그 사회적 책무를 다하는 것으로 생각할 수 있다. 청대의 유일명은 덕을 다시 덕과 행으로 구별하고 보다 분명하게 정의를 내린다. 그에 의하면 노약자, 빈궁한 자, 외로운 자를 어여삐 여기며 어려움과 환난에서 벗어나도록 도와주기 위해 다양한 방편을 사용하는 것을 의미한다. 어려움을 참고 자신을 낮추며 베풀고도 보답을 바라지 않고 불의에 굴복하지 않는 등 자신의 내면을 갈고 닦음을 의미한다.[27)]

덕이 대타적인 영향을 주는 측면에서의 개념이라면 행이란 그 과정을 통해 도덕적 자아를 확립하는 향내적 자기수양을 의미한다고 풀이할 수 있을 것이다. 이 두 가지는 서로 분리되는 것은 아니며 한 행위를 통해 두 가지 측면의 작용이 이루어진다고 보면 좋을 것이다.

---

26) 孔德澤, 같은 책, p.30. "吾每教之以積功累行者 非謂功自功道自道也 皆以功行廣積陰騭多修 無非保其固有天良 仁慈本面 不使有絲毫塵垢來雜於中 遮雜念邪私 消鎔淸淨 而一元淸淨之氣 常在我矣 不然雜妄未除 卽使成仙 亦是頑仙 參不得大羅天國 上不得逍遙宮中"

27) 『修眞九要』, 『藏外道書』, 제8책, p.529. "何爲德 恤老憐貧 惜孤憫寡 施藥舍茶 修橋補路 扶危救困 輕財重義 廣行方便者是也 何爲行 苦己利人 勤打塵勞 施德不望報 有怨不結讎 有功而不伐 有難而不懼 見義必爲者是也"

그러나 덕의 실천이 필요하다고 해도 이 자체만으로는 선인에 이를 수 없다고 보는 데서 내단적 특징이 있다. 이에 비해 덕의 실천수행을 도의 체득과 직결시키는 것이 유가의 일반적 관점이라고 말할 수 있다. 인의예지의 실천을 통해 도덕적 천명을 실현하는 경지가 성인의 경지이며 따로 그 이상의 공부가 필요한 것은 아니다. 그러나 이 공부만으로는 불충분하다는 것이다. 유일명은 이에 관해 덕행의 실천이나 청정한 생활 등의 심성수련만으로는 궁극적 도를 증득할 수 없다고 보고 그 다음 단계로 금단의 제련과 이를 바탕으로 한 도의 증득을 제시하고 있다.[28)]

4. 선천기의 발현과 덕의 실천

앞에서 살펴본 바와 같이 덕행의 실천을 강조하는 것은 참동계, 포박자 이후에 지속적으로 내려온 관점이었다. 여기서 덕행실천이 수련에 어떤 작용을 하는 것인가?의 문제를 제기할 수 있다. 이기적 탐욕을 버리고 이타적 선행을 쌓는 것은 사회적으로는 매우 중요한 의미를 지닌다. 유가적 전통에서는 그 의미를 극대화하여 높이 평가하였으며 성리학의 경우 이를 뒷받침하는 리기론(理氣論)과 심성론(心性論)의 체계를 제시한 바 있다. 그렇다면 내단사상에서는 이를 어떻게 뒷받침하는가?

당말 이후 종려전도파를 기점으로 하여 신선사상에는 외단이 위축되고 내단사상이 주류가 되는 큰 변화가 이루어지며 마음과 몸을 아울러 닦는 것을 지향하는 성명쌍수론이 제기되었다. 이 변화는 다음 몇 가지의

---

28) 그는 수심의 길만으로는 도를 체득하는 데에 충분하지 않다고 말하고 만일 그렇다면 스승을 찾아 수련의 참된 진결을 구할 필요가 무엇인가라고 반문한다. 『修眞辨難』, 『藏外道書』, 제8책, p.484.

측면에서 그 요인을 살펴볼 수 있다.[29)]

첫째, 인체 외부의 빼어난 기를 찾는 작업에서 인체 내부에 있는 근원적 원기로 관심이 전환되었고,

둘째, 단을 결성하는 약물에 관해서도 유형한 약물을 대신하여 무형하고 근원적인 선천기라는 개념이 중시되었으며,

셋째, 호흡법이나 연단술 등 수행방편에 그치지 않고 도론(道論), 인성론(人性論), 수행론, 선인론 등 여러 가지 측면을 두루 갖춘 종합적이며 체계적인 이론에 대한 요청이 증대되었다.

이러한 변화에는 선불교, 성리학 등 외부의 충격도 있지만 신선사상 발전과정에서의 내재적 요인도 무시할 수 없다고 본다. 이러한 변화는 마음의 수련에 관심을 가지게 된 계기가 되었으며 이에 마음의 수련을 논의하면서 이를 뒷받침하는 도론이나 인성론 등에 대한 관심이 증가되었다. 수련의 문제가 단편적인 방편으로 해결되는 문제가 아니라 종합적인 전인적 성취라는 자각이 확대되었다는 의미이다.

이런 논의 가운데 관심을 끄는 것은 북송의 장백단이라고 말할 수 있다. 장백단은 이전에 단편적으로 논의되었던 원기의 개념을 바탕으로 이에 상응하는 개념으로 본래마음에 해당하는 원신을 제시하였다. 장백단의 저술인 『옥청금사청화비문금보내련단결(玉淸金笥靑華秘文金寶內煉丹訣)』에서는 성을 선천지성(先天之性, 또는 天地之性)과 기질지성(氣質之性, 또는 氣稟之性)의 두 가지로 구분하고 선천지성에는 선천기가, 기질지성에는 후천기가 작용한다고 말한 바 있다.[30)] 인간본성에 관해 논의할 때 기

29) 孔令宏, 『宋明道教思想研究』, 宗教文化出版社, 北京, 2002, pp.104~105 참조.

30) 『正統道藏』, 제7册, pp.4~5. "慾神者 氣稟之性也 元神乃先天之性也 形而後有氣質之性 善反之 則天地之性存焉 …… 以氣質之性而用之 則氣亦後天氣也 以本元性而用之 則氣乃先天之氣也"

와 관련시키는 것은 성리학에서도 시도된 바 있었다. 음양오행의 기를 품부받아 인간과 만물이 형성되었는데 오행의 기에는 인의예지신의 오상이 함께 깃들어 있다는 것이 성리학의 지론이었다. 장백단은 이러한 기 외에 선천적 원기의 존재를 가정하고 원기에 깃든 본성(또는 원신)의 개념을 제시하였다. 원신의 성격에 관해 그는 후천적인 사려지신(思慮之神)과는 달리 하나의 신령스러운 빛(一點靈光)이라고 표현한다.[31]

원기(원정과 좁은 의미의 원기)와 원신, 즉 명과 성의 두 가지를 아울러 닦아 나간다고 할 때 무엇에서 착수할 것인가의 기점이 문제이다. 이를 언급하면서 그는 천지지성을 회복하면 원기(원정과 원기)가 드러난다고 주목할 만한 언급을 남겼다. 이에 기질지성을 순화하는 과정으로서 무욕청정한 마음과 덕행의 실천이 중요하게 거론된 것이다. 허무의 기 자체는 생생약동하는 원기이기도 하므로 허정한 마음과 더불어 따뜻한 덕의 실행이 중요하다는 믿음이 가능하다.

그런데 선천의 원기는 후천의 몸에 숨어 있어 이를 발현시키기 위해서는 후천의 기를 잘 보존하면서 순화시키는 노력이 필요하다. 기질지성을 순화시키는 것과 함께 후천의 기를 잘 보존하는 노력도(축기를 가리킴) 긴요하다고 본다.

청대 유일명은 성을 선천의 천부지성과 후천의 기질지성의 두 가지로, 명을 선천의 도기지명(道氣之命)과 후천의 분정지명(分定之命)으로 나눈다. 그에 의하면 후천의 기질지성과 분정지명을 선천의 천부지성과 도기지명으로 돌이키는 것이 내단수련의 본질이라 할 수 있다.[32]

---

31) 『青華秘文』, 「神爲主論」, 『正統道藏』, 제7册, p.4. “元神者 先天以來 一點靈光也”

32) 『修眞辨難』, 『臧外道書』, 권8, p.472. “問曰 性屬陰 命屬陽 是太極所分之陰陽乎 答曰此有分別 性有氣質之性 有天賦之性 命有分定之命 有道氣之命 氣質之性 分定之命 後天有形之性命 天賦之性 道氣之命 先天無形之性命 修後天性命者 順其造化 修先天性命者逆其造化”

마음의 각성은 맑은 기의 함양과 관련이 깊으나 역으로 마음이 바르면 맑은 기가 드러난다고 보는 관점도 가능하다. 이 두 가지 중 어느 것이 먼저 이루어져야 하는가에 관해서는 명확하게 파악하기 어렵다. 장백단은 먼저 원신, 즉 성의 공부에 착수하여 기질지성을 돌려 천지지성을 회복하면 원기가 드러난다고 보았다. 장백단 이후 내단 관련 문헌에서는 대체로 먼저 연기가 이루어져야 함을 강조하는 것이 공통된다.

청대 유일명은 이를 좀 더 보완 설명한다. 그에 의하면 사람들은 태어난 이래 부모에게서 받은 후천적 기와 후천적 마음에 의해 살아가는데 이 사이에 일점의 양기기 숨어 있다. 이를 드러나게 하기 위해서는 연기 축기의 공부가 필요하다. 이 중 연기의 측면은 앞에서 말한 바와 같이 끊임없이 욕망을 절제하고 자신을 낮추고 남을 위하는 삶을 통해 자신을 단련하는 것을 의미한다고 한다.[33] 덕행의 실천도 그 일환에서 꼭 필요한 수행과정이라는 것이다. 특히 유일명은 도심에 의한 인심의 점화야말로 어떠한 수행방편보다 더 중요한 관건이라고 말한다.

그러나 청정한 삶과 덕의 실천만으로 선천기가 발동될 것인가가 문제이다. 이에 관해서는 선천기의 발동이 정좌를 통해 허정하여 모든 것을 잊는 좌망(坐忘)의 상태에 들어갈 때 가능하다는 것이 보통이다. 예를 들어 『오진편』에서는 황홀하고 그윽한 가운데 약물이 발생함을 말한다.[34]

이렇게 되면 허정한 마음과 덕의 실천이 이원화되고 분리될 수 있다.

---

33) 『修眞後辨』, 같은 책, p.514. "夫人自有生以來 幻身帶父母精血之氣 歷劫識神之陰 又受後天五行之氣 內外純陰 只有一點陽精 隱而不現 正不勝邪 邪蔽其正 若非將內外陰氣 煆煉退去 陽精如何返出 此煉己築基之功 不可缺也 試明煉己築基之要 懲忿窒欲 煉己也 心灰意冷 煉己也 忘情絕念 煉己也 富貴不淫 貧賤不移 煉己也 不貪名利 不戀聲色 煉己也 損己利人虛心請益 煉己也 衆善奉行 諸惡不作 煉己也 志念不退 勇猛精進 煉己也 主心一定 至死無二"

34) 『悟眞篇』, 中, 제44수, 王木, 위의 책, p.102. "恍惚之中尋有象 杳冥之內覓眞精"

내단파 중파에서는 두 가지를 하나로 통합하여 둘이 아님을 주장하는 경향이 있다. 예를 들어 청대 황원길은 인의, 충신의 마음까지도 선천의 원기에 해당하는 순양지기의 나타남으로 보았다.

> "여러 사람들이 양기(陽氣)의 발생에 관해 언급한 내용은 한결같지 않으나 무사무려에서 나온 것이라는 데에서 벗어나지 않는다. 예를 들어 정녀와 열녀가 다른 뜻을 품지 않는다고 맹세하고 어느 날 불량배를 만나게 되면 차라리 목숨을 버릴지언정 의를 취한다. 충신열사는 오직 의를 따른다. 만일 비상한 재난을 만나면 목숨을 버리고 어려움을 견딘다. 이것이 진양이 발생하는 경우이다. 그렇지 않으면 이와 같이 백절불굴하겠는가? 이로써 미루어 본다면 일상생활에서 인륜의 상도(常道)와 효우(孝友)를 다하며 혹 외롭고 어려운 자를 어여삐 여기는 등 일체의 선행과 의거가 합당함에 이르러 환희용약하는 마음이 없지 않으면 양기가 발생하는 징후이다."[35)]

그에 의하면 양기가 생하는 징후는 하나가 아니다. 전통적으로 제시되었던 견해 즉 무념무상의 경지(虛靜의 마음)에서 양기가 생한다는 견해 외에도 의로움을 향한 불타는 일념도 양기가 발생한 경우로 받아들이는 것이다.

다만 인의의 마음 자체만으로는 내단에 진입할 수 없고 정좌를 해야 한다고 보았다. 덕마저도 잊은 무심의 상태에서 선천기가 발동됨을 주장하

35) 孔德澤, 『樂育堂語錄注解』, 十堰市氣功科學研究會, 1995. p.7. "諸子談及陽生之道 已非一端 總不外無思無慮而來 卽如貞女烈婦 矢志靡他 一旦偶遇不良 寧舍生而取義 又如忠臣烈士 惟義是從 設有禍起 非常願捐軀以殉難 此眞正陽生也 不然何以百折不回若是耶 由是推之 擧凡日用常行 或盡倫常孝友 或憐孤寡困窮 一切善事義擧做到 恰好至當 不無歡欣鼓舞之情 此皆陽生之候"

고 견지하고 있음이 눈에 띈다. 그렇다면 인의충신의 바탕에 자리 잡은 양기는 그 자체가 순양의 원기와 동일한 성질을 지녔다 하더라도 무엇인가 부족한 면이 있다고 보는 것을 의미한다.

이에 유일명은 인체 내에서 진기가 발생한다는 표현보다 선천진기가 허무 가운데에서 나온다는 표현을 즐겨 쓴다.[36] 이 허무는 나 자신도 나의 밖도 아니고 내외가 합일된 천심과 나의 마음이 합치된 상태를 의미한다.

5. 선천기 회복 이후의 덕행실천

선천의 원정 원기를 발현시켜 단을 제련하고 몸을 순양의 기로 바꾸는 과정을 마친 후의 수행은 어떻게 진행되는가? 이에 관해 참동계에서는 “태을(太乙)이 부르면 지상의 선계로 옮긴다. 수련의 공이 더욱 향상되면 하늘로부터 록(籙)과 도(圖)를 받아 간직한다.” 라고[37] 하여 그 단초를 열었다. 이는 단의 증득이 공부의 끝이 아니며 새로운 시작이라는 의미이다.

종려전도파의 문헌 『종려전도집』의 경우 선인의 종류를 5종으로 나누어 최후로 천선을 제시하고 있다. 천선에 관해서는 “수련의 공과 이타행이 두루 가득하여 하늘이 내린 조서를 받고 동천(洞天)으로 돌아간다.” 라고[38] 말한다. 이는 도덕적 실천, 또는 이타적 구세의식을 강조한 것이라 할 수 있다. 선인의 사회적 책무를 강조한 의미도 있고 자아의 무궁한 확장의 의미도 있다.

36) 『修眞九要』, 『藏外道書』, 권8, p.533.

37) 『參同契』, 上. “太乙乃召 移居中洲 功滿上升 膺籙受圖”

38) 『鍾呂傳道集』, 「論眞仙」, 『正統道藏』, 제7책, p.461. “功行滿足 受天書以返洞天 是曰天仙”

마음수련의 경우 선천일기가 회복되기 전과 회복된 후는 구별할 필요가 있다. 오진편의 경우도 이와 관련된 언급이 보이며 청대 유일명은 이를 분명히 한다. 명공성취 후의 성과 이전의 성은 다르다고 보아야 한다. 이에 명 공부와 함께 이루어지는 단계의 성을 천부지성(天賦之性), 단을 이룬 후의 성을 허무지성(虛無之性)으로 부른다.[39] 허무지성을 닦아야 참된 의미의 천인합일을 기약할 수 있다는 의미로 풀이된다.

유일명은 개인의 수행, 즉 도의 체득에는 마침이 있지만 덕의 실행은 끝없다고 하여 덕의 실천이 시간적, 공간적으로 확산되는 무한한 역정이 다시 시작됨을 밝히고 있다.[40] 선인은 완성된 존재라는 개념에서 끝없이 지속되는 과정상의 인격임을, 사회적 존재, 나아가 우주적 존재의 일원임을 강조하는 것이다.

이러한 덕행실천의 경우 치국·평천하를 향한 적극적 경세론(經世論)의 노력을 어떻게 평가하는가가 문제이다.

초기도교의 경전 『태평경』이나 갈홍의 『포박자』에는 치신과 치국을 같은 구조로 보는 관점이 자리 잡고 있었다. 개인의 수신은 이상사회의 건립, 치국·평천하와 떠날 수 없음이 강조되었다. 내단사상에도 이런 전통이 배제되었다고 보기는 어렵다. 특히 왕중양이 창시한 전진도의 경우 이러한 구세의식이 매우 두드러졌다. 왕중양의 사상에는 유가적 우환의식에 관련된 겸선천하적(兼善天下的) 기백이 살아 있는 면이 있다. 그가 제시한 광제창생(廣濟蒼生)의 정신이 묵가적(墨家的) 전통의 계승이라는 견

39) 『修眞辨難』, 『臧外道書』, 권8, p.482. "問曰性命一家 了命卽可了性 何以又有修命之後 還當修性之說 答曰修命時所修之性 乃天賦之性 修命後所修之性 乃虛無之性 天賦之性 從陰陽中來 虛無之性 從太極中來 不得一例而看"

40) 『修眞九要』, 『藏外道書』, 권8, p.529. "蓋道有盡而德無盡 古來仙眞 成道以後 猶在塵世 積功累行 必待三千功滿 八百行完 方受天詔"

해가 있으며 중생제도를 강조하는 대승불교의 영향이 크다는 견해도 있다. 그러나 역시 그가 적극적으로 경세론적 대안을 제시하기보다는 종교적인 구세의식의 강조에 주안점이 있다고 말할 수 있다.[41)]

장백단의 『오진편』에서는 이런 측면보다 숨어서 드러내지 않고 남에게 음덕을 베푸는 측면이 강조되는 면이 있다. 역사의 전면에 나서 활동하는 데에 어려움을 느낀 탓으로 보인다. 진단(陳摶, 871~989)의 경우 왕조교체를 통한 경세론적인 포부를 지녔으나 후주(後周)가 건국된 것을 듣고 포기하고 화산(華山)에 은거하여 내단수련에 매진하였다는 일화가 있다.[42)] 경세장부보다 출세장부를 선택한 것이다. 이 일화는 내단사상가들이 경세론적 관심을 내면에 지니고 있음을 암시하고 있다.

종려전도파의 여동빈이나 명대의 장삼봉(張三丰)은 신비롭게 출몰하면서 많은 사람들을 도와주고 치유해 준 것으로 유명하다. 『열선전(列仙傳)』, 『신선전(神仙傳)』 등에서 묘사된 선인들이 숨어서 음덕을 베푸는[43)] 전통을 계승한 것으로 보인다. 방외적 인격을 지녔으나 방내의 사람들에 대한 관심과 애정이 깊음을 강조하는 데에 의미가 있다.

6. 맺는 말

신선사상은 그 뿌리가 깊지만 후한 말 무렵에나 이론적으로 체계화된

---

41) 何立芳, 『道教社會倫理思想之研究』, 巴蜀書社, 2005, p.70.

42) 李遠國, 『道教氣功養生學』, 김낙필 등 공역, 성대출판국, 2005, p.644.

43) 선인들은 민중들의 아픔을 치유하기 위해 치유, 빈민구제, 구호사업 등 다양한 활동을 벌인 것으로 기록되어 있다. 정재서, 『신선설화연구』, 서울대박사논문, 1987, p.145.

다. 그 시기의 대표적인 문헌인 갈홍의 『포박자』와 위백양의 『참동계』에서는 공통적으로 덕행의 실천을 강조하고 있다. 영원한 생명을 추구하는 선인에게 생명은 어느 것보다 고귀한 것이므로 그 생명을 아끼고 보살피는 것을 매우 중요하게 보는 것이다. 인간을 중시하고 삶을 중시하는 사상이 그 바탕에 있었기 때문이다.

그 후 덕행 실천의 문제는 내단사상을 중흥시킨 당말~오대의 종려전도파에게서 새롭게 논의되며 북송 장백단에 이르러 그 의미가 더욱 부각되었다. 장백단은 덕행의 실천이 부족하면 수련의 실질적 진보에 큰 장애가 된다고 주장하였다. 이러한 주장은 그의 다른 저서인 『청화비문』에서 보완되었다.

장백단에 의하면 인간의 생명요소는 후천과 선천으로 구분되는데 수련의 요체는 선천의 성과 명을 회복하는 데에 있다. 후천의 정기신을 돌려 선천을 회복하려면 먼저 우리의 후천적인 기질지성을 순화시키는 것이 필요하다는 것이 그의 지론이었다. 이러한 순화작업은 청정한 마음의 회복과 이타적 덕행의 실천을 통해 이루어질 수 있다고 보았다. 이에 덕행의 실천은 본성과 본래의 원기를 발현하는 필요한 과정으로 여겨졌다.

이러한 논의는 순양지기와 덕행의 관계로까지 확대되어 인의 또는 충의의 마음이 순양지기의 나타남이라는 관점도 제기되었다. 그러나 덕행의 내면에 순양지기의 요소가 있긴 하지만 단을 이룰 수 있는 충분한 양기는 아니라고 후퇴하였다. 이는 유·도 통합적 시각이 견지되었지만 유가와는 다른 면이기도 하다.

유불의 수행관과 다른 내단사상의 특징적인 면은 선천기의 회복에서 찾을 수 있다. 내단사상가들은 순수한 선천기(명)와 밝은 본성(성) 간에는 상호 영향관계가 있다고 보고 성명쌍수를 주장한다. 선천기로 구성된 단의 제련 이전에 요청되는 덕행의 실천은 선천기를 드러내기 위한 공부의 성격을 지닌다. 이에 비해 단을 제련한 후는 선천기, 즉 순양의 원기가 더 높은 정신적 각성과 확충을 가져온다고 본다. 단을 제련한 후의 덕행의 실천은 자아의 고양과 확충의 단계로 이해할 수 있다. 즉 단을 이룬 후의 덕의 실천은 원기의 회복이라는 의미를 넘어선 면이 있다. 개체의 인격을 확대하여 사회와 세계, 우주로 확대하는 과정이라는 의미이다.

신선사상의 성립 초기 덕에 관한 논의는 인륜을 소홀히 하지 않음을 강조하는 데에 역점이 두어졌다. 개인주의적인 성향이 강한 신선사상의 약점을 보완하려는 의미가 강하다는 의미이다. 갈홍은 사회 속에서 충분히 책임을 다하고 덕을 쌓은 후에야 성선에 뜻을 둘 수 있다고까지 말하였다. 이러한 관점은 종려전도파로 이어지지만 이러한 논의만으로는 덕행의 필요성을 뒷받침하기에 부족한 느낌이 있다. 장백단은 이를 이론적으로 보완하여 덕행실천이 원기와 본성을 드러내는데 필요함을 밝혔다. 그 후 송대 이후의 내단사상은 대체로 이러한 틀 속에서 덕행의 필요성을 인정하고 논의하였다.

내단사상은 대중적으로 확산되기 어려운 수련과정을 포함하기 때문에 사자상승에 의해 전승되는 경우가 많으므로 개인주의적 은둔적 성격을 지니기 쉽다. 또 다른 수련과 다르게 선천기의 회복을 통한 몸공부의 측면을 포함한다. 이러한 특징 때문에 외면적으로는 덕의 실천과 내단수련은 관련이 적은 듯한 인상을 주지만 앞에 살펴본 바에 의하면 덕의 실천을 매우 중시하고 있음이 눈에 띈다. 그러나 이에 관한 이론적 뒷받침은 불충분한 면이 있다.

성리학에서는 기론적 세계관을 취하면서도 인간본성에 관해 그 도덕적 근거를 밝히기 위해 노력하였다. 그 결과 성리학에서 제시하는 본성론과 수행론, 성인론 등은 비교적 유기적으로 잘 연결된 느낌을 준다. 이에 비해 내단사상의 답은 상대적으로 선명하지 못한 점이 있다. 덕성이 인간

본성에서 어떤 위치를 차지하는가? 덕성과 원기와는 어떤 관계가 있는가? 덕성의 실현이 전체적인 내단 수련단계에서 지니는 의미가 무엇인가는 좀 더 논의가 필요하다고 본다.

| 제2부 |

한국 선비의 지성

입암 민제인의 인간관*

| **민황기**(청운대 교양학부 교수) |

1. 서론

입암(立巖) 민제인(閔齊仁)은 현달한 가통의 명문거족으로서 부친 성균관 전적을 지낸 민구손과 모친 정경부인에 증직된 언양 김씨 사이에서 1493년(성종 24)에 태어나 1549년(명종 4)에 향년 57세로 생을 마쳤다. 그는 온화하고 인후한 성품을 소유한 유학자로서 조선조 16세기 정치적 격변기에서 몸소 수기 안인을 실천하여 지성인의 표상을 보여 주었다. 주요 관직으로는 1513년 21세에 진사시에 합격하고, 1520년에 별시문과에 병과로 급제해 호당에서 사가독서하다가 이듬해 승정원 주서로 탁용되었다. 1525년 춘추관기사관으로 다시 등용되어 사필에 종사하였다. 1529년 사간원정언을 거쳐, 1531년 이조정랑에 올랐다. 이어서 성균관사성으로 승진했으며, 이때 탁월한 문장력으로 문신 제술시에서 수석을 차지하였

* 본 논문은 『동서철학연구』 제55집(한국동서철학회, 2010)에 게재된 것을 보완한 것임.

다. 1536년 호조참의를 거쳐 홍문관부제학 · 사간원대사간을 역임하고, 1538년 승정원동부승지가 되었으며, 이어서 의주목사, 광주목사, 공조참의, 호조참의, 함경남도 병마절도사, 첨지중추부사, 한성부좌윤 등에 연이어 되었으며, 1541년 평안도 관찰사가 되었다. 그 뒤 사헌부 대사헌, 형조참판, 호조판서 겸 동지춘추관사, 병조판서, 이조판서 겸 동지경연사, 홍문관제학, 예문관제학, 의정부 우찬성 겸 판의금부사, 의정부 좌찬성 등 내외 주요 관직을 두루 역임하며 큰 업적을 남겼다.

입암의 저술로는 시문집인 『입암집』 6권 3책과 『동국사략』 3권이 있다. 또한 조선조 아동 교양 교과서로 널리 알려진 『동몽선습』이 바로 입암의 저술이라는 사실이 밝혀졌다.[1] 윤인서가 쓴 발문에는 저자, 저술동기, 책이름, 저술년도, 발문을 쓴 사람까지 자세하게 제시되고 있어, 1543년(중종 38)에 간행된 『동몽선습』은 입암이 우리나라 사람의 실정에 알맞게 저술하여 최초로 목판 인쇄로 간행한 교과서이고, 최고(最古)의 정본(正本)으로 평가되고 있는 것이다.[2]

『동몽선습』의 편찬 동기는 입암이 인륜과 일상생활에 간절히 하여 후학을 깨우쳐 인도하고 세상의 참된 교육을 유지하며, 독행과 진학의 문로를 백성들에게 보여 주기 위해서 이를 간행하게 된 것이다. 『동몽선습』의 전체적 구성 체계는 크게 유학적 이론도덕을 담고 있는 총서와 본문과 총론의 세 부분으로 구성된 '경(經)'에 해당하는 부분과 중국과 우리나라의 역사를 서술해 놓은 '사(史)'에 해당하는 부분으로 나누어져 다시 사실

1) 안춘근, 『한국서지의 전개과정』, 범우사, 서울, 1994, 214~215쪽; 안춘근, 『한국고서평석』, 동화출판공사, 서울, 1986, 228~229쪽 참조. 안춘근은 『옛책』, 대원사, 서울, 1991, 38~39쪽에서도 실물 사진을 제시하며 민제인 찬 『동몽선습』을 소개하고 있다.
2) 민황기, 「입암 민제인의 유물과 유적에 관한 연구」, 『유학연구』, 제18집, 충남대 유학연구소, 2008, 259~264쪽 참조.

(史實)을 요약하고 사론을 붙이고 있다. 이 책은 입암의 교육철학과 인간관을 찾아 볼 수 있는 귀중한 자료 중의 하나이다. 입암이 '평생토록 경서와 역사에 마음을 쏟으면서 특히 『논어』, 『맹자』를 좋아해 그 뜻을 깊이 연구하였다'는[3] 데서 오륜사상에 깊이 천착했음을 알 수 있다. 이러한 입암의 사상적 문헌과 관련하여 주목되는 새로운 연구과제는 입암의 인간이해에 관한 연구이다.

이에 논자는 본고에서 입암 민제인의 인간관에 대하여 검토하기로 한다. 먼저 그의 인품과 선정, 그리고 선진성학적 관점에서 인간학적 근거를 살펴보고, 그의 문헌, 특히 『동몽선습』을 중심으로 인간이해를 고찰해 보기로 한다.

2. 인간학적 근거

입암은 유가의 문화적 가통으로 유학으로서의 올바른 도리를 익히었다. 그의 조부 민수는 이조정랑으로 점필재 김종직 등 당대의 여러 현자들과 교유했으며 시에 능하다는 소문을 들었다. 또한 부친 민구손도 한훤당 김굉필을 사사하였고 안응세 등과 종유하였으며, 성균관 전적을 지냈는데, 단아한 행실과 시어가 구차하지 않았다는[4] 칭송이 있었다. 이처럼 양 대(兩代)가 점필재, 한훤당 문하에 종유하여 사우의 연원이 있다.[5] 그

3) 민제인 저, 『국역 입암집』, 이임기 역, 「추보 2」, 여강출판사, 서울, 1989, 400쪽. 『입암집』의 서문을 쓴 유근도 "공은 젊어서부터 늙도록 독서하기를 좋아하여 경서와 역사에 능숙하지 않음이 없었는데 『논어』와 『맹자』를 근본하였다."(민제인 저, 『국역 입암집』, 이임기 역, 「序」, 6쪽)라고 평가하였다.

4) 민제인 저, 『국역 입암집』, 이임기 역, 「추보 2」, 「행장」, 384~385쪽.

5) 민제인 저, 『국역 입암집』, 이임기 역, 附錄, 宋時烈 撰, 「神道碑銘」, 288쪽 및 閔鼎重 撰

리고 입암은 정암 조광조의 발탁으로 조정에 출사하게 된 것을 고맙게 생각하여 늘 정암을 숭모하였으며,[6] 항상 정암과 같은 어진 사람들의 곧은 논의를 사모하였다고 한다. 이렇게 볼 때, 입암은 가학적 연원으로 조광조, 김종직, 김굉필의 학맥에 닿아 있음을 알 수 있다.

그러면 그의 인간에 대한 학문적 기본 입장이나 인간학적 근거는 어디에 있는가? 그리고 그의 인간관에 어떤 영향을 주었을까?

우선 입암의 인간에 대한 이해는 그의 인품을 통해서 또는 그가 현실의 사태와 문제를 어떻게 인식하고 어떻게 대응하였는가의 언행을 통할 수 밖에 없을 것이다.

입암의 5대손인 노봉 민정중은 그의 인품을 다음과 같이 묘사하고 있다.

> "공은 천성이 인후하고 용의가 빼어났으며, 온화한 낯빛과 근엄한 의양을 지녔다. 마음은 바르게 견지하고 말은 화순하여 보는 이는 존경하지 않는 이가 없고, 그 말씀을 듣는 사람은 열복하지 않는 자 없었다."[7]

그는 천성이 인후하면서도 근엄한 의양을 지녔다는 것이다. 이는 마치 공자의 인품이 "온순하면서도 엄하였고, 위엄이 있으나 사납지 않았다."[8] 는 표현과 흡사하다. 이러한 인격을 갖춘 입암은 "몸가짐을 장엄하게 하되 다투지 않으며, 집단 속에 거처하면서도 파당을 짓지 않는"[9] 중용의 정신으로 대립과 갈등을 극복하고 조화롭게 살았던 것이다. 인후한 천성

「行狀」.

6) 민제인 저, 『국역 입암집』, 이임기 역, 「추보 2」, 「행장」, 398쪽.

7) 민제인 저, 『국역 입암집』, 이임기 역, 「추보 2」, 「행장」, 397쪽.

8) 『論語』, 「述而篇」. "子溫而厲 威而不猛 恭而安."

9) 『論語』, 「衛靈公篇」. "(子曰 君子)矜而不爭 群而不黨"

과 근엄한 의양으로 마음과 의양이 조화된 그의 성품은 많은 사람들을 열복시켰는데, 노복들을 대하는 태도에서도 다음과 같이 그대로 드러나고 있다.

> "항시 이르기를, "노복 역시 사람이니, 지나치게 박대해서는 안 된다." 고 하면서, 자제들에게 함부로 그들을 욕하지 못하게 하였고, 심부름을 시킬 때면 모두 이름을 불렀지 이놈 저놈 하는 따위의 말을 쓰지 않았다." [10)]

즉 그는 따듯한 감성지능을 발휘하여 비록 비복들이라도 악한 말로 꾸짖지 않고, 그가 한 말은 실행하지 않음이 없었다고 한다.[11)] 이와 같은 노복에 대한 인격적 배려는 그의 인간적 면모를 잘 보여 주는 사례라고 할 수 있다.

또한 입암의 온축된 성품은 다음과 같은 데서도 돋보인다.

> "기개는 호탕하였고 담력은 남보다 뛰어났는데, 겸하여 노래와 활 쏘는 것과 말을 모는 일에도 능했으며 잡예도 두루 통하였으니 놀라운 일이 아닐 수 없다. 그러나 겸양하고 공손한 태도로 이를 숨겨 세상에서 아는 이가 없었다." [12)]

입암은 인후한 천성과 근엄한 의양을 지녔을 뿐만 아니라, '기개가 호탕하고 담력이 남보다 뛰어났으며, 노래와 활 쏘는 것과 말을 모는 일에도 능했다'는 데서 기예까지 겸비했음을 알 수 있다. 이 점은 "중종이 서총대에 올라 여러 신하들에게 시를 짓고 활을 쏘라 명했을 때, 입암이 이

---

10) 민제인 저, 『국역 입암집』, 이임기 역, 「추보 2」, 「행장」, 398~399쪽.
11) 민제인 저, 『국역 입암집』, 이임기 역, 「부록」, 「신도비명」, 288쪽.
12) 민제인 저, 『국역 입암집』, 이임기 역, 「추보 2」, 「행장」, 397쪽.

조참의로 이 두 가지 기예시험에서 모두 1위가 되었다"[13]는 데서도 확인할 수 있다. 그러함에도 그는 겸양하고 공손한 태도로 자신을 드러내지 않았다고 한다.

이와 같이 마음과 의양이 조화된 그의 성품은 인륜적 삶으로 승화되었다. 즉 부모에 대한 효성으로부터 출발하여 아우에 대한 우애, 족인에 대한 구원으로 전개되었으며, 나아가 사람을 구원하고 만물을 이롭게 하는 데에로 확충되어, 우주의 진실무망한 실리에 합일되는 성격을 띠고 있다.[14] 특히 그의 솔선수범하는 인륜적 삶은 행정에까지 미쳐 주민들이 감격하고 이를 칭송하여 노래하는 지경까지 갔던 것이다.[15] 이러한 인품은 그의 「행장」에서도 잘 나타나 있다.

"집에 계실 때도 매우 훌륭한 행실이 있었다. 진작 찬성공을 여의고 대부인만을 봉양한 지 28년 동안 즐거운 마음으로 성실히 봉양하기를 하루같이 하였었다. 함경도 병마절도사로 임할 당시 모친을 모시면서 오락 기구를 성대히 펼쳐 대부인을 기쁘게 해 드리기도 하였다. 공은 동생인 민제영과 우애가 독실하였다. 그가 질병에 놓인 것을 마음 아파하면서 별장을 지어 주어 조섭을 편케 하였고, 또한 전택을 구입해 산업을 마련해 주었는데, 지금까지 그 후손들은 이에 힘입어 생활하고 있다. 그런데 공의 자손들은 송곳 꽂을 만한 땅도 없는 형편이다. 그리고 자손이 귀한 원족이 혼인을 때맞추어 하지 못하는 경우가 생기면 봉록을 쪼개 도와주었다. 항시 이르기를, "노복 역시 사람이니, 지나치게 박대해서는 안 된다."고 하면서, 자제들에게 함부로 그들을 욕하지 못하게 하였고, 심부름을 시킬 때면 모두 이름을 불렀지 이놈 저놈 하는 따위의 말을 쓰

13) 민제인 저, 『국역 입암집』, 이임기 역, 「추보 2」, 「행장」, 387쪽.
14) 민제인 저, 『국역 입암집』, 이임기 역, 「부록」, 「신도비명」, 288쪽.
15) 민제인 저, 『국역 입암집』, 이임기 역, 「추보 2」, 「행장」, 399쪽.

지 않았다."[16)]

그의 사랑은 가깝게는 부모로부터 형제에 대해서 그리고 원족과 노복에 이르기까지도 유감없이 발휘되었으니, 그의 인자한 품성과 후덕한 덕행을 짐작할 수 있다. 이러한 인도주의적 특성은 입암이 자연만물 중에 사람의 가장 존귀함을 말하고 사람의 존엄함의 까닭은 오륜에 있다고 논하는 데서 그 사상적 단면을 엿볼 수 있다.[17)]

다음 「행장」의 글에서도 그의 인품과 인륜적 삶을 잘 드러내 주고 있다.

"또, "공은 지성으로 사람을 대하고 물건을 아끼는 마음을 지녀, 주리고 곤궁한 사람을 보면 반드시 힘껏 구제하면서 매우 안타까워하였다. 그래서 사람들이 공의 덕을 사모하였고, 어리석은 하천들이라도 공의 풍문을 듣고 감복하지 않는 자가 없었다. 때문에 걸인들은 때로 공이 출입할 적에 무리를 지어 수레를 에워싸곤 하였다. 그러면 공은 이들을 데리고 돌아와 그들의 주린 배를 채워 주었다 한다. 흉년이 들 때면 조정에서는 공에게 백성들의 진휼을 맡기었고, 공이 이를 맡아 볼 적에는 언제나 새벽에 일어나 관아로 나가 몸소 죽의 맛을 보고 그 묽기와 청결상태를 살폈다. 담당자들도 모두 공의 뜻에 부응하여 힘쓴 까닭에 생활에 도움을 받은 이가 매우 많았다. 하루는 공이 길가에서 끌려가는 시신의 두 발이 가늘게 떠는 것을 보고, 아직 생기가 있다고 판단하여 종자를 시켜 데려와 구호케 하였더니 마침내 살아났다." 고 한다."[18)]

---

16) 민제인 저, 『국역 입암집』, 이임기 역, 「추보 2」, 「행장」, 398~399쪽.

17) 입암 민제인 지음 · 광토 민황기 엮음, 『새롭게 보는 동몽선습』, 한국사교학술원, 대전, 2008, 7~8쪽.

18) 민제인 저, 『국역 입암집』, 이임기 역, 「추보 2」, 「행장」, 399쪽.

여기서 '흉년이 들 때면 조정에서는 공에게 백성들의 진휼을 맡기었다'고 하듯이, 진휼사로서의 발탁이나 그 업적은 입암이 당시 조정 중신 가운데서 능력을 인정받고 있었음은 물론, 그 인덕과 행정 담당자로서의 애민의식을 알 수 있게 하는 증거이다.[19] 그야말로 입암의 온후한 인품과 인정은 걸인은 물론 죽어가는 사람을 살리는 데까지 발휘되었다. 이것은 바로 "하늘과 땅 사이의 만물의 무리 중에서 오직 사람의 가장 귀한데 사람이 귀한 까닭은 오륜이 있기 때문이다."[20]라는 그의 사상적 정초에도 기인된다. 그는 나라에 충성을 다하고 백성을 사랑하며 그들과 기쁨과 슬픔을 같이 하였던 것이다. 당시 신분사회의 한계를 고려하면 그의 이러한 애민의식은 매우 고매하고 값진 것이다. 이것은 입암이 "평생토록 경서와 역사에 마음을 쏟으면서 조금도 나태한 적이 없었는데 특히 『논어』, 『맹자』를 좋아해 늘 공무에서 돌아오면 곧 책을 펴고 앉아 그 뜻을 깊이 연구하였는데 흔히 늦은 밤까지 계속하기도 했다."[21]는 데서 학문적 원칙을 그대로 발휘한 것이라 할 수 있다. 그는 선진성학의 정통을 계승한 그의 학문적인 배경을 바탕으로 왕도정치를 주장함으로써 애민의식을 바탕에 둔 정치를 하였으며, 왕의 수신을 강조하였다. 유학에서의 왕도정치는 성선설을 토대로 한 민본(民本)에 기초하여, 인의의 도덕정치를 실현하는 것이다. 이런 맥락에서 그의 인도주의적 성품과 학행(學行)이 백성을 정치적 행위의 주체로 보았으며 '백성과 함께 더불어 즐거워하고 근심하는'[22] 왕도정치로 나타난 것이라 하겠다.

입암의 이러한 인품과 선정은 마침내 사림들의 추앙하는 바가 되었고[23],

---

19) 김문준, 「입암 민제인의 생애와 사상」, 『대전문화』, 제10호, 208쪽.

20) 민제인, 『童蒙先習』. "天地之間萬物之衆 惟人 最貴 所貴乎人者 以其有五倫也"

21) 민제인 저, 『국역입암집』, 이임기 역, 「추보 2」, 400쪽.

22) 『孟子』, 「梁惠王章句 下」. "樂民之樂者 民亦樂其樂 憂民之憂者 民亦憂其民"

"공이 관서에 계실 때 오랫동안 은혜를 베풀자, 그곳 백성들이 부모처럼 받들고 노래를 지어 공의 덕을 칭송했다."[24]고 전해 오고 있다.

이와 같이 입암은 현실적인 대의문제나 나라의 민심을 중시한 애민, 위민, 보민의 왕도이념에서 여러 가지 문제를 해결하려고 하였다. 이러한 입암의 인도주의적 인품과 인정(仁政)은 선진성학의 대도에 바탕하고 있음을 알 수 있다.

이제 입암 사상의 인간학적 근거를 검토해 보기로 하자. 「대덕돈화부」라는 다음 작품 속에 그의 천도론과 인도론 그리고 『중용』에 대한 이해를 볼 수 있는데 이에 대해 살펴보기로 하자.

> "아득히 먼 원시를 보아 대화의 근본을 구하니, 위로는 크고 커 틈이 없고, 아래로는 아득하고 아득하여 끝이 없네. 심오한 음양오행이 묘합하여 만상을 함축해 혼륜하니, 이는 태극이 바로 조화의 근원이 되는 것이네. 지극한 덕이 그 가운데 엉기어 넓고 넓어 성대하고 빽빽하게 섞여 융합하네. 묘는 깊고 멀어 쉬지 않고, 이에 끝없이 흘러내려 천하의 만물을 가득히 채우니, 만물이 무엇이든 리에 근본하지 않음이 있으리오.
>
> 어지럽게 새는 날고 물고기는 뛰며, 혹은 꿈틀거리며 살고 혹은 엎드려 살기도 하네. 해와 별은 찬란하게 비추어 주고, 내와 산은 흐르고 솟아 있는 곳이 정해 있네. 바람과 우레 움직여 비를 내리고, 음양오행의 묘는 같이 행하여 어긋나지 않으며, 변화됨이 다함이 없고 이미 도타와 근원은 그 큼을 헤아릴 수 없으나, 만 가지 다른 것이 한 근본임을 보아 천인이 서로 통함을 깨달았네. 어찌 성인의 온전한 덕이 하늘과 간격이 없다 하리오. 중이 자리를 이뤄 천지에

---

23) 민제인 저, 『국역 입암집』, 이임기 역, 「부록」, 「신도비명」, 288쪽.
24) 민제인 저, 『국역 입암집』, 이임기 역, 「추보 2」, 「행장」, 399쪽.

짝하니, 이는 정을 주로 삼아 표준을 세운 것이네. 굳세게 중을 밟고 정위에 거하여, 묵묵히 위로는 자연의 이치를 본받고, 아래로는 일정한 이치를 따른 것이네. 대본(大本)을 마음에 세우고 변화를 낳아 쉬지 않음이 많네. …… 가슴 속에 사시를 운행하여 한 정성을 일만 가지에 베푸네. …… 비록 체는 소리와 냄새에 숨었으나, 도는 고기와 솔개로 나타나서, 교화는 광대함보다 더 큼이 없고, 덕은 심원함보다 더 큼이 없으니, 이 공부자가 높이 뛰어난 것이네. 태극의 혼연함에 나아가면 하늘은 고명한 데 그치고, 땅은 넓고 두터움에 편벽되어, 모두 덮어주시고 실어주며 체용을 겸했으니, 오직 지극히 지성이라야 유구할 수 있네.

아름다운 성인의 마음이여, 실로 이 리가 붙여 있는 곳이네. 이미 그 덕이 지극히 큼으로 그 감화한 것이 넓은 것이네. 아! 성인은 멀어지고 도(道)는 없어져 백성이 능히 중용을 지키지 못한 지 오래다. 한갓 자연히 화(化)한 것만 볼 뿐이니, 어찌 근본을 만물의 비롯됨에서 구하는 것을 알리요. 천인(天人)을 둘로 나누어 보니, 또 누가 그 덕이 같음을 알리오.

생각하건대 나는 식견이 우매하니 어찌 천도를 감히 헤아리리오. 오직 스스로 밝은 것은 성이라 말은 실로 옛 가르침이 귀에 가득하니, 고요히 몸에 돌이켜 잠시도 잊지 않으면 거의 속이지 않고 스스로 강해질 것이다.

그래서 이렇게 말한다. "고요하고 조짐이 없는 곳에 리기가 모이고, 혼연하여 아직 나눠지지 않는 곳에 형상이 갖추어지는 것이다. 심원한 한 근원은 무궁한 데서 나오고, 순일하게 하기를 그만두지 않으면 삼재의 덕이 똑같으니, 온갖 물건이 수없이 많으나 모두 내 마음속에 있으며, 한 근본으로 혼합되었으니 구하면 여기에 있다. 밝히어 성함은 사람이 다 할 수 있으니, 공부자의 자연은 한 태극일 뿐이다."" [25]

---

25) 민제인 저, 『국역 입암집』, 이임기 역, 권6, 「大德敦化賦」. "至德凝乎其中 廓巍蕩而盛

이 글은 『중용』을 근거로 '대덕돈화'에 대해 논한 것이다. 이 속에는 천도와 인도에 대한 견해를 말한 것으로 인간학적 근거를 엿볼 수 있다. 입암은 "음양오행이 묘합하고 만상을 함축해 혼륜하니, 이는 태극이 바로 조화의 근원이 됨이다."라고 하였다. 여기에서 그는 묘합된 음양오행으로 만상이 함축한 세계임을 말하고, 조화의 근원이 바로 태극이라고 보았다. 아울러 만물은 무엇이든지 리에 근본하지 않는 것이 없다고 하여, 우주자연, 만사만물의 생성변화에 있어 태극(리)이 근본이 됨을 분명히 하였다. 이는 그의 존재론적 지평이 전통적인 리기이원론에 바탕을 두고 리의 본원성을 인정하고 있음을 의미한다. 음양오행은 곧 기요 태극은 리라고 볼 때, 리기묘합의 천도관을 진술한 것이다.

그는 또 현상세계를 다양하게 설명한다. '하늘에서 새가 날고, 연못에서는 물고기가 뛰며'라는 대목은 『중용』에서 인용되고 있는 "솔개는 날아서 하늘에 다다르고 물고기는 못에서 뛴다."[26]라는 『시경』의 표현과 같다. 이는 천도로서의 '중'의 덕과 그 쓰임이 넓고 은미하여서 위와 아래서 밝게 나타나는 것이 그 이치가 쓰이지 않는 것이 없음을 밝힌 것이다. 또한 '해와 별이 찬란하게 비추고, 내와 산이 솟아 있고, 바람과 우레가 움

大 鬱磅礴而沖融 妙於穆而不已 斯流出之無窮 盈天下萬物 夫孰不本於是理 紛羽騰而鱗躍 或蠕生而蟄起 日星粲其照臨 川嶽奠而流峙 風雷動兮雲雨施 妙並行而不悖 化不窮而旣敦 根莫測夫其 大觀萬殊之一本 悟天人之交貫 豈聖人之全德 而與天其無間 中成位而配兩 乃主靜而立極 蹇蹈中而居正 默上律而下襲 立大本於方寸 芸生化之不息 …… 運四時於胸中 貫一誠乎萬類 …… 體雖隱於聲臭 道自著於魚鳶 化莫大於浩浩 德莫弘於淵淵 期夫子之卓爾 卽太極之渾然 天固止於高明 地亦偏於博厚 該覆載而兼體用 唯至誠爲能悠久 懿聖人之方寸 實斯理之所寓 旣其德之至大 故闢化之斯溥 噫聖遠而道喪 民鮮能之久矣 徒觀化之自然 孰求本於物始 分天人而兩看 又孰知其同德 顧余識之愚昧 何天道之敢測 惟自明而誠之 寔古訓之洋洋 靜反身而服膺 庶不欺而自强 係曰 冲然無眹理氣聚兮 渾然未祛形衆具兮 於穆一元出無窮兮 純亦不已德三同兮 萬類芸芸吾度內兮 一本混混求斯在兮 明以誠矣人可得兮 夫子自然一太極兮."

26) 『中庸』, 제12장. "(詩云) 鳶飛戾天 魚躍于淵"

직여 비를 내리는' 모든 것이 천도로서의 음양오행의 오묘한 작용이라고 하였다. 그리고 이러한 변화는 무궁하다고 하면서, 만 가지로 다른 것이 한 근본임을 보아, 천인이 서로 상통함을 알 수 있다 하였다. 이는 유학에서의 체용일원과 리일분수를 말하면서, 천인합일의 의미를 겸하여 설명한 것이라 할 수 있다. 삼라만상이 다양하게 전개되지만, 그 근본은 하나로 돌아간다. 다양한 사물의 전개는 음양오행 즉 기의 소위지만, 만사만물이 궁극적으로 하나임은 리에 근본한다. 물론 리의 측면에서도 리일분수를 말할 수 있고, 기의 측면에서도 기일분수를 말할 수 있는데, 여기에서는 리일분수의 차원에서 한 말이다.[27]

또한 그는 "고요하고 조짐이 없는 때에 리기가 모이는 것이요, 혼연하여 아직 나뉘어지지 않는 때에 형상이 갖추어지는 지는 것이다."라고 하였는데, 전자는 본체상에서의 리기묘합을 말한 것이고, 후자는 현상적 측면에서의 언표라고 할 수 있다.

'태극의 혼연함에 나아가면 하늘은 고명한 데 그치고, 땅은 넓고 두터움에 편벽되어, 모두 덮어 주시고 실어 주며 체용을 겸했으니, 오직 지극히 지성이라야 유구할 수 있네.'라는 문장은 천도에 대하여 진술한 것이다. 이것은 『중용』에서 "지성은 쉼이 없다."[28]고 하며, "박후함은 물건을 실어 주는 것이요, 고명함은 물건을 덮어 주는 것이다. …… 박후는 땅을 배합하고, 고명은 하늘을 배합한다."[29]라는 천도의 공용을 나타내는 맥락과 같다.

입암은 이 글에서 천도를 깨달은 성인의 덕이 중(中), 주정(主靜), 대본(大本)에 입각하고 있음을 언급하여, 성인의 덕이 천도와 합일하는 것임

27) 황의동, 『기호유학연구』, 서광사, 경기, 2009, 213쪽.

28) 『中庸』, 제26장. "至誠 無息"

29) 『中庸』, 제26장. "博厚 所以載物也 高明 所以覆物也 …… 博厚 配地 高明 配天"

을 말하였다. 또한 그는 백성들이 중용의 도덕을 실천하지 못함을 한탄하면서 이의 실천은 '밝히어 성실해지는 인도(人道)'에 있음을 밝히고 있다. 이러한 그의 설명은 『중용』에 대한 깊은 이해를 짐작할 수 있으며, 이를 통해 그의 천인합일의 경지와 인간학적 근거를 찾아볼 수 있다.

또한 입암은 지공무사한 홍범을 천도라 하며 그 이유를 제시하고 있다.

> "무왕이 은나라를 치고 주를 토벌한 후에 기자를 놓아주고 또 따라서 도를 물음에 기자가 홍범으로 진술한 것이다. 홍범이라는 것은 나는 기자의 도가 아니라, 하늘의 도라고 생각한다. 진술한 것은 무왕을 위한 것이 아니라 천하를 위한 것이라고 본다. 왜냐면, 기자가 낙서의 원리를 얻어서 추연하고 증보시켜 한 편으로 완성했으므로 기자의 도라고 할 수 있지만, 그것을 처음 내려 주시어 드러나게 한 분은 하늘이기 때문이다."[30)]

이 글은 입암의 학문적 기본입장과 사상적인 근거를 엿볼 수 있는 대목이다. 삼대지치를 자주 거론하며 『서경』의 홍범을 치도의 핵심에 두는 선진성학에 근거하고 있다는 의미가 확연해진다. 홍범은 바로 홍범구주를 가리키며 오행, 오사, 팔정, 오기, 황극, 삼덕, 계의, 서징, 오복육극 등 정치 도덕의 아홉 가지 원칙이다. 이것은 천도의 내용이며 인간학적 근거가 된다. 이에 입암은 홍범을 전한 "기자 같은 이는 정말 신하됨에 충성을 다한 이라 할 것이고, 지공무사의 정신으로 도를 전한 이이다."[31)]라 하고 이

---

30) 민제인 저, 『국역 입암집』, 이임기 역, 「추보 1」, 「기자위무왕진홍범론」, 360쪽.

31) 민제인 저, 『국역 입암집』, 「추보 1」, 「기자위무왕진홍범론」, 361쪽. 입암은 기자조선의 실체를 인정하는 입장에서 기자가 조선에 와서 백성들에게 예의를 가르치고 팔조의 가르침을 베풀었다고 기록하고 있다. 조선시대의 지식인들은 대체로 기자조선을 인정한 것 같다. 그 이유는 공자가 『論語』에 '은나라에 세 명의 仁者가 있었

어서 "진충하고 지공함은 바로 인의 정신이다. 그렇다면, 공자가 인인으로 일컫는 것도 또한 이를 의미한 것일 것이다."[32]라고 하여 기자에 대한 매우 중요한 주장을 하고 있으며 공자의 인의 정신을 언급하는데도 선진성학의 입장으로서 인간학적 근거를 엿볼 수 있다.

3. 인간이해

입암의 인품과 선정에는 인도주의가 담겨져 있으며 그의 선진성학 이해를 통해서는 인간간학적 근거를 엿볼 수 있다. 입암은 '평생토록 경서와 역사에 마음을 쏟으면서 특히 『논어』와 『맹자』를 좋아했으며' 『서경』이나 『중용』에 대한 이해에서도 인간학적 기본입장이 담겨져 있음을 알 수 있다. 그의 『동몽선습』은 인간이해의 실제적인 자료가 된다. 『동몽선습』의 저술 동기는 입암이 풍속이 병들어 사람들이 마음대로 행동하고 성품을 질곡(桎梏)하여 금수와 가깝게 됨을 애통하게 여긴 데서 출발한다. 따라서 입암이 인륜과 일상생활에 간절히 하여 후학을 깨우쳐 인도하고 세상의 참된 교육을 유지하며, 독행과 진학의 문로를 백성들에게 보여 주기 위해서 이를 간행하게 된 것이다.[33] 입암은 삼강과 오상의 도리, 곧 인륜이 천지와 함께 끝과 시작을 같이 한다고 보며, 세상의 치란과 안위와 나라의 홍패와 존망이 결정되는 까닭은 전적으로 인륜이 밝혀졌느냐 아니냐에 달려 있음을 강조하고 있다.[34]

다.' 고 하였듯이 기자를 어진 사람으로 인정하였기 때문이다.(입암 민제인 지음 · 광토 민황기 엮음, 『새롭게 보는 동몽선습』, 140쪽)

32) 민제인 저, 『국역 입암집』, 이임기 역, 「추보 1」, 「기자위무왕진홍범론」, 361쪽.

33) 입암 민제인 지음 · 광토 민황기 엮음, 『새롭게 보는 동몽선습』, 167~168쪽.

다음은 『동몽선습』 전체의 머릿글의 역할을 하고 있는데 입암의 인간 이해의 결정적인 단초를 제공하고 있다.

"하늘과 땅 사이의 만물의 무리 중에서 오직 사람의 가장 귀한데 사람이 귀한 까닭은 오륜이 있기 때문이다. 이런 까닭에 맹자가 말하기를 아버지와 자식은 친함이 있고, 임금과 신하는 의리가 있고, 남편과 아내는 분별이 있고, 어른과 어린이는 차례가 있고, 벗 사이에는 믿음이 있다고 했으니, 사람이 되어 이 다섯 가지 도리가 있음을 알지 못한다면 금수와 거리가 멀지 않을 것이다. 그렇다면 아버지는 사랑하고 자식은 효도하며, 임금은 의롭고 신하는 충성되며, 남편은 화평하고 아내는 유순하며, 형은 우애하고 아우는 공경하며, 벗 사이에는 인(仁)으로 서로 도운 연후에야 바야흐로 사람이라 할 수 있다."[35)]

윗글은 첫째 자연만물 중에 사람이 가장 존귀함을 말하고, 둘째 사람의 존엄함의 까닭은 인륜에 있음을 논하며, 셋째 인륜의 중심은 오륜에 있다고 논하고 있다. 이것은 입암의 인간학적 정초에 해당된다. 특히 『동몽선습』의 저자인 입암이 오륜을 강조한 것은 그가 "특히 경서와 역사에 마음을 쏟으면서 조금도 나태한 것이 없었는데 만년에는 『논어』·『맹자』를 좋아해 늘 공무에서 돌아오면 곧 책을 펴서 앉아 그 뜻을 깊이 연구하였는데, 흔히 늦은 밤까지 계속하기도 하였다."[36)]는 노봉 민정중이 쓴 입암의 행장에서 찾을 수 있다. 오륜은 사람이 지켜야 할 다섯 가지의 떳떳한

---

34) 민제인, 『童蒙先習』. "嗚呼 三綱五常之道 與天地 相終始 …… 其所以世之治亂安危 國之廢興存亡 皆由於人倫之明不明如何耳 可不察哉"

35) 민제인, 『童蒙先習』. "天地之間萬物之衆 惟人 最貴 所貴乎人者 以其有五倫也 是故 孟子曰 父子有親 君臣有義 夫婦有別 長幼有序 朋友有信 人而不知有五常 則其違禽獸不遠矣 然則父慈子孝 君義臣忠 夫和婦順 兄友弟恭 朋友輔仁然後 方可謂之人矣"

36) 민제인 저, 『국역입암집』, 이임기 역, 「추보 2」, 400쪽.

도리로서 인간의 사회관계에서의 행위 질서이며, 지켜지고 행해져야 할 유교 사상의 근본 원리로 부자유친, 군신유의, 부부유별, 장유유서, 붕우유신 등이다. 이것은 오상이라고도 하는데 『맹자』「등문공장구 상」에서 맹자가 진상과 대화하는 도중에 처음으로 나타난다.

입암은 맹자가 천명한 오륜에 대하여 제시하며, 사람이 되어 이 다섯 가지 도리가 있음을 알지 못한다면 금수와 다름이 없는 것으로 단적으로 말하고 있다. 그는 이를 방지하기 위하여 오륜 속에서 각자가 수행해야 할 역할을 제시하고 있다. 즉 아버지는 자애롭고 자식은 효도하며(父慈子孝), 임금은 의롭고 신하는 충성되며(君義臣忠), 남편은 화평하고 아내는 공순하며(夫和婦順), 형은 우애하고 아우는 공경하고(兄友弟恭), 벗 사이는 인으로써 도와야 함(朋友輔仁)을 논하고 있다. 여기에는 인륜의 호혜쌍무성을 드러내주는 오륜의 내용을 잘 설명하고 있다. 부자자효의 경우 어버이와 자식이 서로 존중하는 상황 하에서 말해진 것이다. 이 말의 행간에 균평의식이 들어 있고 결코 어느 한쪽만의 노예 노력을 요구한 것이 아니다. 서로 힘쓰는 호혜적 입장일 때 그 양자 간의 이상적 공존이 성취되는 것이다. 부모와 자녀 간에 친함의 정신은 자애와 효성으로 그 호혜쌍무성이 구현되는 것이다.

이러한 호혜쌍무적 성격은 군의신충, 부화부순, 형우제공, 붕우보인의 경우에도 마찬가지 구조를 갖는다. 임금과 신하 사이의 의리는 예의와 충성으로, 남편과 아내 사이의 분별은 화평과 유순으로, 윗사람과 아랫사람 사이의 관계는 우애와 공경으로, 친구 사이의 신의는 인을 도와줌으로 각각 그 구조적 호혜쌍무성이 실현된다. 이것이야말로 중용의 정신으로 호혜쌍무적인 인간관계를 나타내는 것이며 입암이 제시한 이상 인격의 전형이라 할 수 있다. 입암은 오륜 속에서 각자 수행해야 할 역할을 부자자효, 군의신충, 부화부순, 형우제공, 붕우보인 등으로 아주 명료하게 정리

하여 이 길이 바로 사람됨의 길임을 천명하고 있는 것이다.[37)]

『동몽선습』 경부문의 본문에 해당하는 오륜에서는 「부자」, 「군신」, 「부부」, 「장유」, 「붕우」 등 5개 장으로 나누어 구체적으로 설명하고 있다. 각 장의 논지 전개의 방식은 인륜이 내포하고 있는 본질적 속성, 인륜 속에서 각자가 수행해야 할 도리와 역할, 인륜의 실천에 있어서 대표적인 사례, 성현의 말씀 등의 순서로 논리정연하게 되어 있다. 이러한 논지 전개의 방식에 따라 입암의 인간관을 살펴보면 다음과 같다.

1) 부자

「부자」장은[38)] '부자유친'의 의미를 밝힌 장이다. 입암은 「부자」장의 첫 문장에서 "아버지와 자식은 하늘이 만들어 준 친한 관계"[39)]라고 하여 아버지(부모)와 자식 간의 본질적 속성을 규정하였다. 부자관계는 '부자유친'으로 규정되는데, 그것은 부모와 자녀 사이에 친함이 있다는 존재방식이다. 부모와 자녀간의 윤리는 법 이전의 순수한 정의를 더욱 계발·확충시키는 데서 나온다. 그러므로 '유' 자에 유의하지 않으면 안 된다. 그것이 존재방식이요 존재질서이기 때문에 인위적으로 변경시킬 수 있는 것이 아니다. 왜 친함의 관계에 있는가? 자녀들은 부모의 분신인 까닭이다. 우리의 골육, 혈기 모든 것을 부모로부터 나누어 갖고 태어났기 때문이다. 그러므로 타고날 때부터 가장 친한 것이요, 후천적으로 친한 것이 아

37) 입암 민제인 지음 · 광토 민황기 엮음, 『새롭게 보는 동몽선습』, 12쪽.

38) 「父子」는 장의 명칭으로 쓰인 것인데, 이 장의 첫 구절이 "父子 天性之親 ……"으로 시작하므로 『논어』나 『맹자』의 편명 표시에서 보이듯이 첫 구절로 장의 명칭으로 부여한 것이다. 뒤 장에 「군신」, 「부부」, 「장유」, 「붕우」장의 경우도 마찬가지로 장의 명칭으로 부여하고 있다.

39) 민제인, 『童蒙先習』, 「父子」. "父子 天性之親"

니다. 그래서 부자관계를 사랑의 정감이 본래적으로 존재하는 천륜(天倫)이라고 한다.

입암은 부모와 자녀가 수행해야 하는 도리와 역할을 제시하고 있다. 즉 어버이는 자녀를 낳아서 기르고 사랑하여 가르쳐야 하며, 자녀는 어버이를 받들어 잇고 효도하면서 봉양해야 한다는 것이다.[40] 그러므로 어버이는 자녀가 그릇된 행동을 저지르지 않도록 올바른 도리가 무엇인지 가르쳐야 하고, 자녀는 부모의 잘못을 간하여 사회에서 부도덕한 사람으로 낙인찍히지 않도록 힘써야 한다.[41] 특히 이것은 '부자자효'의 정신을 다시금 강조한 것이다.

입암은 효도의 대표적인 예로 부모에 대해 직접 실천한 순 임금의 효도를 들고 있다.[42] 즉 '옛날 대순이 아버지는 완악하고 어머니는 모질어 일찍이 순을 죽이려고 하였으나, 순은 능히 효도로써 화합하여 점점 부모의 잘못을 다스려 간악한 데 이르지 않게 하셨다'는 것이다. 순 임금의 효도는 현실적으로 존재하는 부모의 악을 포용하는 것만이 가정 공동체의 존속과 유지를 보장한다는 의미를 담고 있다. 가정은 가족의 인륜 공동체이며 운명공동체이다. 부부, 부모와 자녀, 형제자매의 관계가 그 핵심을 이룬다. 그 관계상의 윤리가 바로 삼륜이며, 부모와 자녀간의 윤리는 자엄과 효친이다.

성현의 말씀으로 공자의 말씀을 인용하여 입암의 효에 대한 설득력을 강조하고 권위를 높이고 있다. 오형에 속하는 죄가 3천 가지이지만 그 죄

40) 민제인, 『童蒙先習』, 「父子」. "奉而承之 孝而養之 是故 教之以義方 弗納於邪 柔聲以諫 不使得罪於鄉黨州閭"

41) 민제인, 『童蒙先習』, 「父子」. "是故 教之以義方 弗納於邪 柔聲以諫 不使得罪於鄉黨州閭"

42) 민제인, 『童蒙先習』, 「父子」. "昔者 大舜 父頑母嚚 嘗欲殺舜 舜 克諧以孝 烝烝乂 不格姦 孝子之道 於斯至矣"

가 불효보다도 큰 것은 없다고[43] 했으니 효를 얼마나 중히 여겼을 지를 가히 짐작할 수 있겠다. 입암은 오륜의 근원이 효도에 있으며, 오직 효도는 모든 행실의 근원이 됨을 거듭 강조하였다.[44] 『동몽선습』의 경부 총론에서는 오륜이라는 성리학적 인간관계의 원리들을 효를 중심으로 하여 집약하고 있는데, 이는 당시 신진사류의 학문적 입장을 정확하게 뒷받침해 주는 것이다. 『동몽선습』의 저자인 입암은 스스로도 이러한 학문을 철저하게 실천하려고 했을 뿐만 아니라 사회적으로 확산, 보급하고자 했을 것이다.[45]

효를 토대로 한 인륜적 삶이 입암 자신의 실제적 삶에서도 그대로 드러난다. 그것은 우암 송시열(1607년 선조 40～1689년 숙종 15)이 지은 입암의 「신도비명」에서 확인된다.

> "그 부모를 섬기는 데는 뜻을 잘 받들어 즐겁게 하고 정성을 다해 봉양했으며, 아우 제영과는 우애가 돈독했으며, 가난한 족인들을 구원하는 데 성심껏 하여 미치지 못하는 것같이 하였으며, 사람을 구원하고 만물을 이롭게 함에 정성을 다했으므로, 그가 관할한 곳에서는 주민들이 감격하여 가요로 나타내는 데까지 이르렀다."[46]

이런 점으로 볼 때 입암의 인륜적 삶은 부모에 대한 효성으로부터 출발하여 아우에 대한 우애, 족인에 대한 구원으로 전개되었으며, 나아가 사

---

43) 민제인, 『童蒙先習』, 「父子」. "孔子曰 五刑之屬 三千 而罪莫大於不孝"
44) 민제인, 『童蒙先習』, 「總論」. "人之行 不外乎五者 而唯孝爲百行之源"
45) 이달우, 「입암 민제인의 교육사상」, 『유학연구』, 제18집, 충남대 유학연구소, 2008, 230쪽.
46) 민제인 저, 『국역 입암집』, 이임기 역, 「부록」, 「신도비명」, 288쪽.

람을 구원하고 만물을 이롭게 하는 데에로 확충되어, 우주의 진실무망한 실리에 합일되는 성격을 띠고 있다. 특히 이러한 그의 솔선수범하는 인륜적 삶은 행정에까지 미쳐 주민들이 감격하고 이를 칭송하여 노래하는 지경까지 갔던 것이다.[47)]

그리하여 입암은 부모에게 효도하는 사람은 어떤 인간관계든 바람직한 방향으로 유지할 수 있다는 점을 강조하고 있다. 즉 그 사람의 행실이 선하고 선하지 않음을 보려고 한다면 그 사람의 효도함과 효도하지 않음을 보아야 한다고[48)] 하였다. 따라서 진실로 그 부모에게 효도할 수만 있다면 이를 이루어서 군신 · 부부 · 장유 · 붕우 사이에서도 다 옳다고[49)] 하였다. 입암은 효도를 실천하는 구체적인 조목을 제시하고 있다.[50)] 부모와 자

47) 민제인 저, 『국역 입암집』, 이임기 역, 「추보 2」, 「행장」, 399쪽.

48) 민제인, 『童蒙先習』, 「總論」. "噫 欲觀其人 行之善不善 必先觀其人之孝不孝 可不愼哉 可不懼哉"

49) 민제인, 『童蒙先習』, 「總論」. "苟能孝於其親 則推之於君臣也 夫婦也 長幼也 朋友也 何往而不可哉 然則孝之於人 大矣 而亦非高遠難行之事也"

50) 입암은 효도의 방법 20가지를 다음과 같은 내용으로 소상하게 밝히고 있다. ① 닭이 처음 울면 양치질과 세수를 먼저하고, 부모의 처소에 나아가 기운을 나직이 하고 부드러운 목소리로 입으신 옷이 추운가 더운가를 물어야 한다. ② 무슨 음식을 잡숫고자 하는가를 여쭈어 보아야 한다. ③ 겨울에는 따뜻하게 해 드리고 여름에는 서늘하게 해 드려야 한다. ④ 밤에는 잠자리를 정해 드리고 아침에는 문안 인사를 드려야 한다. ⑤ 밖에 나갈 때는 반드시 고해야 한다. ⑥ 밖에서 돌아오면 반드시 뵈어야 한다. ⑦ 멀리 나다니지 않아야 한다. ⑧ 나다닐 때는 반드시 방향을 알려야 한다. ⑨ 감히 그 몸을 마음대로 해서는 안 된다. ⑩ 감히 그 재물을 사사로이 차지해서는 안 된다. ⑪ 부모님이 사랑하시면 기뻐하여 잊지 말아야 한다. ⑫ 부모님이 미워하시면 두려워할 뿐 원망하지 않아야 한다. ⑬ 부모님이 허물이 있거든 간하되 뜻을 거스리지 말아야 한다. ⑭ 세 번 간하여도 듣지 않으시면 울부짖으면서 따라야 한다. ⑮ 부모님이 노하여 때려서 피가 흘러도 감히 원망하지 않아야 한다. ⑯ 부모님이 계시면 그 공경함을 극진히 하여야 한다. ⑰ 부모님을 봉양할 때는 그 즐거움을 극진히 하여야 한다. ⑱ 병드시면 근심을 다해야 한다. ⑲ 돌아가시면 슬픔을 다해야 한다. ⑳ 제사에는 엄숙함을 다해야 한다.

식 간의 관계는 하늘이 정해 준 천륜(天倫)관계이다. 따라서 부모가 사랑하시면 기뻐하여 잊지 말아야 하고, 부모가 미워하시면 두려워할 뿐 원망하지 않는다. 또한 부모가 과실이 있거든 간하되 뜻을 거스르지 않아야 한다. 그리고 부모가 살아계실 때, 돌아가셨을 때, 돌아가신 후에도 예로써 극진히 하여야 한다. 부모에 대한 진정한 효도는 공경하는 마음과 실천이 더욱 중요함을 말하고 있다.[51)]

2) 군신

「군신」은 '군신유의'의 의미를 밝힌 장이다. 입암은 「군신」장의 첫 구절에서 "임금과 신하는 하늘과 땅과 같은 분별이다. (임금은) 높고 또 귀하며 (신하는) 낮고 또 천하다."[52)]라고 하여 임금과 신하의 본질적 속성을 규정하고 있다. 임금과 신하의 관계는 하늘과 땅의 존재 원리가 나누어짐과 같이 존재방식이 구별된다. 임금과 신하의 관계는 사회적 관계로써 만약 군신 간에 의리가 없다면 그 관계는 존재하지 않는다. 군신 간의 관계는 공의의 관계이기 때문이다. 그러므로 임금과 신하 사이의 의의 정신으로 대하는 것이 '군례신충' 또는 '군인신충'이다.

입암은 "높고 귀한 임금이 낮고 천한 신하를 부리는 것과, 낮고 천한 신하가 높고 귀한 임금을 섬기는 것은 하늘과 땅의 떳떳한 법칙이며 옛날과 지금에 공통되는 의리이다."[53)]라고 하여 임금과 신하가 수행해야 할 도리

---

51) 민제인, 『童蒙先習』, 「總論」. "父母愛之 喜而不忘 惡之 濯而無怨 有過 諫而不逆 三諫而不聽 則號泣而隨之 怒而撻之流血 不敢疾怨 居則致其敬 養則致其樂 病則致其憂 喪則致其哀 祭則致其嚴"

52) 민제인, 『童蒙先習』, 「君臣」. "君臣 天地之分 尊且貴焉 卑且賤焉"

53) 민제인, 『童蒙先習』, 「君臣」. "尊貴之使卑賤 卑賤之事尊貴 天地之常經 古今之通義"

와 역할을 규정하고 있다. 공자는 “임금이 만일 신하를 예로써 부린다면 신하도 임금을 충으로써 섬길 것이다.”[54]라고 하여 군신 쌍방 간의 윤리 덕목을 제시하고 있다. 충의 대상을 임금에 국한하려는 사람들은 흔히 이 구절을 들추어내지만 여기에서 말한 충군은 임금과 신하가 서로 존중하는 상황 하에서 말해진 것이다. 만약 임금이 예로써 부리지 않을 경우 임금을 충으로써 섬기지 못하게 될 것이다. 이 말의 행간에는 여전히 균평의식이 들어 있고 결코 신하 한쪽만의 노예도덕을 요구한 것이 아니다. 충의 주요한 뜻이 곧 자기의 최선을 다하여 성실하게 책임을 다하는 데 있으므로 자연히 임금을 대하는 경우에도 충의 태도를 취해야겠지만 오직 임금을 대하는 태도만을 지칭한 것은 아니다.

입암은 임금과 신하의 존재에 대한 일반적 관계를 명시하고 있다. 즉 임금은 하늘의 이치를 몸받아 호령을 발하고 명령을 내리는 자이고, 신하는 하늘의 이치를 조화시켜 착한 일을 말하고 그 사악함을 막는 자이다.[55] 또한 임금과 신하의 지켜야 할 도리와 역할을 『맹자』「이루장구」를[56] 인용하면서 제시하고 있다. 임금의 도리와 신하의 직분을 각각 제대로 수행하지 못할 경우 천하와 국가를 다스릴 수 없다는[57] 점을 경계하고 있다. 특히 신하가 자기 임금의 도리를 낮추어 보고 올바른 정치를 포기하는 것은 임금을 해치는 행위라고 단언하고 있다.

평생을 관직에 참여했던 입암은 현실참여 속에서 유학자로서의 의리를 지키고 정도를 걷는 모습을 볼 수 있다. 우암 송시열은 그의「신도비

54) 『論語』, 「八佾」. “君使臣以禮 臣使君以忠”

55) 민제인, 『童蒙先習』, 「君臣」. “是故 君者 體元而發號施令者也 臣者 調元而陳善閉邪者也”

56) 『孟子』, 「離婁章句上」. “吾君不能 謂之賊 責難於君謂之恭 陳善閉邪謂之敬 吾君不能謂之賊”

57) 민제인, 『童蒙先習』, 「君臣」. “苟或君而不能盡君道 臣而不能修 “臣職 不可與共治天下國家也”

명」에서 "기묘사화 이후로 사람들이 모두 조정암과 그 제현들에 대해 말하기를 꺼렸으나, 공(公)은 성심으로 추모하여 일찍이 대사헌으로 있으면서 마침내 원통함을 씻고 관직을 회복하도록 청했으니, 정도가 소멸된 뒤로 이 일을 말한 사람은 공보다 먼저 한 사람이 없었다."[58]고 평가한 데서 알 수 있다. 기묘년에 사화가 일어나자 모든 사람들은 화가 두려워 조심했지만, 입암은 홀로 정성껏 존신하면서 늙어서까지 그 마음이 기울어지지 않았다. 그 때문에 간흉들이 죄를 주려고 말을 꾸몄는데, 즉 "민모는 항상 기묘 때의 인물들을 존모했던 까닭에 사류들로부터 중망을 받았다." 하였고, 입암의 문집 서문에도 "선을 즐겨하고 선비를 사랑하였으며 늘 기묘의 어진 이들을 사모하니, 당시 동료들이 공을 따르면서 모두들 위인이라 추숭하였다."고 했는데, 모두가 실지를 기록한 것이라고 하였다.[59]

입암은 충의 대표적인 사례로 비간이 신하로서 임금을 어떻게 섬겼는지 제시하고 있다. 즉 상나라의 주왕이 포악하고 실정을 거듭하여 나라가 위태롭게 되자 비간이 주왕에게 그 잘못을 간언하다가 목숨을 잃었다는 것이다.[60] 이 부분은 유교 사상의 처세관을 상징적으로 드러낸 것이며, 또한 여기에는 입암의 실천적인 도학정신이 담겨져 있는 것이라 하겠다.

입암은 공자의 말씀을 인용하여 성현의 가르침을 제시하고 있는데, 신하는 임금을 섬기기를 충성으로써 해야 한다는 것이다.[61]

58) 민제인 저, 『국역 입암집』, 이임기 역, 송시열 찬, 「신도비명」, 288쪽.
59) 민제인 저, 『국역 입암집』, 이임기 역, 「追補 2」, 「行狀」, 398쪽.
60) 민제인, 『童蒙先習』, 「君臣」. "昔者 商紂暴虐 比干 諫而死 忠臣之節 於斯盡矣"
61) 민제인, 『童蒙先習』, 「君臣」. "孔子曰 臣事君以忠"

3) 부부

「부부」장은 '부부유별'의 의미를 밝힌 장이다. 「부부」장의 "남편과 아내는 두 성이 결합한 것이다. 백성을 태어나게 하는 시초이다."[62]라는 첫 구절은 남편과 아내의 본질적 속성을 규정하는 내용이다. 즉 부부는 두 성의 결합이니 백성을 태어나게 하는 시초이고, 모든 복의 근원이다.

『주역』에서는 남녀가 만나 부부관계를 맺은 뒤에야 다음 세대의 생명이 태어나는 관계를 가져오게 되고, 이 생명 수수의 종적관계를 경으로, 형제 인척과 같은 것은 위적 관계로 확대해서 이른바 인간관계가 구조된다고 하였다. 『중용』에서도 '부부는 바로 사람답게 살아가는 도덕질서의 시단이 되며, 그 지극함에 미쳐서는 천지에 밝게 드러난다.'[63]는 것으로 부부관계의 조화와 중요성을 제시하고 있다. 이와 같이 남편과 아내는 모든 인간 결합의 시초로서 모든 인륜의 기초가 되며 천지에 동참하게 되는 것이다.

입암은 남편과 아내가 지켜야 할 도리와 역할을 제시하고 있다. 우선 납폐와 친영은 남녀 간의 구별을 두터이 하기 위해서 치러지는 절차라는 점을 강조하면서 동성동본간의 금혼을 규정하는 내용을 언급하였다. 또한 남편과 부인이 거처함이 다르고 그 역할이 엄격하게 구분되어 있음을 드러내고 있다. 특히 부부는 천지자연의 운행 법칙과 질서를 본받아야 하므로 남편은 굳세게 일해서 가정을 이끌어 가야 하고, 아내는 남편의 뜻을 받들어 순응해서 가정을 화목하게 이끌어 가야 한다고[64] 강조하고 있

62) 민제인, 『童蒙先習』, 「夫婦」. "夫婦 二姓之合 生民之始"

63) 『중용』, 제12장. "君子之道 造端於夫婦 及其至也 察乎天地"

64) 민제인, 『童蒙先習』, 「夫婦」. "苟能莊而莅之 以體乾健之道 柔以正之 以承坤順之義 則家道正矣"

다. 이는 예컨대 하늘이 먼저 사계절의 변이를 일으키면 그에 따라 땅은 만물을 생장수장하는 자연의 이치를 본받은 데서 온 것이다.

남편과 아내 사이의 가치관과 윤리의식을 유교 사상에서는 '부부유별'이라는 말로 함축하여 표현하고 있다. 부부유별이란 부부 사이에 차별이 있다는 것이 아니라 분별, 구별이 있다는 뜻이다. 부부유별은 부부가 각기 할 일을 맡아 해서 그 본분을 어지럽히지 않는다는 것이며, 이때 '별(別)'은 안과 밖으로 인도하고 따라가는 것을 말하며 부부는 그 할 바의 일이 각기 다르다는 것이다. 즉 생리적 구별, 그 기능적 구별, 그 의리적 구별이 없지 않기 때문에 부부 사이에 분별이 있다는 것이다. 그러므로 서로를 기다리고 마중하여 조화를 이룬다. 또한 그러한 까닭에 서로 존경한다.[65] 이것이 결국 부모를 안락하게 모시는 것이며, 가정의 화목을 이끄는 방법이라고[66] 입암은 주장하고 있다.

입암은 분별의 대표적인 사례로 극결[67] 부부의 도를 제시하고 있다. 극결의 부부간에는 서로 공경하기를 마치 손님을 대하듯 하였는데[68], 이는 부부간에는 인륜의 시초가 되고 있기 때문에 이를 삼가지 아니하면 곧 인륜의 질서가 어지러워진다는 교훈이라고 하겠다.

입암은 자사의 말씀을 인용하여 부부의 도리를 성현의 가르침으로 제

65) 민황기, 「가족 공동체의기의 제고방안」, 『동서철학연구』, 제43호, 한국동서철학회, 2007, 353쪽.

66)민제인, 『童蒙先習』, 「夫婦」. "須是夫敬其身 以帥其婦 婦敬其身 以承其夫 內外和順 父母其安樂之矣"

67) 중국 춘추시대의 晉나라 사람으로, 郤은 성이고 缺은 이름이며 시호는 成子이다. 일찍이 冀 땅에서 농사지으며 살았는데 부부 사이가 서로 공경히 하여 손님을 대하듯이 하였다고 한다. 臼季라는 사람이 지나가다가 이 광경을 보고 감탄하여 晉文公에 천거하였다. 이에 진문공은 轟缺에게 하군대부의 벼슬을 내리게 했고, 후에 진나라 정승이 되어 백성들을 위한 어진 정치를 베풀어 어진 이름을 후세에 남겼다.

68) 민제인, 『童蒙先習』, 「夫婦」. "昔者 郤缺 耨 其妻饁之 敬 相待如賓 夫婦之道 當如是也"

시하고 있다. 즉 『중용』에서의 "군자의 도리는 부부에서 비롯된다."[69]는 말을 인용하여 가까운 관계일수록 서로 함부로 대하기 쉬운 점을 감안하여 부부관계에 있어 사랑 이전에 '상경여빈'하는 상대에 대한 존중을 강조하였다.

4) 장유

「장유」장은 '장유유서'의 의미를 밝힌 장이다. 「장유」장의 첫 문장인 "어른과 어린이는 천륜의 차례이다. 형이 형 되는 까닭과 아우가 아우 되는 까닭이 어른과 어린이의 도리가 비롯되어 나오는 것이다."[70]는 어른과 어린아이의 본질적 속성을 제시한 내용이라 할 수 있다. 어른과 어린아이는 천륜의 차례로 형이 형이 되는 까닭과 아우가 아우가 되는 까닭에서 어른과 어린아이의 도리가 비롯된다고 하였다.

어른과 어린아이의 가치관과 윤리의식은 본래 형제 사이의 가치관과 윤리 의식이 사회의 윤리 도덕으로 발전한 것이다. 즉 집안에서는 형과 아우의 차례를 뜻하고, 사회생활에 있어서는 어른과 어린아이의 차례를 의미한다.

어른은 이 세상에 먼저 태어났고 어린이는 늦게 태어났다. 어른은 아이가 아니고 아이 또한 어른이 아니다. 차례가 있으므로 분별이 있는 것이며 분별이 있기 때문에 서로 상대하는 방식도 다르게 마련이다. 어른은 아이를 귀여워하고 아이는 어른을 공경하게 된다.

입암은 어른과 어린이가 지켜야 할 도리와 역할을 제시하고 있다. 즉,

---

69) 민제인, 『童蒙先習』, 「夫婦」. "(子思曰) 君子之道 造端乎夫婦"

70) 민제인, 『童蒙先習』, 「長幼」. "長幼 天倫之序 兄之所以爲兄 弟之所以爲弟 長幼之道 所自出也"

종족과 향당에는 어른과 어린이가 모두 있으니, 어지럽혀서는 안 된다고[71] 하였다. 그래서 입암은 어른은 어린이를 사랑하고 어린이는 어른을 공경해야 한다고[72] 하였다. 어른과 어린이 사이에는 차례의 정신으로 대하는 것이 '장혜유순'이다. 그런 연후에야 어린이를 업신여기고 어른을 능멸하는 폐단이 없어져서 사람의 도리가 올바르게 되는 것이다.[73] 특히 형제는 같은 기운을 타고난 사람이고, 뼈와 살을 나눈 지극히 가까운 친족이다.[74] 따라서 형은 우애하고 동생은 공손하면 형제가 비로소 서로 화목하고 즐겁게 된다. 이러한 원리가 확장된 것이 어른과 어린이 사이의 가치관과 윤리의식이다.

입암은 차례의 대표적인 사례로 사마광과 그의 형 백강과의 우애와 공경을 들고 있다.[75] 즉 사마광이 그의 형 백강과 더불어 우애하기를 더욱 돈독히 하여, (형을) 봉행하기를 엄한 아버지와 같이 하고, (아우를) 보호하기를 어린아이와 같이 하였다는 것이다. 형제관계의 반성과 자각은 자기 생명의 내원이 같다는 것을 확인하는 것이고, 다음은 종적 부모자녀 관계에서 세어진 정의의 횡적 작용이다. 즉 형제관계는 부자관계의 종적 관계와 함께 생명분파로서의 피차 횡적 관계를 같이 생각해야 한다.

형은 아우에 대해 부모를 대신 할 보호와 지도의 책임을 갖는다. 태어나서 부모로부터 그 만큼 힘을 기르고 교훈을 받았기 때문이다. 따라서 아우는 형에 대해 부모처럼 존경해야 하고 그를 따르고 배워야 한다. 특히 형제간의 종적 관계는 부모자녀 관계처럼 그렇게 엄격하지 않은 연령

71) 민제인, 『童蒙先習』, 「長幼」. "蓋宗族鄕黨 皆有長幼 不可紊也"
72) 민제인, 『童蒙先習』, 「長幼」. "長慈幼 幼敬長"
73) 민제인, 『童蒙先習』, 「長幼」. "然後 無侮少陵長之弊 而人道正矣"
74) 민제인, 『童蒙先習』, 「長幼」. "而況兄弟 同氣之人 骨肉至親"
75) 민제인, 『童蒙先習』, 「長幼」. "昔者 司馬光 與其兄伯康 友愛尤篤 奉之如嚴父 保之如嬰兒 兄弟之道 當如是也"

적으로 가까운 종적 관계로서 횡적 관계마저 있으므로 친구관계를 이루는 특징이 있다.

형제는 이 세상에서 가장 가까운 친구다. 서로 돕고, 서로 양보하고, 서로 절차탁마하는 최초의 훈련이 형제관계애서 시작하는 것이다. 형제는 그 생명분파에서 본다면 최초의 분리요, 처음으로 너와 나의 구분, 이해상반의 대립이 나타나는 관계이므로, 어쩌면 사회생활의 첫 출발인 셈이다.

입암은 맹자의 말씀을 인용하여 어른과 어린이의 관계를 성현의 가르침으로 제시하고 있다. 어른의 손에 끌려 다니는 어린 아이는 그 어버이를 공경할 줄 모르는 자가 없으며, 자라나기에 이르러서는 그 형을 공경할 줄 모르는 자가 없다고[76] 하였다. 이것은 형제 사이의 우애와 공경은 모두 사람에게 보편적으로 존재하는 양지 · 양능이므로 누구나 쉽게 실천할 수 있다는 측면을 강조한 것이다.

5) 붕우

「붕우」장은 '붕우유신'의 의미를 밝힌 장이다. 입암은「붕우」장의 첫 구절에서 "벗과 벗은 부류가 같은 사람이다."[77]라고 하여 붕우의 본질적 속성을 제시하고 있다. 즉 벗은 추구하는 목적이 같은 사람이라고 규정하고 있다. 벗은 서로 동등한 관계이며, 그 관계는 쌍방 간에 서로 신의가 있어야 '이우보인'의 목적을 달성할 수 있는 것이다.

입암은 벗이 지켜야 할 도리와 역할을 제시하고 있다. 즉 유익한 벗이 세 종류가 있고, 해로운 벗이 세 종류가 있을 때, 곧고, 성실하고, 견문이

76) 민제인,『童蒙先習』,「長幼」. "孟子曰 孩提之童 無不知愛其親 及其長也 無不知敬其兄也"
77) 민제인,『童蒙先習』,「朋友」. "朋友 同類之人"

많은 벗은 이롭고, 편벽하고, 유약하고, 아첨하는 벗은 해롭다고[78] 하였다. 그는 벗을 사귀는 것은 그의 덕을 보고 사귀는 것이라고[79] 덕을 바탕으로 하는 우의를 강조하고 있다. 마치 『논어』에 "군자는 글로써 벗과 만나고, 벗으로써 어짐을 돕는다."라는 말이 있듯이, 벗을 사귐에 있어서는 언제나 선행을 격려하고 높은 가치를 추구하도록 돕는 데 있다는 점과 같다. 그럼으로써 벗과의 만남이 참다운 우정관계로 건전하게 이루어지고 발전할 수 있다.

입암은 벗을 사귈 때는 반드시 단정한 사람으로 하여야 하며, 벗을 택할 때는 반드시 나보다 나은 사람을 가려서 사귀어야 한다고[80] 하였다. 특히 그는 벗과 사귀어 놀 때 경계해야 할 점을 언급함으로써 학문과 덕행을 쌓으며 갈고 닦는 자세로 벗과 사귀어 놀 것을 강조하고 있는 것이다.[81] 옛날에 '먹을 가까이 하면 먹이 몸에 묻어 검게 된다.'는 것처럼 사람은 그가 평소 가까이 하는 사람의 영향을 받아서 변하기 마련이다. 따라서 친구를 택하거나 사귈 때는 자신의 인격을 수양하는 데 도움이 되도록 신중하여야 한다는 것이다.

입암은 신의의 대표적인 사례로 안자의 벗에 대한 공경을 제시하고 있다. 안자는 남과 사귐에 있어 오래도록 서로 공경하였는데, 벗 사이의 도리는 마땅히 이러해야 한다고[82] 하였다. 참다운 친구관계는 믿음을 바탕

---

78) 민제인, 『童蒙先習』, 「朋友」. "益者三友 損者三友 友直 友諒 友多聞 益矣 友便辟 友善柔 友便佞 損矣"

79) 민제인, 『童蒙先習』, 「朋友」. "友也者 友其德也"

80) 민제인, 『童蒙先習』, 「朋友」. "是故 取友 必端人 擇交 必勝己 要當相責以善 切切偲偲 忠告而善道之 不可則止"

81) 민제인, 『童蒙先習』, 「朋友」. "苟或交游之際 不以切磋琢磨 爲相與 但以歡狎戲謔 爲相親 則安能久而不疎乎"

82) 민제인, 『童蒙先習』, 「朋友」. "昔者 晏子與人交 久而敬之 朋友之道 當如是也"

으로 하는 인격적 만남에 있는 것이다. 가까운 관계일수록 함부로 대하기가 쉽다. 그러나 서로 믿음이 없이 함부로 대하면 그 관계는 오래 지속되지 못한다. 따라서 입암은 막역한 친구관계라도 상대에 대한 공경하는 마음이 바탕이 되어야 함을 강조한 것이라 하겠다.

4. 결어

논자는 본론을 통하여 입암 민제인의 인간관에 대하여 살펴보았다. 입암은 16세기 조선조 사화시대 도학의 유학자로서 수기 안인을 실천한 지성인의 표상을 보여 주었다. 그는 인도주의적 인품과 선정으로 부모형제에 대한 사랑에서, 나아가 애민, 위민, 보민의 왕도이념을 실현하려고 노력하였다. 그는 선진성학에 근거하여 도통으로는 정암 조광조의 순절과 율곡 이이의 행도의 중간에서 이었으며, 경서와 역사에 밝았고 문장에도 능통하였다. 특히 1543년 목판본으로 간행된 『동몽선습』에는 그의 교육철학과 인간관이 잘 담겨져 있다. 그는 선진성학을 바탕으로 하여 오륜적 인간이해를 전개하였다.

입암의 인품과 선정에는 인도주의가 담겨져 있으며 그의 선진성학 이해를 통해서는 인간학적 근거를 엿볼 수 있다. 입암이 삼대지치를 자주 거론하며 『서경』의 홍범을 치도의 핵심에 두는 선진성학의 관점에서 인간학적 근거를 찾을 수 있다. 그는 '평생토록 경서와 역사에 마음을 쏟으면서 특히 『논어』와 『맹자』를 좋아했으며' 『서경』이나 『중용』에 대한 이해에서도 인간학적 기본 입장이 담겨져 있다. 그는 천도를 깨달은 성인의 덕이 중(中), 주정(主靜), 대본(大本)에 입각하고 있음을 언급하여, 성인의 덕이 천도와 합일하는 것임을 말하였다. 또한 그는 백성들이 중용의 도덕을 실천하지 못함을 한탄하면서 이의 실천은 '밝히어 성실해지는 인도(人道)'에 있음을 밝히고 있나.

입암은 자연만물 중에 사람이 가장 존귀함을 말하고, 사람의 존엄함의 까닭은 인륜에 있음을 논하며, 인륜의 중심은 오륜에 있다고 주장하였다. 이는 그의 인간학적 정초가 된다. 오륜은 『맹자』에서 처음으로 등장하는데 사람이 지켜야 할 다섯 가지의 떳떳한 도리를 가리킨다. 그것은 인간의 사회관계에서의 행위 질서이며, 지켜지고 행해져야 할 유교 사상의 근본 원리로 부자유친, 군신유의, 부부유별, 장유유서, 붕우유신 등이다. 입암은 오륜 속에서 각자 수행해야 할 호혜쌍무적 역할을 부자자효, 군의신충, 부화부순, 형우제공, 붕우보인 등으로 아주 명료하게 정리하여 이 길이 바로 사람됨의 길임을 제시하고 있다.

입암은 「부자」, 「군신」, 「부부」, 「장유」, 「붕우」 등 5개 장으로 오륜을 나누어 구체적으로 설명하였다. 각 장의 논지 전개의 방식은 인륜이 내포하고 있는 본질적 속성, 인륜(人倫) 속에서 각자가 수행해야 할 도리와 역할, 인륜의 실천에 있어서 대표적인 사례, 성현의 말씀 등의 순서로 논리정연하게 되어 있다. 특히 입암은 이상 인격의 전형에 대하여 성현의 말씀 속에서 중용의 정신을 실천하는 호혜쌍무적 인간관계로 규정짓고 있다.

입암은 전통 윤리의 근간이라 할 수 있는 오륜 중 효도가 으뜸임을 제시하고 있다. 그는 인간의 도덕적인 능력, 특히 효를 기르는 방법에는 반드시 학문을 통해서 계발되어야 함을 강조하고 있다. 학문하는 목적은 장차 고금의 사리를 통달하여 마음속에 보존하며 몸으로 실천하고자 하는데 있는 것이기 때문이다.

『성학십도(聖學十圖)』[1]를 통하여 본 퇴계 이황(退溪 李滉)의 성학관(聖學觀)*

| **이광호**(연세대 철학과 교수) |

1. 퇴계 이황(1501~1570)은 누구인가?

불교를 국교로 숭상하던 고려를 멸망시키고 조선왕조(1392~1910)를 창건한 혁명의 주도 세력은 원(元)으로부터 성리학을 수용한 신흥 사대부(新興士大夫)들이었다. 이들은 새로운 왕조를 개창한 다음 유교적 이상 국가를 건설하려는 포부를 품었다. 그러나 창건 초기부터 왕권 쟁탈을 둘러

* 이 논문은 2005년경 臺灣대학교 東北亞文明硏究中心에서 중국어로 발표한 논문이다. 기존의 「이퇴계의 성학십도 연구」(1988. 2 태동고전연구에 게재, 필자의 번역서인 『성학십도』(홍익출판사에도 실림)와 중복되는 내용도 있다. 국내에서는 소개되지 않았으므로, 여기에 싣는다.

1) 『聖學十圖』는『增補退溪全書』(成均館大學校 大東文化硏究院, 以下 稱『全書』) 권7에 실려 있다. 역주본으로는 필자의 『성학십도』(弘益出版社, 2001)와, 尹絲淳의 퇴계선집(玄岩社, 1993)에 실린 『성학십도』가 있다. 연구서적으로는 琴章泰敎授의 『성학십도와 퇴계철학의 구조』가 참고할 만하다. 영역본으로는 Michal C. Kalten의 *To Become A Sage* (Neu York Columbia University Press, 1988).

싼 형제간의 골육상쟁(骨肉相爭)을 경험하고, 섭정을 하던 숙부가 조카를 죽이는 반인륜적 사태가 거듭되었다. 왕권이 어느 정도 안정되어 재야에 머물던 사림이 정치에 참여하기 시작한 이후에는 신구 사림(新舊士林)의 대립 끝에 이상주의를 지향하던 신진 사림이 대거 희생당하는 무오(1498), 갑자(1504), 기묘(1519), 을사사화(1545)라는 사화(士禍)가 연이어 일어났다.

태어나면서부터 온유한 성품을 타고난 퇴계는 어려서부터 어머니로부터 엄한 유교적 교양 교육을 받아 인간다운 삶과 올바른 삶의 문제에 섬세한 관심을 지녔다. 12세 때에 숙부인 송재공(松齋公) 우(堣)에게서 『논어(論語)』의 "弟子, 入則孝, 出則悌"라는 구절을 배우며 "人子之道當如是"[2] 라고 생각하였다고 하며, 어느 날 송재공에게 "凡事之是者, 是理乎?"라고 물음을 던져 송재공이 기뻐하며 "汝已解文義矣"[3]라고 칭찬하였다고 한다. 퇴계는 경전을 읽으며 학문에 대한 관심과 이해는 깊어 갔지만, 현실적으로는 학문을 추구하는 선비들이 거듭된 화를 당하는 이유가 무엇 때문인지 궁금하게 여기며 고민하였다.

"嘗怪吾東方之士, 稍有志慕道義者, 多罹於世患. 是雖有地褊人澆之故. 亦其所自爲者, 有未盡而然也. 其所謂未盡者, 無他. 學未至而自處太高, 不度時而用於經世."[4]

땅이 좁아 사람이 경박한 탓도 있지만 학자들 스스로 노력함이 미진함이 있어서 그렇다. 미진하다는 것은 다름이 아니라 학문이 지극하지 못하면서 처신하기를 너무 높게 하고, 시의(時宜)도 헤아리지 못하고서 세상

---

2) 『全書』 4, 言行錄, 卷6, 年報上, 113葉.

3) 『全書』 4, 言行錄, 卷6, 年報上, 114葉.

4) 『全書』 1, 卷16, 與奇明彥, 403葉.

을 경륜하는 데 지나치게 용감했기 때문이라는 것이다. 퇴계가 45세 되던 해 일어난 을사사화 때는 자신도 화를 당할 뻔하였으며 50세 때 가장 친애하던 형인 해(瀣)가 장형(杖刑)을 받고 유배 도중 사망하였다. 이상을 추구하던 학자들이 화를 당하게 된 데는 사회적 책임이 크지만 학자들 자신에게도 일정한 책임이 있다고 퇴계는 생각하였다. 이후 퇴계는 은퇴할 뜻을 보다 확실히 굳히고 더욱 학문에 전념하게 되었다. 퇴계가 추구한 학문은 도(道)의 인식과 실천으로서의 도학(道學)이며, 도학은 도의 인식과 실천을 통하여 자신의 인격을 완성하는 위기지학(爲己之學)이었다. 위기지학만이 군자가 추구해야 할 학문이라고 생각한 퇴계는 자신의 삶과 학문을 깊은 숲 속에서 남모르게 향기를 발하는 난초에 비유하였다.

> "君子之學, 爲己而已. 所謂爲己者, 卽張敬夫所謂無所爲而然也. 如深山茂林之中有一蘭草, 終日薰香而不自知其爲香, 正合君子爲己之義."[5)]

2. 유학(儒學)은 성학(聖學)이다

염계 주돈이(濂溪 周惇頤)는 "聖希天, 賢希聖, 士希賢."이라 하여 학자들의 학문의 목표가 성인이 되는 것이며, 성인의 삶은 자연과 하나가 되는 것을 목적으로 삼는다고 하였다. 퇴계가 성인이 되기 위한 그림을 10개 모아 저술한 『성학십도』의 학문 정신도 주렴계(周濂溪)와 다르지 않다. 성학이 어떠한 학문인가를 알기 위해서는 '성(聖)' 자의 의미와 '성인(聖人)'의 개념에 대한 약간의 고찰이 필요하다.

---

5) 『全書』 4, 言行錄, 卷1, 類編, 32葉.

'성' 자는 고대 문헌에서 이미 나오지만, 『시경(詩經)』에 나오는 '성' 자의 개념은 "凱風自南, 吹彼棘薪, 母氏聖善, 我無令人"[6], "召彼故老, 訊之占夢. 具曰予聖, 誰知烏之雌雄."[7]의 용례에서 보듯이 '지혜롭다'는 의미로 사용된 일상적인 용어였다. '성' 자의 의미는 오사(五事)를 설명하며 "思曰睿" "睿作聖"이라고 한 『서경(書經)』「홍범(洪範)」에서부터 진리에 통한 사람이라는 의미로 쓰이기 시작한다.

'성인'을 쉽게 볼 수 없는 이상적 인격자의 의미로 사용한 사람은 공자(孔子)였다. 쉽게 볼 수 없는 성인은 진리를 인식하고 실천하는 사람이므로 그의 말은 군자에게는 경외의 대상이 된다. 공자는 성인이라는 이름조차 사용하기를 두렵게 여겨 이상적 개념의 인격자를 표현할 때 주로 '군자'라는 개념을 사용한 사실을 다음 예문에서 볼 수 있다.

> "聖人, 吾不得而見之矣, 得見君子者, 斯可矣."[8]
>
> "君子有三畏, 畏天命, 畏大人, 畏聖人之言. 小人不知天命而不畏也, 狎大人, 侮聖人之言."[9]

성인이라는 개념을 본격적으로 사용하기 시작한 사람은 공자를 사표(師表)로 받들며 성인으로 추앙한 맹자(孟子)와 순자(荀子)였다. 맹자와 순자는 성선설(性善說)과 성악설(性惡說)로 인성(人性)에 대한 관점은 달리하지만, 성인을 백세(百世)의 스승이며 인륜의 표준[10]이라고 주장한 점에

---

6) 『詩經』, 「邶風 · 凱風」.

7) 『詩經』, 「小雅 · 節南山 · 正月」.

8) 『論語』, 「述而篇」 26.

9) 『論語』, 「季氏篇」 8.

10) 『孟子』, 「離婁上篇」 2. "孟子曰, "規矩, 方員之至也, 聖人, 人倫之至也.""; 『孟子』, 「盡心下」 14. "孟子曰, "聖人, 百世之師也, 伯夷 柳下惠是也. 故聞伯夷之風者, 頑夫廉, 懦夫有

서는 같았다. 그들은 공자를 성인으로 추앙함은 물론 중국 고대의 위대한 통치자와 사상가들을 모두 성인으로 추앙하고, 자신은 성인의 학문을 계승하는 자라고 자처하였다. 특히 맹자는 자신이 변론을 좋아하는 이유는 잘못된 학풍을 바로잡아 성인의 도를 계승하기 위한 부득이한 행위라고 주장하며 유학의 도통관(道統觀)을 수립하였다.[11]

『주역(周易)』의 십익(十翼) 가운데서 「단전(彖傳)」과 「계사상, 하(繫辭上, 下)」에는 성인이라는 단어가 특별히 자주 나오며, 『서경』에서도 금문편(今文篇)에는 '성' 자가 거의 출현하지 않는데 반하여, 고문(古文)에 속하는 편(篇)일수록 '성' 자가 더욱 많이 나오는 것도 맹자의 도통관과 무관하지 않은 것으로 보인다. 한 무제(漢 武帝)의 "독존유술(獨存儒術)" 정책에 의하여 유학은 유교로 국교화하고 공자는 성인으로 절대화되기 시작하며 성인은 보통 사람이 접근할 수 없는 존재로 된다. 그리고 유학의 고전들은 절대적 인격자인 성인의 말씀, 변하지 않는 진리의 말씀이 기록된 경으로 존숭되기 시작하였다. 송대(宋代)에 발흥한 성리학은 인간의 본성이 곧 진리이므로 인간은 자신의 본성을 온전하게 실현함으로써 성인이 될 수 있다고 하였다. 한대(漢代)의 절대적 성인관에 비하면 성인이 보다 인간에게 가깝게 되었다.

立志, 聞柳下惠之風者, 薄夫敦, 鄙夫寬.""

11) 『孟子』, 「藤文公下」 9. "楊墨之道不息, 孔子之道不著, 是邪說誣民, 充塞仁義也. 仁義充塞, 則率獸食人, 人將相食. 吾爲此懼, 閑先聖之道, 距楊墨, 放淫辭. …… 我亦欲正人心, 息邪說, 距詖行, 放淫辭, 以承三聖者, 豈好辯哉?"

3. 『성학십도』의 구조적 이해

『성학십도』는 68세의 노학자가 17세의 소년 왕 선조(宣祖)에게 바친 소책자이다. 퇴계는 같은 해에 『무진육조소(戊辰六條疏)』[12)]라는 유명한 상소문을 통하여 성학이 정치의 근본임을 이미 밝혔으며, 수차례의 경연(經筵)에서도 정치와 학문의 요체를 강의하였다. 그러나 퇴계는 이 정도의 가르침으로 만족하지 못하여 『성학십도』를 지어 바치게 되었다. "도는 넓고 넓으니 어디서 착수해야 하며, 고훈은 천만가지나 되니 어디에서부터 들어가야 하겠습니까?(道之浩浩, 何處下手, 古訓千萬, 何所從入)"라는 문제의식을 가지고 '성학(聖學)의 큰 단서'가 되고 '심법(心法)의 지극한 요체'가 될 만한 것 10개를 선현들의 저술 가운데에서 선택하였다. 그리고 선택된 작품들을 순서에 맞게 배열하고, 거기에 자신의 설명을 추가하였다. 「도(圖)」와 「설(說)」의 작자를 알기 쉽게 도표로 그려 보았다.

10개의 작품 가운데는 퇴계가 창작한 것이 없으며, 그림도 대부분 선현들이 그린 것이다. 퇴계가 그린 것은 제3도인 「소학도(小學圖)」, 제5도인 「백록동규도(白鹿洞規圖)」, 제10도인 「숙흥야매잠도(夙興夜寐箴圖)」와 상, 중, 하 세 개의 그림으로 이루어진 제6도인 「심통성정도(心統性情圖)」의 중도(中圖)와 하도(下圖)뿐이다. 10개의 작품은 작자가 다를 뿐 아니라 창작된 시대도 달라서 상호 간에 어떤 연결된 구조를 지니고 있는 것이 아니다. 대부분의 도(圖)는 그 자체가 완결된 이론 체계로서 각각의 도(圖)는 그 안에 이론적 측면과 실천적 측면을 다 내포하고 있다. 퇴계의 독창성은 이들 작품을 선정하여 배열하고, 상호 연결시켜 설명하는 가운데

12) 「戊辰六條疏」 6條 가운데 第3條는 "敦聖學以立治本."이며, 第4條는 "明道術以正人心"이다.

圖名		圖와 說의 作者
第1圖	「太極圖」	圖與圖說: 周惇頤(1017～1073, 字: 茂叔, 號: 濂溪) 作.
第2圖	「西銘圖」	圖: 程復心(1279～1368, 字: 子見, 號: 林隱) 作. 銘: 張載(1020～1077, 字: 子厚, 號: 橫渠) 作.
第3圖	「小學圖」	圖: 李滉(1501～1570) 作. 題辭: 朱熹(1130～1200, 字: 元晦, 號: 晦庵) 作.
第4圖	「大學圖」	圖: 權近(1352～1409, 字: 可遠, 號: 陽村) 作. 『大學』 經一章: 孔子遺書(또는 未詳)
第5圖	「白鹿洞規圖」	圖: 李滉 作. 後敍: 朱熹 作.
第6圖	「心統性情圖」	上圖與圖說: 程復心 作. 中圖與下圖: 李滉 作.
第7圖	「仁說圖」	圖與圖說: 朱熹 作.
第8圖	「心學圖」	圖與圖說: 程復心 作.
第9圖	「敬齋箴圖」	圖: 王伯(1197～1274, 號: 魯齊) 作. 箴: 朱熹 作.
第10圖	「夙興夜寐箴圖」	圖: 李滉 作. 箴: 陳栢(?～?, 宋人, 字: 茂卿, 號: 南塘) 作.

나타난다.

퇴계는 『성학십도』의 구조를 두 가지 측면에서 설명한다. 첫째는 제1도에서 제5도까지와 제6도에서 제10도까지를 크게 두 묶음으로 나누어 이들을 이론적 구조의 측면에서 설명하였다. 둘째는 제3도와 제4도를 축으로 삼아 앞의 제1～2도와 뒤의 제5～10도 전체를 제3도와 제4도와 연결시켜 실천학문적 관점에서 설명하였다. 필자는 전자는 이론적 구조이며 후자는 실천학문적 구조라고 분류하고 싶다.

1) 이론적 구조

첫째는 앞부분의 다섯 개의 도(圖)와 뒷부분의 다섯 개의 도로 나눈 설명이다. 이는 각 도의 존재론적, 인성론적 측면을 중시한 배열로 『성학십도』의 이론적 구조라고 할 수 있다. 그 가운데서도 앞의 다섯 개의 도는 천도(天道)에 기초하여 인륜을 설명하는 존재론적 구조이며, 뒤의 다섯 개의 도는 인성(人性)에 기초하여 일상생활에서 공경하는 삶을 힘쓰게 하는 인성론적 구조이다.

(1) 존재론적 구조

제1도에서 제5도에 대하여 퇴계는 "1도~5도는 천도에 근본을 두고 있지만 공효는 인륜을 밝히고 덕업에 힘쓰게 함에 있다.(以上五圖, 本於天道, 而功在明人倫懋德業.)"[13]이라고 설명한다. 제1도인 「태극도(太極圖)」와 제2도인 「서명도(西銘圖)」는 천도(天道)에 관한 설명이며, 제3도인 「소학도(小學圖)」와 제4도인 「대학도(大學圖)」는 본성(本性)에 기초한 학문에 대한 설명이며, 그리고 제5도인 「백록동규도(白鹿洞規圖)」는 인륜에 대한 설명이다. 이 다섯 도의 근본은 제1도와 제2도이지만, 목적은 학문을 통하여 인륜을 밝히고 덕업을 힘쓰게 함에 있다는 것이다.

제1도의 「태극도설」에 의하면, 만물은 우주의 근원적 원리인 무극이태극(無極而太極)에서 생성되었으며, 만물은 또 이 근원적 원리를 받아 자신의 삶의 원리로서 내재하고 있다. 그 중에서도 인간은 빼어난 기질을 타고 태어나서 이 근원적 원리를 자각하고 체득할 수 있다.

제2도의 「서명」에 의하면, 만물은 천지를 부모로 하는 동포요 형제이다. 만물은 천지의 기를 받아 형기(形氣)의 체(體)를 이루고 천지를 이끄는 이를 받아 본성을 지니고 있다. 인간은 이 본성을 닦아 천지의 덕(德)에 합치될 수 있다.

제3도의 「소학제사(小學題辭)」에 의하면, 하늘에서 부여받은 병이(秉

13) 「白鹿洞規圖」, 退溪 補說.

彝), 곧 본성을 그대로 실현하는 사람이 성인이다. 본성은 영원히 없어지지 않는다. 성현들의 가르침을 모아 이 책을 엮었으니 부지런히 노력하여 본성을 회복하라는 뜻이다.

제4도의 「대학경(大學經)」에 의하면, 학문을 통하여 하늘에서 부여받은 명덕(明德)을 밝혀 스스로 지선(至善)을 실천할 수 있고 세상을 지선하게 만들 수도 있다. 이것이 바로 유학의 이상인 수기(修己)와 치인(治人)이다.

제5도인 「백록동규도」에 의하면, 유학은 오륜(五倫)을 바탕으로 박학(博學), 심문(審問), 신사(愼思), 명변(明辨), 독행(篤行)에 의하며 인륜을 실현하는 것을 목표로 한다.

이상을 통하여 제1도와 제2도는 천도와 본성과의 관계, 제3도와 제4도는 본성과 학문과의 관계, 제5도는 학문의 목적을 밝힌 것임을 알 수 있다.

(2) 인성론적 구조

제1도에서 제5도까지는 천도(天道)에 바탕하여 인륜을 설명하는 구조를 취하고 있으므로 존재론적 구조라고 하였으나, 제6도에서 제10도까지는 인간의 심성(心性)을 기초로 삼아서 일상생활에서 외경(畏敬)을 실천하는 구조이다. 그러므로 이는 인성론적 구조라고 할 수 있다. 퇴계는 "6도~10도는 심성에 근원하여 일상생활을 힘쓰게 하고, 경외심을 높이는 것이 그 요체다.(以上五圖, 原於心性, 而要在勉日用, 崇敬畏.)"[14]라고 설명하고 있다.

후반(後半) 다섯 개의 도 가운데서 퇴계가 가장 심혈을 기울여 설명하고 있는 도는 제6도인 「심통성정도」이다. 인간이 윤리를 실천함에 있어서

14) 「夙興夜寐箴圖」, 退溪 補說.

가장 중요한 것은 인간의 심(心)이다. 그래서 퇴계는 심을 정확하게 설명하고자 한다. "리와 기의 합으로, 성정을 통괄한다. 그리고 몸의 주재로서 삶 전체를 주관하는 주체이다.(合理氣 統性情 主一身 該萬化)"는 심에 대한 종합적 설명이다. '합리기(合理氣)'는 리기합일로서의 심의 존재론적 성격에 대한 설명이며, '통성정(統性情)'은 성정(性情)의 통합으로서의 심의 성정론적(性情論的) 구조에 대한 설명이며, '주일신 해만화(主一身 該萬化)'는 일신의 주재(主宰)로서 모든 일을 포괄한다는 심의 기능적 측면에 대한 설명이다. 여기에 머물지 않고 사단(四端)과 칠정(七情)으로 포괄되는 인간의 전체적인 감성을 선(善)하게 실현하는 방법도 설명하고 있다. 사단은 "리발이기수지(理發而氣隨之)"가 되면 순수하게 선하게 되며, 칠정은 "기발이리승지(氣發而理乘之)"가 되면 선하게 된다.

제7도인 「인설도(仁說圖)」에서는 인(仁)이 사단을 포괄하는 것으로 보고, 인의 체용(體用)을 바로 마음의 체용으로 설명하고 있다. "자기의 사욕을 극복하고 천리에 돌아간다.(克去己私 復乎天理)"하여 심의 체가 곧 인이 되면, 심의 용도 실행된다. 심의 체용을 온전히 실현하는 사람이라면 인간성을 온전히 발휘하는 이상적인 인간인 성인이라고 부를 수 있을 것이다.

제8도인 「심학도(心學圖)」에서는 심의 여러 이름과 심학(心學)의 다양한 측면을 제시하고 있다. 심의 이름은 다양하지만 마음은 하나일 뿐이다. 형기(形氣)에서 발(發)하면 인심(人心)이고 성명(性命)에 근원해서 발(發)하면 도심(道心)이다. 심학의 방법은 인욕(人欲)을 막는 것과 천리(天理)를 보존하는 것으로 나누어지며, 전자는 '부동심(不動心)'을 목표로 하고 후자는 '종심소욕불유구(從心所慾不踰矩)'를 목표로 한다. 이 두 방법은 경(敬)을 바탕으로 해서만 이루어질 수 있다.

제9도인 「경재잠도(敬齋箴圖)」와 제10도인 「숙흥야매잠도」는 모두 경

(敬)의 실천에 관한 설명이다. 제9도가 표리(表裏)와 동정(動靜)이라는 공간적 처지에서의 경에 대한 설명이라면 제10도는 숙신일석(夙晨日夕)이라는 시간적 상황에서의 경에 대한 설명이다. 학자(學者)는 시간적 상황과 공간적 상황 전체를 통하여 항상 경을 유지해야만 성인이 되는 학문의 성취를 이룰 수 있다.

제6도와 제7도와 제8도가 심에 대한 설명이라면 제9도와 제10도는 시간과 공간을 축으로 삼아 이루어지는 인간의 일상적 삶 전체에서 마음을 삶의 주인으로 삼는 경(敬)을 실천해야 된다는 설명이다. 그렇게 함으로써 시간 공간 속에서 순간을 통하여 이루어지는 인간의 삶은 자연의 영원한 원리로부터 부여받은 인성(人性)에 기초하게 된다.

퇴계는 인간의 도리에 대한 존재론적 설명과 인성론적 설명을 통하여 외경(畏敬)을 바탕으로 윤리를 실천하는 인간의 일상적인 삶을 영원한 진리를 실현하는 고귀한 삶으로 승화시키고 있다.

2) 실천학문적 구조

이론적 구조의 측면에서는 10도 전체를 전반부와 후반부로 나누어 설명하였지만, 실천학문적 구조의 측면에서는 제3도인 「소학도」와 제4도인 「대학도」를 축으로 삼아 10도 전체를 상호 연결시켜 설명한다.

> "章下所引或問, 通論大小學之義, 說見小學圖下. 然非但二說當通看, 并與上下八圖, 皆當通此二圖而看. 蓋上二圖, 是求端擴充體天盡道極致之處, 爲小學大學之標準本原. 下六圖, 是明善誠身崇德廣業用力之處, 爲小學大學之田地事功."[15)]

15) 「大學圖」, 退溪 補說.

제1도인 「태극도」와 제2도인 「서명도」는 성리학의 존재론을 대표한다. 이는 제3도와 제4도로 대표되는 유학이라는 학문의 단서가 되고 한편 목적과 목표가 된다는 의미이다.

『소학』과 『대학』은 인도(人道)를 추구한다는 점에서 하나이지만, 『소학』은 어린 아이들에게 도덕적 교훈과 윤리적 덕목을 가르쳐 익히게 하는 책이므로, 본격적인 학문의 단계는 아니다. 『대학』은 명명덕(明明德), 친(신)민(親(新)民), 지어지선(止於止善)이라는 삼강령(三綱領)과 격물(格物), 치지(致知), 성의(誠意), 정심(正心), 수신(修身), 제가(齊家), 치국(治國), 평천하(平天下)라는 팔조목(八條目)을 주된 내용으로 한다.

퇴계는 『대학』의 격물치지를 『중용』의 명선(明善)에, 성의와 정심과 수신은 『중용』의 성신(誠身)에 대응시키고, 제가와 치국과 평천하를 숭덕(崇德)과 광업(廣業)에 대응시키고 있다. 『대학』의 팔조목을 이렇게 해석한 다음 제5도에서 제10도까지를 팔조목의 전지(田地)와 사공(事功)으로 설명하고 있다.

제5도에서 제10도까지는 제3도와 제4도의 전지요, 사공이다. 제3도와 제4도의 전지라 함은 『대학』의 팔조목으로 대표되는 학문이 실현되는 장소라는 의미이며, 사공이라는 것은 그곳에서 팔조목으로 대표되는 학문이 완성되어야 한다는 의미이다.

제5도의 「백록동규도」는 팔조목이 오륜을 전지로 삼아 박학(博學), 심문(審問), 신사(愼思), 명변(明辨), 독행(篤行)하는 가운데 완성되어야 한다는 의미이다.

제6도의 「심통성정도」는 팔조목이 심의 체용인 성정(性情)을 전지로 삼아 존양(存養)과 성찰(省察)을 통하여 완성되어야 한다는 의미이다.

제7도의 「인설도(仁說圖)」는 팔조목이 심의 본체인 인(仁)을 전지로 삼아 인을 체득하고 발용함에 의하여 완성되어야 한다는 의미이다.

제8도의 「심학도(心學圖)」는 팔조목이 심을 전지로 삼아 경(敬)을 바탕으로 삼아 도심(道心)이 인심(人心)을 주재하게 함에 의하여 완성되어야 한다는 의미이다.

제9도의 「경재잠도」와 제10도의 「숙흥야매잠도」는 경(敬)을 바탕으로 삼아 동정(動靜)과 표리(表裏)라는 공간적 상황과 숙신일석(夙晨日夕)이라는 시간적 상황 가운데서 항상 천리(天理)를 존양(存養)하고 성찰함으로서 팔조목으로 대표되는 학문이 완성되어야 한다는 의미이다.

퇴계는 『성학십도』의 구조를 두 가지 측면에서 설명함으로써, 이론적 측면에서 보거나 실천학문적 측면에서 보거나 인간에게는 성인이 될 수 있는 길이 열려 있음을 보여 준다. 그리고 퇴계는 십도(十圖)의 이러한 구조적 측면을 존중하는 가운데 성학(聖學)의 바른 방법을 제시하고자 노력한다. 『성학십도』의 서문인 「진성학십도차(進聖學十圖箚)」와 각각의 도(圖)와 설(說)의 끝에 추가한 보설(補說)은 이러한 목적에 충실하다.

4. 성학(聖學)의 방법

선현들이 창작한 도(圖)와 설(說) 각각의 내용도 성학(聖學)의 원리와 방법에 관한 내용이 아닌 것이 없다. 여기서는 퇴계의 독창적인 성학의 방법을 찾는 것이 목적이므로 각 도의 방법에 대한 분석은 하지 않는다. 10개의 도와 설을 채택하여 순서를 정하고, 그것을 설명하는 가운데 발휘된 퇴계의 독창적인 성학의 방법이 과연 있는가?

퇴계는 「진성학십도차」에서 "성학에는 큰 단서가 있고, 심법에는 지극한 요체가 있습니다.(聖學有大端, 心法有至要.)"라고 말하고 또 "성학을 밝히고 심법을 얻다.(明聖學而得心法)"라고 하여 성학과 심법(心法)이라는 용어를 자주 사용한다. 이는 『성학십도』를 지을 때 선현들의 저술 가운데서 '성학의 대단(大端)'과 '심법의 지요(至要)'와 관련된 내용들을 선별하였다는 의미이다. 그런데 크게 보면 심법도 성학의 범주에 속하는데 퇴계가 성학과 심법을 구별하는 이유는 무엇일까? 이는 앞에서 『성학십도』를 이론적 구조와 실천학문적 구조로 나눈 것과도 관련된다. 실천학문적 구조로 본 관점은 학문을 중심으로 본 관점이며, 이론적 관점은 심법과 관련된다. 이렇게 볼 경우 성학과 실천학문과 심법의 구별이 애매하게 되므로, 성인이 되기 위한 전체의 방법을 성학이라고 명명하고, 심법에 의한 방법은 심학의 방법이라고 명명하고, 학문적으로 접근하는 방법은 실천학문적 방법이라고 명명하기로 한다.

퇴계가 성학의 방법을 실천학문적 방법과 심학의 방법으로 구분하는 것은 그의 자연 이해의 방법과도 관련된다. 퇴계는 '체용일원(體用一源)'과 '현미무간(顯微無間)'이라는 상반되는 관점을 사용하여 자연을 전일적으로 설명한다. 퇴계에 의하면 본체로부터 현상세계를 내려다보면 자연은 체용일원의 대전적 세계(大仝的 世界)이며, 현상으로부터 본체의 세계를 우러러보면 자연은 현미무간의 대전적 세계이다.[16] 심학의 방법은 체용일원의 관점과 관련되며, 실천학문적 방법은 현미무간의 관점과 관련되는 듯이 보인다.

실천학문과 심학은 모두 심을 주재로 하여 수행되어야 한다. 그러므로

---

16) 필자의 박사학위논문 『李退溪 學問論의 體用的 構造에 관한 研究』(1993년 서울대학교) 참조. 퇴계는 우주자연을 '體用一源'과 '顯微無間'이라는 상반된 관점에서 설명한다. 본체의 입장에서 현상을 내려다보면 자연은 체용일원의 大仝的 세계이며, 현상의 입장에서 자연의 근원을 바라보면 자연은 현미무간의 대전적 세계이다. 전자의 관점을 대표하는 작품은 周惇頤의 「太極圖」이며, 후자의 관점을 대표하는 작품은 퇴계의 「天命圖」이다. 어떤 입장에서 보더라도 우주자연은 仝一的, 有機體的 존재이다.

심의 주재성을 유지하는 노력으로서의 경은 이 두 방법에 일관되게 요청된다.

1) 실천학문적 방법

『성학십도』를 구조적으로 분석하며 보았듯이 실천학문적 측면에서 보면 제3도와 제4도가 십도의 중심축이 된다. 그러나 제3도인 「소학도」는 아직 온전한 학문론이라고 보기 어렵기 때문에 실천학문론의 대표적인 도는 제4도인 「대학도」이다. 퇴계가 학문 또는 성학이라고 할 때는 「대학도」의 팔조목을 지칭하는 경우가 많다. 격물, 치지, 성의, 정심, 수신, 제가, 치국, 평천하라는 팔조목을 유학의 학문 구조를 대표하는 것으로 본다는 말이다. 퇴계는 격물치지를 『중용』의 명선(明善)과 택선(擇善)에 대응시키고, 성의와 정심과 수신을 성신(誠身)에 대응시켰다. 이는 격물치지를 지선(至善)에 대한 인식공부(認識工夫)로 이해하고 성의와 정심과 수신을 인식된 지선(至善)을 실천하는 실천공부로 이해하는 것이다. 그리고 제가와 치국과 평천하는 인식과 실천을 통하여 자신에게 습숙(習熟)된 도덕을 바탕으로 삼아 사회적으로 덕업을 넓혀가는 과정으로 이해한다. 『대학』 팔조목의 성격이 이러하기 때문에 팔조목은 유학의 학문 강령으로 이해된다. 팔조목을 유학의 강령으로 받아들이게 되면, 제5도에서 제10도에 이르는 6개의 도는 이 강령을 구체적으로 실천하는 전지가 된다. 성학은 각각의 도를 전지로 삼아 그곳에서 명선(明善)과 성신(誠身), 덕업(德業)을 넓히는 공부가 이루어져야 한다.

「진성학십도차」에서는 인식공부를 사(思)라 하고 실천공부를 학(學)이라 하여 상호의존 관계에 있는 사와 학이 상호 병진(竝進)해야만 학문의 완성을 기약할 수 있다고 한다. 학문이 완성된 경지란 성인(聖人)을 가리킨다.

孔子曰："學而不思則罔, 思而不學則殆." 學也者, 習其事而眞踐履之謂也. 蓋聖門之學, 不求諸心, 則昏而無得, 故必思以通其微. 不習其事, 則危而不安, 故必學以踐其實. 思與學, 交相發而互相益也.[17)]

학문의 방법을 사와 학, 또는 격물치지와 성(誠)·정(正)·수(修)라는 인식과 실천의 공부로 설명하는데, 이러한 방법을 실천학문적 방법이라고 한다. 이는 박학(博學), 심문(審問), 신사(愼思), 명변(明辨), 독행(篤行)을 학문으로 이해하는 『중용』의 학문관과 통한다.

2) 심학(心學)의 방법

『성학십도』의 구조가 이론적 측면에서 보면 전반부는 "천도에 근본을 두고 있지만 공효는 인륜을 밝히고 덕업에 힘쓰게 함에 있다.(本於天道, 而功在明人倫懋德業.)"이며, 후반부는 "심성에 근원하여 일상생활을 힘쓰게 하고, 경외심을 높이는 것이 그 요체다.(原於心性, 而要在勉日用, 崇敬畏.)"라는 것을 보았다. 이 때 천도(天道)는 곧 제1도의 태극(太極)을 의미하며 이 태극은 제6도의 심성으로 연결된다. 천도에 근본하여 인륜을 밝히고 덕업에 힘쓰며, 심성에 근원하여 일상생활에서 외경(畏敬)을 실천하기에 힘씀으로써, 일상적인 벗어나지 않는 가운데 진리와 하나가 되는 길이 열려 있다. 그러나 이렇게 되는 원리는 인간 스스로 만든 것이 아니라 자연에 의하여 인간에게 주어진 것이다.

17) 「進聖學十圖箚」.

인간 뿐 아니라 모든 존재의 내면에는 진리가 다 깃들어 있지만 내면의 진리를 자각할 수 없다면, 진리에 근본하여 진리와 하나가 된 삶을 살고자 하는 진리추구의 학문은 불가능하다. 동물과 식물 등에게도 본성이 내재하기는 하지만 자각할 능력이 없기 때문에 거기에는 성학이 성립되지 않는다. 인간만이 성학을 할 수 있으며, 인간이 성학을 할 수 있는 근거는 인간은 자연으로부터 본성을 부여받았을 뿐 아니라 자신의 본성을 자각할 수 있는 능력을 지녔기 때문이다. '본어천도(本於天道)'란 인간은 자연으로부터 본성을 부여받았다는 사실을 강조한 것이며, '원어심성(原於心性)'이란 부여받은 본성에 근원해서 학문을 해야 한다는 의미이다.

제6, 7, 8도는 모두 심에 관한 도설(圖說)이지만 퇴계가 자신의 심법(心法)을 가장 잘 보여 주는 곳은 제6도인 「심통성정도」에서이다. 퇴계는 "리와 기의 합으로, 성정을 통괄한다. 그리고 몸의 주재로서 삶 전체를 주관하는 주체이다.(合理氣 統性情 主一身 該萬化)"를 통하여 심의 존재론적 성격, 성정론적(性情論的) 성격, 기능적 성격을 동시에 설명하고 있다. 리기합일로서의 심은 리기를 체험할 수 있는 터전이 되며, 성정(性情)을 체용으로 통회(統會)한 심은 성정이 온전하게 실현되면 전체대용(全體大用)의 심이 된다. 마음을 체험하고 마음의 체용이 온전히 실현되기 위해서는 마음의 주재성이 유지되어야 한다. 마음의 주재성이 유지될 때 마음이 한 몸의 주인이 되어 모든 일을 제대로 처리할 수 있게 된다. 이와 같은 마음의 원리에 따라 심법에 기초한 심학을 통해서만도 성인이 될 수 있다는 것을 제6도의 끝에서 분명하게 밝히고 있다.

"要之, 兼理氣統性情者, 心也. 而性發爲情之際, 乃一心之幾微, 萬化之樞要, 善惡之所由分也. 學者誠能一於持敬, 不昧理欲, 而尤致謹於此, 未發而存養之功深, 已發而省察之習熟, 眞積力久而不已焉, 則所謂精一執中之聖學, 存體應用之心法, 皆可不待外求而得之於此矣."[18]

현실 가운데서 심의 체용과 동정이 온전히 실현되는 삶을 살면 그 가운데 성인이 되는 길이 있다. 성학의 방법을 대강 설명할 경우에는 성학이 심학을 포괄하게 된다. 성학을 학문적 방법과 심학적 방법으로 나누어 설명하게 된 이유도 여기에 있다. 그러나 퇴계는 위의 설명에서 보듯이 '정일집중(精一執中)'이라는 성학과 '존체응용(存體應用)'이라는 심법을 '모두 바깥에서 찾을 필요가 없이 여기서 얻을 수 있다.'고 한다. 이곳의 설명에 따른다면 심법이 학문을 포괄할 수도 있다는 것이다. 이는 성학과 심법이 심의 체용을 벗어나지 않는다는 의미로서 퇴계 성학론(聖學論)의 특성을 이룬다. 퇴계의 이러한 설명을 통하여 심법과 성학은 분리하여 설명할 수 있지만 그렇다고 성학이 심법 밖에 있는 별개의 공부방법은 아니라는 사실을 보여 준다. 퇴계에게 있어서 학문이란 인간이 살아가며 삶 가운데서 실현되고 있는 자연의 리듬을 찾아서 그 리듬에 맞추어 사는 삶을 익히는 것이다. 마음이 체용의 리듬으로 동정하면 학문도 그에 따라 정(靜)할 때는 함양하고 동(動)할 때는 성찰하여 동정이 일관하여 천명에 어긋남이 없게 하면 된다는 것이다.

자연의 리듬에 맞추어 진리를 자연스럽게 실현하는 공부가 심법에 따른 심학의 방법이라면, 실천학문적 방법은 아직 그와 같은 자연의 리듬을 온전히 이해하기 전의 공부로 보인다. 이렇게 보면, 심법에 따르는 공부는 자연의 박자에 순응하여 순리로 이루어지는 공부이지만, 실천학문적 방법은 심법의 원리를 찾아가는 공부로 보이기도 한다. 그러면 심법에 의한 방법은 체용일원(體用一源)의 관점에 상응하는 방법이며, 실천학문적

---

18) 「心統性情圖」, 退溪 補說.

방법은 현미무간(顯微無間)의 관점에 상응하는 방법이 된다.

3) 경(敬)으로 일관함

퇴계는 공부방법을 심학적(心學的) 방법과 실천학문적 방법으로 나누어 설명하여 보았다. 그러나 이 두 가지 방법은 모두 마음의 주재(主宰) 하에 이루어져야 한다. 마음이 주재자가 되게 노력하는 경(敬)의 공부가 없이는 어떠한 학문도 이루어질 수 없다. 그러므로 경은 삶과 학문의 모든 국면에서 강조되며, 심학적 방법과 실천학문적 방법에도 일관되게 요청된다. 경은 『성학십도』뿐 아니라 퇴계의 학문과 삶 전체를 관통하는 학문과 삶의 기본이며 기초이다.

> "敬者, 又徹上徹下, 著工收效, 皆當從事而勿失者也. 故朱子之說如彼, 而今茲十圖, 皆以敬爲主焉."[19]

경은 아래 위를 관통하는 방법이어서 공부를 시작할 때부터 마칠 때까지 잠시도 떠날 수 없는 방법이라는 설명이다. 주자(朱子)의 설(說)이 저것과 같다고 할 때의 저것이란 퇴계가 「소학도(小學圖)」와 「대학도(大學圖)」를 설명하면서 인용한 주희(朱熹)의 『대학혹문(大學或問)』에 나오는 경에 대한 설명을 가리킨다. 『대학혹문』에서 주희는 경이 성학의 시작과 끝이 됨을 밝혔다. 퇴계는 주희의 설을 인용하여 경의 중요성을 밝히고 자신의 『성학십도』 전체도 경을 중심으로 삼고 있음을 밝히고 있다.

퇴계가 경을 이렇게 강조한 이유는 무엇일까? "경은 마음의 주재이며,

19) 「大學圖」, 退溪 補說.

심은 한 몸의 주재이다." 경이 마음의 주재라는 것은 마음이 몸의 주인이지만 마음은 출입을 헤아리기 힘들어 경의 주재를 받아야만 주인노릇을 하게 된다는 것이다. 경이란 마음으로 하여금 삶의 주인이 되기 하는 공부이니, 마음이 '주일신 해만화(主一身 該萬化)'의 역할을 하는 한, 마음을 삶의 주인으로 삼으려는 공부도 중단이 없어야 된다.

「진성학십도차」에 나오는 "경을 유지하는 것은 생각과 배움에 다 필요하고 동정(動靜)에 다 일관해야 하는 것으로, 안과 밖을 합치시키고 현(顯)과 미(微)를 하나로 하는 방법입니다.(持敬者, 又所以兼思學, 貫動靜, 合內外, 一顯微之道也.)"라는 말은 경의 이러한 측면에 대한 종합적 설명이다. 경은 인식공부와 실천공부에 다 요청되고, 동정의 공부에도 일관되게 요청되는 공부이며, 이렇게 함으로서 사람은 내외가 합일되고 현상과 진리가 하나가 된 자연스러운 삶을 살 수 있게 된다는 것이다.

경에 대한 설명은 제8도인 「심학도」에도 자세하지만 제9도인 「경재잠도」와 제10도인 「숙흥야매잠도」에서 가장 자세하며, 특히 제9도와 제10도를 합하여 제10도의 끝에서 제시하는 퇴계의 종합적 설명에 의하여 경의 공부는 그 절정에 도달한다.

> "蓋敬齋箴有許多用工地頭, 故隨其地頭, 而排列爲圖. 此箴有許多用工時分, 故隨其時分, 而排列爲圖. 夫道之流行於日用之間, 無所適而不在, 故無一席無理之地, 何地而可輟工夫. 無頃刻之或停, 故一無息無理之時, 何時而不用工夫."[20]

「경재잠(敬齋箴)」은 표리(表裏)와 동정(動靜)이라는 공간적 상황에 대처하는 공부이며 「숙흥야매잠(夙興夜寐箴)」은 숙신일야(夙晨日夜)라는 시

---

20) 「夙興夜寐箴圖」, 退溪 補說.

간적 상황에 대처하는 공부이다. 인간의 삶은 공간적 상황과 시간적 상황 가운데서 전개되므로 이 두 상황 가운데서 공부가 항상 지속될 수 있다면 학문은 삶과 하나가 되어 학문이 삶이며 삶이 학문인 단계에 도달하게 된다는 것이다.

이어서 『중용』 1장에 나오는 자사(子思)의 말을 인용하여 자신의 주장을 재확인 한다.

> 子思子曰: "道也者, 不可須臾離也, 可離, 非道也. 是故, 君子戒愼乎其所不睹, 恐懼乎其所不聞." 又曰: "莫見乎隱, 莫顯乎微, 故君子愼其獨也."

퇴계는 공부해야 할 상황을 공간과 시간으로 나누었으나, 자사는 공부할 상황을 동(動)과 정(靜)으로 나누고 있다. 공간과 시간, 동과 정은 삶의 전체 국면을 포괄하는 표현이다. 자사는 『중용』에서 동정 일관(動靜 一貫)을 통하여, 퇴계는 『성학십도』에서 시간과 공간을 통하여, 인간의 공부가 삶 전체의 국면에서 이루어져야 됨을 설명하고 있다.

> 此一靜一動, 隨處隨時, 存養省察, 交致其功之法也. 果能如是, 則不遺地頭, 而無毫釐之差, 不失時分, 而無須臾之間. 二者並進, 作聖之要, 其在斯乎.[21]

5. 맺는 말: 퇴계 성학(聖學)의 특성

성인(聖人)이라고 하면 높고 아득하여 종잡을 수 없을 것처럼 보인다.

---

21) 「夙興夜寐箴圖」, 退溪 補說.

그러나 퇴계는 성학(聖學)을 설명하면서 고원하게 설명하지 않는다. 우주의 근원적 진리인 태극(太極)은 인간에게는 물론 존재하는 모든 사물에 내재되어 있다. 자각할 수만 있다면 자신에게 내재한 본성을 인식하고 실천함에 따라 우주적 진리에 참여함을 통하여 우주적 진리와 하나가 될 수 있다. 마음에 내재한 우주적 진리는 마음의 체용인 성정(性情)으로 실현되므로 성학은 첫째 존양(存養)과 성찰(省察)이라는 심법(心法)을 통하여 진전되며, 둘째 격물치지와 성(誠) · 정(正) · 수(修)의 실천이라는 학문적 방법을 통하여 이루어진다. 잠시 동안의 노력이 아니라 삶과 함께 지속적인 노력을 하여 진리가 많이 쌓이고 실천의 노력이 오래되면 저절로 진리와 마음이 하나가 되어 자신도 모르는 사이에 진리와 융합되어 관통하게 되고 편안하게 진리를 실천하는 단계에 도달하게 된다는 것이다. 편안하게 도를 실천하는 삶의 경지에 도달하면 성학은 그 목적을 성취하였다고 할 수 있을 것이다.

> "至於積眞之多, 用力之久, 自然心與理相涵, 而不覺其融會貫通, 習與事相熟, 而漸見其坦泰安履."[22)]

이처럼 퇴계에게서 학문이란 곧 성학이며, 성학은 자기완성의 삶인 '위기지학(爲己之學)'이다. '위기지학'은 제왕(帝王)에게만 필요한 '제왕학(帝王學)'이 아니라 모든 사람에게 적용될 수 학문이다. 이때의 학문은 과학적 학문과는 문제의식과 방법에서 상당한 차이가 있는 도학(道學)이다. '위기지학'으로서의 도학은 동양적 진리 인식의 학문으로서 동양적 인문학이며 동양적 형이상학이다. 퇴계는 『성학십도』를 통하여 도학을

---

22) 「進聖學十圖箚」.

보편적 학문으로 만들어 이를 만세(萬世)에 전하였다. 퇴계의 도학정신(道學精神)은 이후 조선 학계에 커다란 영향을 미쳐, 그의 정신을 계승한 실학자들에게는 도학에 기초한 경세학(經世學)이라는 유학적 이상주의를 꿈꿀 수 있게 하였다. 이러한 도학정신(道學精神)은 17, 8세기 성호학파(星湖學派) 실학자들이 전혀 이질적이면서도 선진적인 서구의 과학 문명과 기독교 문명을 만나 이를 주체적으로 수용할 수 있는 주체적 역량이 되었다.

유학은 인간에 대한 무한한 신뢰에 기초하여 학문이 성립되며, 인간에 대한 무한의 신뢰를 학문과 실천적 삶을 통하여 확인하고 확대한 다음 그 힘을 사회로 확대시켜 나간다. 이것이 바로 수기치인(修己治人)의 이상이다. 유학의 이상사회론은 인간에 기초한 이상사회론이다. 『논어』의 구절을 음미하여 보자.

> 子路問君子. 子曰, "脩己以敬." 曰, "如斯而已乎?" 曰, "脩己以安人." 曰, "如斯而已乎?" 曰, "脩己以安百姓. 脩己以安百姓, 堯舜其猶病諸."[23)]

군자란 대단한 존재라고 생각하고 있던 제자인 자로가 군자란 어떤 사람이냐고 물었다, 공자의 답은 단순하다. 경으로 자신을 수양한다. 자로는 불만스러워 그 정도일 뿐이냐고 반문하였다. 공자의 대답은 변함이 없다. 자신을 수양하여 남들을 편안하게 한다. 그래도 자로의 불만은 계속된다. 그 정도일 뿐입니까? 자신을 수양하여 백성을 편안하게 한다. 자신을 수양하여 백성을 편안하게 하는 것은 요순도 실천하기 어려운 일이다.

인간에 대한 믿음과 진리의 무한성에 대한 믿음이 없다면 공자의 얘기

---

23) 『論語』, 「憲問篇」, 45장.

에 언뜻 고개를 끄덕이기 힘들다. 그러나 공자보다 2000년 뒤에 태어난 퇴계는 인간에 대한 신뢰와 진리의 무한성에 대하여 조금도 의심이 없었다. 그래서 퇴계는 제자에게 이렇게 말하였다.

> "一進一退, 莫不以學爲主, 深知義理之無窮, 常歉然有不自滿之意. 喜聞過, 樂取善, 而眞積力久, 則道成而德立, 功自崇而德自廣. 向之所云經世行道之責, 至是始可任矣."[24)]

퇴계는 『성학십도』를 통하여 진리는 모든 사람에게 열려 있으며, 그 진리에 도달하는 방법에는 실천학문적 방법과 심학적 방법이라는 두 가지 방법이 있음을 보여 준다. 그리고 이 두 방법은 경을 바탕으로 해서만 가능하다고 한다. 경을 바탕으로 하여 심법을 통한 수양과, 학문을 통한 궁리와 실천을 쌓아감으로써 진리가 쌓이고 실천의 노력이 익숙하게 되면 자신도 모르는 사이에 성인의 영역으로 들어가게 된다고 한다. '깊은 숲 속에서 자신도 모르게 향기를 발하는 난초의 삶'이란 바로 이러한 삶이 아닐까?

공자와 퇴계의 '위기지학'에 기초한 사회개혁론은 인간과 진리에 기초한 인문학적 개혁론으로 인류가 지향해야 할 기본이다. 그러나 복잡한 현대사회에서는 사회의 복잡한 구조와 현실에 대한 과학적 이해가 병행되지 않으면 인문학적 이상주의가 현실화되기 힘들다고 본다.

---

24) 『全書』 1, 卷16, 答奇明彦, 404葉.

우계와 율곡

— 서로 다른 트랙과 스펙*

| **곽신환**(숭실대 철학과 교수) |

1. 조선조 유학자의 스펙과 트랙

요즘 청년 대학생들에게 스펙이니 트랙이니 하는 용어가 익숙하다. 취업을 위해 제출할 이력서에 기재하거나 참고할 자료들에 담겨야 할 경력이나 자격증 등을 충분하게 그리고 체계를 갖추어 제시하면 스펙이 좋다고 하거나 트랙을 잘 선택했다고 말한다. 토익, 토플, 텝스, MOUS 자격증, 한자나 국어 실력 인증서, 사회봉사 활동, 인턴 경력 등 갖추어야 할 스펙도 많아졌고, 복수전공, 부전공, 석박사통합과정, 전문대학원 등 선택할 트랙도 다양해졌다. 트랙과 스펙은 취업에만 관련된 용어는 아니다. 그것은 한 인간의 일생과 관련된 개념일 수도 있다.

입신(立身)과 양명(揚名)을 위하여 조선조 청년들은 어떤 트랙을 택하

---

* 이 글은 우계학보에 게재하였던 것을 다소 수정한 것이다.

고 어떤 스펙을 쌓으려고 하였을까? 유학을 수기치인(修己治人)의 도(道), 또는 내성외왕(內聖外王)의 도라고 한다. 이상적으로는 수기와 치인, 내성과 외왕을 겸전(兼全)하여야 한다고 하지만 문무(文武) 겸전이 드물고 힘들 듯 수기와 치인, 내성과 외왕은 현실적으로는 모두 완벽하게 갖추기는 매우 힘들다. 그러다 보니 어떤 사람은 재능은 탁월한데 도덕성이 부족하다는 이유로 청문회서 걸러지고, 어떤 경우는 제가(齊家)에 심각한 흠결이 있음에도 능력에 대한 상황적 필요성이나 대중적 지지를 받는가 하면, 탁월한 도덕성에도 불구하고 경륜에는 무력하여 공동체에 심각한 폐해를 초래하기도 한다.

유학자들은 대체로 치인(治人) 외왕(外王)의 트랙을 선택하고 그것을 위한 스펙 쌓기에 골몰하였다. 조선조의 경우 이는 이른바 과업(科業)에의 종사이다. 과거시험에 패스하려면 경전에 해박하고〔明經〕, 국가 경영의 원리 및 현안에 대한 정책 제안〔製述〕 등의 스펙을 쌓되, 향시(鄕試)인 초시를 거쳐 진사 생원이 된 다음 성균관에 입학하여 대과를 준비하는 트랙에 들어야 한다. 이들이 읽는 경전이나 문헌은 자연 과거시험 과목이거나 그 경향에 맞는 것이어야 했다. 그리고 주자학을 표준 해석으로 택하여야 했다. 이 트랙을 택한 사람의 이상은 행도를 통하여 자기 시대에 사는 사람들이 태평을 노래하고, 그 사회가 대동(大同)을 이루는 것이다.

그런데 '수기(修己)', '내성(內聖)'의 트랙을 걷는 경우도 있다. 통상 수기와 내성은 치인과 외왕의 전단계이거나 그것을 위한 필요조건처럼 이해되기도 한다. 하지만 치인과 외왕은 기회가 주어져야 하는데, 때를 얻느냐 못 얻느냐의 문제는 본인의 의지와는 무관할 수도 있지만 수기와 내성은 본인의 입지가 어떠하냐에 따라 그 성취가 판가름 나는 것이기에 보다 강한 과제로 주어졌다. 이 트랙은 교육과 연구라는 수교(垂敎)로 나타나고 이는 공자와 맹자의 경우처럼 비록 가시적 사업이 아닐지라도 그 공적이 요순이나 우왕보다 낫거나 못하지 않다는 역사적 평가가 있었다.[1] 하물며 신민의 위치에서 천자나 군주에 대한 꿈을 가질 수 없다면 가능한 최고의 경지가 이윤이나 부열 같은 경우일 터이니 오히려 공자와 맹자 같은 성인을 지향하는 것이 더 크고 나은 목표가 될 수 있기도 했다. 또한 유학자는 노불을 비록 이단이라고 폄하하고 경계하지만 노불에서 최고의 경지에 이른 불(佛)이나 지인(至人), 신인(神人) 등의 경지가 방외의 세계에서 존중되는 것에서 자연스럽게 수기와 내성의 트랙이 선택되기도 하였다. 조선 초기 이른바 사림파나 중후기 산림에 속한 학자들은 일생 『소학(小學)』, 『심경(心經)』, 『근사록(近思錄)』 등과 같은 책을 읽었는데, 이는 과거 준비용이 아니라 수양과 명리(明理), 그리고 대의(大義)의 소재를 밝히는 데 주안점을 둔 것들이다. 처사(處士), 징사(徵士), 산림(山林), 은일(隱逸) 등으로 불린 이들 가운데 상당수가 학문과 덕행으로 명망을 얻어 결과적으로 사회적 정치적 영향을 크게 일으켰다.

다산 정약용은 학문을 '양심(養心)'과 '행사(行事)'로 구별하였는데, 그가 말하는 양심의 학문이란 존재론적 자아 완성, 수양 위주의 학문이며, 그의 눈에는 당시 조선의 성리학이 이에 해당하는 것이었다. 그는 이 학문의 필요성을 정면 부인하지는 않았다. 행사의 학문이란 일을 하기 위한 학문으로 이것이 옛 성왕의 본뜻이라고 하였다. 그는 행사의 학문을 지향했다. 강진 유배 이후 그는 행사의 위치에서 멀어졌지만 관심은 언제나 국가 경영과 민생의 문제에 있었고, 그가 저술한 방대한 문헌은 모두 '행사를 위한 것'들이었기에, 우리는 그를 실학의 집대성자라고 칭한다. 정

---

1) 주희는 『중용장구』 서문에서 "若吾夫子, 則雖不得其位, 而所以繼往聖 開來學, 其功反有賢於堯舜者"라고 하여 공자의 공이 계성개학의 공이 요순보다 뛰어나다고 하였으며, 한유는 "然向無孟氏, 則皆服左衽而言侏離矣. 故愈嘗推尊孟氏, 以爲功不在禹下者, 爲此也."라고 하여 양묵을 물리친 맹자의 공이 우보다 못하지 않다고 하였다.

약용은 학맥은 퇴계 쪽이지만 지향과 트랙은 율곡과 같다.

한편 1765년 연경에 갔던 홍대용은 청조 지식인들과 대화에서 이 당시 조선의 학자들이 학문을 이른바 의리지학(義理之學), 경제지학(經濟之學), 사장지학(詞章之學)의 셋으로 구분한다고 하면서 "의리를 버리면 경제는 공리(功利)에 빠지고, 사장은 부조(浮藻)에 어지러워질 뿐이며, 경제가 없으면 의리를 둘 곳이 없고, 사장이 없으면 의리를 나타낼 곳이 없으니 세 가지 가운데 하나라도 빠지면 학문이라고 할 수 없지만 의리가 근본이 될 것이다."라고 하였다.[2] 18세기 후반의 조선 사회에 여전히 사장지학이 힘을 발휘하고 있었고, 경제지학에 대한 관심이 증대되고 있었음과 이런 사조에 대하여 홍대용은 어느 한 곳으로 기울기를 보이는 것에 경계하는 시각을 지니고 있었음을 보여 준다.

진유와 실학, 이 두 개념이 조선 유학자들이 공통적으로 지향한 것이라고 할 수 있다. 그런데 실제 너무나 다양한 모습의 진유(眞儒), 그리고 굴곡 많은 시의(時宜)와 실학(實學)의 의미를 조선유학에서 볼 수 있다. 진(眞)과 실(實)의 모습은 결코 간단치 않다. 그것은 때에 따라 거짓(假), 쭉정이처럼 빈 것(虛), 공동체를 해치는 사사로움(私), 사실이 아닌 속임(僞), 정도(正道)가 아닌 이단(異端), 발효가 아닌 썩음(腐), 소통하지 못하고 막힘(癖) 등과 맞서는 개념이다. 조선 유학자들은 진리를 깨닫고(聞道), 밝히는(明理) 문제뿐만 아니라 공직에 나아가느냐 아니면 물러서느냐, 산림에서 본마음 보존하고 본성을 기르는 수양의 길을 가느냐 아니면 치열한 경쟁과 갈등 많은 삶의 현장에서 정의(正義)를 세우고 태평(泰平)을 일으키느냐, 원리를 세우는 일을 우선할 것인가 아니면 상황적 요청을 귀담아들을 것인가 하는 문제에 항상 긴장감을 갖고 있었다.

---

2) 『湛軒書』, 외집, 7권, 「燕記-吳彭問答」.

많은 사람이 몰려가는 넓은 길이 아니라 좁은 길을 가는 사람이 있다. 이미 많은 배들이 몰려 있는 어장, 어선으로 다양한 색깔이 칠해진 바다가 아니라 글자 그대로 푸른 바다-블루 오션을 찾아야 한다고 말하기도 한다. 모두가 세속의 이익과 탐욕의 광장에로만 몰려간 것이 아니다. 500년 조선의 인재들은 그 성취가 다양한 만큼 그들이 택한 트랙도 다양했다. 오늘 우리는 어떤 가치를 지향하며 어떤 트랙을 선택하는가? 얼마만한 진지성으로 그 지향과 선택이 이루어졌으며, 그 과정에 필요한 '진(眞)'과 '실(實)'의 스펙 쌓기에 얼마만큼 갈등하는가?

2. 우계와 율곡의 사귐 – 그 화이부동(和而不同)

『주역』에 "같으면서도 다르다(同而異).", "다르지만 같다(異而同)."[3]와 "같은 곳으로 귀결되지만 길은 다르다(同歸而殊途)."[4]라는 명제가 있다. 같음과 다름은 상대적인 의미이다. 즉 같다고 말하는 것은 이미 다름의 전제에서 하는 말이고 다르다고 하는 것 또한 같음의 기반 위에서 하는 말이다. 우계와 율곡의 학문과 삶의 양상도 그러하다. 세상은 우계, 율곡 두 사람의 관계를 도의지교(道義之交)로 부른다.[5] 이들의 사귐에는 『논어』의 '화이부동'과 『주역』의 '동이이'가 있을 것이다. 그동안 그들의 같음을 부각시켰다. 그럴 필요가 있었을 것이고, 그렇게 보이기도 하였다. 그러

---

3) 『주역』, 「睽」.

4) 『주역』, 「계사하」, 4장.

5) 홍대용은 사귐을 性命之交 道義之交 相面之交로 구별하고, 이는 君臣之交 朋友之交 俗人之交에 해당한다고 하였다. 홍대용의 교우론에 대해서는 조기영의 「홍대용의 학문론과 교우론」(『율곡사상연구』, 22집, 137~146쪽)을 참조할 것.

나 두 사람은 학문에 있어서 지향의 다름이 있고 내용의 다름도 있다.

"학문으로 벗을 모으고(以文會友), 벗을 통하여 인격 향상을 돕는다(以友輔仁)." 고 하였듯이, 또 오륜에서 벗 사이에는 신의가 있어야 한다고 하였듯이 우계와 율곡 사이에는 문(文)이 있었고, 인(仁)과 신의(信義)라는 공통의 지향이 있었다. 율곡이 "친구란 그 뜻을 벗하는 것이요, 그 도를 벗하는 것."[6]이라고 하였듯이 두 사람은 뜻과 도에 있어서 서로 존중하고 격려하는 사이였다. 어떤 뜻과 어떤 도를 두고 두 사람은 친구가 되었는가? 두 사람은 우선 성장한 곳이 지리적으로 가깝다. 파주의 율곡리와 우계리는 지척이라고 할 수 있다. 두 사람이 만난 때는 율곡이 금강산에서 하산하고 난 다음 「자경문」을 지으며 새로이 입지(立志)를 굳건히 하고 있던 때이다.

이후 이 두 사람은 율곡이 1584년 임종할 때까지 30년 동안 때로는 의견 차이로 다투기도 하였고 친구에게 아픈 충고도 하는가 하면[7] 목숨을 건 옹호[8]와 도움을 주기도 하였다.[9] 율곡이 죽은 후 15년을 더 살은 우계는 친구의 죽음 이후에 남겨진 여러 문제[10], 율곡의 문집 초안을 마련하는

6) 『율곡전서』, 「拾遺」, 3권, 서, 「贈李景魯希參序」.

7) 이 글 제5장 참조.

8) 『우계집』, 年譜, 神宗萬曆 7년(1579, 선조 12) 기묘.

9) 우계는 부친이 죽자 율곡에게 행장을 지어줄 것을 부탁하다(1564, 명종 19).

10) 하나의 예로 다음의 일을 들 수 있다. 율곡이 갑작스럽게 병을 얻어 졸지에 죽게 되자 문생들 사이에서는 정적들의 사주를 받은 자의 저주에 의하여 죽었다는 풍문이 돌았고 옥사를 일으키고자 하였다. 이때 우계는 문생들을 진정시키며 율곡 같은 대인이 하찮은 저주와 같은 일로 죽을 수는 없는 일이라고 하여 만류하였다. "율곡이 별세한 것은 시운과 국가의 안위에 관계되니, 진실로 조그마한 左道가 할 수 있는 것이 아닙니다. …… 율곡은 천운에 따라 별세하였으니, 무슨 원망과 허물이 있겠습니까. 군자의 죽음은 결코 소소한 저주가 좌우할 수 있는 것이 아닙니다." 『우계집』, 제5권, 簡牘 2, 或人에게 답한 편지, 갑신년(1584), 봄. 우계의 진정이 아니었다면 율곡의 죽음은 옥사로 번져 많은 파장을 낳았을 수 있다.

등의 문제를 정리하고 매듭짓는 데 지혜와 정성을 기울여 그들의 우정을 아름답게 완성하였다.[11] 두 사람은 문묘에 함께 종사되고 함께 출향되었다가 다시 또 함께 종향되는 등 영광도 치욕도 함께했다.

주변과 후인들이 두 사람의 관계를 비유한 것에 이택(麗澤)의 의(義), 지란지취(芝蘭之臭), 주희와 장식, 자유와 자하, 명도와 이천 등이 있다. 서포 김만중은 왕명을 받들어 쓴 글에서 우계에 대하여 "가정의 교훈을 받들어 사업이 넓었고, 이택(麗澤)의 의(義)를 얻어 식견이 더욱 정밀하였다."고 하였다. 여기서 이택(麗澤)의 의(義)라는 것은 『주역』 태괘의 뜻을 취한 것인데, 성혼이 이이와 만나 절차탁마함을 말한 것이다.[12] 또한 김만중은 "파산(坡山)과 석담(石潭)은 몇 년 동안 주희와 장식이 강학하던 곳." 이라고 하였고, 또 "행단(杏壇)과 궐리(闕里)는 오늘날 자유(子游)와 자하(子夏)가 어깨를 나란히 한 곳."이라 하였다.[13] 오도일은 율곡을 '광명(光明) 초매(超邁)의 높은 천품', 우계를 '독후(篤厚) 장엄(莊嚴)의 정당한 가정교훈'이라 비교 묘사하고, '지란(芝蘭)의 취미(臭味)', '이택(麗澤)의 절

---

11) 우계는 율곡의 문집을 간행하는 일을 맡아 노심초사하였는데, 율곡의 『논어음석』과 『맹자음석』 등 흩어져 있는 저술들을 수집하는 데도 많은 노력을 기울였으니 친구의 유문을 남김없이 챙겨 전하려는 마음을 읽을 수 있다. 『우계집』, 속집, 제5권, 簡牘, 與全國老命碩. "서울에 있는 친구인 上舍 吳允謙 汝益이 율곡의 『論語音釋』과 『孟子音釋』을 간절히 얻어 보고자 하니, 빌려 줄 수 있겠습니까?"-무자년(1588, 선조 21) 元朝. "그대 또한 서쪽 지방에 머물게 되면 이후로는 영영 얼굴을 뵈올 가망이 없고 한 통의 편지로 소식을 전하는 것도 후일에는 끊어지고 말 것이니, 편지를 쓰고 나니 서글퍼져서 어찌할 바를 모르겠습니다. 오직 각자 여생을 보전하여 때로 꿈속에서나 만나 보기를 바랄 뿐입니다. 율곡의 『맹자음석』은 지금 잘 보전하고 있습니까?"-갑오년(1594, 선조 27) 11월

12) 『주역』 兌卦에 "澤이 붙어 있는 것이 兌이니, 군자가 이것을 보고서 붕우들과 강습한다[麗澤兌 君子以 朋友講習]." 하였다. 태괘는 두 개의 못이 서로 겹쳐 있어서 서로 부족함을 보충하는 상이 되므로 붕우끼리 학문과 수양을 돕는 것을 뜻한다.

13) 『우계연보』, 보유, 제3권, 家廟에 告由할 때에 내린 교서, 「知製教金萬重」.

차탁마(切磋琢磨)'라고 하였다.[14] 지란지취(芝蘭之臭)란 『주역』의 '여란지취(其臭如蘭)' 곧 "두 사람이 마음을 같이 하니 그 향기가 난초와 같다(二人同心, 其臭如蘭)."에서 취한 것이다. 윤선거는 "우계와 율곡 두 선생은 타고난 기질이 같지 않았으므로 성취한 덕(德)도 달랐으니, 그 기상을 보면 하남의 두 정 부자(程夫子)와 같은 듯하다." 하였고, 또 "율곡은 먼저 천리를 통달한 곳으로부터 들어갔기 때문에 배움에 있어 의거할 곳이 없으나 우계는 일일이 법도를 따랐기 때문에 배움에 있어 자취가 있으니, 바로 정자가 안자와 맹자를 논한 것과 같다." 하였고, …… 또 "율곡의 말씀은 고명하고 통달한 반면 우계의 말씀은 질박(質朴)하고 정밀엄숙하다."라고 하였다.[15]

하겸진의 『동유학안』에서 율곡 우계와 그를 따르는 사람들을 '담파학파(潭坡學派)'로 불렀다. 율곡이 한동안 해주 석담에 기거하며 은병정사를 열고 문생을 모아 강학한 일이 있었고, 우계는 파산 우계에 우계서실[16]을 열고 문생을 받아 강학하였는데, 양자는 공간적으로 가깝고 학술에 있어서도 유사하며 정치적으로도 같은 길을 걸었고 문생들도 교차된 경우가 많았기 때문이다.

---

14) 『우계연보』, 보유, 제3권, 문묘에 復享할 때에 내린 교서, 「提學吳道一」.

15) 『魯西集』, 부록, 유사.

16) 『우계집』, 「우계연보」, 1권, 부록, 행장. 1571년(선조4)에 우계가 坡山에 牛溪書室을 완성하고 문도를 가르쳤다. 이 때 서실에서 학생들이 지켜야 할 규칙 22개 조항을 만들었다.

3. 우계와 율곡의 덕업(德業) – 그 동귀(同歸)와 수도(殊途)

두 사람은 도의의 사귐을 지속했지만 걸은 길이 일치하거나 쌓은 공이 동일한 것은 아니다. 즉 두 사람은 걸어간 트랙이 다르고 쌓은 스펙도 다르다.

1) 거업(擧業)과 행도(行道)

16세기 후반 조선의 청년으로서의 우계와 율곡은 과거를 거부할 이유가 없었고 실제로 두 사람은 각각 17세, 13세에 감시에 입격하였다. 그러나 이후 우계는 대과에 응시하지 않았고 향촌에서 수양과 학문에 전념하고자 했다. 반면 율곡은 여러 차례 과거에 장원으로 합격하였으며 이른 나이에 조정의 청직(淸職)과 대관(大官)을 두루 역임하였다.

우계가 대과에 응시하지 않은 것은 질병 때문이다. 21세 되던 해(1555년) 우계는 큰 질환을 앓은 뒤에 비위(脾胃)가 허약해져서 마침내 고질이 되었다고 한다. 잦은 질병 그리고 큰 병을 앓은 다음 심신이 쇠약해진 상태에서 다년간 집중력을 기울여야 하는 대과 준비에 종사하는 것은 가능하지 않은 일이요, 가족 등 주변이 만류할 수밖에 없는 일이다. 그런데 우계의 부친 청송은 가정경제에 별 관심을 기울이지 않고 그저 '안빈낙도(安貧樂道)'의 자세를 유지했던 것으로 보인다. 따라서 우계는 농사 등을 직접 경영하여야 했고 부모공양을 위해서도 관직에 나갈 필요가 있었다. 향시에서 입격한 일이 있고, 가산도 넉넉하지 않았으며, 신분의 제약이나 정치적 제약이 있는 것이 아닌 상태에서 더구나 유학자로서 치인의 길을 마다할 하등의 다른 이유가 없는 상태에서 순전히 건강상의 문제로 과거를 통한 관직에의 길이 차단된 것은 청년 우계에게 매우 큰 아픔과 슬픔과 좌절을 안겨 주었을 것이다.

우계의 질병은 고질이었던 것으로 나타난다. 그는 종종 친구에게 또는 조정에 자신의 건강상태를 설명하며 양해를 구하곤 했다.

"저는 근래에 몸이 더욱 수척해져 뼈만 남아서 잠깐만 움직여도 곧 기진맥진하곤 합니다. …… 이렇게 산다면 비록 백 년을 산들 무슨 유익함이 있겠습니까."[17)]

"제가 지금 안타깝고 절박하게 여기는 것은 다만 허한(虛汗)이 줄줄 흘러서 옷과 두건이 모두 젖고 조금만 추운 곳에 나가면 곧 한기(寒氣)를 느껴 온몸이 떨려서 뼛속까지 시린 증세가 일어나곤 합니다. 그리하여 조금만 조리를 잘못하면 즉시 위독하고 나쁜 징후가 생기니, …… 이 노릇을 어찌하면 좋겠습니까."[18)]

"저는 등이 시린 병이 특히 심해져서 몸이 으스스 춥고 아프며 땀을 이렇게 많이 흘리니, 비록 죽지 않고 서울에 이른다 하더라도 한번 대궐 아래에 나아가 글을 올려 물러날 것을 청하지 못할까 걱정입니다."[19)]

"저는 금년에 나이가 51세입니다. 지난해에 비해 기력이 다시 9할이 줄어들었으며 몸이 마르고 훼손되어 얼굴은 흑귀(黑鬼)와 같고 다리는 말라빠진 대나무와 같으니, 제가 앓는 고통을 곁에 있는 사람들도 알지 못합니다."[20)]

"저는 근래에 심장과 위장이 모두 손상되어 겨우겨우 날짜만 보내는데 형이 관직에서 물러나 쉬고 있다는 소식을 들은 뒤로는 개탄스러운 마음이 풀리지 않아 가슴이 두근거리고 서글퍼지는 증상이 있는 듯하니, 심기가 크게 손상됨

---

17) 『우계집』, 속집, 제3권, 간독, 「宋雲長翼弼」, 경진년(1580) 7월.
18) 『우계집』, 제4권, 간독 1, 「宋雲長別紙」, 경진년(1580) 12월.
19) 『우계집』, 속집, 제3권, 간독, 「宋雲長翼弼」, 경진년(1580) 제석(除夕).
20) 『우계집』, 속집, 제3권, 간독, 「宋雲長翼弼」, 을유(1585)년 6월.

을 알 수 있습니다."[21]

상대에게 양해를 구하거나 병의 정황을 알리는 글뿐 아니라 질환으로 인한 그의 심리적 상태를 나타내는 글도 있다. 그는 율곡에 대하여 "병이 없고 정신이 맑으며 의리에 민첩하니, 끝내 그를 따라갈 수가 없다. 또 보면 그는 몸을 닦아 자신감에 차 있으며 사무를 처리할 때 여유가 있어 기세가 절로 크니, 사람들이 얕볼 수가 없다. 그리고 관작(官爵)에 제수되어도 당연한 일로 여기며, 또 운명과 분수가 본디 정해져 있는 이치를 말하곤 하였다."고 평가하였다. 이에 비하여 자신은 "나는 병든 폐인이 되어 하늘에 버림을 받았을 뿐만 아니라 기질이 못난 것 이상으로 물욕에 빠져 혼탁한 탓에 한 권의 책도 제대로 읽지 못하여 몽매하기가 시골의 무식한 지아비와 같다. 또 몸을 지키고 병을 요양하지 못하여 대강 정해 놓은 계획이 있으나 혼몽하여 세월을 허송해서 말과 행실을 함부로 하고 전도(顚倒)되게 하니, 끝내 하류(下流)에 빠져 다시는 스스로 떨치고 일어나지 못할 것이 분명하다. 어찌 분수 밖의 것을 기대하여 명류(名流)로 자처할 수가 있겠는가."[22]라고 하였다. 그의 내면의 좌절에 가까운 아픔이 비치는 부분이다. 그가 지은 「부질없이 짓다」라는 제하의 한 수의 시는 이런 그의 심정을 잘 드러낸다.

율곡은 세상 걱정에 옛 은거하던 곳 하직하고 / 栗谷憂時辭舊隱
풍애는 부모 봉양 위해 재랑이 되었다오[23] / 楓崖爲養作齋郎

21) 『우계집』, 속집, 제3권, 간독, 「李叔獻」.
22) 『우계집』, 속집, 제6권, 잡저.
23) 楓崖는 安敏學의 호이고 자는 習之이다. 李珥의 문인이며 우계의 친구이다. 齋郎은 참봉을 말한다.

오직 우계의 늙은 거사만이 / 惟有牛溪老居士

눈 내린 초가집 아침 햇살에 누워 있다네 / 雪邊茅屋臥朝陽[24]

친구들이 모두 관직에 나아갔는데 자기만 향리에서 병약한 몸을 아침 햇살에 의지하고 있는 것을 묘사한 이 글에 우계의 소외감, 외롭고 쓸쓸함이 담뿍 내비치고 있다. 시의 내용과 비슷한 내용이 친구에게 보낸 편지에도 담겨 있다.[25]

과거를 통한 관직에의 길, 행도의 길이 차단된 우계가 택할 수 있었던 길은 은거자수(隱居自守), 백세수교(百世垂教), 성현자기(聖賢自期)의 내성적 정향이었다. 포저 조익은 우계가 택할 수밖에 없었던 그 트랙에 대하여 다음과 같이 평한 일이 있다. "우계는 일찍이 과업을 포기하고 오로지 고인의 학문에 뜻을 두어 문을 닫고 산야에서 지내되 침잠 완색하여 평생토록 몸과 마음의 동정이 한결같이 법도를 준수하였다."[26]

우계의 눈에 건강하고 명민하며 세도를 자임할 만한 자질을 지닌 것으로 비친 율곡은 과거를 통한 입신을 선택하였다. 그리고 과거는 율곡으로 하여금 행도에의 길을 환하게 그것도 매우 효율적으로 열어 주었다. 율곡은 순탄하게 아니 파죽지세로 연속 과거에 장원을 차지하며 명성을 얻고[27] 불차탁용으로 승진하여 주요 정책결정에 관여하며 활동의 폭을 넓혀 나갔다. 그는 시의(時宜) 파악에 뛰어나 실용(實用)과 실사(實事) 등에 힘써 경세 분야에 있어 큰 활약과 성과를 거두었다.

---

24) 『우계집』, 제1권, 시(詩).

25) 『우계집』, 속집, 제3권, 간독, 「沈文叔禮謙」-갑술년(1574) 정월.

26) 『浦渚集』, 4권, 「陳文成公李珥文簡公成渾德行疏(乙亥)」.

27) 율곡은 아홉 번 과거시험에 모두 장원급제하여 九度壯元公으로 불렸다. 그 아홉 번의 시험은 다음과 같다. 초시 13세, 복시 21세, 별시 23세, 진사과 29세, 복시 29세, 대과 초시 29세, 복시 29세, 전시 29세.

그는 이른바 진유(眞儒)론을 펼친다. 그의 진유론은 진정 바람직한 학자는 어떤 길을 걷고 무엇을 지향하여야 하며 무엇을 준비하여야 하는지를 규정한 것이다. 그 자신의 걸은 길을 또 주변 사람들에게 권유할 길을 밝힌 것이다. 그는 『동호문답』에서 동방에 도학이 행하여지지 않은 이유를 밝히는 가운데, 진유는 행도하게 되면 백성들로 하여금 희고의 즐거움을 노래하게 하고 수교하게 되면 배우는 사람들의 깊은 잠을 깨워야 한다고 하였다. 그는 "기자 이후로 나라에 본받을 만한 선한 정치를 이룬 일이 없으니 이는 때를 얻어 나아갔어도 도를 행하지 못함이요, 우리나라 사람이 지은 책에 의리를 깊이 보고 밝힌 것이 없으니 이는 물러나 있을 때 수교한 것이 없음이다. 내가 어찌 망언을 하여 오랜 세월 속의 많은 사람을 속이겠는가?"라고 하였다.[28]

진유의 조건으로 행도와 수교를 거론하였지만 행도를 우선적으로 거론하였음과 때를 만나는 것을 바람직한 경우로 볼 수 있으니 행도에 비중이 더 실려 있는 것을 짐작할 수 있다. 율곡의 관점에 동방에 나라가 선 이래로 제대로 된 행도가 없었으니, 그의 마음속에 행도에 대한 열망이 담겨 있었을 것은 충분히 짐작할 수 있다.

율곡은 그가 펼친 진유론의 내용대로 때를 얻고 관직을 얻었다. 그의 말대로라면 이제 행도를 통해 그가 진유인지 여부를 밝혀야 했다. 우계는 송익필에게 이 점을 환기시킨 일이 있다. "만일 세상의 도가 좋아지지 않고 백성들이 은택을 입지 못한다면 숙헌은 반드시 유학자가 아닐 것이니, 이 두 가지가 결정됨을 반드시 오래지 아니하여 보게 될 것입니다."[29] 율곡이 평소에 피력한 진유론을 과연 그가 실천하는지 지켜보겠다는 것이다.

---

28) 『율곡전서』, 15권, 「동호문답」.

29) 『우계집』, 제4권, 간독(簡牘) 1, 「宋雲長에게 보낸 別紙」, 임오년(1582) 9월.

2) 사승(師承)과 사상적 편력

두 사람은 가학(家學) 그리고 사승에서 뚜렷한 차이가 있다. 뿐만 아니라 두 사람의 사상적 편력이 매우 다르다. 우계의 부친 성수침은 정암 조광조의 문인이었다. 성수침은 조광조가 기묘사화에 얽혀 곤욕을 치르게 되자 백악산으로 다시 파산으로 은거하였고, 이후 여러 차례 은일(隱逸)로 부름을 받았으나 관직에 나아가지 않았다. 우계는 10살 되던 해(1544년) 부친이 파산 우계로 돌아온 다음부터 부친에게 학업을 익히기 시작하여 15세에 이미 경전과 사서에 두루 통하였고, 1551년 17세 되던 해 감시(監試)의 생원과 진사에 모두 입격하였다. 그리고 이 해 겨울에 휴암(休菴) 백인걸에게 『상서(尙書)』를 배웠다고 한다.

이 같은 가학과 사승을 지니고 있었기에 질병으로 대과를 포기했지만 그 아픔을 이기고 폭넓게 존재론적 자아완성에의 길 이른바 '위인지학'에 종사할 수 있었다. 우계는 이처럼 도학적 학맥과 가학의 전승 속에 유학의 테두리, 성리학의 울타리 안에서 향방이 순정(純正)하고 이론과 실천이 엄밀한 학문적 규범을 몸으로 익혔다. 그는 유가 이외의 곳으로 발을 디디지 않았다. 이는 그가 30세 되던 1565년 부친 청송이 세상을 떠날 때까지 부친의 엄정한 가르침에 순종하고 그 뜻을 존중한 것이 주요 원인이었을 것이다.

그는 1568년 가을 퇴계를 서울에서 배알하였다. 당시 퇴계는 학덕이 원숙한 경지에 있어 조야로부터 크게 존중받던 때이다. 당파도 형성되지 않은 상황이기에 학자라면 누구라도 다 한 번쯤 만나 뵙기를 바라던 그런 분위기였다. 우계는 부친을 잃은 상태에서 또 여전히 혼란한 사회 정치적 상황에서 마음의 방향을 잡아 줄 스승으로 퇴계를 꼽았고, 그를 찾아갔던 것이다. 그는 퇴계에게 정계에서 활동할 때 어찌해야 죄와 벌을 면할 수 있는지를 묻기도 하였다. 참봉벼슬을 사양했는데 오히려 6품 관직이 주어졌기 때문이었다. "스스로 생각건대, 저는 병약한 몸으로 정신이 혼몽하고 학식이 없어 불초하기 이를 데 없는데 교묘하게 샛길로 벼슬을 취하여 자신의 이익으로 삼으니, 부끄러운 마음에 스스로 편안히 있을 수가 없습니다. …… 어떻게 처신하여야 다소라도 죄와 벌을 면할 수 있을지 모르겠습니다. 삼가 바라건대, 한 말씀을 내려 주시어 종신토록 가슴속에 새기게 하여 주소서."[30] 스스로 '샛길로 벼슬을 취했다.'고 쓰고 있는 데서 과거로 입신하지 못한 것을 의식하고 있었음을 짐작할 수 있으며, 자신처럼 병약했던 퇴계에게서 출처의 도리를 배우고자 했던 것이다. 우계에서 있어서 이제 퇴계는 죽은 아버지를 대신할 스승으로 자리하고 있다.

퇴계가 『성학십도』를 진헌한 다음 도산으로 돌아갔다는 소식을 접한 다음 우계는 의지처를 잃었다는 심정을 피력하는 시를 지었다.[31] 그는 퇴계가 오로지 주자를 종사로 하는 정당한 학문을 하고 있다고 생각하였다. 『선조실록』의 사관은 우계가 "일찍이 이황을 존경하고 사모하여 사숙하였다."고 기록하고 있다.[32]

우계와 달리 율곡에게는 일정한 스승이 없었다. 어머니 사임당의 교육과 재능이 전해졌을 것으로 보이지만 율곡의 학문에 어머니의 영향을 구체적으로 논급하기 어렵다. 아버지 이원수는 감찰공의 벼슬을 하였으나 뚜렷한 학문의 전승을 갖고 있었다고 할 수 없다. 그는 13세에 진사초시에 합격하였다. 23세에 도산으로 퇴계를 찾아가 문안하였다. 우계가 서울에서 퇴계를 만나 본 것보다 10년이나 앞선다. 우계는 율곡으로부터 도산에서 퇴계를 만난 이야기를 전해 들었을 것이다. 그리고 그도 만나보고

30) 『우계속집』, 제3권, 簡牘, 「與退溪先生」.

31) 『우계집』, 제1권, 聞退溪先生棄官歸山.

32) 『선조실록』, 1598년 선조 31년 6월조, 성혼의 졸기, 史臣의 논단.

싶었을 것이다. 그러나 병약한 몸이기에 도산 그 먼 곳까지 찾아갈 수 없었을 것이다.

도산으로 퇴계를 방문할 무렵 율곡은 과거에 실패한 일이 있어 실의에 잠겨 있었던 것 같다. 퇴계가 율곡에게 보낸 편지에는 "옛 사람이 이르기를, '젊은 나이에 과거에 오르는 것은 하나의 불행이다'라고 하였으니, 자네가 이번 과거에 실패한 것은, 아마도 하늘이 자네를 크게 성취시키려는 까닭인 것 같으니 자네는 아무쪼록 힘을 쓰게."라는 권면이 있기 때문이다.[33] 그해 율곡은 별시에서 「천도책」으로 장원을 하여 그 재능을 국내외에 널리 알렸다. 그러나 퇴계를 통상적 의미의 스승으로 받들지는 않았다. 그밖에 그가 스승으로 모신 분은 드러나지 않는다. 그는 이때까지 스스로 공부하였고 그 공부는 주자의 책이라고 할 수밖에 없을 것이다. 그는 1564년 29세 때 사마시와 문과에 모두 장원으로 급제하였고, 호조좌랑으로 본격적 관직생활을 하기 시작하였다.

일정한 스승이 없는 천재들은 그들을 얽어매는 굴레가 없으므로 종종 좌충우돌 시행착오를 하는 일도 많이 있고 자가류의 학설을 제창하거나 기존 권위에 순종하지 않는 일이 많다. 부담 없이 자기가 깨달은 방향으로 행동할 수 있다. 그가 사상적 편력을 비교적 부담 없이 행할 수 있었던 것은 이런 이유와 상관이 있다고 할 수 있다. 그가 봉은사에서 불서를 구해다 읽는다거나 19세에 금강산에 입산하는 일과 같이 당시로서는 파격에 가까운 출가를 감행했고, 『순언』이라는 『노자』에 대한 해석서도 집필하는 등은 엄정한 사승을 지니고 있었다면 좀처럼 감행하기 어려운 일이다.

율곡의 입산 경력은 숭유억불의 국책을 표방하는 조선사회에서 오래도록 정치적으로 율곡을 괴롭힌 일이 되었다. 이는 그가 조정에 있을 때

---

33) 『퇴계전서』, 14권, 서.

는 이단시비가 되풀이 되었으며, 그 후에도 반대파로부터 정치적 공세가 끊이지 않았다. 물론 사후 문묘에 종사되었다가 삭출되는 원인의 일단이 되기도 하였다. 또 『순언』의 저작은 동료인 송익필로부터 혹독한 질책을 당하는 요인이 되었으며, 혐의를 피하려는 의도에서 오랫동안 세상에 빛을 보지 못하기도 하였다.

우계가 부친, 휴암 백인걸, 퇴계 이황을 스승으로 섬겼고, 의양(依樣)의 맛이 있고 주자학적 학문 규범을 준수하며 예법에 공력을 기울이고 경을 학문의 기조로 삼았다면 율곡은 뚜렷한 스승이 없이 자유롭게 학문적 편력을 하였으며, 자득을 중시하고, 경전의 맥락보다는 상황적 변통을 강조하였으며, 수양론에서 방법적 경(敬)보다 목적성을 지니는 성(誠)을 더 강조한 것에서 양자는 서로 좋은 대비를 이룬다.

3) 일처리 – 시의(時宜)와 시비(是非)

현실 문제를 대하는 태도에 있어서 두 사람에게는 차이가 있다.

우계는 한결같이 시비를 판단과 일처리의 기준으로 삼고자 하였다. 대부분의 사람들이 시비보다는 이해관계에 기울게 마련이다. 그는 우선 20세 때 율곡에게 장문의 편지를 보내 그가 시비를 논하지 않고 이해관계에 기울어 있지 않나 하는 의구심을 표시하고 경각심을 갖게 하였다. 또한 자기 자신도 시비보다 이해에 기우는 것을 의식하고 이를 바로잡으려는 노력을 기울였다. 1577년 43세에 쓴 글에서 “때에 따라 의리를 문답할 적에 이해(利害)를 따지는 마음이 시비를 가리는 마음보다 더하며 사양하고 받는 것이 정대(正大)하지 못하니, 이러한 병통은 모두 스스로 마음을 잡아 보존하는 공부가 전혀 없어서 이와 같은 것이다.”[34]라는 반성을 하고 있다. 이해를 헤아리는 마음이 시비를 따지는 것보다 강하다는 것을 스스로 반성하고 있음이다. 그리고 의도적으로 강력하게 자신을 독려해 나갔다. 문론 문인 제자들에게도 종종 '이해시비(利害是非)' 네 글자를 제시하며 "이해를 버리고 시비를 택하여야만 비로소 군자가 될 수 있다."고 하였다.[35]

율곡은 일처리에 있어서 이해(利害)관계와 시의(時宜)성을 결코 도외시하지 않았다. 율곡의 논설 가운데 이해관계와 시의성에 대해 고려한 것들이 매우 많다. 이를테면 일의 이해와 도의 시비에 있어서 득중(得中) 합의(合宜)해야 이로움과 옳음이 그 속에 있게 된다는 명제 등이 그 좋은 예가 된다.[36] 산림속의 처사적 학자들의 극론 또는 원론적 주장과 달리 갈등과 이해가 상충하는 정치적 현장에서 민생의 문제를 담당하는 자신의 처지를 고려하여 변통 개혁 경장을 강조하였다고 할 수 있다.

이러한 율곡의 태도에 대하여 우계는 종종 의문을 제기하고 충고를 하기도 하였다. 하나의 예로 1573년 12월 왕이 아직 율곡을 믿지 못하고 있음에도 조정에 머물러 있는 율곡에게 우계는 왕의 마음을 얻지 못하면서 먼저 사공(事功)을 힘쓴다면 이는 왕척직심(枉尺直尋)[37]이니, 유자의 일이 아니라고 하였다. 이에 대해 율곡은 "만약 천박한 정성으로 열흘이나 한 달 이내에 효과를 바라다가 뜻대로 되지 않으면 곧 몸을 이끌고 물러나려 하는 것은 또한 신하의 의리가 아니다."라고 대답하였다.[38]

또한 우계는 동서 분당의 시발이 되는 문제에 있어서 우계는 '시비를 먼저 분명히 하여야 한다.'고 하였는데, 율곡은 '시비에 관계되지 않으니,

---

34) 『우계속집』, 6권, 잡저.

35) 『우계연보』, 보유, 1권, 답문.

36) 『율곡전서』, 습유, 5권, 雜著二, 「時弊七條策」.

37) 枉尺直尋: 한 자를 굽혀 한 길을 편다는 뜻으로, 『맹자』 「등문공하」에 보이는 내용인데, 義理를 약간 굽혀 큰일을 이룸을 비유한 것이다.

38) 『우계연보』, 1573, 선조6, 계유. 이에 대한 내용이 『석담일기』에 나와 있다.

힘써 분변할 필요가 없다.'고 하였다. 율곡은 "인물(人物)로 말하면 김효원이 낫고 심의겸이 못하며, 김효원은 쓸 만하고 심의겸은 있고 없는 것이 관계없겠으나, 만약 불화(不和)를 맺은 한 가지 일로 말한다면 김효원에게 그른 것이 있다."라고 하였고, "우계가 심의겸이 외척으로서 김효원에게 굽히지 않은 것을 그른 것으로 치지마는, 이는 형세이니 시비의 소재가 되지 않는다."고 하면서, "외척으로 태어난 것이 어찌 그 사람의 죄가 되겠는가." 하였다.[39] 즉 형세 문제와 시비를 혼동하면 안 된다는 것이다. 형세와 유사한 시각이 우열(優劣)이다. 율곡은 "우열과 시비는 같지 않으니, 섬김의 문제는 마땅히 우열로써 말할 것이요, 시비로써 분변해서는 안 될 것이니, 그것은 피차간에 시비가 분명하지 않은 까닭이다."라고 하였다.[40]

또 율곡은 심의겸 김효원의 문제를 논하면서 일을 군자와 소인으로 나누는 시비의 경우도 있지만 군자들끼리 한 일 가운데 우열이 있을 수 있어서 시비와 우열이 같지 않다는 논리를 편다. 잘하고 못한 것은 같은 것 가운데 가볍고 무거운 것이 있는 것이요, 옳고 그른 것은 종류가 달라서 서로 용납할 수 없는 것을 말한다는 것이다. 모책(謀策)으로 말한다면 하나는 국사(國事)를 위하는 것이요, 하나는 가계(家計)를 도모하는 것이며, 일로 말한다면 하나는 일을 성취시키는 것이요, 하나는 일을 망치는 것이니, 이 같은 것들은 곧 옳고 그른 것이 분명하지만, 잘하고 못한 것의 경우는 같은 선비이면서도 저 사람이 이 사람보다 나은 것이라고 하였다. 군자와 소인이 서로 다투는 경우를 만났다면, 마땅히 서둘러 소인을 공격하고 군자를 구원하겠지만, 만약 선비들이 서로 다투면서 그다지 흑백(黑

39) 『율곡전서』, 제11권, 「성호원에게 답함」, 기묘년(1579, 선조12).

40) 『율곡전서』, 제12권, 「이발에게 답함」, 경진년(1580, 선조13).

白)이나 사정(邪正)을 분변할 만한 것이 없다면, 누구를 버리고 취할 것인가 아니면 그 둘 다 보전하는 것이 옳은지를 판단해야 하는 것처럼 이런 개념으로 김효원과 심의겸의 문제를 판단한다면 힘들이지 않고도 정할 수 있을 것이라고 하였다.[41)]

4) 학문하는 태도 – 자득과 의양, 분석의 칼날과 온화한 절충

학문하는 태도에 있어서 두 사람은 현저한 차이를 보인다. 율곡은 명민한 분석력을 지녔다. 율곡의 분석의 칼날에 베이지 않은 사람이 없다는 것은 그의 『경연일기』를 보면 잘 알 수 있다. 또한 기존의 것에 매이지 않은 자기 견해를 강조하였다. 때로는 경전을 벗어나기도 하는데 이는 참신하다는 느낌을 주기도 했다. 자연스런 현상이지만 율곡은 다른 학자를 평할 때 자득처가 있는 견해에 높은 점수를 주었다. 그가 서경덕에 대하여 자득처가 있음을 지적하는 한편 퇴계가 의양(依樣)의 풍이 있음을 거론하기도 하였다.

그런데 식견이 깊고 넓어 보통 사람보다 탁월한 아이디어를 내고 언제나 문자상에서 특별한 의논을 만들어 내니 자연 성현의 본지(本指)에서 크게 벗어난다는 느낌을 주곤 하기에 주변에서 이를 비판하기도 하였는데 특히 우계가 이를 마땅찮게 여겼다.[42)] 이에 대해 율곡은 "우리나라 학자들의 병통은 바로 이치를 연구하지 않고 예법으로 스스로 지키는 것을 힘써서 단지 외면을 제재하는 데에 있다. 오직 이것만을 지켜 몸을 다스리는 것으로 삼으니 실리(實理)의 근본을 어떻게 볼 수 있겠는가."라고 말

41) 『율곡전서』, 제11권, 「성호원에게 답함」, 무인년(1578, 선조11).

42) 『우계연보』, 보유, 제1권(答問).

하기도 하였다.[43)]

우계는 또 율곡이 예를 다루는 문제에 있어서 "그 내용이 대부분 정(情)을 위주로 하였고 예(禮)에 근거하지 않았다. 그리고 대충대충 설명하여 정밀하고 상세함이 부족하니, 매우 아쉽다."고 하였고[44)] 또한 "율곡이 변통하기를 좋아하니, 이는 그의 큰 문제."[45)]라고 하였으며 이른 나이에 저술활동을 활발히 하는 것도 못마땅해 하였다.

율곡의 학문 태도에 대한 우계의 비판은 자연 그가 지닌 태도가 될 것이다. 그는 온화하고 통합에 능한 절충적 또는 '집기양단(執其兩端)'의 중용적 성향을 보인다. 성현이나 경전의 견해에 대해서는 존중과 의양하는 모습을 보이곤 하였다. 저술도 피하려 하였고 기존 성현의 가르침을 요약 정리하여 스스로 공부하거나 초학자를 가르치는 교재로 삼는 정도에 그치고 있다. 이는 기존의 관점이나 학설에 대한 제대로 된 이해나 이를 이해하기 위한 노력을 강조하는 자세이다.

우계와 율곡은 당시 학계의 주요 이슈였던 사단칠정론에서 서로 견해를 달리하였다. 사칠이기론에서 율곡은 일도(一途) 묘합(妙合)을 강조하였다. 이는 퇴계 이론에 대한 반발이면서 자기 자신이 지니고 있는 철학적 입장이기도 하고 주희철학에 대한 그 나름의 이해에 기인한다. 어떤 이론이든지 나름의 의의가 있고 이유가 있을 것인데 율곡은 퇴계의 이론에 대하여 단호하게 비판적 입장을 취하였다. 즉 기발리승일도설은 성인이 다시 일어나도 자기 견해를 따를 것이라는 매우 확신에 가득 찬 표현을 쓰곤 했다. 그만큼 그는 자신감에 찬 주장을 펼치곤 하였다.

---

43) 『율곡전서』, 12권, 與崔時中雲遇 丁卯.

44) 『우계집』, 제4권, 簡牘 1, 「송운장익필에게 보낸 편지」, 정축년 12월. 이는 율곡이 서모에 대한 대우를 두고 우계 구봉과 논란을 벌인 것을 두고 한 말이다.

45) 『우계집』, 제4권, 簡牘 1, 「송운장익필에게 답한 편지」, 기묘년(1579) 1월.

처음 율곡의 견해에 이해를 갖고 있었던 우계는 경전을 읽으면서 다시 퇴계의 호발론적 분리와 대립의 견해에 일정한 기울기를 보이며 그 의도를 이해하는 자세를 갖게 되었다. 그리고 결론적으로 리기일발을 표명하였다. 이는 단순한 존재론적 견해에 그치는 것이 아니라 사회를 보는 시각이 그대로 반영되어 있다고 할 수 있다.[46] 이러한 개념은 그들의 현실대응을 설명하는 데 주요한 논거가 되기도 한다.

그런데 율곡과의 이 논쟁에서 자신감을 피력하는 율곡과 달리 우계는 매우 겸손한 태도를 보이고 있다. 그는 질병 때문에 독서를 하지 못하여 자연 털끝만한 소견도 없는데도 율곡과 성리(性理)를 논변하는 내용을 주고받은 것은 마치 '소경이 저울의 눈금을 논한다.'는 격이 되었는데, 그럼에도 논변과정에서 혼미함을 고집하고 어리석은 소견을 지켜서 대번에 자신의 의견을 버리고 남을 따르지 못하니, 자신의 이론이 옳고 그름을 송익필에게 질정하고 싶다고 하였다.[47] 이는 그가 이론적으로 율곡만큼 확립이 되어 있지 못하다는 것으로 해석될 수도 있고 식견의 광협이나 천심보다는 태도의 문제일 수 있다. 그는 온화한 수용의 자세, 누구도 남을 충분히 이해하지 못할 수 있다는 것과 자신의 견해에 얼마든지 결함이 있을 수 있다는 인식이 드러나는 부분이다.

5) 『주문지결(朱門旨訣)』과 『격몽요결(擊蒙要訣)』

율곡은 짧은 생애와 오랜 기간 관직에 종사한 것을 염두에 둔다면 상대적으로 많은 저술을 남겼다고 할 수 있다. 『성학집요』와 『격몽요결』[48]은

46) 설석규, 「16세기 사림의 세계관 분화와 성혼의 현실대응」, 『우계학보』.
47) 『우계집』, 속집, 제3권, 簡牘, 「송운장익필에게 보내다」, 무진년(1568, 선조1) 5월.

율곡의 대표적 저술에 속한다.

우계는 저술을 기피하였고 또 율곡이 저술하는 것에 대해서도 비판적 태도를 취했다. 그에게는 『위학지방』이 있다. 그는 1575년 우계에 서실을 열어 문생을 가르쳤는데 하학적인 인사(人事)를 위주로 하고 사우 간에 강론하는 것으로 보익하게 하였다. 강의의 내용은 평이하고 담백하며, 진실하고 정연하게 순서가 있었으며, 결코 고원하고 기이하며 현묘한 의논을 하지 않았다는 것이다. 이때 우계는 주자의 문집에서 위학(爲學)의 자료를 손수 베껴 가지고, 이를 교재로 하여 초학자들을 가르쳤다. 따라서 이 책은 창의적 내용의 학술서적이라기보다는 기존의 것을 편집한 교재의 성격을 지닌다. 형태는 다소 다르나 퇴계의 『주자서절요』 고봉의 『주자문록』과 기본적으로 같은 성격의 책이다. 이 책은 본래 우계가 찬술(纂述)로 자처하기를 싫어한 까닭에 일찍이 제목을 붙이지 않았는데 뒷사람이 『주문지결(朱門旨訣)』로 이름을 붙였다고 한다.[49] 이 책을 만들어 놓고 우계는 "율곡은 비록 세상에 드문 고명한 재주가 있었으나 저술을 너무 일찍 하였으니, 이는 경계로 삼아야 하고 본받아서는 안 된다. 이제 내가 주자의 글을 초록한 것은 감히 저술한다고 자처한 것이 아니라 다만 주자의 문하에서 배우고 가르치던 요점을 뽑아내어 제군들로 하여금 준수하여 가슴속에 새겨 두게 하려고 해서일 뿐."이라고 하였다.[50] 우계가 율곡이 저술을 너무 일찍 하였다는 말은 율곡의 저술 속에 우계의 시각으로 볼 때 어떤 문제점이 있다는 것을 의미한다. 『격몽요결』에 대하여 여러

48) 율곡이 42세 때에 부제학을 사퇴하고 3월에 파주 율곡에 돌아왔다가, 10월에 해주 석담으로 가서 隱屛精舍를 짓고 제자를 가르칠 때에 지은 책으로, 학자들에게 도학(道學)의 입문을 제시한 책이다.

49) 『송자대전』, 제146권, 跋, 「朱門旨訣跋」.

50) 『우계연보』, 보유, 제1권, 덕행.

차례 송익필이 문제를 제기하고 간행 전 수정을 약속한 상태에서 율곡이 그만 죽는 바람에 미처 고쳐지지 않은 일이 있지만 우계가 율곡의 저술 속에 구체적으로 어떤 부분을 문제 삼았는지는 확실하지 않다. 『격몽요결』의 예와 관련된 부분에서 우계가 약간의 이의를 제기하는 것을 볼 수 있다.

『주문지결』에 포함된 내용에는 학문하는 본말이 모두 구비되어 있고 경(敬)을 지키는 방법에 있어 그 설명이 매우 친절하다. 실제로 오로지 주자의 글과 말씀을 취하여 배우는 자들에게 보여 주었는데, 거경과 궁리의 공부에 있어서 더욱 분명하고 확실하다. 이 책은 초학자들이 공부하는 과정을 논한 것이 십분 분명하고 간절하여 공부하기가 쉽다. 따라서 이후 기호학계에서는 퇴계의 『성학십도』 율곡의 『격몽요결』 우계의 『위학지방』을 한데 묶어 간행하였고, 초학자들에게 먼저 『위학지방』과 『격몽요결』을 읽지 않으면 안 된다고 하였다.[51]

『주문지결』과 『격몽요결』에는 독서의 차례를 정한 것이 있다. 이것을 명재 윤증이 초학자가 법식으로 삼아야 할 것에서 독서의 차례를 제시하는 중에 율곡과 우계의 지침을 나란히 제시한 일이 있다.

> 율곡: "먼저 『소학(小學)』을 읽고 그 다음은 『대학』, 그 다음은 『논어』, 그 다음은 『맹자』, 그 다음은 『중용』, 그 다음은 『시경』, 그 다음은 『예경』, 그 다음은 『서경』, 그 다음은 『역경』, 그 다음은 『춘추』를 읽는다. 『근사록(近思錄)』, 『주자가례(朱子家禮)』, 『심경(心經)』, 『이정전서(二程全書)』, 『주자어류(朱子語類)』 같은 책은 간간이 정독하고 여력이 있으면 또 사서(史書)를 읽어서 고금의 역사와 사물의 변화에 통달해야 한다." 하였다.[52]

---

51) 『南溪集』, 69권, 題跋, 「擊蒙要訣後」.

우계: “읽어야 할 책은 『소학』, 『대학』, 『대학혹문(大學或問)』, 『논어』, 『맹자』, 『중용』, 『중용혹문(中庸或問)』, 『근사록』, 『주자가례』, 『심경』, 『시경』, 『서경』, 『역경』, 『춘추』, 『예기』, 『이정전서』, 『주자대전』, 『이락연원록(伊洛淵源錄)』, 『연평답문(延平答問)』, 『이학통록(理學通錄)』, 『자치통감강목(資治通鑑綱目)』, 『속자치통감강목(續資治通鑑綱目)』, 『황명통기(皇明通紀)』 등이다. 정자는 ‘정신력이 뛰어난 자는 널리 취하고 기운이 부족한 자는 반드시 절약하는 공부를 하라’ 하였는데, 『심경』 이상은 모두 절약하는 책이다.” 하였다.[53)]

두 사람이 제시한 독서의 차례와 종류는 대체로 비슷하지만 차이가 있다. 두 사람이 사서를 모두 들었고 그 읽는 차례가 같다. 그런데 우계는 『대학혹문』과 『중용혹문』을 읽으라고 한 것이 우선 눈에 드러난다. 율곡은 사서 다음에 따로 오경을 읽으라고 했고 『근사록』, 『주자가례』, 『심경』 등은 오경 다음에 읽으라고 했으며 간간이 정독하고 여력이 있으면 사서를 읽으라고 했다. 우계는 사서와 오경 사이에 『근사록』, 『주자가례』, 『심경』을 두었다. 오경에서 율곡은 마지막 단계로 『춘추』를 두었는데 우계는 마지막에 『예기』를 두었다. 오경의 마지막 단계에 『춘추』와 『예기』를 각각 달리한 것은 시사하는 것이 있다. 율곡은 『춘추』의 대의를 지향한 것이고 우계는 일상생활의 실천 규범 속에서의 의를 지향한 것이라고 할 수 있다. 『춘추』를 최후의 교과로 삼는 율곡의 『석담일기』가 그의 『춘추』이고 사찬 실록의 의미를 지니는 것인데, 『예기』을 최고 단계의 경전으로 보는 우계가 쓴 일기의 내용 속에 예와 생활의 진리가 담겨 있는 것이 우연은 아닐 것이다.

---

52) 이는 『격몽요결』 독서장의 내용을 정리한 것이다.

53) 『명재유고』, 제30권, 雜著, 「初學畫一之圖」.

4. 친구의 눈에 비친 철학자의 모습

사람은 누구의 눈에 비친 모습이냐가 그 사람에 대한 평가의 내용을 결정한다. 후학의 눈에 비친 것, 상사의 눈에 비친 것, 또는 마을 사람이나 동료들이나 라이벌, 적들에게 비친 모습이 다 다를 수 있다. 비석에 새겨진 내용이나 추모문 또는 자서전의 내용만으로는 실체적 객관성을 확보하기 어렵다는 것은 상식에 속한다. 여기서는 우계, 율곡의 서로의 눈에 비친 모습을 다루고자 한다. 친구는 지근거리에서 서로 만나게 되니 가장 잘 알고 있기도 하고 또 서로의 시각으로 보니 편향성도 있을 수 있다. 통상 친구는 옹호자이면서 동시에 날카로운 비판자이기도 하다. 우계 율곡 두 사람은 만나 사귐을 갖게 된 이래 서로 절차탁마했는데, 모든 일에 있어서 남이 알기 어려운 미묘한 동기나 사정 등을 가장 잘 알고 있었을 것이며, 서로에게 스스로 본받은 것도 있고 서로를 비판하거나, 평가하거나, 격려하고 충고한 일이 많다.

두 사람이 서로 만난 지 얼마 되지 않는 시점에 우계가 율곡에게 편지를 보냈다. 그는 비교적 장문의 편지를 보내 마음에 의심스런 것을 지적하고 해명을 요구하고 애정 어린 충고를 하고 있다. 발단은 율곡이 비적의 병[54]을 앓고 있는 중에도 과거 준비에 골몰하고 명예를 얻기 위해 지나치게 여러 가지 일에 골몰한 것에 대한 충고와 이를 두고 생긴 의문을 피력한 것이다. 편지는 시일이 밝혀 있지 않으나 율곡전서에 있는 답서의 내용으로 보아 1554년으로 추정된다. 내용을 압축하면 다음과 같다.

가) 오랫동안 율곡에 대하여 의심하는 마음이 있었는데 이를 한번 말하지

54) 脾積은 오랜 체증으로 인하여 위장에 덩어리가 생기는 병이다.

않을 수 없다.

나) 병중에 너무 지나치게 사색하고 절제함이 없고, 더구나 재예(才藝)가 많아서 공부를 전일하게 하지 않고, 무익한 문장을 지어서 언어로 자랑하며, 자그마한 녹봉을 도모하여 장구(章句)를 배송(背誦)하며, 많은 지식을 탐하고 넓게 보는 것을 힘쓰다 보면, 필경 가장 낮은 세속의 무리들과 하루아침의 득실을 다툴 것이니, 이런 행위는 옳지 못하고, 의(義)와 이(利)를 구분하지 못하여 큰 본분을 잃게 되고 만다.

다) 예로부터 제1등의 인물들은 대부분 일찍 죽었는데, 제1등의 인물이 되고자 하면서 하등 사람들의 행위를 따른다면 그 학문도 수명도 기대할 수 없을 것이다.

라) 녹봉을 구하는 일에 이미 자신의 재주를 다하여 몸을 희생시켰는데, 공자와 맹자로 핑계를 삼고 있지만 그대의 학문은 가난을 구제하기 위한 것일 뿐, 함께 요(堯)·순(舜)의 도(道)에 들어갈 수 없다.

마) 이미 문장이 한 나라를 감동시키니, 비록 과거 급제에 급급해하지 않더라도 높은 지위를 쉽게 차지할 수 있을 것이다. 조모 봉양 등을 이유로 삼고 있는데, 이를 이유로 과거에 응시하는 것은 괜찮으나 과거를 사모하여 애를 태우는 것은 옳지 않으며 병이 있는데도 치료하지 않는 것은 더더욱 옳지 않다.

바) 잘못됨이 없이 잘 배워서 사문(斯文)을 전승하는 중임을 맡으라. 병을 삼가라고 권고하는 것이지 과거에 응시하지 말라고 권하는 것은 아니다.[55]

이 편지에 대한 율곡의 답신은 『율곡전서』에 수록되어 있다.[56] 율곡이 답한 내용의 요점은 다음과 같다.

---

55) 『우계집』, 속집, 제3권, 간독, 「叔獻」.

56) 『율곡전서』, 9권, 「成浩原渾」, 갑인년(1554, 명종 9).

가) 우계가 의심하는 것은 진실로 옳다. 그러나 오해가 있는 듯하므로, 실정을 말하여 나를 알아주는 이로 하여금 오해를 풀겠다.

나) 17세에 비로소 학문에 뜻을 두었으나, 공부를 한 지 얼마 안 되어 곧 비위(脾胃)에 소화가 안 되는 병을 얻었다. 지난 3년간 약을 써서 비위를 치료하려고 했으나 아무런 효과도 없다. 지금은 비위가 병든 것이 아니라 곧 폐(肺)가 상한 것이라는 진단이 있어 그 약을 구하고 있다.

다) "과거를 중하게 여겨 그 득실에만 구차하게 마음을 기울인다."고 한 것은 정확한 지적인데 또한 내가 어쩔 수 없었던 것이다. 나는 대대로 내려오는 산업이 없으므로 곤궁하여 생계를 마련할 수가 없다. 늙은 어버이가 계시기 때문이다. 과거는 어쩔 수 없어 한 것이지, 평생 사업으로 삼으려는 것은 아니다.

라) "의리와 이욕의 구분은 다투는 바가 털끝만한 차이이므로 조금이라도 정도에서 벗어나면 곧 사사(私邪)라 이를 수 있다."는 말은 진실로 나에게 약석(藥石)이 되니, 그대로 받아들이겠다.

마) 자네에게도 충고 한마디 한다. 군자는 어디서나 스스로 마음에 만족해야 하는데 질병이 있고 부친의 오래 묵은 병이 끝내 낫지 않아 아무런 즐거움이 없겠지만, 일상생활에서 때에 따라 잘 처리하는 것이 곧 학문이니, 하루라도 함부로 하지 마라.

바) 서로 계속하여 절차탁마하자.

위 편지는 막 도의지교를 맺고 나서 주고받은 편지인데 따뜻한 사랑을 바탕으로 매서운 질책성의 충고가 담겨 있음을 볼 수 있다. 그런데 율곡에 대한 우계의 평가와 인상은 사귐이 깊어지면서 조금씩 달라진 것도 있고 지속되는 것도 있다. 이를테면 위의 편지 내용과 달리 이후 그는 율곡이 건강하고 근면하며 명민하다고 판단했고 이를 부러워하였다. 어느 해 우계는 율곡이 "금년에 사서(四書)를 세 번씩 읽기를 세 차례 하였으니,

모두 계산하면 아홉 번이다."라는 말에 충격을 받았다. 그의 고백에 따르면 그때 우계는 일 년 내내 한 권의 책도 읽지 않았으며, 그런 상황에서 도리에 대한 소견이 있기를 바라는 것은 자못 뒷걸음치면서 앞으로 나아가기를 도모하는 것과 같은데, 비록 고질병 때문이기는 하지만, 참으로 독실히 좋아한다면 이와 같이 하지 않을 것이요, 후회막급이라 했다.[57] 또 율곡은 몸이 건강하여 세도의 중임(重任)을 맡았는데 자기는 늘 병을 앓아 죽음과 이웃하여 지냈다[58]고 하여 친구의 건강함과 세도를 담당함을 부러워하기도 하였다.[59] 또 그는 율곡이 세도를 담당하기에 적절한 자질을 갖고 있었다고 평가하였다. "그는 일찍 대도(大道)의 근원을 보고도 스스로 만족하게 여기지 않았고 백성을 구제하는 책임을 자임하여 자기 몸을 아끼지 않았습니다. 일을 만나면 시원스레 해결하여 어려운 일로 고심함이 없었다."[60]고 하였다.

한편 그는 처음 사귐을 가졌을 때의 인상을 줄곧 유지한 것도 있다. 즉 율곡의 성정(性情)과 그 단점에 대한 파악은 거의 바뀌지 않고 있었다. 재주가 트였기 때문에 경솔한 병통이 있어 침착하고 치밀한 기풍이 부족하며, 성품이 분명하고 곧으며 우활하고 성실하기 때문에 절대로 외모를 꾸며 사람들의 마음에 맞추려는 태도가 없으며, 뜻이 커서 하찮은 일에 소략하고 자신감이 넘쳐 세속을 따르지 않았다는 것이다.[61] 또 견고하게 응집된 역량이 부족하여 남이 모함하여 선동하는 말에 동요되곤 한다고도 하였다.[62] 우계와 구봉은 율곡의 성향이 착실하지 않다는 데 의견을 모으

---

57) 『우계집』, 속집 6, 잡기.

58) 『우계집』, 6권, 잡저, 율곡에 대한 제문, 갑신년(1584, 선조17) 3월.

59) 여기서 우계가 율곡이 '건강하다' 고 평한 것은 자신에 비하여 건강하여 관직에 종사할 수 있었음을 의미하는 것으로 보인다.

60) 『우계집』, 6권, 雜著, 栗谷에 대한 제문, 갑신년(1584, 선조17) 3월.

61) 『우계집』, 2권, 章疏 1, 三司에서 栗谷을 탄핵한 것을 논한 소, 계미년 7월.

기도 하였다. 또한 율곡이 일찍부터 저술하는 사람으로 자처하는 것을 마땅치 않게 여겼는데, 그가 지닌 자부심이 교만으로 치달아 자칫 함양하고 실천하는 공부를 달갑게 여기지 않을까 염려된다고 하는 이유였다.[63)]

율곡도 우계에 대하여 평가하거나 충고한 부분이 있다. 자신이 의리에 있어서 더 밝게 깨달아 알고 있지만 성품이 느슨하여 비록 알아도 실천할 수 없었는데 우계는 이미 깨달았다면 하나하나 실천하여 참으로 자기 안에 두는데 이 점을 그에게 미치지 못한다고 하였다.[64)] "만약 견해의 도달한 경지를 논한다면 내가 다소 나은 점이 있겠지만, 마음가짐과 행동의 독실함과 확고함은 내가 미치지 못한다."는 등[65)] 이와 비슷한 말을 되풀이 하였다.

5. 맺음 말

우계와 율곡은 조선 오백 년 유학사에서 보기 드믄 지음(知音)의 관계이다. 두 사람은 유사성이 많다 보니 그 평가가 자연 우열을 가리거나 영향력의 강약으로 귀결되곤 했다. 두 사람이 처한 환경과 걸은 길과 내공(內功)이 다르다는 면은 다소 소홀히 한 면이 있다.

우계는 원치 않는 질병으로 일찍 과거를 통한 입신을 포기하고 수기(修己), 은거(隱居), 수교(垂敎)를 통한 성현을 기약했다면, 율곡은 과거를 통

62) 『우계집』, 속집, 제3권 簡牘, 與宋雲長翼弼, 무인년(1578, 선조11) 6월.

63) 『우계집』, 속집, 제5권 簡牘, 어떤 사람에게 보낸 편지. 혹자는 宋雲長에게 보낸 것이라 한다.

64) 『율곡전서』, 32권, 어록 하.

65) 『우계연보』, 1554, 명종9, 갑인조.

한 입신(立身), 행도(行道), 사민태평(使民泰平), 대동(大同)을 꿈꾸고 이를 실현하기 위한 외왕(外王)적 정향의 삶을 살았다고 할 수 있다.

우계가 부친, 휴암 백인걸, 퇴계 이황을 스승으로 섬겼고, 주자학적 학문 규범을 준수하며 예법(禮法)에 공력을 기울이고, 율곡은 뚜렷한 스승이 없이 독학을 하였으며, 노장과 불교에 출입하고 이에 관한 저술을 하는 등 자유롭게 학문적 편력을 하였다.

두 사람은 일처리에 있어서 원칙과 태도를 달리했다. 우계는 시비(是非) 판별을 최우선으로 하고 '집기양단(執其兩端)'의 신중함과 예양(禮讓)을 기했다. 이와 달리 율곡은 시비를 고려하되 형세(形勢)와 정황(情況)을 고려할 수밖에 없다는 것과 변통의 필요성과 칼날 같은 분석을 강조하였다.

학문에 있어서 우계는 본받음, 의양(依樣)을 중시하고, 예경(禮經)을 중시하며, 일상적 삶의 진리를 중시하고, 수양론에서 방법적 경(敬)을 학문의 기조로 삼아 도덕가의 모습을 보였다면, 율곡은 자득(自得)을 중시하고, 근원적 이해와 실리(實理)에 중점을 두었으며, 경전의 맥락보다는 상황적 변통을 강조하고, 수양에서 목적성을 지니는 성(誠)을 더 강조하였으며, 『춘추』를 중시하여 역사적, 경세적 철학자의 모습을 보였다.

두 사람의 도의지교 속에는 상대에 대한 큰 기대와 아낌과 존경, 그리고 단점에 대한 아픈 충고와 상황에 대한 온화한 이해 등이 교직(交織)되어 있다.

두 사람은 일기를 남긴 학자였다. 우계의 일기는 마치 퇴계의 『자성록(自省錄)』의 예와 같았다. 주로 자신에 대한 반성, 회개, 본받음, 타인의 칭송할 점 등의 내용이 수록되어 있다. 일기책의 끝에 '돈후주신 평실정정(敦厚周愼 平實定靜)'의 8자를 두 줄로 쓰고 스스로 풀이하기를 "돈독(敦篤)하면서도 중후(重厚)하고 주밀(周密)하면서도 근신(謹愼)하며, 평담(平淡)하면서도 진실(眞實)하고 응정(凝定)하면서도 안정(安靜)하여야 한다."

라고 하였다. 그의 일기책의 끝에는 "현자가 산림에 거처하면서 스스로 수립하여 저 세상을 잊을 수 있는 어떤 것이 있는지 모르겠다. 반드시 종사하는 것, 반드시 얻는 것, 반드시 지켜 편안히 여기는 것, 반드시 남들은 알지 못하는 가슴 속의 즐거움이 있을 것이다."라고 썼다.[66] 율곡은 주로 국사와 관련된 내용의 『경연일기』를 써서 후세를 경감(警監)하였다. 그의 일기는 사찬 실록의 의미도 있고 나름대로 쓴 시대의 『춘추』라고 할 수 있는 내용들로 구성되어 있으며 대동(大同)과 대의(大義)의 진리를 지향한 것이다.[67] 하나는 산림의 현자가 일상생활 속에서 추구한 진리를 드러내고, 다른 하나는 조정의 대관이 치열한 갈등의 현장에서 국가와 사회와 인류에 대한 우환이 역사성으로 응결되어 담겨 있다고 할 수 있다. 우계와 율곡은 각각 그다운 형식의 진유(眞儒)와 실학(實學)의 삶을 일기로 남긴 것이다.

66) 『우계집』, 보유, 「덕행」, 玄孫 至善의 기록.
67) 곽신환, 「우암 의리학의 율곡 연원과 후원 - 석담과 석실」, 『율곡사상연구』, 21집, 151~288쪽.

우계(牛溪) 성혼(成渾) 사상의 심학적 요소

| **김세정**(충남대 철학과 교수) |

1. 들어가는 말

조선조 사육신 가운데 한 사람인 성삼문의 후예인 우계(牛溪) 성혼(成渾, 1535~1598)은 가학으로서의 도학적 전통을 몸소 실천한 사상가이다. 실천적 사상가로서의 우계는 퇴계 이황, 율곡 이이, 고봉 기대승 등 당시 유명한 유학자들과 달리 리기론(理氣論)과 성리론(性理論) 등에 관한 철학적인 글을 많이 남겨 놓지 않았다. 철학적인 글로는 율곡과 사단칠정(四端七情)·인심도심(人心道心)에 관해 논변한 편지글을 꼽을 수 있을 정도이다. 이마저도 우계의 7·8·9번째 편지가 산일되어 전해지지 않고 있다. 우계가 리기심성론에 대해, 특히 리기론에 대해 많은 글을 남기지 않은 이유는 다음과 같은 그의 주장을 통해 간접적으로 유추해 볼 수 있다.

대체로 오늘날 선유(先儒)들의 성리(性理)를 밝히는 공부가 모두 구비되어 있으니, 의리를 밝힘에 어찌 부족함을 염려하겠습니까? 염려되는 것은 오직 진심(眞心)일 뿐입니다. 진심이 이미 확립되어 있다면 비록 한 구를 읽더라도 평생토록 쓰고도 남아 정치와 교화에 이것으로 말미암아 나올 것입니다. 그러나 만일 확실한 뜻이 없이 범범하게 여러 책을 널리 보기만 한다면 비록 경전을 모두 독파한다 하더라도 자신의 몸과 마음에 무슨 도움이 되겠습니까? …… 본원을 배양하고 마음을 비워 자신에게 절실한 공부를 하는 데 있어서는 실로 절실하고도 요긴하니, 비단 마음을 수양하는 대법(大法)이 될 뿐만 아니라 기운을 기르고 섭생(攝生)하는 데도 중요한 지침이 될 것입니다.[1)]

이 글에서 우계는 성리설에 대해서는 이미 선유들이 모두 밝혀 놓았기 때문에 이에 대해 계속 논의하는 것은 무의미하다는 입장을 분명하게 피력하고 있다. 문제가 되는 것은 성리설에 대한 이론적 탐구가 아니라 '진심(眞心)의 확립' 여부라는 것이다. 진심의 확립은 독서 · 정치 · 교화의 근간이 된다. 진심은 바로 본원을 배양하고 마음을 비우는 양심(養心)의 방법을 통해 확립될 수 있다는 것이다. 이러한 입장에서 우계는 리기심성론에 대한 철학적이고 이론적인 글을 남기는 데 주력하기 보다는 진심을 확립하고 이를 실천하는 데 주력하였다고 보인다. 이론적 탐색과 학설 정립보다는 진심의 확립과 실천을 강조하고 중시하는 우계에게서 심학적 요소의 내포 가능성과 심학화 가능성을 엿볼 수 있다. 더욱이 우계학파에서 육왕학군(陸王學群)으로 분류되고 있는 최명길, 신흠, 장유, 정제두, 조익 등이 배출되고, 권시, 윤증, 박세당의 경우에도 육왕학적 경향이 없지 않다고 평가되고 있는 바[2)], 이 또한 우계의 심학화 가능성을 엿볼 수 있는

1) 『牛溪集』, 續集, 권2, 「擬登對啓辭草二條」, 167쪽(『牛溪集』 쪽수는 한국문집총간의 쪽수이다. 원문 번역은 『국역 우계집』(성백효 옮김, 민족문화추진회)의 내용을 따랐다.)

단서가 되기도 한다.

우계에 대한 선행 연구물을 분석해 보면, 대체로 율곡과의 사단칠정 · 인심도심에 관한 왕복 서한에 대한 분석을 중심으로 우계의 리기심성론에 대한 연구가 주를 이루고 있다.[3] 아직까지 우계 사상에 내재된 심학적 요소를 탐색하거나 우계 사상의 심학화 가능성을 모색한 논문은 보이지 않는다. 그 이유 가운데 하나가 율곡과의 왕복서한에 국한하여 우계의 사상을 다룬 데 있다고 보인다. 조선조 주요 3대 논쟁인 '사단칠정논쟁', '인심도심논쟁', '인물성동이논쟁'은 모두가 주자성리학의 범주 안에서 진행된 논쟁이기 때문에 율곡과 우계 사이에 전개된 두 논변의 내용 또한 주자성리학의 범주를 벗어나지 않는다고 할 수 있다. 따라서 이 왕복서한의 내용만으로는 우계의 사상에 내재된 심학적 요소와 특성들을 제대로 밝혀내기가 어렵다. 오히려 우계가 쓴 수편의 장소(章疏)에서 우계 사상의 심학적 요소들을 쉽게 발견할 수가 있다. 이에 본 논문에서는 왕복서한보다는 우계의 장소들에 대한 분석을 통해 우계 사상에 내재된 심학적 요소들을 밝혀 보고자 한다.

2) 황의동,「우계학의 전승과 그 학풍」,『우계 성혼의 학문과 사상』, 우계문화재단, 이화, 2009, 150쪽 참조.

3)『우계 성혼의 학문과 사상』(우계문화재단, 이화, 2009)의 부록「우계 성혼 연구자료 목록」에는 107편의 우계 관련 연구논문 목록이 수록되어 있다. 이 가운데 철학 관련 논문은「우계의 사단칠정설에 대한 재조명」,「율곡과 우계의 성리학 논변」,「성혼과 이이의 이기론」,「율곡과 우계의 사단칠정논변」,「牛栗인심도심설의 비교적 연구」,「성우계의 理氣一發說」,「우계와 율곡의 심성론 연구」등과 같은 제목이 대다수를 차지하고 있는 바, 그 내용 또한 율곡과의 왕복서한을 중심으로 한 율곡과의 비교논문이나 우계의 리기심성론에 대한 연구가 대부분이다.

2. 천지생물지심(天地生物之心)으로서의 인심(人心)

우계의 사상을 '심학'으로 볼 수 있는가 하는 문제에 있어 중요한 관건 중에 하나는 '인간과 천지만물의 관계' 및 '인간의 마음을 어떻게 규정하고 있는가' 하는 것이다. 우계는 먼저 「사소명소(辭召命疏)」에서 사람 마음은 천지생물지심(天地生物之心)에 근원하는 것임을 다음과 같이 밝히고 있다.

> 사람이 태어날 때에 천지가 만물을 낳는 마음을 얻어서 마음으로 삼기 때문에 따뜻하게 사람을 사랑하고 만물을 이롭게 하는 마음을 그만둘 수 없는 것이니, 이는 억지로 조작하는 것이 아니요 바로 천성(天性)에 근원하여 측은지심(惻隱之心)의 실제에 드러나 그만둘 수 없는 것입니다. 이 때문에 선비가 집안에 행실을 닦아 천하와 국가에까지 미치는 것이니, 장차 이 마음을 미루어서 남에게 미치고자 하는 것이요 홀로 자기 몸을 선하게 하고자 할 뿐만이 아닙니다.[4)]

천지의 위대한 공능은 바로 만물을 창생하고 양육하는 것이다. 이러한 천지의 만물을 낳는 마음은 생명력이 없는 선험적인 이법이 아니라 바로 지금 이 순간 만물을 잉태하고 양육하는 살아 숨 쉬는 '생명'이요 역동적 '생명력'이다. 이것이 바로 도(道)요 마음이다. 도와 마음은 형이상자와 형이하자로 이원화되어 있는 것이 아니라, 도가 곧 마음이요 마음이 곧 도인 일원적 체계를 지닌다. 인간은 이러한 천지가 만물을 창생·양육하는 마음을 자신의 마음으로 삼는다는 것이다. 사람의 마음이 곧 '천지생

4) 『牛溪集』, 권2, 「辭召命疏」, 17쪽.

물지심'인 것이다. 인심(人心)은 단지 리(理)로서의 성(性)을 담고 있는 그릇(器)이 아니라 그 자체가 전우주적인 생생한 도요 생명의 주체이다. 이러한 마음을 지니고 있기 때문에 인간은 이기적 존재가 될 수도 없으며 되어서도 안 된다. 인간은 선천적으로 천지생물지심으로서의 마음을 소유하고 있기 때문에 다른 사람을 사랑(愛人)하고 만물을 이롭게(利物) 할 수 있는 것이다. 이 마음은 따뜻하고 살아 있는 마음으로서 현실 속에서는 측은지심과 같은 형태로 드러난다. 그리고 사람의 마음이 곧 천지생물지심이기 때문에 수신(修身)과 독선기신(獨善其身) 또한 단지 개체의 수양에만 목적이 있거나 개체의 수양에서만 끝나는 것이 아니라 치국(治國)하고 평천하(平天下)하는 데 목적이 있을 뿐만 아니라 평천하로 귀결된다. 즉 인간은 천지의 생물지심을 자신의 마음으로 부여받았기에 천지만물의 중추적 존재가 될 수 있으며, 또한 평천하의 사명을 부여받게 된 것이다.

천지생물지심은 『주역』과 『중용』 및 정명도와 왕양명으로 이어지는 유기체적 세계관과 심학의 근간이 되기도 한다. 『주역』 「계사전(繫辭傳)」(상) 1장에서는 "천지의 위대한 덕을 생이라 한다(天地之大德曰生.)." 고 하고, 5장에서는 "낳고 또 낳는 것을 역이라 한다(生生之謂易.)." 고 하면서, '천지의 마음'과 '천지의 정(情)'[5]을 말하고 있다. 이 마음이 곧 '천지가 만물을 낳는 마음(天地生物之心)'으로서, 『주역』에서는 자연을 기계적 물체가 아니라 목적 지향적 생명체로 이해하고 있었음을 알려 준다. 『중용』 또한 "천지가 만물을 화육한다(天地之化育.).", "하늘이 만물을 생성한다(天之生物.).", "천지가 서고 만물이 길러진다(天地位焉, 萬物育焉.)." [6]고 하여, 천지만물을 유기적인 생명체와 같은 존재로 인식하고 있었다. 나아가

5) 『周易』, 「復卦 · 彖傳」. "復 其見天地之心乎." 「咸卦 · 彖傳」. "天地之情 見矣."
6) 『中庸』, 17장. 『中庸』, 1장.

『주역』「계사전」(상) 5장에서는 "한 번 음하고 한 번 양하는 것을 일러 도라 한다. 이것을 계승하는 것이 선이며, 이것을 담고 있는 것이 성이다(一陰一陽之謂道, 繼之者善也, 成之者性也.)."라고 한다. 우주자연의 변화가 '생명을 낳고 기름(生育)'을 그 본질(道)로 한다면, 이러한 우주자연의 생명성을 계승하여 행위하는 것이 바로 선이며, 우주자연의 존재원리이자 도덕법칙인 천도(天道)가 내재된 것이 바로 '인간의 본성(性)'이라는 것이다.[7] 즉 인간의 생명원리와 생명본질의 근원을 바로 '천지의 생물지심'에 두고 있는 것이다. 『중용』 또한 자연의 생명 본질(天道)을 '성(誠)'으로 규정하고, 이러한 성을 실천으로 이행하는 '성지(誠之)'를 인간의 생명 본질(人道)로 규정하고 있다.[8] '성'이 유기체적 세계의 자기-생성 원리이자 생명력이라면, 인간은 이러한 성을 자신의 생명 본질로 하여 자신은 물론 여타 존재물들의 생명을 온전히 유지시켜 주면서 만물과 일체화(一體化) 될 수 있는 계기를 마련한다.[9] 『주역』과 『중용』에서는 만물을 생육하는 천지의 활발한 생명력(天地之心)을 인간의 생명 본질로 규정하고 있는 바, 천과 심(心)과 성(性)이 곧 하나가 된다. 따라서 '성(性)'은 곧 사람 마음에 담겨 있는 무작위(無作爲)·무계탁(無計度)·무사려(無思慮)하는 형이상학적 소이연지고(所以然之故)·소당연지측(所當然之則)이 아니라, 그 자체가 역동적인 생명력으로서 '성이 곧 심이요, 심이 곧 성인' 일원적 체계를 지닌다. 인심의 근거를 천지생물지심에서 찾는 우계의 주장에는 이러한 『주역』과 『중용』의 유기체적 세계관과 심학적 요소를 잘 반영하고 있

7) 최영진, 『유교사상의 본질과 현재성』, 유교문화연구소, 2002, 117~135쪽 참조.

8) 『中庸』, 20장. "誠者, 天之道也, 誠之者, 人之道也."

9) 『中庸』, 25장. "誠者, 自成也, 而道, 自道也. 誠者, 物之終始, 不誠無物, 是故君子誠之爲貴. 誠者, 非自成己而已也, 所以成物也, 成己, 仁也, 成物, 知也, 性之德也. 合內外之道也, 故時措之宜也."

다고 보인다.

이러한 선진유학에서 보이는 유기체적 세계관과 심학적 요소는 송·명대에 이르러 정명도(1032~1058)와 왕양명(1472~1528)에 의해 보다 심화 발전된다. 정명도는 인간을 포함한 세계는 만물일체(萬物一體), 즉 하나의 유기적인 생명체이며, 유기적인 생명체는 자체의 생명 원리인 '도(道=理)'를 내재하고 있다고 보았다.[10] 이 세상에 존재하는 모든 것들은 도의 현현으로서 도가 곧 사(事)인 일원적 체계를 지닌다.[11] 이 '도'는 작용하지 않는 형이상학적인 원리가 아니라 만물을 끊임없이 창생·양육하는 우주자연의 자기-조직성이자 생명력이다.[12] 이러한 '도'를 통해 탄생한 만물은 각기 강한 생명 의지(春意·生意)를 내재하고 있으며, 생명 의지는 '인(仁)'을 통해 가장 잘 드러난다. '인'은 인간과 천지만물을 하나의 생명체로 연결해 준다.[13] 사람은 바로 이러한 인을 자신의 생명 본질로 삼는다. 이에 정명도는 "학자는 모름지기 인(仁)을 체득해야 한다. 인이란 혼연히 만물과 한 몸이 되는 것으로, 의(義)·예(禮)·지(智)·신(信)이 모두 인이다. …… 천지의 작용은 모두 나의 작용이다."[14]라 하고, 또한 "인자(仁者)는 천지만물을 한 몸으로 여기니, 자기 아님이 없다. 천지만물이 바로 자기임을 체득한다면, 어느 것인들 이르지 못하겠는가? …… 널리 베풀어서 대중을 구제하는 것(博施濟衆)이 바로 성인의 공용(功用)인

10) 『二程全書』, 「遺書二上」. "有道有理, 天人一也, 更不分別." & 「遺書二上」. "所以爲萬物一體者, 皆有此理."

11) 『二程全書』, 「遺書四」. "道之外無物, 物之外無道, 是天地之間無敵而非道也."

12) 『二程全書』, 「遺書二上」. "生生之謂易, 是天之所以爲道也, 天只是以生爲道."

13) 『二程全書』, 「遺書六」. "觀天地生物氣象. …… 靜後見萬物自然皆有春意." & 「遺書十一」. "天地之大德曰生. 天地絪縕, 萬物化醇, 生之謂性, 萬物之生意最可觀. 此元者, 善之長也, 斯所謂仁也. 人與天地一物也."

14) 『二程全書』, 「遺書二上」

것이다."[15]라 하였다. 사람은 곧 인심(仁心)의 발현을 통해 진정으로 천지만물과 하나가 될 수 있는 것이다.

이러한 정명도의 만물일체의 심학적 요소를 잘 계승한 왕양명은 "사람이란 천지의 마음으로 천지만물은 본래 나와 한 몸이다."[16]라고 주장하면서, 사람이 천지만물의 마음이 될 수 있는 근거를 '인심(仁心)'에서 찾고 있다. 예컨대 "대인은 천지만물을 한 몸으로 여기는 사람인지라, 천하를 한 집안처럼 보고, 나라 전체를 한 사람처럼 본다. …… 대인이 천지만물을 한 몸으로 여길 수 있는 것은 그것을 의도해서가 아니라, 그 마음의 인(仁)이 본래 그와 같아서 천지만물과 더불어 하나가 되는 것이다. …… 그러한 까닭에 어린아이가 우물에 빠지려는 것을 보면 반드시 두려워하고 근심하며 측은해 하는 마음(怵惕惻隱之心)이 일어나는데, 이것은 그의 인이 어린아이와 더불어 한 몸이 된 것이다."[17] 인간은 선천적인 '만물일체의 인심'이 있기에 천지만물과 하나가 될 수 있다는 것이다. 따라서 인심은 한 개체로서의 인간의 마음으로 국한되는 것이 아니라 인간과 천지만물을 하나의 생명체로 연결시켜 주는 선천적이고 본원적인 전우주적 마음으로 확대된다. 그리고 천지만물이 한 몸으로 이루어진 세계는 단순히 형이상학적 관념의 세계가 아니라 인심을 통해 사실적으로 느끼고 감응할 수 있는 사실적 세계이다. 인간의 '만물일체의 인심'은 바로 인간이 천지만물의 생명 손상을 자신의 아픔으로 느끼는 '통각(痛覺)의 주체'인 것이다.[18]

정명도와 왕양명이 '인심(仁心)'을 인간과 천지만물을 하나로 연결해

---

15) 『二程全書』, 「遺書二上」

16) 『傳習錄』(中), 「答聶文蔚」, 179조목.

17) 『王陽明全集』, 권26, 「大學問」.

18) 김세정, 『왕양명의 생명철학』, 청계, 2006, 175쪽 참조.

주는 인간 마음의 생명력으로 규정하듯, 우계 또한 '천지생물지심'을 사람의 인심(仁心)으로 규정한다.

만물을 낳아 주는 마음이 하늘과 땅 사이에 충만한데 사람이 이 마음을 얻어서 어진 마음(仁心)으로 삼았습니다. 그러므로 측은해 하는 마음이 두루 흐르고 통하여 갓난아이가 우물 속으로 빠져 들어가는 것을 보면 깜짝 놀라는 마음이 저절로 생기며 길에 굶어 죽어 시체가 있으면 음식을 먹어도 입맛이 좋지 않은 것입니다. 참다운 한 생각이 안으로부터 동하여 마치 샘물이 처음 솟아 나오듯이 한다면 백성을 기르는 정사가 깊은 자애와 두터운 사랑에서 근본하여 백성들로 하여금 각각 살 곳을 얻게 해서 사람을 사랑하고 물건을 이롭게 하려는 나의 마음을 채우게 될 것이니, 이는 남이 권면하고 감독함으로 말미암아 겨우 그 책임에 부응하려고 하는 것이 아닙니다. 이와 같다면 전하께서 어찌 급하게 여기지 않으시어 마음을 다할 것을 생각하지 않으실 수 있겠습니까?[19]

하늘은 만물을 내주는 것을 마음으로 삼는데 사람은 이것을 얻어 마음으로 삼았기 때문에 사람을 사랑하고 물건을 이롭게 하려는 마음이 가슴속에 충만하여 어린아이가 우물로 들어가려 하면 놀라고 두려워하는 마음이 저절로 생겨나며, 길에 굶어 죽어 시체가 있으면 음식을 먹어도 맛이 없는 것입니다. 그리하여 사람마다 각각 살 곳을 얻게 하려고 하니, 이는 바로 진실하고 간절한 양심이며 본체가 드러난 것이어서 저절로 그칠 수가 없어 큰 욕망을 미루어 확충하는 것이요, 권면하고 감독함으로 말미암아 애오라지 자신의 책임을 면하려는 것이 아닙니다.[20]

19) 『牛溪集』, 권3, 「庚寅封事」, 62쪽.

사람은 천지의 생물지심을 얻어서 그것을 자신의 '인심(仁心)'으로 삼는다는 것이다. 정명도와 왕양명이 인심을 인간과 천지만물이 한 몸이 될 수 있는 근거로 삼은 바 있듯, 여기서도 인심은 천지만물과 인간이 한 몸이 될 수 있는 근거가 된다. 사람은 누구나 자신의 인심을 매개로 천지만물과 한 몸이 되기에 타인을 사랑(愛人)하고 다른 존재물들을 이롭게(利物) 할 수 있는 것이다. 인심은 곧 왕양명이 말하는 측은지심과 같은 통각작용으로 드러나게 된다. 예컨대 인심이 있기에 갓난아이가 우물에 빠지려는 순간을 목격하게 되면 그 순간 그 아이가 죽거나 다칠까 걱정되어 깜짝 놀라 두려워하는 마음이 발동하게 되고 굶어 죽은 시체를 보면 그 죽음이 슬프고 안쓰러워 음식을 먹지 못하고 입맛이 없게 된다. 이러한 인심은 참다운 일념으로 발동하여 종국에는 양민(養民)으로 귀결된다. 이는 밖으로부터 주어지거나 강요되는 것이 아니라, 내적인 자발성에서 기인한 것, 즉 진실하고 절실한 양심(良心) 본체가 밖으로 드러난 것에 불과하다. 여기서 우계는 인간 마음의 근원을 역동적인 천지생물지심에 두고 인간이 천지만물과 한 몸이 될 수 있는 근거를 보편적 형이상자로서의 리(理)가 아닌 역동적이고 주체적인 인심에 두고 있는 바, 이는 우계의 사상에서 보여지는 심학적 요소라고 말할 수 있다.

3. 진심(眞心)의 중시와 존심(存心)·치심(治心)의 요체

사람은 천지의 생물지심을 얻어서 자신의 '인심(仁心)'으로 삼는다는 주장과 더불어 '실심(實心)'과 '진심(眞心)'에 대한 강조는 우계에게서 보

20) 『牛溪集』, 권3, 「上王世子箚」, 69쪽.

이는 또 하나의 심학적 요소라고 할 수 있다. 우계는 「신사봉사(辛巳封事)」와 「의등대계사초이조(擬登對啓辭草二條)」에서 실심과 진심을 확립할 필요성에 대해 다음과 같이 주장하고 있다.

> 대체로 정자와 주자 이후로 강학이 밝게 구비되었으니 의리를 설명함에 부족함을 염려할 것이 없고 오직 걱정되는 것은 실심(實心)을 세우지 못하여 근본이 견고하지 못한 것뿐입니다. 진심(眞心)을 이미 세우고 힘을 다해 앞으로 전진한다면 성현의 한마디 말씀을 평생토록 수용하여도 남음이 있습니다. 만일 그렇지 않으면 비록 성명(性命)의 진리를 높이 담론하고 현묘한 진리에 들어간다 하더라도 자신의 몸과 마음에 무슨 상관이 있겠습니까?[21]

> 대체로 오늘날 선유들의 성리(性理)를 밝히는 공부가 모두 구비되어 있으니, 의리를 밝힘에 어찌 부족함을 염려하겠습니까? 염려되는 것은 오직 진심일 뿐입니다. 진심이 이미 확립되어 있다면 비록 한 구를 읽더라도 평생토록 쓰고도 남아 정치와 교화에 이것으로 말미암아 나올 것입니다. 그러나 만일 확실한 뜻이 없이 범범하게 여러 책을 널리 보기만 한다면 비록 경전을 모두 독파한다 하더라도 자신의 몸과 마음에 무슨 도움이 되겠습니까? …… 본원을 배양하고 마음을 비워 자신에게 절실한 공부를 하는 데 있어서는 실로 절실하고도 요긴하니, 비단 마음을 수양하는 대법(大法)이 될 뿐만 아니라 기운을 기르고 섭생(攝生)하는 데도 중요한 지침이 될 것입니다.[22]

정자와 주자는 물론 그 이후 수많은 학자들의 강학에 의해 의리에 대한

---

21) 『牛溪集』, 권2, 「辛巳封事」, 27쪽.

22) 『牛溪集』, 續集, 권2, 「擬登對啓辭草二條」, 167쪽.

이론정립이 이미 완비되었기 때문에 이제는 앎(知)이 문제가 아니라 실천(行)이 문제로서 실천의 주체인 실심·진심을 확립하는 것이 무엇보다도 중요한 선결 과제라는 것이다. 진심을 확립하여 의리를 실천하는 것이 무엇보다 중요한 시점으로서 만일 진심을 확립해서 의리를 실천하지 않는다면 의리성명(義理性命)에 대한 앎은 무의미하게 된다는 것이다. 반드시 의리를 실천할 수 있는 진심을 수립하여 정치와 교화에 활용해야 한다. 그리고 의리에 대한 앎 또한 진심(실심)이 먼저 확립되어 있어야 참된 앎에 도달할 수 있으며, 진심이 확립되지 않은 상태에서의 독서궁리는 아무런 득이 되지 않는 공허하고 무의미한 일이 될 것이라고 주장하고 있는바, 진심의 확립은 실천만이 아니라 참된 앎을 추구하는 데 있어서도 선결 조건이 된다. 여기서 우계는 양명처럼 마음이 의리를 창출할 수 있다고 하는 주장으로까지 나아가지는 않았지만, 진심(실심)을 앎과 실천의 주체로 강조하고 앎과 실천의 주체로서의 진심의 확립을 가장 중요한 선결 과제로 제시함으로써 마음을 주체로 보는 심학적 경향을 충분히 내재하고 있었다고 말할 수 있다. 윤증을 비롯한 일군의 우계학파에서 실심을 매우 중시하고 있는 경향[23] 또한 우계의 이러한 진심·실심 중시와 무관하지 않다고 보인다.

진심의 확립을 지(知)와 행(行)의 선결 요건으로 삼는 우계는 나아가 마음을 보존하고 다스리는 '존심(存心)'과 '치심(治心)'의 방법을 다양하게 제시하고 있다. 먼저 「신사봉사」에서는 치심의 방법에 대해 다음과 같이 말하고 있다.

23) 황의동, 「우계학의 전승과 그 학풍」 및 김경수, 「우계학파의 형성과 그 특징」, 『우계학보』, 제28호, 우계문화재단, 2010, 30~31쪽 참조.

처음 배우는 요점은 반드시 먼저 그 큰 것을 확립하여야 합니다. 몸과 마음을 수습하고 정신을 보존하여 마음을 전일하게 하고 응집하여 뜻과 기운이 항상 맑아지고 의리가 밝게 드러나도록 하여야 하는데, 이는 공자와 맹자 이래로 제일의 법문입니다.[24]

우계는 먼저 맹자가 말한 "먼저 그 큰 것을 확립하라(先立乎其大)."[25]는 말을 학문의 요체를 삼았다. 확립의 대상인 '그 큰 것'(其大者)은 다름 아닌 앞에서 말한 '진심(실심)'이다. 우리의 일상적 마음의 상태는 끊임없이 솟아나는 욕망과 잡념과 망상과 공상으로 인해 항상 분주하고 혼란스럽다. 이 상태에서는 진심이 차폐되어 온전하게 드러나지도 또한 제대로 작용하지도 못한다. 이에 우계는 진심을 수립하는 구체적 방안으로 먼저 '몸과 마음을 수습'하고 '정신을 보존'하며 '마음을 전일 · 응집 · 안정'되게 할 것을 주장한다. 이렇게 마음을 안정되게 하여 진심을 수립해야만 비로소 사욕에 흔들리지 않고 뜻과 기운이 항상 맑아지고 의리가 밝게 드러나게 된다는 것이다. 즉 마음을 수습하고 안정시켜 진심을 수립하는 일은 의리를 온전하게 드러내기 위한 선결 조건이 된다.

이러한 내용은 「신사봉사」뿐만 아니라 「의등대계사초이조」와 「등대사정전계사(登對思政展啓辭)」에도 수록되어 있다. 「등대사정전계사」에서 우계는 성현 심법(心法)의 원칙에 대해 다음과 같이 밝히고 있다.

군주가 제일 먼저 해야 할 일은 몸과 마음을 수습하고 정신을 보전하여 전일

24) 『牛溪集』, 권2, 「辛巳封事」, 27쪽.

25) 『孟子』, 「告子(上)」. "曰鈞是人也, 或從其大體, 或從其小體, 何也. 曰耳目之官不思而蔽於物, 物交物則引之而已矣. 心之官則思, 思則得之, 不思則不得也, 此天之所與我者. 先立乎其大者, 則其小者不能奪也, 此爲大人而已矣."

하고 안정되게 하여 마음과 기운을 항상 맑게 하는 것이니, 이렇게 하면 본원인 마음이 맑고 고요해지며 의리가 밝게 드러날 것입니다. 그러나 성현이 전수한 심법은 비록 일정한 원칙(定本)이 있으나 또 일정한 원칙이 없기도 하니, 정일집중(精一執中)과 극기복례(克己復禮)는 일정한 원칙이라 할 수 있습니다. 다만 상지(上智)의 인물이 아니면 기질상에 있어서 누구라도 여유가 있거나 부족한 병폐가 있을 것입니다. 이 때문에 옛날에 학문을 잘한 자들은 반드시 먼저 자신의 몸에 병통이 있는 곳을 살펴서 여유가 있는 것을 덜어내고 부족한 것은 보충하며, 병을 살펴보고 약을 써서 사람마다 치료하는 방법을 달리하였습니다. 그러므로 일정한 원칙이 없는 것 같기도 합니다. 반드시 간절히 묻고 가까이 생각하며 요점을 알고 간략함을 지키며 병을 살펴보고 약을 써서 자신에게 절실한 공부를 한 뒤에야 정일집중과 사욕을 이겨 다스리는 학문이 의거할 곳이 있어서 덕에 나아갈 수 있는 것입니다. 이렇게 하지 않으면 비록 아름다운 자질이 있더라도 한쪽으로 치우치는 사사로움을 면치 못하여, 자신의 장점만 기뻐하고 자신의 단점을 고치는 데는 태만하여 장점이 있는 것으로 인해 병폐가 생겨나 이러한 덕이 있는 것이 도리어 이러한 병통이 되고 맙니다.[26)]

초학자와 같이 군주가 우선시해야 할 일은 '몸과 마음을 수습'하고 '정신을 보존'하며 '전일 · 응집 · 안정'되게 하여 뜻과 기운을 항상 맑게 하는 것이다. 그렇게 하면 본원이 맑고 고요해져서 의리가 밝게 드러나게 된다는 것이다. 즉 마음을 안정되게 하여 진심을 수립하는 일은 학문뿐만 아니라 정사에 있어서도 선결 요건이 된다. 진심을 수립하고 의리를 드러내는 심법의 가장 중요한 원칙으로는 『중용』의 '유정유일(惟精惟一)'과 '집중(執中)' 그리고 『논어』의 '극기복례(克己復禮)'가 제시되고 있다. '유

26) 『牛溪集』, 續集, 권2. 「登對思政展啓辭」, 167쪽.

정유일'은 곧 앞에서 말한 몸과 마음을 수습하고 마음을 '전일 · 응집 · 안정' 되게 하는 일에 다름 아니며, '집중'은 정일(精一)을 통해 수립된 진심이 상황에 따라 일을 적의타당하게 처리해 나가는 것을 의미한다. 그리고 '극기복례'는 사욕을 극복하고 진심을 회복하여 의리가 밝게 드러나게 하는 일이다. 이는 모두가 진심을 수립하고 진심에 따라 의리를 실천하는 방안이다. 다만 여기서 중요한 점은 이러한 원칙(定本)을 모든 사람들에게 고정불변하게 일방적으로 적용하는 것이 아니라는 점이다. 사실상 사람은 마치 『중용』에서 말하는 '생지안행자(生知安行者)', '학지이행자(學知利行者)', '곤지면행자(困知勉行者)' 처럼[27] 타고난 기질에 따라 차등을 지닌다. 따라서 그 차이를 인정하고 자신이 처한 입장과 능력에 따라 사욕을 극복하고 진심을 확립해 나가야 하는 것이다. 즉 자신의 과 · 불급한 곳을 잘 판단하여 지나친 곳은 덜어 내고 부족한 곳은 채워 주는 방식을 통해 스스로 조절해 나가야 한다는 것이다. 여기서 두 가지 중요한 심학적 요소가 발견된다. 첫째는 자신의 병폐와 과 · 불급은 남이 아닌 자기 자신이 스스로 판단하고 이에 맞는 처방 또한 자기 스스로 하여 공부해 나간다고 하는 주체성이다. 이 주체가 바로 진심이다. 둘째는 마치 병세에 따라 약을 다르게 처방하듯 고정불변한 격식에 얽매이는 것이 아니라 자신의 과 · 불급 상태에 따라 원칙을 수정하고 조절해 나간다는 권도(權道)의 정신이다. '마음의 주체성'과 '권도의 정신'은 모두가 심학을 구성하는 주요한 요소이다.

주체적 판단과 처방을 중시하는 우계는 치심(治心)하고 존심(存心)하는 방안에 대해서도 구체적으로 밝히고 있다. 치심과 존심의 첫 번째 방안은

---

27) 『中庸』, 20장. "或生而知之, 或學而知之, 或困而知之, 及其知之, 一也. 或安而行之, 或利而行之, 或勉强而行之, 及其成功, 一也."

'진심의 확립'이다. 우계는 "오직 염려되는 것은 진심이 확립되지 못하여 근본에 돌이키지 못할까 하는 점뿐입니다. 진심이 이미 확립되면 비록 성현의 한마디 말씀이라 하더라도 평생 동안 써도 넉넉합니다."[28]라 하였다. 격물궁리(格物窮理)를 통한 지식의 확충보다도 오히려 격물궁리의 주체 그리고 이를 통해 획득된 지식을 운용할 진심의 확립이 무엇보다 중요하다는 것이다. 둘째, '본원 함양의 필요성'이다. 그는 "반드시 깊고 후하게 본원을 배양하여 의리의 마음이 항상 이겨서 지기(志氣)가 항상 맑게 한다면 이목구비의 욕심이 저절로 그 사이에서 용사(用事)하지 못하여 본심의 덕을 온전히 지킬 수 있을 것입니다."[29]라고 하여, 본원을 잘 함양하면 사욕이 없어지고 본심의 덕이 온전하게 발휘될 수 있다고 보았다. 셋째, 계신공구(戒愼恐懼)하고 전전긍긍(戰戰兢兢)하는 것이다. 그는 "예로부터 성현이 말씀하신 마음을 다스리는 법은 별도로 화평하고 편안한 방도가 있는 것이 아니요, 바로 계신공구와 전전긍긍일 뿐이었습니다. 마음은 형체가 없으므로 잡아서 지키는 요점은 반드시 항상 경계하고 두려워하는 생각을 간직하여 혹시라도 과실이 있을까 두려워하는 것이니, 이렇게 하여야 비로소 그 마음을 보전하여 지킬 수 있습니다. 그러므로 마음을 잡아 지키는 요체는 이와 같이 할 뿐이요, 별도로 요긴하고 신묘한 방법이 있는 것이 아닙니다."[30]라 하였다. 즉 마음은 형상이 없기 때문에 항상 경계하고 두려워(敬畏)하여 과실이 없도록 해야 한다는 것이다.

28) 『牛溪集』, 續集, 권2, 「登對思政展啓辭」, 167쪽.
29) 『牛溪集』, 續集, 권2, 「登對宣政展啓辭」, 169쪽.
30) 『牛溪集』, 續集, 권2, 「登對宣政展啓辭」, 171쪽.

4. 시중(時中)과 권도(權道)의 중시

마지막으로 우계의 심학적 요소는 그의 수시부동(隨時不同)하고 무정체(無定體)한 중(中) 즉 '시중(時中)'과 '권도(權道)'를 중시하는 태도에서 찾을 수 있다. 우계는 "저의 소견에는 천하의 의리가 때에 따라 똑같지 않으니, 똑같지 않은 것은 바로 처한 상황이 각각 다른 것입니다."[31]라고 하였다. '의리'는 시대적 상황이나 변화와 무관하게 시간과 공간을 초월하여 동일하게 고정불변한 당위의 규범과 격식으로 존재하지 않는다는 것이다. 오히려 의리는 시대의 변화나 자신이 처한 상황에 따라 달라질 수 있다는 것이다.

양명 또한 의리를 고정불변한 것으로 보지 않는다. 예컨대 선물을 받는 경우 오늘은 마땅히 받아도 되나 다른 날에는 마땅히 받아서는 안 되는 경우가 있고, 또한 오늘은 마땅히 받아서는 안 되나 다른 날에는 마땅히 받아도 되는 경우가 있는데, 만일 오늘 마땅히 받아도 되는 것에 집착하여 일체를 받으며 오늘 마땅히 받아서는 안 되는 것에 집착하여 일체를 받지 않는다면, 이는 곧 참된 의가 아니라는 것이다.[32] 즉 '의(義)'란 고정불변한 외재적 준칙이나 격식이 아니라 어떠한 상황에 마주하여 자신이 진심(良知)에 의거하여 주체적으로 판단하고 대처해 나가는 것을 의미한다. 이에 양명은 『대학』의 후박(厚薄)[33], 즉 후하게 대해야 할 상황에 처해서는 후하게 대하고 박하게 대해야 할 상황에 처해서는 박하게 대하는 것은 양지에 의해 창출된 자연한 실천 조리라 하면서 이를 '의'로 규정하고 있다.[34] 양명에게 있어 '의'는 마음 밖에 존재하는 당위의 도덕규범 또는

31) 『牛溪集』, 續集, 권3, 「與李叔獻」, 176쪽.

32) 『傳習錄(下)』, 「黃省曾錄」, 248조목.

33) 『大學』, 經文. "其所厚者薄, 而其所薄者厚, 未之有也."

고정불변한 준칙으로서 상황의 변화나 자신의 처지에 상관없이 무조건 일방적으로 준수해야 하는 보편적 법칙이 아니다. 의는 수시변역(隨時變易), 즉 역동적 마음으로부터 상황에 부합되도록 항상 새롭게 창출되는 실천 조리라고 말할 수 있다.[35)]

물론 여기서 우계는 의리의 근원과 소재에 대해 구체적으로 밝히지 않고 있으며, 또한 우계가 말하는 의리가 양명이 말하는 의리와 동일하다고 말할 수는 없다. 그러나 적어도 의리는 시공을 초월하여 동일한 것이 아니라 때에 따라 즉 처한 상황에 따라 달라질 수 있다고 한 점에 있어서는 수시변역의 측면에서 의를 이해하는 양명의 입장과 일치하는 부분이 있다. 설사 양명처럼 적극적인 의미에서 마음이 의리를 창출한다고까지는 말할 수 없다 하더라도 외재적인 고정된 격식에 얽매이지 않고 변화하는 상황과 처지에 맞추어 그 변화와 처지에 부합되는 의리를 취사선택하고 이를 실천으로 옮기는 일은 역동적이고 주체적인 마음이 하는 것이다. 우계는 이러한 변화와 상황에 따른 마음의 주체적 판단을 매우 중시하였다고 보인다.

이러한 우계의 입장은 당시 관리 임용과 관련한 우계의 입장에도 반영되어 있다. 조선 초기부터 주자학의 귀천의식과 계급사상이 지배계급의 생각으로 자리 잡게 되자 서얼의 등용에 제한을 두기 시작하였다. 서얼은 가정에서도 천하게 여겨 재산상속권이 없었고 관직에 등용되기도 어려웠다. 특히 1550년대 들어 사림파들은 첫째, 존비(尊卑)의 등급을 엄격히 해야 하고, 둘째, 선왕의 법을 지켜야 하며, 셋째, 이들을 등용하면 명분이

---

34) 『傳習錄』(下), 「黃省曾錄」, 276조목. "大學所謂厚薄, 是良知上自然的條理, 不可踰越, 此便謂之義."

35) 『傳習錄』(中), 「答顧東橋書」, 133조목. "心之體, 性也, 性卽理也. …… 心一而已, …… 以其得宜而言謂之義, …… 不可外心以求義."

문란해진다는 이유를 들어 양인 첩의 경우에는 손자부터 과거에 응시할 수 있도록 하자는 서얼 허통(許通)마저도 강력하게 반대하였다.[36] 이렇듯 신분질서에 대해 완고했던 조선사회에서 우계는 서얼의 관리 임용문제에 대해 다음과 같이 주장한 바 있다.

> 우리나라에는 서얼들을 금고(禁錮)하고 있는 바, 이는 고금 천하에 일찍이 없었던 일입니다. 지금처럼 다사다난한 때에는 신분을 구별하지 말고 등용하여야 하니, 마땅히 법을 변통해서 서얼들로 하여금 벼슬길에 나아갈 수 있게 하여 재능에 따라 임용하여야 할 것입니다. 이렇게 하신다면 실로 삼대 성왕의 제도에 부합하고 천지가 만물을 내는 어진 마음에 위배되지 않을 것입니다.[37]

우계는 관리를 등용함에 있어 법과 관습에만 얽매여 무조건 신분에 따라 서얼을 등용하지 말 것이 아니라 시대적 상황의 변화에 따라 신분이 아닌 재능의 유무 여부에 따라 재능이 있는 서얼은 등용할 수 있어야 한다는 주장을 하고 있는 것이다. 우계는 때에 따른, 즉 시대의 변화와 상황에 따른 변통을 중시하고 있다. 그 변통의 주체는 곧 마음이다. 외재적 권위와 격식과 법도에 얽매여서 변화를 무시하고 변화하는 세상을 과거의 틀과 이해관계로 질곡시키는 것이 아니라, 열린 마음으로 시대의 변화를 감지 · 판단하고 변화에 부합되는 새로운 질서와 법도를 만들어야 하는 것이다. 이는 변통의 주체인 마음에 대한 강한 신뢰가 뒷받침되어야 가능하다. 그리고 또 하나 중요한 점은 그 변통의 근거가 '천지생물지심'에 있다는 것이다. 군주나 기득권자들의 이해득실을 위해서가 아니라 천지가

---

36) 『두산대백과사전』, 『브리태니커백과사전』 참고.

37) 『牛溪集』, 권3, 「時務便宜十五條」, 70쪽.

만물을 생하는 마음, 즉 인심(仁心)에 근거하여 변통해야 한다는 것이다. 인심에 근거하기 때문에 당시 신분제 사회에서 고통받던 서얼들의 고통을 외면할 수 없었던 것이며, 천지가 만물을 생하듯 서얼들에게도 인간다운 삶을 살 수 있는 길을 열어 주고자 변통을 주장하였던 것이다.

이러한 수시부동(隨時不同)한 의리와 변통은 '시중(時中)'과 '권도(權道)'를 근간으로 한다. 우계는 시중과 권도에 대해 다음과 같이 말하고 있다.

> 이른바 '이발(已發)의 중(中)이 시중(時中)의 용(用)에 유행한다.'는 것과 '중(中)은 일정한 체(體)가 없으나 때에 따라 있다.'는 것은 모두 일을 처리함에 매우 알맞은 것입니다. …… 하늘은 만물을 낳는 것을 마음으로 삼으니, 반드시 물건을 낳은 뒤에야 천도가 유행하는 것입니다. 군신 간의 의리를 미루어 갈 수 없을 때에는 백성을 구제하는 의리가 당연한 바, 이 두 가지는 서로 겸할 수가 없습니다. 그러므로 때에 따라 중도(中道)에 처하는 것입니다. …… 옛사람의 말에 "경도(經道)는 정해진 권도이고 권도는 아직 정해지지 않은 경도이다." 하였습니다. 권(權)이라는 것은 저울과 저울추로 때에 따라 경중에 맞추어 이리저리 옮겨서 앞으로 당기기도 하고 뒤로 물리기도 하여 일찍이 하나에 집착하지 아니하여 한결같이 고르게 하는 것이니, 곧 이른바 "시중의 중이요, 중은 일정한 체가 없어서 때에 따라 있다."는 것이 바로 이것입니다.[38]

이발의 중이 시중(時中)의 작용에 유행한다거나 중은 일정한 체가 없으므로 때에 따라 있다고 하는 주장은 '중(中)'이 고정불변한 격식으로 존재하는 것이 아니라 변화하는 상황에 따라 그 변화에 부합되도록 함께 변화

---

38) 『牛溪集』, 권5, 「與或人論奏本事別紙」, 119쪽.

한다는 것을 의미한다. 수시(隨時)하는 '중' 즉 시중은 곧 '권도'에 다름 아니다. 물건의 무게를 측정하는 데 있어 이미 달려 있는 저울추를 고집한다든가 고정된 저울끈의 위치를 고집한다면 그 물건의 무게를 있는 그대로 제대로 달 수 없다. 물건의 무게에 따라 저울추도 무거운 것 또는 가벼운 것으로 바꾸어 주고 저울끈의 위치 또한 앞으로 뒤로 조절해 주어야만 물건의 무게를 제대로 측정할 수 있다. 이렇듯 변화된 또는 변화하는 상황들을 무시한 채 기존의 격식과 법도만을 고집하여 고정불변한 격식과 법도로써 세상을 재단한다며, 올바른 판단도 올바른 대처도 할 수 없을 뿐만 아니라 오히려 세상의 자연한 변화를 가로막고 질곡시키는 부정적 결과를 초래하게 된다. 따라서 열린 마음으로 변화를 감지하고 이 변화에 부합되는 판단에 따라 대처해 나가야 한다.

이러한 시중과 권도는 바로 천지의 생물지심에 근거한다. 천지는 생생불식(生生不息), 즉 끊임없이 변화하는 환경 속에서 만물을 끊임없이 창출하고 양육하는 것을 자신의 생명 본질로 한다. 따라서 만일 인간이 고정불변한 당위의 규범에 얽매이게 되면 역동적으로 끊임없이 생명을 창출·전개하는 천지만물의 자기-조직화 과정에 긍정적으로 참여하기보다는 오히려 미리 설정된 틀에 변화하는 천지만물을 가두어 버림으로써 천지만물의 생명을 질곡시키는 결과를 초래하게 된다. 인간 자신 또한 이처럼 고정된 틀에 얽매여 천지만물의 변화를 감지하지 못하고 천지만물의 생명 창출 과정에서 이탈함으로써 자신의 생명조차 질곡시키게 된다. 이에 우계는 만물이 있기 이전에 천도가 먼저 있었던 것이 아니라 천지가 만물을 창생한 연후에 천도가 유행하게 되었다고 주장하고 있는 것이다. 사실상 천도는 불변하는 선험적 정리(定理)가 아니라 천지의 공능에 의한 만물의 창생 과정 그 자체로서 천지만물의 변화와 함께 변화하기 때문에 천지만물을 질곡시키지 않을 수 있는 것이다.

양명 또한 '중'과 '천리'를 수시변역하는 역(易)으로 규정하고 있다. 양명은 "중은 다만 천리이며, 다만 역이다. 때에 따라 변역(隨時變易)하니 어떻게 고집할 수가 있겠는가? 모름지기 때에 따라 마땅함을 제정해야 하니, 미리 하나의 규구를 정해 놓기가 어렵다. 예컨대 후세의 유자들이 도리를 일일이 설명하여 조금도 빈틈이 없게 하고자 하여 격식을 세워서 고정시켜 놓은 것이 바로 한 가지만을 고집하는 것이다."[39]라고 한다. 즉 중과 천리는 단일한 규구나 일정한 격식처럼 상황과 무관하게 고정된 불변하는 법칙이나 규범의 형태로 존재하는 것이 아니라 주어진 상황에 부합되도록 항상 새롭게 설정되어야 한다는 것이다. 우계 또한 하나의 격식에 얽매이지 않고 때(상황)에 따른 선택을 중시한다. 군신 간의 의리라는 것도 무조건적으로 절대적으로 선행되는 것이 아니라 상황에 따라 군신 간의 의리보다 백성들을 구제하는 의리가 더 중시되고 선행될 수 있다는 것이다. 변화된 상황 속에서 어떠한 의리가 선행되어야 하는가를 선택하고 결정하는 주체는 바로 자신의 마음인 바, 의리라는 것도 결국은 이러한 마음의 판단에 따라 결정되고 실천되는 것이라 말할 수 있다. 이러한 시중과 권도를 중시하는 우계의 입장은 "지난번 편지에 '사변에 대처하는 것이 권도이다'라고 하신 말씀은 정밀하고 심오하며 간략하고 마땅하니, 참으로 옳은 말씀이라 탄복하는 마음 그지없습니다."[40]라고 하는 말에서도 강하게 나타난다.

39) 『傳習錄』(上), 「陸澄錄」, 52조목.

40) 『牛溪集』, 續集, 권3, 「與宋雲長」, 188쪽.

5. 나오는 말

지금까지 우계의 사상 속에 내재된 심학적 요소들을 찾아보았다. 우계 사상의 심학적 요소는 크게 천지생물지심을 인심으로 삼는다는 주장, 진심·실심의 중시, 시중과 권도의 중시, 이 세 가지로 압축할 수 있다. 우계 사상의 심학적 요소와 그 의의는 다음과 같이 요약할 수 있다.

사람은 천지생물지심을 얻어서 자신의 마음으로 삼는다고 하는 우계의 주장은 천지만물과 인간이 하나될 수 있는 근거를 형이상자인 리(理)에 두지 않고 역동적인 심(心)에 두는 사고라 할 수 있다. 천지의 생물지심에 의한 만물 창생·양육은 그 자체가 바로 도의 현현으로서 천도와 천심은 일원적 체계를 지닌다. 그리고 인간은 천지생물지심에 근원한 인심(仁心)의 발현을 통해 사람을 사랑하고 사물을 아낌으로써 천도와 천리를 구현하는 바, 사람 마음과 천도·천리 또한 인심(仁心)을 통해 하나가 된다. 이는 우계사상의 첫 번째 심학적 요소이다. 다음은 진심·실심의 확립에 대한 강조이다. 비록 선유들에 의해 의리에 대한 이론정립이 완비되었다고 전제하고 있지만, 우계는 진심(실심)의 확립이 선행되어야 참된 앎에 도달할 수 있으며 진심을 확립해서 의리를 실천하고 정치·교화에 활용하는 일이 무엇보다 중요하다고 하여 진심의 확립을 지행의 선행 조건으로 규정하고 있다. 또한 치심(治心)과 존심(存心)의 구체적 방안으로 진심의 확립과 본원 함양의 필요성을 강조하고 있다. 이러한 진심·실심을 중시하는 우계의 심학적 요소는 이후 우계학파 가운데 실심과 실천을 매우 중시하는 하나의 심학적 흐름으로 전승·발전해 나가는 밑거름이 되기도 한다. 마지막으로 시중과 권도의 중시이다. 우계는 의리는 시대의 변화나 자신이 처한 상황에 따라 달라질 수 있다고 하고 변통을 중시한다. 고정된 격식에 얽매이지 아니하고 변화된 상황에 맞게 의리를 취사선택하고 변통하는 일은 모두 역동적이고 주체적인 마음이 하는 일로써 이는 마음을 중시하는 사고라 할 수 있다. 나아가 우계는 '중(中)'은 변화하는 상황에 따라 그 변화에 부합되도록 함께 변화한다고 하여 수시(隨時)하는 '중' 즉 시중(時中)을 중시한다. 시중은 곧 '권도'로서 천지의 생물지심에 근거한다. 천지가 끊임없이 만물을 창출하고 양육하는 변화의 한 복판에서 인간은 고정된 격식과 틀에 얽매여서는 안 된다. 반드시 열린 마음으로 변화를 감지하여 이 변화에 부합되는 판단을 내리고 대처해야 하는 바, 여기에 바로 시중과 권도의 심학적 의의와 가치가 내재되어 있는 것이다.

물론 우계의 사상 속에 이렇듯 심학적 요소들이 내재되어 있다고 하여 우계의 사상이 곧 '심학'이라고 말할 수는 없다. 만일 '심학'이라고 한다 하더라도 심학의 범주와 의미 자체가 매우 다양하기 때문에 이에 대한 보다 면밀하고 세심한 분석과 정의를 필요로 한다. 필자는 「양명 심학과 퇴계 심학의 비교 연구」에서 양명학은 물론 퇴계학 또한 '심학'으로 지칭되는 현상에 대해 퇴계학을 심학이라고 규정하는 것이 학술적으로 타당한지, 만일 타당하다면 양명심학과는 어떻게 다른지에 대해 밝힌 바 있다. '심학'은 『상서』「대우모(大禹謨)」의 16자 심전(心傳)의 전통을 계승한 유학 전체를 의미하는 넓은 의미의 심학에서 정주의 리학과 대비되는 육왕의 전통을 가리키는 좁은 의미의 심학까지 그 범주가 매우 다양하다. 퇴계학을 심학이라 칭할 경우에도 '퇴계심학'(정순목, 안병주, 홍원식)이라고 칭하는 경우도 있지만, 양명심학과의 다름을 고려하여 '심법(心法)의 심학'(김길환), '경(敬) 또는 거경(居敬)의 심학'(김길환, 이동희), '주자학적 심학'(이동희, 김기주), '성현심학(聖賢心學)'(周月琴), '도기이원론적(道器二元論的) 심학'(김종석) 등으로 칭해지고 있다.[41] 비록 퇴계가 주자에 비해 마음을 중시하고 도덕실천을 강조하였다 하더라도 리를 최고 원리로 하는 리학=정주학과 대등한 대립적 범주 개념으로서의 심학, 즉 심을 최고 원리와 우주 본체로 하는 심학이라는 의미에서 퇴계학을 심학이라고 말할 수는 없다. 다만 '양명 심학'은 본체론적 차원의 심학을 의미하지만, '퇴계학'은 본체론적 차원에서는 리학이지만 리학의 하위 범주로서의 심학이라는 의미에서 '퇴계 심학'이라고 할 수 있다고 하였다.

우계 사상에 심학적 요소가 내재되어 있지만, 우계는 "『대학혹문(大學或問)』은 맨 처음에는 도의 큰 근원이 하늘에서 나와서 사람의 몸에 갖추어져 있음을 말하였고, 중간에는 경을 주장하는(主敬) 방법과 이치를 궁구하는(窮理) 요체를 말하여 공부하는 의미가 명백하게 다 구비되어 있으니, 제왕의 학문을 찾으려고 한다면 반드시 이 책을 입문으로 삼아야 할 것입니다."[42]라 하고, 또한 "대체로 학문이란, 모름지기 이치를 연구하여야 하며(窮理) 이치를 연구하는 문제는 반드시 책을 읽는 데(讀書)에 달려 있는데, 책을 읽는 방법은 반드시 글의 뜻을 통달(通達文義)한 뒤에야 의리를 연구하여(窮極義理) 자신의 소견으로 삼을 수 있는 것입니다."[43]라고 하는 등 퇴계와 같이 거경과 궁리를 중시하기도 한다. 그렇다고 우계의 학문을 '우계심학'이라고 명명하고 '우계심학=퇴계심학'이라고 말할 수는 없다. 우계의 사상 속에는 퇴계학과 유사한 측면도 있지만 다른 한편 퇴계학이나 양명학과 다른 우계만의 독창적 요소들이 함께 어우러져 있기 때문이다.[44] 우계만의 독창성을 밝히기 위해서는 양명학과의 비교

41) 김세정, 「양명 심학과 퇴계 심학의 비교 연구」, 『동서철학연구』, 43호, 한국동서철학회, 2007. 3, 309~312쪽 참조.

42) 『牛溪集』, 권3, 「上王世子箚」, 69쪽.

43) 『牛溪集』, 권5, 「答崔丕承書」, 125쪽.

44) 장윤수는 "우계는 맹목적 명분주의보다는 국익을 고려한 현실주의적 입장을 따랐다. 실천 수양을 강조하면서도 구체적 현실세계를 무시하고 관념적 내면세계에만 실천의 대상을 한정시킨다면, 이 또한 '현실적' 발판을 놓쳐 버리는 일이 될 것이

는 물론 퇴계학의 비교 연구가 필요하다. 지금까지 우계 사상에 대한 연구가 주로 주자학·성리학 연구자들에 의해 주자학적·성리학적 입장에서 이루어졌다면, 필자는 심학적 입장에서 우계 사상을 고찰해 보았다.

다. 우계의 경우에는 실천적 관심의 대상을 자신의 내면적 심성세계 뿐만 아니라, 외적 현실세계에까지 넓혀 나감으로써, 현실·실천 지향적 관심을 일관성 있게 펼쳐 나갈 수 있었다."고 우계를 평가하고 있다.(「우계 성혼의 사상적 연원과 현실·실천 지향적 삶」, 『牛溪 成渾의 學問과 思想』, 우계문화재단 편저, 이화, 2009, 129쪽) 이러한 평가는 퇴계학과 차별화된 우계 사상의 한 단면을 보여 주는 것이라 할 수 있다.

『석담일기(石潭日記)』의 역사의식과 서술방법

| **최영성**(한국전통문화대학교 교수) |

1. 머리말

1970년대 이후로 오늘에 이르기까지 약 40여 년 사이에 율곡 이이에 대한 연구는 괄목할 만한 성장을 하였다. 이제는 참신한 연구 주제를 정하기가 쉽지 않을 정도로 다각도로 연구가 진행되었다. 그러는 중에도 율곡의 『석담일기』[1]에 대한 연구는 전무한 실정이었는데, 필자가 2008년에 『석담일기』의 저술 의도와 필법(筆法)에 대해 발표함으로써 적료(寂寥)함을 면하게 되었다. 『석담일기』가 율곡의 입언대의(立言大義)가 담긴 역사서이자 경세에 관한 전문서로 평가받아 온 것에 비추어 볼 때, 저간에 연

1) 『율곡전서』에 실린 『경연일기』가 '今上實錄' 이란 原題에서 '경연일기' 로 바뀌게 된 과정과, '석담일기' 로 불러야 여타의 경연일기와 구별할 수 있다는 점은 필자가 발표한 「'석담일기' 의 필법과 율곡의 경세사상」, 『유교문화연구』, 제13집, 성균관대학교 유교문화연구소, 2008, 62~64쪽 참조.

구가 없었다는 것은 의외의 일이 아닐 수 없다.

필자의 졸고는 『석담일기』에 대한 예비적 시험적 탐구였다. 『석담일기』에 대해 개괄적이고 종합적 연구를 수행한 것이다. 다만 비교적 폭넓게 고찰하면서도, 그 저술 의도와 목적에 논술의 초점을 두어, 『석담일기』가 경세의 비전을 담은 '기획된 저술'이라는 점을 부각하려 하였다. 또 『석담일기』의 성격과 서술방법에 대해 살펴보고, 춘추필법(春秋筆法)[2]과 어떻게 같고 다른지, 그리고 특성과 의의, 한계는 무엇인지를 탐색하고자 하였다.

본고는 2008년에 발표한 논고의 후속편 성격을 띤다.[3] 『석담일기』에 관한 경개(梗概)는 앞서 발표한 글에 미루고, 여기서는 『석담일기』의 역사의식과 서술방법에 논의를 집중시킴으로써 『석담일기』의 성격을 보다 분명하게 하고자 한다.

2. 『석담일기』의 저술 의도와 역사의식

『석담일기』는 『대동야승(大東野乘)』 같은 야사류 총집(總輯)에도 수록되어 있지만 예사 일기는 아니다. 여타의 '경연일기'와는 구별해서 보아야 한다. 조선조 선유(先儒)들 가운데 일기—특히 경연일기를 써서 남긴 이들이 상당수 있지만 율곡처럼 십만 언(十萬言)이 훨씬 넘는 방대한 분

2) '춘추필법'이란 말은 두 가지 의미를 동시에 지닌다. 하나는 인물과 사건을 객관적으로 기술하여 후세에 전한다는 역사의식 내지 역사정신이고, 다른 하나는 『춘추』에서 볼 수 있는 독특한 역사서술 방법이다. 후자는 書法이라는 말로 사용되기도 한다. 여기서는 후자의 의미로 사용하였다.

3) 논문 내용 가운데 2008년에 발표한 것과 중복된 것이 있으나 번거로움을 피해 일일이 인용 표시를 하지 않았음을 밝혀 둔다.

량을 남긴 경우는 드물다. 또 내용 면으로 기술의 상세함이라든지 주도면밀함에서 단연 첫손에 꼽힐 만하다. 야사나 일기 정도로 보기에는 역사의식과 서술방법이 매우 분명하고 엄정하다. 그러기에 선유들도 『석담일기』를 율곡의 사법(史法)이 들어 있는 저술로 평가하였던 것이다. 율곡은 사건과 인물을 기술하면서, 경세에 대한 자신의 자임과 경세적 식견, 시국을 보는 통찰력, 학문과 사상 등을 전후 입체적으로 서술함으로써 '입언대의'가 잘 드러나도록 기획하였다. 그런 점에서 『석담일기』는 치밀하게 기획된 역사서라 할 것이다.

『석담일기』는 실록에서의 구성 요소를 구비하였다. 편년체의 서술에다 기사 본문과 약간의 세주(細註), 그리고 사론(史論)으로 구성되어 외양상 실록의 체재를 갖추었다. 내용 역시 실록에 실리는 내용을 망라하였다.[4] 원본에 '금상실록(今上實錄) 권지일(卷之一)' 운운한 표제가 있었던 것으로 보아, 율곡 스스로 '실록'을 편수하는 사관(史官)을 자임하고, 뚜렷한 목적과 역사의식을 가지고 이 일기를 작성하였던 것 같다. 사마천(司馬遷)이 국가의 공식 사관이 아니었으면서도 『사기』를 편수하였던 전례를 본보기로 삼았던 것 같다.

『석담일기』에는 서문이나 발문, 범례 등이 없기 때문에 저자의 저술 의도와 목적을 분명히 알기는 어렵다.[5] 저자가 경세의 요전(要典)이요 전심(傳心)의 요결을 담은 저술로 기획했다면, 자신의 심중을 은미하게나마

4) 전통적으로 역사서에는 統系, 歲年(紀年), 名號, 卽位, 改元, 尊立, 崩葬, 簒弑, 廢徙幽愁(폐위와 유폐), 祭祀, 行幸, 恩澤, 朝會, 封拜, 征伐, 廢黜, 人事, 災祥(日食 · 地震 · 災異) 등 약 20여 가지를 실었지만, 크게 보면 사마광이 『자치통감』에서 밝힌 바와 같이 ① 군신의 事迹, ② 국가의 성쇠, ③ 生民의 休戚 이 세 주제에서 벗어나지 않는다고 본다.(「進書表」 참조) [참고] '존립' 에 대해 『통감강목』 범례에서 "尊은 太上皇 · 太皇 · 太后 · 皇太后를 높임을 말하고, 立은 황후 · 황태자를 세움을 말한다." 고 하였다.

5) 서문이나 발문, 범례는 고의로 쓰지 않았던 것 같다.

드러낼 수도 있었을 터인데 철저하게 묻어 두었다. 친필 필사본을 지구(知舊)와 문제자(門弟子)에게 부촉(咐囑)하여 후세에 전하도록 한 것을 보면, 율곡 자신이 일정 기간 공개를 꺼렸음에 분명하다. 이 일기가 율곡 당대의 기록인 만큼 당대에는 용납되기 어려운 점이 있을 것이고,[6] 또 일정한 시일이 지난 뒤에야 공정한 평가를 받을 수 있다는 믿음에서일 것이다. 이것은 일찍이 사마천이 『사기』를 엮고 나서 "명산에 감추고 후세의 성인군자를 기다린다."고 한 것과 같은 심정이라고 생각한다.[7] 율곡이 세상을 떠난 지 1백년이 다 된 숙종 8년(1682)에 문집에 실리게 된 것은 율곡의 뜻을 반영한 것이라 할 수 있다. 다만 사마천이 당장의 공개를 꺼리면서도 자서(自敍)를 붙여 입언의 취지를 분명하게 밝힌 것과는 대조가 된다.

율곡의 문집을 보면 지구 문인(知舊門人)들에게 '고독', '안타까움'을 토로한 경우가 적지 않다. 그의 인품과 학문과 경륜을 몰라주고 온 조정이 그를 공격할 때 정치에 대해 실의를 느꼈던 것 같다. 특히 계미삼찬(癸未三竄)에 의해 집중 공격을 받은 것은 결정적 계기가 되었을 것으로 본다. 율곡은 자신의 처지를 일찍이 주자가 위학(僞學)으로 배척을 당한 것에 은근히 견주기도 하였다.[8] 『율곡어록』을 보면, 주자가 신선술 내지 단

6) 정치적으로 민감한 내용이나 임금의 忌諱에 저촉되는 내용이 적지 않았던 만큼 당쟁에 악용될 소지가 있었다. 나아가 史禍를 야기할 수도 있었다. 율곡의 후학들은 『석담일기』 때문에 율곡이 泉壤之禍를 입을까 두려워하였고, 또 자파가 정치적으로 불리해지거나 곤경에 놓일까 염려하였다. 이런 까닭에 공개하는 것을 극도로 꺼렸으며 상당 기간 비장된 채 내려왔다. 『우계집』, 속집, 권4, 3b, 「與朴舜卿」. "以愚思之, 則文集日記無輕重, 文集可以先刊行, 而不至有害. 日記則最多格言, 可以垂之于後, 百世之下, 可以見斯人之爲青天白日, 極爲關係. 然登木則必至流傳, 恐致大禍, 只欲分寫數十本, 藏于諸友之家, 待數十年之後, 刊于精舍. 然傳寫之力亦難, 誰能辦之, 可悶可悶.－乙酉仲秋"

7) 사마천의 말은 『춘추공양전』, 哀公 14년, '西狩獲麟' 대목의 말미 注에 "制春秋之義, 以俟後聖, 以君子之爲, 亦有樂乎此也"라 한 데 근거한 것으로 보인다.

8) 『율곡전서』, 권11, 33b, 「答宋雲長」. "晦菴屢疏, 至於孝宗大怒, 欲治其罪, 而終至於時論斥以僞學, 則其辱無乃甚於今日乎."

홍술(丹汞術)의 원조로 알려진 『참동계(參同契)』를 발휘한 취지가 어디에 있느냐는 문인 박여룡(朴汝龍)의 질문에 대해 율곡은 "굴원(屈原)이 당시 세태를 상심하여 『이소경(離騷經)』의 마지막 장에 신선이 되어 하늘로 올라가는 이야기를 실었다. **주자 또한 만년에 위학(僞學)의 화를 만나 그러한 의사가 있었으며**, 당시 제자의 말에도 그런 뜻이 보인다." 고 하였다. "그러면 어찌하여 그 뜻을 분명하게 말하지 않았느냐" 는 질문에 "**지금의 세상에 살면서 지금 시대를 상심하는 말을 분명히 할 수 없는 것이다**. 『초사』를 주석한 것도 이런 뜻이다. 다만 『참동계』의 서문에서 "공동도사(空同道士) 추소(鄒訴)라도 이 뜻을 알지 못한다." 고 하였다.[9]

이것을 보면, 율곡이 만년에 정치 현실에 실의한 뒤 『석담일기』를 정리한 것이라든지, 또 이것을 철저하게 비밀에 부친 채 후세의 공안(公眼)을 기다리도록 한 것은, 주자의 유의(遺意)와 비슷한 점이 있다.

『율곡연보』에 의하면 "선생은 출신(出身)한 뒤부터 조정의 정치에 대한 사의(私議)로, 대체(大體)에 관계되고 후세에 본보기가 될 만한 것을 항상 기록하였다."[10]고 한다. 또 일찍이 경연(經筵)에서 조종조(祖宗朝)의 역대 고실(故實)을 찬차(纂次)하여 일대 고거(考據) 자료로 삼도록 찬집청(纂集廳)을 설치할 것을 청하였다고 한다.[11] 이런 점에 비추어 율곡은 평소 당대의 역사 서술에 적지 않은 관심을 가졌던 것 같고, 이것은 논사(論思)의 임무를 띠고 경연에 입시하거나 춘추관(春秋館)의 관직을 겸직하면서 심화되었을 것으로 짐작된다.[12] 실제로 『석담일기』에는 그가 경연과

9) 『율곡전서』, 권31, 53b, 「어록 상」, 〈金振綱所錄〉. "因論神仙之說, 汝龍問朱先生發揮參同契者何意. 曰: 屈原傷時, 而離騷之卒章, 有登仙之語. 朱子晚遭僞學之禍, 有此意思. 當時弟子之言, 亦有此意. 曰: 然則何以不明言其意耶. 曰: 居今之世, 傷時之說, 不可明言也. 註楚辭亦此意. 但參同契序曰: 空同道士鄒訢, 未知此意."

10) 『율곡전서』, 권34, 21b-22a, 「연보」, 선생 46세조 참조.

11) 『율곡전서』, 권34, 31b, 「연보」, 선생 48세조 참조.

춘추관에 근무하던 시절에 접했던 각종 정보와 자료가 잘 반영되어 있다.

『석담일기』는 저술 의도가 '도덕'과 '경세'에 있다. 도덕사회를 건설하는 것이 율곡의 궁극적 목표였고 이를 성취하기 위해 경세적 역량을 무엇보다도 중시하였다. 그가 도덕과 경세라는 뚜렷한 목적의식을 가지고 관련된 사실들을 모아 논의를 이끌어 이른바 '촉사비사(屬辭比事)'[13]했다는 점, 필삭(筆削)[14]과 포폄(褒貶)의 원칙에 따라, 자료를 취사하여 사실을 기술하고 후세에 감계(鑑戒)를 드리웠다는 점에서 『석담일기』는 『춘추』의 역사의식을 충실히 계승하였다고 할 수 있다.[15] 사관(史觀)의 측면에서는 도덕사관이요 감계사관이라 할 수 있다.

『석담일기』는 율곡 30세 때인 명종 20년(1565) 7월부터 기필(起筆)되어 46세 때인 선조 14년(1581) 11월에 끝을 맺었다. 진정한 사림(士林) 정치의 시작을 선조 즉위 이후로 보아, 사실상 선조 즉위년(1567) 6월 이후를 기점으로 자세하게 기술하였다. 『석담일기』는 문정왕후의 발인(發靷) 기사부터 시작된다. 이것은 우연일까. 필자는 여기에 미언이 담겼다고 본다. 문정왕후의 죽음과 함께 정계가 사림으로 재편되기 시작했던 역사적 사실에 기초하여, 사림이 정계의 주축을 이루는 것을 '지치(至治)'의 시작으로 보려 했던 자신의 역사관을 반영한 것이다. 『석담일기』 시작 부분에서는 명종 20년(1565) 문정왕후의 죽음과 같은 해 8월 폐신(嬖臣) 윤원형

---

12) 「연보」에 의하면, 율곡은 33세 때인 선조 2년(1568) 겨울에 겸직으로 춘추관 記注官에 임명되었고, 40세 때인 선조 9년(1575) 7월에 홍문관 부제학으로 춘추관 修撰官을 겸하였으며, 46세 되던 1581년 11월에 知經筵春秋館事에 임명되었다. 『석담일기』는 1581년 11월에서 끝난다. 그 배경이 궁금하다.

13) 본디 글을 지어 사실을 배열함, 또는 문구를 계속 잇고 사항을 나열한다는 의미이다.

14) 『춘추』에서 말한 필삭의 원칙에 따라 율곡 자신의 心法과 經世大志를 전개하는 데 필요한 사료들을 추리고 追記할 것은 추기한 뒤 詳略簡繁을 조절한 듯하다.

15) 필삭과 포폄을 가했다는 데서 『석담일기』는 『춘추』의 역사정신을 이었지만, 微言이 아닌 直言을 기본으로 한 점에서 서술 방식상의 차이가 있다.

(尹元衡)의 삭탈관작 및 추방, 같은 해 11월 윤원형의 죽음, 명종 21년(1566) 3월 이황(李滉)의 대제학 임명, 동 4월 양종 선과(兩宗禪科)의 폐지, 명종 22년(1567) 6월 명종의 죽음과 선조의 즉위 등 2년여 동안 전개되었던 굵직한 사건들을 대서특필하였다. 사림과 사림정치, 나아가 도학정치에 대한 기대는 『석담일기』의 벽두에서부터 엿볼 수 있다.

『석담일기』 마지막 기사는 경세제민을 위한 국가적 기구인 경제사(經濟司)의 설치를 건의한 것이다. 이는 공자가 '획린(獲麟)'에서 절필(絶筆)한 것과 같이 '경제' 두 글자가 『석담일기』의 화두이자 구경의 목적임을 드러내는 것이라고 생각한다.[16] 『석담일기』에는 점진적 개혁론자로서의 율곡의 활동상과 경세사상이 16년여의 기록 속에 입체적으로 펼쳐져 있다. 『석담일기』는 율곡의 '경제지지(經濟之志)'에 중점이 있기 때문에 여기에서 입언대의를 찾아야 한다고 본다.[17] 수많은 인물평에서 가장 큰 기준이 경세제민의 재주와 역량이 있느냐 없느냐 하는 것이었음은 이 『석담일기』가 무엇을 목적으로 하였는지를 잘 보여 준다고 하겠다.

『율곡전서』에는 율곡의 경세사상, 경세론과 관련하여 많은 논(論)·설(說)·소(疏)·차(箚) 등이 있고, 이것은 대개 『동호문답(東湖問答)』과 『만언봉사(萬言封事)』에 집약되었다. 이들은 '오래 누적된 폐단을 제거하여 백성의 고통을 덜어 주는 것이 개혁'이라는 점에서 그 기본 취지가 같다. 다만 『동호문답』이 '치국의 도'를 중심으로 하는 문답체 기술로, 문제 중

16) 엄밀히 말하면 『석담일기』 마지막 기사는 우의정 卜相에 관한 것이다. 율곡이 우의정 물망에 올랐다가 좌절된 내용이다. 이 때문에 율곡이 실의하여 일기를 擱筆한 것으로 보는 이도 있을 법하다. 그러나 율곡의 公心을 믿는 필자는 이 견해를 취하지 않는다.

17) 『석담일기』에서는 經濟之才, 經濟之志, 經世 등 經國濟世와 관련한 단어가 20여 회로 가장 많이 나오고 時弊, 救時之才, 救時之策, 變通弊法 등 救時, 變通, 時弊와 관련한 단어가 그 뒤를 잇는다. 그밖에 識時務, 改革 같은 단어도 보인다.

심의 '원론적 성격'이 강하다면, 『만언봉사』는 '정책론 중심'이라는 점에서 차이가 있다. 『석담일기』는 양자의 성격을 종합하여 율곡의 경세사상과 정책론이 어떠한 과정을 거쳐 형성, 제기되었는지를 시간의 선후에 따라 종횡으로 엮어 입체적으로 엿볼 수 있다는 데 특성이 있다. 즉, 율곡의 학문관, 시국관, 경세관 등을 당시의 구체적 사건과 인물을 중심으로 응용, 서술하는 방식을 취한 점에서 '응용적 성격'이 강하다고 할 것이다.

『석담일기』의 주제어는 구시(救時), 변통(變通), 시폐(時弊)와 같은 것이라 할 수 있다. 시의(時宜)를 중시하고 점진적 개혁을 강조하는 율곡의 지론이 반영되어 있다. 율곡은 민생의 안정을 해치는 폐법(弊法)을 개혁하고 백성을 안정시켜 나라의 기초를 굳건히 해야 한다고 역설하였다. 율곡이 말하는 개혁은 고도(古道), 고례(古禮)를 회복하자는 '복고(復古) 개혁'이다. 그러나 '복고'란 그저 과거의 전통으로 되돌아가자는 것이 아니라, 옛것에 의탁하여 현재의 잘못을 비판하고 이상을 제시하기 위한 것이었다.[18] 율곡은 현실을 무시한 채 이상정치만을 부르짖지는 않았다. 이상과 현실의 조화를 도모하였고, 이상정치와 현실정치를 일정하게 구분해서 보았다. 이상정치를 지속적으로 추구해 나가면서도, 현실적으로 시급한 현안을 우선적으로 해결하는 것을 바람직한 개혁의 방안으로 보았다. 또 새로운 법과 제도를 만드는 것보다 누적된 폐단을 고쳐 민생을 안정시키는 것이 시급하다고 보았다. 그러기에 '변통폐법(變通弊法)' 넉 자야말로 율곡 경세론의 골자라 할 수 있다. 율곡이 점진적 성향을 보인 데는 조광조 등의 지치주의 운동이 실패로 돌아갔던 전사(前事)를 경계하여, 이를 되풀이할 수 없다는 다짐이 깔려 있기도 하다.

---

18) 『논어집주』, 「八佾」, 〈射不主皮〉 注. "楊氏曰: 聖人言古之道, 所以正今之失."

3. 『석담일기』의 성격과 의미

『석담일기』는 '일기'라는 이름을 표방하고 있지만 내용상으로는 실록의 형태를 띠고 있다. 실제로 『석담일기』의 많은 내용이 『선조실록』에 채록된 바 있다. 『석담일기』는 실록의 체재를 갖추고 『실록』에 실리는 내용을 싣고 있으면서도, 당시 정계의 동향과 정치적 쟁점 등을 주로 기술하였다. 또한 많은 부분이 경연에서의 강의와 토론 내용이고 율곡 자신의 계사(啓辭)를 소개하는 등 경연에서 활동했던 것을 소개함으로써 일기형 실록의 성격을 띠고 있다. 왕조실록과 성격이 통하는 점도 있지만 다른 점도 있다. 실록과 개인 일기의 합성형이라고 보는 것이 어떨까 한다.

『석담일기』는 개인이 편찬한 사사(私史)이다. 그럼에도 본디 명칭을 '실록'이라 하였다. 이는 단순히 서사(敍史)의 사실성을 강조하는 차원에서 사용한 말은 아니다. 명칭을 실록이라 할 뿐 아니라 실록의 체재까지 갖춘 것은 은미한 뜻이 담겨졌을 것이다. 『대동야승』에는 야승류의 하나로 실려 있고, 『선조실록』에는 『석담일기』의 기사가 원형에 가깝게 실리기도 하였다. 한 예로 선조 14년(1581) 10월 호조판서 이이가 경제사를 설치할 것을 건의한 장문의 기사는 『선조실록』 권15에 전재되었다.[19] 이와 같이 한편에서는 야사로, 다른 한편에서는 정사(正史)에 준하는 역사서로 인정을 받은 것은 『석담일기』가 지닌 특성에서 기인한다. 사마천의 『사

19) 학계에서는 『석담일기』가 『선조수정실록』을 편찬하는 데 중요한 자료가 되었다고 한다. 그러나 『선조수정실록』에 앞서 『선조실록』에 이미 『석담일기』의 내용이 채록된 바 있다. 『율곡전서』, 권30, 90a-93a, 「경연일기(三)」 참조. '丙午, 上以天災延訪'으로 시작되어 '珥曰 …… 不可遽加威怒也'로 끝나는 『선조실록』, 권15, 14년(辛巳) 10월 16일(丙午) 첫 번째 기사는 「경연일기」에 실린 1,300여 자를 전재한 것이다. 다만 「경연일기」의 해당 기사 도중에 "…… 左右以次各陳所懷, 皆庸瑣無可取, 惟李珥柳成龍所白, 能說爲治大體矣."라고 한 것은 주관이 개입된 것이므로 삭제하였다.

기』도 본디 사관이 아닌 개인이 편찬한 역사서였지만 나중에 정사로 받들어졌다. 율곡이 개인이 편찬한 역사서임에도 '실록'이라 한 것은 후일에 정사에 못지않게 인정받기를 염원했음을 짐작할 수 있으니, 사마천의 예는 좋은 본보기였을 법하다.

『석담일기』는 독자들의 이해와 판단을 돕기 위해 사실을 비교적 상세하게 서술하였다. 또 60여 개의 '근안'이라는 사론을 통해 자신의 주관을 드러냈다. 더욱이 율곡 자신과 관계된 내용이 주를 이룬다. 춘추의 역사 서술방식은 역사적 평가를 겉으로 드러나지 않게 한다. 사건이나 인물을 간결하게, 그리고 객관적으로 서술하였다. 이 간결한 객관적 서술 속에 서술자의 판단과 평가가 포함되어 있다. 간결한 서술과 객관적 평가가 『춘추』의 생명이라고 할 때, 자세한 서술과 주관적 평가로 되어 있는 『석담일기』는 『춘추』의 필법과는 차이를 보인다고 할 것이다.

『석담일기』에서는 외면상으로 실록에 보이는 정사의 사법(史法)을 쓰고 있다. 그러나 술사자(述史者) 자신의 언행을 자세히 기술하거나, 자신과 관계된 사실을 장황할 정도로 해명 또는 변명을 하거나, 자신의 정책 건의나 저서에 대한 평가를 스스로 내린 것 등은 전례를 찾을 수 없는 것으로서 후학들에게 의문시되기에 족하였다.[20] 그러기에 박세채(朴世采)가 송시열(宋時烈)에게 의문을 제기한 바도 있다.

> (A) …… 『석담야사』가 야사이면서도 정사의 법을 온전하게 썼고, 또 자기의 언행 등을 다수 기재한 것 등의 일은 고사(古史)에서 이끌어 증명할 만한 것이 없어 속마음을 알지 못합니다. 일찍이 함장(函丈: 송시열)께 받들어 아뢰었지만 여태 가르침을 받지 못했습니다.[21]

20) 졸고, 「'석담일기'의 필법과 율곡의 경세사상」, 71~72쪽 참조.

(B) 율곡의 『석담야사』는 본초(本草)의 겉면에는 '경연일기'라 일컬었고, 속면에는 '금상실록'이라고 일컬었습니다. 또 자기의 언행을 상세하게 실은 것은 사리와 체면이 매우 다릅니다. 알지 못하겠습니다만, 이것이 옛 성현께서 대처하는 의리〔所處之義〕에서 과연 무엇을 준적(準的)으로 하였는지요?[22]

이 『석담일기』는 후대 사람이 전대의 역사를 기록한 것이 아니고, 술사자 자신이 당대의 역사를 기록한 것이기 때문에, 자신과 관련된 일에 개인 의견이 개입될 수밖에 없을 것이다. 그러나 개입이 불가피한 정도가 아니라 술사자 중심으로 되어 있는 것이 『석담일기』이다. 율곡 자신이 일기를 통해 자신의 이념과 사상, 학문과 경륜을 펴고, 또 당시 일어났던 수많은 문제에 대해 설명하고 해명하는 장(場)으로 활용하였다고 보아야 할 것이다.[23] 따라서 『석담일기』는 제삼의 위치에서 철저하게 객관적이고

21) 『남계집』, 외집, 권6, 7b, 「答宋敍九別紙」. "而石潭日記, …… 唯其以野史, 而全用正史法, 及多載自己言行等事, 於古無可援證者, 未知其衷. 曾以奉告於函丈前, 尙未蒙敎."; 『남계집』, 권69, 15a, 「跋栗谷先生外集」. "…… 顧其全書體例, 殆鮮舊法之可據. 有非末學如世采者所敢輕論, 謹拱以俟後之君子云."

22) 『남계집』, 외집, 권3, 44b, 「答宋尤齋」. "栗老石潭野史, 本草外面稱以經筵日記, 內面稱以今上實錄. 又其詳載自己言行者, 事體殊異, 未知此於古聖賢所處之義, 果何準的耶."

23) 율곡은 『석담일기』 등에서 우회적인 방법으로 자신의 出處를 설명하거나 변호하였다. 퇴계 이황이 蓄妾한 일과 회재 이언적이 을사년에 推官을 맡았던 일을 예로 들면서 회재만을 허물하였다. 그 이유는 대개 "사람은 덕을 이룬 뒤와 이루기 전을 구분하여 보아야 한다. 퇴계의 실수는 젊었을 때 있었지만 회재는 늙어서 이런 실수가 있었으니 구별이 없을 수 없다."(「어록 하」)고 하였다. 또 "사람이 대개 40세 전에는 광대나 배우의 놀이를 하더라도 해 될 것이 없다."(「어록 하」)고 하였다. 이 뿐만 아니라 金權이 그의 조부 金湜(己卯名賢)의 비문을 청하였을 때 "죽을 때의 處義에 온당하지 못한 바가 있어 허락하지 않았다."(「어록 하」)고 하였다. 이러한 것들은 만년의 처신과 지조가 중요함을 말한 것이기는 하지만, 율곡 자신의 入山을 두고 한 말일 수도 있다. 율곡은 입산의 잘못을 인정하면서도 사고가 제대로 형성되기 이전의 일이라 하여 변명하였다.

중립적으로 기록한 것과는 분명히 다르다. 이는 율곡의 사필(史筆)이 유가의 술사(述史) 전통에서 상당히 벗어나 있고, 자가류(自家流)의 성격이 강함을 말하는 것이기도 하다.

율곡은 호변(好辯)의 기질에서 맹자를 닮았다. 논리가 분명하고 필세(筆勢)가 직선적이다. 그러나 호변은 역사 서술에서 장점으로만 연결되지는 않는다. 상략간번(詳略簡繁)에서 중도를 잃고 지리한 느낌을 주는 점이 없지는 않다.

『석담일기』의 중요한 특성 가운데 하나가 '주관성'이 강하다는 점이다. 본디 편년체 사서에서 역사 서술자는 사론을 통해서 자기의 견해를 말할 수 있다. 그런데 율곡은 '근안'이라는 사론을 통해 자신의 견해를 강하게 표명했을 뿐만 아니라, 사론 이외에서도 자신의 생각을 드러냈다. 예를 들어 '식자(識者)들이 부족하게 여겼다.', '식자들이 단점으로 여겼다.', '식자들이 취하지 않았다.', '식자들이 전연 그르다고 하지 않았다.' 등등의 우회적인 방식이다. '식자'란 종래의 역사서에서 '군자(君子)'라고 한 것에 비할 만한 것으로, 결국 율곡 자신을 가리킨다고 할 수 있다. 율곡은 이처럼 우의적(寓意的)인 표현을 자주 구사하면서 사실상 자신의 주장을 전개하였다. 이러한 것들은 사론은 아니지만 사론에 못지않은 것이다.

『석담일기』에서 가장 특징적인 것은 자기주장의 장(場)인 '근안'이라 할 것이다. 63개에 달하는 '근안'은 사론집을 연상하게 한다. 율곡 사론의 면모는 15세 때 지었다고 하는 「온교절거론(溫嶠絶裾論)」을 비롯하여 「이릉론(李陵論)」, 「일치일란론(一治一亂論)」을 통해서도 엿볼 수 있다.[24)]

돌이켜 볼 때, 실록의 편찬 방법 가운데 가장 두드러진 것은 기사와 사

---

24) 『율곡전서』, 습유, 권3, 44a-48b, 「論」 참조.

론을 분리 서술하는 점일 것이다. 본래 유교적 역사서의 전범으로 받들어지는 『춘추』에는 사론이 없다. 『춘추』의 기본정신은 필삭과 포폄을 바탕으로 한 미언대의(微言大義)에 있다. '미언대의'란 은미한 말 가운데 큰 의미가 담겨 있다는 것이다. 『춘추』에는 사실에 대한 기록과 역사 서술자의 평가가 하나로 녹아 있다. 이것을 '춘추필법'이라고 한다. 『춘추』의 은미한 말에 대한 해석은 역대로 문제가 되어 왔다. 『춘추』는 다양한 해석으로 말미암아 해석학의 차원에서 다루어져 왔고, 결국 역사서보다 경서로 받들어져 온 것이 사실이다. 그러나 역사 기록은 후세 사람들이 보고 바르게 판단할 수 있도록 분명하고 자세하게 하는 것이 기본이다. 그러기에 뒤에 가서는 『춘추』보다 『춘추좌씨전』의 서술방식이 대종을 이루게 되었다. 『춘추좌씨전』은 후일 역사서술에 지대한 영향을 끼쳤다.

『춘추좌씨전』에서는 기사와 평가를 따로 나누고 이를 함께 싣는 방법을 선보였다. 사론의 효시는 『춘추좌씨전』이라 할 수 있다. 『좌씨전』에 보면 '군자는 말하기를(君子曰)', '군자는 평하기를(君子謂)', '군자는 이렇게 생각한다(君子以爲)' 등등의 말이 도처에 있다. 여기서 군자는 『좌씨전』의 저자 자신을 가리킨다. 군자 이하의 말은 후대의 사론과 같은 것으로, 사마천의 『사기』에 계승되어 본보기가 된 뒤 기전체나 편년체 할 것 없이 하나의 전통을 이루었다. 조선왕조실록은 편년체이면서도 사론이 있는 실록으로서 동아시아에서 유일하다.

율곡이 '근안'이라 한 것은 이유가 있다. 율곡은 사관(史官)의 위치에서 『석담일기』를 편찬한 것이 아니었다. 그러므로 참람되게 '사신왈(史臣曰)'이라 할 수 없었고, 또한 사마천이나 사마광(司馬光)에 빗대 '태사공왈(太史公曰)', '신광왈(臣光曰)' 운운하면서 사론을 전개하기 어려웠을 것이다. '근안'은 본디 '신이 삼가 살피건대〔臣謹按〕'라는 말에서 나왔다.[25] 이 '근안'이라는 말로 미루어 『석담일기』가 왕명으로 찬술된 것은 아니지만, 언젠가는 임금이 을람(乙覽)할 것을 염두에 두었음은 말할 것도 없다.

율곡은 이 '근안'을 통해 역사에 대한 자신의 견해를 개진하였다. 이것은 사실상 실록에서의 사론이요 사신평(史臣評)으로서 다른 일기류에서는 예를 찾을 수 없다. 율곡이 사실상의 사론을 실은 것은 그가 역대 실록을 본떠 '금상실록'을 편찬하려 한 데서 비롯된다. 공동분찬(共同分撰)이 아닌 단독으로 찬술한 것이라는 데서 율곡의 자임(自任)이 더욱 두드러진다고 할 것이다.

율곡은 사건 기사 가운데 국가의 안위(安危), 인민의 치란(治亂), 임금의 선악(善惡), 신자(臣子)의 현부(賢否)와 충사(忠邪), 국사의 득실 등에 관계된 자료들을 엄격하게 선별하여 나열하고 중요한 사건에는 안설(按說)을 붙여 자신의 견해를 표명하였다. 대체로 율곡이 직접 목격한 사건을 중심으로 근안을 붙인 것 같다. 일기는 중간에 빠진 달이 적지 않지만 1565년부터 1581년까지 16년 동안 계속된다. 모두 157개월의 기사에 사론이 63개에 달한다. 2.5개월에 1개의 사론을 붙인 셈이다. 상당히 많은 숫자이다.[26] 이것만으로도 『석담일기』가 매우 주관성이 짙은 사서임을 엿볼 수 있다. 일차적으로 사료 배열을 통해 주관을 개입한 데다, "식자들이 …… 하게 여겼다."는 식으로 주관을 더 개입시키고[27], 이어 '근안'이

25) 율곡이 개인의 전기를 엮은 것으로, 선조 15년(1582) 왕명을 받아 편찬한 「金時習傳」(『율곡전서』, 권14, 所收)이 있다. 율곡은 이 글에서 김시습의 전기 사항을 列記한 뒤 말미에 '臣謹按'을 붙여 김시습의 학문과 사상, 절의에 대해 평론을 가한 바 있다. 「김시습전」은 『석담일기』에 보이는 많은 인물평 내지 史論의 본보기가 될 만하다.

26) 『삼국사기』의 사론이 모두 31개에 불과한 것과 대조를 보인다.

27) 識者不取焉, 識者笑之, 識者憂之, 識者短之, 識者鄙之, 識者嗤之, 識者歎之, 識者驚駭, 識者韙之, 識者是之, 識者議其偏, 識者閔其騃, 識者所不取, 識者以爲的論 등등 '識者'를

라는 사론을 통해 주관의 정도를 심화시켰다. 이렇게 볼 때, 『석담일기』는 율곡 개인의 학문과 사상, 이념과 경륜을 전개하기 위해 전편에 걸쳐 수미일관 주도면밀하게 짜였음을 알 수 있다.

4. 『석담일기』의 서술방법과 특징

1) 인물평(人物評)과 포폄의식(褒貶意識)

『석담일기』는 역대 인물에 대한 포폄과 사건에 대한 시비를 논정한 것으로 유명하다. 당대에 있었던 논란의 시비를 가리고 많은 인물들의 충사(忠邪)와 현불초(賢不肖)를 판정하여 후세에 강한 감계를 드리우고자 하였다. 『석담일기』에서는 당대 인물, 그것도 율곡과 같이 활동했던 많은 사람들에 대한 평가가 다수를 이룬다. 전체 내용 가운데 6~7할에 이를 정도로 인물평이 주를 이룬다.[28] 이것은 사람이 역사를 만들고 가꾸어 간다는 인식에 기초한다. 기전체 역사서에서 열전(列傳)이 갖는 의미와 기능을 생각하면 공감되는 바 있다고 할 것이다.

『석담일기』에서의 인물평은 율곡의 경세론을 간접 제시하는 것으로 활용되었다. 인물평에서 우선적인 기준은 도학이요, 이와 함께 경세제민(經世濟民)의 역량과 시무에 대한 건백이 있느냐 없느냐 하는 것이었다.

이끌어 평을 내린 것이 많고, 이밖에도 君子短之, 淸議得罪焉 등 君子와 淸議를 이끌어 쓴 것도 있다. 이런 예는 실록에 보이는 '人多稱之', '人皆非之' 운운한 예와 같은 것이라 하겠다.

28) 『석담일기』에 등장하는 儒者는 모두 67명이다. 이들 가운데 다수를 직, 간접으로 평하였다.

율곡학파 학인들은 『석담일기』에서의 포폄은 지극히 공정하여 그에 견줄 만한 것이 없다고 하고, 또 이 일기를 통해 청천백일처럼 사심 없는 율곡을 모습을 읽어 내야 한다고 한다. 그러나 포폄, 특히 인물에 대한 포폄에 문제가 있다는 지적이 적지 않다. 남에 대한 평가에 인색하여 '폄만 있고 포는 없다'는 것이다.[29] 전반적으로 포폄참반(褒貶參半)인 경우와 폄 일색인 경우가 대부분이다. 칭예를 받은 예로는 정광필(鄭光弼) · 조광조 · 이황 · 성혼(成渾) · 박순(朴淳) · 정구(鄭逑) 정도이고 남명(南冥) 조식(曺植)은 당시 사론(士論)에 비해서는 비교적 호평을 했다고 판단된다. 포만 있고 폄이 없는 경우는 아주 드물었다. 이황 같은 대유(大儒)도 추중(推重)은 하면서 '특별한 저서가 없다'(無別著之書)는 등 은연중 완인(完人)으로 인정하지 않으려는 속내를 드러내 보였으니,[30] 다른 인물쯤이야 더 말할 나위가 없다. 이준경(李浚慶) · 노수신(盧守愼) · 허엽(許曄) · 기대승(奇大升) 같은 당대의 거물들은 율곡의 가혹한 비판에서 벗어나지 못하였다. 이들은 본디 율곡이 경세제민으로 기대했던 인물이었다. 그 기대에 크게 어긋났기 때문에 비판이 가혹했던 것이다. 허엽의 졸일 기사 일부를 보기로 한다.

> …… 전에 이이와 서로 두텁게 지내더니 동 · 서로 의견이 갈린 뒤로는 동인의 우두머리가 되었으며 의론이 괴벽(乖僻)하였다. 사류(士類)를 사주하여 이이를 공격하기까지 하였다. 사람들은 허엽을 묘지(卯地)라 하여 동인의 종주가

29) 사마천이 『사기』를 통해 한 인간의 삶에 대해 냉혹하게 단죄하는가 하면, 한 인간의 좌절과 실패에 대해 무한히 동정하고 공명하여, 냉정한 이성과 예민한 감성을 고루 갖춘 것과는 대비가 된다. 이성규, 「史記의 역사서술과 文史一體」, 『중국의 역사인식』, 상권, 창작과비평사, 1989, 281쪽 참조.

30) 『율곡전서』, 권28, 55a, 「경연일기(一)」 참조.

된 것을 조롱하였다. 평소 스스로 여색을 가까이 하지 않는다고 말했는데, 영남에 있으면서 음란한 창기(倡妓)를 몹시 사랑하여 말하는 것은 다 들어주니, 열읍(列邑)의 뇌물이 창기의 집으로 몰려들었다. 노상에서 기생과 가마를 함께 타고 가기에 이르니 사람들이 모두 손가락질하며 비웃었다. 여색을 밝히다가 병을 얻었는데, 벼슬에서 갈린 뒤 미처 상경하지 못한 채 상주(尙州)에서 죽었다.[31)]

『실록』의 졸기 역시 『석담일기』의 기사 내용을 윤색한 것으로 보인다.

허엽은 젊어서 사류(士類)로 이름이 있었다. 그는 한때의 원칙 없는 논의에 대해 비록 의사를 달리하지는 못하였으나 선류(善類)를 보호하려 하고 일에 따라 구제한 점에서는 칭찬할 만한 것이 있었다. 금상의 조정에서 간장(諫長)·관장(館長)에 오래 있으면서 직언을 잘하였지만, 일의 실정에는 절실하지 못했으므로 상이 그리 중하게 여기지 않았다. 관질(官秩)을 올려 경상감사(慶尙監司)를 삼았다가 즉시 판서의 물망에 올라 장차 크게 등용하려 했다. 그런데 말년에 매우 창기를 가까이 하였고, 조약(燥藥)을 복용하다가 병을 얻은 뒤로는 성질이 편벽되고 조급해져서 형벌을 제대로 적용하지 못하는 것이 많자 선비와 백성들이 괴이하게 여겼다. 결국 병으로 해직되어 상경하다가 상주의 객관(客館)에서 세상을 떠났다.

허엽이 이황과 학문을 논의할 적에 고집스럽고 구차한 논란을 많이 하자, 이황이 "태휘(太輝)가 학문을 하지 않았더라면 참으로 좋은 사람이었을 것이다."고 하였다. 그러나 경훈(經訓)을 독실하게 좋아하여 늙도록 게을리 하지 않은 점은 세상에서 훌륭하게 여겼다. 동·서의 당이 갈라진 뒤로 허엽은 동인의 종

31) 『율곡전서』, 권30, 39a-39b, 「경연일기(三)」.

주가 되어 의론이 가장 엄격했다. 박순과는 동문수학한 친한 벗이었는데 만년에는 색목이 달라 공박하기를 서슴지 않았다. 사람들이 묘지(卯地)라고 일컬었는데 '묘'는 정동(正東)이 되기 때문이었다.[32]

율곡의 인물평 가운데 기대승의 경우는 시종 비판적이었다. 율곡은 기대승이 인순(因循)을 좋아하고 개혁을 싫어한다고 심하게 비판하였다. 보기에 따라서는 그 정도가 지나칠 정도였다. 일찍이 퇴계 이황이 사직하고 귀향할 때 "기대승은 학문하는 선비"라고 추천한 것에 대하여 율곡은 과민 반응을 보이면서 긴 사론을 붙인 바 있다. 그 일부는 다음과 같다.

> 기대승으로 말하면 재주는 호매(豪邁)하지만 기질이 거칠어 학문이 정밀하지 못하였다. 몹시 자부하며 선비들을 경시하여, 자기와 의견이 같지 않으면 미워하고 같은 사람은 좋아하니, **만약 임금의 신임하는 뜻을 얻었다면 그 집요한 병통이 나라를 그르치고야 말았을 것이다**. 이문순(李文純: 李滉)의 현명함으로도 그를 추천하는 바가 이와 같았으니, 사람을 안다는 것이 어찌 어려운 일이 아니겠는가.[33]

뒷날 율곡 자신이 정여립(鄭汝立)을 박학다재하다 하여 적극 추천하였음을 상기할 때, 사람을 알아보는 것, 또는 선견지명에 대해 쉽게 말할 수 있는 것이 아님에도 율곡은 이에 대해 서슴지 않았다. 기대승에 대한 논평의 기조는 졸기와 그 사론에도 이어진다. 율곡은 기대승의 죽음과 관련, 사론에서 조식의 문인 최영경(崔永慶)의 말을 빌어 자신의 심중의 일

32) 『선조수정실록』, 13년 庚辰(1580), 2월 1일(辛未)조.
33) 『율곡전서』, 권28, 31a, 「경연일기(一)」, 今上二年己巳(1569) 3월조.

단을 내비쳤다.

일찍이 들음에, 어떤 사람이 최영경의 처소에서 기대승과 친한 사람에게 대승의 상(喪)을 조위(弔慰)하기를 "사문(斯文)이 불행하여 이 사람이 갑자기 죽었다."고 하니, 영경이 불끈 낯빛을 변하고는 "기명언은 재학(才學)은 조금 있으나 큰 병통이 있었으니, 을사년의 뭇 간인들을 공이 있다 하였고, 조남명이 조정을 요란하게 한다고 했으니, 이러한 편견을 가지고 일을 했다면 반드시 정치에 해를 끼쳤을 것이다. 이 사람의 죽음이 사문에 해가 될 것이 무어란 말인가."라고 하였다 한다. **영경의 말이 비록 과하지만 식자들이 전연 그르다고 하지는 않았다**.[34)]

기대승 개인과 관련한 사론이 두 편이라는 것은, 기대승에 대한 율곡의 평소 감정이 개입된 것이라 하지 않을 수 없다. 특정 인물에 대해 시종일관 긍정적으로 보거나 부정적으로 본다는 것은 시각의 편향성 측면에서 비판의 소지가 있다.[35)]

율곡의 인물평을 대하면서 또 하나의 느낌은 그의 사필이 직설적이면서 엄정하다는 점이다. '직서(直書)', '직필(直筆)'은 『석담일기』를 평할 때 자주 인용되는 말이다. 그러나 사필이 아닌 일상 언사(言辭)까지도 그런 것 같지는 않다. 율곡은 『석담일기』에서 우의정을 지낸 강사상(姜士尙, 1519~1581)에 대해 다음과 같이 적었다.

34) 『율곡전서』, 권29, 8a-9b, 「경연일기(二)」, 今上五年壬申(1572) 10월, 高峯卒日記事.

35) 회재 이언적의 경우도 시종 평가에 인색하였다. 율곡은 『석담일기』에서 이언적을 道學之人이 아닌 忠孝之人 정도로 평가하고 그가 을사사화 때 推官이 된 것을 큰 오점으로 평가하였다. 또한 이언적의 명저 『大學章句補遺』에 대해서는 "옛글을 널리 인용하였으나 도무지 경서의 뜻을 바르게 해석한 것이 없다."(『율곡전서』, 권31, 56a, 「語錄 上」)고도 하였다.

(A) 영중추부사 강사상이 죽었다. 사상은 집에서나 관(官)에서나 하는 일 없이 그저 술 마시기나 좋아하였다. **종일토록 말하지 않고 공사(公事) · 사사(私事)가 다 마음에 들어오지 않았으며**, 청검(淸儉)으로 스스로를 지켜 대문간에 추잡한 소리가 없었다. 다만 유자(儒者)를 좋아하지 않았으므로 식자들이 취(取)하지 않았다.[36]

(B) 강사상을 의정부 우의정으로 삼았다. 그는 **조정에 선 지 십 년에 한마디도 시사(時事)를 의논하지 않고** 매양 "국가의 치란(治亂)은 하늘에 있는 것이요, 사람의 힘으로 되는 것이 아니다."고 하였다. 직무에서는 공론을 펴지 않고 사정(私情)도 듣지 않았으며 자연에 맡길 따름이었다. 술을 좋아하였으나 취한 뒤에는 더욱 말이 없고, 매양 사람을 대할 때면 손으로 코만 만질 뿐이었다. 강사상이 정승이 되던 날, 정철의 조카 정인원(鄭仁源)이 술을 가지고 정철에게 권하며 "인생이 얼마입니까? 무슨 고생을 스스로 사서 한단 말입니까? 숙부께서도 부디 입을 열지 마시고 그저 코나 만지면서 정승 자리를 얻어 저희처럼 궁한 일가(一家)나 살려 주십시오."라고 하였다. 이 말을 듣는 사람들이 웃었다.[37]

경세에 대해 전혀 무관심했던 무능한 관료로서의 강사상을 말한 것이다. 그러나 강사상이 죽은 뒤 지은 「만사(輓詞)」에서는 그의 덕을 다음과 같이 기렸다.

持身每守三緘戒　몸가짐은 매양 **삼함(三緘)[38]의 훈계**를 지켰고

---

36) 『율곡전서』, 권30, 94a, 「경연일기(三)」, 今上九年辛巳(1581) 10월조.
37) 『율곡전서』, 권30, 24a, 「경연일기(三)」, 今上六年戊寅(1578) 11월조.

掌選曾無一宦私　인재를 선발함에 한 벼슬도 사사로움 없었네.

廊廟謀猷歸國乘　**조정에서 계획한 일 국사(國史)로 돌아가고**

淸貧緖業屬家兒　청빈의 가업을 아들에게 전했다네.[39)]

고인의 덕을 기리는 만사라는 점을 감안하더라도, 강사상이 조정에 있을 때 계획했던 일들이 국사에 기록될 정도라고 한 것은 이해하기 어렵다. 혹자는 이 사례를 가지고 『석담일기』의 기사와 비교한 뒤, 율곡이 사필(史筆)에서는 편사(偏私) 없이 엄정했다고 강변할지 모르겠다. 그러나 일상의 언사와 역사적 기록이 이처럼 상반되는 것은 어떻게 설명할 것인가. 『석담일기』가 개인의 감정에 치우친 '방서(謗書)'라는 일부의 비판은 이러한 데서 비롯된 것은 아닐까.

목릉성세(穆陵盛世)를 장식했던 일세의 명유들에 대한 가혹한 비판은 그 후손들이 보기에 민망할 정도이다. 후세에 감계를 드리우고 시비를 단정하려는 율곡의 의도를 순수하게 받아들인다 하더라도 지나치게 박하다는 지적은 피할 길이 없어 보인다. 『석담일기』에서 율곡 스스로의 반성과 비판을 찾아보기 어려운 데서 더욱 그렇다. 보기에 따라서는 율곡 자신의 생각과 판단은 옳고 남은 부족하거나 그르다는 인식의 단서들이 적지 않다. 이런 까닭에 포폄이 공정하지 못하다는 말이 나오게 되고 남을 비방하려고 저술한 '방서'라는 비평을 받게 되는 것이다. 주위의 모든 사람에 대해 사정(私情)을 두지 않고 비평을 가했던 율곡이 정작 자신에게 관대했다는 것은 그의 사덕(史德)을 의심케 하는 점이다. '동방의 『춘추』'라는 평에 손색이 있음이 아쉽다고 할 것이다.[40)]

---

38) 공자가 일찍이 后稷의 사당에 들어갔을 때 뜰 앞에 세 金人의 입이 세 겹으로 봉해져 있었다는 고사. 대개 말을 삼가라는 의미이다.

39) 『율곡전서』, 습유, 권1, 59b, 「挽姜右相士尙 壬午」.

2) 재이사상(災異思想)과 도학정치

중국에서는 고대로부터 자연과 인간, 곧 하늘과 사람 사이에 밀접한 관계가 있다는 사상이 있었고, 이것이 한 단계 발전하여 인간의 행위가 자연 현상에 영향을 끼친다는 이른바 천인상관(天人相關) 사상을 낳았다. 그리고 이것은 인간 행위의 선 · 악에 따라 자연의 재앙이나 이변(異變)을 초래한다는 재이사상(災異思想)으로 구체화되었다. 또 한나라 때에는 재이사상과 유가의 정치사상이 결합한 천인감응설(天人感應說)이 대두하여 이후 정치에 지대한 영향을 끼쳤다. 이 천인감응설은 동중서(董仲舒)에 의해 주창된 것으로 '재이정치사상(災異政治思想)'이라 할 수 있다.

중국 고대 사회에서는 임금은 하늘의 뜻을 따라 정치를 해야 하며, 하늘의 뜻은 자연현상을 통해 나타난다고 믿었다. 임금이 하늘의 뜻을 따르지 않을 때 재이로써 경고한다고 하였다. 그런 만큼 천재지변은 임금의 정치 행위에 대한 경고이자 심판으로 인식되었다. 이러한 재이사상은 우리나라에 들어와 삼국시대 이래 굳게 자리 잡았으며[41] 율곡 당시에도 그 영향력이 자못 컸다. 율곡 역시 재이설을 도학정치의 테두리 안에서 신봉하였다. 율곡은 "하늘은 친한 사람이 따로 있는 것이 아니라 덕이 있는 사람을 도와주므로, 덕을 따르는 사람은 길하고 덕을 거스르는 자는 흉하다. 하늘과 사람이 감응하는 이치를 여기서 알 수 있다."라 하고, 또 "하늘과 사람은 똑 같은 이치이므로 감응하는 것이 틀림이 없다. 참으로 인사를 다했다면 응하지 않을 천리가 없는 것이다."[42]고 하여 천인감응설을

40) 졸고, 「'석담일기'의 필법과 율곡의 경세사상」, 76~77쪽 참조.

41) 곽신환, 「삼국시대의 災異思想」, 『동방철학사상연구』, 도원 류승국 고희기념논문집, 1992 참조.

42) 『율곡전서』, 습유, 권6, 「天道人事策」 참조.

합리적 윤리적으로 이해하였다.

율곡은 「천도책(天道策)」 말미에서 "천지가 제자리를 잡고 만물이 육성되는 것이 어찌 임금 한 사람의 수덕(修德)에 달린 것이 아니겠는가."라고 하여, 군주의 수양과 솔선수범, 그리고 백성에 대한 교화가 중요함을 강조하면서 천도와 인사의 관련성을 인정하였고, 그것이 재변과 상서로 나타남을 강조하였다. "하원군(河原君)이 얼굴이 예쁜 역관(譯官)의 딸이 있다고 천거하자, 주상께서 그를 궁중으로 들어오게 하였다. 이때부터 여러 날 동안 햇빛이 광채가 없었다."[43]고 한 것은 재이에 대한 율곡의 인식의 정도를 보여 주는 좋은 사례라 할 수 있다. 이러한 것은 일찍이 구양수(歐陽修)가 『신당서』를 편찬하면서 재이를 정치와 결부시키는 것을 비판한 것과 대조가 된다. 구양수는 중국의 역대 학자 가운데 재이설 비판의 정점에 있었다. 그는 『신당서』에서 단순히 자연이변만을 기록하였을 뿐 이에 대한 대응(事應)은 기록하지 않았다. 구양수의 이러한 관점은 후일 역대 정사 편찬에 큰 영향을 끼쳤다. 그런데, 율곡은 "하늘과 사람 사이에는 착한 사람에게는 복을 주고 못된 사람에게는 재앙을 주는 이치가 있을 뿐이다. 도가 크게 없는 세상이라도 재변이 없다는 설은 옳지 않다."[44]고 하여, 구양수의 관점을 따르지 않았다.

율곡은 『석담일기』에서 재변(災變)에 대해 40여 회 가량 기록하였다.[45] 재변은 대부분 사실 그대로 기록하면서, 임금과 조신(朝臣)들이 재변에

43) 『율곡전서』, 권30, 「경연일기(三)」, 今上十三年庚辰(1580) 2월조 기사.

44) 『율곡전서』, 권32, 28a, 「어록 하」. "甲戌正月二十七日晝講, 宇顒曰: 「大無道之世無災云者, 此恐別有一道耳, 非謂常常如是也」 其後, 承旨珥入侍, 上又問之. 珥曰: 「天人之間, 只有福善禍淫之理. 大無道之世無災云者, 其說非是」 上以爲然." [참고] 이 사실은 김우옹의 『東岡集』, 권12, 「경연일기」, 갑술 정월 27일조에도 실려 있다.

45) 기록된 재이 가운데 이른바 怪力亂神의 '괴'에 해당될 만한 내용은 없고, 變故라 할 수 있는 것이 대부분이다.

대응한 양상을 중요하게 다루었다. 본디 역사서에서는 재상(災祥), 즉 재변과 상서를 함께 기록하지만 율곡은 재변만을 기록하였다. 상서가 없었기 때문일까. 이것은 율곡이 당시의 정치를 긍정적으로 보지 않았다는 것을 의미하며, 또 임금의 공구수성(恐懼修省)을 강렬히 희구하였기 때문이라고 할 수 있다. 다시 말해서 도학정치를 희구하는 그의 염원이 재이사상에 반영되었다고 하겠다.

재이와 정치는 천도와 인사로 바꾸어 말할 수 있다. 양자의 관계에 대해 율곡은 「천도책」에서 자신의 관점을 분명하게 밝혔다. 「천도책」은 재이사상의 사상적 기초를 체계적으로 서술한 것이다. 율곡은 천재지변이 정치를 잘하느냐 못하느냐에 달렸다고 하면서 정치와 직결시켰다. 가뭄과 황충(蝗蟲: 누리) 같은 것은 억울한 사람의 원기(怨氣)가 쌓여서 그렇게 된 것이라는 인식을 보였다.[46] 그는 재변 가운데 '흰 무지개가 해를 꿰뚫고 가는'(白虹貫日) 것을 가장 중대한 현상으로 보았다.[47] 이것은 『석담일기』만의 특징은 아니다. 역대 사서들에서 한결같이 중요하게 다루는 현상이다. 흰 무지개가 해를 관통한다는 '백홍관일'의 고사는 본디 사마천의 『사기』에 처음 나왔다. 전국시대 위나라 자객이었던 형가(荊軻)가 연나라 태자 단(旦)을 사모하여, 그를 위해 진왕(秦王)을 죽이려 할 때, 그의 충정이 하늘에 닿아 흰 무지개가 해를 뚫었다는 고사에서 비롯되었다. 이후 지극한 정성이 하늘에 닿았음을 이르는 말로 사용되었다. 그러나 태양은 임금, 무지개는 군사를 상징하는 것이므로, 흰 무지개가 태양과 교차된다는 것은 임금의 신상에 해가 있거나, 나라에 좋지 않은 일, 또는 변란이 벌어질 징조로 해석되었다. 후자의 의미로 사용되는 경우가 더 많았다. 흰

46) 『율곡전서』, 권29, 52b-53a, 「경연일기(二)」.

47) '白虹貫日'은 『석담일기』에 8회 나온다.

무지개가 해를 관통하는 것은 오늘날의 관점에서 볼 때 단순한 자연현상일 수 있다. 과학적으로는 일종의 착시현상일 수 있다. 그러나 임금의 수성(修省)과 근독(謹獨)을 요구하는 도학적 관점에서 과학적 합리적인 데까지는 생각이 미치지 못했을 것이다.

율곡은 경사와 재앙은 반드시 미리 조짐을 보인다고 하였다.

> 산천의 기운이 위로 올라가서 구름이 되는 것이라면 경사와 재앙의 징험을 이로 말미암아 볼 수 있다. 그러므로 선왕이 영대(靈臺: 천문 기상대)를 두어 운물(雲物)을 관찰한 것은 여기서 길흉의 조짐을 상고한 것이다. 대개 경사와 재앙이 일어나는 것은 그것이 일어나는 날에 일어나는 것이 아니고 반드시 조짐이 있다. 그러므로 구름이 희면 반드시 유리(遊離)하여 흩어지는 백성이 있고 구름이 푸르면 반드시 곡식을 해치는 벌레가 있는 것이다.[48)]

중요한 것은, 위정자 특히 임금이 재이를 보고 그 조짐을 미리 알아 좋은 정치를 하려고 노력한다면 재변이 상서로 바뀔 수 있다는 것이다.

> 재이는 반드시 치(治)와 란(亂)이 오려고 할 즈음에 일어나는 것이기 때문에, 비록 현명한 임금이라도 이를 피하지 못한다. 만약 재이로 말미암아 마음을 가다듬고 조심하여 반성한다면 재변은 도리어 상서로 변한다.[49)]

율곡은 재변에 대한 대응을 중요하게 다루었다. 특히 흰 무지개가 해를 꿰뚫은 일이 있은 뒤의 대응방법으로, 임금이 정전(正殿)을 피하고 감선

48) 『율곡전서』, 권14, 57b, 「天道策」.

49) 『율곡전서』, 권30, 90a, 「경연일기(三)」. “災異必作於將治將亂之際, 雖賢君亦不免災. 若因災惕念, 恐懼修省, 則災反爲祥.”

철악(減膳撤樂: 반찬을 감하고 음악을 거두는 것)하며, 또 사방에 구언(求言)을 하여 재앙을 막는 방도를 묻거나 원옥(冤獄)을 살피는 것 등을 들었다. 특히 자연재해가 있을 때에는 임금이 거의 어김없이 구언을 함으로써 그것이 하나의 정치 관례로 정착되었음을 시사하기도 하였다. 그런데 율곡은 임금이 구언은 하지만 형식적인 데 그쳐 실효가 없음을 책하여 "근자에 여러 신하들에게 구언을 하셨으나 어떤 계책을 써서 어떤 폐단을 구제하였다는 말은 듣지 못하였습니다. 이렇게 되면 한갓 형식만 갖추었을 뿐, 무엇으로 천변(天變)에 응할 수 있겠습니까."[50]라고 하기도 하였다.

3) 기전체 · 기사본말체 등의 영향

『석담일기』는 16년이라는 짧은 기간의 역사적 사실을 기록한 것이기 때문에, 편년체 서술이면서도 연대에 중점을 둘 이유가 없었다. 인물과 사건을 중시한 데 특성이 있음을 생각할 때, 기전체나 기사본말체(紀事本末體)[51], 나아가 강목체(綱目體)의 특성을 잘 이용할 필요가 있었으리라고 본다. 실제 『석담일기』에서는 이 점이 비교적 잘 드러나 있다.

기전체에서 가장 큰 비중을 차지하는 것은 본기와 열전이다. '기전'이

---

50) 『율곡전서』, 권30, 93b, 「경연일기(三)」. "李珥白上曰: 日者, 延訪求言矣, 未聞用某策救某弊. 如此則徒爲文具, 何以應天變乎."

51) 사건별로 제목을 앞에 내세우고 관계된 기사를 한데 모아 서술한다. 기전체와 편년체에 같은 사건에 대한 기록이 분산되거나 섞이고 중복되는 것이 있는데 비해, 어떤 사건의 원인과 발단, 전개 과정, 후일에 미친 영향까지 일관되게 서술함으로써, 대상 사건을 계통적 체계적으로 이해할 수 있는 장점이 있다. 어떤 시대를 전체적으로 개관하기보다는 특정 사건과 문제를 집중적으로 연구하고 서술한다는 점에서 의미가 있다고 하겠다.

란 어원도 여기에서 온 것이다. 특히 역사적 인물들의 삶의 궤적을 모아 놓은 열전이 갖는 비중은 크다. 그렇다면, 실록에는 기전체 사서에 보이는 열전의 요소는 없을까. 드러난 것으로 졸기(卒記)를 들 수 있다. 본디 열전이 없는 편년체 서술에서는 특정 인물에 대한 평가를 졸기라는 형식을 통해서 나타낼 수밖에 없다. 졸기는 기전체에서 열전이 갖는 장점을 실록에 수용한 것이라 할 수 있다. 우리나라 조선 초기의 실록을 보면 기전체에서의 열전을 방불케 하는 상세한 졸기를 볼 수 있다.[52] 『석담일기』에서도 졸기는 중요하게 다루어지고 있으며, 모두 32건에 달한다. 선조(宣祖) 시기 제제다사(濟濟多士)가 망라된 느낌이다. 연도별로 보면 다음과 같다.

1565 윤원형

1566 윤개(尹漑)

1567 한윤명(韓胤明), 윤춘년(尹春年)

1568 민기(閔箕)

1570 이황

1572 조식, 이준경, 박응남(朴應男), 기대승

1573 오상(吳祥)

1574 오건(吳健)

1576 박영준(朴永俊), 이탁(李鐸), 홍담(洪曇)

1577 유희춘(柳希春), 공빈김씨(恭嬪金氏)

1578 윤현(尹鉉), 이지함(李之菡), 노진(盧禛), 권철(權轍), 정대년(鄭大

52) 오항녕, 「조선 초기 실록 편찬 체제의 변화에 관한 사학사적 고찰」, 『한국사학사학보』, 제1집, 한국사학사학회, 2000, 56쪽.

年), 이후백(李後白)

1579 이희검(李希儉), 성운(成運), 백인걸(白仁傑)

1580 허엽, 박계현(朴啓賢), 숙의정씨(淑儀鄭氏), 박응순(朴應順)

1581 박충원(朴忠元), 강사상

분량을 보면 공동분찬인 실록의 졸기에 비해 긴 편이다. 이황 · 조식 · 기대승 · 이지함 등의 졸기는 거의 열전 수준이다. 율곡은 자신과 가까운 사람들이거나 잘 아는 사이인 경우 대체로 자세하게 기술하였다. 졸기에 이어 '근안'이라는 사론까지 겸해진 경우가 3건이다. 조식 · 이준경 · 기대승의 사례가 그것이다. 졸기로도 부족하여 사론까지 붙인 것은 졸기의 당사자에 대해 특별히 논평을 가할 필요가 있었기 때문일 것이다. 이들 세 사람에 대해서는 율곡이 평소의 감정을 드러낸 것으로 유명하다. 특히 기대승과 관련한 사론은 두 편인데, 하나같이 평가에 인색하였다. 그러기에 박세채 같은 이는 "율곡이 조남명을 너무 추허(推許)하고 기고봉을 너무 폄하한 점, 그리고 동고 이준경을 지나치게 공격한 점 이 세 가지는 그것이 어떠한지를 잘 모르겠다."[53]고 한 바 있다.

한편, 편년체는 사건의 기록이 사건의 진행 과정에 따라 분산되므로, 사실의 전말을 제대로 설명하기 어려운 약점이 있다. 그런데 『석담일기』에서는 사건의 원인으로부터 결과에 이르기까지 그 전말을 기술한 사례가 적지 않다. 어떤 한 사건을 놓고 '선시(先是: 이에 앞서)' 또는 '지시(至是: 이에 이르러)', '시시(是時)', '당초(當初)' 운운하면서 사건의 전후 맥락이 잘 통하도록 보충 설명하는 방식을 가미하였다. 이것은 기사본말체

53) 金榦, 『厚齋集』, 別集, 권4, 12b, 「南溪先生語錄」. "先生曰: 栗谷過許曺南冥, 過貶奇高峯, 過攻李東皐(浚慶), 此三事未知其如何也."

의 장점을 수용한 것으로 보인다.

『석담일기』는 편년체이다. 실록에서 흔히 볼 수 있는 사체(史體)이므로 실록체라고도 할 수 있다. 그런데 실록은 국왕의 재위기간을 단위로 하고, 또 연대기적으로 엮어 나가므로, 포폄을 제일의(第一義)로 하는 강목체로 서술하는 것은 적합하지 않다. 강목체 서술은 대개 편년체 역사서술을 바탕으로 하여 이루어진다. 편년체 역사서가 따로 없는 상태에서 사료를 취택(取擇)하여 포폄을 가할 경우, 취택되지 않는 사료의 멸실(滅失)로 이어질 수 있기 때문이다. 사마광의 『자치통감』을 저본으로 하여 주자가 『자치통감강목』을 엮었던 것은 단적인 사례라 할 것이다. 강목체는 사건의 표제가 되는 강(綱)과 그 내용을 담은 목(目)으로 이루어지기 때문에, 사건을 일목요연하게 정리할 수 있고 내용을 파악하는 데 편리한 서술상의 장점이 있다.

기록의 상세함은 『석담일기』의 장점이라 할 만하다. 율곡은 인물이나 사건을 기록할 때 독자들의 객관적 판단에 도움을 주기 위해 중요한 사건의 경우 가능한 상세하게 서술하고자 하였다. 그러나 때로는 간결하지 못해 장황하다는 느낌을 주는 경우도 있다. 긴 기사의 경우, 먼저 그 사건의 요지를 뽑은 뒤 사건의 시종과 전말을 요령 있게 정리하여 열람에 편리하도록 하였더라면 하는 아쉬움이 없지 않다. 특히 자신과 관련된 사실에서 해명과 설명에 급급하다가 요령을 얻지 못한 경우가 있다. 『석담일기』에서는 강목체의 장점을 수용하거나 가미한 흔적은 별로 보이지 않는다.

5. 맺는 말

박세채는 "이 일기가 인욕(人欲)을 막고 천리(天理)를 보존함으로써 당시에 모범이 되고 후세에 가르침을 드리우는 데 입언대의가 있다."[54]고 하였고, 율곡의 도우(道友) 성혼은 "『석담일기』는 백세에 수시(垂示)하여 율곡이 청천백일임을 볼 수 있게 할 만하다. 관계되는 것이 매우 무거워 다른 글에 비할 바가 아니다."[55]라 하였다. 이런 관점에서 본다면, 『석담일기』는 율곡이 나름의 목적의식을 가지고 당대의 역사를 『실록』 수준으로 정리한 역사서이며, 아울러 도덕사회를 지향하고 경세의 요법을 담은 것이라 할 수 있다. 『석담일기』는 율곡의 역사의식, 경세관, 우국애민(憂國愛民)의 정신 등을 살피는 데 중요하지만, 역시 '경세서'라는 데서 그 의의를 찾아야 할 것이다. 율곡 자신의 학문과 사상, 나아가 정치적 이념과 경세에 대한 비전 등을 종합적으로 담아 서술한 경세서이기 때문이다.[56] 율곡 자신의 경세론, 경세사상을 구체적 사건과 인물을 통해 입체적으로 서술하여 후세에 알리는 데 저술의 목적이 있다. 율곡은 실제로 자신의 학문관, 시국관, 경세관 등을 당시의 구체적 사건과 인물을 중심으로 응용, 서술하는 방식을 취하였다.

『석담일기』는 역사 서술로는 주관적 성격이 매우 강하다. 또 율곡의 활동을 중심으로 이루어져 있다고 해도 과언이 아니다. 역사 서술은 자신과 시비이해(是非利害)의 관계가 없는 제삼자의 위치에서 객관적으로 서술해야 한다. '자아'를 철저하게 배제해야 좋은 역사서로 평가를 받는다. 단순한 '일기'라면 전혀 문제될 것이 없고 문제 삼을 필요도 없겠지만, 입언대의가 담긴 사필(史筆)이라면 문제가 달라진다. 평가에 어려운 점은 『석

54) 『남계집』, 권69, 15a, 「跋栗谷先生外集」. "若夫立言大義, 所以遏人欲於將逞, 存天理於未滅. 作範當時而垂訓萬世者, 固自卓然."

55) 『율곡전서』, 권34, 22a, 「연보」, 선생 46세조. "牛溪先生曰: 此編最多格言, 可以垂示百世, 見斯人之爲青天白日. 極爲關重, 非他文比也."

56) 좀 더 적극적으로 의미를 부여하자면, 도덕과 경세에 주안을 둔 새로운 역사서의 출현을 希求한 나머지 그 본을 보인 것이라고도 할 수 있다.

담일기』에 보이는 주관적 성격을 어떻게 이해하느냐 하는 것이다. 유감스럽게도 사필로 보아야 할지, 일기로 보아야 할지 규정하기가 쉽지 않다. 술사자의 주관을 어떻게 이해하느냐 하는 것은 『석담일기』의 가치와 직결되는 문제이기 때문이다.

율곡 자신이 객관성을 유지하고자 노력한 것과 후세의 평가가 일치할 수는 없다. 한 가지 분명한 것은 사실에 대한 객관적 서술을 위한 율곡의 노력과는 달리 『석담일기』가 기본적으로 자신의 경세사상을 세상에 알리기 위해 저술되었고, 그러다 보니 주관이 강하게 개입될 수밖에 없었으며, 특히 '근안'이라는 사론을 통해 자신의 주관을 지나칠 정도로 뚜렷하게 드러냄으로써 객관성에 의문을 초래하고 말았다는 사실이다. 이런 점에서 율곡은 역시 역사가보다는 사상가요 경세가로 평가해야 할 듯하다.

『석담일기』는 개인의 일기 차원에서 본다면 여느 '경연일기'에서 볼 수 없는 다양한 내용을 담고 있다. 반면 실록과 비교해 본다면 기사가 정치적 내용에 치우쳐 다양성의 측면에서 부족하다는 평을 받을 수 있다. 또 개인의 활동상에 초점을 맞춤으로써 실록과 가까울 수 없는 간극이 보이는 것도 사실이다. 이것이 '실록'을 표방한 『석담일기』의 특성이자 또 하나의 한계이다. 일기와 실록의 중간 지점에서 그 위치를 찾아야 한다는 것이 필자의 생각이다.

우암 송시열의 도학적 경세론

| **황의동**(충남대 철학과 교수) |

1. 시작하는 말

우암 송시열(尤庵 宋時烈: 1607, 선조 40년~1689, 숙종 15년)은 기호학파 내지 율곡학파의 적전으로 17세기 조선 중기의 대표적인 학자이다. 그는 사계 김장생의 문인으로 율곡의 학문과 사상을 계승 발전시키는 데 크게 기여하였고, 율곡학파가 퇴계학파와 구별되는 학파적 정체성을 갖는 데 그 중심적 역할을 수행하였다. 특히 그는 율곡의 학설에 대한 영남유학의 도전에 대해 이론적으로 맞서 대항했고, 이를 위해 「주자언론동이고(朱子言論同異攷)」의 저술에 착수하기도 하였다.

한편 우암은 효종의 사부로서 17세기 민족적, 국가적 위기 속에서, 대외적으로는 민족적 자주를 지향하고, 대내적으로는 사회정의의 구현에 힘썼다. 청의 침략을 당해 '복수설치(復讐雪恥)'의 신념으로 효종과 함께 북벌을 계획했고, 정치적, 사회적, 경제적 위기 앞에 무너져 버린 국가적 기강과 사회적 윤리질서의 재건에 혼신의 노력을 경주하였다.

이러한 그의 노력은 17세기 조선조를 지탱하는 '태산교악(泰山喬嶽)'으로 칭송되고, 정신적으로는 '대로(大老)'의 존숭을 한 몸에 받으며 당대의 정계와 학계에 지대한 영향을 미쳤지만, 당쟁의 와중에서 갈등과 대립의 장본인으로 비난의 대상이 되기도 했다.

우암은 '주자는 후세의 공자요 율곡은 후세의 주자니, 공자를 배움에 있어서는 마땅히 율곡으로부터 시작해야 한다.'는 부친 송갑조(宋甲祚)의 가르침에 따라 평생 주자와 율곡의 학문을 존신(尊信)하였다. 그리하여 그는 『송자대전(宋子大全)』이라는 방대한 저술을 남길 만큼 학문에 독실하여 성리학, 예학, 의리학, 경세학에 뛰어났다. 율곡의 삶이 그랬듯이 우암도 학문과 정치를 함께 했고, 성리학, 예학, 의리의 계발과 함께 경세제민의 실학을 병행하였다. 시대적 배경의 탓도 있지만, 우암은 율곡학파 가운데에서도 가장 적극적으로 주자학과 율곡학의 계승에 앞장서 온 까닭에 많은 갈등을 야기하였고, 이로 인해 상처를 입고 유배를 당하기도 하였다.

우암은 여러 측면에서의 연구가 가능하다. 그것은 그의 학문적 준령이 높고 크기 때문이다. 본고에서는 우암의 도학적 경세사상을 깊이 있게 고찰하고 그의 현실적 경세의 발자취를 더듬어 보는 데 목적이 있다. 유학은 본래 수기에서 멈추지 아니하고, 제가를 거쳐 치국, 평천하에 이르러야 그 본래의 소임을 다하는 것이다. 이러한 의미에서 유학을 '수기치인지도(修己治人之道)'라 부르기도 하고 '내성외왕지도(內聖外王之道)'라 부르기도 한다. 특히 유학은 어느 시대를 막론하고 정치와 교육에 중심적 역할을 해 왔고, 또 그 점에 있어 장점을 가지고 있다.

오늘날 우리사회는 정치적으로 많은 갈등과 혼란을 겪고 있다. 그 원인은 정치 철학의 부재요 정치의 본질이 분명하게 인식되지 못한 데 기인한다. 이러한 관점에서 우암의 경세론과 그의 정치적 활동은 하나의 교훈이 될 수 있다. 시대적 차이는 있지만 온고지신(溫故知新)의 의미에서 새겨 본다면, 그 의미는 적지 않을 것이다. 정치의 외형과 방법은 다를지라도 정치의 본질은 변할 수 없기 때문이다. 이를 위해 먼저 우암 경세론의 유학적인 배경을 간략하게 검토하고, 17세기 조선조의 위기와 이에 대한 우암의 우환의식을 살펴본 후, 본론으로 우암의 경세론을 검토하고자 한다. 또한 이에 관한 선행연구를 참고하고,『송자대전』가운데 소차문을 중심으로 고찰하고자 한다.

2. 우암 경세론의 유학적 배경

유학은 신도 아니고 자연도 아니고 '인간' 그리고 그들이 모여 사는 '사회'를 근심 걱정한다.[1] 또 유학은 인간의 본성을 철저히 캐묻고, 그 본성을 현실에서 온전하게 실현하여 인간다운 삶을 영위함에 목적이 있다. 이를 위해 유학은 방법적으로 수기와 치인을 말하게 된다. 일차적으로 인간은 누구나 자기 자신을 참되고 올바른 존재로 세워야 한다.[2] 이를 위해 지행(知行)의 노력이 필요한데, 구체적으로는 격물, 치지, 성의, 정심의 노력이 요구되는 것이다. 이것이 바로 수기(修己)요 정기(正己)요 성기(成己)요 명명덕(明明德)의 내성지사(內聖之事)다. 그러나 수기에만 멈추는 것은 진정한 유학이 아니요 그것은 반쪽의 유학에 불과하다. 진정한 자기 확립을 통해 남에게로 나아가야 한다. 즉 나에게 주어진 선한 본성과 능력을

1)『대학』에서는 유학의 범주를 格物, 致知, 誠意, 正心, 修身, 齊家, 治國, 平天下로 설정하고 있는데, 이를 통해서도 잘 알 수 있으며, 그 밖에 유가경전들의 내용도 인간과 사회에 대한 관심이 그 주류를 이루고 있다.

2)『大學』.

가정과 사회, 세계에 펼쳐야 한다.[3] 이것이 바로 치인(治人)이요 물정(物正)이요 성물(成物)이요 신민(新民)의 외왕지사(外王之事)다. 따라서 참된 유학은 '수기치인지도(修己治人之道)'이어야 하고 '내성외왕지도(內聖外王之道)'일 때 온전해진다. 이와 같이 유학은 자기 수양을 근본으로 생각하지만, 이에 머물지 아니하고 가정과 사회와 국가 그리고 인류세계에 대한 끝없는 우환의식을 갖는 데 그 특징이 있고, 이 점에서 도가나 불교와 구별되는 바 있다.

그러면 유학이 추구하는 정치의 이상은 무엇인가? 유학은 이를 '왕도(王道)'라 하기도 하고, '대동(大同)'이라 부르기도 한다. 유학의 왕도정치는 왕자(王者) 즉 유교적 성인에 의한 정치를 말한다. 요(堯), 순(舜), 우(禹), 탕(湯), 문왕(文王), 무왕(武王), 주공(周公) 등의 정사를 역사상 왕도라 일컫는다. 이를 위해서는 치자 자신의 인격수양과 도덕적 모범이 전제된다. 따라서 큰 덕을 지닌 자라야 하늘의 명을 받아 지도자가 될 수 있고,[4] 그러므로 치자가 되기 위해서는 부단한 자기 수양의 노력이 요청된다. 유학의 정치론에 있어 중요한 특징 가운데 하나가 바로 치자의 도덕성, 자질, 심법을 중시하는 데 있다.[5]

유학의 왕도정치는 그 내용으로 볼 때, 윤리사회의 건설과 경제적 복지사회의 구현에 있다. 이는 맹자가 왕도정치의 출발점을 민생의 안정이라 하고, 왕도정치의 완성을 윤리의 확립에 둔 것으로도 알 수 있고[6], 또 『예기』의 대동사회가 바로 윤리에 기초한 복지사회의 실현에 있다는 데서 입

3) 『孟子』에서는 이를 '推恩'이라 했고, 『論語』에서는 '忠恕'라 했고, 『大學』에서는 '絜矩之道'라 하였다.

4) 『中庸』.

5) 황의동, 『위기의 시대 유학의 역할』, 서광사, 2004, 53쪽~86쪽 참조; 황의동, 『유교와 현대의 대화』, 예문서원, 2002, 제3부, 제4장 '유교의 정치학' 참조.

6) 『孟子』, 「梁惠王 上」.

증된다.[7)]

특히 유학이 추구하는 왕도정치나 대동 사회는 윤리 내지 도덕이 충만한 수준 높은 문명사회를 지향하고 있다는 점이다. 물론 여기에서 경제를 결코 소홀히 하지 않음은 물론이다.[8)] 문제는 아무리 경제가 풍족해도 윤리적 수준이 향상되지 않으면, 그 경제가 악의 원천이 되고 사회적 갈등의 원인이 되며 공동체의 위기를 가져온다는 점이다. 그러므로 유학은 도처에서 의리(義)와 이익(利)의 조화, 윤리와 경제의 병행을 강조하고 있다.[9)] 만약 이익이나 경제가 의리 내지 도덕의 잣대에 어긋날 때는 부정한 경제가 되고, 경제적 불평등이 초래된다. 이러한 유학의 정치철학은 21세기 현대 사회에서도 유효하다.

그러면 이러한 유학의 왕도정치는 어떻게 가능한가? 유학의 왕도정치는 성선의 인간관을 기반으로 하고 있다.[10)] 인간은 누구나 천부적인 선한 본성을 지니고 있다. 그것을 인(仁), 명덕(明德), 인의예지(仁義禮智), 양지(良知), 양심(良心)이라고도 한다. 치자가 자신의 선한 본성, 착한 마음을 사회와 나라와 세계에 펼칠 때 왕도는 가능하다고 본다. 그러므로 치자는 자신의 본성과 본심이 사욕에 의해 가려지지 아니하고 온전히 발휘되도록 하는 마음공부가 필요하고, 이 마음을 가지고 백성을 생각해 정치를 한다면, 인정(仁政)이 가능하고 왕도가 가능하다고 보는 것이다. 이런 이유에서 유학의 정치에서는 치자의 도덕적 자질을 연마하고 왕도의 의지

---

7) 『禮記』, 「禮運」.

8) 유학은 『대학』의 '德者本也 財者末也', 『논어』의 '足食 足兵 民信之', 『서경』의 '正德, 利用, 厚生', 『맹자』의 '恒心과 恒產', '王道之始로서의 민생의 안정과 王道之終으로서의 윤리의 확립'에서 보듯이, 항상 윤리와 경제가 함께 具足해야 한다는 것이지 경제는 없어도 된다는 말은 아니다.

9) 『論語』, 「憲問篇」; 『周易』, 「乾卦 文言傳」.

10) 『孟子』, 「公孫丑 上」.

를 굳건히 하는 성학(聖學)이 일관해 권면되었다. 이를 위해 왕세자에 대한 정치교육이 어렸을 때부터 강화되었고, 경연제도가 활성화되고, 학문과 덕행을 갖춘 관료들의 보필과 비판이 늘 뒤따랐던 것이다. 이런 점에서 유학의 정치사상은 도덕주의에 기반한 경세론이라 규정할 수 있고, 덕치를 통한 문명사회의 구현에 특징이 있다고 볼 수 있다. 오늘날 현대사회가 법치를 지향하고 있지만, 이는 문명사적으로 보면 차선일지언정 최선은 아니다. 유학은 국민 모두가 저마다 지닌 천부적인 인권을 소중하게 생각하고, 그 본성과 본심을 가지고 살아갈 때 나와 남이 평화롭게 공존하며 경제적으로도 나누며 돕고 사는 아름다운 세계가 가능하다고 보는 것이다. 유학은 사회질서의 유지를 인간의 자발적인 본성에 의존하지만, 법치는 국가의 법률적 강제력에 의존하고 있다는 점에서 구별된다. 무엇보다 법치는 외과적 치료법으로 가시적인 성과는 있을지라도 근본적인 치유는 될 수 없는데 비해, 유학의 덕치는 비록 더디고 그 효과가 미흡하지만 가장 근본적인 사회질서 유지의 방법이라는 데서 그 현대적 의미를 찾을 수 있다.[11]

또한 유학의 왕도정치 사상은 천(天)을 빌어 민(民)을 중심으로 한 정치를 지향하고 있다. 유학에서의 왕권은 천을 대행한다는 의미를 갖는다. 그러나 그 천은 명분이고 실질은 민에 있다. 그러므로 하늘은 백성들이 보는 것을 통해서 보고 백성들이 듣는 것을 통해 듣는다.[12] 또 하늘의 뜻을 말하고 하늘의 마음을 운위하지만, 사실은 백성의 뜻과 백성의 마음이 중요한 것이다. 따라서 하늘은 우리 백성들이 하고자 하는 것을 반드시 좇는다고 말하게 된다.[13] 여기에서 유학의 왕도정치는 민이 정치의 중심

11) 『論語』, 「爲政篇」.

12) 『孟子』, 「萬章 上」.

13) 『春秋左傳』,「襄公」, 31年條.

으로 자리하고, 민이 정치의 가장 중요한 가치로 확인된다. 이는 맹자가 백성이 가장 귀하고, 사직이 그 다음이고, 임금은 가장 가벼운 존재라고 규정한 데서 알 수 있다.[14] 다만 중국이나 조선이나 역사적으로 왕도의 실현이 미흡하고 민주시대를 열지 못한 것은 이와는 별개의 문제이다. 왜냐하면 유학의 이념과 현실은 다르기 때문이다. 그러므로 유학의 정치사에서는 위민(爲民), 민본(民本), 보민(保民), 안민(安民), 이민(利民)의 이념을 바탕으로 민을 중심으로 한 이론과 정책들이 구체화되었던 것이다.

3. 17세기 조선조의 위기와 우암의 나라 걱정

16세기 말에 임진왜란이라는 큰 전쟁을 겪은 조선사회는 정치적, 경제적, 사회적, 문화적인 여러 측면에서 심각한 타격을 입었다. 선조를 이어 집권한 광해군은 명, 청 사이에서 유연한 외교를 펼치며 나름대로 정치력을 발휘했지만, 패륜을 자행한 군주로서 내치에 실패해 결국 인조반정에 의해 실각되고 말았다. 이즈음 당쟁은 더욱 노골화되어 지도층의 분열이 심각해지고, 신흥 청나라의 위협이 노골화되는 상황이었다. 국력의 피폐, 민심의 동요, 강상의 이완 등 임란의 여독이 가시기도 전에 또 다시 조선은 병자, 정묘의 호란을 당해야 했다. 이로 인해 인조는 치욕적인 수모를 당해 민족적 자존이 여지없이 무너져 버렸고, 봉림대군(鳳林大君)을 비롯하여 삼학사(三學士), 최명길(崔鳴吉), 김상헌(金尙憲) 등 많은 지도층이 청에 끌려가 고초와 수모를 겪었다. 설상가상으로 유행병이 창궐하고 가뭄과 기근이 계속되고, 이괄(李适)의 난 등 백성들의 분노가 극에 달하였

14) 『孟子』, 「盡心 下」.

다. 이렇게 볼 때, 17세기의 조선조는 국가적 위기였다고 해도 지나치지 않는다.

이때 우암은 효종의 스승으로 왕의 총애와 두터운 신임을 받고 있었고, 효종의 북벌계획에 있어 더없는 동반자였다. 효종은 우암에게 의지했고, 우암은 효종을 도와 북벌을 성사시켜 민족적 자존을 회복하고자 하였다. 효종이나 우암의 북벌계획이 비현실적이라는 역사학계의 비판이 없지 않지만, 유학자로서의 우암에게 있어서는 북벌의 성패보다는 명분이 중요하였다. 당시 지도층이나 학계의 여론도 양분되었다. 우암을 비롯하여 많은 사람들이 북벌에 뜻을 같이 하고, 복수설치(復讐雪恥)의 각오를 다졌지만, 최명길을 비롯한 일부 학자들은 힘의 논리를 내세우며 무모한 대의명분론을 경계하였다. 이는 청과의 협상과정에서 주전(主戰)과 주화(主和)의 갈등으로 현실화되었던 것이다. 이런 와중에서 우암은 춘추의리에 바탕을 둔 대청(對淸) 북벌의리를 천명하고 그 앞장에 섰다. 「기축봉사(己丑封事)」, 「정유봉사(丁酉封事)」 등 그의 상소문 곳곳에서는 이러한 그의 의지가 분명하게 제시되고 있다. 이제 우암의 현실 인식과 그의 우환의식에 대해 살펴보기로 하자. 우암은 우의정을 사직하는 글에서 다음과 같이 나라에 대한 걱정과 근심을 토로하고 있다.

또 한 가지 신이 양대 임금께 은총을 받고 늙고 병들어 곧 죽게 되었으나, 앞으로 쓰러져 신음하는 중에서도 위로는 국사를 생각하고 근심하는 것이 만 가지나 되어, 밤새도록 자지 못하고 때로는 앉아 진실로 한번 지척되는 땅에 이르러 어리석은 속마음을 털어 놓기를 원하오나 얻지 못했는데, 이제 천둥벽력이 또 심히 놀랄 만한지라 신이 뛰어 일어나 놀라고 두려워 살고 싶지 않을 지경이나, 병을 애써 참고 억지로 일어나 급히 붓과 벼루를 가져다 삼가 누추한 의견을 왼쪽과 같이 늘어놓아, 혹시 이것으로 성은(聖恩)의 만분의 일이라도 갚고 돌아가 성고(聖考)를 지하에서 뵐까 하오니, 엎드려 바라건대 성명(聖明)께서는 함께 살피심을 주시옵소서.[15]

이와 같이 우암은 늙고 병든 몸을 이끌고 나라걱정에 밤잠을 못 이루며, 시국에 대한 자신의 우국충정을 임금에게 밝히고자 하는 뜻을 분명히 하고 있는 것이다. 우암은 지금 나라의 형세가 위급한 지 오래 되어, 백성과 신하가 모두 임금의 각오를 바라고 있으나, 임금의 정사에 게으름이 전과 같고, 직언 듣기를 싫어함도 전과 같고, 천지의 재변을 두려워하지 않음도 전과 같다고 한탄하였다. 또한 시국의 폐단이 많은데도 고치고 바꿀 의지가 없으며, 조정의 기강이 문란해도 떨칠 뜻이 없다 하고, 한 가지만 있어도 족히 나라가 망할 텐데 하물며 두 가지가 함께 겹쳐 있으니 어떠하겠느냐고 한탄하였다.[16] 우암은 구체적으로 당시 7가지의 망할 일과 7가지의 죽을 일을 다음과 거론하고 있다.

지금 사람들에게 일곱 가지 망할 일이 있으니, 홍수와 가뭄의 재앙이 하나요, 세금을 무겁게 징수하는 것이 둘째요, 탐욕한 아전들이 빼앗는 것이 셋째요, 힘 있는 자들이 잠식하는 것이 넷째요, 가혹한 아전들의 부역이 다섯째요, 도둑을 막기 위해 부락에서 북을 두드리는 것이 여섯째요, 도적의 강탈이 일곱째인데, 일곱 가지 망할 일은 그래도 괜찮은데, 또 일곱 가지 죽음이 있습니다. 혹독한 아전의 때려죽임이 첫째요, 형벌의 심각한 것이 둘째요, 죄 없는 자를 원통하게 모함하는 것이 셋째요, 도둑이 횡행하는 것이 넷째요, 원수 있는 자들끼리 서로 죽임이 다섯째요, 흉년이 들어 굶어 죽는 것이 여섯째요, 돌림병

15) 『宋子大全』, 卷第14, 疏箚, 「辭右議政 三疏」.

16) 위의 책, 卷13, 「遇災陳戒箚」.

에 걸려 죽게 되는 것이 일곱째입니다.[17)]

이와 같이 당시 민생의 위기는 매우 심각한 수준으로, 우암은 망할 수 밖에 없는 일곱 가지 조건과 죽음과 같은 일곱 가지 경우를 예를 들어 설명하고 있는 것이다. 우암은 이러한 현실을 가리켜 '성난 파도에 부서지는 배', '달걀 위에 달걀을 쌓고 바둑알 위에 바둑알을 올려놓은 위태로운 형세'로 비유하고, 황급히 서둘러 불에 타는 사람을 구하듯이, 물에 빠진 사람을 구하듯이 서두르지 않으면 안 된다고 하였다.[18)] 이러한 그의 현실 인식과 우환의식은 임금을 향해 개혁을 촉구하게 되었고, 구체적인 경세 대안으로 나타나게 되었다.[19)] 이제 우암의 도학적 경세사상에 대해 검토해 보기로 하자.

4. 우암의 도학적 경세론

1) 도의정치의 실현

유학은 왕도정치를 그 이상으로 삼고, 대동사회의 실현을 추구한다. 그 본질은 인간의 내면에 자리한 선한 본성과 본심을 가지고 가정과 사회 나아가 국가와 세계에 실현함에 있다. 이는 곧 인(仁)에 의한 인정(仁政)이요 명덕(明德)에 의한 덕치(德治)를 의미한다. 우암도 유학의 전통적인 정치철학에 근거하여 인간성이 온전하게 실현된 도의사회를 염원하였다.

---

17) 위의 책, 卷5, 「丁酉封事」.
18) 위의 책, 卷6, 「辭職仍陳戒箚」.
19) 황의동, 「우암의 개혁론」, 『송자학논총』, 제3집, 송자연구소, 1996 참조.

우암은 천하국가란 대륜(大倫)을 밝히고 대법(大法)을 세우는 것을 말한 것에 불과하다 하고, 소위 대륜(大倫)이란 부자, 군신, 부부요, 소위 대법(大法)이란 이 세 가지 관계에서 행해지는 도리를 말한다고 하였다. 이 세 가지가 하나라도 밝지 못하고 세 가지 사이에서 행해지는 도리가 하나라도 미진함이 있으면, 중국이 오랑캐에 빠지게 되고 인류가 금수에 들어가게 된다고 하였다. 그러므로 성인이 사람을 가르침에 있어, 이것으로부터 먼저 하지 않음이 없는 것이라 하였다.[20] 또한 그는 삼강오상(三綱五常)은 하늘과 땅의 법칙으로 사람이 사람 되는 까닭이고 나라가 나라 되는 까닭인데, 그 중에서도 가장 크고 더욱 간절한 것은 '인(仁)은 부자간보다 더 큰 것이 없고, 의(義)는 군신간보다 더 큰 것은 없다.'는 것이라 하였다.[21] 이처럼 우암에게 있어 삼강오상, 삼강오륜의 질서는 인간과 사회국가를 관통하는 대원칙으로 중시되었다. 이는 『맹자』에서 성인이 인간이 동물로 전락되는 것을 근심하여 부자유친(父子有親), 군신유의(君臣有義), 부부유별(夫婦有別), 장유유서(長幼有序), 붕우유신(朋友有信)의 오륜(五倫)을 만들어 가르쳤다는 것에 근거를 두고 있는 것이다.[22]

우암은 인간본성으로서의 인의예지(仁義禮智)가 바로 인간답게 살아가야 할 윤리라고 보았고, 부자, 군신, 부부, 장유, 붕우 간에 지켜 가야 할 오륜의 질서가 인간의 기본윤리요 사회질서 유지의 기본이라고 보았다. 이는 달리 말하면 예의에 의한 사회질서의 확립을 말하는 것인데, 예로써 다스리면 나라가 다스려지고, 예가 어지러우면 나라가 어지러워지므로, 예가 천하국가의 치란(治亂)에 관건이 된다고 보았다.[23] 예는 다름 아닌

20) 『宋子大全』, 卷13, 「請神德王后祔廟箚」.

21) 위의 책, 卷5, 「丁酉封事」.

22) 『孟子』, 「滕文公 上」.

23) 『宋子大全』, 卷17, 「論文廟從祀疏」.

인간과 인간사이의 질서다. 법과는 달리 인간의 본성에 기초한 자발적인 규범이라는 데 특징이 있고, 문명사적으로 보면 법보다 한 단계 우위에 있는 규범이다. 우암은 가정과 사회, 그리고 국가와 세계가 인간의 도덕적 양심에 의해 지배되고 자율적으로 규율되어지는 도의사회를 추구한 것이다. 하늘로부터 주어진 인간의 선한 본성은 인류의 보편적 가치이며, 그 본성을 온전히 유감없이 발휘하는 데서 인간의 존재의미가 드러나며 인간의 위대성이 실현된다고 보았다. 이러한 관점에서 우암의 경세론은 도학적 성격을 갖는다. 인간 개인의 도덕적 실천뿐만 아니라 가정과 사회, 나아가 국가, 세계인류가 모두 도덕화되어야 한다는 염원이 깔려 있다.

그런데 이러한 도의사회는 사심과 사욕이 극복되어 천리가 곧 공의(公義)가 되는 사회이다. 우암은 만약 정치를 잘하고자 한다면 다른 데서 구할 것이 아니라, 자기의 사심과 사욕을 버리고 천리를 회복함에 있다 하고, 사심과 천리는 서로 소장해서 국가의 치란안위(治亂安危)에 관계된다고 하였다.[24] 무릇 인심의 같은 바는 곧 천리의 있는 바로써, 인심은 진실로 거스를 수 없는 것인데, 하물며 천리를 어길 수 있겠느냐 하였다.[25]

우암에 의하면 사람의 성냄은 일이 여의치 못한 데서 생기는 경우가 많다. 뜻이 싹튼 바가 대부분 그 사사로움으로 인하여 발생하니, 이 '사(私)' 한 글자가 실로 백 가지 병의 근본이 된다는 것이다. 진실로 이것을 통절히 살펴 용감히 끊지 않으면 이로 인해 뜻이 일어나고, 뜻에 인해 필요가 생기고, 필요함을 얻지 못하면 인하여 분노가 생기는 것이라고 하였다.[26] 이처럼 인간에게 있어 분노의 원천도 궁극적으로는 '사' 한 글자에 달려 있다고 진단하였다.

24) 위의 책, 卷16, 「進修堂奏箚」.

25) 위의 책, 卷9, 「論柳後聖事箚」.

26) 위의 책, 卷10, 「辭職仍陳戒箚」.

그러면 어떻게 사욕을 이기고 천리를 회복할 수 있는가? 이에 대한 우암의 말을 보기로 하자.

엎드려 원컨대, 전하께서는 한갓 말만 익히지 마시고, 반드시 모름지기 마음에 체득하고 몸에 징험하시어, 평소 일이 없으면 반드시 경(敬)으로써 이 마음을 존양(存養)하여 그 담연허명(湛然虛明)한 본체가 혹 물욕에 흔들림이 없도록 하고, 그 염려가 싹터 움직일 때는 반드시 경(敬)으로 그 기미를 정밀하게 살펴, 과연 천리라면 한결같이 확충하기를 생각해 반드시 나라를 다스림에 있어 육합(六合)에 가득 차기를 기약하고, 과연 인욕이라면 힘써 극치(克治)하여 조금이라도 쌓이지 말게 하십시오. 이와 같으면 청명(淸明)함이 몸에 있고 지기(志氣)가 신과 같아서, 호령을 시행하고 사물을 응접함에 각기 그 마땅함을 얻어, 만백성이 기쁘게 복종할 것입니다.[27]

이와 같이 우암은 임금에게 경(敬)으로써 천리를 확충하고 인욕을 막는 공부에 매진할 것을 간곡히 권면하였다. 우암은 또 임금에게 사의(私意)를 버리고 공도(公道)를 회복하라 하였는데[28], 이 또한 '알인욕 존천리(遏人欲 存天理)'와 상통하는 말이다. 요컨대 우암이 이처럼 치자의 사심, 사의를 버리고 공도를 회복하고 천리를 보존하라는 것은, 결국 도의정치의 관건이 사욕의 극복에 있기 때문이었다. 그리고 여기에는 치자의 심법이 공명정대해야 공도가 실현되고 공정한 행정이 가능하다는 신념이 깔려 있는 것이다. 치자의 도덕성이 전제될 때 그 정사도 바르고 깨끗할 수 있다는 것이다.

27) 위의 책, 卷17, 「進心經釋疑箚」.

28) 위의 책, 卷16, 「請去私意恢公道仍論追錄諸勳箚」.

한편 그의 이러한 도의정치에 대한 신념은 청의 침략을 맞아 민족 자주의식으로 나타났으니, 이에 대한 우암의 견해를 보기로 하자.

> 이른바 정사를 바르게 하여 이적(夷狄)을 물리쳐야 한다는 것은, 공자가 『춘추』를 지어 대일통(大一統)의 의리를 천하 후세에 밝혔으니, 무릇 혈기 있는 무리는 중국을 당연히 높여야 하고 오랑캐를 추하게 여길 것을 알지 못하는 이 없습니다. …… 엎드려 원하건대, 전하께서는 마음은 굳게 정하시고, 오랑캐는 군부(君父)의 원수이므로 맹세코 차마 같은 하늘 아래 함께 있을 수 없다 생각하시어, 감정을 기르시고 원한을 쌓으시며, 아픔을 참으시고 원통함을 품으셔야 합니다. 공손한 말씀 속에도 분노가 더욱 쌓이고, 금폐(金幣) 속에서도 신담(薪膽)이 더욱 간절하여, 추기(樞機)의 은밀한 것은 귀신도 측량할 수 없고, 지기(志氣)의 굳게 정함은 분육(賁育)도 빼앗지 못하게 하시어, 기약하기를 5년, 7년으로, 10년, 20년에 이르도록 게으르지 마십시오.[29)]

이와 같이 우암은 효종을 향해 춘추의리에 입각한 복수설치(復讐雪恥)의 각오를 간곡히 권면하였다.

그러면 『춘추』 대일통(大一統) 의리의 의의는 무엇인가? 우암에 의하면 『춘추』로부터 『강목(綱目)』에 이르기까지 한결같이 대일통을 주장한 의미는, 대개 대통(大統)이 밝혀지지 않으면 인도가 어그러져 어지럽게 되고, 인도가 어그러져 어지러워지면 나라가 따라서 망하게 되는 것이라 한다. 그런데 조선은 병자, 정묘호란 이후 인심이 점점 어두워져 거짓을 참이라 하고 참람한 것을 바른 것이라 하는 가치전도의 현상이 나타나게 되었다는 것이다.[30)] 결국 의리가 바르게 밝혀지지 아니하면 인륜이 어지럽

29) 위의 책, 卷5, 「己丑封事」.

게 되고, 이에 따라 나라도 망하게 된다는 우환의식이 깔려 있는 것이다. 우암은 효종이 인조의 치욕을 아프게 여기고, 관과 신발이 거꾸로 뒤바뀐 것을 분하게 여겨, 밤낮으로 마음속에 맹세하고 뜻으로 힘쓴 것이 오직 '복수설치(復讐雪恥)' 네 글자뿐이었다고 강조하였다.[31]

이렇게 볼 때, 우암의 경세사상은 도학적 성격을 강하게 갖는다. 치자의 도덕성을 전제하면서 도의정치를 추구하는 것인데, 사회와 국가 그리고 세계가 인간의 보편적인 양심에 의해 다스려져야 한다는 것이다. 이것이 바로 왕도요 대동세계로서 유학이 궁극적으로 추구하는 정치의 이상이라고 보았다.

2) 치자의 입지와 학문

유학 정치사상의 특징 중의 하나가 치자의 의지와 심법을 중시한다는 점이다. 우암의 경우도 유가의 전통을 계승하여 치자의 입지와 수양을 강조한다. 정치의 성패는 일차적으로 치자가 어떤 생각을 갖고 무엇을 뜻하느냐가 매우 중요하다. 우암은 「기축봉사(己丑封事)」에서 다음과 같이 임금의 한 마음이 얼마나 중요한가를 말하고 있다.

> 신이 올리는 바는 모두 전하의 한 마음에서 주장하는 것이오니, 진실로 능히 한가한 때 편히 계신 중에 마음을 붙들고 기르시어, 사람을 등용하고 일을 처리하는 사이에 살펴보시면, 천하가 비록 넓고 억조창생이 비록 많으나, 그 다스리는 바는 이것에 벗어나지 않음을 아시고, 참으로 요, 순, 주공, 공자가 서

---

30) 위의 책, 卷5, 「丁酉封事」.

31) 위의 책, 卷16, 「進修堂奏箚」.

로 전하신 요점을 얻을 것이니, 엎드려 원컨대, 전하께서는 깊이 성의(聖意)를 두시고 소홀히 하지 않으시면 종사(宗社)가 매우 다행이겠고, 생민이 매우 다행이겠습니다.[32]

우암은 임금의 한 마음이 바로 종사와 생민의 안녕에 관건이 된다고 보고, 왕도에 대한 뜻을 세우고 꾸준히 마음공부를 부지런히 해야 한다 하였다.

그러면 마음공부는 어떻게 해야 하는가? 이에 대한 우암의 설명을 보기로 하자.

> 대개 한 마음이 이미 바르면 몸으로부터 조정에 이르고, 조정으로부터 주현에 이르기까지 바른 것으로 하나가 되지 않음이 없어, 인심이 신복(信服)하여 국세가 저절로 강하게 될 것입니다. 이것이 임금의 정치하는 도리에 간절함이니 어찌 이에 더 보탤 것이 있겠습니까?[33]

이와 같이 우암은 치자의 마음이 바르면 그 영향이 조정은 물론 주현에 이르기까지 미쳐, 모든 백성이 믿고 복종하는 덕치의 공효가 나타나게 될 것이라 하였다. 마찬가지로 임금의 한 마음이 참되고 바르고, 한결같이 자기를 진실하게 닦아 안과 밖이 환하게 밝아 조금도 의논할 것이 없으면, 조정의 신하 중에 누가 감히 공경하고 결백하지 않아, 아름다운 덕을 받들지 않겠느냐고 하였다. 그리고 제왕의 도는 단연코 이것 밖에 있지 않으니, 주자도 비록 세속의 임금들이 듣기 싫어하는 바임을 알면서도 반

---

32) 위의 책, 卷5, 「己丑封事」.

33) 위의 책, 卷5, 「丁酉封事」.

드시 이것으로 드리는 글을 삼았던 것이라 하였다.[34]

우암은 이러한 관점에서 임금에게 성학에 힘쓸 것을 간절히 권면하고, 뜻을 공손하게 하고 학문에 민첩함은 수기입정(修己立政)의 근본이라 하였다.[35] 또한 모름지기 성학에 힘써 총명을 열고 지기(志氣)를 발하고, 그 기초를 두텁게 하고 그 근본을 깊게 하며, 사사로운 자기를 극복하고 그 홀로 있을 때를 삼가라 하였다. 그러면 천리가 날로 밝아져 인욕이 날로 사라진 후에 가히 말을 두고 일을 결단할 수 있고 패연히 여유가 있어, 천하의 일이 장차 억지로 족하게 만드는 일이 없을 것이라 하였다.[36] 이처럼 우암은 도처에서 '무성학(懋聖學)'을 권면하는데, 성학이란 곧 성현지도(聖賢之道)요 공맹지도(孔孟之道)를 의미한다. 치자 자신이 부단히 유학에 힘써 제왕의 자질을 함양하고, 왕도에 뜻을 세우고 도의에 입각한 정치를 해야 한다는 것이다.

이러한 관점에서 우암은 '내수외양(內修外攘)'을 강조한다.[37] 우암은 당시 조선조의 현실에서 안으로는 정사를 닦고, 밖으로는 오랑캐를 물리쳐야 하는 것이 정치의 핵심이라고 보았다. 도학(道學)의 핵심이 '수기치인(修己治人)'이라 할 때, 수기가 근본이고 치인으로 확장하듯이, 우암이 당시 정치의 정도로 제시한 '내수외양(內修外攘)'은 내수가 근본이며 외양은 내수의 확장이어야 한다는 것이었다.[38] 여기에서 대내적으로 정사를 닦는다는 것은 치자의 심법을 바르게 하고 성학을 힘쓰며, 공정한 인사, 기강의 확립, 민생의 개혁 등을 통해 내치의 근본을 충실히 하는 것이다.

---

34) 위의 책, 같은 글.

35) 위의 책, 卷7, 「辭召命兼論聖學疏」.

36) 위의 책, 卷12, 「請懋聖學立大志箚」.

37) 위의 책, 卷7, 「辭召命兼論聖學疏」.

38) 김문준, 「우암의 정치사상」, 『송자학논총』, 제6, 7 합병호, 송자연구소, 2000, 230쪽.

또한 밖으로 오랑캐를 물리쳐야 한다는 것은 우암이 살았던 당시의 시대적 상황에 대한 대처를 의미한다. 병자, 정묘의 치욕을 겪고 난후 국가 안보의 필요성이 고조되었고, 특히 외침으로 민족적 자존에 큰 상처를 입은 데 대한 치유의 방안이었다. 철학은 시대의 반영이라 하듯이, 우암의 '복수설치'나 '북벌의리'는 전쟁의 치욕을 겪은 시대적 소산이라 할 것이다.

그런데 여기에서 내수와 외양은 본말관계에 있다. 내수가 근본이라면 외양은 내수의 확충이라고 할 수 있다. 따라서 내수가 갖추어지지 아니한 외양은 무모한 것이 될 수밖에 없다. 그러므로 우암은 무엇보다 내수를 위해 치자의 심법과 도덕성을 갖추고, 성학에 부지런히 힘쓰는 동시에 내정의 개혁을 도모해야 된다고 생각하였다.

3) 다양한 민본대책

우암도 율곡과 마찬가지로 현실에 대한 우환의식이 투철하였고, 시국의 폐단과 민생의 위기를 극복하기 위한 구체적인 대안을 제시하였다. 우암은 많은 소차를 올려 자신의 시국에 대한 견해와 그 대책을 밝혔는데, 특히 「기축봉사(己丑封事)」, 「사우의정소, 3소(辭右議政疏, 三疏)」, 「조진시정차(條陳時政箚)」, 「환도성외대죄소, 2소(還到城外待罪疏, 二疏)」에서 구체적인 경세대안을 제시하고 있다. 이제 이를 중심으로 해서 그의 민본적 정책론과 개혁론을 검토해 보기로 하자. 우선 우암이 이들 대표적인 소차에서 제시한 경세론 내지 개혁론의 내용을 요약 정리해 보면 다음과 같다.

〈기축봉사(己丑封事)〉

1. 슬픔을 억제하여 건강에 유념할 것.

2. 예를 깊이 살펴 장례를 신중히 거행할 것.

3. 열심히 노력하여 마음가짐을 바르게 할 것.

4. 수신을 바탕으로 안정된 가정의 유지에 힘쓸 것.

5. 아첨하는 무리를 멀리하고, 충직한 사람들을 가까이할 것.

6. 사사로운 은혜를 억제하여 공정한 길을 회복할 것.

7. 어질고 능력 있는 인물을 등용시켜 체통을 바르게 할 것.

8. 기강을 바로잡아 풍속을 아름답게 할 것.

9. 세정(稅政)을 바르게 하여 백성들의 생활을 안정시킬 것.

10. 경제적인 절약으로 나라의 경제적 기반을 튼튼히 할 것.

11. 검약을 소중히 하여 사치스런 일이 없도록 할 것.

12. 훌륭한 스승을 선정하여 왕자의 교육을 담당하게 할 것.

13. 군정을 튼튼히 하여 외침에 대비할 것.[39)]

〈사우의정소, 3소(辭右議政疏, 三疏)〉

1. 흉년을 맞아 빈민에 대한 구휼(救恤)을 조속히 할 것.

2. 재해보고 및 조사에 대한 아전들의 농간을 방지할 것.

3. 부세(賦稅) 책정과 징수에 있어 백성들의 형편을 고려할 것.

4. 면포(綿布) 징수의 부정을 방지할 것.

5. 도적의 발호를 방지할 것.

6. 진휼(賑恤)의 부정을 방지하고 이에 신속히 대처할 것.

7. 극빈자에 대한 의식주의 대책을 세울 것.

---

39) 위의 책, 卷5, 「己丑封事(8月)」.

8. 빈곤층에 대한 면세조치를 할 것.
9. 상례를 예법에 맞도록 준수할 것.[40)]

〈조진시정차(條陳時政箚)〉
1. 수령의 선택에 신중을 기할 것.
2. 청백리(淸白吏) 제도를 다시 검토해 볼 것.
3. 수령의 실적을 평가하여 상을 주고 장려할 것.
4. 수차(水車)의 제도를 적극적으로 검토 시행할 것.
5. 아전을 감원할 것.
6. 조정 관료와 아전이 결탁하는 부정행위를 방지할 것.
7. 지나친 사치의 풍습을 금지시킬 것.
8. 광주(廣州) 수어사(守禦使)를 변통할 것.
9. 사치스런 결혼풍습을 고칠 것.
10. 면포의 승새나 자수는 5승(升)에 35척(尺)으로 할 것.
11. 과도한 음주습관을 금지시킬 것.
12. 소의 도살과 쇠고기 음식을 금지할 것.[41)]

〈환도성외대죄소, 2소(還到城外待罪疏, 二疏)〉
1. 슬픔을 절제하여 몸을 보존할 것.
2. 예를 익혀 상례를 신중히 할 것.
3. 학문에 힘써 마음을 바르게 할 것.
4. 몸을 닦아 가정을 바르게 할 것.

---

40) 위의 책, 卷14, 「辭右議政疏, 三疏(辛亥 10月 23日)」.
41) 위의 책, 卷17, 「條陳時政箚(癸亥 正月)」.

5. 아첨하는 측근들을 멀리하여 충직한 자를 가깝게 할 것.

6. 사사로운 은혜를 억제하여 공도(公道)를 넓힐 것.

7. 인재를 정밀히 가려 뽑아 체통을 밝힐 것.

8. 기강을 떨쳐 풍속을 닦을 것.

9. 재용(財用)을 절약하여 나라의 근본을 튼튼히 할 것.

10. 훌륭한 스승을 선택하여 왕세자를 잘 보양(輔養)할 것.

11. 공안(貢案)을 바르게 하여 백성들의 힘을 펴 줄 것.

12. 검소한 덕을 숭상하여 사치의 풍습을 고칠 것.

13. 무비(武備)를 닦아 외침을 막을 것.[42]

이상의 구체적인 경세론 내지 개혁론을 분석해 보면, 첫째는 치자의 심법과 수양에 관한 문제, 둘째는 인사문제, 셋째는 예의의 실천과 풍속의 개혁에 관한 문제, 넷째는 민본적 개혁안 등으로 구별된다.[43]

먼저 치자의 심법과 수양에 관해 살펴보면, 우암은 임금 자신의 건강, 정심(正心)과 성학을 통한 치자의 자질 함양, 훌륭한 스승을 선택하여 왕세자의 교육에 힘쓸 것 등을 강조하였다. 다음 인사에 관한 대책을 살펴보면, 인사에 있어 도덕적 능력(賢)과 전문적인 식견(能)을 기준으로 할 것, 군자를 등용하고 소인배를 멀리할 것, 청백리 제도를 부활 시행해 볼 것, 행정실적을 심사하여 표창할 것, 측근인사나 정실인사를 하지 말 것 등을 제시하였다. 또한 예의 실천과 풍속의 개혁에 대한 견해로는, 장례,

---

42) 위의 책, 卷6, 「還到城外待罪疏, 二疏(己丑6月 28日)」.

43) 지두환은 「우암의 정치적 활동과 경세사상」(제1회 호서명현국제학술대회 발표문, 2003. 11. 7, 한남대충청학연구소)에서 우암의 경세사상을 정치사상, 사회사상, 경제사상으로 구분하고, 정치사상으로는 심학에 입각한 왕도정치, 산림재상과 사림정치론을, 사회사상으로는 奴婢從母從良論, 양반호패론을, 경제사상으로는 대동법론, 구휼정책을 구체적으로 제시하였다.

상례를 예법에 맞도록 시행할 것, 기강을 바로잡아 풍속을 아름답게 할 것, 검소의 미덕을 장려하고 사치의 풍습을 개혁할 것, 과도한 음주습관을 고칠 것, 소의 도살과 쇠고기의 음식을 금할 것을 제시하였다. 끝으로 민본적 개혁안으로는, 공물(貢物)제도를 개정하여 백성들의 힘을 펴 줄 것, 절약과 검소를 통해 국고를 튼튼히 할 것, 군정을 튼튼히 해 외침에 대비할 것, 도적의 발호를 방지할 것, 진휼(賑恤)의 부정방지 및 신속한 대응, 빈곤층에 대한 면세 조치, 극빈자에 대한 의식주 대책 마련, 면포 징수의 부정 방지, 세금 책정과 징수에 있어 백성들의 형편 고려, 재해 보고 및 조사에 있어 아전들의 농간 방지, 수차제도의 도입 시행, 아전의 감축과 부정 방지, 광주 수어사의 변통, 면포의 크기 조정 등을 제시하였다.

이를 통해서 볼 때, 우암의 경세론에는 크게 두 가지 특성을 발견할 수 있다. 하나는 도학적 경세론의 특징이다. 우암이 임금에게 간곡히 권면하는 바는 치자의 도덕성과 그 도덕성에 입각한 도의정치였다. 이를 위해 치자 자신이 성학에 열중해야 하고, 마음공부를 돈독히 해야 한다는 것이다. 아울러 그는 당시 조선조 사회의 전반적인 부정과 부패구조에 대해 개혁의 필요성을 강조하고 있고, 인사의 공정성, 기강의 확립, 건전한 풍속과 예속의 진작, 사회정의 확립을 통해 정신적으로 건강한 도의사회를 구현해야 한다고 보았다.

또 하나는 민본적 경세론의 특징을 볼 수 있다. 이는 우암이 민(民)을 가리켜 어리석은 것 같지만 신과 같다고 한 그의 인간관에서도 알 수 있지만,[44] 그는 도처에서 가난한 자, 불쌍한 자, 약한 자에 대한 배려와 구휼을 힘써 강조하고 있다. 그가 공안(貢案)이나 군정(軍政) 등의 개혁을 주장하는 것도 가난하고 불쌍한 백성들이 겪고 있는 고통을 해소하고 그들에

44) 위의 책, 卷8, 「辭職兼論事箚」.

게 조금이나마 실질적인 경제적 혜택을 주고자 함이었다. 특히 그는 율곡이 제시했던 노비종모종량법(奴婢從母從良法) 즉 어머니가 양인이면 아버지가 노비라도 자식은 양인이 되게 하여, 노비를 점차 양인으로 만들어가는 제도를 건의하여, 숙종 10년(1681년)에 마침내 법제화를 이루었던 것이다.[45] 또한 그는 양인이 지는 군역(軍役)의 문제점을 해소하기 위해 호패법의 시행을 주장하고, 이에 따라 양반인 사족(士族)이 군역을 부담하도록 하는 양반호포론(兩班戶布論)을 적극 주장하였으니,[46] 이 또한 불우계층에 대한 관심과 대책이라는 측면에서 중요한 의미가 있다. 우암이 비록 신분제의 철폐나 노비해방과 같은 급진적인 대책은 내놓지 못했다 할지라도, 17세기 조선조 사회에 대한 냉철한 분석을 통해 그 해결책을 강구한 것은 나름대로 큰 의미가 있을 것이다.

5. 맺는 말

우암의 경세론은 전반적으로 윤리적 성격이 매우 짙다는 점에서 도학적 경세론이라 규정할 수 있다. 아울러 도학이 본래 수기치인, 내성외왕을 겸하듯이, 우암의 경세론도 율곡과 마찬가지로 치자의 내면적 수기와 경세제민의 대안을 겸하고 있다는 점에서도 도학적 경세론이라 할 수 있다.

우암의 경세론은 도의정치의 실현을 추구한다. 그는 삼강오상을 인간과 사회 그리고 국가의 질서를 유지하는 근간으로 삼고, 만약 이것이 무너지면 중국이 오랑캐가 되고 인류가 동물세계로 전락하게 된다 하였다.

45) 지두환, 위의 글, 42쪽.
46) 지두환, 위의 글, 43~45쪽.

또한 치자가 먼저 사심을 극복하여 천리를 회복해야 공도가 확립되고 공명정대한 정사가 베풀어질 것이라 하였다. 이를 위해 그는 극기의 마음공부를 강조하기도 했다. 아울러 그의 이러한 윤리의식은 당시 현실에서 춘추의리 내지 복수설치의 의리로 발현되기도 했다. 그것은 의리의 대외적 발로로서 부끄러움에 대한 의리의 발휘였다.

또한 우암은 도의정치의 실현을 위해 치자의 입지와 학문을 강조하였다. 우선 치자 자신이 왕도에 대한 뜻을 세우고, 이를 실현하기 위해 치자의 도덕적 자질이 전제되어야 하는 것이다. 그러므로 그는 임금을 향해 성학에 열중할 것을 권면했고, 부단히 자기 수양에 전념할 것을 당부하였다. 아울러 '내수외양'을 적극 주장하였는데, 내수는 근본이고 외양은 내수의 확충이었다. 요컨대 내수 없는 외양은 무모한 것이므로 내수가 충실해야 외양이 가능한 것이었다.

또한 우암은 평생 많은 상소를 올려 자신의 견해를 밝혔는데, 그중에서도 「기축봉사(己丑封事)」, 「사우의정소, 3소(辭右議政疏, 三疏)」, 「조진시정차(條陳時政箚)」, 「환도성외대죄소, 2소(還到城外待罪疏, 二疏)」등에서 구체적인 시무(時務)대책을 밝히고 있다. 이를 종합해 볼 때, 첫 번째 특징은 도처에서 윤리, 의리, 정의, 기강의 확립을 강조하고 있는 도학적 경세론이라는 점이며, 둘째로는 '노비종모종량법(奴婢從母從良法)'이나 '양반호포법(兩班戶布法)'에서 보듯이, 불우계층에 대한 배려와 구휼에 대한 관심이 많고, 개혁을 주장하는 이유도 백성들의 이익과 편리를 위한다는 점에서 민본적 경세론이라는 특징이 있다.

우암 송시열의 지도자 덕목*

| **김문준**(건양대학교 교양학부 교수) |

1. 머리말

지도자의 덕목은 과거나 현재나 그 지도자가 책임지는 집단의 생존과 발전에 밀접한 관련이 있다. 그것은 시공을 초월하여 요구되는 지도자의 덕목이 있는 한편, 시대와 상황에 따른 그 집단의 목표와 운영 방식에 따라 특별히 요구되는 측면도 있다. 우암(尤庵) 송시열(宋時烈, 1607~1689)이 요구한 지도자의 덕목 역시 시공을 넘어 보편적으로 인정될 것이 있고, 양란(兩亂) 이후에 조선이 처한 상황에서 특별히 강조하였던 덕목도 있다.

개인의 덕목이란 그의 삶의 목표가 무엇이고 그것을 이루기 위해 어떤 방법을 쓰는가에 관한 내용이다. 지도자의 덕목이란 국가의 생존과 번영과 관련하여 어떠한 목표를 지향하며, 어떻게 그 목표를 이룰 것인가에

* 이 논문은 『동양철학연구』, 제70집(동양철학연구회, 2012. 5. 30.)에 게재된 것임.

관련된 방법과 자질이라고 할 수 있다.

송시열이 요구하였던 지도자의 덕목과 자질은 산림(山林)으로서 요구하는 지도자의 덕목이라고 할 수 있다. 산림이란 관리가 아니지만 정치에 깊이 관여하면서 당 시대의 정국 추이에 많은 영향을 미치는 학계와 정치계의 정신적 지주라고 할 수 있다. 우암은 군주와 신하는 도를 같이 행하는 도반(道伴)이어야 한다고 생각하였으며, 그런 때문에 우암은 선비가 과거에 급제하여 조정에 들어가 왕을 보좌하는 행정 관료가 아니라 조정에 출사하지 않고 재야에서 왕의 스승이자 조언자로 역할을 행하는 산림의 역할을 중시했다.

유교사상은 왕도(王道)사상을 지향하여 통치자는 힘이 아니라 덕으로 다스려야 하며, 통치자와 위정자의 부귀(富貴) 탐락(耽樂)이 아닌 백성의 안정된 삶을 우선으로 추구하는 국가가 되도록 백성을 이끄는 지도자여야 하고, 국제적으로도 인의(仁義)를 행하는 문명사회를 지향하고 불의의 무도한 야만 상태를 개선하는 데 기여하는 국가로 경영해야 한다. 그러한 가운데 국가의 지속적인 생존과 번영도 가능하다고 본다. 국가 지도자란 그러한 일을 성심(誠心)으로 수행하여야 하고, 그러한 사업을 추진할 수 있는 자질을 지녀야 할 것이다.

송시열이 요구했던 지도자 덕목을 이해하는 자료는 대단히 많지만, 효종과의 독대를 기록한 〈악대설화〉, 〈진수당주차〉, 〈정유봉사〉, 〈기축봉사〉 등을 통하여 그 대강을 이해할 수 있다.

2. 지도자의 기본 덕목과 도덕 수양

1) 지도자의 기본 덕목

우암이 주장하는 지도자 덕목의 가장 중요한 능력은 국가의 인륜 도덕적 기본 방침을 세우고 어려운 상황 속에서도 이를 실천하기 위해 조정과 왕실과 백성을 이끌어 갈 수 있는 능력이다. 이러한 측면은 단지 우암만이 요구하는 지도자 덕목이 아니라 모든 도학 선비가 공통으로 지향하는 지도자의 자질이라고 할 수 있다. 선비란 어질고 바른 사람으로, 학식과 예절을 실천하는 인격자로서 철저한 도덕관과 윤리관을 가지고 의리와 원칙을 지키며 곤경에 처해도 굴하지 않고 부당한 부귀를 탐하지 않는 고결한 인품을 지닌 사람이다. 선비의 가치는 이러한 인품과 덕을 바탕으로 세상에 나아가서는 도를 행하고 들어가서는 도를 후세에 전하는 일을 자기의 책무로 삼는다. 이를 위해 선비는 학문과 덕행, 학문과 정치를 하나의 일로 여기며, 지도자란 당연히 '학덕(學德)일치', '학정(學政)일치', 덕치(德治)를 실현하기 위하여 전 인생을 통하여 부단히 노력하는 사람이 되어야 한다고 본다.

이러한 삶을 지향하는 지도자의 학문은 입지(立志)로부터 시작된다. 성인이 되어 왕도를 행한다는 뜻을 세우고, 오로지 경건한 마음으로 일관(一貫)하여 살아가며 어떤 경우에도 지조(志操)를 지키며 살아가려는 태도를 지니기 위하여 학문을 닦고 행실을 깨끗이 하여 학덕을 겸비하여야 한다.

우암이 지향하는 지도자의 덕목이란 이러한 선비의 덕목을 바탕에 두는 것이라고 할 수 있다. 그러면 우암이 요구하는 지도자의 덕목이 다른 이들이 주장하는 지도자의 덕목과 구별되는 점은 무엇인가? 그것이 우암이 지향하는 지도자 덕목의 특징이라고 할 수 있을 것이다. 우암이 남달리 요구한 지도자의 덕목은 그가 활약했던 당시가 삼전도의 치욕을 당한 비상 시기였기 때문에 강조된 것이며, 이러한 시기를 당하여 개인의 덕성의 차원을 넘어 인륜을 지키는 춘추의리와 절의를 중시하였다는 점이다. 우암은 이러한 비상시기를 극복하고 국가를 재건하기 위해서는 지속적으로 인륜을 지키고 행한다는 일관된 신념을 바탕으로 조정의 기강 수립, 민심 안정, 공론 통일을 중요한 일로 거론했다.

선비가 수행해야 할 의리는 하나가 아니라 수천수만인데 어떤 의리가 중한가? 그것은 그가 처한 시공 속에서 선택해야 할 것이다. 따라서 선비는 자기 사견대로 의리와 행동의 방침을 정하는 것이 아니라 학식을 바탕으로 선현의 식견을 가지고 자기가 처한 시대 상황에 따라 개인과 국가나 나아갈 바른 길을 선택하여 행하여야 한다.

따라서 지도자가 지녀야 할 덕목을 기르기 위해서는 성심으로 학문을 해야 한다. 호학(好學)은 지도자의 덕목 자체라고 볼 수 있을 정도로 강조된다. 지도자가 삶의 일상에서 선행해야 할 공부는 왕도를 행하는 성인이 되고자 하는 공부를 행해야 하며, 이러한 공부 과정으로는 독서가 중요하다. 사서오경(四書五經)이 모두 지도자의 자질을 키우기 위한 지도서라고 할 수 있지만, 그 가운데에서도 정주(程朱)는 『대학』, 『중용』을 중시했고, 우리나라에서는 그것을 체계적으로 요약하여 제시한 퇴계 이황의 『성학십도』와 율곡 이이의 『성학집요』가 대표적인 전형이라고 할 수 있다. 그 가운데 율곡의 『성학집요』는 성왕이 되려는 지도자의 수기(修己) 치인(治人)의 양 측면을 모두 구비한 것으로 성학의 대표지침서라고 할 수 있다.

우암이 강조하는 지도자 덕목은 우선 『대학』과 『성학집요』를 통해 그 대강을 살펴볼 수 있다. 『대학』의 가장 중요한 핵심은 3강령 8조목이다. 그러나 그것을 구체화하여 실용하기 위해서는 더욱 자세한 지침이 필요하다. 그 때문에 율곡은 『성학집요』를 지어 임금에게 제시했다. 율곡은 『대학』을 기본으로 규모를 세우고, 성군(聖君)이 되려는 임금은 사서(四書) 육경(六經)에 담긴 성현의 천만 가지 교훈의 강령(綱領)을 들고 그 종지(宗旨)를 정하여 궁리(窮理) · 정심(正心) · 수기(修己) · 치인(治人)의 도를 얻어야 한다고 하였고, 사서 · 육경과 선유(先儒)의 설과 역대 역사의 정수를 모으고 그 요령을 간추려 총 5편을 제시했다. 1편의 통설은 수기(修己)와 치인(治人)을 합하여 말하여 『대학』의 명명덕(明明德), 신민(新民), 지어지선(止於至善)을 설명했다. 2편의 수기(修己)는 『대학』의 명명덕(明明德)으로, 입지(立志), 수렴(收斂), 궁리(窮理), 성실(誠實), 교기질(矯氣質), 양기(養氣), 정심(正心), 검신(檢身), 회덕량(恢德量), 보덕(補德), 돈독(敦篤), 그리고 그 공효를 논했다. 3편의 정가(正家)는 제가(齊家)를 말함이요, 그 조목으로는 효경(孝敬), 형내(刑內), 교자(教子), 친친(親親), 근엄(謹嚴), 절검(節儉)을 들었다. 4편의 위정(爲政)은 『대학』의 신민(新民)으로, 치국평천하(治國平天下)를 이행하는 일이며 그 조목으로는 용현(用賢), 취선(取善), 식시무(識時務), 법선왕(法先王), 근천계(謹天戒), 입기강(立紀綱), 안민(安民), 명교(明教) 등을 들었다. 임금은 이러한 덕목을 길러 왕도(王道)를 행하는 학문을 해야 한다. 율곡은 『성학집요』를 임금의 학문으로 제시한 것이지만 그 실상은 상하(上下)에 통하니, 배우는 이들이 마땅히 여기에 공(功)을 들여 향학(向學)의 방향을 정하여야 할 것이라고 말했다. 우암이 요구하는 지도자 덕목도 근본적으로는 『대학』과 『성학집요』의 규모와 절차를 벗어나는 것은 아니다. 다만 우암이 처한 상황에서 이러한 수많은 자기 수양의 방법들, 제가와 치국을 하기 위한 조목들을 어떻게 수행해 나가야 할 것인가가 문제 된다.

2) 지도자의 도덕 수양

우암은 지도자란 천리(天理)/인욕(人慾), 정(正)/사(邪), 시(是)/비(非)를 가르는 명백한 가치관에 입각하여 군자/소인, 중화/이적, 정학/이단을 결단하는 경지에 도달해야 한다고 보았다. 우암은 임금에게 극기(克己)하면 천리에 순응하게 되니, 끊임없이 '거경궁리'하여 '성심정의'를 행하기를 촉구했다. 선비들은 자연재해나 기상이변이 생기면 그때를 이용하여 경연이나 상소를 통하여 임금의 정사에 대해 잘잘못을 논하고 때로는 훈계(訓戒)하여 어질고 유능한 임금 노릇을 하도록 촉구했다. 우암 역시 이러한 방법을 자주 이용했다. 우암은 54세 되는 해인 현종 1년(1660) 11월에 〈사직하고 성학(聖學)의 요체를 진달하는 소〉에서 옛날 제왕들은 어떤 일도 학문에서 나오지 않은 것이 없었기 때문에 그 치도(治道)의 융성함이 지극하였는데 후세에는 그저 자기의 재능(才能)과 기의(氣意)만 가지고 정치를 하면서 학문은 쓸모없는 조박(糟粕)으로 여겼기 때문에 다스림이 학문과 정사의 두 가지로 나뉘어 끝내 대유(大猷)의 융성함을 볼 수 없었다고 평하고, 배움〔學〕이란 다만 글을 읽어 이치를 궁구〔窮理〕하고 몸가짐을 경건히 하여〔居敬〕 극히 정미하게〔致精〕 할 뿐이라고 했다.[1)]

우암은 59세인 현종 6년(1665) 11월에도 전국적인 이상 기후(氣候)가 발생하자 왕명에 의해 재이(災異)를 그치게 하는 데 대한 계책을 올린 상소[2)]에서 자연 재변은 상제가 진노하여 발생한 것으로 임금이 '공구수성(恐懼修省)'해야 하고 견고(譴告)하고 경동(警動)하는 뜻을 어겨서는 안 된다고 하고 임금이 오직 성학(聖學)에 힘써야 하며, 성학의 요점은 독서(讀

1) 『송자대전』, 제10권, 소차. "辭職仍陳聖學之要疏 庚子十一月二十四日."
2) 『송자대전』, 제11권, 소차. "應旨進弭災之策疏 乙巳十一月."

書) 궁리(窮理)하여 선을 따르고 악을 제거하는 것에 불과하다고 했다.〔聖學之要 不過讀書窮理 善則從之 惡則去之〕[3)]

우암이 62세인 현종 9년(1668) 11월에 올린 〈경계할 것을 진달하는 소〉에서도, 사람이 학문을 하는 목적은 한갓 대화 자료나 마련하고 문장을 짓기 위한 것이 아니라 장차 지식과 생각을 열고 넓히며 몸과 마음을 닦고 바르게 함으로써 제가(齊家)와 치국(治國)의 근본을 삼고자 하는 것이며, 진실로 성실한 마음이 없으면 아침에 지론(至論)을 듣고도 저녁에 잊어버리며, 밤에 후회하였어도 이튿날 낮에 다시 후회할 일을 하게 된다고 하고 성심(誠心)으로 학문에 임하기를 요구했다.[4)]

그해에 올린 〈성학(聖學)에 힘써 큰 뜻을 세울 것을 청하는 차자〉에서도, 뜻을 가다듬고 분발하여 정일(精一)·극복(克服)·징질(懲窒)·천개(遷改)하는 실제에 전심하고 일체 마음에 해가 되는 사사(私邪)로운 일은 한 칼로 잘라 버려 다시는 싹트지 못하게 하기를 촉구했다.[5)] 그해 12월에 큰비가 여러 날 계속되자 진계(陳戒)를 요구하기 위해 올린 차자(箚子)에서도 임금이 빨리 '극기복례(克己復禮)'하고 '천선질욕(遷善窒慾)'하기를 촉구한 글이다.[6)] 이처럼 우암이 당시의 임금에게 요구한 것은 '계신공구'하여 개인의 욕심을 비우고 정사에 임하라는 내용이다.

우암이 당대의 임금에게 지속적으로 말한 바는 "중원(中原)의 오랑캐는 쫓아내기가 쉽지만 자기 한 몸의 사욕은 없애기 어려우며, 세상에 드문 큰 공(功)을 세우기는 쉽지만 미약한 본심(本心)은 보존하기 어렵다."는 주자의 말이다.[7)] 그 요점은 자신의 사욕을 버리고 천리(天理)를 회복하

---

3) 위와 같은 곳.

4) 『송자대전』, 제12권, 소차. "陳戒疏 戊申十一月."

5) 『송자대전』, 제12권, 소차. "請懋聖學立大志箚 戊申十一月."

6) 『송자대전』, 제13권, 소차. "遇災陳戒箚 戊申十二月."

는 데 있는데, 사욕과 천리는 한쪽이 성하면 한쪽은 소멸되는 것이므로 나라의 치란과 안위가 여기에 달려 있다고 하고, 위란(危亂) 치안(治安)은 임금의 사욕을 누르지 못했기 때문에 그 지경에 이르게 된 것이니 끊임없이 경계하기를 촉구했다.[8]

〈사의(私意)를 버리고 공도(公道) 넓히기를 청하고 훈신(勳臣)들의 추록(追錄)을 청하는 차자〉[9]에서는 나라가 더욱 약해질수록 사(私)를 더욱더 없애고 공(公)을 더욱더 넓혀야 한다고 주장하고, 주자가 송나라의 남도(南渡) 이후 어수선할 때를 당해서 나라의 기강을 진작시키려고 제시한 계책도 공과 사를 분별하는 데 불과했다고 하였다. 사(私)라는 것은 자기 혼자만 가지고 있는 생각에 의지할 뿐 그 밖의 것에는 통하지 못하는 것을 일컫는 말이며, 한 가닥 사특한 마음을 누르지 못하기 때문에 사심(私心)이 생기고, 가인(家人)과 근습(近習)을 바르게 하지 못하기 때문에 사인(私人)이 있게 되어, 사심으로 사인을 쓰게 되면 사비(私費)가 없을 수 없어 안으로는 경비(經費)의 수입을 축내고 밖으로는 많은 헌물(獻物)을 받아들여 사재(私財)를 축적하는 데 이르니, 천하의 온갖 일의 폐단이 이로 말미암아 생겨난다고 지적했다.[10] 따라서 임금은 사심으로 권모술수를 쓰지 말고 심신(心神)을 일신해서 한결같이 천리(天理)를 밝히고 사심 없애기를 일삼아야 한다고 했다. 또한 임금이 그렇게 하면 조정의 신하들이 정신을 가다듬고 분발하여 임금의 아름다운 덕을 받들 것이며, 조정 신하들이 이러면 각 도의 감사(監司)도 자연 출척(黜陟: 치적을 살펴 관직에서 내치거나 승진시킴)을 분명히 해서 선(善)을 표창하고 악을 제거하게 될

7) 『송자대전』, 제16권, 소차. "進修堂奏箚 辛酉正月三日."

8) 위와 같은 곳.

9) 『송자대전』, 제16권, 소차. "請去私意恢公道 仍論追錄諸勳箚 辛酉正月."

10) 위와 같은 곳.

것이며, 감사가 이러면 각 고을의 수령들도 청렴한 마음으로 수치스러운 일을 멀리하여 그 혜택이 백성에게 미치고 나라가 편안하게 다스려질 것이라고 했다. 이렇게 되면 어떤 뜻인들 이루지 못할 것이 없고 어떤 일인들 성취하지 못할 일이 없게 된다고 했다.[11] 또한 사심이 없으면 임금이 사심 없이 발탁한 대신과 대간의 말을 따르고, 공도(公道)를 확장하여 적당한 사람을 훈적(勳籍: 신하의 공로를 기록한 문서)에 참여시키게 되며, 그렇게 되면 아랫사람들이 모두 임금의 개심(改心)을 우러러보고 임금이 큰일을 할 수 있다는 것을 믿고 초야에 묻혀 있던 신하들도 기꺼이 몰려나올 것이라고 했다.[12] 또한 조광조(趙光祖)가 중종대왕(中宗大王)을 만나서 치도(治道)를 부흥하려 할 때 먼저 '예(禮)·의(義)·염(廉)·치(恥)'는 나라의 사유(四維)이니, 사유를 확장시켜야 한다고 했고, 이로서 당시 세도(世道)가 청명(淸明)하고 인심이 열복했다고 하였다.[13]

이상을 통해 볼 때 우암은 임금에게 정학(政學)을 일치(一致)하게 하고 당대의 식견을 지닌 지식인과 관료들이 합심하여 공도(公道)를 행하는 학계와 정국을 만들기를 기대했다. 이러한 노력은 공맹(孔孟)과 정주(程朱), 그리고 정몽주, 조광조 이래의 한국 도학정신을 계승하는 학문이요 사업이며, 임금의 책무는 이러한 학문과 정치의 기조를 영원히 지속시키는 일이라고 보았다.

11) 위와 같은 곳.

12) 『송자대전』, 제16권, 소차. "請去私意恢公道仍論追錄諸勳箚, 辛酉正月."

13) 위와 같은 곳.

3. 주요 저술에 담은 지도자의 덕목

1) 〈악대설화〉에 담긴 지도자의 덕목

우암은 효종이 한창 북벌을 준비하던 1659년(효종 10) 3월 11일에 희정당(熙政堂)에서 임금과 소대(召對)했다.[14] 이때 대화를 나눈 내용은 다섯 가지인데, 이 내용은 우암이 독대 이후 자신이 직접 정리한 글로서, 북벌을 준비하는 임금이 어떻게 정사에 임해야 하는가를 문답한 내용을 적어 놓은 글이다.

첫째, 효종이 오늘날 해야 할 일 중에서 무엇이 가장 급선무인지 묻자, 우암은 격물(格物)·치지(致知)·성의(誠意)·정심(正心)이라고 했다. 이 학설을 사람들은 진부하고 오활한 옛말이라고 생각하기 때문에 사람들이 이 말을 들으면 모두 마음속으로 비웃지만, 격물치지는 이 마음의 본체를 밝혀 마음을 밝게 하고 사물의 이치에 막힘이 없고 모두 통달하여 모든 일을 마땅하게 처리하는 공부로, 그렇게 하지 못하면 정치뿐만 아니라, 인심이 사나워져 복종하지 않을 것이고 윗사람을 능멸하기까지 하게 되니 나라가 제대로 다스려지기 어렵다고 했다.[15] 격물(格物)·치지(致知)란 인륜에 대한 큰일을 먼저 살피는 것으로, 주자(朱子)는 '모든 일에 옳은 것을 찾는 것이 격물치지의 요지이다.'라고 했다. 또한 정심(正心)이란 마음의 본체를 맑고 밝게[湛然虛明] 하여 치우치거나 분잡함이 없게 하는 것이다. 마음의 본체는 격물치지를 하여 밝아지고, 선을 좋아하고 악을 미워함은 성의(誠意) 공부라고 했다. 그런데 이미 선악의 판단이 섰다 하더

14) 『송서습유』, 제7권, 잡저, 幄對說話.

15) 위와 같은 곳.

라도 마음이 담연히 허명하지 못하면 외물에 쉽게 흔들려 어두워지게 되니, 이 때문에 제대로 선을 좋아하고 악을 미워하지 못하여 한쪽으로 치우치고 번잡하게 되어 장차 못할 짓이 없게 된다고 했다. 이 때문에 격물·치지·성의를 하고 정심(正心) 공부를 해야 한다고 했다.

둘째, 율곡(栗谷)과 우계(牛溪) 양현(兩賢)을 문묘(文廟)에 종사(從祀)하는 문제를 논하였다. 효종은 양현 종사가 급한 일은 아니지 않은가 묻자, 우암은 양현을 문묘에 종사하는 일은 의논이 통일된 뒤에 하여도 늦지 않으나, 선현을 무함하고 모욕하는 자들을 먼저 바로잡는 일은 중요한 일이니 급선무가 된다고 했다.

셋째, 효종이 밤낮으로 병력을 기르는 일을 애써 생각한다고 하면서 양병(養兵)과 양민(養民)을 같이 해나갈 수 있는 방법을 묻자, 주자의 말을 들어 재력(財力)을 모두 군수(軍需)로 돌려야 하며, 보오법(保伍法)을 시행하여 누락되는 민정(民丁)이 없게 하고, 먼저 기강을 세운 뒤에 이 법을 시행할 수 있다고 하고, 기강을 세우는 길은 임금이 사심(私心)을 없애는 데에 달려 있다고 말했다.

넷째, 우암은 효종이 묻지 않은 강빈(姜嬪: 소현세자 빈)의 옥사(獄事)를 먼저 거론하여 역모 증거가 불분명한 강빈을 살려 주어야 한다고 변호한 김홍욱을 죽인 일이 잘못이라고 말했다.

다섯째, 효종이 주자의 말은 과연 하나하나 모두 행할 수 있는 것이냐고 묻자, 우암은 옛 성인의 말씀은 간혹 시대와 형편이 달라 시행할 수 없는 것도 있지만, 주자의 말씀은 시대와 형편이 지금과 매우 가깝고 또 주자가 만났던 시대상도 오늘날과 서로 비슷하기 때문에 그 말씀을 하나하나 모두 행할 수 있다고 말했다.

이렇게 보면 결국 우암이 효종에게 당 시대를 해결해 가는 제일의 방도는 임금이 주자의 말을 따라 정심(正心) 성의(誠意)하여 자신의 사심(私心)

을 없애고 공도(公道)를 바로 세우는 데에 있다는 것으로 요약할 수 있다. 지도자의 덕목이란 이런 일을 일관성 있게 해 나가는 도덕적 결단과 실천성이라고 할 수 있다.

2) 〈기축봉사〉와 〈정유봉사〉에 담긴 지도자의 덕목

우암이 효종에게 기축년과 정유년에 〈기축봉사〉[16]와 〈정유봉사〉[17] 등 2차례의 봉사(封事)를 올렸는데, 이것은 우암의 가장 중요한 상소문으로서 우암이 효종에게 바라는 지도자의 덕목을 유추할 수 있다.

〈기축봉사〉는 우암이 43세 때인 효종 즉위년에 올린 글로, 모두 13조로 내용을 진술했다. 〈정유봉사〉는 우암이 51세에 효종에게 올린 글로, 19조목에 걸쳐 정치 방도를 진술했다. 이 중 〈기축봉사〉의 내용 가운데 '학문에 힘써 마음을 바르게 한다(勉學以正心)' · '몸을 닦아 집안을 다스린다(修身以齊家)' · '편녕을 멀리하여 충직한 이를 가까이 한다(遠便佞以近忠直)' · '사은을 억제하여 공도를 넓힌다(抑私恩以恢公道)' · '선임을 정밀하게 하여 체통을 밝힌다(精選任以明體統)' · '기강을 진작하여 풍속을 장려한다(振紀綱以勵風俗)' · '재용을 절약하여 나라의 근본을 굳건히 한다(節財用以固邦本)' · '사부를 택하여 세자를 가르친다(擇師傅以輔儲貳)' · '정사를 닦아 이적을 물리친다(修政事以攘夷狄)' 등 9조는 주자(朱子)의 〈기유봉사〉(己酉封事) 중에 있는 조목을 원용한 것이며, 이밖에 '공안을 바르게 하여 민력을 편다(正貢案以紓民力)' · '검덕을 숭상하여 사치를 혁파한다(崇儉德以革奢侈)' 등이 우암이 진술한 핵심 내용이라고 할 수

16) 『송자대전』, 제5권, 봉사, 己丑封事 八月.
17) 『송자대전』, 제5권, 봉사, 丁酉封事 八月十六日.

있다.

〈기축봉사〉에서 우암은 자신이 평생 배운 정심(正心)·성의(誠意) 네 글자로 임금을 돕겠다고 말하고, 정심·성의에 관한 설은 한(漢)·당(唐) 시대에는 늘 공리(功利) 담론에 눌리었고 후세의 속학(俗學)들은 성의(誠意)·정심(正心)의 묘리를 모르고 정사나 문물을 실시함에 이와 관계없는 별개의 일로 간주하므로 제왕(帝王)의 심법(心法)의 요체가 무용지물이 되어 버렸으니 한탄할 일이라고 했다. 그러면서 진달한 내용 가운데 주요한 항목들을 살펴보면 다음과 같다.

첫째, '학문에 힘써 마음을 바르게 하라'고 했다. 우암은 학문이란 주경(主敬)과 강학(講學)인 바, 강학으로 인욕을 분변하고 인욕을 막아 인심이 도심(道心)에 섞이지 않게 하고, 주경(主敬)으로 천리를 밝히어 회복시키며 천리가 인욕에 흐르지 않게 하여야 한다고 했다.

둘째, '편녕(便佞)을 멀리하고 충직(忠直)을 가까이 하라'고 했다. 임금이 극기정심(克己正心)하지 못하면 즐기는 바는 모두 사사화리(私邪貨利)의 일이 되고, 강명(剛明) 공정(公正)한 인재는 임금 자신이 좋아하는 것을 마음대로 하지 못할까 염려되어 쓰지 못하고, 아부하고 순종하여 뼈가 없는 듯한 부류만을 취택하여 근밀(近密)한 자리에 두어서 자신이 명령하는 대로 잘 따르는 것을 좋아하게 된다고 했다. 그러나 이들 무리는 임금이 원하는 것을 이루게 해 주면 그 은사(恩私)를 믿고 또한 자기들이 원하는 것을 이루려고 하는데, 간계를 꾸며 위복(威福)을 주물러 못하는 짓이 없게 되어 끝내는 충량(忠良)을 물리치고 당여(黨與)를 심어서 뇌물을 주고받고 마음대로 청탁을 행하니, 충직(忠直)한 사람은 사라지고 더러운 무리들만 남게 되어 정사를 아무리 잘하고자 하여도 그렇게 될 수 없다고 했다. 따라서 역시 임금의 마음을 바르게 하여 경외할 만한 사람을 취하며, 단지 내 뜻을 맞출 수 있는 사람이 아니라 내 잘못을 보완할 수 있는 사람을 구하며, 연사(燕私)·화리(貨利) 등 목전의 편리(便利)를 위하지 않고 종사(宗社)·생령(生靈) 등 만세의 계책을 위하여야 한다고 했다. 따라서 당연히 정사(政事)의 근본은 임금의 극기정심(克己正心)이라고 했다.

셋째, '공안(貢案)을 정당하게 하여 백성의 힘을 펴게 하라'고 했다. 임금은 부세를 번거롭게 해서는 안 된다는 것을 알지만 자신의 사욕을 절제하지 못하면 오직 자기 사욕만을 따르고 백성이 처참하게 되는 것은 돌볼 겨를이 없게 된다고 하면서 백성을 위해 연산조 이래의 폐단, 서리의 농간, 양전(量田) 재실시 등을 주장했다.

넷째, '검덕(儉德)을 숭상하여 사치(奢侈)를 개혁하라'고 했다. 임금이 사치를 미워하지 않은 것은 아니지만 사욕(私慾)을 극복하여 검덕(儉德)을 시행하지 못하였기 때문에 아랫사람들이 검소하라는 명령을 기꺼이 따르지 않게 된다고 했다.

다섯째, '정사를 닦아 이적(夷狄)을 물리치라'고 했다. 『춘추(春秋)』에서 대일통(大一統)의 의리를 천하 후세에 밝힌 뒤로 중국은 존중해야 하고 이적(夷狄)은 추하게 여겨야 할 것임을 알았으며, 주자가 또 인륜과 천리(天理)를 깊이 따져 인(仁)과 의(義)를 놓아 버리고서는 사람의 도를 세울 수 없으니, 인은 부자(父子)보다 더 큰 것이 없고, 의는 군신(君臣)보다 더 큰 것이 없다고 했다. 이것이 삼강(三綱)의 요체요 오상(五常)의 근본으로서, 인륜은 천리의 지극함이니 천지 사이에 벗어날 수 없고, 군부(君父)의 원수는 한 하늘 아래 함께 살 수 없다고 했다. 군신·부자의 삼강은 한 몸의 사정에서 나온 것이 아니며, 이것이 시행되지 않으면 예악(禮樂)이 폐하고 인도(人道)가 금수(禽獸)에 들어가서 구제할 수 없게 된다고 주장했다.

이상에서 살펴본 바와 같이 우암이 효종에게 기축년과 정유년에 2차례의 봉사(封事)를 올린 내용도 결국 〈악대설화〉에서 살펴본 바와 같이 모두 임금 자신의 정심(正心) 성의(誠意)로 요약할 수 있다. 정심 성의는 북벌이라는 대사 앞에서도 일관되게 절실한 시책으로 제시되고 있는 것이다. 이렇게 우암이 요구한 지도자의 덕목과 책무는 우암 스스로 주자와 한국 도학의 전통을 계승한 것이라고 자부하였으며, 우암 이후로도 지속적으로 도학 선비들에 의해 계승되었다.

4. 우암의 시대 인식과 세도(世道) 정신

1) 시대 인식과 세도

우암은 한국 도학사에 이름을 남긴 선배 선비들을 존경하고 따르고자 하였다. 선비란 충효(忠孝)를 행하기 위하여 노력하며 학문을 좋아하고 행동과 예절이 바르며, 절의와 염치를 알아서 자신을 욕되게 하지 않는 사람이다. 그런데 지도자의 덕목은 이러한 개인적인 도덕성만으로는 부족하다. 지도자는 무엇보다 언행을 일관하는 핵심 가치를 지녀야 한다. 아무리 '정심(正心) 성의(誠意)'로 마음을 닦는 학문과 수양을 한다고 하더라도 일관된 정치의 지향점이 없으면 지속적인 지도력과 적실한 현실 방책이 나올 수 없다.

우암이 병자호란의 패배와 삼전도의 치욕, 그리고 이어지는 정국의 요동 속에서 국가 재건을 위해 일관되게 촉구했던 가치는 인륜(人倫)이며 그 핵심 가치는 '존군부(尊君父)'이다. 당시의 '존군부'의 의미는 평화시에 행하던 '존군부'의 의미와 달랐다. 상국(上國)으로 섬기던 명나라가 망하고 천하게 여기던 후금(後金)이 세상을 지배하여 상국이 된 것이다. 우암은 이러한 시기에 처한 지도자는 그 개인의 착한 양심과 도덕심만으로는 안 되고 확고한 역사관과 세도(世道) 의식을 가져야 한다고 보았다.

세도란 왕도정치를 당시대에 구현하기 위한 시대이념을 의미한다. 그러므로 세도란 분명한 정치적 지도 이념과 공정한 언론을 바탕으로 인심(人心)을 바로잡아 나가는 도의적인 지도력을 의미한다. 이를 위해 지도자는 먼저 분명한 역사관과 현실의식을 가져야 한다. 우암은 우리나라의 역사와 당시의 상황을 다음과 같이 이해했다.

> "우리나라는 기자(箕子)조선 때부터 이미 예의의 나라로 일컬어 왔으므로, 고려에 이르러서도 오랑캐인 원(元) 나라의 풍속에 다 변화되지는 않았습니다. 태조 고황제(太祖高皇帝: 명태조 朱元璋)가 천하를 평정하자, 문충공(文忠公) 정몽주(鄭夢周)가 제일 먼저 대의를 내세워 이하(夷夏: 오랑캐와 중국)와 음양을 분변하여 원 나라를 배반하고 명(明)나라를 섬겼습니다. 우리 태조대왕(太祖大王)이 개국하자, 명 태조는 중국과 똑같이 대우해서 흡족한 은례(恩禮)를 베풀었고, 우리 태조대왕도 충정(忠貞)하고 근실(勤實)한 자세로 아들이 아버지를 섬기듯 했습니다. 이 때문에 임진왜란 때 충분한 보답을 받아 망해가던 종사(宗社)가 다시 보존되었고 죽어가던 백성이 다시 살아났으니, 우리나라 수천 리 안에 있는 풀 하나 나무 하나에도 명 태조의 덕이 젖지 않은 것이 없습니다. 이 때문에 우리 선조대왕께서 더욱 충성을 다하여 손수 '재조번방(再造藩邦)'이라는 네 글자를 써서 은혜를 못 잊어하는 예지(睿志)를 내포(內包)시켰던 것입니다. 그러나 불행하게도 병자 · 정묘년의 반란 때는 국세가 미약하고 장상(將相)들이 못난 탓으로 삼전도(三田渡)의 일이 있었으니, 통한한 마음을 견딜 수 없었습니다. 그래도 인조대왕은 명나라를 사모하는 성의가 깊고도 돈독하시어 명나라의 경절(慶節: 황제 · 황후 · 태자 등의 탄신일 등) 때마다 후원(後苑)에 납시어 무릎 꿇고 통곡했으며, 몇몇 대신들 또한 은밀히 사의(私義)를 펴 명나라의 가장(嘉獎)을 받았으니, 종사(宗社)가 지금까지 부지되어

온 것도 실상은 이 천서(天序) · 천질(天秩)을 지켜 온 데 힘입은 것입니다."[18]

이처럼 우암은 우리나라가 명나라를 임금으로 섬기던 예의의 나라이며, 우리나라가 존속하는 이유가 인륜 질서를 지켜 오기 때문이라고 보았다. 특히 임금[君上]은 신민(臣民)이 본받는 대상이기 때문에 임금이 의리를 숭상하고 윤상(倫常)을 바르게 하면, 임금에게 충성하고 어른을 섬기는 의리가 밝아져서 위급한 지경이 닥쳐도 오히려 굳게 단결할 수 있다고 보았다. 이렇지 못하면 어버이와 임금을 무시하는 풍조가 성행하여 끝내 모두가 서로 투쟁하는 상황에 이르게 된다고 경계하였다. 임금이 의리를 숭상하고 윤상(倫常)을 바르게 한다는 의미는 '존군부'를 수행한다는 뜻이며, '존명배청'의 의리를 행한다는 뜻이다. 우암은 부자와 군신의 질서는 천지 사이에 피할 수 없으며, 그것은 마치 원기(元氣) 속에서 호흡하며 사는 사람이 잠시라도 호흡을 중지하면 반드시 죽는 이치와 같다는 주자의 말은 바꿀 수 없는 지론(至論)이라고 했다.[19]

그리하여 효종(孝宗)은 인조가 오랑캐에게 당한 수치를 가슴 아파하고 수족(首足)의 위치가 전도됨을 통분해하여 마음속에 다짐하고 의지를 가다듬은 것은 복수(復讐)와 설치(雪恥)였으니, 이 때문에 금주(金珠)와 피폐(皮幣) 등 예물을 가지고 청(淸)나라에 왕래하는 가운데에도 무기와 깃발을 들고 분발하려는 뜻을 가지고 있었다고 하면서, 이처럼 뜻이 청천백일(靑天白日)처럼 분명해야 한다고 했다.

때문에 우암은 공자의 '존왕양이(尊王攘夷)' 사상과 '내성외왕(內聖外王)' 사상을 바탕으로 하여, 주자의 '명천리 정인심(明天理 正人心)' · '벽

---

18) 『송자대전』, 제16권, 소차, 進修堂奏箚 辛酉正月三日.

19) 위와 같은 곳.

이단(闢異端)'·'양이적(攘夷狄)'의 정신을 계승하고자 했다. 또한 조광조(趙光祖)의 '존왕도(尊王道)'·'천패술(賤霸術)'·'상정학(尙正學)'·'척이교(斥異教)'의 정신을 행도(行道)의 근본으로 삼고자 했던 이이·김장생·김집으로 이어지는 학문과 사업을 시행해야 한다고 주장했다.[20] 이러한 사업 가운데 제일의 사업은 단연 북벌(北伐)이었으나 우암의 본의는 북벌 자체에 있기 보다는, 조선이 존왕양이라는 대륜(大倫)과 대의(大義)를 국시(國是)로 삼아 세세불변의 인도를 준행하는 국가가 되게 하는 데에 본의가 있었다고 보아야 한다. 그리하여 효종 이후 북벌 의지는 사라졌으나 그 이후의 임금들이 '명천리 정인심'하고자 하는 의지를 상실하지 않도록 세도를 유지하고 국가 기강을 세우기 위한 노력에 최선을 기울였다. 이러한 사업으로는 숭정(崇禎) 연호 사용, 절의(節義) 인물 추존과 그 후손 후대 건의, 효종묘의 세실(世室) 요청, 태조 휘호(徽號) 추시(追諡) 건의, 명왕(明王) 사당 건립 등을 주장했다. 이러한 모든 사업은 명나라에 대한 조선의 '군신지의(君臣之義)'를 말한 것으로, 정치 지도자가 철저히 존왕양이의 대의를 우선시하여 정사에 임하기를 촉구한 것이다.

이처럼 '존왕천패(尊王賤霸)'의 춘추정신과 이에 입각한 '존군부(尊君父)'의 윤리사상은 우암의 확고한 신념이었다. 그는 이 가치가 선비가 선비인 이유이고, 나라가 나라인 이유라고 생각했다. 지도자의 덕목이란 이러한 나라를 만들기 위한 학문과 사업을 행하는 자질과 능력을 의미한다고 할 수 있다.

---

20) 『靜菴集』, 附錄, 권 6, 靜菴行狀.

2) 세도의 시행과 갈등

우암이 자임하고자 한 세도(世道)는 '명천리(明天理) · 정인심(正人心) · 벽이단(闢異端) · 부정학(扶正學)' 이었으며, 그 구체적 방도는 주자의 학문을 펼치고 효종의 사업을 계승하고자 하는 것이었다. '명천리 · 정인심 · 벽이단 · 부정학' 하는 이념상 학술상의 실천 원칙은 '존군부(尊君父) · 양이적(攘夷狄) · 토난신(討亂臣) · 주적자(誅賊子)' 의 정치 · 사회상의 실천 원칙과 불가분의 관계이다.

이처럼 '명천리 · 정인심 · 벽이단 · 부정학', '존군부 · 양이적 · 토난신 · 주적자' 로 제시된 우암의 학문과 사업은 공사(公私)를 분별하여 천리(天理)를 행하고 인욕(人慾)을 물리치는 일로서, 정도(正道) · 정학(正學)을 행하고 그에 저해되는 학설이나 그것에 반하는 행위를 하는 자를 물리친다는 것이니 결국 '존군부 양이적' 과 '존주자 벽이단' 의 이념으로 정리할 수 있다.

우암은 학문은 주자를 위주로 하고 사업은 효종이 하던 일을 위주로 해야 한다고 유언하였던 바,[21] 이 두 가지 일은 우암이 요구하는 지도자 덕목에 관한 이해의 핵심이 된다.[22] 그러므로 스스로 안일(安逸)을 구하고 구세(救世)의 마음이 없는 자는 곧 인욕(人慾)이고 천리(天理)가 아니며, 성학(聖學)을 도와 소인의 학설에 빠져들지 않게 한다면 천명(天命)의 영원한 기반을 이룩하게 될 것이라고 생각했다.[23]

우암은 자신뿐만 아니라 자기 주변의 윤증(尹拯) · 이희조(李喜朝) · 김수항(金壽恒) 등과 특히 박세채(朴世采)에게 역시 세도(世道)를 담당할 것

---

21) 『송자대전』, 拾遺, 부록, 권 2, 墓誌, 24.

22) 위와 같은 곳.

23) 『송자대전』, 권 67, 書, 答朴和淑, 庚申 7月 晦日.

을 요청했다.[24] 그러나 우암의 기대와는 달리 오히려 윤증과 박세채는 우암과 결별하게 되었다. 우암은 윤휴(尹鑴)의 경학(經學)을 비판하고 윤휴를 옹호하고 통교한 윤선거와 윤증 또한 그 여당(與黨)이라고 비판했다. 이로 인해 고제자인 윤증과 갈등이 심화되자 우암은 자기 사문(師門)이 박살나 끝이 나게 되었다고 탄식하면서도 물러서지 않았다.[25] 우암은 조화와 타협의 방법이 아니라, '일을 바르게' 하는 것이 문제 해결의 올바른 방법이라고 여겼다.

이러한 우암의 처사(處事)에서 우암이 주장하는 지도자의 덕목에 대해 숙고해야 할 문제가 없지 않다. 당시에 후금(後金)이라는 강적(强敵)을 상대하기 위해 국가의 국력을 모두 통합하여도 부족한 상황에서 사림의 중망을 받고 있던 우암은 모든 선비들의 뜻을 모으지 못하고 결국 사제의 의리도 끊어지고 국론은 분열하게 되어 노소론으로 갈리게 되는 상황을 타개하는 데 실패했다. 특히 전익대(全翊戴)의 옥사 사건 이후 김익훈 처벌에 관한 문제에서 우암은 김익훈이 스승 김장생의 손자라는 이유를 들어 처벌에 찬성하지 않은 것은 이해하기 어려운 측면이 없지 않다.

박세채는 회니시비(懷泥是非)로 소원해진 우암과 윤증과의 화해를 주선하려고 3자 회동을 주선하였으나 회동이 무산되었고,[26] 숙종 9년(1683) 11월에 우암은 이단하(李端夏), 박세채와 고양(高陽)의 향동(香洞)에 모여 의논하였는데, 태조(太祖)의 휘호추존(徽號追尊)과 공물(貢物) 생감(省減)과 김익훈(金益勳) 처벌 문제에 대한 이견을 좁히지 못하고 박세채와도 결별하게 되었다. 이러한 이견 등으로 인하여 윤증과의 사제(師弟) 관계

---

24) 『송자대전』, 권 110, 與尹拯, 乙卯8月 18日; 권 94, 與李同甫, 己卯8月 19日.

25) 『송자대전』, 권 68, 書, 與朴和淑, 甲子, 5月.

26) 『肅宗實錄』, 권 14, 肅宗 9年 5月 丙午 38冊, p.644; 姜周鎭, 『李朝黨爭史硏究』, 1971, pp.326~331.

도 파탄이 나고 결국 서인은 노소론으로 갈리게 되었다.

우암은 이적(夷狄)이 천하를 전횡하는 당시의 무도한 시대를 당하여 한 집단이 인륜(人倫)을 지킬 때 문명사회[中華]가 되고, 그렇지 못할 때 야만사회[夷狄]가 되는 기로에 선 시점에 있다고 인식하고 '존주통(尊周統)' · '숭주자(崇朱子)'를 고수하여 일관되게 수행해 갈 수 있는 정파가 군주와 일체가 되어 안정된 정국을 구축하는 일이 더 중요하다고 여긴 것이 아닌가 생각된다. 이러한 강력한 이념성 때문에 우암의 사상과 학문과 정치적 기조는 그를 존숭하든 폄하하든 조선 후기 내내 학계와 정국의 추이에 절대적인 영향력을 미치게 된 것이며, 훗날 정조는 우암을 극존(極尊)하면서 우암의 사상을 바탕으로 자신의 리더십을 '군사(君師)' 모델로 형성해 가는 주춧돌로 삼아 자신이 정국을 주도해 가는 기틀로 삼은 것으로 평가된다.[27] 또한 최익현(崔益鉉), 유인석(柳麟錫) 등 구한말 위정척사파의 강력한 대일 항쟁 의병의 이념으로 적용될 수 있었다.

5. 맺는 말

우리나라는 전통적으로 지도자의 주요한 덕목으로 도덕적 성실성을 중요시했으며, 지도자의 리더십은 무엇보다도 그러한 솔선수범에서 나오는 것이라고 여겨왔다. 그들이 일생동안 지켜 온 일신(日新)하는 학문의 성실성, 일상생활의 정직성, 근검, 염치, 청렴, 언행일치 등의 솔선수범하는 도덕적 지도력은 '신뢰'를 주기 때문이다. 그러나 최근 지도자들이 우

27) 오항녕, 「기억의 시냅스: 효종과 송시열, 그리고 정조」, 『동서철학연구』, 한국동서철학회, 2008. 6. 참조.

선적으로 갖추어야 할 덕목으로 부각되는 요소는 '소통(疏通)'이다. 신뢰는 도덕성보다 소통에서 나온다고 본다. 최근의 리더십으로 부상하는 내용은 다양한 가치와 사회문화적 경험을 이해하고 공유하는 사고의 유연성과 포용성이 중요한 문제가 되고 있다.

따라서 현대사회가 요구하는 리더십은 서로의 차이를 수용하는 데 신속함을 가지고 있을 뿐만 아니라 전 지구적인 다양한 경험을 가진 사람들과 소통을 위한 문화적 교양을 중시하고 있다. 진정한 소통은 정치적 힘을 공적 영역으로 확대하여 공적 참여를 촉진시킨다. 그러자면 입장이 다른 주장과 요구에 대한 겸허한 태도, 그리고 학술과 언론의 민주적 공정성 확대를 위한 노력 등이 요구된다. 소통이 되지 않으면 소수집단에 의한 어젠다 독점과 민의의 굴절 구조가 문제된다. 상대방의 입장과 차이를 인정함으로써 상대방의 의견이 '틀리다(false)'는 것이 아닌 '다르다(difference)'는 것을 인정해야 한다. 나아가 차이를 수용함으로써 끊임없이 공적 영역으로 확장시켜 가야 한다. 그러한 이유는 강자에 의한 주도와 독점을 반대하고 가치의 공유와 공존의 세상을 지향하기 때문이다. 이러한 점에서 최근에는 지도하고 군림하는 영도적 리더십이 아니라 민생을 위해 봉사하는 '봉사자 리더십(servant leadership)'이 주목되기도 한다.

우암은 효종, 현종, 숙종 등 역대 임금에게 '내수외양(內修外攘)'의 사업을 시행하는 현안을 진언함에 있어서 언제나 먼저 '정심 성의'하여 '수기치인(修己治人)'하는 자세를 강화하고 '명천리 정인심(明天理 正人心)'하는 왕도(王道) 시행의 의지를 강조했다. 우암은 '명천리 정인심'을 바탕으로 '존군부 양이적(尊君父 攘夷狄)'의 대의(大義)가 국시(國是)로 정립되어야 한다는 신념을 가지고 있었다. 따라서 우암이 요구하는 지도자 덕목의 가장 큰 것은 '명천리 정인심'의 사명을 수행하겠다는 도덕적 의지와 실천력이라고 할 수 있다. 이에 우암은 지도자에게 사심과 사욕을 제거하는 지속적인 학문과 수양 노력을 촉구했다.

이와 같이 우암이 요구하는 지도자의 덕목은 현대의 리더십과 비교하면 논의할 사항이 많다. 우선 당대 사림들과의 소통과 연대의 문제이다. 당대의 사림들은 대부분 당파를 막론하고 존군부에 대한 이의를 제기하는 사람은 없었으며 더구나 효종 대와 숙종 초기에 북벌을 반대하는 정치집단은 없었다. 우암의 정적이었던 허적, 허목, 윤휴 등 남인은 오히려 더욱 적극적으로 북벌을 추진했다. 따라서 우암은 큰 틀에서 그들과 연대할 수 있는 '소통의 리더십'이 필요하지 않았나 생각해 본다.

또한 무엇보다 현대의 리더십과 비교할 때 가장 큰 차이로는 현대의 리더십이 추구하는 바가 이익의 공유와 공정한 분배에 기초한 공존이라고 한다면 우암이 요구하는 지도자 덕목은 사회 구성원들의 도덕적 공감대에 기초한 질서를 추구한다는 점이다. 이러한 차이는 현대인의 가치와 우암이 요구한 가치 간의 차이로서만 비교되기보다는 한국의 전통적인 도학정신을 어떻게 평가해야 하는가 하는 문제로 귀결된다. 우암이 요구하는 지도자의 책무와 덕목은 우암이 한국 도학파의 전통을 누구보다도 가장 강력하게 계승한 것이라고 자부하였으며, 우암 이후 한국 도학사에서 우암을 가장 높은 춘추의리의 준령으로 평가하는 이유이기 때문이다.

아무튼 우암이 강조한 인륜사상과 '존군부'사상은 오늘날 더 이상 정치적으로는 실효성이 없는 내용이지만, 우암이 인륜 질서를 통해 실현하려 한 왕도사상과 인간존중 정신, 그리고 역사적 소명의식과 철저한 자기절제 노력 등은 오늘날에도 지도자의 덕목으로 환기해야 할 가치를 지니는 것이 아닌가 생각된다.

다산 정약용의 권학(勸學)사상*

— 학문관을 중심으로

| **장승구**(세명대 교양학부 교수) |

1. 들어가는 말

학문이란 무엇인가? 학문은 무엇을 위해 왜 필요한 것인가? 유학에서 학문은 어떤 의미를 지니고 있는가? 학문의 본질과 방법은 무엇인가? 이런 문제는 시대와 학자들의 관점에 따라 답에 차이가 있을 수 있다. 조선 후기의 실학자 다산 정약용(1762~1836)은 당시의 학문 풍토에 매우 심각한 문제점을 느끼고 이를 극복하기 위해 고뇌하였다. 다산은 학문의 근본 문제에 대하여 새로운 답을 추구하였다. 청대(淸代) 고증학(考證學)의 성과를 이해하고 있었고, 서학(西學)의 영향을 받았으며, 성호학파(星湖學派)의 새로운 학풍을 이어받은 다산(茶山)으로서는 전통적 성리학자들과

---

* 이 논문은 『율곡사상연구』(율곡학회, 2010년 12월) 제21집 357~380면에 게재되었던 논문임을 밝혀 둔다.

는 학문에 대한 인식이 같을 수가 없었다. 우리는 여기서 실학자로서의 정약용의 학문에 대한 인식을 고찰해 보기로 한다.

학문이란 무엇인가? 인간이 살아가는 데 필요한 지식의 체계이다. 인간이 인간답게 살기 위해서는 어떤 지식이 필요한가? 윤리적 지, 사회를 경영하는 데 필요한 지, 자연을 탐구하고 이용하는 지 등 여러 가지 지식이 필요하다. 이러한 지식을 두루 겸해야 비로소 이상적인 선비가 될 수 있다. 다산에게 있어서 학문이란 실천과 분리될 수 없다. 학문이란 인간답게 살기 위한 지식이므로 실천을 떠나서는 의미가 없다. 여기서 실천은 윤리적 실천만이 아니라, 사회적 실천, 기술적 실천을 모두 포함하는 말이다. 또한 학문이란 자아와 사회를 경영하는 데 실용성이 있어야 한다. 자기와 세상을 다스리는 데 아무런 쓸모가 없다면 그것은 좋은 학문이 아니다. 사람들이 살아가는 데 시급한 문제는 윤리, 정치, 경제, 국방, 건강 등의 문제를 포함한다. 다산은 이러한 일용에 긴요한 문제를 해결하는 데 도움이 되는 학문에 많은 관심을 기울였다.

『심경』은 마음을 다스리고, 『소학』은 자기 몸을 다스리고, 『대학』은 이 세상을 다스리는 학문이다. 군자는 학문을 통해서 참된 자기와 참된 가치를 발견할 수 있고, 이 사회를 올바르게 경영할 수 있다. 그러나 당시의 학문은 학문의 참 의미에 비추어 그 의미를 상실하였다. 그래서 단순히 옛사람의 글귀를 따서 글이나 짓고 벌레나 물고기 등류에 대한 주석이나 내고, 소매 넓은 선비 옷을 입고서 예모만 익히면서 그것을 학문의 전부로 알고 있는 속유들이 많았다. 그래서 다산은 진유(眞儒)의 학을 다음과 같이 말한다.

> 진유의 학문은 본디 나라를 다스리고 백성을 평안히 하고 오랑캐를 물리치고 재용(財用)을 넉넉하게 하고 문식(文識)과 무략(武略) 등을 갖추는 데 대해

필요하지 않음이 없다. 어찌 옛사람의 글귀를 따서 글이나 짓고 벌레나 물고기 등류에 대한 주석이나 내고, 소매 넓은 선비 옷을 입고서 예모만 익히는 것이 학문이겠는가.[1]

다산에 의하면 인간에게 가장 가치 있는 것은 좋은 의복이나 맛있는 음식이나 쾌락의 추구나 호화로운 사치가 아니다. 독서를 통한 학문이 인간에게 가장 의미 있는 본분이라고 한다.

독서 한 가지 일만은, 위로는 성현을 뒤따라가 짝할 수 있고, 아래로는 수많은 백성들을 길이 깨우칠 수 있으며 어두운 면에서는 귀신의 정상(情狀)을 통달하고 밝은 면에서는 왕도와 패도의 모유(謀猷)를 도울 수 있어, 짐승과 벌레의 부류에서 초월하여 큰 우주도 지탱할 수 있으니, 이것이야말로 우리 인간이 해야 할 본분인 것이다.[2]

우리는 이 논문에서 다산이 기존의 학문에 대해 어떠한 태도를 지녔으며 어떠한 학문관을 지향하였는지를 살펴보고, 나아가 다산이 아동들에게 학문의 교육을 위해 어떤 구체적 노력을 하였는지를 고찰해 보도록 하겠다.

---

1) 『국역 다산시문집』 5, 172면, 「속유론(俗儒論)」. "眞儒之學. 本欲治國安民. 攘夷狄裕財用. 能文能武. 無所不當. 豈尋章摘句注蟲釋魚. 衣逢掖習拜揖而已哉."

2) 『국역 다산시문집』 8, 2면, 「爲尹惠冠贈言」. "唯有讀書一事. 上足以追配聖賢. 下足以永詔烝黎. 幽達鬼神之情狀. 明贊王霸之謨猷. 超越禽蟲之類. 撐柱宇宙之大. 此方是吾人本分."

2. 기성 학문의 비판: 오학론

다산은 당시에 유행하던 다섯 종류의 학문에 대해 신랄하게 비판하면서 그 문제점을 지적하고 참된 학문이 무엇인지를 모색하였다. 다산의 비판의 첫 대상은 성리학이다. 성리학자들은 유학의 본래 정신(효제충신 등)을 망각하고 형이상학적 담론에 심취하거나 또는 사회적 책무를 도외시하고 산림에 은거하여 자기 한 몸의 깨끗함을 유지하려고 한다. 이들은 매사에 주자를 들먹이지만 속된 성리학자들이 말하는 주자는 주자의 참 모습을 왜곡한 것이라고 다산은 비판한다.

> 지금 시속의 학문에 빠져 있으면서도 주자를 끌어들여 자신을 정당화시키는 자들은 모두 주자를 무함하는 사람들이다. 주자가 언제 그런 적이 있었는가? 비록 이들이 외모를 꾸미고 행실에 제재를 가하는 것이 방종하고 음란한 자들보다는 나은 점이 있기는 하다. 그러나 알맹이 없는 고고한 마음으로 스스로 옳다고 오만을 떨고 있으니, 끝내 이들 성리학 하는 사람과는 같이 손잡고 요순과 주공 · 공자의 문하로 들어갈 수 없다.[3]

다음은 훈고학이다. 성리학을 비판하는 일부 학자들은 한학(漢學)에 빠져서 훈고(訓詁)에 몰두하여 단어와 구절의 의미를 밝히는 데 전념한다. 그러나 이들은 경전의 깊은 의리를 밝히고 실천하는 데는 큰 관심이 없다. 오직 훈고와 박학에만 관심이 있는 이들의 학문은 도덕적 실천성과 경세의식을 결여하고 있다.

---

3) 『국역 다산시문집』 5, 119면, 「五學論 1」. "沈淪乎今俗之學. 而援朱子以自衛者. 皆誣朱子也. 朱子何嘗然哉. 雖其修飾邊幅. 制行辛苦. 有勝乎樂放縱邪淫者. 而空腹高心. 傲然自是. 終不可以携手同歸於堯舜周孔之門者. 今之性理之學也."

지금에 이른바 훈고학은 한(漢)나라와 송(宋)나라의 것을 절충한다는 명분은 내세우고 있지만, 실상은 한(漢)나라의 것만을 존숭하고 있을 뿐이다. 또 궁실(宮室)과 충어(蟲魚)에 대한 훈고를 달아 글자의 뜻은 통하게 하였지만 글귀의 뜻은 끊어지게 했을 따름이다. 따라서 성명(性命)의 이치와 효제의 가르침과 예악 · 형정의 법문에 대해서는 진실로 깜깜하기만 하다.[4]

셋째로 문장학 역시 문제이다. 참된 문장은 학문과 인격의 내공이 쌓여서 자연스럽게 나와야 하는데, 문장학에 빠진 사람은 그렇지 못하고 이 사람 저 사람의 문구를 따서 문장 짓기에만 골몰하고 사람으로서의 도리나 국가의 현실에 대해서는 망각하게 만든다고 비판한다.

문장이 어떻게 천성을 보전하여 자신의 몸을 편안하게 만들 수 있겠는가. 온 천하의 사람들로 하여금 노래하고 춤추고 향기로운 술이 몸속에 스며들 듯한 짙은 열락에 빠져 함께 동화됨으로써 성명(性命)의 근본과 민국(民國)의 일을 까마득히 잊게 만드는 것이 문장학이다. 이것을 성인이 취하겠는가?[5]

넷째로는 과거학이 문제이다. 과거학에 빠진 사람은 과거 시험에 자기의 모든 것을 걸고서 과거급제라는 세속적 영광을 추구한다. 이들은 참된 진리를 인식하려고 하기보다는 오직 벼슬이라는 세속적 목적을 위해 학문을 종속시킨다. 다산에 의하면 과거학은 세상을 다스리는 데 있어서 실

4) 『국역 다산시문집』 5, 120면, 「五學論 2」. "今之所謂詁訓之學. 名之曰折衷漢宋. 而其實宗漢而已. 詁宮室訓蟲魚. 以之通其字絶其句而已. 于性命之理. 孝弟之敎. 禮樂刑政之文. 固昧昧也."

5) 『국역 다산시문집』 5, 122면, 「五學論 3」. "文章豈足以安身立命哉. 使天下之人. 詠歌蹈舞. 浸淫悅樂. 醲薰膚奏. 與之俱化. 而邈然忘其性命之本. 民國之務者. 文章之學也. 豈聖人之所取哉."

용성이 없고 그 본질에 있어서 문장학과 다르지 않다.

> 실용성이 없는 말들을 남발, 허황하기 짝이 없는 내용의 글을 지어 스스로 자신의 풍부한 식견을 자랑함으로써 과거보는 날 급제의 영광을 따내는 것이 과거학이다. 이들은 성리학을 하는 사람에게는 '궤변이다.'라고 꾸짖고 훈고학을 하는 사람에게는 '괴벽하다.'고 질타하는가 하면, 문장학을 하는 사람은 비루하게 여기고 있다. 그러나 스스로 하는 것을 보면 모두가 문장학인 것이다.[6]

다섯째로는 술수학이 문제다. 술수학은 합리적이지 못한 내용을 가지고 사람들을 현혹하고 속이는 것이다. 옛 성인도 앞날을 미리 내려다보지 못했고 운명을 마음대로 하지 못했는데 술수학을 하는 사람들은 마치 미래를 예견하고 운명을 원하는 대로 바꿀 수 있는 것처럼 사람들을 속이고, 참된 학문은 오히려 무시한다. 다산에 의하면 복서(卜筮), 간상(看相), 성요(星耀), 두수(斗數) 등은 사람을 미혹시키는 혹술(惑術)일 뿐 학문이 아니라고 한다.

다산은 당시 유행하던 오학(五學)을 비판하는 대신에 기예(技藝)의 중요성을 강조한다. 다산의 학문관에서는 기예가 매우 중요한 의미와 위치를 차지하고 있다고 할 수 있다. 다산에 의하면 기예는 시대가 내려갈수록 그리고 사람이 많이 모여 사는 곳일수록 발전하게 되는 것이 추세이다. 기예의 발전은 사람들로 하여금 힘은 덜 들이고 실적은 훨씬 더 좋게 해 준다.

---

6) 『국역 다산시문집』 5, 123면, 「五學論 4」. "吐虛吹假. 構幻織誕. 以自衒其贍博之聞. 以睹一日之捷而已. 有爲性理之學. 嗔之曰詭. 有爲詁訓之學. 叱之曰僻. 睥睨文章之學. 而自視未嘗非文章."

농업의 기예가 정교하면 그 차지한 전지(田地)는 적어도 생산된 곡식은 많을 것이고, 그 힘은 적게 들이고도 곡식은 아름답고 충실할 것이니 …… 직조(織造)의 기예가 정교해지면 그 소비되는 물질은 적으면서도 생산된 실은 많아지고, 그 힘들이는 시간은 매우 단축되면서도 포백(布帛)은 올이 섬세하고 결이 아름다울 것이니, 무릇 물에 담그고 씻고 실을 만들고 실을 뽑고 베를 짜고 표백하여 물들이고 풀을 하고 바느질을 하는 일에 이르기까지 모두 그 편리함을 돕고 그 수고로움을 덜게 될 것이다.[7)]

다산에 의하면 부국강병과 백성들의 복지를 위해서는 선진국의 기예를 적극 도입하고 기예를 발달시켜 나가는 것이 매우 중요한 과제이다.

백공의 기예가 정교해지면 무릇 궁실과 기구를 제조하여 성곽과 배와 수레의 제도에 이르기까지 모두 튼튼하고 편리하게 될 것이다. 진실로 그 법을 다 터득해서 힘써 실행한다면 나라가 부유하게 되고, 군대가 강하게 되고, 백성들이 유족(裕足)하여 오래 살 수 있을 것이다.[8)]

옛날에는 조선보다 잘살지 못했던 일본이 중국의 앞선 기예를 받아들여 조선보다 더 부국강병하게 되었음을 예로 들면서 기예의 연구가 매우 중요하다고 역설한다. 다산 스스로도 『기기도설(奇器圖說)』을 연구하여

7) 『국역 다산시문집』 5, 98면, 「技藝論 2」. "農之技精則其占地少而得穀多. 其用力輕而穀美實. 凡所以菑之耕之播之芸之銍之剝之. 以至簸舂溲炊之功. 皆有以助其利而省其勞者矣. 織之技精則其費物少而得絲多. 其用力疾而布帛緻美. 凡所以漚之浴之紡之纚之織之練之. 以至染采糨鍼之功. 皆有以助其利而省其勞者矣."

8) 『국역 다산시문집』 5, 98면, 「技藝論 2」. "百工之技精則凡所以製造宮室器用. 以至城郭舟船車輿之制. 而皆有以堅固便利矣. 苟盡得其法而力行之. 則國可富也. 兵可强也. 民可裕而壽也."

거중기를 제작함으로써 화성 신도시 건설에 큰 기여를 하기도 하였다.

3. 학문의 방법과 지향

청(淸)에 대한 거부감으로 인해 청조(淸朝)에서 발달한 고증학의 방법이 조선에서 그다지 크게 유행하지는 않았다. 그러나 다산은 학문의 방법으로서 고증학적 분석과 비판의 방법을 사용하였다. 그리하여 경전을 해석함에 있어서 단어와 문장 구절의 구체적 의미를 실증적으로 분석한다. 다산은 스스로 자신의 독서법에 대해서 말하기를 반드시 먼저 훈고(訓詁)를 밝힌다고 하였다.

> 고훈이라 글자의 뜻〔字義〕이다. 글자의 뜻이 통한 다음에 구절의 뜻이 해석되고, 구절의 뜻이 통한 다음에 장(章)의 뜻이 분석되고, 장의 뜻이 통해야 편(篇)의 대의(大義)가 드러난다. …… 그런데 후세 경전을 논하는 선비가 글자 뜻은 논의하지 않고 먼저 숨어 있는 은미한 뜻부터 논하니 그 뜻이 더욱 어두워진다. 글자 뜻의 의미 이해에 대한 호발의 차이가 나중에는 연나라와 월나라처럼 멀리 나뉘어진다. 이것은 경술(經術)의 큰 문제이다.[9)]

그리고 경전의 각 구절과 관련된 전거를 분석하여 의미의 역사적 맥락을 정확하게 파악하고자 한다. 또한 다산은 경전의 의미를 분명히 파악하기 위해 다른 경전과 상호 대조를 통해 의미를 드러내고자 하였다. 예컨

9) 「尙書知遠錄序說」. "詁訓者字義也. 字義通而后句可解. 句義通而后章可析. 章義通而后篇之大義斯見. …… 後世談經之士. 字義未了. 議論先起. 微言愈長. 聖旨彌晦. 毫釐旣差. 燕越遂分. 此經術之大蔀也."

대 중용(中庸)의 용(庸)의 의미를 파악하기 위해 『상서』 「고요모」와 대조한다든지, 『대학』의 '명덕(明德)'의 의미를 해석하기 위해 『상서』와 『주례』 등의 관련 내용과 상호 대조하여 입체적인 연구를 수행하였다.

『상서고훈』의 저술에 있어서는 『상서』 본문 가운데 문자가 다른 것은 '고이(考異)', 뜻이 잘못된 것은 '고오(考誤)', 자료를 끌어와 증명하는 것은 '고증(考證)', 일반적으로 서로 논의하는 것은 '고정(考訂)', 쟁점을 분석하여 시비를 변별하는 것은 '고변(考辨)', 저서의 내용이 안설(案說)과 다른 경우에는 '논왈(論曰)' 또는 '정왈(訂曰)', 경전의 본래 뜻과 직접 관계없이 자유롭게 자기 생각을 서술할 때는 '연의(衍義)'라고 표제를 달아서 주관과 객관을 엄격히 구별하고 치밀한 방법으로 문헌의 해석을 시도하였다.

그러나 다산은 훈고에 그치지 않고 훈고를 통해 의리를 변별하고자 한다. 이것은 다르게 말하면 학(學)과 사(思)의 병행(並行)이라고도 할 수 있다. 훈고학이 학을 중시한다면 성리학은 사를 중시한다. 경전에 대한 학이 없이 사만으로는 위태할 수가 있고, 반대로 경전에 대한 학만 있고 그 내용을 합리적으로 사유하는 사가 없으면 속임을 당할 수도 있다고 한다. 다산에 의하면 진정한 학은 박학(博學), 심문(審問), 신사(愼思), 명변(明辨), 독행(篤行)을 포괄하는 것이다. 그래서 다산은 고증학적 방법에 안주하지 않고 그것을 통해 해당 문장의 의리를 합리적으로 추리하여 그것의 실제적 실천적 의미를 찾아내어서 실천에 옮기고자 하였다. 다산에게 있어서 경전의 고증학적 탐구는 궁극적으로 현실개혁을 위한 실용적 목적과 결부되는 경우가 많다.[10)]

---

10) 예컨대 다산은 상서연구를 통해 현실에 필요한 제도를 역사 속에서 찾고자 하였다. 考績法이 그 한 예이다. 尙書知遠錄序說. "名之曰尙書知遠錄. 其謂之知遠者何. 書之爲教. 知遠而已. 見經解詁字訓句. 歸知遠古帝王之事而已. 知之奈何. 將以施諸今也. 其有不

자기 수양과 관련하여서는 다산은 신독(愼獨)을 중시하였다. 신독이 수신의 기본 공부이고, 신독은 곧 성(誠)이라고 하였다. 신독이 아니면 중화(中和)도 불가능하고, 신독이 아니면 중용(中庸)의 도(道)도 불가능하다고 한다.[11] 이것은 성리학자들이 경(敬)을 자기 수양의 원리로 해석하는 것과 중요한 차이가 있다. 경은 심지사려(心知思慮)의 미발(未發)을 중(中)으로 보지만 신독(愼獨)은 단지 희노애락(喜怒哀樂)의 미발(未發)만을 중(中)으로 본다는 점에서 차이가 있다.

다산 역시 학문을 통해 성인(聖人)을 지향한다. 다산은 성인이라고 하더라도 '생이지지(生而知之)' 하는 것이 아니라, 학문을 통해서 부단히 노력하여 성인이 된다고 하였다. 공자(孔子)를 보더라도 그는 결코 태어나면서부터 저절로 아는 것이 아니라 학문적 수행을 통해 점차적으로 자신을 완성시켜 나갔다고 인식한다. 다산에게 성인이란 특별한 능력을 지닌 신비한 존재가 아니다. 성인이란 자신을 수양하고, 주위에 인(仁)을 베풀고 나라의 백성들과 천하(天下)에 덕(德)을 베풀며 위로는 천명(天命)을 따르는 사람이다. 다산은 성인이 되기 위해서는 천(天), 인(仁), 용(庸)에 대한 올바른 인식이 필요하다고 역설한다. 다산에 의하면 천(天)은 형이상학적 리(理)가 아니라, 인격적 상제(上帝)임을 분명히 알아야 한다. 또한 인은 천지가 만물을 낳는 리가 아니라, 사람들 사이에서 자기의 도리를 다할 때 얻어지는 덕이다. 그리고 '중용(中庸)'의 '용(庸)'은 '평상(平常)'이 아니라 '항상(恒常)'을 의미한다. 다산에 의하면 신독(愼獨)으로 (인격적) 천을 섬기고 서(恕)로써 사람들 사이에서 인을 실천하되, 쉬지 않고 지속적으로 계속하면 이것이 성인이라고 하였다.[12] 그런데 성리학

合者奈何. 曰不知之故不合. 如其知之. 今猶古也. 如考績之類是也." 참고.

11) 『中庸自箴』, 권1, 7면. "致中非愼獨不能也. 致和非愼獨不能也. 中庸之道非愼獨不能也."

12) 『心經密驗』, 40면. "案今人欲成聖而不能者厥有三端. 一認天爲理, 二認仁爲生物之理, 三

자들이 '천'과 '인'과 '용'에 대해 근본적으로 잘못된 인식을 가지고 있음으로 해서 성인이 되려고 하여도 될 수가 없다고 비판한다.

4. 학문의 대상 범위와 특성

다산에 따르면 선왕이 사람을 가르치는 법에 덕(德)과 행(行)과 교(教)가 있다. 『주례』에서 대사도(大司徒)는 향삼물(鄕三物)로서 만민을 가르쳤다고 한다. 향삼물이란 육덕, 육행, 육예를 가리킨다. 육덕이란 지인성의충화(知仁聖義忠和), 육행이란 효우목인임휼(孝友睦婣任恤), 육례는 예악사어서수(禮樂射御書數)이다. 또한 대사락(大司樂)은 육덕으로서 국자(國子)를 가르쳤는데 육덕은 중화지용효우(中和祗庸孝友)이다. 『상서(尙書)』「요전(堯典)」에 "신휘오전(愼徽五典)" "경부오교(敬敷五教)"라 하였는데 여기서 말하는 '오전(五典)'·'오교(五教)'는 "부의(父義)·모자(母慈)·형우(兄友)·제공(弟恭)·자효(子孝)"를 가리킨다. 그런데 이 다섯 가지를 압축하면 부의와 모자는 '자(慈)'가 되고, 형우와 제공은 '제(弟)'가 되고, 자효는 그대로 '효(孝)'가 된다. 즉 '효제자(孝弟慈)'로 압축된다. 그래서 다산은 『대학(大學)』의 명덕(明德)이란 효제자를 지칭한다고 해석한다.[13] 학문의 핵심은 인륜을 밝히는 것이고 인륜의 핵심은 부자 형제 상호 간의 효제자이다. 그러므로 다산에 의하면 학 가운데도 가장 중요한 핵심적 가치는 효제(자)이다. 그래서 효제는 인의 근본이라고도 하였다.

효제자와 같은 윤리적 가치를 매우 중시하는 것은 사실이지만, 다산의

認庸爲平常. 若愼獨以事天, 强恕以求仁, 又能恒久而不息, 斯聖人矣." 참조.

13) 『大學公議』, 권1, 7면 참조.

학문이 여기서 그치는 것은 아니다. 다산은 자신이 육경(六經)과 사서(四書)로서 수기(修己)를 하고, 일표이서(一表二書: 『經世遺表(경세유표)』, 『牧民心書(목민심서)』, 『欽欽新書(흠흠신서)』)로서 천하국가를 위한 치인(治人)을 함으로써 본(本)과 말(末)을 갖추었다고 생각하였다. 또한 효제충신(孝悌忠信)으로서 윤리의 기반을 다지고, 예악형정(禮樂刑政)으로서 세상을 다스리고, 기타 갖가지 기술로써 세상의 이용(利用)과 편리를 증대시켜야 한다고 인식하였다. 다산은 고전 경학에 대한 지식뿐만이 아니라, 조선의 고유한 역사에 대한 지식도 중시한다. 그래서 국사와 조선 학자의 주요 저술도 읽을 것을 강조한다.

> 그리고 여가에 『고려사』·『반계수록』·『서애집』·『징비록』·『성호사설』·『문헌통고』 등의 서적을 읽으면서 그 요점을 초록하는 일 또한 하지 않아서는 안 될 것이다.[14]

다산의 학문관의 주요 특성은 실용성을 중시한다는 점이다. 그는 학문을 통해 경세제민에 도움이 되고 백성에게 은택을 줄 수 있기를 추구하였다.[15] 그래서 고전인문학 뿐만이 아니라 실용적 학문에도 많은 관심을 가졌다. 예를 들면 법학, 행정학, 재정학, 농학, 병학, 의약학, 기계학, 지리학 등에 대해서도 깊은 탐구가 필요하다고 인식하였다.

다산은 곡산부사로 재직시에는 홍진 전염병 예방을 위해 『마과회통』을

14) 『국역 다산시문집』 9, 16면, 「寄淵兒」. "以其餘力. 觀高麗史, 磻溪隨錄, 西厓集懲毖錄, 星湖僿說, 文獻通考等書. 鈔其要用. 不可已也."

15) 『茶山詩文集』, 권21, 4면. "必先以經學立著基址, 然後涉獵前史, 知其得失理亂之源. 又須留心實用之學, 樂觀古人經濟文字. 此心常存澤萬民, 育萬物底意思. 然後方做得讀書君子." 참조.

저술하였다. 국방과 관련하여서는 척계광(戚繼光)의 『기효신서(紀效新書)』와 모원의(茅元儀)의 『무비지(武備志)』 등을 연구하고 『비어고』와 『민보의』 등을 저술하였다. 뿐만 아니라 평생 국가 영토의 변천과 지리에 깊은 관심을 가져서 『아방강역고』와 『대동수경』을 저술하기도 하였다. 이처럼 다산은 매우 구체적이고 현실적인 문제에 대한 학문을 중시하여 국가경영과 민생구제에 실질적인 도움을 주고자 하였다.

5. 아동에 대한 학문 교육

1) 다산의 아동교육에 대한 관심

다산은 아동에 대한 학문의 교육에 대해서도 특별한 관심을 가지고 있었다.[16] 다산은 당대의 대학자로서 방대한 저술을 하였지만, 그는 유배기간 동안 강진에서 제자들을 교육하는 일에도 많은 관심을 보였다. 그리고 실제로 교육에 종사하여 인재를 양성하기도 하였다. 교육과 문화의 혜택이 거의 없는 시골 마을에서 다산은 인근의 아동들을 모아서 자신의 교육이론과 방법에 따라 교육하였다. 다산이 가르친 제자 가운데는 시인으로 이름을 떨친 황상과 이청, 그리고 『유암총서(柳菴叢書)』를 남긴 실학자 이강회 등이 있다. 다산은 그의 저술 과정에서 자신이 교육시킨 제자들을 활용하고 참여시키기도 하였다. 다산은 제자들을 교육하는 과정에서 기존의 학습서들이 아동교육에 부적절하다고 생각하여 기존 교재를 비판하

16) 다산의 아동교육과 관련된 기존 연구로는 안대회 교수의 「다산 정약용의 아동교육론」(다산학술문화재단 주최 제7회 다산학 학술회의 발표 자료집 『다산 정약용의 교육사상과 공부법』, 78~94면, 2010년 11월)을 참고하였음.

고 새로운 교재를 개발하기도 하였다. 기존에 아동교육을 대표하는 책으로서 『소학』이 있었다. 어떤 사람은 소학(小學)을 오로지 주자가 편찬한 수신서인 『소학』으로만 이해하는 경우가 있는가 하면, 어떤 사람은 소학을 오로지 자학(字學)으로만 간주하기도 하였다. 그러나 다산은 대학에는 대도(大道)와 대예(大藝)가 있고, 소학에는 소도와 소예가 있다고 분류한다.[17] 그 가운데 자학은 소학의 소예에 해당하는 것이고, 자학 이외에도 소학에는 소도가 있다고 주장한다. 즉 다산은 소학의 범주에 윤리 또는 수신에 해당하는 주자가 편찬한 기존 『소학』과 함께 자학으로서의 소학도 아울러 중시한다. 자학으로서의 소학과 윤리적 범절에 대한 소학을 함께 포괄함은 물론이고 아동 때 익혀야 할 일반 교양까지도 포함시키고 있다. 다산이 새롭게 편찬한 소학 관련 저술로서는 자학과 관련된 것은 대표적으로 『아학편』이 있고, 어린이가 익혀야 할 예의범절과 관련된 것으로는 『제경』이 있고, 그 밖에 학습용 교양편람으로서 『소학주관』이 있다. 다산이 편찬한 대표적인 아동학습의 교재를 통해 아동을 대상으로 하는 학문의 교육에 대한 다산의 사상을 고찰해 보기로 한다.

2) 기존 아동교육 교재에 대한 비판

다산 당시 널리 읽히던 주흥사가 지은 『천자문』은 아동들의 글자 익히기에는 효과적이지 못하다고 다산은 비판한다. 왜냐하면 예컨대 "천지현황, 우주홍황, 일월영측(天地玄黃, 宇宙洪荒 日月盈仄)" 이라는 첫 구절에서 볼 수 있듯이 '천(天) · 지(地)'가 나왔으면 이어서 해와 달과 별, 산천 · 언

---

17) 『與猶堂全書』, 경집, 제2권, 「小學枝言序」. "鏞案毛氏雜引諸文. 以證小學爲字學. 然字學者. 小學之藝也. 學之教. 有道有藝. 大學踴大道習大藝. 小學踴小道習小藝. 豈必小學有藝而無道乎. 其說偏而妄矣." 참조.

덕과 같은 유사한 범주의 글자가 나와야 하는데도 도리어 색과 관련된 '현(玄) · 황(黃)'이 나온다. 일단 색에 관한 글자가 나오면 이어서 푸르고 붉고 검고 흰 색깔에 대한 글자가 나와야 하는데 그렇지 않고서 갑자기 또 '우(宇) · 우(宙)'라는 글자가 나온다.[18] 즉 의미상 유사한 것을 모아서 한꺼번에 배우는 것이 효과적인데 『천자문』은 이런 점에서 매우 부적절하게 글자가 배열되어 있다.

또한 "일월영측(日月盈仄)"에서처럼 영(盈)의 반대는 허(虛)이고, 측(仄)의 반대는 평(平)인데 영(盈)과 측(仄)을 대립시키고 있다. 문자학에서는 청/탁(淸/濁), 근/원(近/遠), 경/중(輕/重), 천/심(淺/深) 등 상대되는 두 개념을 쌍으로 들어서 보여 주면 두 가지 개념의 뜻이 동시에 이해가 쉽게 된다. 반면에 한 가지 개념만 알려 주면 두 가지 모두 막히기 쉽다고 다산은 말한다.[19] 그런데 천자문은 이러한 원리〔쌍거이서발지(雙擧以胥發之)〕를 잘 응용하지 못하고 있다. 그리고 '유형지물(有形之物)'이 있고 '무형지정(無形之情)'이 있으며, '무위지정(無爲之情)'이 있고 '유위지사(有爲之事)'가 있는데 이런 것에 해당하는 글자들이 『천자문』에서는 범주별로 정리되어 있지 못하므로 이 책이 자학서로서는 부적절하고, 서거정이 지은 『유합(類合)』이 오히려 더 근사하다고 다산은 말한다.[20]

---

18) 『茶山詩文集』, 제22권, 「千文評」. "我邦之人. 得所謂周興嗣千文. 以授童幼. 而千文非小學家流也. 學天地字. 乃日月星辰山川丘陵. 未竭其族. 而遽舍之曰姑舍汝所學. 而學五色學玄黃字. 乃靑赤黑白紅紫緇綠. 未別其異. 而遽舍之曰姑舍汝所學. 而學宇宙. 斯何法也." 참조.

19) 『茶山詩文集』, 제22권, 「千文評」. "盈之反虛也. 仄之反平也. 以盈對仄. 竪說而衡喩. 非其類也. 歲之族時也. 陽之耦陰也. 曰歲曰陽. 孤行而寡居. 非其類也. 大凡文字之學. 淸以喩濁. 近以喩遠. 輕以喩重. 淺以喩深. 雙擧以胥發之. 則兩義俱通. 單說而偏言之. 則兩義俱塞." 참조.

20) 『茶山詩文集』, 제22권, 「千文評」. "又凡有形之物. 與無形之情. 其類不同. 無爲之情. 與有爲之事. 其類不同. 江河土石. 形之名也. 淸濁輕重. 其情也. 渟流隕突. 於斯爲事也. 不以

그래서 다산은 이것을 대신할 교재로서 '촉류방통(觸類旁通)'의 원리에 따라 편찬된 『아학편』을 편집하게 된다. 그 외 당시에 학생들이 많이 읽던 역사서로서 『십팔사략』과 『통감절목』이 있었는데 이 책들에 대해서도 다산은 아동 학습서로서 적절하지 않다고 비판한다. 『십팔사략』은 "天皇氏以木德王, 歲起攝提, 無爲而化, 兄弟十二人各一萬八千歲"이라는 구절로 시작된다. 그런데 여기서 다산은 천황이라는 존재는 군주인지 목민관인지 귀신인지 사람인지도 정체가 모호하고, 목덕(木德)이라는 말도 목에 무슨 덕이 있는지 모르겠다고 비판한다.[21] 아동이 배움을 시작하면서 그 처음부터 이처럼 허황하고 황탄하여 이해하기 어려운 내용이 담긴 책은 바람직하지 않다고 다산은 주장한다.[22]

『통감절요』는 사마광의 『자치통감』을 남본(藍本)으로 삼으면서도 그 의례(義例)는 오히려 주자의 『자치통감강목』을 사용하였다. 그래서 삼국 가운데 촉한에 정통성을 부여하면서도 그 기사(記事)는 오히려 조위(曹魏)를 위주로 하는 모순을 범하여 의리에 어긋난다고 다산은 비판한다.[23] 뿐만 아니라 『통감절요』는 분량이 방대하여 이것을 읽는 시간이면 육경과 다른 경서를 읽는 것이 더 효과적이라고 인식한다. 아동들이 너무 오랜 시간 동안 이 책을 읽다가 보면 오히려 지루해져서 학습의욕이 저하될 수 있다고 지적한다.

다산은 『경세유표』에서 학생들이 공부해야 할 학업내용을 다음과 같이 제시한다.

類而觸之. 不能旁通如是也. 故讀千文已. 猶一字不知也. 千文有用處. 以之標田. 以之標試卷焉可也. 於小學何與. 苟爾雅說文. 不可復. 徐居正之類合. 猶其近者也." 참조.

21) 『茶山詩文集』, 제22권, 「史略評」 참조.

22) 『茶山詩文集』, 제22권, 「史略評」 참조.

23) 『茶山詩文集』, 제22권, 「通鑑節要評」. "其書以司馬公資治通 鑑爲藍本. 乃其義例. 反用朱夫子綱目. 其在三國正統予蜀漢. 記事主曹魏. 主客互換. 王賊倒置. 於義無所當." 참조.

동자의 학업은 육서(六書)에 전력하는 것을 주로 하고, 곁들이는 것으로는 『유의(幼儀)』·『이아(爾雅)』·『설문(說文)』·『옥편(玉篇)』·『급취편(急就編)』을 1과(科)로 하고, 곡례(曲禮)·소의(少儀)·옥조(玉藻)·내칙(內則) 및 주자의 『소학』을 1과로 하며, 『논어』·『맹자』·『중용』·『대학』을 1과로 한다.[24)]

즉 다산은 일단 육서와 『이아』 등과 같은 자학을 기본 단계의 1과목으로 삼고, 생활상에 지켜야 할 예의범절과 관련된 「곡례」·「소의」·「옥조」·「내칙」·『소학』을 또 하나의 과목으로 설정하고, 이런 과목을 익힌 연후에 4서와 같은 유교 고전을 본격적으로 공부하는 것이 합리적이라고 인식하였다.

3) 아동 대상의 자학 교육을 위한 『아학편』

다산은 『천자문』이 아동의 자학서로서는 부적절하다고 여겨서 『아학편(兒學編)』을 편집하였다. 아학편은 상권과 하권으로 나뉘어져 있다. 상권은 구체적 대상을 지칭하는 명사류이고, 하권은 주로 추상적 단어로 구성된다. 상권은 "天地父母, 君臣夫婦, 兄弟男女, 姉妹娣嫂, 祖宗子孫, 姪姑甥舅"로 시작된다. 천지현황이 아니라 천지부모로 시작한다. 하늘과 땅에서부터 시작하여 아버지와 어머니로 이어지고, 다시 군신과 부부, 그리고 형제와 남녀 등 인간관계, 가족관계에 대해서부터 나열하고 있다. 하권에서는 "仁義禮智 孝悌忠信 慈良敦睦 寬和恭愼"로 시작한다. 일상에서 지켜야 할 덕목이 순차적으로 전개된다. 또한 색과 관련된 단어는 모아서 "靑皇赤黑, 朱玄素白, 丹紺蒼翠, 紅紫綠碧"로 정리한다. 그 밖에도 신체부위, 식

24) 정약용, 『경세유표III』, 이익성 역, 한길사, 1997, 1215면.

물, 동물, 주거 · 건축, 교통, 직업에 관한 것 등 일상생활과 밀접히 관련된 것들을 주제별로 글자를 모아 놓았다. 이처럼 다산은 주제별로 연관된 의미를 지닌 글자를 모아서 순차적으로 전개함으로써 이해하기도 쉽고 기억하기도 용이하게 하여 문자학습의 효율성을 높이고 있다.

4) 아동 대상의 기초 학문 교육을 위한 『소학주관』

다산이 유배 중에 아동들을 가르칠 때 학생들이 가르친 것을 기억을 잘 하지 못하자 이에 다산은 구경(九經)과 구류백가(九流百家)에 나오는 주요 명물도수(名物度數)를 숫자를 중심으로 정리하여 편집한 저술이 『소학주관(小學珠串)』이다. 일지류(一之類)에서부터 시작해서 이십팔지류(二十八之類)까지 있다. 일지류, 이지류, 십지류, 십이지류에는 10가지 항목이 속해 있고, 칠지류, 팔지류, 구지류에는 각각 20가지 항목이 속해 있다. 사지류, 오지류, 육지류에는 각각 40항목이 속해 있고, 가장 많은 것은 삼지류로서 60개 항목이 포함되어 있다. 그 외에는 한 가지 또는 두 가지 항목만 있다. 그래서 총 300가지 항목이 설명되어 있다. 예컨대 3과 관련된 것으로는 삼재(三才), 삼강(三綱), 삼황(三皇), 삼왕(三王), 삼정(三正), 삼학(三學) 등이 있다. 4와 관련된 것으로는 사천(四天), 사술(四術), 사이(四夷), 사덕(四德), 사단(四端) 등이 있다. 각 항목에는 항목의 기본 개념을 설명하고 해당되는 내용을 나열하고 끝부분에서는 출전을 명시하고 있다. 예컨대 십삼지류(十三之類)에는 십삼경이 나오는데 여기에 대해서 다음과 같이 서술하고 있다.

> 십삼경이란 성현의 도의를 담고 있는 것이다. 역과 시와 서(이상은 삼경이다) 주례, 의례, 예기(이상은 삼례(三禮)이다) 좌전, 공양전, 곡양전(이상은 삼

전(三傳)이다) 논어, 맹자, 효경, 이아. 이것들을 일러서 십삼경이라고 한다. 십삼경이라는 이름은 숭문총목(崇文總目)에 나타난다.[25)]

우리 속담에도 "구슬이 서 말이라도 꿰어야 보배"란 말이 있다. 소중한 구슬을 꿰어야 잘 보관하기 좋은 것처럼 중요한 지식도 체계적으로 잘 정리해 놓아야 찾아보기도 좋고 기억하거나 활용하기에도 좋다. 다산은 『소학주관』을 편찬하여 학생들이 실학에 도움이 되는 내용을 폭넓고 알기 쉽게 정리함으로써 학문의 기초와 상식의 기반을 공고히 하고자 하였다. 학문을 하기 위해서는 윤리적 수신도 중요하고 자학(字學)도 필요하지만, 이를 기반으로 사물에 대한 폭넓은 지식 즉 박학도 중요하다. 실학은 성리학에 비해서 일반적으로 박학을 중시하는 경향이 있는데 다산에 있어서는 이러한 원칙이 아동교육에도 적용되고 있음을 『소학주관』에서 확인할 수 있다.

5) 아동 대상의 예절 교육을 위한 『제경』

『제경(弟經)』의 내용은 『예기(禮記)』「곡례(曲禮)」·「소의(少儀)」·「옥조(玉藻)」·「내칙(內則)」 그리고 『소학(小學)』에서 가려서 뽑은 것으로 이루어져 있다.[26)] 주요 내용은 아동이 일상생활에서 지켜야 할 예의 규범이

---

25) 『與猶堂全書』, 잡찬집, 제25권, 『小學珠串』. "十三經者. 聖賢道義之府也. 易書詩已上三經. 周禮儀禮禮記已上三禮. 左傳公羊傳穀梁傳已上三傳. 論語孟子孝經爾雅. 此之謂十三經也. 十三經之目. 見崇文總目. "; 『與猶堂全書』, 잡찬집, 제25권, 『小學珠串』. "十三經者. 聖賢道義之府也. 易書詩已上三經. 周禮儀禮禮記已上三禮. 左傳公羊傳穀梁傳已上三傳. 論語孟子孝經爾雅. 此之謂十三經也. 十三經之目. 見崇文總目."

26) 황병기, 「『제경(弟經)』의 체제 분석과 저작자 연구」, 『다산과 현대』 01, 연세대 강진다산실학연구원, 2008년 12월, 386면 참조.

주를 이룬다. 『제경』은 부모에 대한 효, 스승에 대한 예의, 어른에게 지켜야 할 규범, 기타 생활상에 지켜야 일상적 행동 규범을 포괄하고 있다. 다산은 『대학(大學)』의 명덕(明德)을 효제자(孝悌慈)로 해석한다. 그런데 자(慈)는 굳이 교육하지 않아도 본능적으로 사랑하게 되어 있으므로 효제(孝悌)를 강조하고 된다고 말한다. 다산이 『논어』의 "孝弟也者其爲仁之本與"를 해석하면서 효제가 인을 행하는 근본이 아니라, 효제가 곧 인의 근본이 된다고 풀이하였다. 다산 경학의 실천윤리적 특성을 고려할 때, 다산은 효제가 인의 실천적 덕목이라고 보고, 이러한 효제의 덕을 구체적 행위를 통해 어려서부터 교육할 필요가 있었다고 인식하였을 것이다. 그러므로 『제경(弟經)』의 내용은 관념적인 것이 아니라 대부분 일상생활에서의 구체적인 실천 행위와 관련된 것이다. 즉 다산이 경학에서 중시하는 '행사(行事)' 개념의 실제 사례를 보여 주고 있다. 이 점에서 보면 『제경(弟經)』은 다산의 경학사상이 아동교육에 반영된 매우 중요한 교재이다. 원문을 먼저 앞에 제시하고 이어서 음이 어려운 단어에는 (동음의 한자로) 음을 달아 주고, 의미가 어려운 단어나 구절에 대해서는 역시 한자로 뜻을 풀이하여 쉽게 이해할 수 있게 하였다. 『제경』과 『소학』을 비교하면 다산이 『소학』의 어떤 부분은 『제경』에 포함시키고 어떤 부분은 제외시켰는지를 알 수 있다.

다산은 그의 아들들이 『제경』을 편찬하겠다고 하자 격려하면서 『제경』 편찬의 문목을 제시해 주었다. 그 문목에 의하면 다음의 인용문과 같이 제1 원본(原本), 제2 기거, 제3 음식, 제4 의복, 제5 언어, 제6 시청(視聽), 제7 집사(執事), 제8 추공(推功) 등으로 구성되어 있다.

옛날에 안지(顔芝)는 『효경(孝經)』의 전(傳)을 내었고, 마융(馬融)은 『충경(忠經)』을 지었으며, 진덕수(眞德秀)는 『심경(心經)』을 편찬하였다. 너

희들이 『제경(弟經)』을 지으려 하니, 매우 좋은 일이다. 그 문목(門目)은 정연하고 난잡하지 않아야 하므로, 시험 삼아 아래와 같이 열거해 보니, 다시 헤아려 보는 것이 좋을 것이다.

원본(原本) 제1. 예를 들면 '효제(孝悌)는 아마도 인(仁)을 행하는 근본일 것이다.'라고 한 것과 같은 『논어』·『맹자』·『중용』·『대학』·『예기』 중에서 격언(格言) 10여 조항을 취하여 머리를 삼는다.

기거(起居) 제2. '아랫목에 앉지 않으며, 중문(中門)에 서지 않으며' '빨리 걷지 않고 천천히 가라.'고 한 것과 같은 종류로 한다.

음식(飮食) 제3. '밥숟갈을 크게 뜨고 국을 마시지 않는다.'라고 한 것과 같은 종류로 한다.

의복(衣服) 제4. '어린이는 비단으로 바지와 저고리를 해 입히지 않는다.'라고 한 것과 같은 종류로 한다.

언어(言語) 제5. '남의 말을 표절하지 말라.'는 것과 같은 종류로 한다.

시청(視聽) 제6. '남의 은밀한 곳을 엿보지 말며' '소리가 없는 곳에서도 듣는다.'라는 것과 같은 종류로 한다.

집사(執事) 제7. '자리를 받들고 어느 곳으로 향할 것인지 여쭈며' '궤장(几杖)을 올리고 궁시(弓矢)를 올린다.'는 것과 같은 종류로 한다.

추공(推功) 제8. '공경〔弟〕이 사냥〔獀狩〕에까지 통하였다.' '농부가 밭이랑을 양보한다.'는 것과 같은 종류와 양로(養老)·향음주(鄕飮酒) 등의 종류로 한다.

경서(經書)나 예문 중에서, 12조에 해당되는 성인들의 말씀을 뽑아 윗부분에 기록하고, 그 아랫부분에는 『소학』·『명신록』·『십칠사(十七史)』 등에 있는 효자들의 훌륭한 전기(傳記)와 정한봉(鄭漢奉)의 『일찬(日纂)』과 『퇴계언행록(退溪言行錄)』·『해동명신록(海東名臣錄)』·『조야수언(朝野粹言)』 중에서 공경〔弟〕에 절실한 가언(嘉言)·선행(善行)의 글을 절요

(節要)해서 다시 12조항을 만들어 그 아랫부분에 기록하도록 한다.[27)]

다산의 아들 학연과 학유가 이러한 문목에 따라 『제경』을 지었는지는 정확히 알 수 없지만 현재 전하는 『제경』은 이러한 문목과는 체계가 다르다. 현존하는 『제경』에 대해서는 학연이나 학유가 지었다는 설도 있고 다산이 직접 지었다는 설도 있다. 다산이 유배지에서 제자를 가르치기 위해서 편의상 지은 교재였을 가능성이 높은 것으로 보인다.[28)] 다산이 스스로 제시한 문목과 그 체계는 다르지만 현존 『제경』에도 그 내용상으로 보면 아동이 일상생활에서 배워서 지켜야 할 행동 규범을 담고 있다. 즉 기거, 음식, 의복, 언어, 시청(보고 듣는 것), 집사(執事) 등의 내용이 실려 있어서 비록 형식은 다르고 규모는 작지만 사실상 문목과 내용에 있어서는 본질적으로 크게 다르지 않다고 볼 수 있다. 『제경』을 통해서 다산이 생각하는 아동들의 생활예절을 추측할 수 있다.

6. 맺는 말

다산은 학문방법론과 관련하여서는 한학(漢學)과 송학(宋學)의 방법론을 지양(止揚)하여 종합하고자 하였다. 그리고 학문의 본질과 관련하여서는 실천을 중시하고 사회적 실용성이 있는 학문을 좋아하였다. 그리하여 인문 고전뿐만이 아니라 실용 서적을 중시하였으며, 아울러 조선의 역사

27) 『국역 다산시문집IX』, 28~29, 민족문화추진회, 1986.

28) 『제경』의 문헌 내용과 저작자와 관련된 자세한 연구는 황병기, 「『제경(弟經)』의 체제 분석과 저작자 연구」(『다산과 현대』 01, 연세대 강진다산실학연구원, 2008년 12월, 369~391면) 참조.

와 관련된 서적도 매우 중시하는 특징을 보여 주었다. 학문에 있어서 수기(修己)와 치인(治人)을 겸함으로써 자기 수양을 토대로 세상의 백성들에게 널리 은택을 베풀고자 하는 공리적 목적의식을 뚜렷이 가지고 있었다. 그리고 다산은 아동을 대상으로 하는 학문의 교육에도 많은 관심을 가지고 효과적인 아동학습의 교재를 개발하기도 하였다. 그래서 아동들이 학문에 들어가기 위한 기초가 되는 자학(字學)을 위해서는 『아학편』을, 아동들의 수신과 예의범절을 위해서는 『제경』을, 학문의 기초가 되는 교양에 대한 지식 증대를 위해서는 『소학주관』을 편찬하는 성과를 이루었다. 다산은 유교의 인문학 중심의 학문경계를 크게 확장함과 동시에 실용성 · 공리성을 위주로 하는 새로운 학문관 형성에 크게 기여하였다고 평가할 수 있겠다.

| 제3부 |

현대문명과 역학

현대문명에 대한
역학적(易學的) 성찰과 전망

| **이상익**(부산교대 윤리교육과 교수) |

1. 서론

'문명사(文明史)'의 관점에서 '현대'를 논하고자 할 때, 현대의 특성으로 흔히 거론되는 것은 '민주화'와 '산업화'이다. 지난 반세기 동안 우리 한국이 추구한 근대화도 민주화와 산업화를 두 축으로 삼은 것이었다. 민주화란 개인의 인권을 보장하고, 사회와 국가를 민주적 절차에 따라 운영한다는 뜻이다. '인권'의 내용은 여러 측면에서 설명할 수 있지만 무엇보다도 핵심을 이루는 것은 자유이며, '민주적 절차'의 핵심은 주권자인 국민(개인)의 자유로운 합의(계약)에 따르는 것이다. 한편, 산업화란 획기적으로 발달한 과학기술을 토대로 상품을 대량으로 생산하고 유통시킴으로써 인간의 삶을 풍족하게 하는 것이었다. 이러한 맥락에서, 많은 현대인들은 자유와 풍요를 이 시대의 업적으로 예찬한다.

본고는 자유와 풍요를 구가하는 현대사회에 대해, 역학적 관점에서 비판적으로 논의하고자 하는 것이다. 자유와 풍요는 결코 폄하하기 어려운 현대의 위대한 성과임이 분명하다. 그러나 자유와 풍요를 중심축으로 삼는 현대사회가 많은 부작용을 낳고 있음도 또한 분명할 것이다. 따라서 현대에 대해서 우리는 낙관적으로 예찬하기만 할 수는 없는 일이요, 오히려 그 한계를 분명히 지적하고 대안을 모색해야 하는 것이다.

본고에서는 먼저 자유와 풍요라는 개념을 중심으로 현대사회의 성격을 이론적으로 해명하고, 그 의의와 한계를 논하겠다. 이어서, '역사의(易四義)'라는 개념을 중심으로 역학의 기본 입장을 살핀 다음, 현대사회의 성격에 비추어 역학이 제시하는 문명상을 논의하기로 하겠다.

2. 현대문명에 대한 성찰

1) 현대문명의 성격

에리히 프롬(Erich Fromm)은 1976년에 간행된 그의 명저 『소유냐 삶이냐(*To Have or To Be?*)』의 서두에서 다음과 같이 말한 바 있다.

> 무한한 진보라는 저 위대한 약속 자연을 지배하고, 물질적 풍요를 가져오며, 최대다수에 최대행복을 가져다주며, 방해되지 않는 개인적 자유가 보장되리라는 약속이 산업시대의 개막 이래 여러 세대의 믿음과 희망을 지탱해 왔다. 인류가 자연을 능동적으로 지배하기 시작할 때부터 우리의 문명이 시작되었다는 것은 분명하다. 그러나 그 지배는 산업시대가 도래하기까지는 제한된 것이었다. 기계 및 핵 에너지가 동물 및 인간의 에너지를 대체하고 컴퓨터가 인간의 두뇌를 대체하는 산업발전이 이루어짐에 따라, 우리는 우리가 무한한 생

산과 소비에의 길에 나섰으며, 기술이 우리를 전능하게 하고 과학이 우리를 전지(全知)의 존재로 만들었다고 믿을 수 있었다. 우리는 신(神), 즉 자연 세계를 우리의 새 창조를 위한 벽돌로 사용하여 제2의 세계를 창조할 수 있는 지고의 존재가 되는 길에 나섰다고 생각했다. …… 무한한 생산, 절대적 자유, 무한정한 행복이라는 삼위일체가 '진보'라는 새로운 종교의 핵(核)을 형성하였다.[1)]

위의 인용문은 현대문명의 성격을 간명하게 정리해 주고 있다. 현대문명의 이념은 한마디로 말하자면 '진보(progress, 발전)'로서, 그것은 '무한한 생산, 절대적 자유, 무한정한 행복'을 세 축으로 삼는다는 것이다. 과학과 기술의 획기적 발달은 인간을 '전지전능한 존재'[2)]로 승격시켜 주었고, 그리하여 인간은 스스로의 힘으로 '지상낙원'을 건설하고자 했던 것이다. 그런데 프롬은 "산업시대는 결국 이 위대한 약속을 이행하는 데 실패했다."고 단정했다. 프롬에 의하면, 오늘날 점점 많은 사람들이 다음과 같은 사실을 인식하게 되었다는 것이다.

① 모든 욕망의 무한정한 충족은 안녕을 가져다주지 않으며, 그것은 또한 행복에의 길도 아니며, 최대의 쾌락으로 가는 길조차도 못된다.

② 우리 삶의 독립적 주인이 된다는 꿈은 우리의 사상 · 감정 · 취미가 정부와 산업 그리고 이들이 지배하는 매스컴에 의해 조종되며, 우리는 모두 관료적

---

1) 에리히 프롬, 『소유냐 삶이냐』, 김진홍 역, 홍성사, 1979, 17~18쪽.(본고에서는 김진홍의 번역본을 이용하되, 필자가 영문본(*To Have or To Be?*, Harper & Row, Publishers, 1976)을 참조하여 약간의 어구를 수정했음)

2) 위의 인용문에서 또 하나 주목할 내용은 '自然을 支配한다'는 것이다. 과학기술을 통해 '全知全能'하게 된 인간은 더 이상 자연에 순응하지 않고, 오히려 자연을 지배(정복)하려 든 것이다. 이러한 맥락에서, 현대인들은 자신들의 뜻에 맞게 자연을 이용하거나 변형시키려 할 뿐, 자연의 이법에 순응하고자 하지 않는 것이다.

기계장치 속의 톱니바퀴가 되어 버렸다는 사실에 우리의 눈이 뜨이기 시작하면서 끝나 버렸다.

③ 경제적 발전은 부국(富國)에만 국한되어 왔고, 부국과 빈국 사이의 간격은 계속 넓어져 왔다.

④ 기술적 발전은 생태학적 위기와 핵전쟁의 위험을 만들어 냈으며, 이 중 어느 하나 혹은 이 둘이 합세하여 모든 문명, 어떤 경우에는 모든 생명에 종지부를 찍게 할지도 모른다.[3)]

프롬은 네 가지 맥락에서 현대문명의 실상을 매우 암울하게 진단했던 것이다. 지난 30여 년 동안, 위의 네 가지 문제점은 개선되었다기보다는 오히려 더 악화되었을 것이다. 그렇다면 현대문명의 미래도 결코 밝다고는 말할 수 없겠다. 이에 우리는 현대문명의 본질을 근원적으로 다시 문제 삼을 필요가 있는 것이다.

프롬은 현대문명을 지탱하는 세 축을 '무한한 생산, 절대적 자유, 무한정한 행복'으로 설명했거니와, '무한한 생산'과 '절대적 자유'가 '무한정한 행복'을 뒷받침하는 것으로 인식되었던 것이다. 따라서 이 셋 가운데 더욱 중요한 관념은 '무한한 생산'과 '절대적 자유'라 하겠다. 그러면 이러한 두 관념을 뒷받침했던 논거들이 무엇이었던가를 우선 살펴보기로 하자.

2) 현대문명의 이론적 토대

① 극단적 쾌락주의와 예정조화설

'무한한 생산'은 '무한한 소비'를 위한 것인 바,[4)] 이것은 '무한한 욕망

3) 에리히 프롬, 『소유냐 삶이냐』, 김진홍 역, 18쪽.

의 추구' 곧 '극단적 쾌락주의'를 뜻한다. 프롬에 의하면, 극단적 쾌락주의는 17~18세기의 철학자들에 의해서 본격적으로 설파되기 시작한 것으로서, 현대에 이르러서 더욱 만연하게 된 것이다. 동서의 위대한 스승들은 '주관적으로만 느껴지고 그 충족이 순간적 쾌락만을 가져다주는 욕구'와 '인간의 본성에서 우러나고 그 실현이 인간적 성장과 복지(eudaimonia)에 기여하는 욕구'를 구분하여, 전자를 절제하고 후자를 추구하라고 가르쳐 주었었다. 그러나 부르주아 시대의 철학자들은 이러한 구분을 무시하고 자신의 모든 욕구를 최대한으로 충족시키라고 설파했다는 것이다. 프롬은 다음과 같이 말한다.

> 삶의 목적이 모든 인간 욕망의 충족에 있다는 이론을 아리스티푸스(Aristippus)[5] 이후 처음으로 명백하게 주창한 사람들은 17세기와 18세기의 철학자들이었다. 이런 이론은 '이익'이 (성경이나 그 후대의 스피노자에게서처럼) '영혼을 위한 이익'이 아니고 물질적 금전적 이익을 의미하게 되었던 시대, 중류계급이 그 정치적 굴레뿐만 아니라 사랑과 단결의 모든 유대까지 벗어던져 버리고 '단지' 자신만을 위하는 것이 더욱 자기 자신답게 되는 것이라고 믿게 된 시대에 쉽사리 생겨날 수 있는 개념이었다. 홉스(Hobbes)에게 있어서 행복은 하나의 탐욕으로부터 또 다른 탐욕으로 끊임없이 발전하는 것이었으며, 라 메트리(La Mettrie)는 약제(마취제)를 적어도 행복의 환상을 주는 것이라고 추천하기까지 했다. …… 이들은 부르주아 계급의 결정적 승리의 시대

---

4) 필자는 어린 시절 '대량생산 대량소비는 자본주의 시대의 美德'이라는 항간의 말을 종종 들었다.

5) 아리스티푸스(Aristippus)는 기원전 4세기 전반에 살았던 인물로, 소크라테스의 제자였다고 한다. 그는 "만족할 만한 육체적 쾌락을 경험하는 것이 삶의 목적이며, 행복은 향유한 쾌락의 總和"라고 주창했다고 한다.(에리히 프롬, 『소유냐 삶이냐』, 김진홍 역, 20쪽)

에 살았던 사상가들이었다. 전에 귀족들의 비철학적 관행이었던 것이 부르주아지의 관행과 이론이 되어 버린 것이다.[6)]

위의 인용문에서 주목할 것은 두 가지이다. 첫째는 극단적 쾌락주의가 관행의 차원에서 이론의 차원으로 발전했다는 점이다.[7)] 이제 극단적 쾌락주의는 이론으로 격상되어 스스로 그 정당성을 주장하게 되었다는 것이다. 둘째는 극단적 쾌락주의는 이기주의와 표리를 이룬다는 점이다.[8)] 이기주의와 쾌락주의가 표리를 이룬다고 함은 결국 '서로 더 많은 쾌락을 누리기 위해 경쟁한다'는 것을 의미한다.

'극단적 쾌락을 위해 이기적으로 경쟁하면 사회는 큰 혼란에 빠진다'는 것이 옛날 사람들의 일반적인 생각이었다. 그러나 근대인들은 오히려 "자기중심주의 · 이기주의 · 탐욕은 체계(산업사회)가 기능을 발휘하기 위해서는 조장될 필요가 있으며, 이것은 조화와 평화로 이르는 길이다."[9)] 라고 주장했던 것이다. 이것이 이른바 '예정조화설'[10)]로서, 이러한 생각이 쾌락주의와 이기주의를 정당화해 주고 있었던 것이다. 맨더빌(Bernard de Mandeville)은 "사악(私惡)이 바뀌어 공익(公益)이 된다."고

6) 에리히 프롬, 『소유냐 삶이냐』, 김진홍 역, 21쪽.

7) '비철학적 관행'이란 '관행으로는 존재했으나 이론적으로 정당화되지는 못했었다'는 뜻일 것이다.

8) 사실, 절제나 금욕을 주장하면서 이기주의를 옹호하는 경우는 찾아보기 힘들 것이다.

9) 에리히 프롬, 『소유냐 삶이냐』, 김진홍 역, 19쪽.

10) 예정조화설은 경제학적 측면에서는 아담 스미드, 철학적 측면에서는 라이프니쯔에 의해 대표되었다. 특히 라이프니쯔는 '窓 없는 單子'로 예정조화를 설명한 바 있다. '단자에는 창이 없다'는 것은 '단자는 고립적 존재로서 외부와 의사소통을 할 수 없다'는 뜻이었다. 라이프니쯔에 의하면, 고립적 단자들이 자유롭게 운동하는 바, 그 결과는 항상 조화를 이루게끔 예정되어 있다는 것이다. 이는 비유컨대 도시의 수많은 운전자들이 눈과 귀를 막고 자유롭게 운전해도 저절로 질서가 잡혀 교통사고가 일어나지 않는다는 주장과 같은 것이다.

주장했거니와, 이러한 생각은 18세기의 사상가들에게는 매우 익숙한 것이었다.[11] 이들의 설명에 따르면, 이기주의는 죄악이 아니라 오히려 공헌인 것이다. 이기적 경쟁은 산업사회의 발전을 촉진하기 때문이다. 문제는 경쟁이 초래하는 갈등과 혼란이었던 바, 예정조화설은 그러한 우려를 말끔히 불식시켜 주었던 것이다. 이제 우리들 각자는 마음 놓고 자신의 이익(쾌락)을 추구할 수 있게 된 것이다.

② 자연주의적 오류와 인식론적 회의주의

이제 '절대적 자유'의 측면을 살펴보자. '자유'를 뒷받침한 관념으로는 '자연주의적 오류'와 '인식론적 회의주의'를 거론할 수 있겠다.

여기에서 말하는 '자연주의'란 자연적 사실에 기초하여 인간의 당위를 정립함을 말한다. 옛 철인들은 흔히 인간의 규범의 근거를 자연의 이법에 두었다. 예컨대 희랍철학에서의 이데아(idea)나 유교에서의 리(理)가 그것이다. 그러나 이러한 사고방식은 근대에 이르러 오류로 단정되었으니, 이른바 '자연주의적 오류'라는 것이 그것이다.

'자연주의적 오류'란 '사실명제(사실판단)'로부터 '당위명제(가치판단)'를 도출하는 것을 오류라고 규정하는 것이다. 흄(David Hume)은 사실판단과 가치판단을 별개의 것으로 규정한 바 있는데, 마침내 무어(G. E. Moore)는 '사실로부터 당위를 도출하는 것'을 '자연주의적 오류'라고 규정한 것이다. 자연주의를 오류로 규정하는 자유주의자들은 '가치의 근거는 개인의 자유로운 결단이나 개인과 개인의 약속 이외에 아무것도 없다'고 주장하는 것이다.

가치를 사실로부터 분리시키고 나면, 가치판단의 객관적 근거란 존재

11) 브로노프스키 & 매즐리슈, 『西洋의 知的 傳統』, 차하순 역, 홍성사, 1983.

할 수 없게 된다. 사실이 배제된 빈자리는 개인의 '정서(emotion)'나 '자유의지'로 채워지게 된다. 그런데 이것은 사실 개인의 욕망을 그 자체로 승인하는 것에 불과하다. 이는 흄의 "이성은 정열(passion)의 노예이며, 또 노예여야만 한다. 이성은 정열에 봉사하고 따르는 것 외에는 다른 어떠한 직분도 가질 수 없다."[12]라는 선언에 잘 나타나 있다.

'인식론적 회의주의'란 우리는 대상세계에 대한 완전한 지식을 얻을 수 없다는 주장이다. 홉스에 의하면 모든 인식의 시초는 감각이다. 감각기관을 거치지 않고서는 우리 인간의 마음속에는 아무런 개념도 생기지 않는다. 인간의 사고도 외부의 물체(인식대상)가 현상된 것이다. 홉스의 인식론에서 중요한 점은 그가 감각의 본질을 '환상(fancy)'으로 규정하고 있다는 점이다. 감각은 외부적 사물의 운동이 우리의 눈·귀와 그 밖의 다른 감각기관들에 압력을 가함으로써 생겨나는 환상에 불과하다는 것이다. 홉스는 따라서 실제의 대상과 그에 대한 감각(환상)은 전혀 별개의 것이라고 본다. 홉스의 이러한 주장은 영국 경험론의 근본 성격을 정초하였다. 즉 이후 로크나 버어클리·흄 등은 모두 인식의 근원을 감각으로 설정하면서도, 감각을 절대적으로 신뢰하지 못하여, 세계에 대한 완전한 인식 가능성을 회의하게 된 것이다. 이러한 인식론적 회의주의는 자유주의와 밀접한 관련이 있다.[13]

자유주의의 기본 입장은, 우리는 대상 세계에 대한 완전한 지식을 확보할 수 없으므로 자연의 이법을 인간의 규범적 토대로 삼는 것이 불가능하며, 누구도 완전한 진리를 알지 못하므로 다른 사람에게 올바른 삶의 방식을 권할 수 없다는 것이다. 이러한 맥락에서, 각자의 삶은 각자의 자유

12) David Hume, *A Treatise of Human Nature*, edited by L. A. Selby-Bigge, London, Oxford University Press, 1958, p.415.

13) S. P. 램프레히트,『西洋哲學史』, 김태길 외 역, 을유문화사, 1982, 424쪽 참조.

의지에 맡겨지게 된 것이다. 다만 우리 인간은 함께 어울려 살지 않을 수 없는 바, 사회생활에 필요한 규범은 개인들의 합의(계약)를 통해 도출하면 된다는 것이다. 이제 사회의 운영에 있어서 객관적 진리라고 하는 것은 무의미하게 되었으며, 각자의 자유의지와 개인들 간의 합의가 중심축을 이루게 된 것이다.

3) 현대문명의 의의와 한계

현대문명이 이룩한 성과로는 무엇보다도 '자유'와 '풍요'를 들 수 있겠다. 우선 자유의 측면을 살펴보자. 오늘날 우리는 각종 불합리한 전근대적 질곡으로부터 벗어나게 되었는 바, 이는 분명 계몽주의자들의 위대한 공헌이라 할 것이다. 현대인들은 누구나 각자의 의지에 따라 자신의 삶을 설계하고, 그 소망을 추구할 수 있게 되었다. 각자의 자유의지에 따른 삶이 얼마나 중요한가 하는 것에 대해서는 더 이상의 설명이 필요 없을 것이다. 다음 풍요의 측면을 살펴보자. 과학기술의 발전은 생산성을 획기적으로 증대시켰고, 현대인은 미증유의 풍요를 누리게 되었다. 우리 사회만 하더라도, 이제는 기근이 문제가 아니라 비만이 문제인 상황으로 역전된 것이다. 자유는 개인의 소망을 이룰 수 있도록 뒷받침하며, 풍요는 인간의 생존을 뒷받침한다는 점에서, 현대문명이 이룩한 성과는 아무리 예찬해도 과언이 아닐 것이다. 그러나 많은 식자들은 또한 현대문명의 병리현상을 거론하면서 인류의 미래를 우려하고 있음도 유의해야 할 것이다. 앞에서 살펴본 요소들을 중심으로 현대문명의 한계를 거론하자면 다음과 같다.

첫째, '극단적 쾌락주의'의 문제이다. 극단적 쾌락주의란 인간의 욕망을 최대한으로 충족시키자는 것이었던 바, 그 문제점을 거론해 보자. '쾌락주의의 역리(paradox of hedonism)'라는 말이 있듯이, 극단적 쾌락의 추구는 자신을 병들게 할 뿐, 사실 행복을 증진시키지 못한다는 것이다. 또 무제한적인 욕망의 추구는 자원고갈과 환경오염을 수반한다는 점도 일반적으로 지적되는 바이다. 우리 인류는 지구라는 유한한 공간에서 살고 있거니와, 유한한 공간에서 무한한 욕망을 추구한다는 것은 그 자체 모순인 것이다.

둘째, '예정조화설'의 문제이다. 예정조화설은 이기적 경쟁을 사회발전의 원동력으로 예찬하는 논리였다. 그러나 이기적 경쟁은 사회의 효율성(생산성)은 증진시켜 주었지만, 예정되어 있다는 조화는 결코 실현되지 않았다. 이기적 경쟁은 필연적으로 '부익부 빈익빈'[14]을 초래하고, 약육강식을 정당화함으로써 사회적 안정성을 담보하지 못한다는 것은 주지의 사실일 것이다.

셋째, '자연주의적 오류'의 문제이다. 가토 히사다케(加藤尙武)는 자연주의를 오류로 치부하는 것은 '자유주의의 도그마'일 뿐이라고 지적한 바 있다. 가토 히사다케는 다음과 같이 말한다.

> 존재론적 자연주의가 성립될 여지는 있다. 사실과 권리의 연관관계를 표현하는 것도 논리적 오류와는 관계가 없다. 가치판단을 포함하지 않은 순수하게 형식적인 절차만을 사용하여 올바른 가치판단의 기준을 도출해 내고자 하는 시도는 아직 그 어느 것도 성공하지 못했다.[15]

14) 요즈음 말로 '불루 오션(Blue Ocean)'의 영역에서는 창의성이 경쟁의 승패를 결정하지만, '레드 오션(Red Ocean)'의 영역에서는 자본의 규모가 경쟁의 승패를 결정하는 것이 일반적인 현실일 것이다. 다시 말해, '레드 오션'의 영역에서는 대자본과 소자본이 경쟁하면 대부분 대자본이 이기는 것이요, 그 결과가 '부익부 빈익빈'으로 나타나는 것이다.

가토 히사다케가 지적한 바와 같이, 사실과 당위(권리)를 연관시키는 것은 하나의 철학적 입장으로서, 논리적 오류와는 무관한 것이다. 또 위에서 지적한 바와 같이 계약(합의)을 통해 정당한 규범을 도출해 내고자 했던 자유주의의 '구성주의(계약론)'는 아직 그 어느 것도 성공하지 못한 것이다.[16] 자연주의를 오류로 규정하는 자유주의자들은 인간이 자연 속에 살면서 자연의 이법을 존중한다는 것이 왜 잘못인지를 충분히 밝혀 주어야 할 것이다. 또한 객관적 이법을 부정하고 오로지 자유의지에 따른 삶을 추구할 때, '멋대로 자유'나 '추잡한 삶'을 어떻게 비판할 수 있는지도 설명해 주어야 할 것이다.

넷째, '인식론적 회의주의'의 문제이다. 과연 대상 세계에 대한 인간의 인식은 때때로 불확실하거나 오류에 빠지는 것이 사실이다. 그러나 대상 세계에 대한 모든 인식이 불확실한 것은 아닐 것이다. 봄이 가면 여름이 온다는 것, 모든 생명체는 생장쇠멸의 과정을 겪는다는 것, 암수의 교접으로 다음 세대의 생명이 탄생한다는 것 등은 '확실한 지식'으로 받아들이기에 어려움이 없을 것이다. 또한 오늘날 석유와 철광석 등 주요 부존자원이 고갈되고 있다는 것, 오존층의 파괴 등 지구의 공해 문제가 차츰 더 심각해지고 있다는 것도 의심의 여지가 없을 것이다. 따라서 인간의 경험적 인식이 의심스러운 점이 있다고 하여, 모든 경험적 지식을 부정할 수는 없는 것이다. 요컨대, 경험적 인식을 통해서도 '보편타당한 기초적 지식'을 얻을 수 있는 것이요, 이것들을 규범의 기초로 활용하는 데는 어려움이 없을 것이다.

15) 가토 히사다케(加藤尙武), 『현대 윤리에 관한 15가지 물음』, 표재명 외 역, 서광사, 2007, 95쪽.

16) 승계호에 의하면, 자유주의자들은 '構成' 작업에 있어서 암암리에 규범의 기초관념들을 '密搬入' 하고 있었던 것이다.(승계호, 『직관과 구성』, 김주성 외 역, 나남출판, 1999, 54~56 참조)

3. 역학(易學)의 문명상(文明像)

1) 역사의(易四義)와 그 함의

이제 역학이 제시하는 문명상을 논의해 보기로 하자. 본고에서는 '역사의'라는 개념을 중심으로 이에 접근하고자 한다. 일반적으로 '이간(易簡) · 변역(變易) · 불역(不易)'을 '역의 세 가지 뜻'이라고 한다. 한편 주자의 『주역본의(周易本義)』에서는 '역'을 '교역(交易)'과 '변역(變易)'으로 설명한 바 있다. 그런데 『주역절중(周易折中)』[17]에서는 '역'에는 '네 가지의 뜻'이 있으니 '불역 · 교역 · 변역 · 이간'이 그것이라 하였는 바, 이는 전통적인 '역삼의'와 주자의 견해를 종합한 것이라 하겠다. 『주역절중』에서는 '역사의'를 설명함에 있어서, 『주역』「계사상전」 제1장의 다음과 같은 말을 들고 있다.

하늘은 높고 땅은 낮으니 건(乾) · 곤(坤)의 자리가 정해지며, 높고 낮음이 이로써 진열되니 귀천이 자리를 잡는다. 동(動)과 정(靜)에 항상이 있으니 강한 것과 부드러운 것이 판단되며, 만물은 형세가 같은 것끼리 모이고 무리를 따라 나뉘니 길흉이 생긴다. 하늘에 있어서는 상(象)이 이루어지고 땅에 있어서는 형(形)이 이루어지니, 변화가 드러난다(A). 그러므로 강한 것과 부드러운 것이 서로 문지르고, 팔괘가 서로 움직이며(B), 천둥과 번개로써 두드리고, 바람과 비로써 윤택하게 한다. 해와 달이 운행하고, 한 번은 춥고 한 번은 더워서, 건도(乾道)는 남(男)을 이루고 곤도(坤道)는 여(女)를 이룬다. 건은 위대한 시작을 주재하고, 곤은 만물을 이룬다(C). 건은 '쉬움(易)'으로 위대한 시작을 주재하

17) 『周易折中』은 淸代의 李光地가 康熙帝의 御命을 받들어 편찬한 것이다.

고, 곤은 '간단함(簡)'으로 능히 만물을 이룬다. 쉬우면 알기 쉽고, 간단하면 따르기 쉽다. 알기 쉬우면 친함이 있게 되고, 따르기 쉬우면 공을 이루게 된다. 친함이 있게 되면 오래 갈 수 있고, 공이 있으면 위대해질 수 있다. 오래 갈 수 있는 것은 현인의 덕(德)이요, 위대해질 수 있는 것은 현인의 업(業)이다. 쉬움과 간단함으로 천하의 리(理)를 얻을 수 있으니, 천하의 리를 얻음으로써 인간은 천지의 가운데에 자리를 잡게 된다(D).[18]

『주역절중』에서는 (A)부분은 '불역'을 말하고, (B)부분은 '교역'을 말하며, (C)부분은 '변역'을 말하고, (D)부분은 '이간'을 말하는 것이라고 설명하였다.

'불역(不易)'이란 '변하지 않음'을 말한다. 현상적으로 보면 세상의 모든 것들은 변화한다. 『주역』은 바로 그 변화를 논하는 책이다. 그런데 『주역』에서는 '변화'를 논함에 있어서 '변하지 않음'을 함께 주목하는 것이다. 요컨대, 현상계의 모든 것들은 변화하지만, 그 속에는 변하지 않는 기본 구조나 원리가 있다는 것이다. 위의 (A) 부분에서는 '불역'의 내용으로 '천존지비(天尊地卑)의 위계구조'와 '동정유상(動靜有常)의 순환적 변화'를 들었다. 현상의 세계가 아무리 변한다 하더라도 하늘과 땅이 존·비의 위계구조를 형성함 자체는 변함이 없으며, 또 동·정의 순환적 변화에는 일정한 항상성이 있다는 점도 변함이 없다는 것이다. 이 '불역'을 두 측면으로 나누어 구체적으로 설명한 것이 '교역'과 '변역'이다.[19]

---

18) 『周易』, 「繫辭上傳」 1. "天尊地卑 乾坤定矣 卑高以陳 貴賤位矣 動靜有常 剛柔斷矣 方以類聚 物以群分 吉凶生矣 在天成象 在地成形 變化見矣 是故 剛柔相摩 八卦相盪 鼓之以雷霆 潤之以風雨 日月運行 一寒一暑 乾道成男 坤道成女 乾知大始 坤作成物 乾以易知 坤以簡能 易則易知 簡則易從 易知則有親 易從則有功 有親則可久 有功則可大 可久則賢人之德 可大則賢人之業 易簡而天下之理得矣 天下之理得而成位乎其中矣"

‘교역(交易)’은 ‘천존지비(天尊地卑)’의 측면에서 말하는 것으로서, 이는 ‘음양의 교감(交感, 對待)’을 말한다. 역학에서는 대립물들을 ‘서로 짝을 이루어 감응하는 관계’로 이해한다. 서로 반대되는 대립물들은 서로 감응함으로써 서로를 이루어 준다는 것이다(相反相成). 만물은 서로 짝을 이루어 교감해야만 제대로 존립할 수 있다는 것, 그런데 짝과 교감하기 위해서는 양자의 ‘조화와 균형’이 필요하다는 것이 역학의 근본 입장이다. 교역을 인간의 사회에 적용시킨다면, 이는 군신(君臣), 부자(父子), 부부(夫婦), 사용자와 노동자, 스승과 제자 등의 바람직한 관계를 제시하는 논리이다. 이러한 대립적 존재들은 존 · 비의 위계 속에 있지만, 또한 감응을 통해 서로를 이루어 주는 관계이기도 한 것이다.

‘변역(變易)’은 ‘동정유상(動靜有常)’의 측면에서 말하는 것으로서, 이는 ‘음양의 순환(循環, 流行)’을 말한다. 역학에서는 만물의 변화를 순환의 관점에서 이해한다. 즉 변화란 어느 지점에서 시작하여 어느 지점에서 끝나는 것이 아니라, 두 지점 사이를 끊임없이 왕래함이라는 것이다. 자연계로 말하자면, 어둠이 극에 달하면 밝음이 오고, 추위가 극에 달하면 더위가 오며, 생장이 극에 달하면 쇠멸이 이르고, 한 세대가 쇠멸하면서 다시 다음 세대가 생장한다. 인간사로 말하자면, 흥진비래나 고진감래라 하듯이 흥망성쇠 역시 순환적으로 되풀이되는 것이다. 이러한 맥락에서 모든 변화는 두 극단 사이를 끊임없이 왕래하는 것으로서, 역학에서는 ‘모든 사물은 극에 달하면 반드시 반대의 것으로 전화된다(物極必反)’고

19) ‘交易과 變易’ 즉 음양의 감응과 순환을 이해하는 데 유의해야 할 것은 양자의 경우에 음양의 개념이 서로 달리 설정되고 있다는 점이다. 즉 交易(感應)을 말할 때의 음양이란 ‘하늘과 땅’, ‘남자와 여자’, ‘통치자와 피치자’와 같은 ‘두 개의 대립적 實體’를 의미하며, 變易(循環)을 말할 때의 음양이란 ‘밤과 낮’, ‘추위와 더위’, ‘자라남과 늙음’과 같은 ‘한 實體의 生長과 衰滅’을 의미한다.

보는 것이다. 변역을 인간의 사회에 적용시키자면, 흥성할 때에는 절제하여 극에 이르지 않도록 하고, 고난 속에서는 미래에 대한 희망을 품고 좌절하지 말라는 뜻이 된다.

'이간(易簡)'은 역학의 원리는 '쉽고도 간단함'을 말한다. '불역'의 원리를 구체적으로 설명한 것이 '교역과 변역'인 바, 이는 음양의 감응과 순환이라는 '쉽고 간단한 원리'로 요약된다. 이간을 인간의 사회에 적용시키자면, 인간사회는 쉽고 간단한 원리로 운영하여야만 오래도록 번영할 수 있다는 뜻이요, 또한 쉽고 간단한 자연의 원리를 결코 어겨서는 안 된다는 뜻이다. 『주역』에서는 우리 인간이 '자연계의 쉽고 간단한 원리'를 체득함으로써 천 · 지와 더불어 삼재(三才)로 우뚝 설 것을 주문하였다.

2) 역사의(易四義)에 입각한 문명상(文明像)

앞에서 '극단적 쾌락주의와 예정조화설', '자연주의의 배제와 인식론적 회의주의'를 중심으로 현대문명의 성격을 규명한 바 있다. '극단적 쾌락주의와 예정조화설'은 '탐욕과 이기적 경쟁'을 뒷받침하는 논리였으며, '자연주의의 배제와 인식론적 회의주의'는 '자유와 계약론적 사회운영'을 뒷받침하는 논리였다. 그러나 역학이 제시하는 문명상은 이와 판이하다. 이제 역사의에 입각하여 역학이 제시하는 문명상을 간단히 묘사해 보기로 하자.

우선 불역과 이간이 제시하는 의미를 논해 보자. 불역은 자연의 이법이 항구적임을 뜻하고, 이간은 쉽고도 간단한 자연의 이법을 따라야 함을 뜻한다. 『주역』에서는 '쉽고 간단한 자연의 이법을 따르면 오래 갈 수 있고 크게 될 수 있다'고 하였거니와, 이는 우리의 문명이 영원히 번영하기 위해서는 자연의 이법을 따라야 함을 뜻한다.[20] 요컨대 역학적 관점에서 보자면, 인간의 자유나 합의(계약)보다도 자연의 이법이 더욱 중요한 것이요, 자유와 계약의 내용은 자연의 이법을 어기지 않는 범위로 제한되어야 하는 것이다.

역학에서 말하는 자연의 이법이란 구체적으로는 교역과 변역을 뜻한다고 하였다. 교역이 추구하는 문명상은 '경쟁의 사회'가 아닌 '예양의 사회' 이다. 역학은 '음양의 조화와 균형을 통한 감응'을 '생생의 원동력'으로 인식하거니와, 이기적 경쟁은 상호간의 감응을 불가능하게 하나, 호혜적 예양은 상호 간의 감응을 촉진하는 것이다.

사회는 이기적 경쟁을 통해서 발전할 수도 있고, 호혜적 예양을 통해서 발전할 수도 있다. 경쟁은 과연 효율적 발전의 원동력이나, 우리의 사회를 파편화시킨다는 부작용을 수반한다. 반면, 예양은 경쟁만큼 효율적이지는 못하나 상호간의 배려와 존중을 통해 우리의 사회를 품위 있는 공영의 세계로 만들어 준다.

우리는 인간의 이기심 그 자체를 비난할 필요는 없지만, 그러나 이기심을 최선의 것이라고 미화해서도 안 된다. 자신의 이익을 극대화하기 위한 행위는, 종종 자신의 이익을 극대화하지도 못하면서, 오히려 인간관계만 파괴하는 경우가 많기 때문이다. 자신의 이익을 최대화하도록 계산된 행위가 항상 자신의 이익을 최대로 보장해 주는 것은 아니다. 역으로 상대방의 이익을 존중하였을 때 자신은 더 큰 득을 보는 경우가 많다. 이 점은 이른바 '죄수의 딜레마'라는 게임 모델에서 여실히 드러난다.

'죄수의 딜레마'라는 모델은 합리적 선택이론에서 발달된 모델로서, 그 성격을 설명하면 다음과 같다. 주거침입죄로 잡힌 두 공범이 있다고

20) 『周易』 64괘의 象辭에는 모두 '君子以'·'大人以' 라는 등의 말이 보이거니와, '군자는 자연의 이법을 본받아 이용한다' 는 뜻이다.

가정하자. 주인은 집에 있던 다이아몬드 반지가 없어졌다고 주장하는데, 심증은 가지만 물증은 없는 상태이다. 검찰은 여죄를 추궁하기 위해서 범인 갑 · 을을 따로따로 독방에서 취조하게 되는데, 반지를 훔친 사실을 자백한 사람에게는 여죄를 묻지 않을 뿐만 아니라 주거 침입죄도 경감해 주고, 다른 공범에게 모든 죄를 뒤집어씌울 것이라고 꼬드긴다. 즉, 주거 침입죄 2년 형, 주거 침입죄와 절도죄 5년 형, 한 사람만 자백했을 경우 자백한 사람은 1년 형, 침묵한 사람은 8년 형을 산다고 가정하자. 이러한 상황에 처한 갑 · 을은 자백할 것인가 침묵할 것인가에 대해 고민하게 된다. 그럴 때 다음과 같은 네 가지의 조합이 나오게 된다.

① 甲과 乙이 동시에 침묵했을 경우: 甲과 乙 모두 2년 형

② 甲은 침묵하고 乙은 자백했을 경우: 甲은 8년 형, 乙은 1년 형

③ 甲은 자백하고 乙은 침묵했을 경우: 甲은 1년 형, 乙은 8년 형

④ 甲과 乙이 동시에 자백했을 경우: 甲과 乙 모두 5년 형

만일 갑과 을이 모두 자기 이익을 극대화(1년 형)하기 위하여 자백할 것을 선택하게 된다면, 결국엔 갑과 을이 모두 5년 형을 살게 된다. 그러나 갑과 을이 약간의 손해를 감수하며 협동하여 침묵을 지킨다면 그들은 모두 2년 형만을 살게 된다.[21)]

①의 경우는 형량의 합이 4년이며, ②와 ③의 경우는 형량의 합이 9년

21) '죄수의 딜레마' 모델은 박효종, 『합리적 선택과 공공재』 1, 인간사랑, 1994, 287쪽에서 인용한 것이다. 물론 이 모델은 내용적 측면에서 유교의 기본 정신과 어긋나는 점이 있다. 유교의 기본 정신에 입각하면, 죄수는 자기의 범죄를 모두 자백하고 그에 합당한 처벌을 감수해야 할 것이기 때문이다. 이 책에서는 다만 예양론과 경쟁론을 비교할 수 있는 형식적 측면들에 초점을 두었다.

이고, ④의 경우는 형량의 합이 10년이다. 따라서 사회적 차원에서 본다면 ①의 경우가 최선의 선택이며, ④의 경우가 최악의 선택인 셈이다. 다만 개인적 차원에서 본다면 갑의 경우는 ③이 최선의 선택이 되고, 을의 경우는 ②가 최선의 선택이 된다. 그러나 갑과 을이 모두 자신의 최대이익만 추구할 경우, ②와 ③은 성립할 수 없고 곧 ④의 경우로 전락된다. 이와 같은 모델에서 우리는 다음과 같은 사실을 유추할 수 있다. 첫째, 상대방의 이익을 배려하지 않고 자기의 이익만 극대화하기 위한 시도(②와 ③의 경우)가 결국엔 자기의 이익을 극대화하지 못한다는 것이다(④의 경우). 다시 말해, 사회적 행위는 상호적 행위라서, 상대방도 자기 이익의 극대화라는 방식으로 나올 경우 나의 이익은 나의 기대대로 실현되지 않는다는 점이다. 둘째, 애초에 나의 약간의 손해를 감수하며 상대방의 이익을 배려했을 경우, 나의 이익만을 고려했을 경우보다 훨씬 득이 될 수 있다는 것이다(①의 경우). 셋째, ①의 경우는 나와 상대방 사이의 전폭적인 신뢰와 협동 속에서만 가능하다는 점이다.

예양론은 ①의 경우를 지향하는 것이다. 반면에 이기적 경쟁의 행위자들은 ②와 ③의 경우를 추구하는 것이나, 본인들의 기대와는 달리 ④의 경우로 귀착되는 수가 많다. ①의 경우나 ④의 경우는 모두 각각의 형량이 같은 바, 이것은 예양론과 경쟁론이 각각 일반화되었을 경우 각각의 득실이 같은 것을 의미한다. ②와 ③의 경우는 형량이 불공평한 바, 그것은 한 사람은 예양을 택하고 다른 한 사람은 경쟁을 택했을 경우의 불공평한 결과를 보여 준다. 이런 경우에 예양을 택한 사람은 이중으로 손해를 입고, 경쟁을 택한 사람은 이중으로 득을 보는 것이다. 예양론을 취하는 사람은 그 방식이 사회의 모든 구성원들에게 완전하게 일반화되지 않았을 경우, 확률상 손해를 입을 가능성이 더 크다. 그러므로 사람들은 점차 경쟁의 방식을 선호하게 되는 것이다. 모든 사람이 경쟁의 방식을 취하게 되었을 때의 경우가 ④이다. ④는 개인적 차원으로 보나 사회적 차원으로 보나 ①에 못 미치는 결과이다. 따라서 사회적 차원에서는 당연히 ①의 경우를 추구하여야 할 것이요, 개인적 차원에서도 ② 또는 ③의 '위험한 유혹'을 뿌리치고 ①을 추구하여야 할 것이다. 그런데 문제는 ①의 방식(예양의 방식)은 사회 구성원 상호간의 절대적인 신뢰와 협동 속에서 가능하다는 점이다. 여기서 도덕의 중요성이 다시 부각되는 것이다.

변역이 추구하는 문명상은 '인간의 욕구충족 구조'를 '자연의 순환적 재생산 구조'와 일치시키는 것이다. 이는 인간의 욕구를 생태계와 조화(균형)를 이루는 범위로 제한한다는 말이다. '물극필반(物極必反)'이라는 변역의 원리에 입각할 때, 욕망의 과도한 충족은 반드시 재앙을 초래한다. 따라서 우리는 자연계의 순환적 재생산구조를 존중해야 하는 것이다.

지구의 자연 자원은 순환자원[22]과 부존자원[23]으로 구별된다. 동서를 막론하고, 전근대 문명은 대부분 순환자원에 의존하는 것이었다. 순환자원에 의존하는 삶의 양식은 인류에게 풍요를 보장해 주지는 못하였다. 따라서 전근대 사회에서는 절약과 나눔을 미덕으로 숭상했던 것이다. 그런데 근대에 접어들어 석유 · 석탄 · 철광석 등 부존자원을 활용할 수 있는 기술을 개발하면서(산업혁명), 일시적이나마 인간의 욕망을 무한히 충족시킬 수 있는 길이 열리게 되었다. 하지만 오늘날 극에 달한 산업화의 결과, 환경은 오염되고 자원은 고갈되어 이제는 역으로 인간의 생존을 위협

22) 循環資源이란 '계절의 순환', 또는 '생태계적 순환'에 의해 끊임없이 재생산되는 자원을 말한다. 계절의 순환에 따른 기후의 변화 자체는 하나의 순환자원이다. 또 예를 들어 '거름 → 농작물 → 곡식 → 소화 → 거름'의 순환 과정에서 거름 · 농작 · 곡식 등은 각각 하나의 순환자원이다.

23) 賦存資源이란 석탄 · 석유 · 철광석 등 지구상에 거의 1회적으로 주어진 자원을 말한다. 현대인들은 몇억 년에 걸쳐 형성된 부존자원을 몇백 년이라는 단기간에 모두 소비하고 있는 중이다.

하고 있다. 이것이야말로 '쾌락주의의 역리'라 하겠다. 지구상에서 인류에게 주어진 부존자원은 유한하다고 한다. 그런데도 대량생산과 대량소비를 통한 최대의 쾌락을 추구하는 한, 자원의 고갈은 더욱 촉진될 것이며, 부수적으로 환경의 오염도 더욱 심화될 것이다.

에리히 프롬은 "서구사회가 멸망하지 않기 위해서는 '순수한 경제적인 근거에서' 새로운 윤리, 자연에 대한 새로운 태도, 인간적 유대와 협동이 필요하다는 진실을 많은 사람들이 인식하기 시작하였다. 감정적, 윤리적 고려는 차치하고서라도, 이성에 대한 이러한 호소는 많은 사람들의 마음을 움직이게 될 것이다."[24]라고 주장한 바 있다. 프롬이 말하는 '순수한 경제적인 근거'란 단적으로 슈마허(E. F. Schumacher)가 그의 유명한 저서 『작은 것이 아름답다(Small is Beautiful)』에서 "무한한 성장은 유한한 세계에 적합하지 않다."[25]고 주장한 것을 의미한다.

현대 산업사회에 대한 이와 같은 인식은 『새로운 과학과 문명의 전환(Turning Point)』의 저자 카프라의 경우도 마찬가지이다. 그에 의하면, 오늘날의 경제학의 가장 뚜렷한 특징은 성장에 대한 강박관념인 바, 지속적 경제성장의 가장 심각한 결과는 지구의 자연 자원의 고갈이라고 한다. 그는 자연자원의 급속한 고갈을 막기 위해서는 지속적 경제성장이란 사상을 버려야 한다고 주장한다.[26] 나아가 카프라는 우리들이 당면한 여러 위기를 극복하기 위해 필요한 것은 더 많은 에너지가 아니라 가치 태도 및 생활양식의 심대한 변화라고 주장한다. 카프라는 다음과 같이 말한다.

24) 에리히 프롬, 『소유냐 삶이냐』, 김진홍 역, 236~237쪽.
25) 에리히 프롬, 『소유냐 삶이냐』, 김진홍 역, 201쪽.
26) 프리조프 카프라, 『새로운 과학과 문명의 전환』, 이성범 · 구윤서 공역, 범양사, 1991, 203쪽 및 225쪽 참조.

슈마허(Schumacher)가 '작은 것이 아름답다(Small is Beautiful)'라는 슬로우건으로 개척하기 시작한 규모의 문제는 우리의 경제조직과 기술을 재평가하는 결정적인 역할을 한 것이다. 성장에 대한 세계적인 집착은 테오도르 로자크(Teordore Rozak)가 말한 '큰 물건' 즉 거대 숭상을 수반했다. 물론 크기란 상대적이며, 작은 것이 반드시 큰 것보다 좋은 것은 아니다. 우리들의 현대사회에서는 두 개가 다 필요하며, 우리들의 일은 양자 간의 균형을 이룩하는 데 있다. 성장에 대한 질적인 평가가 이루어져야 하며, 크기에 대한 기본 개념 정립이 우리 사회의 재건을 위해 중요한 역할을 할 것이다. …… 현재는 불가피한 것으로 생각되는 많은 경제 모형이 변화할 것이며, 모든 경제활동이 세계적 생태계의 맥락에서 연구되어야 하며, 최근의 경제이론에 응용되고 있는 모든 개념이 확대, 수정 또는 포기되어야 할 것이다.[27)]

위의 인용문으로 볼 때, 카프라가 말하는 가치관 및 생활양식의 심대한 변화란 거대 숭상의 최대주의로부터 생태계와 조화를 이루는 최적주의에로의 변화임은 명백하다. 생명체는 개체로 보나 전체(생태계)로 보나 조화와 균형에 의해 삶이 유지되는 것이라 한다. 자연이 그 자체 유기체인 한 살아있는 생명체인 것이며, 이 생명은 조화와 균형에 의해 유지되는 것이다. 자연은 인간의 삶의 환경이다. 무한한 성장을 통하여 최대의 쾌락을 충족시키고자 하는 시도는 자칫 인간의 삶의 환경인 자연적 생태계의 균형을 파괴하게 되는 것이다. 한 번 그 균형이 파괴되면 연쇄적인 파급효과로 인해 마침내 인류도 그 피해를 입지 않을 수 없을 것이다.

27) 프리조프 카프라, 『새로운 과학과 문명의 전환』, 이성범 · 구윤서 공역, 210쪽.

4. 결론

에리히 프롬은 『소유냐 존재냐』의 서두에서 '무한한 발전'이라는 '현대의 위대한 약속'을 '환상'이었다고 규정하고, 이제 '환상은 끝났다'고 선언한 바 있다. 프롬의 이러한 선언으로부터 30여 년이 지난 지금, 현대사회는 더욱 비약적으로 발전하였다. 그러나 분명한 것은 우리는 결코 현대문명의 미래를 낙관할 수 없다는 점이다. 오존층 파괴, 지구온난화, 날마다 치솟는 석유 값 등은 현대문명의 한계를 상징하는 불길한 징조들이다.

『주역』 곤괘(坤卦)에서는 "서리를 밟으면 견고한 얼음이 이른다."고 하였다. 불길한 징조가 있으면 더 큰 재난이 다가올 것인바, 그에 대비하라는 뜻이다. 한편 기제괘(旣濟卦)에서는 "미래의 환난을 생각하여 예방하라."고 하였다. 모든 것이 정돈된 상황이라 하더라도 그에 안주해서는 안되고 미래의 환난을 예측하여 대비하라는 뜻이다.

이제까지 논한 것을 지극히 간단하게 요약하자면, 현대문명의 병리현상은 모두 '자유와 풍요'를 위한다는 명목으로 '자연의 이법'을 무시한 데서 비롯된 것이었다. 자연의 이법을 무시하면 일시적으로 성공할 수는 있으나, 결코 장구하게 지속될 수는 없는 것이다. 현대문명이 지금과 같은 방식으로 지속될 수 없다는 점을 결코 부정할 수 없기에, 이제 유엔(UN)의 차원에서도 세계 각국은 '지속가능한 발전'을 모색하라고 권고하기에 이른 것이다. 한편, 헬레나 노르베리-호지는 『오래된 미래』에서 자본주의 문명에서 탈피한 바람직한 미래 사회의 모형은 '오래된 전근대'에서 찾아야 한다는 주장을 개진한 바 있다. 그녀에 의하면, "올바른 미래를 찾는 우리의 노력은 불가피하게 자연—인간 본성을 포함하는—과의 더 큰 조화를 이루는 어떤 근본적인 패턴으로 돌아갈 수밖에 없는 것"[28]이다.

역학은 바로 '자연과의 조화'를 이루는 문명상을 추구하는 것이었다.

본고에서 ‘자연의 이법’을 최우선으로 내세운다고 하여, 현대문명을 전면적으로 부정하자는 것은 결코 아니다. 본고에서는 다만 자연의 이법을 어기지 않는 범위로 자유와 풍요를 제한해야 한다고 보는 것이다. 이러한 전환을 통해 우리는 ‘나와 너’가 공존(共存)하고, ‘인간과 자연’이 동생(同生)하는 문명을 가꿀 수 있을 것이다.

28) 헬레나 노르베리-호지, 『오래된 미래: 라다크로부터 배운다』, 김종철 · 김태언 역, 녹색평론사, 1996, 196쪽.

『역전(易傳)』의 도기결합적(道器結合的) 성인관(聖人觀)

| **정병석**(영남대 철학과 교수) |

1. 들어가는 말

고대 유가들은 '성인(聖人)'에 대한 논의와 관점들을 구체적인 인물들, 예를 들면 요(堯), 순(舜), 문(文), 무(武), 공자 등의 이름을 언급하는 것으로부터 시작하고, 어떤 추상적인 개념적 정의를 내리는 방식에서 출발하지 않는다. 즉 유가들에게 "성인은 무엇인가" 하고 질문을 던질 경우 유가들은 대부분 주저하지 않고 어떤 구체적인 역사 인물로부터 이야기를 시작한다. 실재한 구체적인 역사적 인물들이 바로 성인이란 개념의 대명사이기 때문이다.

이처럼 성인이라는 인간상은 모든 유가들이 지향하는 이념이자 목표이다. 실제로 유학의 수많은 철학적 논의들이 지향하는 내용들은 대부분 이런 성인의 경지에 도달하는 것을 최종적인 목적으로 삼고 있다고 말하여도 틀린 말은 아닐 것이다. 그러나 일반인들이 생각하고 있는 유가들의 이상적인 '성인관'은 대부분 도덕적 군자의 이미지를 벗어나지 못하고 있는 것이 사실이다. 그러나 이런 도덕적인 의미의 성인관이 바로 가장 전형적인 유가의 관점으로 보는 것은 분명히 문제가 있다. 왜냐하면 이런 관점은 한대(漢代)와 송대(宋代)를 거치면서 형성된 성인의 형상으로 지나치게 도덕적이거나 신비적인 것과 결합되어 본래 성인이 가지고 있어야 할 표준 중의 하나인 현실과 실용의 문제를 폐기하는 우를 범하게 된다. 여기에서 도덕적 · 정신적인 도(道)와 현실적 · 실용적인 기(器)는 분리되어 버린다. 형이상적(形而上的)인 도(道)만 중시하고, 형이하적(形而下的)인 기(器)[1]를 경시하는 입장이 출현하게 되면서 현실에 무능한 철학체계와 문화구조를 형성하게 된다.

이른바 '도기결합적 성인관(道器結合的 聖人觀)'은 바로 공자가 언급하였던 성인의 표준과 역할에 잘 부합한다. 성인의 주요한 역할 중의 하나가 바로 "백성들에게 은혜를 베풀어 많은 사람을 구제하는"[2] 것에 있다. 이것이 가능하기 위해서는 단순한 형이상적인 도의 연구만을 통해서는 어렵다. 형이상적인 도에 대한 연구도 있어야 하고, 아울러 형이하적인 기(器)에 대한 연구도 동시에 함께 수행하여야 하는 것이다. 이런 측면에서 『역전』의 성인관이 가지고 있는 특성에 주목할 필요가 있다.

일반적으로 『역전』에 보이는 성인에 대한 전형적인 관점으로 가장 먼저 떠오르는 것은 역시 성인이 『주역』을 지었다는 '성인작역(聖人作易)'[3]의 관점일 것이다. 이것은 『역전』이 『주역』의 형성이라는 문제를 성인의 권위를 빌려 해결하려고 하는 전형적인 '성인사관(聖人史觀)'의 관점을 가지고 있는 것이 아닐까라는 의심을 가지게 만든다. 그러나 이런 역사적

---

1) 이 말은 『周易』, 「繫辭傳」의 "形而上者謂之道, 形而下者謂之器."란 말에서 나왔다.

2) 『論語』, 「雍也」. "如有博施於民而能濟衆"

3) 「說卦傳」의 "昔者聖人之作易也, ……" 등에서 나온 말임.

관점은 20세기 이후의 실증주의적(물론 20세기 초엽의 疑古的인 관점의 영향도 있지만, 특히 고고학적 성과에 의한 것) 관점에 의해 사실상 부정되어 버렸다. 그러면 『역전』의 성인은 더 이상 의미 없는 전설의 모음에 지나지 않는 관점일 뿐인가? 그러나 여기에서 우리가 더욱 눈여겨보아야 할 것은 『역전』의 성인관이 가지고 있는 철학적 의미 또는 가치가 바로 '도'와 '기'의 두 측면을 매우 균형 있게 말하는 '도기결합적 성인관'을 말하고 있다는 점에 주목할 필요가 있다는 사실이다. 『역전』은 백성들을 위해 현실의 기물(器物)을 몸소 창조하고 제작하는 "만드는 자를 성이라 이른다."(作者之謂聖)[4]는 관점을 여러 곳에서 보여 주고 있다.

본 논문은 도와 기의 결합이라는 관점에서 『역전』의 성인관을 분석하는 동시에 유가가 말하는 도덕이성과 실용이성, 수신과 경세, 이상과 현실 등의 문제들을 동시에 음미해 보려고 한다. 『역전』에 보이는 이런 성인의 개념을 통하여 상당 부분 왜곡되어 있는 유가의 성인관을 복원할 수 있는 근거들을 발견하여 재평가해 보려는 시도는 또한 매우 필요한 작업이라고 생각된다. 이런 중요성에 비추어 본 논문은 특히 『역전』 속에 나타난 성인의 성격과 역할 등을 집중적으로 분석하여 그것이 가지고 있는 본질과 유가철학사 속에서 가지고 있는 의의를 살펴보려고 한다.

2. 도(道)와 기(器)의 결합과 분리를 통해 본 유가 성인관(聖人觀)의 변천

성인 개념에 대한 분석을 위해서는 무엇보다도 먼저 '성(聖)'이 가지고

4) 『禮記』, 「樂記」.

있는 의미를 분명하게 파악하여야 한다. 단음사인 '성'이 복합사인 '성인'보다는 앞서 나타난다. 은대의 갑골문에는 '성'이란 글자는 보이지 않는다. 금문(金文) 속에서는 이 글자를 발견할 수 있다. 여기에서 '성' 자는 '이(耳)'와 '구(口)'의 합성어로 나타난다. 『설문해자(說文解字)』에서는 '성'이라는 글자가 가지고 있는 특성을 귀(耳) 즉 청력(聽力)과 관련이 있는 것으로 보아[5] 성인을 비범한 청각 능력을 가진 사람으로 표현하고 있다. 데보스킨(Dewoskin)은 성인(聖人)은 대체로 "귀가 큰 사람"으로 그려진다고 말한다.[6] 또한 『좌전(左傳)』 등에서는 성인(聖人)을 음악가로 묘사하기도 한다. 여기에서 말하는 청각능력은 단순한 의미의 듣는 능력을 말하는 것이 아니라 그 속에는 지혜라는 요소가 들어 있음을 상징하고 있다. 그러므로 『설문해자』는 '성'을 '통(通)'(통달)의 뜻으로 해석한다. 『백호통(白虎通)』에서는 다음과 같이 말하고 있다

> 성은 통한다, 길, 소리 등의 뜻을 가지고 있다. 성인의 도는 통하지 않는 것이 없고 그 밝음은 비추지 않는 곳이 없고 소리를 듣고서 사태의 실정을 파악하고 천지와 그 덕을 합하고 일월과 밝음을 함께하고 사시와 그 질서를 함께하고 길흉은 귀신과 짝이 될 만하기 때문이다.[7]

'성'이란 말이 가지고 있는 중요한 의미 요소 중의 하나가 교류(交流) 즉 소통(通)이다. 성인은 천(신)과 인간, 인간과 인간, 자신과의 소통과 교

---

5) 『說文解字』. "聖, 通也, 從耳呈聲."

6) Dewoskin, Keneth. *A song for one or two : Music and the Concept of Art in Early China* (Ann Arbor : Center for Chinese, University of Michigan, 1982), pp.32ff.

7) "聖者通也, 道也, 聲也. 道無所不通, 明無所不照. 聞聲知情, 與天地合德, 日月合明, 四時合序, 鬼神合吉凶."

류를 잘하는 사람이다. 성인은 결코 빼어난 듣는 능력〔聽力〕만을 가지고 있는 것이 아니라, 도를 잘 표명하고 드러내는 사람이고, 아울러 창조적인 능력을 가지고 있는 사람이기도 하다. 여기에서 말하는 듣는 능력이 의미하는 것은 '천명'에 잘 순응하는 즉 도덕적 책임과 의무에 충실하다는 것을 말하는 것으로 보인다.[8] 그러므로 볼쯔(William G. Boltz)는 '성(聖)'의 부분에서 귀(耳)를 제외한 '정(呈)'이라는 부분을 강조할 필요가 있다고 말하고 '정(呈)'을 언어와 행동의 표현이라는 점에서 풀이하고 있다. 이런 점에서 성인은 앉아서 듣기만 하는 것을 강조하는 사람이 아니라 그것을 바로 잡기 위해서 구체적인 실천과 행동을 하는 사람이다.[9] 즉 성인은 단순히 도덕적 책임과 의무만을 충실히 하는 것으로 그치는 것이 아니라 현실의 문제들에 대해서 관심을 가지고 실질적인 역할을 구체적으로 행하는 존재로 표현하고 있다.

성인은 뛰어난 능력과 탁월한 지혜를 가지고 있기 때문에 자연스럽게 기술적인 문명과 사회 및 제도를 창조하는 역할을 하는 것으로 나타난다. 유가들은 문명과 제도의 발명을 모두 성인에게 돌린다. 이런 이유에서 『예기(禮記)』의 「악기(樂記)」에서는 "만드는 자를 성인이라고 한다."고 말한다. 사회 속의 예악(禮樂)이나 형법(刑法)과 모든 기술은 성인이 창조하였다고 말한다. 예를 들면 집, 옷, 배나 생활에 필요한 것들은 황제(黃帝)가 발명한 것이고, 그의 대신인 창힐(蒼詰)은 문자를 만들었다고 말한다. 유가들은 성인이 없었다면 인류는 새로운 모습으로 발전할 수 없었을 것이라고 말한다. 성인의 가장 큰 공헌은 기물(器物)과 제도의 창조만 말하

---

8) 이런 관점은 『論語』에서 말하는 "六十而耳順"이란 말과도 연관된다. 朱駿聲은 『通訓定聲』에서 "耳順之謂聖"이라고 말하고 있다.

9) David L. Hall and Roger T. Ames, *Thinking Through Confucius*, Albany, State University of New York Press, 1987, p.258 참조.

는 것이 아니라, 전통을 현실에 맞게 흡수, 소화하여 새롭게 만들어 백성들이 사용할 수 있도록 하는 데 있다.

맹자에서 시작하여 송대를 거치면서 유가는 지나치게 도덕과 결합한 성인관을 만들어 내어, 성인이 본래 가지고 있어야 하는 현실에 대한 관심을 점차 잃어버리게 된다. 송대(宋代)에 오면 성인의 형상은 도리와 완전 일치하는 것으로 간주하고 있는데 심지어 주자(朱子)는 성인과 도를 동일한 것으로 보고 있다.[10] 여기에서 성인이 가지고 있어야 할 중요한 표준 중의 중요한 한 부분을 잃어버린다. 성인을 더 이상 현실의 문제와는 관련이 없는 도덕적 이상으로서의 도에 통달하고, 그 도를 체득하여 도와 하나가 된 존재로만 말하고 있다. 성인은 최고의 도덕적 지혜를 가진 사람으로 "그의 한마디 말과 행동이 이치에 들어맞지 않는 것이 없다."[11]라고 말한다. 비록 송대의 유학자들은 역사상의 성왕들의 존재는 인정하고 있지만 성인 개념은 점차적으로 순수하게 내면의 완전성만을 조건으로 하는 것으로 정형화되기 시작하여 성인이란 개념의 내포적 의미는 철저하게 도덕적이거나 정신적인 숭고함으로만 채워지게 된다.

공자나 맹자를 중심으로 하는 고전 유가의 문제의식은 크게 개인의 인간의 완성과 현실에 대한 관심에서 나온다. 이른바 현실에 적극적으로 참여하는 입세정신(入世精神)인데 유가가 현실을 도외시한다고 말하는 것은 오해이다. 다만 여기에서 문제가 되는 것은 송대의 도덕적 경사(傾斜)이다. 그러나 송대에도 처음부터 이런 상황이 나타난 것은 아니다. 북송(北宋) 초기의 유학 부흥운동의 실제 내용은 입세정신에 관한 토론에서부터 시작한다. 북송 시기의 사풍(士風)의 전환은 기본적으로 현실에 대한

---

10)『朱子語類』, 卷八. "道便是無軀殼的聖人, 聖人便是有軀殼的道."

11)『河南程氏遺書』, 卷24. "一言一動无不合於理"

적극적인 참여정신과 책임의식으로 표현된다. 천하의 문제를 자신의 문제로 자임(自任)하는 "이천하위기임(以天下爲己任)"[12]의 적극적인 입세정신으로 표현된다. '천하의 문제를 자신의 문제로 자임하는' 이런 관점을 여영시(余英時)는 북송 유가는 물론이고 전체 송대 신유가들이 공통적으로 사회에 대한 태도를 규정하는 하나의 규범적 정의(normative definition)로 간주한다.[13] '입세정신' 또는 '경세치용(經世致用)' 이라는 문제의식에서 출발한 북송의 새로운 유학적 경향은 학자들이 유가 경전 속에서 치국평천하의 이론적 근거를 찾아서 새롭게 해석하는 작업에 열중하게 만든다. 문인(文人)으로서 유가가 가지고 있어야 할 역할과 책임이 무엇인가를 이구(李覯)는 '문(文)' 이라는 개념의 해석을 통하여 말하고 있다.

> 현인의 업(業)은 문(文)보다 앞서는 것이 없다. 문이라는 것이 어찌 다만 글쓰고 문장을 짓는 필찰장구(筆札章句)일 뿐이겠는가? 진실로 물(物)을 다스리는 기(器)이다. 그것의 큰 작용은 예(禮)의 서(序)를 포함하고 악(樂)의 화(和)를 말하고 정치상의 법도와 규칙을 정비하고 형서(刑書)를 바로 한다.[14]

위에서 말하는 '문' 이라는 것은 단순한 예(藝)의 의미나 책상 위의 학문으로 한정되지 않는다. '문' 은 도덕뿐만 아니라 국가와 사회를 경영하는 경세적(經世的) 원리를 모두 포괄하고 있는 이른바 '도(道)' 를 실은 '기

---

12) 朱子가 范仲淹을 평가할 때 한 말로, 『朱子語類』 권129 「本朝」에 "范文定公自做秀才時便以天下爲己任, 無一事不理會過." 라는 말이 있다. 歐陽修의 『范公神道碑』(『歐陽文忠公文集』 卷二十)에서 범중엄의 "士當先天下之憂而憂, 後天下之樂而樂." 라는 말을 인용하고 있다.

13) 余英時, 『士與中國文化』, 上海人民出版社, 1987년, 502쪽.

14) 『李覯集』, 北京, 中華書局, 1981, 文集, 二十七, 「上李舍人書」. "賢人之業, 莫先乎文. 文者, 豈徒筆札章句而已, 誠治物之器焉. 其大則核禮之序, 宣樂之和, 繕政典, 飾刑書."

(器)', '사물을 다스리는 기(器)'로서의 '문'이라고 이구는 말하고 있다.[15] 유가적인 의미의 현인은 바로 이러한 의미의 문을 실천하는 문인(文人)이다. 그러나 이런 경향은 존맹(尊孟)과 비맹(非孟)의 토론을 통하여 존맹파(尊孟派)가 승리하면서 점차적으로 도덕과 결합한 성인관을 만들어 내게 된다. 이런 결과로 본래 성인이 가지고 있었던 실용적이고 현실적인 성격은 상실되어 버린다. 이후 도(道)와 기(器)를 분리하여 도만 강조하고 기를 무시하는 성인관이 강조되면서 유가는 현실에 취약하고, 현실 문제를 구체적으로 해결하지 못하는 철학체계를 형성하게 되는 것이다.

3. 『역전』에 보이는 성인(聖人)의 지혜와 작역(作易)의 의미

『역전』에 보이는 성인관의 가장 큰 특성 중의 하나는 성인이 단순한 도덕 인격자로만 표현되지 않는다는 사실이다. 물론 「문언전」[16]이나 「계사전」[17] 도처에서 도덕인격자에 대한 언급이 많은 것도 사실이지만, 이보다는 성인은 빼어난 지혜와 탁월한 재능을 가지고 있기 때문에 현실의 문제를 충분히 해결하고 변화시키는 사람으로 분명하게 말하고 있다. 성인이 가지고 있는 지혜는 보통사람들이 도저히 따라가기 힘들 정도로 출중하다. 그들은 한마디로 "총명하고 예지적인 사람"이다. 「계사전」에서는 다음과 같이 말하고 있다.

---

15) 정병석, 『李覯의 經世論的 易解釋』, 『동양철학연구』, 제22집, 2000년 6월, 404쪽 참조.

16) 「乾卦」, 「文言傳」. "진퇴존망을 알아서 그 바름을 잃지 않는다."(知進退存亡而不失其正)

17) 「繫辭傳」. "崇德廣業", "守位以仁"

신묘한 능력으로 올 것을 알고 지혜로써 과거의 일을 간직하니 그 누가 이러한 일에 참여할 수 있겠는가! 옛날의 총명(聰明)하고 예지(叡智)가 있으면서 빼어난 무예를 가지고 있었던 사람은 있으나 사람을 함부로 해치지 않는 자일 것이다.[18]

성인은 총명함과 예지를 한 몸에 지니고 있는 사람으로 미래를 알고 과거의 일을 자신 속에 모두 간직하고 있는 지혜로운 존재이다. 성인은 총명함이나 예지뿐만 아니라 신묘한 무예를 지니고 있으면서도 다른 사람을 무시하지 않고 모든 사람을 인애(仁愛)의 마음으로 대할 줄 아는 유덕(有德)한 사람이다. 성인은 총명함과 예지를 가지고 있기 때문에 변화의 도를 파악하고 "심오한 진리를 탐색하여 기밀을 알 수 있고"[19] "신이 하는 바를 알 수 있는"[20] 그런 뛰어난 능력을 가지고 있어서 "천하 사람들의 뜻과 통하고 천하의 사업을 확정하여 천하의 의심스러운 문제를 해결해 낼 줄 아는"[21] 사람으로 표현되고 있다. 이런 성인의 지적 능력을 「계사전」은 "정의입신(精義入神)"(의리에 정밀하고 신묘한 경지에 들어가는 것), "궁신지화(窮神知化)"(신묘함을 궁구해서 변화를 아는 것)이라는 말로 그 빼어난 정도를 표현하고 있다. 성인은 우주의 변화와 흐름을 파악하고 있으면서, 천하 백성들의 현실적인 문제를 통찰하여 파악한 천도(天道)를 현실에 응용할 수 있는 지적 능력을 겸비하고 있다. 현대적인 의미로 말하면 성인은 자연계, 사회와 인류의 발전법칙을 완전히 파악할 수 있는 지적 능력을 가지고 있으면서 그것을 현실에 효과적으로 응용할 수

18) 「繫辭傳」. "神以知來, 如以藏往. 其孰能與此哉, 古之聰明叡知, 神武而不殺者夫."

19) 「繫辭傳」. "聖人之所以極深而研幾也"

20) 「繫辭傳」. "知變化之道者, 其知神之所爲乎?"

21) 「繫辭傳」. "聖人以通天下之志, 以定天下之業, 以斷天下之疑."

있는 사람이다. 성인은 천지인(天地人) 삼재(三才)의 도리를 온전히 파악하여 『주역』이라는 경전을 창작하였다고 말한다.

성인이 『주역』을 창작하는 데 있어서 가장 중요한 역할을 담당한 것은 다른 어떤 능력이 아니라, '류(類)', '고(故)' 등의 논리적 범주를 이용한 이성적(理性的)인 사유방식에 의지하고 있음을 말하고 있다. 예를 들면 복희씨(伏犧氏)는 팔괘(八卦)의 창작을 자연과 인류사회의 여러 현상을 관찰을 통하여 만든 것이라고 말하는데, 특히 여기에서 그는 '류(類)'라는 논리적 관점을 통하여 만물의 상황을 구분하고 있다.

> 옛날 복희씨가 천하를 통치하던 시대에 위로는 하늘의 현상을 살펴보고, 아래로는 땅의 법칙을 관찰하였다. 조수의 문채와 초목, 나무, 돌 등을 포함한 땅의 지리를 살펴서, 가까운 곳에서는 몸의 형상에서 취하고, 멀리는 만물의 형상을 취하여 비로소 팔괘를 만들어 신령스럽고도 밝은 조화의 덕행(德行)에 통하여 만물의 실정을 류(類)에 따라 구분해 내었다.[22]

팔괘는 자연계의 여덟 가지 현상을 대표한다. 모든 괘는 "그것을 이름하는 것은 작지만 그것이 취하는 류(類)는 크다."[23]라고 하여 비록 하나의 괘상(卦象)을 말하고 있지만 그것이 대표하는 류(類)는 엄청나게 크다. 예를 들면 곤(坤)은 동물로는 소〔牛〕, 신체로는 배〔腹〕로 분류될 뿐만 아니라 땅, 어머니, 포, 가마솥, 인색함, 고른 것, 큰 수레 등으로 분류된다.[24]

---

22) 『繫辭傳』. "古者包犧氏之王天下也, 仰則觀象於天, 俯則觀法於地, 觀鳥獸之文, 與地之宜, 近取諸身, 遠取諸物, 於始作八卦, 以通神明之德, 以類萬物之情."

23) 「繫辭傳」. "其稱名也小, 其取類也大."

24) 「說卦傳」. "坤爲地, 爲母, 爲布, 爲釜, 爲吝嗇, 爲均, 爲子母牛, 爲大輿, 爲文, 爲衆, 爲柄, 其於地也爲黑."

그러므로 객관세계는 "방향으로서 류(類)를 모으고 무리로서 사물을 나누고 있다."[25]라고 하여 류(類)의 범주로 사물을 관찰하고 분별한다. 『역전』이 류(類)를 말하는 것에는 견강부회한 측면이 많은 것은 사실이지만 『역전』의 작자는 괘상(卦象) 즉 류(類)를 부호로 간주하고 이 부호를 운용하여 객관세계의 오묘함을 관찰할 수 있다고 생각했다. 작역자(作易者)로서의 성인은 결코 류(類) 개념에만 근거해서 『주역』을 창작하지는 않았다. 「계사전」에서는 다음과 같이 말한다.

우러러 천문을 관찰하고 고개 숙여서 지리를 살피는 까닭에 보이지 않는 것과 보이는 것의 까닭(故)을 알며 처음을 미루어 살피고 끝을 되돌려 보기 때문에 죽음과 삶의 이치를 안다.[26]

위에서 말하는 '고(故)'(까닭)는 사물의 원인과 조건을 가리킨다. 성인은 사물을 관찰하는 가운데 '고(故)'의 범주를 이용하여 "한번 음하고 한번 양하는(一陰一陽)" 것을 가능하게 하는 까닭 혹은 이유로서의 근본적인 도리〔易道, 易理〕를 파악하게 된다. 『역전』은 복희씨가 "만물의 실정을 류(類)에 따라 구분하다.", "보이지 않는 것과 보이는 것의 까닭(故)을 아는 것"을 통하여 "한번 음하고 한번 양하는" 우주와 만물에 관한 도리 즉 역도(易道) 또는 역리(易理)를 찾아낸다. 이러한 류(類)와 고(故)의 논리적 범주들을 통하여 산출된 역리(易理) 또는 역도(易道)를 구체화한 것이 『주역』이기 때문에 이 책에는 당연히 천지와 만물, 인간의 도리들이 그대로 담기게 되는 것이다. 「계사전」에서는 『주역』이 가지고 있는 이런 내용과

25) 「繫辭傳」. "方以類聚, 物以群分."

26) 「繫辭傳」. "仰以觀於天文, 俯以察於地理, 是故知幽明之故, 原始反終, 故知死生之說."

성격에 대해 다음과 같이 말하고 있다.

주역은 천지와 가지런히 들어맞으니 천지의 도를 망라하고 있다.[27]

여기에서 '준(準)'은 보통 '수평하다', '똑같다' 등의 의미로 해석되어 '주역이 천지와 가지런히 들어맞다' 혹은 '역의 이치 자체가 천지를 그대로 묘사하였다'로 풀이 될 수 있다. '미륜(彌綸)'은 '흐트러져 있는 것을 계획하고 묶는' 뜻으로 천지의 도를 체계적, 통일적으로 설명하려는 시도로 볼 수 있다.

천지와 더불어 서로 비슷하기 때문에 어긋나지 않는다. 지혜가 만물에 두루 미치고 도가 천하를 구제하기 때문에 잘못됨이 생기지 않는다.[28]

『주역』은 성인이 천지의 변화를 망라하고 만물을 하나하나 살펴서 얻은 진리들의 모음이라고 할 수 있다. 그러므로 『주역』이 담고 있는 내용들은 실제 천지의 변화하는 도리들을 그대로 담고 있기 때문에 "천지와 가지런히 들어맞다." 또는 "천지와 더불어 서로 비슷하다."라고 말하는 것이다. 그런데 여기에서 더욱 중요한 것은 『주역』과 '천지'를 병칭(並稱)하는 것에서 한 걸음 더 나아가 '성인'과 '천지'를 동시에 병칭(並稱)하여 말한다는 점이다. 예괘(豫卦)의 「단전」에서는 다음과 같이 말하고 있다.

천지가 순(順)하게 움직이기 때문에 일월이 지나치지 아니하여 사시가 어긋

27) 「繫辭傳」. "易與天地準, 故能彌綸天地之道."
28) 「繫辭傳」. "與天地相似, 故不違, 知周乎萬物而道濟天下, 故不過."

나지 아니한다. 성인이 순(順)하게 움직이면 형벌이 분명해져서 백성이 복종한다.[29]

천지는 변화의 법칙에 따라 움직이기 때문에 일월(日月)이 지나치지 않고 사시(四時)가 결코 어긋나는 법이 없다. 성인 또한 법도나 도리를 벗어남이 없이 행동하기 때문에 형벌이 분명해져서 백성이 모두 복종하게 된다는 것이다. 이것은 성인이 천지의 도리를 이해하여 그것을 인간사에 적용하여 인간 세계의 질서를 바로잡는 것이라고 할 수 있다. 성인은 여기에서 한 걸음 더 나아가 더욱 적극적으로 "천지가 만물을 기르면 성인이 현인을 길러서 만민에게 미치니"[30]라고 하여 성인이 행해야 할 가장 큰 임무가 바로 천도(天道)의 응용을 통한 백성의 교화에 있음을 말하고 있다. 성인은 이런 의도와 목적을 『주역』 속에 그대로 담고 있다고 할 수 있다.[31] 성인의 행동은 천도와 하나도 어긋나지 않고 일상생활 속에서 천도를 적용하고 있기 때문에 성인을 천도의 인격화(人格化)라고 말하여도 틀린 말은 아닐 것이다.

4. 도기결합적(道器結合的)인 『역전』의 성인관(聖人觀)

앞에서 말한 것처럼, 송대(宋代) 이후의 성인에 대한 관점은 한마디로

---

29) 「彖傳」, 豫卦. "天地以順動, 故日月不過, 而四時不忒. 聖人以順動, 則刑罰淸而民服."

30) 「彖傳」, 頤卦. "天地養萬物, 聖人養賢以及萬民."

31) 「繫辭傳」. "이 때문에 하늘의 道에 밝고, 백성의 실정을 관찰할 줄 알기 때문에 이에 神物인 시초를 만들어 백성이 쓰도록 인도하니 聖人이 이로써 재계하여 그 덕을 신령스럽게 한다.(是以明於天之道, 而察於民之故, 是興神物 以前民用. 聖人以此齊戒, 以神明其德夫.)"

말하여 '도(道)와 기(器)가 분리된 성인관'이라고 할 수 있다. 이것은 본래 성인관이 지니고 있는 실용적이고 현실적인 성격은 상실되어 버리고 도덕적인 측면에만 치우친 성인관이 강조된다는 의미이다. 그러나 공자가 원래 강조한 성인의 형상은 도덕적 존재('成德之謂聖')일 뿐만 아니라 동시에 더욱 높게 평가하고 있는 것은 천하의 수많은 사람들에게 실질적 도움을 주어야 하는 현실적, 실용적인 가치를 실현하고 완성하는 존재라는 점이다. 『논어(論語)』에서는 다음과 같이 말하고 있다.

만일 수많은 사람들에게 베풀고 나누어 주어 그들을 구제할 수 있다면, 인(仁)이라고 말할 수 있겠는지요? 라는 자공의 물음에 대해 공자는 비단 인(仁)에 그치랴. 반드시 성(聖)이라고 말해야만 할 것이다. 요순(堯舜)조차 그런 성(聖)에 도달하기에는 부족함이 있었을 것이네! 하고 말씀하셨다.[32)]

공자는 위의 인용문에서 인(仁)과 성(聖)의 차원이 다름을 분명하게 이야기하고 있다. 공자는 보통 사람들이 '성(聖)'의 단계에 도달하기는 결코 쉽지 않은 것으로 여길 뿐만 아니라 심지어 위대한 왕들인 요순(堯舜)조차 성(聖)에 도달하기에는 여전히 부족하다고 말한다. '성(聖)'의 구체적인 내용은 "수많은 사람들에게 베풀고 나누어 주어 그들을 구제하는" 현실적인 경세(經世)의 문제들로 이는 분명히 '기(器)'의 영역에 속하는 문제이다. 공자는 '성(聖)'의 본질이 현실적인 경세문제를 가장 중요한 요소로 삼고 있음을 분명하게 말하고 있다. 이런 성인관의 본질이 비록 송대(宋代)에 와서 변질되지만, 적어도 『역전』에서는 이런 점이 더욱 중요하

32) 『論語』, 「雍也」. "如有博施於民而能濟衆, 何如? 可謂仁乎? 子曰, 何事於仁! 必也聖乎! 堯舜其猶病諸!"

게 강조되고 있다. 「계사전」에서는 다음과 같이 말하고 있다.

> 주역에는 성인의 도가 네 가지 있다. (역으로써) 말하는 사람은 괘사와 효사를 숭상하고, (역으로써) 행동하려는 사람은 변화의 법칙을 중시하고, (역으로써) 기물(器物)을 만드는 사람은 형상을 중시하고, (역으로써) 점을 쳐서 실천하는 사람은 점치는 기능을 중시한다.[33]

위의 인용문이 말하려고 하는 것은 『주역』이란 책은 다양한 의미들을 중층적(重層的)으로 표현하고 있기 때문에 그 책을 읽는 사람들의 관점에 따라서 방향이나 핵심이 달라질 수 있다는 점이다. 구체적으로 『주역』이 말하려고 하는 중요한 성인의 도는 네 가지가 있다고 말한다. 그 중 세 번째의 도가 바로 기물을 제작하는 것에 관한 것인데 기물(器物)을 잘 제작할 수 있는 것 역시 성인이 가지고 있어야 할 중요한 도(道) 가운데 하나라는 것이다. 즉 이론이나 원리를 잘 아는 것도 중요하지만 동시에 인류에게 필요한 새로운 기물을 잘 제작해 낼 수 있어야 하는데, 이것이 바로 성인에 대한 『주역』의 요구이다. 성인은 그냥 앉아서 추상적인 도(道)를 논하는 것이 아니라 현실 속에서 도를 응용하여 구체적으로 적용하고 실천하여야 한다는 것을 말하고 있다. 여기에서 『역전』은 성인의 위대함은 기물을 제작하여 천하를 이롭게 하는 데 있음을 분명하게 말하고 있다. 천하를 이롭게 하는 성인의 역할에 대해 「계사전」은 다음과 같이 말한다.

> 이런 까닭에 자연 현상을 본받는 것에는 천지(天地)보다 큰 것은 없고, 변하

33) 「繫辭傳」. "易有聖人之道四焉, 以言者尙其辭, 以動者尙其變, 以制器者尙其象, 以卜筮者尙其占易有聖人之道四焉, 以言者尙其辭, 以動者尙其變, 以制器者尙其象, 以卜筮者尙其占."

여 통하는 것이 사계절보다 큰 것이 없고, 형상을 드러내 밝음을 나타내는 것이 일월(日月)보다 큰 것이 없고, 숭고하기가 부귀보다 큰 것이 없고 사물을 갖추며 쓰이게 하며 상을 세워 기물을 만들어 천하를 이롭게 함이 성인보다 큼이 없다.[34]

여기에서 말하는 '가장 크다(莫大)'는 것은 '위대하다'는 것을 의미한다. 위에서는 큰 것으로 다섯 가지를 들고 있는데 그것은 천지(天地) · 일월(日月) · 사시(四時) · 부귀(富貴) · 성인(聖人)이다. 이것들이 위대한 이유는 하나같이 모두 천하에 이로움을 주는 작용을 하고 있기 때문이다. 즉 천지의 위대함은 "법상(法象)"에 있고, 일월(日月)의 위대함은 형상을 드러내 밝음을 나타내는 것에 있다. 사시(四時)의 위대함은 변통(變通)에 있고 부귀의 위대함은 숭고(崇高)함에 있다. 이에 비해 성인의 위대함은 "사물을 갖추며 쓰이게 하며 상을 세워 기물을 만드는" 것에 있다. 여기에서 성인을 천지 · 일월 · 사시 · 부귀와 함께 두고서 위대하다고 말한다. '위대하다'는 것의 구체적 내용은 그 작용이 크고 공헌이 엄청나게 크다는 것을 말한다. 이처럼 『역전』에서 말하는 성인은 반드시 어떤 구체적인 실천을 통하여 그 위대성을 이야기하고 있다는 점에 주목할 필요가 있는 것으로 보인다.[35] 『역전』은 성인의 형상을 도덕적 존재보다는 천하에 도움을 주려는 현실적, 실용적인 가치를 실현하려고 행동하는 존재로 묘사하고 있다. 이런 『역전』의 '도기결합적 성인관'의 관점이야말로 유가의 가장 이상적이고 전형적인 성인관을 그대로 보여 주는 것이라고 할 수 있다.

---

34) 「繫辭傳」. "是故法象莫大乎天地, 變通莫大乎四時, 縣象著明莫大乎日月, 崇高莫大乎富貴, 備物致用, 立成器以爲天下利, 莫大乎聖人."

35) 劉明武, 「道與器的分離」, 『中國文化硏究』, 北京言語文化大學, 第30期, 2000年 冬之卷, 20쪽 참조.

실제로 『역전』에 나타나는 성인의 형상은 도덕적인 측면보다는 다분히 실용적(實用的), 이성적(理性的)인 성격을 잘 보여 주고 있다. 『산해경(山海經)』이나 『시경(詩經)』에서 드러나는 신격(神格)의 성격은 전혀 보이지 않고 그 보다는 깨어 있는 냉정한 이성의 소유자로 표현된다. 『역전』에서 말하는 성인(복희씨, 신농씨, 황제, 요, 순 등)들의 성격은 도덕적인 의미에서 규정된 것이기보다는 사회와 역사에 늘 새로운 기물과 제도를 만드는 '공헌'을 하고 있는 형상으로 표현된다. 즉 『역전』에서 성인의 '성(聖)'이 가지는 의미는 새로운 이론의 창조, 새로운 도구와 가르침의 발명, 새로운 영역의 개척이라는 의미를 분명히 포함하고 있다. 『역전』에서 출현하는 성인들은 대부분 뛰어난 업무(사업)능력을 갖추고 있을 뿐만 아니라 동시에 창조적인 사업과 문물을 개척, 발명하고 추진하는 사람들로 나타난다.

「계사전」에서는 다섯 명의 성인을 구체적으로 소개하고 있는데 이들 5대 성인은 모두 사업을 잘 완수하거나 새로운 발명을 한 사람들이다. 실제로 「계사전」에서 소개된 다섯 명의 복희씨, 신농씨, 황제(黃帝), 요(堯), 순(舜) 등의 성인들은 각기 팔괘(八卦), 농기구와 시장, 의복, 배, 우마차, 절구, 활, 집, 관 등을 발명하였음을 말하고 있다. 「계사전」에서 소개하는 첫 번째 성인은 복희씨이다. 복희씨는 두 가지의 큰일을 하였는데, 하나는 8괘를 창작한 것이고, 다른 하나는 그물을 만든 것이다.[36] 「계사전」에서 말하는 두 번째 성인은 신농씨이다. 그 역시 두 가지 중요한 일을 했는데, 하나는 호미를 발명한 것이고, 다른 하나는 시장을 만든 것이다.[37] 신농씨 이후에는 세 명의 인물이 있는데, 순서로는 황제(黃帝), 요(堯), 순

36) 「繫辭傳」. "作結繩而爲罔罟, 以佃以漁, 蓋取諸離."

37) 「繫辭傳」. "神農氏作, 斲木爲耜, 揉木爲耒, 耒耨之利, 以敎天下, 蓋取諸益. 日中爲市, 致天下之民, 聚天下之貨, 交易而退, 各得其所, 蓋取諸噬嗑."

(舜)이다. 이 세 사람의 성인이 발명해 낸 것은 아홉 가지가 넘는다.[38] 「계사전」에서 말하는 이런 부분들은 성인이 인류에게 행한 여러 가지 구체적인 사업(事業)에 대해 말한 것이라고 할 수 있다. 그렇다고 하여 『역전』은 결코 성인에게 새로운 발명이나 문물의 개척 등의 구체적인 사업에만 힘을 경주해야 한다고는 말하지 않는다.

> 공자께서 말씀하셨다. 주역은 참으로 지극하도다! 주역은 성인(聖人)이 덕을 높이고 사업을 넓히는 책이다.[39]

공자가 『주역』을 훌륭한 책이라고 감탄하는 이유는 이 책이 덕(德)이라는 개인의 도덕적 수양을 높이는 동시에 사공(事功) 방면의 사업을 적극적으로 성취하도록 요구하기 때문이다. 이 때문에 공자는 성인이라면 반드시 도덕을 높이고 사업을 넓혀야 하는 일(崇德廣業)을 하여야 하는데 이런 두 가지의 내용이 『주역』 속에 모두 내장(內藏)되어 있기 때문에 반드시 『주역』을 연구하여야 한다고 말한다. 아울러 『주역』을 연구하여 배운 내용을 다시 백성들을 위해 이용할 줄 알아야 하는 것이 성인의 임무이다. 이처럼 『역전』이 말하고 있는 성인은 반드시 도(道)와 기(器), 덕(德)과 업(業) 둘 다 모두 겸섭(兼攝)하여 이용할 줄 아는 존재임을 분명하게 말하

---

38) 「繫辭傳」. "神農氏沒, 黃帝堯舜氏作, 通其變, 使民不倦, 神而化之, 使民宜之. 易窮則變, 變則通, 通則久, 是以自天祐之, 吉无不利. 黃帝堯舜垂衣裳而天下治, 蓋取諸乾坤. 刳木爲舟, 剡木爲楫, 舟楫之利以濟不通, 致遠以利天下, 蓋取諸渙. 服牛乘馬, 引重致遠, 以利天下, 蓋取諸隨. 重門擊柝, 以待暴客, 蓋取諸豫. 斷木爲杵, 掘地爲臼, 臼杵之利, 萬民以濟, 蓋取諸小過. 弦木爲弧, 剡木爲矢, 弧矢之利, 以威天下, 蓋取諸睽. 上古穴居而野處, 後世聖人易之以宮室, 上棟下宇, 以待風雨, 蓋取諸大壯. 古之葬者, 厚衣之以薪, 葬之中野, 不封不樹, 喪期无數, 後世聖人易之以棺槨, 蓋取諸大過. 上古結繩而治, 後世聖人易之以書契, 百官以治, 萬民以察, 蓋取諸夬."

39) 「繫辭傳」. "子曰, 易其至矣乎! 夫易聖人所以崇德而廣業也."

고 있다.

5. 성인(聖人)의 상상제기(尙象制器)와 인문화성(人文化成)

성인이 인류와 사회에 기여한 가장 큰 공헌은 역시 이전에 없었던 것을 새로이 발명한 것이라고 할 수 있다. 이런 새로운 발명이 가능한 이유로 자주 언급되는 것이 「계사전」에서 말하는 "상상제기(尙象制器)" 이다. 『주역』에서 말하는 명사로서의 상(象)은 크게 두 가지로 나눌 수 있다. 하나는 대자연 속에 형상이 있는 상으로 예컨대 천지, 새, 별 등을 말한다. 다른 하나는 괘 가운데의 추상적인 상(상징의 상 또는 이미지의 상)을 말하는데 음양(陰陽)의 상(象), 팔괘나 64괘의 상을 말한다. 각각의 종류와 각각의 상(象) 속에는 기구(器具)를 발명해 낼 원리를 함유하고 있는데, 성인들은 이 점을 분명하게 인식하여 『주역』 속에서 "상상제기(尙象制器)"의 이론적 체계를 형성하였다.[40] 『주역』에서 말하는 상(象)은 정지되어 있는 것이 아니라 늘 변화의 과정 속에 놓여 있기 때문에 어떤 하나의 고정적인 의미나 형상만을 가지고 있지는 않다. 새로운 기물을 만들어 낼 수 있는 가능성 혹은 원리는 생동하는 형상을 본받아 응용하는 것으로 상(象)을 기(器)로 전환시킨 것이라고 할 수 있다. 「계사전」에서는 다음과 같이 말하고 있다.

나타난 것을 상(象)이라 하고, 형체로 구체화 된 것을 기(器)라 한다. 만들어 쓰는 것을 법(法)이라 하고, 문을 이용하여 나가고 들어가는데 이는 백성이 모

40) 劉明武, 「道與器的分離」, 21쪽 참조.

두 쓰는 것이니 이를 신(神)이라 한다.[41)]

천지 사이에서 우리가 볼 수 있는 것은 모두 상(象)이라고 하고, 연장(延長)이 있고 현상이 있는 것을 기(器)라고 말한다. 상(象)으로부터 기(器)를 제조하고 그것을 사용하는 것을 본받는다(法)라고 말한다. 이것이 바로 상(象)을 기(器)로 전환시킨 것이다. 구체적으로 복희씨나 다른 성인들의 "상상제기(尙象制器)"를 통한 발명의 문제를 「계사전」은 다음과 같이 말하고 있다.

> 노끈을 맺어서 그물을 만들어 새를 잡고 물고기를 잡았는데, 대개 그 이치를 리괘(離卦)에서 취한 것이다. 복희씨(包犧氏)가 죽고 신농씨(神農氏)가 일어나, 나무를 깎아 보습을 만들고 나무를 휘어 쟁기를 만들어, 쟁기로 갈고 김을 매는 이로움을 천하 사람에게 가르쳤으니, 대개 그 이치를 익괘(益卦)에서 취한 것이다.[42)]

> 아주 옛날에는 굴속에서 살고 들판에서 거처했다. 후세에 성인이 이것을 궁실로 바꾸어 위에는 용마루를 얹고 아래에는 처마를 쳐서 바람과 비에 대비케 하였으니 대개 대장괘(大壯卦)에서 취한 것이다. 옛날의 장사 지내는 방법은 섶으로 두껍게 사서 들판에 매장하여 봉분도 하지 않고 나무도 심지 아니하였으며, 장례를 치르는 기일도 일정하지 않았는데, 후대에 성인이 관곽으로 바꾸었으니 대개 대과괘(大過卦)에서 취한 것이다. 아주 옛날에는 노끈을 맺어 만든 결승문자를 이용하여 천하를 다스렸는데 후대에 성인이 그것을 글자와 부

41) 「繫辭傳」. "見乃謂之象, 形乃謂之器, 制而用之謂之法, 利用出入, 民咸用之謂之神."

42) 「繫辭傳」. "作結繩而爲罔罟, 以佃以漁, 蓋取諸離. 包犧氏沒, 神農氏作, 斲木爲耜, 揉木爲耒, 耒耨之利, 以敎天下, 蓋取諸益."

호로 대치하였으니 관리들이 이것을 가지고 백성을 다스렸고 만민들은 이것을 가지고 번거로운 일을 살폈다. 이는 대개 쾌괘(夬卦)에서 취한 것이다.[43)]

성인이 이러한 일을 하는 이유는 모두 백성들의 복리를 위해서이다. 성인은 천지가 만물을 기르는 작용을 본받아 모든 백성들을 양육하고, 또 천지가 교감하여 만물을 기르는 특성을 보고 배워 인심을 감화시키고 나라를 다스려 나간다는 말을 하고 있다. 여기서 말하는 성인이 가지고 있는 가장 큰 특성은 천지(天地)를 이해하고 또 이런 이해에 근거하여 백성들을 양육하고 감화시키는 능력을 가지고 있다는 점이다. 이런 성인의 작용이 바로 '인문화성(人文化成)'이다.[44)]

'인문'과 '인문화성'이란 말은 "천문을 보고서 사계절의 변화를 관찰하고, 인문을 관찰함으로써 천하를 교화하여 이룬다."[45)]는 말에서 나왔다. '인문'의 '문(文)'이라는 말은 꾸밈 또는 장식의 뜻을 가지고 있는 것으로 마땅히 행해야 할 "사람의 도리"[46)]를 의미한다. 성인의 '인문화성'이 가능한 것은 '천도를 미루어 인간사를 밝히기'(推天道以明人事) 때문이다. 우선 성인은 천도(天道)에 대한 형이상학적 탐구를 하여야 한다. 「계사전」에서는 "성인이 천하의 움직임을 보아 그 모이고 통하는 것(會通)을 관찰하여"[47)]라고 하여 성인이 모든 사물에 적용하여도 두루 통할 수 있는 보편적인 도리(會通之理)의 탐색에 대해 말하고 있다.

---

43) 「繫辭傳」. "上古穴居而野處, 後世聖人易之以宮室, 上棟下宇, 以待風雨, 蓋取諸大壯. 古之葬者, 厚衣之以薪, 葬之中野, 不封不樹, 喪期无數, 後世聖人易之以棺槨, 蓋取諸大過. 上古結繩而治, 後世聖人易之以書契, 百官以治, 萬民以察, 蓋取諸夬."

44) 정병석, 「周易의 三才之道와 天生人成」, 『儒教思想研究』, 제24집, 2005, 227쪽 참조.

45) 「賁卦」, 「彖傳」. "觀乎天文, 以察時變, 觀乎人文, 以化成天下."

46) 程頤, 『伊川易傳』, 「賁卦」, 「彖傳」. "人文, 人之道也."

47) 「繫辭傳」, 上傳, 제8장. "聖人有以見天下之動, 而觀其會通."

음양변화(陰陽變化)의 이치를 살펴 천지가 변화하는 법칙과 그것의 인간사 속에서의 의미를 파악하는 것이 성인이 반드시 지니고 있어야 할 품성이다. 여기에서 성인이 발견한 것은 비록 천도와 인간사가 각자 독립적인 형태로 나누어 구별되지만, 하나의 거대한 상관적 세계 혹은 통일적인 하나의 큰 체계라는 측면에서 보자면 이들은 모두 보편적인 변역법칙을 따르고 있다는 점이다. 그것은 바로 "낳고 또 낳는 것을 생이라고 한다."[48]는 진리이다. 천지가 날로 새롭게 변화하듯이 사람도 매번 새로워야 하기 때문에 『역전』 속에 기록된 성인들은 모두 새로운 발명과 창조를 하는 사람으로 표현된다. 이런 새로움과 창조성을 최고로 높은 큰 덕으로 보기 때문에 "날마다 새로워지는 것을 성대한 공덕이라고 한다."[49]고 말하는 것이다. 이런 성인의 성대한 공덕이 바로 "상상제기(尙象制器)"의 새로운 창조와 발명에서 구체적으로 나타나는 것이다. 이들 천도와 인간사가 가지고 있는 '변화' 혹은 '생성'이라는 말을 정리하면 '천생인성(天生人成)'이라는 개념으로 압축할 수 있다.[50] 여기에서 말하는 '천생(天生)'이라는 말이 천지의 '생생(生生)'을 의미한다면, '인성(人成)'은 '생생(生生)'하는 천지를 본받아 "상상제기"하여 '인문화'하여 나가는 과정을 말하는 것으로 보인다.

천도가 만물을 생성하는(天生) 역할을 한다면 성인의 사명은 그 도리를 이해하여 그것을 인간사에 적용하여 사람들이 쉽게 사용할 수 있도록 도와주어야 할 '성물(成物)'의 책임을 가지고 있다. 이것이 바로 성인이 가지고 있어야 할 책임 혹은 역할이다. 성인이 이런 능력을 가질 수 있는 것은 천지 생성의 도리와 법칙을 파악하고 그것을 본받아 현실에 실제로 잘

48) 「繫辭傳」. "生生之謂易"

49) 「繫辭傳」. "日新之謂盛德"

50) 정병석, 「周易의 三才之道와 天生人成」, 219쪽 참조.

응용할 수 있기 때문이다. 이런 역할에 대해 「계사전」은 "천지가 위(位)를 펼치면 성인이 능(能)함을 이루니, 사람에게 도모하고 귀신에게 도모하여 백성이 능할 수 있는 단계에 들어서게 한다."[51]라고 하였다. 성인은 '작역(作易)' 이라는 첫 단계에서부터 시작하여 최종적인 목적은 모든 백성들이 전부 능할 수 있게 만드는데 그 역할이 있는 것으로 보인다. 이 문제에 대해 주자(朱子)는 "천지가 위를 펼치면 성인이 역을 지어 그 공을 이루니 이에 사람에게 도모하고 귀신에게 도모하여 비록 백성 중의 어리석은 자라도 모두 이 능할 수 있는 단계에 들어서게 하는 것이다."[52]라고 하였는데 성인이 가지고 있어야 할 역할을 매우 적절하게 표현한 것으로 보인다.[53]

6. 맺음 말

『주역』과 성인(聖人)의 관계를 이야기하는 데 있어서 가장 많이 언급되는 문제는 분명히 『주역』의 형성과 관련되는 '성인작역(聖人作易)' 의 문제일 것이다. '성인작역' 의 문제와 관련되어 논란을 일으키는 주요 내용에는 8괘와 64괘의 기원과 제작자, 중괘설(重卦說) 및 『역전』과 공자와의 관계 등에 관한 문제들이 포함되어 있다. 이런 논란이 되는 대부분의 문제들은 『역전』이나 『한서(漢書)』 등에서 말하는 '성인사관' 에 근거하여 주로 해석되어 온 것이 사실이다. 그러나 한대 이후 『주역』은 경학자들에 의해 성인지서(聖人之書)로 간주되는데 그 주된 이유는 『주역』을 구성하

51) 『繫辭下傳』, 第12章. "天地設位, 聖人成能, 人謀鬼謀, 百姓與能."
52) 『周易本義』. "天地設位而聖人作易以成功, 於是人謀鬼謀, 雖百姓之愚, 皆得以與其能."
53) 정병석, 「周易의 三才之道와 天生人成」, 229 · 230쪽 참조 바람.

는 8괘, 64괘, 괘효사와 『역전』은 모두 삼성(三聖: 伏犧氏, 文王, 孔子) 혹은 사성(四聖: 伏犧氏, 文王, 周公, 孔子)으로 지칭되는 성인들에 의해 제작되었기 때문이다. 이것이 바로 성인작역의 관점이다.

'성인작역'이라는 존고적(尊古的) 관점은 송대의 구양수(歐陽修)와 청대의 최술(崔述) 등의 도전적 견해를 시작으로 하여 20세기 초기의 고사변(古史辨) 학파로 불리는 의고적(疑古的) 경향에 의해 매우 심하게 동요되기 시작하면서 『주역』이라는 책의 정체는 단지 한 권의 복서지서(卜筮之書)로 전락하고 만다. 동시에 『역전』에 출현하는 성인의 정체는 마치 전설 속의 인물들로만 간주되어 어떠한 철학적 의미도 가지지 못하는 것으로 추락되어 버렸다. 그러나 이는 『역전』의 성인관이 가지고 있는 진정한 철학적 함의와 의의가 어디에 있는가를 간과한 평가라고 할 것이다. 왜냐하면 『역전』에서 나타나는 이성적, 현실적이고 실용적인 성인의 형상은 내성(內聖)에만 치우쳐 있는 유가적 성인관을 재조정하여 원시유학 본래의 내성외왕의 균형이라는 이념을 다시 새롭게 전개할 수 있는 근거를 보여 주고 있기 때문이다.

『역전』의 성인관에서 주목하여야 하는 부분은 성인이 보여 주고 있는 실천적 역할과 기능이라는 측면이다. 『역전』에 나타나는 성인의 형상은 인격완성을 실현한 도덕적 존재일 뿐만 아니라 현실에 우환(憂患)하고 개물성무(開物成務)하여 천하를 이롭게 하려는 현실적, 실용적인 감각을 가지고 있는 존재로 나타난다. 이런 『역전』의 성인관은 유가적 이념인 수신(修身)과 경세(經世), 내성(內聖)과 외왕(外王)의 균형이라는 모델을 제시해 준다. 이처럼 『역전』의 성인관이 유가철학사에서 가지고 있는 가장 중요한 의의는 "득도지성인(得道之聖人)"과 "작자지위성(作者之謂聖)"의 두 측면을 매우 균형 있게 강조하는 '도기결합적 성인관'을 제시하고 있다는 점에서 찾아야 할 것이다.

'성인'의 '성'의 표준은 '형이상(形而上)'의 도(道)의 영역과 '형이하(形而下)'의 기(器)의 두 영역에 모두 걸쳐 있어야 한다. 이런 점에서 성인 노릇하기의 어려움을 공자는 "요순도 이에 부족하게 여기실 것이다."라고 말하는 것이다. 『역전』은 성인의 형상을 '계선성성(繼善成性)'하는 도덕적 존재('得道之聖人' 혹은 '成德之謂聖')일 뿐만 아니라 우환하고 개물성무하여 천하를 이롭게 하려는 현실적, 실용적인 감각을 가지고 인문화성(人文化成)을 주도하여 가는 존재('作者之謂聖' 혹은 '治世之聖人')로 그리고 있다. 특히 『역전』에 나타나는 성인은 현실에 실제로 필요한 기물을 만들어 천하를 이롭게 하는(立成器以爲利天下) 현실적, 실용 가치적인 성격을 '성인사도(聖人四道)', '숭덕광업(崇德廣業)', '비물치용, 입성기(備物致用, 立成器)', '상상제기(尙象制器)' 등의 개념들을 통하여 말하고 있다.

이천역학(伊川易學)의 형이상학(形而上學) 연구*

| 천병돈(대진대학교 중국학과 교수) |

1. 문제제기

『주역(周易)』은 『역경(易經)』과 『역전(易傳)』 두 부분으로 구성되어 있으며, 『역전』은 다시 『단전상(彖傳上)』·『단전하(彖傳下)』·『상전상(象傳上)』·『상전하(象傳下)』·『계사전상(繫辭傳上)』·『계사전하(繫辭傳下)』·『문언전(文言傳)』·『설괘전(說卦傳)』·『서괘전(序卦傳)』·『잡괘전(雜卦傳)』 등 10개 부분으로 이루어졌다. 그래서 '십익(十翼)'이라고도 한다.[1] 『역전』은 즉 도덕 주체의 형이상학적 우주론적 의의를 밝히는 것이 그 전체 내용이라고 할 수 있다.[2] 그러므로 『역전』을 이해하기 위해서는 도덕 의식으로부터 들어가 그것의 형이상학적 의의를 알아야 한다. 이런 관점

---

* 본 논문은 1999년 한국주역학회 『주역연구』(제4집)에 실린 논문을 수정 보완한 글이다.

1) 孔穎達, 『周易正義』·「序」, 第六論, 「子十翼」.

2) 牟宗三, 『心體與性體』, 一冊, 臺灣, 正中書局, 1985년, 332쪽.

에서 『역전』은 유가가 필연적으로 가야 할 길을 내포하고 있으며, 이것은 또한 도덕적 형이상학의 필연성이다.[3] 필자는 이러한 관점에서 『역전』을 보고자 한다.

선진(先秦) 유가는 『논어』·『맹자』로부터 『중용』·『역전』으로 계승된다. 따라서 『역전』 사상을 논할 때 『역전』 하나만을 고립시켜 놓고 보아서는 안 된다. 『역전』과 『중용』은 『논어』·『맹자』를 뿌리로 하여 발전했다. 『논어』·『맹자』는 인성론(人性論) 중심으로 그 사상이 전개되며, 『중용』·『역전』은 '그침이 없는(於穆不已)' 천도(天道)로부터 성체(性體)를 말하면서 공자·맹자의 심성론(心性論)을 융합했다. 즉 주관적인 측면의 인(仁)·본심(本心)과 객관적인 측면의 천도·성체의 의의를 하나로 결합했다. 따라서 『논어』·『맹자』와 『중용』·『역전』은 표면적으로 다른 것 같지만, 내용 면에서는 일치한다. 다시 말하면 도덕 주체의 무한성에 의거하여 만물의 무한한 도덕 가치와 의의를 정립시키는 것이다. 그러므로 도덕질서는 우주질서라고 말할 수 있다. 물론 가치와 존재는 서로 다른 범주에 속한다. 그러나 인간은 존재에 대해 도덕가치적 해석을 할 수 있다. 즉 도덕 가치로 존재물의 진정한 의의를 규정할 수 있다. 유가는 존재론적인 관점에서 만물을 논한 것이 아니라, 도덕가치의 관점에서 존재를 규정했다. 다시 말하면 도덕 가치를 존재론적으로 해석하지 않았다. 이러한 관점이 가장 명확하게 드러난 선진 유가의 경전은 바로 『역전』이다.

정이천(程伊川)은 송대(宋代)의 대유학자다. 그의 철학은 주자(朱子) 철학의 근거가 되었으며, 『역전』에 대한 그의 사상은 대체로 주자에게 그대로 전수되었다고 할 수 있다.(물론 글자 해석상의 약간의 차이는 있지만)

---

3) 唐君毅 역시 이러한 관점에서 『易傳』을 파악했다. 唐君毅, 『中國哲學原論·原性篇』, 臺灣, 學生書局, 1984, 70~71쪽.

그러나 그의 철학은 그의 형 정명도(程明道)와 상이하다. 모우종싼(牟宗三)은 펑여우란(馮友蘭)이 『중국철학사』에서 송명(宋明) 유학을 '신유가(新儒家)'라고 부르는 것을 비판하면서, 만약 '신유가'라고 부른다면 거기에는 정이천과 주자만이 해당한다고 보았다.[4] 이러한 견해는 매우 타당하다고 생각된다.

본 논문은 『역전』의 본체 개념 즉 도(道) · 역(易) · 신(神)을 중심으로 이천(伊川)은 그것을 어떻게 이해했는지, 그로 인해 나타난 공부(工夫) 방법이 어떻게 다른지, 또 이를 통하여 이천 역학(伊川 易學)의 기본적인 관점이 무엇인지 살펴보고자 한다.[5]

2. 소이연(所以然)의 도(道)

한 번 음(陰)하고 한 번 양(陽)하는 것을 도라고 한다.[6]

---

4) 필자가 아는 바로 '新儒家'라는 말은 馮友蘭의 『中國哲學史』에서 가장 먼저 사용했다. 牟宗三선생은 기본적으로 송명 유학에 대해 '新儒家'라고 부르는 것을 반대한다. 왜냐하면 '신유가'의 '新'은 程伊川 朱子 철학에만 해당되기 때문이다. 朱子는 程伊川을 계승했으며, 실제로 주자는 程伊川에 대해 극도의 존경의 뜻을 표하고 있다. '新儒家'의 '新'에 대한 자세한 설명은 牟宗三, 『心體與性體』, 第一册, 臺北, 正中書局, 1985, 11~19쪽 참고.

5) 『易傳』의 본체 개념은 대부분 『繫辭傳上』 · 『繫辭傳下』에 있다. 그러나 『周易程氏傳』에는 『繫辭傳上』 · 『繫辭傳下』외에 『說卦傳』 · 『序卦傳』 · 『雜卦傳』이 없다. 그러나 『河南程氏遺書』에 道 · 易 · 神에 대한 설명이 있다. 따라서 논의 전개에는 문제가 없다. 그리고 『周易程氏傳』은 伊川 말년의 저작이다. 그러므로 『河南程氏遺書』(이하 『遺書』로 표기한다)의 내용으로도 道 · 易 · 神에 대한 伊川의 思想을 알 수 있다.

6) 『繫辭傳上』, 5. "一陰一陽之謂道. 繼之者善也, 成之者性也." 『易傳』의 해석은 李家源의 『周易』을 참고로 했다. 이하 모두 같다.

이 구절은 '일음일양(一陰一陽)'으로 만물을 생생(生生)하는 도(道)의 작용을 설명한 것이다. 이 구절에 대해 정이천은 "한 번 음(陰)하고 한 번 양(陽)하는 것을 도(道)라고 한다. 도(道)는 음양(陰陽)이 아니며, 일음일양(一陰一陽)의 소이연(所以然)이 도(道)이며, 한 번 닫히고 한 번 열리는 것을 변(變)이라고 한다와 같다."[7]고 설명했다. 주자는 이천의 말을 보다 명확하게 서술했다. 즉 "음양(陰陽)은 기(氣)다. 한 번 음(陰)하고 한 번 양(陽)하는 것이 바로 리(理)다. 한 번 닫히고 한 번 열리는 것을 변(變)이라고 한다와 같다. 열리고 닫히는 것은 변(變)이 아니다. 한 번 열리고 한 번 닫히는 것이 변(變)이다."[8] 정주(程朱)의 말을 요약하면, '합벽(闔闢)'은 '변(變)'의 두 가지 양상일 뿐, '합벽(闔闢)'이 변(變) 자체가 아니라는 말이다. 왜냐하면 합(闔)에 머물러 있든지 혹은 벽(闢)에 머물러 있다면 합(闔) 혹은 벽(闢)이라고 말할 수 있을 뿐, 변(變)이라고 말할 수 없다. 즉 변(變)은 합(闔) 혹은 벽(闢) 한쪽에 머물러 있지 않기 때문에 변(變)이라고 하는 것이다. 같은 이치로 음양(陰陽)은 도(道)의 두 가지 동상(動相)이며, 음양(陰陽)이 도(道) 자체는 아니라는 말이다. 그래서 이천은 결론적으로 "음양(陰陽)의 소이연(所以然)이 도(道)다. 이미 기(氣)라고 말했으므로, 둘이다. 합벽(開闔)이라는 말은 이미 감(感)이다. 이미 둘이므로 감(感)하는 것이 있다. 개합(開闔)의 소이연(所以然)이 도(道)이며, 개합(開闔)은 바로 음양이다."[9]라고 말했다. 『역전』의 또 다른 구절을 살펴보자.

7) 『遺書』, 卷3. "一陰一陽之謂道. 道非陰陽也, 所以一陰一陽道也, 如一闔一闢之謂道."

8) 『朱子語類』, 卷第74, 易上, 上繫上. "陰陽, 氣也. 一陰一陽, 則是理矣. 猶言'一闔一闢謂之變'. 闔闢, 非變也. 一闔一闢, 則是變也."

9) 『遺書』, 卷15. "所以陰陽者道. 旣曰氣, 則便是二. 言開闔, 已是感. 旣二, 則便有感. 所以開闔者道, 開闔便是陰陽."

천둥과 번개로 북돋우고, 바람과 비로 윤택하게 한다. 해와 달이 운행하고, 한 번 춥고 한 번 더워진다.[10]

이 구절은 천둥과 번개 · 바람과 비 · 해와 달 · 추위와 더위를 예로 하여 자연의 변화를 설명했다. 즉 구체적인 사물의 두 가지 양상을 통하여 자연의 변화를 설명한 것이다. 천둥만으로 혹은 바람만으로 혹은 '해'만으로 혹은 추위만으로 자연의 변화를 설명할 수 없다. 반드시 두 가지 상대적인 양상으로 자연을 이해해야 한다. 그러므로 '열리고 닫히는 것'은 변(變) 자체가 아니고, 음양(陰陽)이 도(道) 자체가 아니라는 것이다. 사물의 한 양상에 얽매이는 것을 피하기 위해 『역전』은 '일(一)'을 사용했다. 즉 '한 번 닫히고 한 번 열리는' 것으로 변(變)을 설명했다. 그러면 이러한 해석을 바탕으로 '일(一)'을 보다 더 명확하게 의역하면 어떻게 할 수 있을까? 이 구절의 의미를 벗어나지 않는 한에서 '홀연히'라고 풀이하면 위에 열거한 오해들이 풀릴 수 있다.[11] 이를 근거로 '한 번 열리고 한 번 닫히는 것을 변(變)이라고 한다.'를 '홀연히 열리고 홀연히 닫히는 것을 변(變)이라고 한다.', 같은 이치로 '한 번 음(陰)하고 한 번 양(陽)하는 것을 도(道)라고 한다.'는 '홀연히 음(陰)하고 홀연히 양(陽)하는 것을 도(道)라고 한다.'로 이해하는 것이 바람직하다. 이것이 바로 정주(程朱)의 뜻이고 또한 『역전』의 뜻이다. 이런 관점에서 볼 때, 이천역학과 『역전』의 차이점은 없다. 그러면 이천역학의 특색은 어디에 있을까?

음양(陰陽)을 도(道)가 아니라, 기(氣)로 본 점은 이천이나 『역전』 모두 같다. 이제 이천이 도(道)를 어떻게 이해하고 있는지 살펴보자.

---

10) 『繫辭傳上』, 1. "鼓之以雷霆, 潤之以風雨. 日月運行, 一寒一暑."

11) 漢語大字典編輯委員會編, 『漢語大字典』, 中國, 湖北省 · 四川省新華出版社, 1986년, '一' 部.

그러므로 형이상(形而上)을 도라 하고, 형이하(形而下)를 기(器)라고 한다.[12)]

이 구절은 바로 "일음일양지위도(一陰一陽之謂道)"의 도(道)를 보다 명확하게 규정한 것이다. 즉 도(道)를 형이상(形而上)의 실체로 보고, 음양(陰陽)은 형이하(形而下)의 기(氣)로 보았다. 『역전』은 도(道)가 만물을 생성하는 두 가지 작용이라는 관념에서 음양(陰陽)을 말했다. 다시 말하면 음양(陰陽)은 도(道)가 만물 속에서 드러나는 두 가지 상(相)이다. 그러면 도(道)는 어떤 방식으로 사물에 내재하는가? 『역전』에 의하면 '일음일양(一陰一陽)' 혹은 '음양합덕(陰陽合德)'의 방식으로 사물에 내재한다. 이러한 방식은 매우 오묘하기 때문에 '음양불측(陰陽不測)'이라고 말했다.[13)] 이처럼 도(道)는 사물에 내재하는 동시에 사물을 결정하는 초월적인 근거다. 『역전』은 모든 사물의 생성 발전은 도(道)의 두 가지 공능 즉 음양(陰陽)의 상호 감응 혹은 배합과 관련되어 있다고 보았다. '음양(陰陽)'이라는 용어는 『역전』에서 도(道)의 두 가지 공능을 나타내는 용어 중의 하나이며, 이것 외에 강유(剛柔) · 건순(健順) · 동정(動靜) · 왕래(往來) · 굴신(屈伸) 등의 용어도 사용하고 있다.[14)] 이들 용어는 모두 본체인 도(道)가 만물 속에서 드러나는 두 가지 공능을 말하는 것으로 용(用)이다. 그러므로 체(體) · 용(用)은 하나다.

이천은 도(道)를 다음과 같이 말하고 있다. "형이상(形而上)은 천지(天

---

12) 『繫辭傳上』, 12. "是故形而上者謂之道, 形而下者謂之器."

13) '陰陽不測'에 대해서는 아래에서 다시 논한다.

14) 엄밀히 말하면 『繫辭傳』에서는 陰陽 관념보다 乾坤 관념을 많이 사용하고 있으며, 그 다음이 剛柔 관념이고, 陰陽이 그 다음이다. 더욱 중요한 것은 『繫辭傳』에서 사용한 陰陽 관념은 陰陽家나 雜家의 氣化宇宙論의 陰陽과 다르다는 점이다. 『繫辭傳』은 道의 作用이라는 측면에서 陰陽을 말하고 있다. 戴璉璋, 『易傳之形成及其思想』, 臺北, 文津出版社, 1989, 67쪽의 표 및 68쪽 참고.

地)의 도(道)이며, 형이하(形而下)는 음양(陰陽)의 공(功)이다."[15] 또 "음양(陰陽)을 떠나서는 더욱이 도(道)가 없다. 음양(陰陽)의 소이연(所以然)이 도(道)이며, 음양(陰陽)은 기(氣)다. 기(氣)는 형이하(形而下)이며, 도(道)는 형이상(形而上)이다. 형이상(形而上)자는 오묘하다."[16] 즉 도(道)를 '일음일양(一陰一陽)'의 소이연(所以然)으로 파악했다. 그러면 이천의 소이연(所以然)은 무엇을 의미하는가? 그가 말한 소이연(所以然)은 현상(然)의 원리 즉 '소이연의 리(所以然之理)'를 뜻한다. 즉 '소이연'으로서의 도(道)와 '연(然)'으로서의 기(器)를 형이상(形而上)의 리(理)와 형이하(形而下)의 기(氣) 둘로 구분하여, 양자의 경계를 분명히 했다.[17] 이러한 형이상(形而上)의 도(道)는 정태적(靜態的) 추상적 본체인 리(理)로서 형이하(形而下)의 기(氣)와 구분되며, 양자 사이에는 절대로 넘을 수 없는 경계선이 있다. 이러한 관점을 근거로 하여 이천철학(伊川哲學)은 본체와 현상 체(體)와 용(用)·본(本)과 말(末)을 엄격하게 구분했다. 그래서 이천은 "도(道)는 체(體)이고, 의(義)는 용(用)이다."[18]라고 말했다. 체(體)와 용(用)의 관계는 "지극히 은밀한 것은 리(理)이다. 지극히 현저한 것은 상(象)이다. 체·용은 일원으로, 현저하고 은밀함이 간격이 없다."[19] 즉 우주론적인 관점에서 볼 때 양자는 불가분의 관계에 있다. 여기서 말한 '일원(一源)'은 불가분의 관계를 말하는 것이다. 그러나 형이상(形而上)과 형이하(形而下)의 엄격한 구분으로 볼 때, 체(體)는 체(體)이고 용(用)은 용(用)이다.[20] 즉 체(體)는 용(用)의 소이연(所以然)의 리(理)일 뿐이다. 그러므로

---

15) 『易程傳』, 「坤卦」, 「彖傳」의 "先迷失道, 後順得常."에 대한 설명.

16) 『遺書』, 卷15. "離了陰陽更無道. 所以陰陽者是道也, 陰陽氣也. 氣是形而下者, 道是形而上者. 形而上者則是密也."

17) 『遺書』, 卷2, 集37, 見『考辨』. "形而下形而上者, 亦須更分明須得."

18) 『遺書』, 15. "道是體, 義是用."

19) 『易程傳』, 「易傳序」. "至微者, 理也; 至著者, 象也. 體用一源, 顯微無間."

이천이 말한 체용(體用)은 하나가 아니라, 둘이다. 그러나 현상(用)은 반드시 본체에 의지해야 하지만, 본체는 현상에 의지하지 않고 독립적으로 존재한다.[21] 따라서 이천은 일원론(一元論)자다.

이상을 종합하면, 이천이 논한 도(道)는 형이하(形而下)의 기(氣)와 구별되는 형이상(形而上)의 도(道)이고 체(體)이며, 도(道: 體)는 형이하(形而下)의 초월적 근거이다. 도(道)와 기(氣)의 관계는 우주론적으로 볼 때, 불가분의 관계이지만, 도(道)는 용(用)의 소이연지리(所以然之理)로서 체(體)는 체(體)이고 용(用)은 용(用)인 '체용위이(體用爲二)'다. 『역전』은 기(氣: 用)를 도(道)의 구체적인 발현(發顯)으로 보았으며, 음양(陰陽)은 바로 도(道)의 두 가지 상(相)이다. 그래서 정명도(程明道)는 "기(器) 또한 도(道)이고, 도(道) 또한 기(器)이다."[22] "도(道) 밖에는 물(物)이 없고, 물(物) 밖에는 도(道)가 없다."[23] 이것이 바로 『역전』에서 말하는 것이고, 유가(儒家)의 공통된 인식이다.

---

20) 『二程集』, 『經說』, 卷一. "變化言功, 鬼神言用." 變化 · 鬼神은 氣(用)에 속하며, 道는 理(體)다. 그러므로 體는 體이고, 用은 用이다.

21) 『遺書』, 卷6. "有一物而可以相離者, 如形無影不害其成形, 水無波不害其爲水." 이것은 형체와 그림자, 물과 물결을 예로 하여 본체와 현상은 매우 밀접한 관계를 가지고 있다는 것을 설명하고 있으며, 또한 동시에 본체는 현상을 떠나서 독립적으로 존재한다는 것을 설명한 것이다.

22) 『遺書』, 卷1. "器亦道, 道亦器."

23) 『遺書』, 卷4. "道之外無物, 物之外無道." 이 구절은 누구의 말인지 명확하지 않다. 朱伯崑은 伊川의 말이라고 단정했다. 그러나 龐万里는 程明道의 말이라고 했다.(『二程哲學體系』, 北京, 北京航空航天大學出版社, 93쪽) 牟宗三선생은 이 구절은 程明道가 자주 말하는 관념이라고 하면서, 반드시 程明道만이 할 수 있는 말은 아니며, 儒家의 공통된 인식이라고 말했다.(『心體與性體』, 제2册, 277쪽)

3. 음양불측지위신(陰陽不測之謂神): 정태적(靜態的) 도(道)

음양을 헤아릴 수 없는 것을 신(神)이라고 한다.[24)]

음양(陰陽)의 변화는 헤아리기가 매우 어렵다. 그래서 필자는 의미를 벗어나지 않는 범위 내에서 '일음일양(一陰一陽)'의 '일(一)'을 '홀연히'라고 해석했다. 따라서 '음양불측(陰陽不測)'은 '일음일양(一陰一陽)'의 또 다른 표현이라고 할 수 있다. 『역전』은 "천지의 변화를 법으로 삼아 허물을 짓지 않으며, 만물을 극진히 이루어 남김이 없고, 낮과 밤의 이치를 통달하여 안다. 그러므로 신(神)은 방향이 없고 역(易)은 형체가 없다."라고 말했다.[25)] '방향이 없다'란 일정한 장소 · 방향이 없다는 말이다.[26)] 일정한 장소 · 방향이 없으므로 만물을 이룸에 남김이 없고, 낮과 밤의 이치를 통달한다. 이것이 바로 신(神)이며, 역(易)이다. 그러므로 신(神)과 역(易)은 같은 개념이다.[27)] 형체가 있는 것은 고정된 장소를 점한다. 형체가 없는 것은 고정된 장소가 없다. 홀연히 여기에 있기도 하고 또 저기에 있기도 한다. 이러한 관점에서 볼 때, '음양불측지위신(陰陽不測之謂神)'은 '일음일양지위도(一陰一陽之謂道)'와 같은 의미이고, 도(道)와 신(神)은 모두 형이상(形而上)의 실체다. 양자를 종합하면, 도(道)가 자신의 두 가지 공능 즉 음양(陰陽)을 통하여 변화무궁(變化無窮)하게 자신을 드러낸다. 이로부터 더 나아가 신(神)을 도(道)의 헤아릴 수 없는 공능이라고 보아도

---

24) 『繫辭傳上』, 5. "陰陽不測之謂神."

25) 『繫辭傳上』, 4. "範圍天地之化而不過, 曲成萬物而不遺, 通乎晝夜之道而知. 故神无方而易无體."

26) 최영진은 「『周易』「十翼」에 있어서의 神의 개념」이라는 논문에서 이와 같이 번역했다. 『周易硏究』, 제2輯, 1997, 146쪽.

27) 곽신환, 『주역의 이해』, 서광사, 1991, 159쪽.

무방하다. 이것은 바로 『역전』이 도(道)를 역동적 실체로 보고 있다는 것을 보여 주는 것이다.

이천은 신(神)을 어떻게 이해하고 있는가? 이천은 "단지 기(氣)만이 신(神)이다."[28] 또 "형체가 있는 물(物)은 크고 작음 세밀함과 거침이 있으나, 신(神)은 세밀함과 거침이 없다. 신(神)은 신(神)이니, 작용이라고 말할 필요가 없다. 30개의 바퀴살과 하나의 바퀴축이 함께 해야 수레가 된다. 만약 바퀴살과 바퀴축이 없다면, 어떻게 수레의 작용을 보겠는가?"[29]라고 말했다. 이상 두 구절을 통해서 볼 때, 신(神)은 기(氣)에 속한다는 것이 분명하다. 따라서 '신(神)'에 대한 이천의 이해는 『역전』과 차이가 있다.

이제 '역(易)'이라는 개념에 대해 이천은 어떻게 설명하는지 살펴보자.

> 낳고 또 낳는 것을 역(易)이라고 한다.[30]

『계사전상』 5는 '일음일양지위도(一陰一陽之謂道)'라는 말로 시작한다. '생생(生生)'은 바로 '일음일양(一陰一陽)'의 또 다른 표현이다. '일음일양(一陰一陽)'은 한 번으로 그치는 것이 아니다. 이것을 보다 구체적으로 말한 것이 바로 '생생(生生)'이다. 그러므로 이 구절은 만물을 끊임없이 낳는 역도(易道)를 묘사한 것이다. 『계사전』은 끊임없는 만물을 낳는 것을 '대덕(大德)'이라고 했다.[31] 따라서 '역(易: 道)'은 형이상(形而上)의 실체로서 만물의 근원이며, 역도(易道)의 역동성을 묘사한 것이다. '생생(生

---

28) 『遺書』, 卷22上. "只氣便是神也."

29) 『遺書』, 15. "物形便有大小精粗, 神則無精粗. 神則是神, 不必言作用. 三十輻共一轂, 則爲車. 若無轂輻, 何以見車之用?"

30) 『繫辭傳上』, 5. "生生之謂易."

31) 『繫辭傳下』, 1. "天地之大德曰生."

生)'은 역도(易道)를 묘사한 것이므로 음양상생(陰陽相生)의 '생(生)'이 아니라, "천지지대덕왈생(天地之大德曰生)"의 '생(生)'이며 또한 건곤(乾坤)의 대생(大生)·광생(廣生)이다.[32] 건곤(乾坤)은 역도(易道)의 두 가지 공능이다. 그러므로 대생(大生)·광생(廣生) 또한 역도(易道)의 내용이라고 할 수 있다. 웅십력(熊十力)은 역동성으로 역도(易道)의 '생생(生生)'을 규정했다.[33] 이상을 통해 볼 때, '생생지위역(生生之謂易)'은 현상계의 기화(氣化) 활동으로 규정해서는 절대로 안 되며, 반드시 그침이 없는 만물의 생성으로부터 역도(易道) 진정한 내용을 가리키는 것으로 이해해야 한다. 그러므로 '생생지위역(生生之謂易)'의 '역(易)'은 음양변화(陰陽變化)의 변역(變易)이 아니라, 역도(易道)의 본질적 속성이다. 그러나 역도(易道)는 반드시 일음일양(一陰一陽)·일합일벽(一闔一闢)·일왕일래(一往一來)·일유일명(一幽一明) 즉 생생불이(生生不已)의 과정으로 만물을 생성하고 자신을 드러낸다. 이러한 역도(易道)는 형체가 없다. 그러므로 "신무방이역무체(神無方而易無體)"라고 말했다.

> 역(易)은 생각함도 없고 하는 것도 없어 적연하게 움직이지 않다가 느껴서 드디어 천하의 일에 통한다. 천하의 지극한 신이 아니면, 그 누가 여기에 함께 할 수 있겠는가?[34]

역(易)은 형체가 없기 때문에 무사(無思)이고 무위(無爲)다. 그러나 이

32) 『繫辭傳上』, 6. "夫乾, 其靜也專, 其動也直, 是以大生焉. 夫坤, 其靜也翕, 其動也闢, 是以廣生焉."

33) 熊十力, 『體用論』, 臺北, 學生書局, 1987, 236쪽 참고.

34) 『繫辭傳上』, 10. "易, 无思也, 无爲也, 寂然不動, 感而遂通天下之故. 非天下至神, 其孰能與於此?"

무사(無思) · 무위(無爲)는 무사지사(無思之思)이고 무위지무(無爲之無)다. 그러므로 이어서 '적연부동(寂然不動), 감이수통(感而遂通)' 라고 했다. 현상계의 만물은 적(寂)이면 적(寂)이고 동(動)이면 동(動)이다. 그러나 역도(易道)는 적(寂)이면서 부적(不寂)한 적(寂)이고, 감(感) 또한 적(寂)할 수 있는 감(感)이다. 이러한 역도(易道)이기 때문에 신(神)과 같이 "빨리 가지 않아도 빠르고, 가지 않아도 이른다."[35] 주렴계(周濂溪)는 보다 더 명확하게 "동(動)하면서 동(動)함이 없고, 정(靜)하면서 정(靜)함이 없다."[36]라고 말했다.

이천은 적(寂)과 감(感)에 대해 다음과 같이 말하고 있다.

> "천지 사이에는 감(感)과 응(應)만 있을 뿐이니, 다시 무슨 일이 있겠는가?"[37]

> '적연하게 움직이지 않다' 는 삼라만상이 이미 갖추고 있다. '느껴서 드디어 통한다.' 의 감(感)은 내부로부터의 감(感)이다. 외부에 있는 어떤 사물이 와서 여기에 감(感)하는 것이 아니다.[38]

이상은 모두 적(寂) · 감(感)을 논하고 있다. '천지 사이에는 감(感)과 응(應)만 있을 뿐이니' 에서 감(感)이 만약 '감(感)은 내부로부터의 감(感)이다.' 의 감(感)이라고 한다면, 감(感)은 바로 응(應)이다. 이천은 감(感)과 응(應)을 나누어 말하고 있다. 따라서 감(感)은 외부로부터의 감(感)이고, 응

---

35) 『繫辭傳上』, 10. "神也故, 不疾而速, 不行而至."

36) 『通書』, 動靜第16. "動而無動, 靜而無靜"

37) 『遺書』, 卷15. "天地之間, 只有一箇感與應而已, 更有甚事."

38) 같은 책, 같은 곳. "'寂然不動', 萬物森然已具在; '感而遂通', 感則只是自內感. 不是外面將一件物來感於此也."

(應)은 내부로부터의 응(應)이다. 다시 말하면 감(感)은 외부의 자극에 의한 감(感)이고, 응(應)은 내부로부터의 반응이다. 본 논문의 말[39]과 비교할 때, 감(感) · 응(應)은 모두 기(氣)의 측면에서 말한 것으로, 천지(天地)는 모두 기(氣)의 감(感)과 응(應)일 뿐이다. 이천의 이러한 관점은 『역전』의 적(寂) · 감(感)의 의미와 다르다.

> '적연하게 움직이지 않다가 느껴서 드디어 통한다.'는 것은 이미 인간에게서 있어서의 일이다. 만약 도(道)로 논한다면, 만 가지 리를 모두 갖추고 있으니, 감(感)과 미감(未感)을 더욱 말할 수 없다.[40]

이 구절을 통하여 이천이 적(寂) · 감(感)을 기(氣)로 보고, 도(道)에는 적(寂) · 감(感)을 말할 수 없다는 것을 명확하게 알 수 있다. 즉 이천은 도(道)를 정적(靜的)인 것으로 파악하고 있다. 적(寂) · 감(感)은 인간의 직분상의 일로서, 도(道)에 있어서는 감(感) · 미감(未感)을 말할 수 없다. 다시 말하면 감(感)과 미감(未感)은 기(氣)에 해당하며, '인간의 직분'이란 심(心)에 속하는 것이지, 성(性)에 속하는 것이 아니다.[41] 이천에 의하면, 형이상학적 리(理) · 도(道) · 성(性)에 있어서는 감(感)과 미감(未感)을 말할 수 없다. 종합하면, '적연부동(寂然不動)'은 기(氣)의 정(靜)으로서 역도(易道)에는 정(靜)을 말할 수 없다. '감이수통(感而遂通)'은 기(氣)의 동(動)으로서 역도(易道)에는 동(動)을 말할 수 없다. 적(寂) · 감(感)을 기(氣)의 적(寂) · 감(感)으로 보고 있으므로 이와 관련된 '역(易)' 역시 기(氣)일 수

---

39) 각주 9)참고.

40) 같은 책, 같은 곳. "'寂然不動, 感而遂通', 此已言人分上事, 若論道, 則萬理皆具, 更不說感與未感."

41) 牟宗三, 『心體與性體』, 第2册, 268쪽.

밖에 없다.

"또 말하기를: 도(道)가 있고, 또 역(易)이 있는데, 어떠합니까? 그 말은 모두 틀렸다. 『전서(傳序)』를 더욱 상세히 생각해 보면 저절로 통한다. 변역(變易) 후에 도(道)에 부합하니, 역 자(易字)와 도자(道字)는 유사하지 않다."[42]

이처럼 이천은 역(易) 개념과 도(道) 개념이 다르다는 것을 명확히 제시하고 있다. 즉 도(道)는 부동(不動)의 형이상학적 리(理)이고, 역(易)은 형이하학적 기화(氣化)의 변역(變易)이다.[43] 그러나 수시로 변하는 변역(變易)은 변하지 않는 상도(常道)를 따른다. 이천은 "합벽(闔闢)은 바로 역(易)이다."[44]고 말했다. 이 말은 '역(易)'에 대한 이천의 견해를 명확하게 보여 준다.

신(神)과 역(易)에 대한 이천과 『역전』의 관점은 이상과 같이 매우 다르다. 즉 이천은 신(神)·역(易) 모두를 기(氣)에 귀속시켰고, 『역전』은 형이상학적 실체로 보았다. 이천은 이러한 관점을 기저로 도(道)를 정적인 것으로 규정했으며, 『역전』은 역동적인 것으로 규정했다. 이제 또 하나 중요한 개념인 '성(性)'에 대해 이천과 『역전』은 어떻게 논하고 있는지 살펴보자.

---

42) 『遺書』, 卷9, 『答楊迪書』. "又云: 有道, 又有易, 何如? 此語全未是. 更將『傳序』詳思, 當自通矣. 變易而後合道, 易字與道字不相似也."

43) 『易程傳』, 「易傳序」. "易, 變易也, 隨時變易以從道也."

44) 『遺書』, 卷15. "闔闢便是易."

4. 성(性): 적연부동적(寂然不動的)·정적(靜的)

"건도(乾道)가 변화하여 각각의 성명을 바르게 한다."[45]

건도(乾道)는 형이상학적 실체로서 순일(純一)한 절대적 보편성을 가지고 있다. 그래서 "크도다 건원(乾元)이여, 강건하고 중정(中正)하며, 순수하고 섞인 것이 없다."[46]라고 말했다. 위 인용문에서 논란이 되는 문제는 '변화(變化)'라는 용어다. 형이하(形而下)의 만물은 변화가 있지만, 형이상(形而上)의 건도(乾道)에는 변화가 없다. 만물 변화의 초월적 근거는 건도(乾道), 즉 건도(乾道)의 오묘한 작용에 의해 만물의 변화가 있게 된다. 건도(乾道)는 형이상학적 실체로서 우리의 감각기관으로 파악할 수 없다. 그러나 순일(純一)한 건도(乾道)는 만물의 생생불식(生生不息) 속에서 건도(乾道) 자신의 강건 중정(剛健 中正)한 덕(德)을 드러낸다. 이것은 바로 건도(乾道)가 만물에 관통하는 것이다. 따라서 건도(乾道)의 강건 중정(剛健 中正)한 덕(德)의 유행(流行: 역동성)은 만물을 생성하고 변화를 일으킨다. 건도(乾道)의 이러한 측면을 총체적으로 말한 것이 바로 '건도변화(乾道變化)'다. 그러므로 '변화'는 '움직이면서 움직이지 않는, 고요하면서 고요하지 않는' 건도(乾道)의 오묘한 조화를 지칭하는 말로 이해해야 한다. 건도(乾道)로부터 만물에 관통한 것이 성(性)이다. 이때 건도(乾道) 자체가 가지고 있는 역동성은 만물에 그대로 전수된다. 이것이 바로 『중용』 1장에서 말하는 "천명지위성(天命之謂性)"의 의미이며, 양자 간의 차이점은 『역전』의 서술이 『중용』보다 조금 더 구체적이다.

---

45) 『彖傳·乾卦』. "乾道變化, 各正性命."

46) 『文言傳·乾卦』. "大哉乾乎! 剛健中正, 純粹精也."

이천은 다음과 같이 말했다.

건도(乾道)가 변화하여, 만물을 생육(生育)하고, 크고 작고 높고 낮음 각각의 류(類)로 함으로써 각각의 성명을 바르게 한다.[47]

동정(動靜)이 서로 원인이 되어 변화를 이루며, 이 도를 이어받으니 선이 된다. 사람에게서 도(道)가 완성되니, 이를 일러 성(性)이라고 한다.[48]

이 두 구절만 놓고 본다면 이천이 논한 성(性)의 참뜻을 명확히 알 수 없다. 그러나 '천명지위성(天命之謂性)'의 관점에서 '각정성명(各正性命)'의 성명(性命)을 이해한 점은 분명하다. 이 점은 『역전』과 다름이 없다. 『유서(遺書)』에 다음과 같은 말이 있다.

"성의 선한 것을 일러 도라고 하며, 도와 성은 하나다. 성의 선이 이와 같으므로, 성선(性善)이라고 한다. 성의 근원을 명이라고 하며, 성의 자연스러움을 천(天)이라고 하며, 성(性)의 모습이 있는 것을 심(心)이라고 하며, 성의 움직임이 있는 것을 정(情)이라고 한다."[49]

"천(天)에 있어서는 명(命)이고, 의(義)에 있어서는 리(理)이고, 사람에 있어서는 성(性)이다. …… (이들은) 사실 하나다."[50]

---

47) 『易程傳』, 「乾卦 · 彖傳」. "乾道變化, 生育萬物, 洪纖高下, 各以其類, 各正性命也."

48) 『河南程氏經說』, 『易說』, 「繫辭」. "動靜相因而成變化, 順繼此道, 則爲善也; 成之在人, 則謂之性也."

49) 『遺書』, 卷25. "稱性之善謂之道, 道與性一也. 以性之善如此, 故謂之性善. 性之本謂之命, 性之自然者謂之天, 性之有形者謂之心, 性之有動者謂之情."

50) 『遺書』, 卷18. "在天爲命, 在義爲理, 在人爲性, …… 其實一也."

"성(性)과 천도(天道)는 하나다. 천도(天道)가 내려와 사람에게 있으니, 그것을 성(性)이라고 한다."[51]

'도(道: 혹은 天道)와 성(性)은 하나다.' 즉 '성즉리(性卽理)'[52]는 이천 철학의 대전제다. 도(道)와 성(性)은 하나다. 앞에서 이미 설명한 이천의 도(道)를 근거로 할 때, 도(道)는 활동성이 없는 실체다. 그러므로 성(性) 또한 활동성이 없는 실체다. 따라서 '각정성명(各正性命)'의 '성(性)' 또한 실체이지만, 정적(靜的)인 실체로서의 성(性)이다. 왜냐하면, 성(性)은 곧 리(理)이고 도(道)로서 형이상학적 실체이며, 동정(動靜)은 모두 형이하(形而下)의 기(氣)에 속하기 때문이다.

표면적으로 볼 때 『역전』과 이천이 말한 '성(性)'은 형이상학적 실체로서 같다고 할 수 있지만, 내용 면으로 볼 때 『역전』의 성(性)은 역동적이고 이천이 말한 성(性)은 정적(靜的)이다.

이천은 신(神) · 역(易) 등을 형이하(形而下)의 기(器) · 기(氣) · 용(用)의 범주에 놓았으며, 형이상(形而上)과 형이하(形而下)를 명확하게 리(理)와 기(氣)의 관계로 귀결시켜, 리(理: 性 · 道) 이외의 나머지는 모두 기(氣)의 범주에 귀속시켰다. 이와 같은 이천의 형이상학적 관점은 공부론(工夫論)에도 그대로 드러난다.

5. 경이직내(敬以直內)

곧다는 바름이다. 방정은 의(義)다. 군자는 경(敬)으로 인하여 안을 곧게 하

51) 『程氏經說』, 卷8. "性與天道一也. 天道降而在人, 故謂之性."

52) 『遺書』, 卷22上. "性卽理也, 所謂理, 性是也."

고, 의(義)로 인하여 밖을 바르게 한다. 경(敬) · 의(義)가 서서 덕이 외롭지 않다. 곧고 바르고 크니, 익히지 않아도 이롭지 않음이 없다는 것은 그 행하는 바를 의심하지 않기 때문이다.[53]

이 구절은 곤괘(坤卦)의 육이 효(六二爻)를 설명한 말이다. 주자는 곤괘(坤卦) 중에서 육이 효(六二爻)가 가장 순수하다고 했다.[54] 안(內)은 '내부의 생명'이고, 밖(外)은 '외부의 사물'이다.[55] 맹자(孟子)는 "인 · 의로부터 행하는 것이지, 인 · 의를 행하는 것이 아니다."[56]라고 말했다. 이 말은 인(仁) · 의(義)가 외부에 있는 것이 아니라, 본래 가지고 있는 것이라는 말이다.[57] 즉 모든 도덕행위는 인(仁) · 의(義)로부터 나온다는 것이다. 같은 이치로 '경(敬)으로 인하여 안을 곧게 하고, 의(義)로 인하여 밖을 바르게 한다.'고 이해해야 경(敬) · 의(義)가 내부에 있다는 것을 알 수 있다. 경(敬) · 의(義)는 인(仁) · 의(義)가 내부로부터 발현하는 것과 같다. 이 내재적인 덕성(德性)은 일념(一念)으로 경각(警覺)하기만 하면 곧고 바르게 드러난다. 일념(一念)으로 경각(警覺)하는 것이 바로 경(敬)이고[58], "종일토록 부지런하다"이고 "그런 까닭에 부지런하고 수시로 반성한다."[59]이다. 이처럼 경(敬)으로 인하여 안을 곧게 하고 의(義)로 인하여 밖을 바르게 한다면 "비록 위태로워도 허물이 없다."[60] 의(義)는 도덕주체의 도덕 판단

---

53) 『文言傳 · 坤卦』. "直, 其正也; 方, 其義也. 君子敬以直內, 義以方外. 敬義立而德不孤. '直方大, 不習无不利', 則不疑其所行也."

54) "坤卦中惟這一爻最純粹." 『周易折中』, 淸, 李光地 等選이 『朱子語類』에서 인용한 말이다.

55) 牟宗三, 『心體與性體』, 第2册, 229쪽 참고.

56) 『孟子』, 「離婁下」, 19. "由仁義行, 非行仁義也."

57) 『孟子』, 「告子上」, 6. "仁義禮智, 非由外鑠我也. 我固有之也, 弗思耳矣."

58) 戴璉璋, 『易傳之形成及其思想』, 臺灣, 文津出版社, 1989, 140쪽.

59) "終日乾乾", "故乾乾因其時而惕"은 모두 『文言傳 · 乾卦』에 나오는 말이다.

으로, 사물에 즉(卽)하여 내리는 도덕판단이다. 이처럼 경(敬)·의(義)는 인체(仁體)의 유행(流行)으로서 '본체이면서 공부(卽本體卽工夫)'이다. 이를 근거로 경(敬)·의(義)를 경체(敬體)·의체(義體)라고 말할 수 있다.[61] 물론 『역전』에서 말한 경(敬)·의(義)가 본체(本體)인지 아닌지를 명확하게 단정할 수는 없다. 그러나 경(敬)·의(義)가 인체(仁體)로부터 나온다는 것은 부인할 수 없다. 정통 유가는 본체(本體)와 공부(工夫)를 하나로 보기 때문에 경체(敬體)·의체(義體)라고 말할 수 있다.

그러면 이천은 경(敬)을 어떻게 보고 있는가? '경이직내, 의이방외(敬以直內, 義以方外)'에 대한 이천의 해석은 다음과 같다.

> 군자는 경(敬)을 주로 하여 그 안을 곧게 하고, 의(義)를 지켜 그 밖을 바르게 한다. 경(敬)이 서서 안이 곧게 되고, 의(義)가 드러나 밖이 바르게 된다.[62]

이 구절만 놓고 볼 때, 경(敬)·의(義)를 실체 즉 경체(敬體)·의체(義體)로 보았는지 단정할 수 없다. 그러면 『유서(遺書)』는 어떻게 서술하고

---

60) 같은 곳. "雖危无咎矣."

61) 程明道는 "'敬以直內, 義以方外'는 仁이다. 만약 敬으로 안을 곧게 한다면, 곧은 것이 아니다. 인의를 행하는 것이라면 어찌 곧음이 있겠는가?('敬以直內, 義以方外', 仁也. 若以敬直內, 則便不直矣. 行仁義豈有直乎?)"(『遺書』, 卷11)라고 말했다. 즉 만약 敬을 밖으로부터 온 것이라고 한다면, 곧을 수 없다는 뜻이다. 다시 말하면 외부에 있는 敬이라고 한다면 내부를 곧게 할 방법이 없다는 것이다. 그러므로 '인의를 행하는 것이라면 어찌 곧음이 있겠는가?'라고 말한 것이다. 만약 '敬以直內, 義以方外'를 語法의 관점에서 본다면, 敬이 외부에 있는 것인지 혹은 내부에 있는 것인지 명확하지 않다. 만약 외부에 있는 것이라면 항상 곧(直)을 수가 없으며, 설사 곧다(直) 해도 우연히 그러한 것이다. 그래서 程明道는 '敬以直內, 義以方外'를 仁이라고 하고, 또 孟子의 "由仁義行, 非行仁義也"라는 말을 이용해서 이것을 논증했다. 牟宗三은 이로부터 敬體는 곧 義體라고 말했다. 『心體與性體』, 第2册, 229쪽 참고.

62) 『易程傳』, 「坤卦·文言傳」. "君子主敬以直其內, 守義以方其外. 敬立而內直, 義形而外方."

있는지 살펴보자. "함양은 반드시 경(敬)을 사용해야 한다. 진학(進學)은 치지(致知)에 있다."[63] 이처럼 경(敬)은 수양에 있어서 반드시 필요한 방법이라고 보았다. 이 경(敬)은 무엇과 관계가 있는가? "사람의 심(心)은 만물과 교감하지 않을 수 없으며, 또 심(心)으로 하여금 사려하지 못하게 하는 것은 어렵다. 만약 이것을 면하려고 한다면, 오직 심(心)에 주(主)가 있어야 한다. 어떻게 주(主)가 되는가? 경(敬)일 뿐이다."[64] "심(心)의 일이 가장 어려운데, 어떻게 지키는가? 경(敬)이다."[65] 이상 두 구절을 통해서 경(敬)은 심(心)을 지키는 것이다. 이천에 의하면 심(心)은 기(氣)에 속하므로, 경(敬)은 기(氣)와 관련되어 있다는 것을 알 수 있다. 이천에 의하면 심(心)은 본래 허정(虛靜)하다. 그러나 사물에 가려지면 거기에 얽매인다.[66] 그러므로 경(敬)으로 심(心)을 다스려야 한다. 즉 경(敬)은 심(心)을 함양하는 공부(工夫)다. 그러면 의(義)는 무엇인가?

> '반드시 일을 한다는 것'은 마땅히 경(敬)으로 해야 한다는 것입니까? 경(敬)은 한 가지 일을 함양하는 것일 뿐이다. '반드시 일을 한다는 것'은, 반드시 의를 모아야 한다. 경(敬)을 한다는 것만 알고, 의를 모으는 것을 모른다면, 거꾸로 모두 아무 일도 없다.[67]

---

63) 『遺書』, 卷18. "涵養須用敬, 進學則在致知."

64) 『遺書』, 卷15. "人心不能不交感萬物, 亦難爲使之不思慮. 若欲免此, 惟是心有主. 如何爲主? 敬而已."

65) 같은 책, 卷22上. "心術最難, 如何執持? 曰: 敬."

66) 『河南程氏文集』, 卷8, 「四箴」. "心兮本虛, 應物無迹. 操之有要, 視爲之則. 蔽交於前, 其中則遷. 制之於外, 以安其內."

67) 『遺書』, 卷18. "'必有事焉' 當用敬否? 曰: 敬只是涵養一事. '必有事焉', 須當集義. 只知用敬, 不知集義, 却是都無事也."

이처럼 경(敬)은 심(心)을 함양하는 공부(工夫)고, 의(義)는 외부 사물의 시비를 판별하여 리(理)에 따라 행하는 공부(工夫)다.[68] 이천은 경(敬)·의(義)를 내(內)·외(外) 두 가지 일로 구분했으며, 이로부터 실체(理)가 아니라는 것을 알 수 있다. 그러나 경(敬)과 의(義)는 전혀 관계없는 두 가지 일이 아니라, 상호 연관되는 두 가지 일이다. 즉 경(敬)은 의(義)의 전제다.[69] 경(敬)으로 심(心)을 함양하여 심(心)을 맑고 깨끗하게 하면 리(理)를 정확하게 인식할 수 있으며, 이 리(理)를 근거로 외부 사물의 시비를 명확히 판단하는 것이 의(義)다. 이와 같이 경(敬)·의(義)는 선천적인 공부가 아니라, 후천적인 공부이며, 절대로 '경체(敬體)'·'의체(義體)'라고 말할 수 없다. 이천이 말한 리(理)는 오직 리(理)일 뿐 다른 것이 아니다.

6. 맺는 말

『역전』과 이천은 모두 형이상(形而上)과 형이하(形而下)를 구분했다. 즉 형이상인 도(道: 理)와 형이하인 기(器: 氣)를 구분했다. 그러나 『역전』과 이천의 형이상학적 실체인 도(道)에 대한 이해는 다르다. 『역전』의 도(道)는 구체적이고 이천의 도(道)는 추상적이다.

『역전』의 형이상학적 실체인 도(道)는 리(理)이고 신(神)이고 역(易)이고 성(性)이고 경(敬)으로서 보편성을 가지고 있다. 즉 형이상학적 실체는

68) 같은 곳. "敬義何別? 曰: 敬只是持己之道, 義便知有是有非, 順理而行, 是爲義也."

69) 『遺書』, 卷15. "率氣者在志, 養志者在直內." 즉 '敬以直內'는 志를 기르는 것이고, 志는 義氣를 거느리는 것이다. 이처럼 伊川은 '敬以直內'를 修養工夫의 근본으로 삼았고, '義以方外' 修養工夫의 작용으로 삼았다. 그래서 "학자는 반드시 '敬以直內' 해야 한다. 이 뜻을 함양하여, 안을 곧게 하는 것이 근본이다(學者須是將'敬以直內', 涵養此意, 直內是本)." (『遺書』, 卷15)라고 말했다.

고정된 장소도 없고 형체도 없는 보편적 실체이지, 형체가 있는 개별적 물(物)이 아니다. 따라서 형이하의 기(氣)에 속하지 않는다. 이러한 도(道)는 일음일양(一陰一陽)이라는 변화막측(變化莫測)한 대대적(待對的)인 공능을 지니고서 자신의 모습을 구체적으로 드러낸다. '일음일양(一陰一陽)'이라는 말은 도(道)의 동태적 양상을 표현한 것으로, '음양불측(陰陽不測)', '생생(生生)' 등의 말과 유사하다. 즉 '일음일양(一陰一陽)'·'음양불측(陰陽不測)'·'생생(生生)' 등은 모두 형이상학적 실체인 도(道)의 역동성을 나타내는 말이다. 이러한 도(道)는 일음일양(一陰一陽)을 통하여 자신을 구체적으로 드러낸다. 이로부터 심지어는 '도즉기(道卽氣)'라는 파격적인 주장까지 할 수 있다. 왜냐하면 기(氣: 만물)란 도(道)의 구체적인 표현이기 때문이다. 이를 근거로 경(敬)을 경체(敬體), 의(義)를 의체(義體: 모두 형이상학적 實體의 體를 말함)라고 할 수 있다. 따라서 '본체이면서 공부(卽本體卽工夫)'라는 주장이 나오는 것 또한 당연한 결과다. 물론 『역전』의 『문언전(文言傳)·곤괘(坤卦)』에서 말한 '경이직내, 의이방외(敬以直內, 義以方外)'의 경(敬)·의(義)를 실체가 아니라고 말할 수도 있다. 그러나 만약 경(敬)·의(義)가 후천적 혹은 외부에 있는 것이라면 어떻게 항상 곧을(直) 수 있고, 방정(方正)할 수 있는가? 곤도(坤道)가 항상 곧을 수 있는 것은 경(敬)때문이고, 항상 방정(方正)할 수 있는 것은 의(義) 때문이다. 반대로 곤도(坤道)는 경(敬) 때문에 항상 곧고, 의(義) 때문에 항상 방정(方正)하다. 결국 인간의 모든 도덕행위는 실체(實體)처럼 생명 내부에 근거를 두고 자발적으로 자주적으로 스스로 결정하는 독립주체다. 이것이 『역전』에서 말하고자 하는 핵심이다.

이천은 역시 도(道)를 형이상학적 실체로 보았다. 그러나 그가 말한 도(道)는 만물(陰陽)의 소이연(所以然) 즉 만물의 원리로서 소이연(所以然)의 리(理: 性)이다. 그는 형이하인 기(氣)와 형이상인 리(理)를 엄격하게 구분했다. 형이상학적 실체인 도(道)는 정적(靜的)인 추상적 리(理)로서, 형이하인 만물의 근거가 된다. 기(氣)와 리(理)의 관계는 연(然)과 소이연(所以然)의 관계이고 불리불잡(不離不雜)의 관계다. 이천에 의하면 리(理: 道 · 性)는 오직 리(理)일 뿐 다른 것이 아니며, 이외의 모든 것은 기(氣)에 속한다. 따라서 신(神) · 역(易) 또한 기(氣)에 속하며, 경(敬) · 의(義) 역시 기(氣)에 속한다. 그러므로 이천이 주장하는 체용일원(體用一源)은 엄밀히 말하면, 체(體)는 체(體)이고 용(用)은 용(用)이다. 이들의 관계는 '연(然) · 소이연(所以然)', '불리불잡'의 관계다. 이러한 이유 때문에, 정통유가의 '본체이면서 공부(卽本體卽工夫)'라는 공통된 인식이 이천에게는 해당되지 않는다. 왜냐하면 이천에 의하면 본체(本體)는 본체이고 공부는 공부이기 때문이다. 경(敬) · 의(義)는 본체로부터 나오는 공부가 아니라, 본체와 격리된 공부다. 즉 경(敬)으로 심(心)을 청명(淸明)한 상태로 함양하여 리(理)를 정확히 인식하여, 리(理)를 따라서 도덕판단을 하는 것이 의(義)이다. 따라서 '성즉리(性卽理)'이지만 '심즉리(心卽理)'는 될 수 없다. 그러나 '심여리(心如理)'는 될 수 있다.

필자가 본 논문의 전개 방식을 '도(道)'에서 '신(神)'으로 다시 '역(易)'으로 그리고 성(性)으로 마지막으로 '경(敬)'으로 전개한 이유 또한 바로 이 때문이다. 즉 『역전』과 이천은 모두 도(道: 性)를 형이상학적 실체라고 보았지만, 내용적인 면에서 이천은 '활동하지 않는 존재(只存有而不活動)'이지만, 『역전』은 '역동적인 존재(卽活動卽存有)'[70]이다. 도(道)의 역동적 측면은 신(神) · 역(易)에서 가장 잘 드러난다. 그래서 도(道)에 이어 신(神)과 역(易) 그리고 성(性)을 설정한 것이다. 『역전』에 의하면 체용(體

70) 이 말은 우종삼 선생이 가장 먼저 사용한 용어로, 程朱와 孔子 · 孟子 · 『中庸』 · 『易傳』의 형이상학을 구분하는 가장 간단하면서도 가장 적절한 용어라고 생각된다. 牟宗三, 『心體與性體』, 第一册, 第一部, 『綜論』 부분 참고.

用)은 하나이기 때문에 경(敬) 역시 공부이면서 본체다. 그러나 이천은 경(敬)을 기(氣)에 속하는 심(心)을 함양하는 공부로 보았으며, 이로 인해 인간의 자주성 자발성을 잃어버렸다. 유가의 관점에 볼 때, 실체를 어떻게 이해하느냐에 따라 공부의 자주성·자발성, 나아가 인간의 자주성·자발성의 각도 또한 달라진다. 인간의 자주성·자발성은 바로 실체를 '어떻게 이해하느냐'에서 차이가 나타난다. 이것이 바로 필자가 경(敬)을 마지막으로 논한 이유다.

이천은 『역전』에서 말한 도(道)·신(神)·역(易)·성(性)·경(敬)을 자신의 철학체계를 바탕으로 이해했다. 따라서 이천을 통한 『역전』의 형이상학 실체에 대한 이해는 『역전』을 잘못 이해하게 할 수 있다. 이천의 『역전』은 그야말로 『이천역전(伊川易傳)』이지, 『역전』 그 자체는 아니다. 물론 이 말은 『역전』에 대한 이천의 이해가 모두 잘못된 것이라는 말이 아니다. 다만 필자는 양자의 차이를 구분하자는 것일 뿐이다.

생태역학(生態易學)과 인간윤리의 이해

– 전일론적(全一論的) 세계관을 중심으로

| **김연재**(공주대 대학원 동양학과 교수) |

1. 생태학과 문제의식

최근에 동서양을 막론하고 자연환경의 생태계가 변화함에 따라 이에 관한 위기의식이 고조되면서 환경생태계를 재인식하고 그 문제에 대한 해결책을 적극적으로 모색하고 있다. 또한 생태계의 변화와 그에 따른 환경문제는 세계관에 관한 우리의 재인식이 요구되고 기존의 사유체계에 대해 새로운 문제제기를 일으키고 따라서 그에 관한 다양한 이론들이 제기되고 있다.[1] 그 중에서 환경윤리학이나 생태철학의 논단이 주목을 받

---

1) 전 세계적으로 지구환경과 경제발전의 관계를 인식하면서 환경론이나 생태론이 등장하게 되었다. 특히 생명중심주의와 같은 생태적 관점이 주목을 받고 있는데 그 대표적인 이론이 '심층생태론(Deep Ecology)' 이다. 이 이론은 네스(A. Naess)가 제기한 것으로서 생명중심적 평등(biocentric equality)을 내용으로 하는 자아실현을 목표로 한다. 즉 모든 생명체는 생명이라는 동등한 본질을 지니며 따라서 서로 자연과의 관계 속에서 이해되고 파악되어야 한다는 것이다. 이와 관련한 전반적인 논의

고 있다. 이는 모든 생명체의 본질적 가치를 인정하고 생명존속의 공동체 의식을 지향하려는 취지를 지닌다. 이러한 세계관에서는 자연계의 유기적 그물망에서 인간이 어떠한 존재이며 어떻게 삶을 영위해야 하는가의 문제의식을 던지고 있다.

이른바 환경윤리학 혹은 생태철학의 세계관에는 인간중심주의(anthropocentrism)에 관한 논란이 있다. 서양의 기존의 기계론적 사고에 따르면, 인간의 가치가 모든 가치보다 우선하며 이러한 가치를 실현하는 데에 자연계로 대변되는, 인간 주변의 모든 존재는 단순히 도구나 수단으로서의 역할을 할 뿐이라는 것이다. 자연은 강제성을 수반하는 필연이고도 법칙적인 관계를 지닌 것으로 규정됨으로써 인간을 자연의 중심에 놓고 자연을 인간의 수단으로 전락시킨다. 이러한 시각을 '도구적 자연관' 이라고 부른다. 인간은 자신의 욕구와 필요에 따라 자연을 무제한적으로 개발하고 이용할 수 있는 합법적 정당성을 부여받은 것처럼 생각하게 했다. 그 결과, 환경오염이나 생태계의 파괴를 초래함으로써 엔트로피(entropy)의 논리에 따라 장차 지구도 급속도로 멸망할 수밖에 없다는 예단을 하게 되는 지경에까지 이르렀다.

이러한 문제의식에서 최근에 생태계의 존립에 대한 깊은 성찰, 그 속에서 인간의 존재와 위상에 관한 뼈저린 반성과 새로운 인식이 등장하게 되었다. 이러한 새로운 문제의식은 우리가 전일적(全一的) 세계관, 즉 자연과 인간이 상호공생의 조화로운 관계에 있음을 재차 확인하는 것이다. 이러한 공동체적 인식에 따르면, 자연은 생태계의 전체이고 인간은 단지 존재의 한 부류로서만 의미를 지닌다.[2] 이는 인간 자신의 욕구가 자연계의

는 한면희, 「환경철학의 세계관과 윤리 - 인간중심주의 대 생태중심주의」, 『철학연구』, 제35집(1994), 327~356쪽; 최병두, 「심층생태학의 생물평등 및 자아실현으로서의 환경정의」, 『공간과 사회』, 제16호(2001), 36~68쪽.

구성과 흐름에 얼마나 합치되는가 하는 존재론적 문제에 기반하며 궁극적으로는 인간의 자기정체성과 자아실현과 같은 가치론적 측면과 밀접한 관련이 있다.

동아시아의 담론에서도 이러한 문제의식은 중요한 관심사이다. 동아시아의 문화와 사상의 원류에는 전통적으로 가치실현의 지향성으로서 '천인합일(天人合一)'의 이념이 있다. 그 저변에는 자연생태계에서 인간을 포함한 모든 생명체의 생성과 양육의 과정에 관한 전일적(全一的) 사유방식이 깔려 있다. 최종적으로 그것은 인간의 존재와 그 위상에 무게중심을 두고 인간이 자연과의 공존과 상생을 위한 필연성과 당위성을 상정하고 있다. 여기에는 생성과 변화를 특징으로 하는 대자연 속에서 인간의 생명의식을 고양하고 참다운 삶을 실현하려는 내용이 담겨 있는 것이다.

본고에서는 생명의 존재방식에 관한 문제의식 하에서 『주역』의 세계관을 생태학적으로 접근하고 그 방법론적 토대를 '생태역학(生態易學, changeology)'이라고 부른다. '생태역학'은 우주의 생명정신과 이것에 입각한 자연계의 변화양상에 관한 이론적 사유방식을 가리킨다. 그것은 우주의 시공간적 구도와 그 구현체로서의 자연계의 내재적 역동성에 주목하는 역학적 사유를 이해하고, 생명공동체의 선(善)이 인간의 존재와 가치의 준거가 된다는 점을 밝히는 작업이다. 이는 자연생태계를 자생적 질서의 흐름으로 파악하고 그 속에서 인간의 생명의식의 화합적 차원을 추구한다는 취지를 지닌다.

이러한 점에서 생태학의 논의가 생명의 본령을 중심으로 하여 자연생태계의 구조와 기능에 관한 관심에 초점을 맞추고 있다면, 생태역학은 자

---

2) 양근석 · 이을호, 「東洋의 自然觀과 生態哲學의 理念 – 儒家思想을 中心으로」, 『국민윤리연구』, 제39호, 1998, 219쪽.

연생태계가 변화하는 모습에서 인간 삶의 본질적 측면을 어떻게 투영해야 하는가 하는 내용에 집중하고 있다. 또한 생태학이 자연환경과 인간의 조화로운 관계를 정립하는 학문이라면, 생태역학은 이러한 관계 속에서 한 걸음 더 나아가 인간 자신의 존재론적 위상과 가치론적 이해를 모색하는 데에 초점을 맞추고 있다. 그러므로 생태역학은 단순히 자연생태계의 먹이사슬과 같은 구조에 대한 인간의 탐구나 묘사에 초점을 맞춘 것이 아니다. 그것은 자연계의 운행질서와 같은 생태적 그물망 속에서 인간이 자신의 삶을 포괄적으로 이해하는 체험의 경지를 지향하는 것이다.

생태역학은 『주역』에서 제시한, 우주의 생명정신에 관한 역학적 사유의 산물이다. 우주는 조화와 균형의 생명력을 바탕으로 하는 존재론적 구조체계를 대변한다. 존재론적 구조체계란 개체 자체의 신진대사(新陳代謝)와 개체들 간의 세대교체를 통해 끊임없이 일련의 생성과 변화의 과정을 가리킨다. 그것은 자연계의 전일적(全一的) 과정, 즉 시간의 순환과 공간의 대칭을 수반하는 과정이며 인간을 포함한 만사만물의 생성, 변화 및 소멸의 과정이다. 그러므로 생태역학은 자연계가 지닌 조화와 균형의 내재적 역량에 관한 인간의 인식과 이해를 수반한다. 여기에는 시간의 유동성과 공간의 점유성 및 양자의 역동적 관계를 인간이 어떻게 파악하며 이러한 관계 속에서 인간의 존립과 위상을 어떻게 이해할 것인가 하는 문제의식이 담겨 있다.

2. 역관(易觀)과 생태인식

1) 역(易) 개념과 변통(變通)의 원리

고대 사람들은 자연계뿐만 아니라 인간관계 속에서 항상 야기되는 복잡다단한 문제들에 관한 분명한 판단과 확실한 결정을 보다 명확하게 담보하고 그럼으로써 자신들의 삶을 보다 긍정적으로 영위하고자 했다. 이러한 태도에는 인간이 지나온 과거에 대한 아쉬움과 후회, 현재 진행되는 상황에 대한 절박함과 당황, 그리고 다가올 예기치 못할 미래에 대한 불안감과 걱정이 투영되어 있다. 이는 인간 삶의 현실성에서 나온 기본적 욕구이자 본능이라고 할 수 있다.

이 기본적 욕구이자 본능을 해소 내지는 해결할 방법으로 창안해 낸 것이 점술의 내용을 지닌 '역' 관념이었다. 그러나 '역' 관념은 단순히 점술의 의미에만 머물러 있지 않았다. 인간 삶의 복잡다단한 문제들과 연관시키는 과정에서 그것은 세계 혹은 우주의 변화에 대한 인간의 인식을 상징적으로 표현한 말로 확장되었다. 만사만물이 생성하고 성장하고 소멸하는 일련의 과정, 즉 시공간의 연속적 과정 속에서 인간은 자신이 한 존재 혹은 하나의 생명체로서 갖게 되는 의식, 즉 우주 혹은 대자연의 생태계 속에서 어떠한 모습으로 태어나며 그 의미는 무엇인지, 그리고 어떻게 자신의 삶을 영위해 나가야 하는가 하는 것을 체현하게 된다. 이러한 존재론적인 문제의식 속에서 '역' 관념은 보다 심층적인 의미를 지니게 되었다. 그것은 만사만물의 존재형식 혹은 생명체의 존재방식을 포괄적으로 함유한 상위 관념이다. 그것은 평형과 비평형, 연속과 불연속 등의 관계를 특징으로 하며, 하늘과 땅, 네 계절의 변화, 자연과 인간의 관계 등과 같은 현상들에 관한 원리를 함축하는 것이다.

우선, 『주역』의 세계관은 기본적으로 대자연을 전체적으로 조망하여 얻은 인간 경험의 총체적 산물이다. 여기에서는 자연생태계의 순환적 과정 속에서 생명의 이치 혹은 생명성의 원리를 중시한다. 「계사전」에서는 "하늘과 땅의 크나큰 덕은 생(生)이라고 한다." 혹은 "낳고 낳는 것을 일러 역이라고 한다."고 말한다. '생(生)'이라는 말은 우주에 있는 생명의 내재적 가치의 결정체로서, 자연의 원초성과 그 끊임없이 순환의 본질이 어디에 있는지를 단적으로 함축하고 있다. 천체가 운행되는 질서를 '낳고 낳는 덕' 즉 자연의 속성으로 보고 이것이 생명체의 본령이라고 생각한 것이다. 따라서 『주역』의 세계관은 생명의 활력이라는 자생력을 지닌 천체의 운행의 질서를 반영하고 있다. 대자연 속에서 만사만물은 개별적으로는 서로 작용하는 구성요소의 역할을 하면서도 전체적으로는 개체들 간의 상호관계 속에서 지속적으로 변화를 진행하는 끊임없이 새로운 관계를 맺는다. 이것이 유기적이면서도 전일적인 연관성을 특징으로 하는 자연생태계인 것이다. 이러한 세계는 스스로 형성하는 자기생산적 혹은 자기창조적이라는 의미에서 끊임없이 반복되는 일련의 순환적 과정인 것이다.

이처럼 만사만물이 '낳고 낳는' 생성과 변화의 내용을 지닌 자연 개념을 시공간의 연속선상에서 표현한 것이 '우주' 개념이다. 그것은 인간을 포함한 만사만물의 존재론적 과정을 단적으로 표현한 말이다. 그것은 인간을 포함한 만사만물의 생성, 변화 및 소멸의 과정이다. 이는 천체의 움직임과 모든 존재 사이에 일정한 관계를 수반하는 전일적 과정이다. 인간도 이러한 관계 속에서 존재하며 이러한 관계적 구조 속에서야 비로소 자신의 존재론적 본질을 확인할 수 있고 자신의 주위환경에 대한 올바른 인식을 지닐 수 있다.

'역' 개념은 바로 이러한 인식과 내용을 포괄적으로 담고 있다. 「계사전」에서는 다음과 같이 말한다.

> 역의 책은 멀리 있는 것이 아니라 도가 되며 또한 거듭 변천하는 데에 있다. 변하고 움직여서 머물지 않아 육허(동서남북상하)를 두루 흘러간다. 오르고 내려가는 데에 고정됨이 없으며 강건함과 유순함이 서로 바뀌므로 일정한 틀이 될 수 없고 오로지 변함이 가는 바에 있을 뿐이다.

'역' 개념에는 만사만물의 구성, 즉 유기체적 그물망에 대한 시각이 담겨 있다. 이는 모든 존재가 정체되지 않고 끊임없이 변화한다는 점과 그러한 변화가 바로 인간인식의 지속성 혹은 항상성을 지닌다는 점을 강조한 것이다. 만사만물은 강건함과 유순함의 속성이 교차하는 것처럼 조화와 균형의 관계 속에 존재한다. 이러한 관계는 자체의 고유한 방식을 유지하려는 부분들과 이를 통합하려는 전체 사이에 유지되는 협동과 긴장의 연속적 과정이라고 할 수 있다. 그러므로 '역'에는 고정된 법칙이 없으므로 "일정한 틀이 될 수 없고 오로지 변함이 가는 바에 있을 뿐이다." 우주의 내재적 생명력은 천체의 운행질서와 합치되는 조화 혹은 화합의 차원에 있다. 따라서 '역' 개념은 모든 존재의 현상들에 대한 다원적이고도 입체적 조망의 결과이며 궁극적으로는 우주의 생명정신이 어디에 있는가를 단적으로 규정한 것이다.

자연계의 자기생산적 혹은 자기창조적인 일련의 과정은 변통관(變通觀)으로 대변된다. 그것은 우주의 생명정신의 소재에 관한 함축적 내용을 담고 있다. 변통관은 시공간성의 연속적 과정에 관한 시각을 말한다. 변통이라는 말에는 변화(變化)와 소통(疏通)의 이중적 본령이 담겨 있다. 변화는 특정의 상황 혹은 단계로 전환되는 것을 가리키며, 소통은 대립이나 상충과 같이 막힘이 없이 서로 왕래할 수 있음을 가리킨다. 「계사전」에서는 변통 개념을 다음과 같이 정의한다.

한번 닫고 한번 여는 것을 일러 변(變)이라고 하고 가고 오는 것이 다함이 없는 것을 일러 통(通)이라고 한다.

변통의 양상은 인간사회의 현상들을 포함한 모든 자연계의 현실적 모습이다. 그것은 내용상 모든 존재의 양적인 측면과 질적인 측면을 담고 있다. 사물 혹은 사태는 어떠한 경우이든지 간에 점차적으로 진행되면서 양적인 측면에서 정점에 다다르면 어느 정도의 규제 혹은 통제를 통해 질적인 측면으로 거듭 나아가야 한다.[3] 이러한 의미에서 「계사전」에서는 "바꾸어 재단하는 것을 일러 변이라고 하고 미루어 행하는 것을 일러 통이라고 한다."[4]고 말한다. 변통의 양상에는 양적 변화와 질적 변화가 함께 진행되는 함축적 과정이 있다. 「계사전」에서는 이 내용을 적연감통관(寂然感通觀)으로써 명확히 설명하고 있다.

역은 사려가 없으며 인위가 없고 적막하여 움직임이 없지만 감응하여 마침내 천하의 연고와 통한다.

이는 우주의 내재적 생명력과 그로부터 자생적으로 창발되는 변화의 양상 즉 감응의 방식을 잘 보여 준다. 이러한 의미에서 「계사전」에서는 "역은 다하면 변하고 변하면 통하며 통하면 지속한다."고 역설한다. 만사만물의 생성과 변화의 원리는 변통의 원칙으로 관념화됨으로써 우주의

3) 呂紹綱, 『周易闡微』, 吉林, 吉林大學, 1990, 96쪽.
4) 『周易』, 「繫辭上傳」. "化而裁之謂之変, 推而行之謂之通."

생명정신의 본질이 어디에 있는지를 밝힌 것이다. 여기에서 『주역』의 세계관에 내포된 생태역학의 성격을 알 수 있다.

2) 통관(通觀)과 인식과정

이러한 변통관에는 세계를 보는 시각 즉 '관(觀)'의 논리가 적용된다. 이는 우주 혹은 대자연으로 대변되는 세계의 크나큰 흐름을 투영한 상징적 관점이다. 이러한 관점은 인간이 스스로 세계를 관찰하면서 체험하는 일종의 자기이해의 방법을 가리킨다. 자기이해의 방법은 세계를 조감하는 일련의 완결적 과정 즉 통관(通觀)의 논점이 있다. 여기에는 대상세계를 관찰하는 데에 전체적 규모의 인식적 차원이 중시된다. 인간이 대상을 인식하는 데에는 거시적 규모이든 미시적 규모이든지 간에 모두 전면적인 시각을 필요로 한다. 거시적인 측면에서는 먼저 부분들의 전체적 규모를 파악하고 그런 다음에 미시적으로 부분들을 이해하는 것이다. 그렇다고 미시적으로 부분을 이해하는 경우도 부분들의 전체 즉 규모가 작은 내용을 파악하는 것이지 단지 요소들의 부분만을 파악하는 것이 아니다. 이처럼 전체와 부분의 관계에 관한 다층적이고 입체적인 조망 혹은 조감은 『주역』에서 우주나 자연계에 관한 생태학적인 차원과 규모의 이해를 그대로 반영하고 있다.[5] 이는 인간과 세계는 특정한 의미의 관계 속에 있으며 이러한 관계가 바로 만사만물의 질서체계와 그에 수반되는 다층적 구조임을 제시한 것이다.

『주역』에서 인간이 세계를 조망 혹은 조감하는 세 가지 단계는 관물(觀物), 관상(觀象) 및 관아(觀我)로 나뉘어 설명될 수 있다.

---

5) 成中英, 『C理論: 中國管理哲學』, 上海, 學林, 1999, 30~31쪽.

우선, 우리 인간은 자신의 주위에 있는 모든 현상들을 관찰하는 것을 인식의 출발점으로 삼고 있다. 「계사전」에서는 다음과 같이 말한다.

> 옛날에 복희가 천하에 왕을 할 적에 우러러보아서는 하늘에 있는 형상을 살펴보고 구부려보아서는 땅에 있는 법칙을 살펴보며 새와 짐승의 무늬 및 땅의 마땅함을 살펴보았다. 가까이는 몸에서 얻었고 멀리로는 사물에서 얻었다.

자연생태계에서 하늘의 형상과 땅의 법칙 및 개별적인 삼라만상의 모습들은 복희로 대표되는 인간이 세상을 관찰하는 중요한 대상들이다. 관찰의 대상은 바로 생태학적 구조이다. 자연세계 속에서 인간을 포함하여 사물들의 존재 양상과 그 속에서 일어나는 다양한 변화의 현상들을 다각도로 관찰하고, 이를 바탕으로 하여 인간과 세계와의 일정한 관계를 설정하며, 더 나아가 어떤 원리나 법칙을 찾아내는 것이다. 여기에는 인간이 하늘과 땅의 생태학적 구조를 인식하고 그 속에서 인간은 자신의 특정의 존재와 의미를 이해하고 파악할 수 있음을 보여 준다. 이른바 '관물(觀物)'의 인식과정은 인간이 자연생태계의 구조를 올바로 인식하고자 하는 관찰자적 시각에서 나온다. 이는 '취상(取象)'을 위한 인간인식의 출발점인 것이다.

인간이 자신과 세계와의 일정한 관계 즉 원리나 법칙을 찾아내는 방법은 무엇인가? 관건은 '취상'의 상징체계에 있다. 그 상징체계가 바로 팔괘의 괘상이다. 팔괘는 인간이 만사만물의 본질을 근본적으로 인식하고 이를 확고하게 표상화한 산물이다. 팔괘에 기초한 괘효상은 바로 인간이 자연세계의 실상을 체험하고 이를 자신의 삶에 수용하는 체계적인 창구의 역할을 한다. 이 때문에 「계사전」에서는 다음과 같이 서술한다.

그래서 팔괘를 처음 지었고, 이로써 하늘과 땅의 신령스럽고 밝은 덕을 통하였으며 온갖 사물들의 실정을 분류했다.

팔괘는 인간이 우주 속에 있는 만사만물의 원천, 존재형태 및 그것들의 변화를 인식한 산물이다. 팔괘는 하늘과 땅의 자생적 질서를 이해하거나 터득한 결과이고 점서(占筮)의 방식이 작동하는 매체라는 점에서 인간은 이를 통해 세상의 일을 가늠하고 그에 따라 올바른 판단할 수 있다고 믿게 되었다. 여기에서 팔괘의 제작은 인간의 관찰에서 시작하지만 인간의 궁극적 통찰이 어디에 있는가를 잘 함축한다. 즉 개별현상들과 그 변화의 다양성을 관찰하는 것에서 시작하여 더 나아가 세계의 구성과 구조 전체를 이해하는 단계로까지 나아가는 것이다. 특히 "신령스럽고 밝은 덕"은 만사만물 속에 있는 음과 양의 변화의 미덕을 가리키고, "온갖 사물들의 실정"은 사물을 관찰함으로써 만사만물에 대한 전조(前兆)의 '상(象)'을 얻는 것을 말한다. 여기에서 '취상(取象)'은 주체가 심리상에서 객관적 대상에 관한 정체적(整體的) 형상을 얻는 것인데, 이는 인간이 괘상을 통해 대상세계의 본질을 올바로 인식하려는 취지를 지닌다. 그러므로 팔괘의 표징(表徵)은 인간이 대상세계를 인식하고 그 속에서 일이나 상황을 체험하는 표상적 계기이자 매체인 것이다.

팔괘의 이러한 매체적 성격에 관한 「계사전」에서는 상(象)과 수(數)의 개념으로써 다음과 같이 규정하는 것이다.

뒤섞음으로써 변하여 그 수(數)를 얽어 모은다. 그 변함을 통하여 마침내 하늘과 땅의 문양을 이룬다. 그 수(數)를 다하여 마침내 천하의 상(象)을 정한다.

하늘과 땅의 구조 속에서 만사만물의 모습은 '수(數)'의 속성으로써 매개화되고, 이 매개화의 결과는 상(象)의 방식으로 재현된다. 『역전』에서는 '수(數)'와 '상(象)'을 인간이 세계를 인식하는 데에 객관적인 원칙을 확보하는 일종의 방편으로 본 것이다. 그러므로 괘상과 효상은 부호체계의 구체적인 표상성을 지닌 것으로서 모든 현상들의 변화를 상징한 산물이다. 『주역』에서 인간은 실제의 물상을 관찰하여 괘상을 구성하고 또한 괘상을 통해 세계에 대한 인식적 토대를 마련한 것이다. 이에 대해 「계사전」에서는 다음과 같이 풀이한다.

> 성인이 천하의 움직임을 보고서 그 모이고 통함을 관찰함으로써 그 본받는 예절을 행하며 말을 엮어 그 길함과 흉함을 판단한다. 그러므로 효라고 부른다.

괘효상의 기제는 바로 주체와 객체 사이에 특정의 관계적 방식을 가리킨다. 이 특정의 관계적 방식은 '그 모이고 통함을 관찰함'의 말에 담겨 있다. 이는 만사만물에서 진행되는 온갖 현상들의 다양한 변화를 포괄적으로 통찰한다는 뜻이다. '포괄적으로 통찰한다.'는 내용에 '관물'의 본령이 담겨 있다. 따라서 「계사전」에서는 이것을 다음과 같이 해석한다.

> 팔괘가 되어 작은 이룸이 되고 그것을 확장하여 부류와 접촉하여 커져서 세상의 모든 일이 완결된다.

이 구절은 8개의 경괘(經卦)의 괘상에서 64괘의 별괘(別卦)의 형상이 구성된다는 내용을 지닌다. 여기에서는 "부류와 접촉하여 커지는" 과정은 만사만물과 그 변화를 연역한 결과인 것이다. 팔괘는 현실세계에서 자연현상들과 이들 사이에 존재하는 관계적 양상을 다양한 각도에서 관찰하여 도출한 '취상'의 결과인 것이다.

인간이 세계를 조감하는 세 가지 단계들 중에서 가장 마지막 단계가 바로 관아(觀我)이다. 관괘(觀卦)[6]에서 '관' 개념에는 괘상과 효상을 구성하는 방식과 이를 통해 인간이 터득하는 삶의 체험의 문제를 인간이 세계와의 관계 속에서 터득하는 올바른 시각을 담고 있다. 「단전」에서는 관괘(觀卦)를 해석하여 다음과 같이 말한다.

> 크게 보는 것이 위에 있어 따르고 공손하여 중정(中正)함으로써 천하를 살핀다. "관은 손은 씻으나 제수를 올리지 않으니 믿음이 있어 우러러보는 것이다."라는 말은 아래에서 살펴서 교화(敎化)하는 것이다. 하늘의 신묘한 도(道)를 살펴 사시(四時)가 어긋나지 않으니 성인이 이로써 신묘한 도로써 가르침을 베풀어 천하가 굴복한다.

여기에는 주체와 객체의 합일을 지향하는 통관(通觀)의 자아실현의 경로가 있다. 그것은 대상을 관찰하고, 이러한 관찰의 경험을 바탕으로 하여 자신의 입장을 돌아보아 내면의 인격적 함양에 힘쓰며, 자신의 참다운 모습을 보여 줌으로써 대상과의 관계의 소통을 꾀하는 것이다. 그러므로 통관의 경지에는 대상세계를 보는 것뿐만 아니라 주체 자신도 보여 주는 것까지도 포함한다. 이는 주체와 객체가 동일선상에서 있는, 주체와 객체가 소통하는 공통의 인식방식을 함유한다. 즉 "크게 보는 것이 위에 있어 따르고 공손하여 중정(中正)함으로써 천하를 살핀다." 여기에는 인간이 이처럼 세계를 끊임없이 새롭게 해석하는 과정에서 자신을 발전시켜 나아가는 일종의 '자아창조적 삶'을 영위할 줄 알아야 한다는 내용을 담고

---

6) 관괘䷓의 형상에 따르면, 상괘는 巽卦이고 하괘는 坤卦이다. 이는 바람이 땅으로 부는 양상인데, 세상을 두루 보거나 남들이 우러러본다는 함의를 지닌다.

있는 것이다.

관괘의 원리에는 동관(童觀), 규관(闚觀) 및 관아(觀我)로 나아가는 일련의 과정이 있다. 동관은 어린아이가 세상을 보는 것처럼 근시안적인 시야를 지니는 것을 뜻한다. 규관은 자신의 집안에서의 삶처럼 자기위주의 부분적 혹은 주관적 시야를 뜻한다. 관아는 주체를 대상과 같이 놓고 나와 대상 및 그 양자의 관계를 올바른 인식을 하는 것을 뜻한다. 동관과 규관은 주체가 외부대상을 관찰하는 인식과정을 말한다면, 관아는 주체 자신을 인식의 대상으로 삼는다는 점에서 주체적이고 자율적인 인간관, 즉 자아실현의 지향성을 담고 있는 것이다. 인간은 관찰, 인식 및 이해라는 일련의 과정, 즉 '바라 봄'과 '보여 줌'의 통관(通觀)[7]을 통해 자아계도적이고 자아부정적이며 자아초월적인 단계로 나아갈 수 있다.[8]

따라서 '관(觀)' 개념에는 대상세계를 관찰하는 데에 전체적 규모의 인식적 차원이 중시된다. 인간의 대상의 인식에는 거시적 규모이든 미시적 규모이든지 간에 모두 전면적인 시각을 필요로 한다. 거시적인 측면에서는 먼저 부분들의 전체적 규모를 파악하고 그런 다음에 미시적으로 부분들을 이해하는 것이다. 그렇다고 미시적으로 부분을 이해하는 경우도 부분들의 전체라는 규모가 작은 내용을 파악하는 것이지 단지 요소들의 부분만을 파악하는 것이 아니다. 이러한 측면에서 역관(易觀)의 조망은 자

7) 성중영은 이러한 과정을 8가지 내용으로 정리한다. Chung-ying Cheng, "Philosophical Significance of Guan (Contemplative Observation): On Guan as Onto-Hermeneutical Unity of Methodology and Ontology", 『국제역학연구』, 제1집, 1995, 161~163쪽.

8) 이에 관해 정병석은 좋은 시사점을 제시한다. 그는 『주역』의 관이 '바라 봄' 과 '보여 줌' 의 두 가지 측면을 모두 지니고 있으므로 여기에서 주체가 대상을 바라보는 것뿐만 아니라 자신도 돌아보고 이를 남에게까지도 보여 주는 유가철학의 인식과 실천의 통합의 성격도 이해될 있다고 본다. 정병석, 「周易의 觀 - 世界와 人間 自身에 대한 理解의 起點으로서의 觀」, 『철학』, 제75집, 2003, 11쪽.

연계의 생태학적 차원과 규모를 이해하는 시각인 것이다.

3. 역상(易象)과 생태표상

1) 천지(天地)와 생태적 구도

『주역』의 세계관은 통관의 원리를 통해 우주 혹은 자연계를 전체적으로 조망하여 얻은 인간 경험의 총체적 산물이다. 그 속에서 우주 혹은 자연계의 원리나 방식은 중요한 의미를 갖는데, 그 중심에는 생명의 자생력을 담아 놓는 인식적 틀, 즉 '천지의 도(天地之道)'로 설정된다. 「계사전」에서는 다음과 같이 말한다.

> 하늘과 땅에 기운이 쌓이고 합하여 만물이 바뀌고 두터워지며, 남성과 여성이 정기를 이루어 만물이 바뀌어 생겨난다.

여기에는 두 가지 내용이 담겨 있다. 우주 자체에 유기적인 발생과정을 담고 있고 이러한 과정이 바로 모든 존재의 실재(reality)이다. 실재라는 것은 우주에서 변화의 연속적 과정으로서 생명의 실체라는 측면에서는 생기(生氣)이며 생물학적 내용에서는 정기(精氣)가 된다. 이는 생명의 생성과 변화의 과정에서 가장 두드러진 특징이 된다. 그러므로 하늘과 땅의 구조는 자연현상 속에서 생물학적인 양상이 어떻게 진행되는지를 잘 함축하고 있다. 한편으로는 생기(生氣)의 흐름과 같은 자연계의 순환과정이 있으며, 다른 한편으로는 그 속에서 남성과 여성의 관계로 대변되는 생태적인 조화의 양상이 있다. 이를 파악하고 이를 만사만물의 존재론적인 단초로 삼는다. 이러한 구조가 만사만물의 내재적 생명력인 이른바 모든 존재의 연속성(the continuity of being)을 지닌다.[9] 여기에서는 우주의 역동적 창조성의 내용을 담고 있다. 만사만물은 각각 자기발생적 과정 속에서 변화를 거듭하고, 다른 한편으로는 그 자체가 천체의 운행질서를 유지하며 궁극적으로는 존재의 연속성을 진행하는 것이다. 그러므로 생성과 변화의 과정은 생명의 창조적 과정으로서 가장 두드러진 자연계의 실재(reality)로 인식된 것이다.

그렇다면 『역전』에서는 이러한 역동적 연속성을 어떻게 표현하고 있는가? 관건은 시공간성 개념에 있다. 「서괘전」에서는 시공간성 개념을 하늘과 땅의 구조 속에서 설명한다. 즉

> 하늘과 땅이 있은 다음에 만물이 생성된다. 하늘과 땅 사이에 가득 찬 것은 오직 만물뿐이다.

모든 존재의 생성과 변화는 하늘과 땅의 관계 속에서 제시된다. "하늘과 땅이 있은 다음에 만물이 생성된다."는 말은 모든 만사만물의 생성과정을 시간의 흐름으로 파악하는 내용을 담고 있다. 또한 "하늘과 땅 사이에 가득 찬 것은 오직 만물뿐이다."라는 말에는 만사만물의 존재과정을 공간의 위치로 파악하는 내용을 담고 있다. 하늘과 땅의 구조는 바로 시간과 공간이 구분되지 않는 일련의 역동적 지속성을 함축하는 것이다. 만사만물은 생성과 변화의 과정 속에서 서로 의존적으로 작용하면서 고유의 내재적 잠재력을 발휘하는 생명력을 지닌다. 이러한 생명력은 조화와

---

9) Tu Wei-ming, *Confucian Thought: Selfhood as Creative Transformation* (Albany: State University of New York Press, 1985), pp.36~39.

평형의 과정 속에서 발휘된다. 인간을 포함하여 만사만물의 생성, 변화 및 소멸의 과정은 시간의 순환과 공간의 대칭과 같은 자연계의 전체과정이 된다. 그러므로 「계사전」에서 "하늘에서는 형상을 이루고 땅에서는 형체를 이루니 변화가 드러난다."고 말한다. 자연생태계는 시공간성의 과정을 지닌 하늘과 땅의 관계적 구조로 인식되고, 따라서 '하늘과 땅'의 구조적인 틀 속에서 만사만물의 존재론적 원리가 설정된다. 따라서 우주의 역동적 과정 혹은 자연의 관계적 과정은 바로 시간과 공간으로 특징화되는 일련의 과정이다. 시간의 유동성과 공간의 점유성의 역동성은 시간이 공간을 열어 주는 관계 혹은 공간이 시간에 따라 전개되는 관계에 달려 있다. 특히 시간의 과정은 생명이 창조되고 변화하는 활력적 성격을 지닌다. 여기에서 만사만물의 상호관계라는 실재성이 성립하게 된다.

『주역』의 세계관의 핵심은 우주의 생명정신과 그 가치의 소재에 있다. 우주는 천체의 운행질서를 내용으로 하는 일련의 역동적 과정으로서 시공간의 방식으로 표현된다. 만사만물은 신진대사의 활력을 통해 자신의 생명체계를 유지하고 지속한다. 여기에서 시공간의 개념이 형성된다. 시공간 개념은 생명이 창조되고 발전하는 과정을 나타낸다. 그것은 시간이 창출됨에 따라 공간이 펼쳐지는 생명질서의 활력으로 작용한다. 시간과 공간은 따로 분리되지 않는 통일적 질서로서, 생명의 유기적 관계를 드러내는 우주의 진행방식인 것이다. 시공간의 역동적 과정은 우주 그 자체가 드러나는 가장 중요한 방식 중의 하나인 것이다. 그러므로 우주는 인간에게 시공간의 가치로 인식된다. 그러므로 인간의 인식과정에 보건대, 우주가 자신의 생명력을 표출하는 방식에서 신진대사의 활력이 바로 생명정신의 소재가 되며 그 운행의 합당한 질서가 바로 생명정신의 가치가 된다.

2) 건곤(乾坤)과 음양의 생명성

『역전』에서 생명력의 창발이 하늘과 땅의 구조 속에서 이해된다면, 이는 괘상에서 건과 곤의 구조로 표상된다. 이는 하늘과 땅의 인식적 구조에 입각한 생명관(生命觀)의 표상이라고 할 수 있다. 「계사전」에서는 다음과 같이 말한다.

> 건과 곤은 역(易)의 관문이 아닌가? 건은 양의 물건이고 곤은 음의 물건이니, 음과 양이 덕을 합하고 강(剛)과 유(柔)에 체가 있다. 그럼으로써 하늘과 땅의 일을 체득하며 신령스럽고 밝은 덕을 통한다.

강과 유의 성질 혹은 음과 양의 덕성은 만사만물에 생명의 활력으로 작용하면서 건과 곤의 구조로 표상된다.[10] 이러한 의미에서 건과 곤은 모든 존재의 생명력을 이해할 수 있는 관건, 즉 '역'의 관문이 된다. 특히 "그럼으로써 하늘과 땅의 일을 체득하며 신령스럽고 밝은 덕을 통한다."라는 구절은 인간이 건과 곤의 괘상을 통해 모든 존재의 섭리, 즉 우주의 생명정신의 본령을 파악할 수 있음을 표현하고 있다.

더 나아가 우주의 생명정신을 기반으로 하는 전일론적 생명관은 '건과 곤의 도(道)'로 관념화된다. 「계사전」에서는 다음과 같이 말한다.

> 건의 도(道)가 남성을 이루고 곤의 도(道)가 여성을 이룬다. 건이 인식함이 크나큰 시작이고 곤이 만들어 냄은 만물을 이룬다.

10) 음양의 범주와 그 내용에 관해서는 朱伯崑, 『易學哲學史』, 제1권, 2005, 83~89쪽.

건과 곤의 구조는 바로 만사만물의 생성은 남성과 여성의 합일적 방식에 기본하며 나아가 인간의 생명의식의 측면에서는 화합의 경지 즉 도(道)로 표현된다. 그러므로 '건과 곤의 도(道)'는 우주의 생명정신을 인식한 인간이 체현한 생명의식의 결정체라고 할 수 있다. 『주역』에서는 우주에 대한 직관적 체험과 그에 따른 생명관을 중시한다. 인간은 하늘과 땅과 같은 자연계의 운행과 그 생명력을 감응하고 이를 자신의 내면세계의 생명의식으로 고양시켰다. 우주의 생명정신은 바로 모든 존재의 역동적 변화방식을 말한 것으로서, 만사만물이 생성하고 성장하여 소멸하는 신진대사의 특징을 지닌다. 이는 인간이 하늘과 땅으로 대변되는 변화의 구조 속에서 우주의 생명정신을 이해하고 이를 자신과의 유기적인 관계로 파악한 결과인 것이다. 이러한 의미에서 「단전」에서는 태괘(泰卦)를 해석하여 다음과 같이 말한다.

> 이는 바로 하늘과 땅이 교류하여 만물이 통하며 위와 아래가 교류하여 그 뜻이 같다.

이는 우주 혹은 자연계가 진행하는 모종의 방식을 표상한다. 거시적으로 보면 세계의 구체적인 사태들은 매 순간 바뀌면서 안정적으로 균형을 이루기도 하고 불안정적으로 불균형을 이루기도 한다. 이는 우주에는 역동적인 조절 혹은 조정의 기능이 작동하며 전체적으로 관계적 질서를 형성하고 유지한다는 것이다. 그것은 '그 뜻이 같은' 자생적 질서의 흐름, 즉 자연생태계의 순환적 내용을 담고 있다.[11] 이는 만사만물의 생성과 변

11) 김연재, 「全一論的 思惟에서 본 『易傳』의 세계관과 人間學的 地形圖 - 윤리학적 본령과 그 동아시아적 가치를 중심으로」, 『인문연구』, 제53호, 2007, 13~17쪽.

화의 구조에 관한 일련의 생태학적 순환구조를 설정하고, 그 속에서 인간의 생명의식을 표현해 낸 것이다. 따라서 「계사전」에서는 다음과 같이 결론을 내린다.

> 건과 곤이 이루어지니 역이 그 가운데에 세워진다. 건과 곤이 훼손되면 역을 드러낼 수 없다. 역이 드러날 수 없으면 건과 곤은 혹시 거의 멈출지도 모른다.

여기에서 우주의 생명정신은 '역'의 개념 속에 포괄적으로 담겨 있고 건과 곤의 표상구조에서 생성과 변화의 본령으로 자리 잡고 있다. 그러므로 '역' 개념에 담긴 우주의 생명정신이 제대로 발휘되지 못하면 건과 곤의 표상구조는 성립할 수 없다. 반대로 건과 곤의 표상구조가 설정되지 않으면 '역' 개념에 담긴 우주의 생명정신은 결코 수용될 수 없다. 그러므로 인간의 생명의식은 우주의 생명정신은 '역'의 전일론적 사유방식에서 '건과 곤의 도(道)'로 구현되고 있다. 그러므로 「계사전」에서는 다음과 같이 말한다.

> 역은 하늘과 땅과 더불어 기준이 되므로 하늘과 땅의 도(道)를 두루 엮어 놓았다.

『역전』에서는 역의 원리를 우주전반에 대해 인간이 포괄적으로 인식한 성과라고 보고 이를 '하늘과 땅의 도(道)'라는 말로 수용한다. 그것은 천체의 운행질서를 내용으로 하는 우주의 생명정신의 구현체이며 만사만물의 존재와 그 변화의 양상에서 터득한 생명의식의 산물인 것이다. 이러한 내용을 「계사전」에서는 함축적으로 천도관(天道觀)으로 표명한다. 즉

> 한번 음이 되면 한번 양이 되는 것을 일러 도(道)라고 하고 그것을 잇는 것을 선(善)이라 하며 그것을 이루는 것을 성(性)이라 한다.

천체의 운행은 음과 양의 상관적 원칙에 입각하고 있으며 이러한 원칙을 거쳐 우주는 합당한 이치 즉 하늘의 도〔天道〕가 성립하는 것이다. 음과 양의 속성은 관계의 유지라는 측면에서 선의 가치를 담보할 수 있고 이것이 구체적 존재의 본성으로 구현될 수 있다. 모든 존재의 운동과 변화는 “한번 음이 되면 한번 양이 되는” 양상으로 환원된다. 음과 양은 움직임과 고요함의 양상을 지니며 서로 대립하면서도 서로 보완하는 균형과 조화의 방식을 지닌다.[12] 음도 하나이고 양도 하나라는 통일적 방식은 바로 천체의 운행질서, 즉 하늘의 도의 원리이며 모든 존재의 생명력을 함축한다. 이는 내용상 모든 존재의 생명력을 우주의 생명정신이라는 보편적 가치로 격상시킨 것이다.

이러한 역(易) 개념은 만사만물의 생성과 변화의 양상을 포괄하는 전일성(全一性)의 생태학적 맥락에서 표상되는데, 그 표상방식은 일종의 연역적 방식, 즉 태극음양관(太極陰陽觀)을 취한다. 「계사전」에서는 다음과 같이 서술하고 있다.

> 역에는 태극이 있는데, 이것이 양의(음양)를 낳고 양의가 사상을 낳고 사상이 팔괘를 낳고 팔괘가 길흉을 정하고 길흉이 크나큰 업적을 낳는다.

우주 속에서 진행되는 변화의 원리는 본원으로부터 만사만물의 생성

---

12) 김연재, 「복잡계 이론에서 본 주역과 그 메타적 세계관 - 동아시아적 사유원형의 모색을 중심으로」, 『東方學志』, 제152집, 2010, 93~94쪽.

및 존재의 양태까지, 즉 태극, 양의(음양), 4상(태음, 태양, 소음, 소양), 8괘, 길흉으로 드러난다. 이를 형상으로 말하면, 양과 음은 각각 "—"과 "--"을 가리킨다. 태음(太陰)은 ⚏을, 소양(少陽)은 ⚎을, 소음(少陰)은 ⚍을, 태양(太陽)은 ⚌을 가리킨다. 8괘는 건(乾, ☰), 곤(坤, ☷), 진(震, ☳), 간(艮, ☶), 감(坎, ☵), 리(離, ☲), 태(兌, ☱), 손(巽, ☴)을 가리킨다. 이것은 본래 점서의 과정 즉 시초(蓍草)의 배열에 따른 원칙을 나타낸다. 그러나 그 내용상으로는 하늘과 땅의 문리, 즉 세상의 모든 만사만물의 본원과 생성 및 그 변화의 원리를 반영하고 있다. 특히 만사만물의 생성과 변화가 모종의 본원, 즉 태극과 그 속에서 운용되는 한 쌍의 음(--)양(—)의 양상을 제시하고 있다. 「설괘전」에서는 이를 가족의 혈연관계로 나타낸다.

> 건은 하늘이니 아버지라고 부른다. 곤은 땅이니 어머니라고 부른다. 진은 처음 구해서 남자를 얻으니 장남이라 한다. 손은 처음 구해서 여자를 얻으니 장녀라고 한다. 감은 다시 구해서 남자를 얻으니 중남이라고 한다. 리는 다시 구해서 여자를 얻으니 중녀라고 한다. 간은 세 번째 구해서 남자를 얻으니 소남이라고 한다. 태는 세 번째 구해서 여자를 얻으니 소녀라고 한다.

「설괘전」에서는 팔괘의 전개방식을 남성과 여성의 발생적 방식으로 표현한다. 즉 8괘에서는 4개 양의 괘 즉 건(☰, 天, 父), 진(☳, 雷, 長男), 감(☵, 水, 中男), 간(☶, 山, 少男)과 4개 음의 괘 즉 곤(☷, 地, 母), 손(☴, 風, 長女), 리(☲, 火, 中女), 태(☱, 澤, 小女)로 구분되면서도, 다른 한편으로는 팔괘가 서로 대응하고 전환하는 변화의 과정이 있다. 여기에는 64괘를 이루는 법칙, 다시 말해 생명성의 원리가 적용된다. 즉 건과 곤을 중심으로 하여 건과 곤을 부와 모로 하여 진과 손, 감과 리 및 간과 태와 같은 팔괘의 생성과정이 있다. 그리고 이것을 토대로 팔괘 전체는 음과 양의 양상에 따른 포괄적 관계를 형성한다. 그러므로 건과 곤의 두 괘가 아버지와 어머니가 되고 그 나머지 6개의 괘들은 자녀들이 될 수 있는 것이다. 6개의 괘들에서 진, 감, 간은 각각 장남, 중남, 소남이 되는 반면에, 손, 리, 태는 각각 장녀, 중녀, 소녀가 된다. 이와 같이 하면, 8괘는 두 가지 성별로 나뉠 수 있다. 하나는 남성의 괘로서 건, 진, 감, 간으로 구성되고 건괘가 우두머리가 된다. 다른 하나는 여성의 괘로서 곤, 손, 리, 태로 구성되고 곤괘가 우두머리가 된다.[13] 여기에는 자연생태계를 모든 생명성의 원천 및 그 연속적 방식에서 파악하고, 음과 양의 양상을 생명성의 원천으로 삼으며, 이를 기반으로 하여 8괘라는 현상의 구성요소를 설정하고 이를 64괘라는 만사만물의 일련의 현상들로 연역한 것이다.

4. 역도(易道)와 생태윤리

1) 역도(易道)와 인간관(人間觀)

인간에게 생명의 가치는 삶의 방식의 문제이다. 그것은 인간이 생명의 주체로서 자신의 내재적 생명력을 바탕으로 하여 어떻게 살아가야 하는가 하는 문제이다. 여기에는 우주의 생명에 대한 인식과 그에 따른 인간의 정신과 행위의 정당화의 문제가 있으며, 인간이 주위의 환경 속에서 스스로 선택하고 결정하는 가치가 수반된다. 인간행위의 제문제, 즉 길흉화복(吉凶禍福)과 같은 현실적 이해관계, 진덕수업(進德修業)과 같은 도덕

13) 김연재, 「복잡계 이론에서 본 주역과 그 메타적 세계관 – 동아시아적 사유원형의 모색을 중심으로」, 『東方學志』, 제152집, 2010, 103~105쪽.

성의 문제가 등장하는 것이다. 특히 도덕적 인간상은 인간이 생명의 주체로서 스스로 삶을 창조해가는 가치의 대상이다. 이러한 가치의 대상을 『역전』에서는 '역도(易道)'라는 말로 표현하고 있다. '역도'는 인간의 건전한 삶을 기반으로 하여 도출된 관념이다. 「계사전」에서는 이를 다음과 같이 말한다.

그 도(道)가 매우 커서 온갖 사물을 없애 버리지 않는다. 시작부터 끝까지 조심스럽게 하면 그 핵심은 허물이 없는 것이니, 이를 역도(易道)라고 부른다.

'역도'는 바로 세상의 모든 일이 합당하게 진행되는 도리이다. 인간이 이러한 도리에 따르면 "허물이 없는" 온전한 삶을 영위할 수 있다. 그러므로 인간은 자신의 삶 속에서 세상의 도리를 깊숙이 터득하는 자각심 즉 '우환(憂患)' 의식을 지녀야 한다.[14] 그러므로 「계사전」에서 "(『역경』은) 나오고 들어가는 데에 법도로써 하고 밖과 안으로 두려움을 알게 하며 또한 우환과 연고를 밝힌다."고 말한다. '역도'는 바로 우환의 자각의식이 인간의 내면세계의 본령으로 자리 잡고 있는 경지를 가리킨다. 그러므로 완전한 인격체의 척도는 이러한 '도(道)'를 얼마나 체현하고 있는지의 여부에 있다.

더 나아가 『역전』에서는 '역도'의 원리를 인간의 내면세계로 수용하여 가치론적 차원으로 전환시킨다. 이것이 바로 삼재의 도(三才之道), 즉 하늘, 땅 및 인간의 도이다. 「설괘전」에서는 그 구체적인 내용을 서술한다.

옛날에 성인이 역을 지은 것은 장차 그것으로써 본성과 천명의 이치를 따르

14) 黃壽祺 · 張善文, 『周易譯註』, 1996, 603~605쪽.

려 한 것이다. 하늘의 도를 세워 음과 양이라고 말하고, 땅의 도를 세워 강과 유라고 말하며 인간의 도를 세워 인(仁)과 의(義)라고 말한다.

『주역』 책은 생명정신의 당위성과 필연성 즉 '본성과 천명의 이치'에 기초한 것이다. 이는 삼재의 도(道), 즉 천도(天道), 지도(地道) 및 인도(人道)로 제시된다. 천도는 음과 양의 덕성으로, 지도는 강과 유의 성질로, 인도는 인과 의의 품덕으로 환원될 수 있다. 음과 양의 덕성 혹은 강과 유의 성질을 지닌 '천지의 도(道)'처럼 인도에서도 내면적 균형과 조화를 필요로 한다. 여기에서 '천인의 도〔天人之道〕'라는 생명의식의 화합적 경지가 함축되어 있다. 즉 '본성과 천명의 이치' 즉 우주의 생명정신을 터득해야 한다는 의미에서 인간의 존재론적인 필연성과 가치론적인 당위성 즉 인(仁)과 의(義)를 획득하게 되는 것이다. 이러한 천지인(天地人)의 틀은 생명의 그물망의 고유한 본래의 가치에 대한 인간의 자각의식이 투영되어 있다. 이러한 틀 속에서 인간은 스스로의 삶을 완성해 나아가는 것이다.

그렇다면 인간은 어떠한 존재로서의 의미를 갖는가? 관건은 '감응'의 생태학적 용어에 있다. 「단전」에서는 성인(聖人)의 인식능력에 관해 함괘(咸卦)를 해석하여 다음과 같이 서술한다.

> 하늘과 땅이 감응하니 만물이 생성된다. 성인(聖人)이 인심(人心)을 감응하니 세상이 평화롭다. 그 감응한 바를 관찰하니 하늘, 땅, 만물의 실정이 드러날 수 있다.

하늘과 땅의 구조가 감응의 방식에 따라 생태학적 성격의 관계를 지니는 것처럼, 성인도 인간의 사회적 관계를 감응함으로써 세상을 다스릴 줄 안다. 감응은 하늘과 땅 및 만물의 '실정'을 체인하는 방식이고, '실정'이라는 말에는 우주의 운행질서, 그 중에서도 만사만물의 생성의 원리 즉 생명성의 법칙이 반영되어 있다. 그러므로 성인이 실정을 감응한다는 내용에는 우주의 생명정신을 올바로 인식해야 하는 사명감이 함축되어 있는 것이다. "그렇기 때문에 성인은 그럼으로써 세상의 의지를 통하고 세상의 일을 결정하고 세상의 의혹을 판단한다."고 말한다. 인간은 '감응'의 체험을 통해 그 법칙을 터득하고 비로소 온전한 삶을 영위할 줄 알아야 한다. 이러한 생태계의 구조에서 인간, 온전한 인간 세상을 제대로 알고 이해하는 존재이다. 「문언전」에서는 건괘(乾卦)를 해석하여 다음과 같이 말한다.

> 대인이란 하늘과 땅과는 그 덕을 합치하며, 해와 달과는 그 밝음을 합치하며, 사계절과는 그 순서를 합치하며, 귀신과는 그 길흉을 합치한다. 하늘보다 앞서도 하늘에 위배되지 않으며 하늘보다 뒤에 있어도 하늘의 때를 받든다.

대인 혹은 성인(聖人)은 단순히 생명체로서 만사만물에 속하는 부류만이 아니라, 더욱 중요하게는 우주와의 화합하는 생명의식을 지닌 존재로 간주된다. 전자가 실재로서의 인간이라면 후자는 인간으로서의 실재이다. 우주의 생명정신을 바탕으로 하는 가치론적 측면에서 보자면 『역전』은 실재로서의 인간과 인간으로서의 실재를 모두 받아들이고 있다. 참다운 인간 즉 완전한 인격체라면 그는 우주의 생명정신을 올바로 인식하고 자신의 내면세계의 생명의식을 정당하게 발현해야 한다. 이러한 의미에서 「대상전」에서는 박괘(剝卦)를 해석하여 "군자는 줄어들면 부풀고 차면 비우는 하늘의 운행을 숭상한다."라고 말한다. 따라서 『역전』에서 추구하는 이상적인 인간관은 생명의 가치를 보편적인 법칙으로 파악하는 데에 있는 것이다. 「대상전」에서는 이를 태괘(泰卦)의 함의를 해석하는 가운데

잘 드러나고 있다. 즉

> 하늘과 땅이 교차하니 태이다. 그런 후에 하늘과 땅의 도(道)를 꾸려 내고 하늘과 땅의 마땅함을 서로 보좌하여 그럼으로써 백성을 돕는다.

하늘과 땅이 화합하는 크나큰 원리 즉 '도(道)' 속에 인간은 자신의 삶을 영위해 나가는 존재이다. 이러한 의미에서 「단전」에서는 동인괘(同人卦)를 해석하여 "문채가 밝음으로써 강건하고 중정하여 감응하니 군자가 올바르다. 오직 군자만이 천하의 뜻과 통할 수 있다."고 말한다. 이는 인간의 당위성과 정당성의 문제와 밀접한 관련이 있으며, 더 나아가 인간의 존재론적인 측면뿐만 아니라 생명의식의 가치론적인 측면도 지닌 것이다.

2) 자아실현과 생태윤리

덕의 문제는 기본적으로 인간이 우주의 생명에 대한 가치를 주체적으로 의식하는 데에서 나온다. 그것은 바로 우주의 특징 중의 하나로 대변되는 자연계의 그물망 조직을 유기적 생명체로 보는 일종의 생명의식에서 나온다. 즉 만사만물이 끊임없이 생성되고 변화하며 발전하는 과정이며 그 속에서 이들은 서로 조화를 이룬다는 것이다. 이는 만사만물의 관계적 방식을 인간이 인식한 결과인 것이다. 인간은 이러한 생명의식 하에서 일상적인 삶에서 자신의 문제를 선택하고 결정한다. 이러한 선택과 결정에 올바른 행위의 방식이 존재하며 인간이 이 방식을 채택하는 것에 정당화의 원칙을 두고 있다. 정당화의 원칙은 바로 이른바 도덕적 가치를 말하는데, 여기에는 인간행위의 동기, 결과, 영향력 등이 수반된다.

인간이 추구하는 목표 즉 자아실현은 도덕적 가치의 필연성과 당위성을 지닌다. 그렇다면 우주생명의 가치를 어떻게 인간정신의 윤리로 고양시킬 수 있는가? 관건은 천도와 인도의 관계를 어떻게 규정하는가 하는 문제에 달려 있다. 『역전』에서는 천도(天道)의 역량에 입각하여 인도(人道)의 강령, 즉 사덕(四德)을 제시하고 있다. 「문언전」에서는 다음과 같이 해석한다.

> 원(元)은 선의 으뜸이고, 형(亨)은 아름다움의 모임이고, 이(利)는 의로움의 화합이고, 정(貞)은 일의 줄기이다.

이는 우주의 생명성의 원칙을 원형이정의 네 가지 방식으로 규정하고 이를 인간 삶의 원리와 방식에 적용하고 있다. 원(元)은 우주의 생명성의 원초적 가치 즉 선(善)을 체현하여 인간의 본성을 발휘한다. 그러므로 "어짊을 체득함으로써 사람을 거느릴 수 있다." 형(亨)은 우주의 생명성의 원만한 가치 즉 아름다움을 체현하여 인간사회의 조화와 협조를 추구한다. 그러므로 "모임을 아름답게 함으로써 예의바름에 합치할 수 있다." 이(利)는 우주생명성의 올바른 가치 즉 의로움을 체현하여 사회의 조직화와 정당성을 확립한다. 그러므로 "사물을 이롭게 함으로써 의로움에 화합할 수 있다." 정(貞)은 우주의 생명성의 완결된 가치 즉 지속성을 체현하여 사회의 활동과 발전을 도모한다. 그러므로 "굳셈을 바르게 함으로써 일을 할 수 있다." 이는 천도와 인도의 관계에서 천체의 운행질서 즉 생명의 자생력을 인간의 윤리적 질서로 환원하고 이를 인간의 내면적 가치를 이해하는 단서로 삼은 것이다. 이러한 관점에 따르자면, 인간의 사덕은 우주의 섭리로서의 '원형이정' 즉 우주의 생명정신이 투영된 조화(造化)의 변화의 연장선상에서 이해된다. 그러므로 「문언전」에서 "군자는 이 네 가지

덕을 수행하는 사람이므로 건은 원형이정이라 말한다."라고 언급한다. 이는 우주의 변화의 기틀 즉 생명력을 파악하는 것이 인간의 도덕적 가치를 실현하는 데에 중요한 것임을 함축하는 것이다. 따라서 인도(人道)란 우주의 생명가치를 인식하고 이를 체현하여 나온 인격적 행위의 가치를 담고 있는 것이다.

특히 「대상전」에서는 건괘와 곤괘의 괘상(卦象)에 따른 생명력의 구조에서 인간의 내면적 세계가 어떻게 형성되는지를 잘 보여 준다. 건괘에 관해서는 "하늘의 운행이 굳건하니 군자는 이로써 스스로 굳세어 멈추지 않는다."고 말한다. 건괘에서 드러나는 '굳건한' 속성은 바로 군자가 자신의 덕을 끊임없이 닦아야 하는 수양의 원칙을 제공한 것으로 본다. 또한 곤괘에 관해서는 "땅의 세력이 곤이니 군자는 그럼으로써 덕을 두텁게 하여 만물을 싣는다."고 말한다. 곤괘 역시 군자가 자신의 '두터운' 성품을 형성하는 데에 또 다른 측면을 형성한다고 보는 것이다. 따라서 『역전』에서 인간성의 문제는 '건곤의 도(道)'의 내면적 체득과 밀접한 관계가 있다. 이는 인간은 근본적으로 우주의 생명정신와 합치되는 완전한 인격체로서의 인간을 함축한다. 즉 "스스로 굳건하여 멈추지 않는다〔自强不息〕."는 원칙과 "덕을 두텁게 하여 만물을 싣는다〔厚德載物〕."는 원칙이 서로 일체가 되는 궁극적 단계가 참다운 인간의 모습상인 것이다. 이처럼 건괘와 곤괘의 합치가 표상하는 인간의 조화로운 속성은 인생관이나 군자관(君子觀)에 투영되어 생태윤리의 강령이 된다. 예를 들어, 「문언전」에서는 공자의 말을 인용하여 다음과 같이 말한다.

> 공자가 말하기를, 군자는 덕으로 나아가 업적을 닦는다. 충신은 덕으로 나아가는 바이고, 말을 하는 데에 그 성실함을 세우는 것은 업적에 머무는 바이다. 이를 줄 알고 이르는 것은 기미를 함께 말할 수 있으며, 마칠 줄 알고 마치는

것은 의로움을 함께 보존할 수 있다.

여기에서 "이를 줄 알고 이르는 것"과 "마칠 줄 알고 마치는 것"이라는 말에는 언사와 충심과 같은 삶의 윤리적 원칙으로 작용하고 있음을 함축한다. 이는 내면적 덕성이 곧바로 외면적 성과로 드러날 수 있는, 이른바 "덕으로 나아가 업적을 닦는다〔進德修業〕."의 내용의 핵심인 것이다. 더 나아가 「문언전」에서는 이를 군자의 성품과 관련하여 말한다.

> 곧바름은 그 정당함이고 반듯함은 그 의로움이다. 군자는 경건함으로써 내면을 곧바르게 하고 의로움으로써 외면을 반듯하게 하니 경건함과 의로움을 세워 그 덕이 홀로 있지 않게 된다.

인간은 인격체로서 항상 인륜의 본질은 내적 함양과 그것의 외적 표출이 함께 수반되어야 한다. 즉 '곧바름'과 '반듯함', '정당함'과 '의로움', '경건함'과 '의로움' 등과 같이 항상 서로 보완되거나 합치되어야 한다. 특히 "경건함과 의로움을 세워 그 덕이 홀로 있지 않게 된다."는 구절은 음과 양의 생명력의 조화를 내용으로 하는 건곤의 원리는 인격에 있어서도 동일한 원리로 작동하는 내용을 담고 있다. 이러한 생태윤리에 따르면, '인도(人道)'의 실현은 안과 밖, 내면과 외면이 일체가 되는 인격의 완전한 체현에 달려있는 것이다. 건괘와 곤괘의 속성에서 표출되는 생명정신이 결국에는 인간이 공통적으로 의식하는 도덕윤리성의 가치라는 문제로 고양됨으로써 인도(人道)의 강령을 마련한 것이다.[15)]

---

15) 김연재, 「全一論的 思惟에서 본 『易傳』의 세계관과 人間學的 地形圖 - 윤리학적 본령과 그 동아시아적 가치를 중심으로」, 『인문연구』, 제53호, 2007, 24~25쪽.

그렇다면 생태윤리의 측면에서 인도의 강령은 무엇인가? 관건은 '도의(道義)의 문(門)'의 함의에 있다. 「계사전」에서는 다음과 같이 말한다.

> 무릇 역은 성인이 덕을 숭상하여 사업을 넓힌 바이다. 지식이 숭상되고 예의가 비천하니 숭상함은 하늘을 따르고 비천함은 땅을 본받는다. 하늘과 땅이 위치를 세우고 그 속에 역이 진행된다. 본성을 이루는 것이 계속 존속하니 도의(道義)의 문(門)이 된다.

하늘이 높고 땅이 낮은 것과 같이 건괘와 곤괘의 속성에서 표출되는 생명정신은 인간에게 자신의 본성이라는 결정체를 이룬다. 이것이 인륜의 도리를 세우는 내용, 즉 성인이 '덕을 숭상하여 사업을 넓힌' 인도(人道)의 본바탕이다. 이러한 의미에서 "본성을 이루는 것이 계속 존속하니 도의(道義)의 문(門)이 된다."라고 말한다. '도의의 문'은 생명정신의 구현으로서 바로 인도로 나아가야 할 관문인 것이다. 인도란 우주의 생명가치를 인식하고 이를 체현하여 나온 인격적 행위의 가치를 담고 있는 것이다. 이는 궁리진성관(窮理盡性觀)과 내용과 잘 맞아떨어진다. 「설괘전」에서는 "도덕에 조화롭게 따르고 의로움에 잘 맞게 하며 이치를 궁리하고 본성을 다하니 천명에 이른다."고 말한다. 이 내용을 '도의의 문'으로 해석해 보자면 일련의 자아실현의 과정이다. 즉 인간은 '진덕수업(進德修業)'이라는 내면적 수양의 단계를 거쳐서 '숭덕광업(崇德廣業)'이라는 내면과 외면이 합일 혹은 일체가 되는 경지에 이르러야 마침내는 '성덕대업(盛德大業)'의 궁극적 천명(天命)을 완성할 수 있는 것이다. 건곤의 원리를 통해 체득된 생명의식은 인간본성의 함양을 통해 인격수양의 완성적 차원으로 고양될 수 있다.[16] 이러한 의미에서 「단전」에서는 "천문을 관찰하여 때의 변화를 살피고 인문의 관찰하여 교화하여 천하를 이룬다."고 말한다. 따라서 『역전』에서는 인격체의 자아실현을 지향한다는 점에서 생태윤리의 성격을 피력하고 있는 것이다.

5. 생태역학과 인문주의적 논단

우리가 머물고 있는 세계는 주체와 객체의 관계, 즉 인간과 그 주위에 있는 만사만물의 관계 속에서 성립한다. 이것이 인간이 세상을 보는 눈 즉 세계관을 형성하며, 이 양자 사이에 연속성의 개념이 실재(reality)가 된다. 실재는 또한 다른 개념으로 표현될 수 있는데, 이것이 우주와 자연이다. 우주는 실재(reality)의 시공간성 즉 만사만물의 생성과 변화의 흐름을 특징으로 하고 있는 반면에, 자연은 실재의 구체성 즉 만사만물의 생성과 변화의 과정을 특징으로 하고 있다. 실재는 모든 존재들과 연속선상에서 가치의 내용을 지닌다. 그것은 인간과 만사만물의 공동의 기반이 되므로 모든 존재들은 고유한 가치를 갖는 것을 말한다. 인간은 이러한 연속적 세계 속에서 창조적 변화, 상호관계, 협력 및 통합 혹은 상호적 동일성과 같은 방식으로 존재하며, 따라서 인간의 창조적 변화의 과정은 모두 세계의 창조적 변화과정과 맞물려 있는 것이다.[17)]

이러한 문제의식의 일환으로서 생태역학이 논의될 수 있다. 생태역학은 인간이 생명의 끊임없는 과정을 체득하고 이 과정 속에서 자신의 능력

---

16) 김연재, 「全一論的 思惟에서 본 『易傳』의 세계관과 人間學的 地形圖 - 윤리학적 본령과 그 동아시아적 가치를 중심으로」, 『인문연구』, 제53호, 2007, 25~27쪽.

17) Chung-ying Cheng(1998), The Trinity of Cosmology, Ecology, and Ethics in the Confucian Personhood, in *Confucianism and Ecology - The Interrelation of Heaven, Earth, and Humans*, (edited by Mary Evelyn Tucker & John Berthrong), pp.214~216.

을 발휘하여 자아실현의 총체적 활동을 성취하는 내용을 담고 있다. 우주 혹은 천체의 운행질서는 자생력을 지닌다는 의미에서 생명의 지속성〔生生〕의 원리이고, 따라서 천지의 생명력으로 표현되며 모든 존재의 생명성의 이치로 발휘된다. 인간을 포함한 모든 삼라만상은 바로 이러한 이치의 구현체이다. 그러므로 우주의 운행질서의 결정체가 바로 생명이며 생명은 인간에게 존재의 본질이자 정수가 된다. 생명의 이치 혹은 생명성이 인간에게 내면화된 결정체가 본성이며 인간본성에는 우주의 생명성의 이치가 담겨 있다. 따라서 생태역학에는 인간이 세계에 대한 인식의 폭과 깊이가 담겨 있다. 즉 인간은 세계를 끊임없이 새롭게 해석하는 과정에서 자신을 발전시켜 나아가는 일종의 '자기창조의 삶'을 영위할 줄 알아야 한다는 내용을 담고 있는 것이다.

본고의 논제는 '생태역학'의 틀 안에서 인간의 존재와 가치의 영역을 확보하려는 시도이다. 이는 자연생태계의 본래적 가치에 초점을 맞춘 역학적 사유를 이해하고, 인간이 가치의 준거를 생명공동체의 선(善)에 두고 이를 밝히는 작업이다. 생태역학의 논점으로는 변통관(變通觀), 천도관(天道觀), 태극음양관(太極陰陽觀), 적연감통관(寂然感通觀), 궁리진성관(窮理盡性觀) 등이 논의될 수 있다. 이들의 논점에는 생명의식이 어떻게 이해되어야 하는가 하는 문제의식이 함유되어 있다. 이 문제의식을 구현하는 전일론적 방식은 세 가지 단계, 즉 역관(易觀)의 생태인식, 역상(易象)의 생태표상 및 역도(易道)의 생태윤리가 있다. 역관(易觀)의 방식은 우주가 변화하는 시공간적 이치를 인식하는 방법이고, 역상(易象)의 방식은 관찰한 내용을 상수(象數)의 척도로써 표상하는 방법이며, 역도(易道)의 방식은 이를 인간수양의 윤리적 문제로 고양시키는 방법인 것이다. 이 세 가지는 단계적으로 격상되는 일련의 전일론적 과정을 거친다. 이는 인간과 자연의 상호공존관계를 위한 조화(調和) 혹은 화해(和諧)의 생명의식에 기초한다. 이러한 의미에서 생태역학에는 생명의식의 기조가 깔려 있다.

동아시아 지역의 문화와 사상을 논하는 데에 『주역』은 인간 삶의 지혜가 반영되어 있으며 인간정신사적으로 세계관의 새로운 지평을 열었다고 볼 수 있다. 『주역』에 '인간 삶의 지혜가 반영되어 있다'고 할 때에, 지혜란 바로 우주 혹은 자연생태계를 전체적으로 조망하여 얻은 인간 경험의 축적을 말한다. 이는 인간이 자신을 포함한 만사만물을 명확히 인식하고 이처럼 인식된 내용을 통해 삶의 방식을 터득한 산물이다. 또한 '정신사적으로 세계관의 새로운 지평을 열었다'는 말에는 동아시아 공동체의 보편적 이념인 '천인합일(天人合一)' 대명제를 실현하기 위한 모종의 정신적 역량을 지닌다는 뜻이다. 『주역』의 이러한 논의의 중심에 생태역학의 강령이 있다. 생태역학은 인간의 생명의식을 통해 자연생태계를 생명공동체로 인식한 결과이면서 또한 천인합일의 보편적 이념에 관한 역학적(易學的) 발상에서 나온 체계이기도 하다. 그러므로 생태역학의 체계와 그에 대한 논의는 동아시아의 사상과 문화에서 인간의 존재론적 의의와 그 윤리학적 토대를 이해할 수 있는 인문주의적 담론의 일환이라고 할 수 있다.

특히 『주역』에서 강조하는 인간 삶의 문제는 주체의식의 가치에 관한 것이다. 여기에는 주체와 객체 혹은 인간과 자연 혹은 인간과 사회의 관계에 기반한 인간의 주관의식 문제가 있다. 그 속에는 항상 생명가치의 문제, 이해득실의 문제, 도덕행위의 문제 등이 존재한다. 생명가치의 문제는 인간의 내재적인 생명의식에서 출발하는 우주 혹은 자연계의 생명의 본체와 그 현상에 관한 존재방식을 이해하는 것이다. 이해득실의 문제는 길흉회린(吉凶悔吝)의 가치판단 언어에 기초한 길흉화복의 공리적 결과론의 성격을 지닌 것이다. 도덕행위의 문제는 우주의 본체에 대한 체험에 기초한 인간 주체의 자기창조적 가치이다. 이러한 주관의식의 문제에서 무엇보다도 생명가치의 문제가 가장 밑바탕이 되고, 이해득실의 문제는 주위의 객관적 조건에 따른 인간생활의 현실적 행위에 관한 것이며, 도덕행위의 문제는 주체의 행위에 대한 평가의 방식에 관한 것이다.

이러한 문제들에는 모두 인간이 생성과 변화의 대자연 속에서 감응을 통해 생명의식을 고양하고 참다운 삶을 실현하려는 세계관에 기본을 둔다. 이러한 세계관은 생명의 공동체를 기반으로 하는 것으로서 인간 삶과 그 목표의 지향성에 관건이 된다. 즉 자연으로 대변되는 삼라만상의 존재와 그 변화무쌍한 관계 속에서 인간의 진정한 존재와 모습이 무엇인지를 제시하고 있다. 이러한 점에서 생태역학은 우주 혹은 자연계의 실체적 구조나 사물의 배후에 있는 추상적 법칙을 찾아내려는 것이 아니다. 생태역학은 주체의 활동 즉 대상으로서의 우주에 대한 인간의 주관적 감응이나 감수에 중점을 두고 이것이 어떻게 인간적 삶을 풍부하게 할 수 있는가 하는 문제의식이 담겨 있다. 이는 인간의 존재론적 의의와 그 윤리학적 토대를 이해할 수 있는 이론적 사유방식이 된다. 따라서 생태역학의 전일론적(全一論的) 체현에서 보자면, 인간은 실재로서의 인간이면서 동시에 인간으로서의 실재가 되는 것이다.

후천개벽사상의 이론적 근거

| **양재학**(증산도상생문화연구소 연구위원) |

1. 들어가는 말

오늘의 지구촌은 변화와 개혁의 목소리로 들끓고 있다. 21세기 이후의 문명은 전혀 다른 새로운 차원의 패러다임이 아니고는 더 이상 인류의 생존이 지탱하기 어렵다는 판단에서 나오는 경고이다. 자연과학의 업적을 바탕으로 눈부시게 발전한 현대문명의 한계를 극복하려는 인류의 몸부림은 처절하다. 예를 들어 '세기말적 상황', '개혁', '정보전쟁', '의식혁명', '위기의 시대' 등의 구호들은 이러한 변화들을 대표하는 화두임에 틀림없다. 이 밖에도 가마솥 더위에 찜통처럼 익어가는 땅덩어리, 기상이변, 생태계 파괴, 환경오염, 자원의 고갈 등에 따른 온갖 재앙은 인간의 생활에 직결되기 때문에 친환경 문화운동이 각광받고 있다.

이에 대한 인간의 반응은 대체로 두 가지 양상으로 나타난다. 하나는 20세기에 겪었던 사회의 구조적 모순과 모든 갈등 현상은 첨단 과학의 발달로-신의 언어인 동시에 생명의 암호(DNA코드) 해독을 통하여 인류의 꿈인 장생불사의 길을 모색하는 유전자공학은 과학의 꽃임에 분명하다—극복될 수 있으므로 인류의 운명은 과학에 전적으로 맡기고, 개인은 물질의 풍요를 즐기거나 미지의 새로운 세계가 도래할 것이라는 막연한 기대감으로 안주하는 수동적 태도이다. 다른 하나는 인류의 미래라는 보편적 명제와 책임의식을 바탕으로 혁신적 이론과 논리로 무장하여 시대에 앞서 고민하고 준비하는 적극적 태도이다.

그럼에도 현재는 새 시대에 걸맞는 근본적인 대안이나 합리적인 이론의 근거를 확보하지 못하고 있으며, 설령 합당한 사상이 출현했다고 하더라도 그 가치를 인정하지 않으려는 딜레마에 부딪치고 있는 실정이다. 그러나 시대는 거대한 변혁을 요구한다. 여기에 부응하는 이념이 우리나라에서 태동한 후천개벽사상이다. 그것은 기존의 학문적 성과를 뛰어넘는 세계적인 '개혁붐'에 필요한 파격적인 발상의 전환을 제시하고 있다.

후천개벽사상은 19세기 조선 땅에서 출현하였다. 동학의 최제우(崔濟愚, 1824~1864), 정역사상을 선포한 김일부(金一夫, 1826~1898)와 증산도의 강증산(姜甑山, 1861~1909) 상제(上帝)가 그들이다. 최제우는 후천이 도래할 것을 예고했으며, 김일부는 후천이 오는 이치와 과정을 밝혔으며, 강증산은 이 땅에 몸소 내려와 천지를 뜯어고친 인물이다. 후천개벽사상은 한국철학사에서 우뚝 솟은 봉우리다. 그것은 21세기 이후의 인류문명을 이끌어 갈 이념적 주춧돌로 부각되면서 깊고 폭넓게 조명되어야 마땅하다.

이 글의 목적은 후천개벽(선후천 변화)의 이법적 당위성은 무엇이며, 무슨 원리를 근거로 선천에서 후천으로 넘어가는가의 문제를 김일부의 『정역』에 함축된 내용을 통해 이론적으로 규명하는 데 있다. 이러한 과정에서 후천개벽은 과연 현실적으로 어떻게 구현되며, 새로운 세상의 이념에 함축된 메시지를 인간은 어떠한 자세로 받아들여야 하는가를 살필 것이다.

2. 전통적 의미의 개벽

'개벽'이란 개념이 동양의 역사 문헌에서 가장 명료하게 드러난 것은 『후한서』다. 경학가인 응소(應邵)는 "만고에 없는 역적인 동탁이 왕실을 뒤엎어 전범을 불태우고 그 흔적마저도 없앴으니 개벽 이래 이토록 잔혹함이 심한 적이 없다."[1]고 하여 개벽을 역사 출발 이전의 시간으로 간주하였다. 흔히 우주론적으로 하늘과 땅이 처음 열린 때의 사건이나 시점을 일컬어 개벽이라 한다. 그래서 동양인들은 물리적 시공간이 탄생되기 이전의, 이른바 천지가 분화되어 최초로 형성된 시간의 경계를 '개벽'으로 인식하여 우주 공간에 하늘과 땅이 처음으로 열린 현상을 뜻하였다. 이는 하늘과 땅이 처음으로 시작된 개벽 시간대를 중심으로 천지창조 이전을 선천, 그 이후를 후천이라는 개념으로 사용한 용례이다.

이러한 전통적 선후천관과 연관된 개벽 이론은 『주역』 건괘 「문언전」에 근거한다. "하늘보다 앞서가도 하늘이 어기지 아니하며, 하늘을 뒤따라가도 하늘의 때를 받드니, 하늘이 또한 어기지 아니하는데 하물며 사람이며, 하물며 귀신이랴!" 이에 대해 정이천은 유가의 이상적 인간상인 성인은 도와 합치되기 때문에 하늘의 경지와 완전히 하나가 될 수 있다고 여겼다.[2] 주희는 인간의 인식 능력의 확충에 따라 진리(道)와 하나가 될 수 있으며, 진리 체득이 되면 하늘의 의지를 파악함은 물론 그 실천도 가

1) 『後漢書』, 「應邵傳」.

2) 『易傳』, 「乾卦」, 「文言傳」. "聖人先於天而天同之, 後於天而能順天者, 合於道而已, 合於道則人與鬼神, 豈能違也."

능하다고 풀이한다.[3] 그리고 공영달은 천인합일의 입장에서 하늘의 이법성을 터득한 대인과 하늘은 본래 하나라는 사실을 인식론적으로 해석하였다.[4]

선천과 후천이라는 개념은 매우 다양한 의미로 쓰이는데, 가장 많이 사용되는 용례는 다음의 네 가지로 정리할 수 있다. 첫째, 과거 · 현재 · 미래라는 시간적 의미에서 선천은 과거를, 후천은 우리 인간이 사는 세상인 현재를 가리킨다. 둘째, 인간으로 태어나기 이전의 삶을 선천이라 하고, 그 이후를 후천이라 하는 생리적 의미에서의 선후천관이 있다. 셋째, 직선적 시간관에 입각하여 진취적 역사관을 확립한 서양과는 다르게, 만물은 4박자의 리듬으로 반복 생성한다는 동양의 순환론적 우주관에 입각한 선후천관이 있다. 이는 봄, 여름, 가을, 겨울의 계절 변화가 잘 반영하는데, 사계절은 영구적으로 순환 반복한다는 일종의 자연법칙의 뜻이 포함되어 있다. 넷째, 철학적 의미의 선후천관이 있다. 이를 주장한 대표적 인물이 바로 소강절이다. 그는 『주역』 「설괘전」에 함축된 내용에 착안하여 제3장은 선천학인 복희괘도, 제5장은 후천학인 문왕괘도를 표상한 것으로 단정하여 선천학에 그 가치를 높게 부여하였다. 그가 복희괘도를 선천학이라고 규정하는 이유는 복희괘도에 투영된 괘의 방위와 배치는 인간의 인위적 사유에 의한 안배로 이루어진 것이 아니라, 괘도가 그어지기 이전의 자연법칙 자체를 구조적으로 형상화한 것으로 여기기 때문이다.[5] 다시 말해서 우주의 기원을 비롯한 생성, 목적 등이 포괄적으로 농축된

---

3) 『周易本義』, 「乾卦」, 「文言傳」. "先天不違, 謂意之所爲, 默與道契. 後天奉天, 謂知理如是, 奉而行之."

4) 『周易正義』. "若在天時之先行事, 天乃在後不違, 是天合大人也. 若在天時之後行事, 能奉順上天, 是大人合天也."

5) 『朱子大全』, 「答袁機仲書」. "自初未有劃時, 說到六劃滿處者, 邵子所謂先天之學也. 卦成之後, 各因一義推說, 邵子所謂後天之學也."

상징체가 바로 복희팔괘도인 것이다. 소강절은 주역의 이치를 해명하면서 처음의 주역을 복희역이라 하고, 이를 고친 사람이 곧 문왕이므로 문왕역이라 하여 복희역을 선천역이라 부르고, 문왕역을 후천역이라 불렀던 것이다.

위에서 살핀 우주론적 순환의 선후천관을 제외한 전통적 시간관의 선후천, 생리적 의미의 선후천, 철학적 의미의 선후천 등은 한결같이 천지창조 이전을 선천, 그 이후를 후천으로 규정한다. '지금 여기에서' 인간이 살고 있는 이 세계가 곧 후천이므로 선천이란 인간에게는 결코 경험될 수 없는 관념적 세계에 지나지 않는다는 것이다. 이것은 현실에서 획득된 경험에 의존하는 지식으로는 시공을 초월한 절대 불변의 원리는 인식이 불가능하기 때문에 초자연의 형이상학을 최상의 학문으로 여기는 전통이 생겼다.

이러한 선후천관은 다양한 역사관과 문명사를 전개시켰다. 여기에는 항상 시간은 과거에서 현재로, 현재에서 미래로 흘러간다는 직선적 시간관이 전제되어 있다. 그것은 '주어진 세계', '경험 이전의 사태'를 뜻하는 우주의 본체가 현상으로 전개되었다는 태초의 개벽(선천개벽)을 핵심으로 삼는 이론이다. 그러나 후천개벽은 우주가 근본적으로 변화한다는 사실(Fact)뿐만 아니라 전 인류가 반드시 겪고 넘어서야 하는 종교적 색채가 더 농후하다. 이는 기존의 전통적 선후천과 대비해서 내용과 형식, 그리고 선천이 후천으로 뒤바뀌어(개벽) 전혀 다른 우주로 새롭게 태어난다는 점이 본질적으로 다르다. 또한 시간의 근본적 변화를 바탕으로 우주의 얼굴도 바뀐다는 것이 후천개벽의 시간관이다. 여기서 가장 중요한 것은 우주 질서가 그냥 변화하는 것이 아니라, 완성을 지향하고 성취된다는 점에서 미래에 초점이 맞춰진 시간관이라 할 수 있다.

소강절에 의해 선후천론이 본격적으로 다루어진 이후로 그의 이론은 중국과 조선의 학자들에게 아무런 거부감 없이 그대로 이어졌다. 그러나 19세기 말 한국의 근대 사상가들은 전통적 주역관을 해체하고 재구성하는 과정 새로운 선후천관을 수립하였다. 선천의 질서는 우주사의 뒷면으로 물러나고 새로운 우주의 질서가 펼쳐진다는 것이 곧 후천개벽이다. 후천개벽은 태초에 하늘과 땅이 열렸다는 선천개벽에 대응하는 의미의 '새하늘 새땅이 열린다'는 개념이다. 그것은 인류 문명사 전체의 근본 틀을 바꾸는 거대한 우주적인 차원에서의 근본적인 변화를 뜻한다.

3. 정역의 선후천 변화

정역은 선후천의 전환 논리에 근거한 후천역이다. 원래 선후천이란 말의 전거는 『주역』에 나타나는데, 과거 대부분의 학자들은 인간이 살고 있는 현실계의 앞선 세계가 선천이며, 현재의 세계가 바로 후천이라고 풀이하였다. 그런데 김일부는 「설괘전」을 재해석함으로써 전통의 주역관과 선후천관을 완전히 뒤바꾼다. 그는 선천의 역을 현상적 변화의 배후에 존재하는 법칙성 안에서 반복하고 교류하는 '교역(交易)'으로 규정하고, 후천의 역은 근원적 변화를 통한 새로운 차원의 질서인 '변역(變易)'으로 규정하여 선천역과 후천역의 본질적 차별화를 시도하였던 것이다

흔히 역의 본래적 의의는 이간(易簡), 불역(不易), 변역(變易)이라는 세 가지로 설명되어 왔다.[6] 그러나 정이천과 주희를 비롯한 대부분의 학자들은 우주의 보편적 원리는 무엇인가라는 실재론적 관점에서 변역의 입장보다는 오히려 불역의 입장에서 주역의 세계를 해석한다. 그들은 현상

6) 『易緯乾鑿度』, 「易緯說」. "易一名而含三義, 所謂易也, 變易也, 不易也."

세계에서 일어나는 변화의 생성 법칙을 '변역'으로 인식하고, 반면에 불역에는 두 가지 의미가 있는 것으로 풀이한다. 하나는 현상계의 배후에서 자기 동일성을 유지하는 절대 불변의 실재인 동시에 시공을 초월하여 존재하는 진리를 가리키며, 다른 하나는 변화한다는 사실 자체는 변화하지 않는 실재를 뜻한다. 따라서 성리학은 현상계의 최종 근거를 묻고 탐구하는 까닭에 '불역'의 입장을 선호할 수밖에 없었다. 그 결과 시간의 문제를 배제함으로써 역동적인 세계를 설명하는 데 한계를 갖지 않을 수 없었던 것이다.

그러나 김일부는 시간질서의 중요성을 인식하고, 자기 철학의 전부를 시간의 문제로 일관하였다. 그가 말하는 선후천은 어떤 시점을 기준으로 앞과 뒤를 구분하는 형용사적 의미이거나, 단지 선천에서 후천으로 넘어가는 출생 → 성장 → 완성의 직선적 발전 과정에 그치는 것이 아니라, 선천의 세계 질서를 허물어뜨리고 새로운 후천의 세계 질서를 제시하는 것이다. 그것은 구질서의 파국을 넘어서 신질서를 개벽하는 것이다.[7] 따라서 선후천의 전도에 따른 새로운 우주관, 인생관, 가치관 등의 정립이 필수적이므로 변역(變易)은 일종의 혁명인 셈이다.[8]

따라서 『정역』은 단순한 『주역』의 해석서가 아니라, 주역의 다양한 의미를 종결짓는 이른바, '주역을 바로잡는 역' 또는 '올바른 주역', '바로잡힌 주역'이라는 뜻을 가리킨다. 한마디로 정역은 '주역에 대한 본질적 완성'을 의미하는 일종의 최종 결론서라는 성격을 갖는다. 김일부에 따르면 주역에서 정역으로 전환되는 데는 3단계를 거쳐야만 한다. 그것은 바로 복희괘 → 문왕괘 → 정역괘의 순서이다. 그러면 정역팔괘도는 무슨

---

7) 금장태, 「一夫 金恒의 宗教思想」, 『韓國現代의 儒教文化』, 서울대출판부, 1999, 71쪽 참조.

8) 이정호, 『正易研究』, 국제대출판부, 1983, 23~24쪽 참조.

구조로 이루어졌으며, 특히 그 속에 담긴 우주론적 메세지는 무엇인가?

김일부에 의해 정역괘도라고 최초로 천명된 「설괘전」 6장의 내용을 과거에는 복희괘, 문왕괘와 독립된 하나의 괘도로 인식되지 못하였다. 주희 같은 학자도 복희괘와 문왕괘의 연장선에서 방위만 약간 달라진 것으로 간주하여 원리적 해명을 회피하였던 것이다.[9] 그러나 김일부는 복희괘의 발전적 측면이 문왕괘도요, 문왕괘도의 발전적 측면을 정역괘도로 단정하여 복희괘와 정역괘를 매개하는 중간 과정을 문왕괘로 판단했다. 그러므로 괘도의 마지막 단계인 정역괘도의 질서는 우주변화의 완성을 전제한 배열임을 알 수 있다. 이 3단계는 생(生=birth) → 장(長=growth) → 성(成=complete)으로 압축할 수 있는 것이다.

① 정역8괘의 특징은 수리적으로 완전수인 10수가 등장한다. 이 10수에는 만물을 생성시키는 원리를 비롯하여 선천의 '삼천양지(三天兩地)'와 후천의 '삼지양천(三地兩天)'이라는 선후천 변화의 이치가 응축되어 있다. 즉 문왕괘도는 9까지의 수로 생성의 분열 극한을 상징한다면, 정역괘도에는 분열로 치닫는 생장이 역전되어 수렴 작용이라는 운동에 의하여 새로운 질서 창조의 필연성이 함축되어 있다. ② 정역괘의 골간은 음양의 조화에 있다. 10과 5의 건곤(乾坤)이 남북축을 형성하며, 만물 완성을 상징하는 소남소녀의 간태(艮兌)는 동서에서 화응하며, 중남중녀의 감리(坎離)는 동북과 서남에서 음양이 대응하며, 장남장녀의 진손(震巽)은 서북과 동남에서 조화를 이루는 형상을 보인다. ③ 정역괘가 복희괘나 문왕괘와 두드러지게 다른 점은 괘의 형상이 밖에서 안을 향하는 것이다. 이는 팽창만을 일삼던 음양 운동이 수축 운동을 통하여 통일을 지향하는 시점에 접어들었음을 시사한다. ④ 정역괘가 복희괘와 근본적으로 다른 점은

9) 『周易本義』. "此去乾坤而專言六子, 以見神之所爲然, 其位序用上章之說, 未詳其義."

괘 구성의 핵심축인 건곤이 180° 역전되어 지천태괘(地天泰卦)의 형상을 이룬다는 사실이다. 정역은 이를 원리적으로 해명하고 있으나, 강증산은 구체적 사실로 밝히고 있다. "선천은 천지비(天地否)요, 후천은 지천태(地天泰)니라. 선천에는 하늘만 높이고 땅은 높이지 않았으니 이는 지덕이 큰 것을 모름이라. 이 뒤에는 하늘과 땅을 일체로 받드는 것이 옳으니라."[10]라고 하여 선후천 변화를 통한 시공의 기하학적 구조가 본질적으로 전환됨은 물론 후천에서의 인간 삶의 모습까지도 생동감 넘치게 제시하였다. 실제로 우리에게는 태양태음력의 혼합된 달력이 더 이상 필요 없으며, 불균형 상태의 계절이 완전 조화의 경지로 들어서는 세계가 펼쳐지는 물리적 현상을 겪는다. ⑤ 김일부는 우주사의 긴 여정은 반드시 세 번의 시간적 굴곡(복희괘 → 문왕괘 → 정역괘)을 거친다는 사실을 밝혔던 것이다.

김일부는 괘도의 변천사가 곧 우주의 변천사와 동일 원리임을 여러 각도에서 논증하였다. 특히 그는 괘도의 변천에 부합하면서 물리적 변동과 연관된 '금화교역'의 정합성을 설명하였다. "문왕괘도는 지축이 경사진 형상에서 우주의 운동을 설명한 도상이며, 정역괘도는 지축이 정립된다는 입장에서 취상한 도상이다. 따라서 문왕괘도의 시대, 즉 현실의 금화교역은 불완전한 교역이므로 변화가 예측 불가능하지만, 정역괘는 변화가 정상 궤도에 오르는 평화 시대의 도래"[11]를 논리화한 도상인 것이다.

정역팔괘도에 투영된 수리 구조는 우주의 완성 형태를 묘사한 일종의 청사진(Blue print)이다. 그러므로 지금은 우주가 완성을 향해 진행되는 과정에 있음을 형상화시킨 것이 문왕괘도라면, 그것의 완성 모델이 바로

10) 『도전』, 2:36:1-4.

11) 한동석, 『우주변화의 원리』, 행림출판, 1990, 199쪽.

정역괘도라 할 수 있다.

4. 우주의 근본적 변화, 금화교역

후천개벽에 의해 펼쳐지는 새 세계는 선천에서는 전혀 찾을 수 없는 조화(造化)의 세계이다. 일체의 모든 부조리가 청산되고, 비 온 뒤의 맑은 날씨처럼 하늘은 높고 깨끗하고, 땅은 윤기가 넘쳐흐르는 세계를 가리킨다. 신천지가 펼쳐지려면 기존의 운동방식이 바뀌어야 한다. 형식적으로는 1년 $365\frac{1}{4}$일의 윤역(閏易)에서 $5\frac{1}{4}$일의 군더더기가 떨어진 정역(正易)으로 바뀌어야 하고, 실질적으로는 윤역(閏曆)이라는 '시간의 꼬리표'가 떨어져 나감으로써 올바른 카렌다인 정역(正曆)이 성립되어야 한다. 이를 하도낙서의 측면에서 보면 낙서(洛書)가 하도(河圖)로 전환되고, 괘도의 측면에서는 건곤이 정위(正位)하여 지천태(地天泰)의 모습을 형상하는 1년 360일의 정역(正曆)이 실현되어야 한다.

이를 체계적으로 논리화하여 해명한 것이 바로 '금화교역'이다. 금화교역은 후천의 역인 '변역의 역'으로서, 선천의 역인 교역의 역과는 근본적으로 차원이 다르다. 일찍이 김일부는 일월의 변화를 상징하는 '금화정역도(金火正易圖)'를 완성하여 후천 세계를 밝히는 임무를 하늘에서 부여받았다고 고백했다. 그래서 그는 천지도 말씀하지 않는 지구의 물리적 변동을 언급하면서도 그 시기에 대해서는 쉽게 판단하기 어렵다고 말했다. 그러나 천지가 말씀이 없다면 나 김일부가 어찌 함부로 말을 하겠는가마는 천지가 말씀이 있으니 내가 감히 말할 수밖에 없는데, 천지가 이치로 본래 모습을 말씀하시니 나 김일부의 말은 곧 천지가 주신 말씀이라고 확신하였다. 그리고 "크도다. 금화문이여! 천지가 출입하고 일부가 출입하니 삼재문일세."[12]라고 하여 후천으로 진입하는 통로인 '금화문'은 선천의 천지(天地=乾坤)가 후천의 지천(地天=坤乾)으로 뒤바뀜으로써 새로운 하늘과 땅이 펼쳐지는 선후천 변화의 열쇠라고 강조하였다.

김일부는 금화교역을 이론적 명칭으로만 한정시킨 것이 아니라, 현실적 변화의 문제로 인식하여 '금화문(金火門)'은 후천으로 진입하는 관문이라고 한다. "4 · 9와 2 · 7의 금화문은 옛사람의 뜻과 생각이 전혀 미치지 못한 곳이며, …… 현재와 옛날을 관통하는 일월에 가장 으뜸가는 기이한 구경거리일세."[13]라 하여 '일월'이라는 용어에 나타난 바와 같이, 시간적 의미의 선후천 변혁을 실제로 주도하는 금화교역은 절대적 진리임을 찬탄하였다.

> "아아! 금과 화가 자리를 서로 바꾸는 것은 영원히 바뀌지 않는 정역의 이치이니, 회삭현망과 진퇴굴신과 율려도수와 조화공용이 바로 선다. 성인이 말씀하지 아니한 바니 어찌 일부가 감히 말하리오마는 (그것을 말할) 시간이 되었고 하늘의 명이 있음일세."[14]

여기서 말하는 '금화호역'은 서방의 금과 남방의 화가 자리를 바꿈으로써 후천을 여는 변화의 구체적 원리를 뜻한다. 이렇게 필연법칙에 따라 우주가 변화하는 이치가 곧 올바른 역(正易)의 결론인 것이다. 선천이 가고 후천이 오는 것은 마치 여름이 가고 가을이 오는 계절의 순환 과정처럼 여름의 불기운은 물러나 가을의 상쾌한 금기운이 다가오는 우주 운행

---

12) 『정역』, 「십오일언」. "大哉! 金火門, 天地出入, 一夫出入, 三才門."
13) 『正易』, 「金火四頌」. "四九二七金火門, 古人意思不到處, …… 今古日月第一奇觀."
14) 『正易』, 「金火五頌」. "嗚呼! 金火互易, 不易正易, 晦朔弦望進退屈伸 律呂度數造化功用, 立, 聖人所不言, 豈一夫敢言, 時命."

의 필연적 대세라는 것이다.

이를 가장 잘 대변하는 것이 바로 하도낙서의 도상이다. 하도는 우주의 원초적 생명력이 음양과 오행의 짝을 이루어 천지를 변화시키고 어떻게 그 목적에 도달하는가 하는 우주 창조의 설계도이자 계획서이다.[15] 그러나 하도는 일종의 계획서에 불과하므로 반드시 그 중간 단계로서 우주 역사가 후천을 향해 진화해 나가는 원리인 낙서의 과정을 거쳐야만 한다. 그리고 하도의 세계가 이 세상에 구현되기 위해서는 낙서가 다시 하도로 전환되는 '금화교역'이라는 우주의 근본적 변화를 겪어야 하는 것이다.

> "화가 금의 고향으로 들어가니 금이 화에게로 들어가고, 금이 화의 고향에 들어가니 화가 금에게로 드는구나. 화금이 금화됨이 원래의 고유한 하늘의 도라, 누가 용화세월을 이제야 보냈는고?"[16]

이 글의 요지는 다음과 같다. 남방의 화가 서방 금의 고향으로 들어가고, 금이 다시 화로 들어감은 선천 교역의 모습을 상징하는 것이다. 이에 반해 서방의 금이 남방 화의 고향으로 들어가고, 화가 금의 자리로 환원하는 것은 후천 금화정역(金火正易)의 모습을 상징한다. 즉 선천의 화금이 후천의 금화로 변화하는 것은 선후천 변화의 근본 원리인 '원천도(原天道)'이다. 그리고 낙서 남방의 4 · 9금이 서방으로 다시 제자리를 찾아가고, 서방의 2 · 7이 다시 남방으로 제자리로 돌아가는 것이 천도의 본래의 길(Way)인 것이다. 그러므로 선천의 화금이 금화로 교역하는 원리가 바로 금화교역이다.

---

15) 이정호, 앞의 책, 15쪽 참조.

16) 『正易』, 「十一歸體詩」. "火入金鄉金入火, 金入火鄉火入金, 火金金火原天道, 誰遣龍華歲月今."

그래서 김일부는 선천에서 후천으로 전환되는 변화를 금과 화 사이의 변화 현상으로 표상하여 화 → 금은 선천의 질서요, 금 → 화는 후천의 질서로 요약한다. 이를 풀어 보면 동방의 3 · 8과 1 · 6의 북방의 기(氣)는 굳게 제자리를 지키고, 서방의 2 · 7과 남방의 4 · 9가 바뀌는 금화교역의 이치는 서로 통한다는 것이다. '기동북'은 만물이 자라서 커 나가는 생장(生長)의 단계를, '이서남'은 생장한 만물이 성숙하여 결실을 맺는 수장(收藏)의 원리를 가리킨다.

만일 만물이 생장만 하고, 결실을 이루는 성숙이 없다면 만물은 생장만을 거듭하여 소멸로 이어질 것임에 틀림없다. 그러나 우주는 자율적 조정능력으로 스스로를 조절하면서 만물로 하여금 성숙되도록 하는 이치가 있는데, 이것이 바로 금화교역의 이치이다. 따라서 금화가 서로 교통한다는 뜻은 만물의 무한 생장을 멈추게 하고 성숙하게 하는 운동을 지적한 말이다. 이를 구체적으로 말하면 서방의 금기운이 남방으로 자리를 옮기고, 남방의 화기운은 금기운에 둘러싸여 서방으로 자리를 옮기는 선후천의 극적인 변동을 뜻한다.

우주론적 입장에서 우주의 변화를 주재하고 조화시키는 권능은 금화에 있다. 김일부에 의하면 만물이 생장하는 목적은 완성에 있으며, 우주의 완성은 성숙됨으로써 그 목적을 달성할 수 있으므로 무절제한 생장을 콘트롤하고 성숙을 촉진시키는 작용은 금화의 권능이라 할 수 있다. 결국 낙서가 다시 하도로 전환됨은 낙서 9수의 질서가 하도 10수의 질서로 바뀌는 것을 뜻하며, 이는 모든 질서가 완전 조화의 상태로 정립됨을 의미한다. 그래서 김일부는 "금화가 바뀌어 드니 만세 책력의 그림이 되네"[17] 라 하고, 또한 "(복희 8수, 문왕 9수와는 달리) 하도 10수의 역이 만세의

17) 『正易』, 「十五歌」. "金火而易兮, 萬曆而圖."

캘린더이다." [18]라고 단언하여 시간의 본질적 변화를 통한 우주사의 향방을 밝혔다.

그래서 김일부는 『정역』 「십오일언」 마지막 부분에서 10무극과 5황극이 하나로 합일됨에 의해 시간의 질적 변화가 완성된다는 것을 '금화정역도'로 압축하여 정역의 요지를 극명하게 드러냈다. 정역의 결론인 '금화정역도'의 내용을 정리하면 다음과 같다. ① 기본적으로 금화정역도의 구성은 하도낙서의 종합체이다. ② 천문학에서 말하는 천원지방설(天圓地方說)에서 지방(地方)의 바깥에 있는 천원(天圓)을 24방위로 나누어 배치한 것은 계절의 변화를 나타낸다. 이는 단순히 기존의 학설을 계승한 것이 아니라, 계절 변화의 완전성을 의미한다. ③ 역법에 근거한 변화가 진정한 우주변화라는 관점에서 김일부는 시간의 문제에 착안하여 역의 이치와 캘린더 구성의 근거에 초점을 맞추어 해명한다. ④ 우주변화는 구체적으로 해와 달(日月)의 정상적 운동으로 구현되는데, 우주의 중심축인 건곤이 바로잡히는 현상은 지축의 정립으로 연결된다. ⑤ 해와 달의 올바른 운행은 곧 시간의 변화에 의해 구축되기 때문에 지축의 정립은 공간적 이동뿐만 아니라 계절의 변화현상으로 나타난다. ⑥ 불규칙한 상태의 계절로 인해 윤달을 끼워 넣는 불편함이 해소되어 한 달은 30일, 1년은 360일이라는 정역(正曆)의 세계가 열리게 되는 것이다.

요즈음 각광을 받고 있는 신과학 중에 카오스(Chaos) 이론이 있다. '카오스'는 우주의 질서, 전체의 질서, 세계의 질서 등을 뜻하는 그리스 말인 '코스모스(Cosmos)'의 반대말이다. 카오스는 단순한 혼돈이나 무질서가 아니라 풍요로운 생산성을 지닌 것, 즉 '질서를 낳은 혼돈'을 의미한다. 이때 혼돈에서 질서로 넘어가는 과도기적 위상, 즉 무질서에서 질서에 이

18) 『正易』, 「四正七宿用中數」. "十易萬曆"

르는 길목에 '카오스의 가장자리(Edge of chaos)'가 존재한다. 무질서에서 질서로 나아가는 징검다리가 곧 카오스의 가장자리인 셈이다. 무질서가 무너져 새로운 질서가 태동되거나 혹은 또 다른 형태의 극단적인 무질서가 형성되기 직전의 시공의 교차점이다. 카오스는 결코 무질서에서 나오는 것이 아니라 질서를 전제로 하는 혼돈을 지칭하므로 '무질서 속의 규칙성'이 카오스의 본래 의미인 것이다.[19] 이러한 규칙성은 곧 금화가 서로 자리를 바꿈으로써 우주 스스로가 완성을 향해 진화하면서 자신의 율동 리듬을 재조정하는 혁신이라 말할 수 있을 것이다.

후천개벽이 이루어지는 원리는 낙서에 담겨 있다. 낙서에는 이미 하도 원리가 내재되어 있으며, 하도에도 낙서의 원리가 내재되어 있으므로 하도와 낙서는 우주변화라는 동일한 원리의 두 얼굴이다. 그러므로 낙서를 구조적으로 분석하면 낙서가 하도로 교체되는 이른바 선천이 후천으로 전환되는 이치를 알 수 있는 것이다.

5. 새로운 시간질서의 1년 360일

인간이 살아가는 우주에서 고립된 사물은 존재할 수 없으며, 만물은 시공 속에서 병존 관계로 존립하면서 시간적인 선후를 갖고 생성 변화한다. 따라서 우주는 고정된 독립 체계가 아니라 유기체적인 조직으로 구성되는 것이다. 이 가운데 하늘과 땅은 시공 중에서 교차 운동의 방식으로 끊임없이 변화하면서 창조행위를 한다. 따라서 우주는 질서정연한 조직체로서 자존한다고 하겠다.

19) 김용운, 『카오스의 날갯짓』, 김영사, 1999, 65~79쪽 참조.

소강절 우주론의 백미는 '우주개벽의 과정(Cosmogonic process)'[20]을 논리화한 점에 있다. 만물의 생성은 번갈아 일어난다는 관찰은 그의 사유의 출발점이다. 그는 우주의 시간적 흐름을 일반화하여 "1년 366일의 하루하루가 눈앞을 지나가는 것이 수레바퀴와 같아 한 바퀴를 돌아 다시 시작함이 잠시도 쉬지 않으니 어떻게 하면 사계절이 맨날 봄 같을 수 있을까."[21]라고 읊어 우주는 태초 이래로 순환 반복한다고 술회했으며, 또한 '일 년 내내 봄 같은' 절대 평정과 고요의 세계가 펼쳐지기를 동경하였다.

주지하다시피 『황극경세서』는 처음부터 우주역사의 시간표를 작성하는 것으로 시작한다. 소강절은 우주 전체의 생장수장의 순환 과정을 시간으로 계산하는 작업을 추진하였다. 그는 우주를 생장수장하는 하나의 커다란 과정으로 간주하고, 또한 이를 수리화함으로써 변화의 시간대를 객관화하였다. 그리하여 우주 전체의 시간적 시스템은 1원(元)=12회(會), 1회=30운(運), 1운=12세(世), 1세=30년(年)이라는 이른바 '원회운세설'을 창안하였다.

소강절에 의하면 세계의 역사는 우주사의 과정과 인류사의 과정을 포함하여 '1원(元)'을 주기로 삼아 순환한다. 여기서 지구의 1년 역시 우주사의 그것과 똑같은 패턴으로 한 싸이클을 이루고 있다는 점이 주목된다.

---

20) 방동미는 소강절의 우주론을 '개벽(원문은 '宇宙開闢的 程序')' 이라는 단어를 사용하여 설명한다(方東美, 『新儒家哲學 十八講』, 대만, 黎明文化事業公司, 1984, 263쪽). 소강절의 우주개벽론과 대비해서 주렴계의 『태극도설』은 역동성이 부족한 '記述的 宇宙開闢論(Descriptive Cosmogony)' 으로 표현한다(방동미, 앞의 책, 121쪽). 그러나 소강절은 선천개벽의 시초를 태극으로 간주하고, 태극 이후 음양의 분화 과정부터는 후천으로 본다는 점이 김일부의 철학과 확연하게 다르다는 점을 유의해야 한다.

21) 『伊川擊壤集』, 권17, 「光陰吟」. "三百六旬有六日, 光陰過眼如奔輪, 周而復始未嘗息, 安得四時長似春."

지구 1년의 봄, 여름, 가을, 겨울에 대응하는 과정이 우주사와 시간사에 그대로 적용되어 존재한다는 것이다. 이는 식물의 생명 활동과 매우 유사하다. 봄에는 태어나 여름에 자라고 가을에 열매를 거두고 겨울에 마르는 과정에 대응하는 생장수장이라는 생명의 순환원리는 우주의 역사에도 그대로 존재한다는 발상이다.

그러나 4개의 마디를 가지는 시간적 흐름의 패턴이 순환한다는 의미이지, 결코 똑같은 사물 내지는 똑같은 역사가 반복하여 재현된다는 뜻은 아니다. 과거의 우주가 현재와 미래에 단순 반복하거나 옛날의 사물이 오늘의 사물로 재탕된다는 단순 반복이 아닌 것이다. 이런 의미에서 소강절의 원회운세설을 시간 측정의 관점이나 자연과학으로만 한정시켜서는 안 될 것이다.

김일부는 소강절의 선후천 이론을 비판적으로 극복하여 선천에서 후천으로 전환되는 원리를 치밀하게 논증하였다. 그는 처음부터 끝까지 시간의 선후천 변화를 가지고 일관되게 설명하기 때문에 김일부의 철학은 시간의 본질, 시간의 성격, 시간의 극적인 변화로 집약되어 있다. 그는 『주역』의 근본 문제를 획기적으로 바꾼다. 『정역』 첫머리에서 "역이란 책력이니 책력이 없으면 성인이 없고 성인이 없으면 역도 존재하지 않는다."[22]라고 단정하여 '새로운 역학의 3대 명제'를 제기한 다음에 시간의 문제에 입각한 우주변화의 원리를 수립하고, 그 구체적 방법을 논리화하였다. 우리는 책력이라고 하면 동서양 문명사에서 흔히 볼 수 있는 일상적인 캘린더라고 인식하는 데 익숙하다. 그러나 김일부는 달력 구성의 메카니즘에 대해서 본질적 의문을 던지고 이에 대한 궁극적 결론을 내려 책력은 단순히 삶에 유용한 수단이 아니라, 오히려 그것은 캘린더 성립의

22) 「大易序」. "易者曆也,無曆無聖,無聖無易."

근거라고 규정한다.

김일부는 구체적으로 원역(原曆) → 윤역(閏曆) → 윤역(閏曆) → 정역(正曆)의 단계로 우주는 발생하고(生) 성장하여(長) 완수된다(成)고 요약한다. 우주 운행의 전체 시간의 시스템은 네 단계의 절차를 밟으면서 대드라마를 연출하는 것이다. 4력은 원역과 2단계의 윤역, 그리고 최후의 정역으로 구성된다. 윤역을 하나의 단계로 간주한다면 우주는 3단계의 과정을 거치면서 완성된다고도 할 수 있다. "4력 생성사에 있어 윤역이 생하는 태초적 근원력이라는 입장에서 말할 때에는 원역(原曆)이요, 윤역이 변화하여 최종적으로 완성된 역이라는 입장에서 말할 때에는 정역(正曆)인 것이다. 그러므로 정역에 있어 그 본체도수까지를 포함해서 말할 때에는 원역이 되는 것이요, 반대로 원역에서 그 운행도수만을 말한다면 정역이 되는 것이다."[23]

김일부는 우주변화의 한 싸이클을 4개의 시간대로 구분하여 시간성의 내부 구조를 밝히고, 후천에는 1년 360일의 도수가 정립됨을 논증하였다. "요임금이 밝힌 1년 책력수는 366일이며, 순임금이 밝힌 1년 책력수는 $365\frac{1}{4}$일이며, 일부가 밝혀낸 1년 책력수는 375도이니 15를 존공(尊空)하면 공자가 밝힌 1년 책력수인 360일이다."[24] 그렇다면 원역과 윤역, 정역은 어떤 관계성을 가지는가. 그리고 원역과 정역을 구분하는 15도는 무엇이며, 그 위상은 어떨까. 원역의 성립의 근거는 과연 무엇일까. 여기에는 몇 가지 해석 방법이 있으나, (하도의 중심수 10+낙서의 중심수 5=15)+정역도수 360=375라는 형식이 정석이다. 375도 원역은 과거적인 본래의 근원역이며, 360도인 정역은 미래에 성취될 완성역을 가리킨다. 전체 역수

23) 유남상, 「正易의 圖書象數原理에 관한 硏究」, 『충남대 인문과학논문집』, 8권, 1981, 194쪽.

24) 『正易』, 「金火五頌」.

인 원역도수 안에는 4력 생성사를 통한 역수 변화에 의해 존공 귀체될 윤도수 15와 정역도수 360도가 포함되어 있다. 이 윤도수가 귀공되면서 본체도수가 되는 것이 바로 '15 존공'으로서 4력 변화 원리의 핵심이 되는 것이다.[25)]

원역과 윤역, 정역의 사실적 생성 관계는 무엇인가? 앞에서 언급했듯이 4력의 생성 변화는 원역 → 윤역 → 윤역 → 정역의 절차를 밟아 진행되지만, 원역 375도에는 그 본체도수인 15도가 이미 포함되어 있기 때문에 사실적으로 운행하는 도수는 정역 360도수이므로 원역이 정역이고 정역이 원역인 것이다. 따라서 원역이 바로 정역인 까닭에 정역은 과거와 현재, 그리고 미래를 일관하는 시간의 원리인 것이다.

그러면 원역에서 윤역으로의 전환은 어떤 원리에 의해 작동할까. 그것은 바로 시간의 모체인 하도낙서의 중심체 15도가 시간 흐름의 물결을 타고 현상적으로 윤역의 모습을 띠고 나타난다. 즉 시간 생성의 본원인 무극과 만물의 생성 리듬을 조절하는 추동력인 황극이 시간의 형태로 자신을 드러낼 때는 수리적으로 무극은 9로, 황극은 6이라는 운동의 기능을 발휘한다고 할 수 있다. 그것은 시간의 모체인 10과 5가 3 : 2의 비율(三天兩地)을 갖는 9와 6의 현상적인 시간으로 변환되는 '자기 변신'의 사태인 것이다. 즉 10과 5는 즉자적으로 자기를 현시하는 것이 아니라 우주 생성의 극한 분열의 상태를 상징하는 9나, 분열을 통일로 수렴하고 수축하는 관건을 상징하는 6의 구체적 운동을 통해 시간의 꼬리가 붙는 '윤역'의 형태로 드러나는 것이다.

김일부는 우주사적 시간 완성의 과정과 그 필연성 및 자기 이론에 대한 확신감을 이렇게 노래한다.

---

25) 유남상, 앞의 논문, 195쪽 참조.

"하늘과 땅의 수는 해와 달을 수놓으니, 해와 달이 바르지 않으면 역은 역이 될 수 없다. 역은 정역이 되어야만 역이 역될 것이니 원역이 어찌 항상 윤역만을 쓰겠는가?"[26)]

김일부는 우주 시간표 성립의 시스템을 체계화한 다음에, 시간 완성에 대한 후속 작업으로 정역팔괘도의 완성을 서둘렀다. 여기에는 한 지식인의 고뇌가 담겨 있다. 왜냐하면 시간 완성은 시간 자체의 근본적 변화를 통해 현실적으로 극적인 전환에만 그치는 것이 아니라, 여기에는 공간적 변화가 반드시 수반되는 엄청난 사실 때문에 그는 고민에 고민을 거듭했던 것으로 추정되기 때문이다. 우리는 이를 간접적으로 추론할 수밖에 없는 실정이다.

그러나 우주 시간이 생(生=366일) → 장(長=365$\frac{1}{4}$일) → 성(成=360일)으로 진행되는 과정을 거치면서 물이 남쪽 하늘에 모여들고 물이 북쪽 땅에서 빠지는 현상의 이르고 늦음을 판가름하기 어려운 자연의 극심한 변동과 혼란이 일어날 것 등을 예고한 점을 미루어 볼 때, 시공간이 정상적인 궤도로 진입하는 막바지에는 대변국이 있을 것임을 사전에 충분히 알고 있었다고 하겠다. 그리하여 우주론적으로는 창조의 본원인 무극이 직접 우주변화를 주재한다는 '기위친정(己位親政)'의 이론과, 인격적 하느님인 '상제(上帝)'가 직접 강림하여 종교가 통일된다는 가능성을 검증하였던 것이다. 나아가 시공간의 전환에 의해 1년 12월, 24절기의 조직이 완비됨으로 말미암아 기후는 언제나 1년 내내 봄가을 같은 날씨가 되어 자연에 물리학적 변화가 일어날 문제 등을 제시하였던 것이다.[27)]

---

26) 『正易』, 「正易詩」. "天地之數數日月, 日月不正易匪易, 易爲正易易爲易, 原易何常用閏易."

27) 『정역』의 편집은 「十五一言」, 「十一一言」, 하도낙서의 도상, 복희 · 문왕 · 정역팔괘

우리는 이러한 변화를 '일월개벽(日月開闢)'이라 부를 수도 있다. 이는 바로 우주 운행의 질서 자체에 근본적 변화가 온다는 뜻이다. 일월의 운행이 후천에 접어들면서 자기 수정을 통해 올바르게 자리 잡는다는 말은 과거의 캘린더가 전혀 쓸모없어져 새로운 캘린더로 교체됨을 전제한다. 선천 시간의 흐름은 미완성이므로 낡은 일월은 물러나고 새로운 일월이 솟는 것이다. 일월의 변화는 후천의 책력을 가져온다. 즉 선천의 윤역은 물러나고 후천 정역의 세계가 오는 것이다. 구체적으로 한 달은 30일, 1년은 360일, 23.5도로 기울어진 지축이 바로 서고, 황도와 적도가 일치함으로써 지축은 북극성을 향하게 되어 극한과 극서가 소멸되는 것이다.

그것은 물리학에서 말하는 시간 구조가 천지의 정도(正度) 운행과 밀접한 함수 관계를 갖는다는 것을 뜻한다. 또한 후천에 진입하는 우주가 스스로를 '재조정하는 시기'라는 것을 시사한다. 왜냐하면 세계는 완성된 하나의 고정된 실체가 아니라, 완성을 향하여 진화하는 과정에 있기 때문이다. 그러므로 후천개벽은 단순히 우주의 종말만을 걱정하거나 경고하는 심판이 아니라, '새로운 우주의 탄생'에 진정한 의미가 있다. 이러한 "시간대의 개벽에 따른 후천개벽은 인류의 새 문명과 삶의 새 질서를 여는 근원적 개벽인 것이다. 즉 후천개벽이란 새롭고도 올바른 일월 운행에 의해서 새로운 시간과 공간대가 열리는 천지기운의 대변화 사건을 말하는 것이다."[28)]

도, 시간 규정의 역수인 '十干原度數'에 이어 마지막을 '十二月二十四節氣候度數'로 장식한 점에서도 『정역』은 시간 완성에 대한 교과서라고 단정해도 무방할 것이다.

28) 안경전, 『다이제스트 개벽』, 대원출판, 1995, 277쪽 참조.

6. 나오는 말

후천개벽은 지축이 정립된다는 의미에서 파격적이다. 파격적이므로 기존의 학문에 비해 신선감이 충만한 반면에, 일상인들은 자신의 신념에 중독되어 있기 때문에 쉽게 받아들이지 않으려는 측면이 있다. 그 이유는 대부분 과거의 종교적 관습과 교리의 굴레를 벗어나지 않으려는 습성에서 고착되었기 때문이다. 그러나 후천개벽은 문명개벽을 궁극 목적으로 한다는 점에서 긍정적으로 평가되기에 충분하다. 그것은 시간적으로 아직 닥치지 않은 현재 진행형의 과정 속에 있는 까닭에 인류의 미래에 대한 보편적 생명학이라고도 할 수 있다.

넓은 의미에서 후천개벽(선후천 변화)은 이상사회론의 범주에 속한다고 할 수 있다. 예컨대 유가의 이상세계인 대동사회(大同社會)는 인간의 심성 수양과 도덕적 가치의 실천을 통해 구현될 수 있다는 것에 기초한다. 그러나 그 이념 자체가 과거지향적이며 뚜렷한 이론적 근거가 희박하다는 것이 결정적 한계로 지적된다. 기독교의 천년왕국설이나 불교의 불국정토설 등은 종교적 입장에서 이상사회의 건설에 목표를 둔다. 기독교의 천년왕국설은 종말론과 연결되어 신의 인간에 대한 선언적 의미의 성격이 강하며, 불교는 인간의 노력에 의해 불국정토가 성취될 수 있다는 것을 강조하는 까닭에 인간을 다시 고뇌에 빠지게 하는 약점이 있다. 이들의 공통점은 다름 아니라 우주론적 근거 또는 형이상학적 기반이 확고하지 못한 점에 있다.

정역사상이 제시하는 후천개벽은 천지의 질서가 근본적으로 전환됨을 종지로 삼는다. 그것은 바로 시간의 질서 자체가 변혁되고, 또한 공간적 변혁이 동반됨으로써 우주질서가 원래의 제자리로 돌아간다는, 즉 완성의 세계로 진입한다는 이념과 상통한다. 이때 현재의 우주는 미완성의 세계임이 전제된다. 우주는 자기 부정의 과정인 미완성으로부터 자기 수정을 통해 완성된다는 것이 바로 김일부 시간관의 핵심이라 할 수 있다.

후천개벽의 중요한 특징은 현재의 우주가 성장의 극한점에 도달하여 새로운 결실기의 전환점에 와 있다는 것에 있다. 그럼에도 현대사회는 '발전'이라는 명목 아래 앞만 보고 질주한 결과 갖가지 병폐가 노출되고 있는데, 그 배후에는 도덕적 해이가 자리 잡고 있으며, 지구촌 곳곳의 부조리와 모순에 가득 찬 충격적인 소식은 삶의 현장마저도 세기말적 상황에 이르도록 하였다. 전자는 본질적 진단이며, 후자는 현상적 진단이라는 점이 다를 뿐 세계는 온통 격동에 휩싸이고 있다.

이런 의미에서 후천개벽은 인류가 사느냐 죽느냐와 연관된 생명철학인 것이다. 이를 어떻게 받아들이느냐에 따라 후천개벽이 오기만을 마냥 앉아서 때를 기다리는 방관자로 전락하느냐, 아니면 능동적으로 인류사의 새로운 방향을 기획하고 참여하는 부류로 확연하게 나뉠 것이다. 그렇다고 우리가 사는 현재의 선천을 비극적 무대로만 간주하여 낙담할 필요는 없다. 왜냐하면 우주가 완성하기 위해 스스로 자기 부정하는 것처럼, 인간도 진정한 자기 부정을 통하여 삶의 가치관을 획기적으로 바꾸면 그만이기 때문이다. 이것이야말로 후천을 적극적으로 대비하는 참된 자세일 것이다.

| 제4부 |

서양철학의 지평

현상학적 환원과 현상학의 미래

— "현상학적 환원의 현상학"을 위한 하나의 기여*

| **이남인**(서울대 철학과 교수) |

현상학의 창시자 후설(E. Husserl)이 자신의 현상학을 전개해 나가면서 반복해서 가장 많이 다루었던 주제 중의 하나가 바로 현상학적 환원의 문제이다. 그는 1913년에 발표한 『이념들 I』의 제2부: "현상학적 근본 고찰"에서 이 주제를 상세하게 다루고 있다. 그러나 그는 한편으로는 『이념들 I』[1)]이 출간되기 이전에 이미 1905년의 『내적시간의식의 현상학』[2)],

* 이 논문은 『철학과 현상학 연구』 54집(2012년)에 출간되었으며 2012년 서울대학교 인문대학의 학술논문 게재지원을 받았음.

** 이 글은 2009년 12월 19일 서울대학교에서 개최된 한국현상학회 205차 월례발표회(Husserl 탄생 150주년 기념학술대회)에서 "현상학적 환원과 21세기 현상학의 전망"을 주제로 발표된 글을 대폭 수정하고 보완한 것이다. 필자는 당시 발표회에서 질의를 통해 이 주제에 대해 더 깊이 생각할 수 있도록 해 주신 모든 분들께 감사의 뜻을 전한다. 이 논문을 심사해 준 익명의 심사자들에게도 커다란 고마움을 표한다. 비록 그들의 지적을 모두 반영할 수는 없었지만 그들의 지적은 이 논문을 수정하고 보완하는 데 큰 도움이 되었다.

1) E. Husserl, *Ideen zu einer reinen Phänomenologie und phänomenologischen*

1907년의 『현상학의 이념』에 관한 5개의 강의[3], 1910/11년의 「현상학의 근본문제」에 관한 강의[4] 등에서 이 주제를 반복해서 다루고 있다. 그는 다른 한편 『이념들 I』을 출간한 후에도 이 주제를 반복해서 다루고 있다. 그 가장 대표적인 예는 1923/24년의 『제일철학』에 관한 강의[5]와 1930년대에 집필된 『위기』[6]이다. S. Luft가 편집해 2002년에 출간한 『현상학적 환원』[7]이 보여 주듯이, 그는 『제일철학』 강의 이후 『위기』를 집필할 시기인 1930년대 중반에 이르는 시기에도 계속해서 이 주제와 씨름하였다.

그러면 후설이 현상학적 환원의 문제와 끊임없이 씨름한 이유는 무엇인가? 이와 관련해 우리는 여러 가지 이유를 제시할 수 있을 것이다. 그러나 가장 중요한 이유는, 현상학적 환원이 현상학의 가장 중요한 주제 중의 하나임에도 불구하고 그가 그에 대해 만족할 만한 방식으로 해명하지

Philosophie. Erstes Buch: Allgemeine Einführung in die reine Phänomenologie. 1. Halbband. Text der 1.-3. Auflage, Den Haag: Martinus Nijhoff, 1976.(Hua III/1, 『이념들 I』)

2) E. Husserl, *Zur Phänomenologie des inneren Zeitbewußtseins (1893-1917)*, Den Haag: Martinus Nijhoff, 1966.(Hua X, 『내적 시간의식의 현상학』)

3) E. Husserl, *Die Idee der Phänomenologie. Fünf Vorlesungen*, Den Haag: Martinus Nijhoff, 1950.(Hua II, 『현상학의 이념』)

4) E. Hussserl, "Grundprobleme der Phänomenologie", *in: Zur Phänomenologie der Intersubjektivität. Texte aus dem Nachlaß. Erster Teil 1905-1920*, Den Haag: Martinus Nijhoff, 1973.(Hua XIII, 『상호주관성 I』)

5) E. Husserl, *Erste Philosophie* (1923/24). *Zweiter Teil: Theorie der phänomenologischen Reduktion*, Den Haag: Martinus Nijhoff, 1959.(Hua VIII, 『제일철학 II』)

6) E. Husserl, *Die Krisis der europäischen Wissenschaften und die transzendentale Phänomenologie. Eine Einleitung in die phänomenologische Philosophie*, Den Haag: Martinus Nijhoff, 1954.(Hua VI, 『위기』)

7) E. Husserl, *Zur phänomenologischen Reduktion, Texte aus dem Nachlass (1926-1935)*, Dordrecht/Boston/London: Kluwer Academic Publishers, 2002.(Hua XXXIV, 『현상학적 환원』)

못했으며, 그에 따라 현상학적 환원의 정체가 독자들에게 정확하게 전달되지 못했다고 스스로 느꼈기 때문이다. 실제로 현상학적 환원은 후설의 현상학에서 가장 불투명한 채로 남아 있으며 연구자들 사이에 가장 많은 논란을 불러일으킨 주제 중의 하나이다. 이러한 사정을 반영하듯 지금까지의 현상학의 전개 과정을 보면 우리는 많은 현상학자들이 이 주제에 대해 서로 다른 다양한 견해를 표명하고 있음을 확인할 수 있다. 예를 들어 현상학적 판단중지와 현상학적 환원이 어떤 관계에 있는지, 초월론적 현상학적 환원이 과연 가능한 것인지 등에 대해서도 아직까지 연구자들 사이에 의견의 일치를 보지 못하고 있다.

필자의 견해에 의하면, 현상학적 환원이 그처럼 많은 논란을 불러일으키면서 아주 어려운 주제로 인식되어 온 데 대한 일차적인 책임은 후설에게 있다. 그 이유는 그가 이 주제를 반복해서 다루고 있음에도 불구하고 그는 독자들이 충분히 이해할 수 있도록 효과적인 방식으로 이 주제를 해명하고 있지 못하기 때문이다. 바로 이러한 이유 때문에 그동안 많은 연구자들이 현상학적 환원의 정체를 올바로 파악하지 못하고, 그에 대해 수많은 오해와 논란이 야기되었던 것이다. 그리고 이처럼 현상학적 환원의 정체가 불투명한 상황이 후설 이후 현상학의 발전에 커다란 걸림돌이 되어 왔음은 두말할 필요도 없다.

현상학적 환원의 문제와 관련해 이처럼 혼란스러운 상황을 극복하기 위하여 우리는 "현상학적 환원의 현상학"[8]을 체계적으로 전개할 필요가 있다. 후설은 자신의 현상학을 전개해 나가면서 현상학적 환원 자체를 연구 주제로 삼는 현상학이 필요하다는 사실을 깨달았으며 그러한 현상학

---

8) E. Husserl, *Erste Philosophie (1923/24). Zweiter Teil: Theorie der phänomenologischen Reduktion*, Den Haag: Martinus Nijhoff, 1959(Hua VIII, 『제일철학 II』), 164.

을 지칭하기 위하여 "현상학적 환원의 현상학"이라는 표현을 사용하고 있다. 두말할 것도 없이 "현상학적 환원의 현상학"의 과제는 다양한 유형의 현상학적 환원의 정체에 대한 해명, 다양한 유형의 환원 사이의 관계에 대한 해명 등 다양하다. 그런데 필자의 견해에 의하면, 현상학적 환원에 대한 후설의 해명 방식을 비판적으로 검토하고 보다 더 효과적인 해명 방식을 제시하는 작업 역시 "현상학적 환원의 현상학"의 주요한 과제 중의 하나에 속한다.

이 글의 목표는 바로 현상학적 환원에 대한 후설의 해명 방식을 비판적으로 검토하면서 현상학적 환원을 해명하기 위한 효과적인 방식이 무엇인지 살펴보고, 실제로 그러한 방식에 따라 현상학적 환원의 정체를 해명하면서 현상학적 환원의 의의를 검토하는 데 있다. 이러한 목표에 따라 우리는 우선 1장에서 현상학적 환원에 대한 후설의 해명 방식을 살펴보고 그러한 방식이 안고 있는 문제점을 살펴볼 것이다. 거기에 이어 우리는 2장에서 현상학적 환원에 대한 효과적인 해명 방식이 무엇인지 살펴볼 것이며, 3장에서는 이러한 효과적인 해명 방식을 통해 무엇보다도 현상학적 환원이 사태 개시 기능을 지니고 있는 방법이라는 사실을 해명할 것이다. 마지막으로 4장에서는 현상학적 환원이 현상학의 미래에 대해 어떤 의의를 지니는지 살펴볼 것이다.[9] 이러한 논의를 통해 이 글은 "현상학적 환원의 현상학"에 대한 하나의 기여를 하고자 한다.

---

9) 현상학적 환원이 현상학의 핵심주제 중의 하나이기 때문에 현상학적 환원과 관련된 국내외 문헌은 무수히 많다. 이 글의 목표는 현상학적 환원에 대한 후설의 해명 방식이 지닌 문제점을 검토하면서 현상학적 환원에 대한 올바른 해명 방식을 제시하고 그를 통해 현상학적 환원을 새로운 각도에서 조망하는 데 있으며, 이 글에서는 바로 이러한 목표와 연관된 한에서만 이차문헌을 검토하기로 한다. 따라서 이 글에서는 현상학적 환원을 주제로 삼고 있는 이차문헌을 모두 검토하지 않는다.

1. 현상학적 환원에 대한 후설의 해명 방식에 대한 비판적 검토

현상학적 환원에 대한 후설의 해명 방식은 심각한 문제점을 가지고 있다. 이 점을 살펴보기에 앞서 우리는 후설 이후 등장한 철학자들 중에서 현상학적 환원에 대해 부정적인 견해를 가지고 있는 몇몇 철학자들의 입장을 간단히 소개하고자 한다. 뒤에서 드러나게 되겠지만 현상학적 환원에 대해 이들이 가지고 있는 부정적인 견해의 최종적인 진원지는 후설이다. 이 점과 관련해 우리는 하이데거(M. Heidegger), 데리다(J. Derrida), 타미니오(J. Taminiaux)의 입장을 소개하고자 한다.

1) 하이데거는 1925년에 행한 『시간개념의 역사 서론』에서 후설이 『이념들 I』에서 선보인 현상학적 환원의 한계에 대해 논하면서 그것이 자신이 전개하고자 하는 기초적 존재론의 방법이 될 수 없다는 견해를 피력한다. 이 점과 관련해 그는 후설의 현상학적 환원을 "……을 도외시하는 과정"[10] 내지 "배제하는 과정"으로 이해하면서 다음과 같이 적고 있다: "자연적 태도에서 사실적인 인간에 즉해 주어지는 의식의 실재가 바로 환원 속에서는 도외시된다. 순수한, 절대적인 체험을 획득하기 위해서 사실적인 것으로서의 사실적인 체험이 배제된다."[11]

2) 데리다는 『목소리와 현상』에서 『논리연구』[12]에 나타난 후설의 언어

---

10) M. Heidegger, *Prolegomena zur Geschichte des Zeitbegriffs*, Frankfurt/M.,: Vittorio Klostermann, 1979, 150.

11) M. Heidegger, *Prolegomena zur Geschichte des Zeitbegriffs*, 151.

12) E. Husserl, *Logische Untersuchungen, Zweiter Band: Untersuchungen zur*

철학을 분석하고 비판하는 과정에서, 후설의 현상학적 환원을 의사소통적 차원을 배제 내지 추상하고 독백적 차원으로 이행하는 과정, 또는 경험적인 것을 배제 내지 추상하고 초월론적인 것으로 넘어가는 과정 등으로 이해하면서 현상학적 환원을 일종의 "배제"[13] 또는 추상으로 이해하고 있다. 그러나 그에 의하면 이처럼 배제 또는 추상을 의미하는 현상학적 환원은 불가능하다. 그 이유는 의사소통적 차원과 독백의 차원, 경험적인 것과 초월론적인 것은 분리할 수 없이 서로 얽혀 있기 때문이다.

3) 타미니오는 2004년에 출간한 한 저서[14]에서 후설에서 하이데거를 거쳐 그 이후의 현상학자들로 이어지는 현상학적 운동의 역사에서 현상학적 환원이 형태변화를 거쳤다고 주장한다. 이 경우 어떤 유형의 현상학적 환원이 형태변화를 거쳐야 하는 이유는 그것이 문제를 안고 있기 때문이다. 그에 의하면 후설이 『이념들 I』에서 제시한 현상학적 환원은 나름의 문제점을 지니고 있다. 따라서 하이데거가 그것을 비판하면서 그것은 형태변화를 거쳤으며, 이처럼 형태변화를 거친 새로운 현상학적 환원 역시 새로운 비판을 통해 형태변화를 거쳤다.

여기서 알 수 있듯이 하이데거, 데리다, 타미니오는 후설의 현상학적 환원에 대해 부정적인 태도를 견지하고 있다. 하이데거와 데리다는 현상학적 환원과 관련해 "배제"라는 개념을 사용하면서 그에 대해 부정적인

Phänomenologie und Theorie der Erkenntnis. Erster Teil, Dordrecht/Boston/London: Kluwer Academic Publishers, 1984.(Hua XIX/1, 『논리연구 II/1』)

13) J. Derrida, *La voix et le phénomène*, Paris: Presses universitaires de France, 1967, 78; 『목소리와 현상』, 김상록 역, 인간사랑, 2006, 107쪽.

14) J. Taminiaux, *The Metamorphoses of Phenomenological Reduction*, Milwaukee, Wis.: Marquette University Press, 2004.

태도를 견지하고 있다. 타미니오 역시, 후설에서 하이데거로, 그리고 하이데거에서 그 이후의 현상학자들로 넘어가면서 현상학적 환원이 형태변화를 거쳤다고 주장하면서, 후설의 현상학적 환원에 대해 부정적인 입장을 표명하고 있다.

뒤에서 자세하게 논의되겠지만 이러한 견해들은 심각한 문제점을 지니고 있다. 우선 현상학적 환원이란 불가능한 것이 결코 아니다. 현상학적 환원은 가능할 뿐 아니라, 대부분의 현상학적 환원은 손쉽게 행할 수 있는 방법적 절차이다. 더 나아가 명시적이든 암묵적이든 현상학적 환원의 방법을 사용하지 않는 현상학이란 존재할 수 없으며 그러한 한에서 "현상학적 환원이 없는 현상학"은 불가능하다. 그 어떤 학문이 현상학이라 불리는 한 그것은 명시적이든 암묵적이든 현상학적 환원의 방법을 사용하고 있는 것이다.

그러면 이처럼 현상학적 환원에 대해 많은 현상학자들이 부정적인 입장을 취하는 이유는 무엇인가? 이 점과 관련해 필자는 그에 대한 일차적인 책임이 후설 자신에게 있다고 생각한다. 필자는 후설에게 두 가지 유형의 책임이 있다고 생각하는데, 그 중에서 더 가벼운 것부터 정리하면 다음과 같다.

1) 후설이 져야 할 첫 번째 책임은, 그가 현상학적 환원의 문제를 논하면서 모든 연구자가 준수해야 할 기본적인 규칙을 준수하지 않고 있으며, 그 이유 때문에 독자들이 현상학적 환원을 아주 어려운 절차로 오해하게 되었다는 데 있다. 여기서 필자가 염두에 두고 있는 기본적인 규칙은 다름 아닌 데카르트가 제시한 세 번째 방법의 규칙을 말한다. 데카르트는 방법의 규칙 네 가지를 제시하면서 그 중에서 세 번째와 관련해 다음과 같이 적고 있다.

"세 번째 지침은 내 생각을 다음 방식으로 질서 있게 지도하라는 것이다. 즉 가장 단순하고 인식하기 쉬운 대상에서 시작하여 조금씩 점진적으로 가장 복합적인 것들에 관한 인식에 도달하라, 그리고 자연적으로는 서로서로 전혀 앞선다거나 뒤선다거나 하지 않는 것들 중에라도 이러한 선후 질서를 상정하라는 것이다."[15)]

이러한 방법의 규칙이 보여 주듯이 우리는 현상학적 환원의 정체를 해명함에 있어서도, 이해하기 쉬운 유형의 현상학적 환원에 대한 설명에서 시작하여 점차 더 이해하기 어려운 유형의 현상학적 환원에 대한 설명으로 넘어가야 한다. 이 점과 관련해 우리는, 뒤에서 자세하게 논의되겠지만, 다양한 유형의 현상학적 환원이 존재한다는 사실에 유의할 필요가 있다. 그리고 이처럼 다양한 유형의 현상학적 환원 중에는 비교적 이해하기 쉬운 유형의 현상학적 환원들과 더불어 비교적 이해하기 어려운 유형의 현상학적 환원이 존재하며, 현상학적 환원에 대한 해명은 이해하기 쉬운 유형의 환원에 대한 설명에서 시작하여 이해하기 어려운 유형의 환원에 대한 설명으로 넘어가야 한다. 그러나 후설은 이러한 규칙을 무시하고 대부분의 경우 이해하기 쉬운 유형의 환원에 대한 설명은 전혀 하지 않은 채, 처음부터 가장 이해하기 어려운 유형의 현상학적 환원인 초월론적 현상학적 환원에 대해 해명하고 있다. 그리하여 그는 독자들에게 현상학적 환원이란 불가능한 것이라거나 아니면 도통한 사람들만 수행할 수 있는 신비적인 절차라는 인상을 심어 주었다.

---

15) R. Descartes, *Discours de la méthode*, Ouevres de Descartes VII, publiées par C. Adam & P. Tannery, Paris: J. Vrin, 1973, 18~19.

2) 후설이 져야 할 또 하나의 책임은 바로, 그가 『이념들 I』을 비롯한 여러 저술 및 글에서 현상학적 환원의 문제를 다루면서 독자들이 그것을 이해할 수 있는 방식으로 적절하게 해명하고 있지 않다는 데 있다. 뒤에서 논의되겠지만 현상학적 환원의 정체를 쉽게 파악하기 위해서 우리는 "판단중지"라는 개념이 아니라, "태도변경"이라는 개념에서 출발할 필요가 있다. 현상학적 환원에 대한 후설의 부적절한 해명방식을 그가 가장 심혈을 기울여 해명하고자 했던 초월론적 현상학적 환원을 예로 들어 살펴보자.

초월론적 현상학적 환원의 문제를 가장 체계적으로 다루고 있는 첫 번째 저술은 『이념들 I』이다. 후설은 『이념들 I』의 제2부 1장: "자연적 태도의 정립과 그의 배제"[16]에서 초월론적 현상학적 환원의 문제를 다루고 있다. 그러나 이 부분을 읽어본 독자라면 누구나, 거기서 후설이 해명하는 초월론적 현상학적 환원의 정체가 극히 불투명하다는 사실에 공감할 수 있다. 예를 들어 그는 거기서 판단중지라는 개념을 사용해 현상학석 환원을 해명하고 있고 판단중지를 데카르트의 방법적 회의와 비교하면서 설명하고 있는데[17], 초월론적 현상학적 환원과 판단중지가 어떤 관계에 있는지, 그리고 판단중지와 데카르트의 방법적 회의가 어떤 관계에 있는지

16) E. Husserl, *Ideen zu einer reinen Phänomenologie und phänomenologischen Philosophie. Erstes Buch: Allgemeine Einführung in die reine Phänomenologie. 1. Halbband. Text der 1.-3. Auflage*, Den Haag: Martinus Nijhoff, 1976(Hua III/1, 『이념들 I』), 56 ff.

17) E. Husserl, *Ideen zu einer reinen Phänomenologie und phänomenologischen Philosophie. Erstes Buch: Allgemeine Einführung in die reine Phänomenologie. 1. Halbband. Text der 1.-3. Auflage*, Den Haag: Martinus Nijhoff, 1976(Hua III/1, 『이념들 I』), 62 ff.

하는 점 역시 불투명하다.

『이념들 I』에 나타난 초월론적 현상학적 환원에 대한 후설의 해명 방식이 안고 있는 문제점은 그가 판단중지라는 개념을 토대로 현상학적 환원의 정체를 해명하려 시도하고 있다는 데 있다. 그러나 이러한 해명 방식은 결정적으로 두 가지 난점을 가지고 있다.

첫째, 판단중지라는 개념은 독자들이 이해하기에 아주 어려운 개념이다. 따라서 판단중지라는 개념을 사용해 현상학적 환원을 해명하고자 할 경우 독자들은 현상학적 환원의 정체를 파악하지 못하고 그것을 도통한 사람이나 수행할 수 있는 신비적인 절차로 오해할 수 있다.

둘째, 후설은 판단중지라는 개념을 설명하면서 "배제"(Ausschaltung), "괄호치기"(Einklammerung)[18] 등의 개념들을 사용하는데, 판단중지를 비롯해 이러한 개념들은 현상학적 환원이 우리가 경험하는 것들을 없애 버리는 파괴적인 절차와 비슷한 것이라는 인상을 불러일으킬 수 있다. 뒤에서 논의되겠지만 이러한 개념들은 현상학적 환원이 지닌 적극적인 기능, 즉 사태 개시적인 기능을 보여 주지 못하며 따라서 그것들을 사용해 현상학적 환원을 설명하면 독자들은 그처럼 파괴적인 기능밖에 지니고 있지 않은 현상학적 환원이 도대체 무슨 필요가 있는지 의아해할 수도 있다. 앞서 우리는 하이데거, 데리다 등이 현상학적 환원을 도외시함, 배제, 추상 등의 절차와 유사한 것으로 간주하면서 그에 대해 비판적인 입장을 취하고 있다는 사실을 살펴보았는데, 우리는 그들의 견해를 이러한 맥락에서 이해할 수 있을 것이다.

---

18) E. Husserl, *Ideen zu einer reinen Phänomenologie und phänomenologischen Philosophie. Erstes Buch: Allgemeine Einführung in die reine Phänomenologie. 1. Halbband. Text der 1.-3. Auflage*, Den Haag: Martinus Nijhoff, 1976(Hua III/1, 『이념들 I』), 63.

후설은 『이념들 I』을 출간한 후 1920년대 접어들면서 『이념들 I』에서 선보인 초월론적 현상학적 환원과는 다른 유형의 초월론적 현상학적 환원의 방법을 개발해 나간다. 『이념들 I』에서 선보인 초월론적 현상학적 환원은 흔히 데카르트적 길을 통한 초월론적 현상학적 환원의 방법이라고 불리며 1920년대 이후에 후설이 전개시킨 초월론적 현상학적 환원의 방법은 비데카르트적 길을 통한 초월론적 현상학적 환원의 방법이라고 불린다.[19] 1930년대에 집필된 『위기』가 보여 주듯이 후설은 그의 생애의 마지막 순간까지 초월론적 현상학적 환원의 문제와 씨름하면서 다양한 유형의 비데카르트적 길을 통한 초월론적 현상학적 환원의 방법을 개발해 나갔다. 이처럼 다양한 유형의 비데카르트적 길을 통한 초월론적 현상학적 환원의 방법을 개발해 나가면서 후설은 그것들이 데카르트적 길을 통한 초월론적 현상학적 환원의 방법이 지닌 단점을 보완할 수 있을 것으로 생각했다.

그러나 이처럼 비데카르트적 길을 통한 초월론적 현상학적 환원의 방법을 통해 데카르트적 길을 통한 초월론적 현상학적 환원의 방법이 지닌 단점이 극복되고 초월론적 현상학의 새로운 지평이 개척된 것이 사실이지만, 그럼에도 불구하고 초월론적 현상학적 환원에 대한 후설의 해명 방식은 1920년대 이후에도 여전히 커다란 문제점을 안고 있다. 그 문제점이란 바로 후설이 『이념들 I』에서와 마찬가지로 후기 저술들에서도 판단중지라는 개념을 토대로 초월론적 현상학적 환원의 문제를 해명하고자 시도하고 있다는 데 있다. 바로 이러한 이유에서 1920년대 이후에 집필된 저술들에서도 초월론적 현상학적 환원의 정체는 불투명한 채로 남아 있

19) 이 점에 대해서는 I. Kern, "Die drei Wege zur transzendental-phänomenologischen Reduktion in der Philosophie Edmund Husserls", in: *Tijdschrift voor Filosofie* 24/1(1962)를 참고할 것.

으며, 현상학적 환원은 우리가 일상적으로 경험하는 것들을 없애 버리는 파괴적인 절차와 비슷한 것으로 오해될 소지를 안고 있다.

2. 태도변경으로서의 현상학적 환원

이처럼 현상학적 환원에 대한 후설의 해명 방식은 심각한 문제점을 가지고 있다. 이제 우리는 후설과는 다른 방식으로 현상학적 환원의 정체를 해명하도록 해야 한다. 우리는 다양한 유형의 현상학적 환원 중에서 이해하기 쉬운 유형의 현상학적 환원을 먼저 해명한 후 이해하기 어려운 유형의 현상학적 환원을 해명하도록 해야 한다. 더 나아가 우리는 후설과는 달리 판단중지라는 개념이 아니라, 다른 개념을 사용하여 현상학적 환원의 정체를 해명하도록 해야 한다.

그러면 우선 어떤 개념에 대한 해명을 토대로 현상학적 환원의 정체를 해명해야 할지의 문제를 검토하기로 하자. 현상학적 환원의 정체를 해명하기 위해서 우리가 사용해야 할 개념은 판단중지라는 개념보다도 훨씬 더 이해하기 쉬운 개념이어야 한다. 현상학적 환원의 정체를 해명하기 위해서 필자가 사용하고자 하는 개념은 "태도변경"이라는 개념이다.

두말할 것도 없이 태도변경은 후설의 현상학의 핵심적인 개념 중의 하나이며, 현상학적 환원의 정체를 해명하면서 후설 자신이 사용하고 있는 개념이기도 하다. 예를 들어 후설은 이미 『이념들 I』에서 초월론적 현상학적 환원의 가능성을 해명하면서 태도변경을 언급하고 있다. 이 점과 관련하여 그는 31절의 제목을 "자연적 정립의 철저한 변경. '배제'와 '괄호치기'"라고 달고 "이러한 태도에 머무는 대신에 우리는 이제 이 태도를 철저하게 변경하고자 한다. 이제 이러한 변경의 가능성의 원칙적 가능성에 대해 확신할 필요가 있다"[20]고 지적하면서 31절과 32절에서 초월론적 현상학적 환원에 대해 해명하고 있다. 여기서 알 수 있듯이 후설은 『이념들 I』에서 현상학적 환원을 태도변경으로 이해하고 있다. 그러나 현상학적 환원을 태도변경으로 간주하는 후설의 이러한 이해는 비단 『이념들 I』에만 국한되는 것이 아니다. 그는 『이념들 I』을 출간한 이후에도 현상학적 환원을 태도변경으로 이해하고 있다. 그 가장 대표적인 예는 『위기』인데, 그는 『위기』에서 초월론적 현상학적 환원을 "자연적인 삶의 태도의 완전한 변경"[21]으로 규정한다.

이처럼 후설이 『이념들 I』, 『위기』 등을 비롯해 여러 저술에서 현상학적 환원을 태도변경으로 이해하고 있음에도 불구하고, 그는 태도변경에 대해 구체적으로 논하면서 현상학적 환원의 정체에 대해 해명하고 있지 않다. 현상학적 환원이 태도변경을 뜻하는 것이기 때문에 현상학적 환원의 정체를 가장 손쉽게 보여 줄 수 있는 길은 바로 태도변경이 무엇인지 해명하는 일이다. 그런데 태도변경이라는 개념을 토대로 삼아 현상학적 환원의 정체를 해명하고자 하는 시도는 다음과 같이 중요한 두 가지 장점을 가지고 있다.

첫째, 태도변경이라는 개념이 판단중지라는 개념보다 우리에게 보다 더 친숙하고 또 이해하기 쉽기 때문에, 이 개념을 실마리로 삼아 현상학적 환원을 해명하려는 전략을 취할 경우 우리는 현상학적 환원이 무엇을

---

20) E. Husserl, *Ideen zu einer reinen Phänomenologie und phänomenologischen Philosophie. Erstes Buch: Allgemeine Einführung in die reine Phänomenologie. 1. Halbband. Text der 1.-3. Auflage*, Den Haag: Martinus Nijhoff, 1976(Hua III/1, 『이념들 I』), 61.

21) E. Husserl, *Die Krisis der europäischen Wissenschaften und die transzendentale Phänomenologie. Eine Einleitung in die phänomenologische Philosophie*, Den Haag: Martinus Nijhoff, 1954(Hua VI, 『위기』), 151.

뜻하는지 보다 더 쉽게 해명할 수 있다. 그 이유는 일상적으로 살아가면서 우리는 무수히 다양한 방식으로 태도변경을 수행하며 따라서 우리는 태도변경이 무엇을 뜻하는지 충분히 이해하고 있기 때문이다. 이러한 전략이 가지고 있는 장점은 그를 통해 전문적인 철학자뿐 아니라, 일반인에게도 현상학적 환원이 무엇인지 쉽게 해명할 수 있다는 데 있다.

둘째, 우리는 태도변경이라는 개념을 토대로 판단중지가 무엇을 의미하는지 정확하게 이해할 수 있다. 후설은 태도변경의 가능성을 해명하기 위하여 판단중지가 무엇인지 해명하고자 한다. 말하자면 그는 판단중지와 태도변경의 관계에 대해 전자를 설명항으로 간주하고 후자를 피설명항으로 간주하고 있다. 그러나 필자의 견해에 의하면 태도변경을 설명항으로 간주하고 판단중지를 피설명항으로 간주하는 것이 타당하다. 그 이유는 태도변경이라는 개념이 판단중지라는 개념보다 훨씬 더 이해하기 쉬운 개념이기 때문이다.[22)]

태도변경이 무엇을 뜻하는지 이해하기 위해서 우리는 우선 태도가 무엇을 뜻하는지 해명할 필요가 있다. 태도란 어떤 한 주체 또는 다수의 주체들이 어떤 특정한 주도적인 관심에 따라 세계 전체를 바라보고 그것을 대하며 살아가는 통일적인 관점을 뜻한다.[23)] 이처럼 태도를 구성하는 두 가지 중요한 요소는 "주도적인 관심"과 "통일적인 관점"이다. 이 경우

22) 본 논문에 대한 익명의 심사자가 잘 지적하고 있듯이 "설명항과 피설명항의 관계는 일반적으로 어느 것이 더 기초적인가의 문제이다." 이 점과 관련하여 필자는 "기초적"이라는 말이 맥락에 따라 다양한 의미로 사용될 수 있으며 이처럼 다양한 맥락 중의 하나는 "이해" 또는 "배움"이라는 맥락이라는 사실을 강조하고자 한다. 여기서 필자는 "이해" 내지 "배움"의 맥락을 고려하면서 "설명항", "피설명항"이라는 표현을 사용하고 있다.

23) 후설의 현상학에 있어서의 태도 개념에 대해서는 A. Staiti, "Systematische Überlegungen zu Husserls Einstellungslehre", in: *Husserl Studies* 25(2009)를 참조할 것.

"주도적인 관심"이란 주체가 가지고 있는 무수히 다양한 관심 중에서 해당 시기에 주도적인 위치를 차지하게 된 관심을 뜻한다. 그리고 태도를 "통일적인 관점"이라고 부르는 이유는 태도가 이 세상에 존재하는 어떤 특정한 대상만을 향한 것이 아니라, 그 대상을 포함해 세계 안에 존재하는 모든 대상, 더 나아가 그것들이 현출할 수 있는 터인 세계를 향하고 있는 것임을 뜻한다.

이처럼 태도가 세계 및 세계 안에 존재하는 모든 대상을 향한 주체의 통일적인 관점을 의미하기 때문에 우리가 어떤 특정한 태도를 취하면 세계 및 세계 안에 존재하는 대상들 전체는 그러한 태도에 의해 조명되어 특정한 모습을 보이게 된다. 그러면 이제 몇 가지 예를 통해 이 점을 구체적으로 살펴보기로 하자.[24)]

어떤 사람이 등산하면서 산자락에 핀 어떤 아름다운 꽃을 경험할 경우를 생각해 보자. 이 경우 그가 어떤 태도를 취하느냐에 따라 이 꽃을 비롯해 주위에 있는 다른 대상들, 더 나아가 세계 전체는 각기 다른 모습을 보일 수 있다. 우선 그가 이 꽃을 보면서 그의 아름다움에 흠뻑 취해 있을 경우 그는 이 꽃에 대해 미적 태도를 취하고 있다고 할 수 있다. 그런데 그가 이처럼 이 꽃에 대해 미적 태도를 취하고 있을 경우 그는 이 꽃뿐 아니라, 그 옆에 있는 다른 꽃들, 나무들, 바위들을 비롯해 일체의 것들을 미적 대상으로 경험한다. 이처럼 그가 이 모든 것들을 미적 대상으로 경험하게 되는 이유는 그가 이 모든 대상들이 현출할 수 있는 터인 세계를 미적 세계로 경험하기 때문이다.

24) 필자는 이미 「인문학과 자연과학은 어떻게 만날 수 있는가? 통섭개념에 대한 비판적 검토를 토대로 삼아」(『철학연구』 87, 2009)의 286쪽 이하에서 아래에서 논의될 예들을 사용하였다. 필자는 거기서 윌슨의 통섭 프로그램이 불가능하다는 사실을 논의하기 위하여 이 예들을 사용하였다.

그러나 이 동일한 꽃을 감상하던 도중 그가 이 꽃 주위에 있던 꽃들이 훼손되었음을 발견하고 그런 행위를 한 사람들을 책망하면서 그들의 행위가 옳은 행위가 아니라고 판단한다고 가정해 보자. 이 경우 그는 윤리적 태도를 취하면서 환경윤리적 관점에서 그들의 행위를 책망하고 있다고 할 수 있다. 이처럼 그가 윤리적 태도를 취하면서 환경윤리적 관점에서 그들을 책망할 경우 그는 저 꽃을 비롯해 그 주위에 있는 많은 꽃, 더 나아가 바위, 나무, 물, 곤충, 동물 등 저 산 속에 있는 온갖 것들을 윤리적 배려의 대상으로 경험한다고 할 수 있다. 이처럼 그가 이 모든 것들을 윤리적 배려의 대상으로 경험하게 되는 이유는 그가 이 모든 대상들이 현출할 수 있는 터인 세계를 윤리적 배려의 세계, 즉 윤리적 세계로 경험하기 때문이다.

또 저 사람이 산을 오르면서 종교적으로 경건한 감정이 일어나 이러한 감정에 흠뻑 취했을 경우를 생각해 보자. 이 경우 그는 저 꽃뿐 아니라, 그가 등산하면서 만나는 모든 것을 종교적 의미를 지닌 대상으로 경험할 수 있을 것이다. 만일 그가 그리스도교 신자라면 그는 이 모든 것을 그리스도교적 세계관에 따라 창조주의 피조물로 경험할 수 있을 것이며, 그가 만일 불교 신자라면 그는 이 모든 것을 불교적 세계관에 따라 윤회의 결과로 경험할 수 있을 것이다. 이처럼 그가 이 모든 것들을 종교적 의미를 지닌 대상으로 경험하게 되는 이유는 그가 이 모든 대상들이 현출할 수 있는 터인 세계를 종교적 의미를 지닌 세계, 즉 종교적 세계로 경험하기 때문이다.

더 나아가 저 사람이 등산할 목적이 아니라, 산에서 버섯, 약초 등을 채집하여 시장에 내다팔 목적으로 산을 오르고 있을 경우를 가정해 보자. 이 경우 그는 경제적 태도를 취하면서 산을 오르고 있다고 할 수 있다. 이처럼 그가 경제적 태도를 취하면서 산을 오를 경우 버섯, 약초 등을 비롯해 그가 산에서 경험하는 일체의 것들은 경제적 대상으로 경험될 것이다. 이처럼 그가 이 모든 것을 경제적 대상으로 경험하게 되는 이유는 그가 이 모든 것이 현출할 수 있는 터인 세계를 경제적 의미를 지닌 세계, 즉 경제적 세계로 경험하기 때문이다.

지금까지 우리는 네 가지 서로 다른 태도를 살펴보았다. 그러나 이러한 네 가지 태도 이외에 우리가 취할 수 있는 태도가 수없이 많음은 두말할 필요도 없다. 그러나 이 모든 태도의 특징은 그것들이 모두 주체가 어떤 특정한 주도적인 관심에 따라 세계 전체를 바라보고 그것을 대하며 살아가는 통일적인 관점이라는 데 있다. 그리고 이처럼 주체가 어떤 특정한 태도를 취하면 세계는 그 태도에 의해 채색된 특정한 의미를 지닌 세계로 주체에게 현출한다. 말하자면 다양한 태도에는 다양한 유형의 세계가 대응한다.

그런데 이처럼 다양한 태도들과 관련해 주목해야 할 점은 우리가 어떤 하나의 태도에 머물다가 다른 태도로 이행해 갈 수 있다는 사실이다. 앞서 살펴본 예의 경우 우리는 미적 태도에서 머물다가 윤리적 태도, 종교적 태도, 경제적 태도 등으로 이행할 수 있으며, 또 그 반대의 경우도 가능하다. 이처럼 어떤 하나의 태도로부터 다른 하나의 태도로 이행하는 과정이 "태도변경"인데, 이러한 태도변경이 다름 아닌 현상학적 환원이다. 그리고 태도변경을 통해 우리가 취하게 되는 새로운 태도는 다양할 수 있는데, 우리가 취하게 되는 새로운 태도에 따라 현상학적 환원 역시 다양한 명칭으로 불릴 수 있다. 예를 들어 우리가 태도변경을 통해 미적 태도, 윤리적 태도, 종교적 태도, 경제적 태도 등을 취하게 될 경우 이처럼 다양한 유형의 태도변경은 각각 미적 현상학적 환원, 윤리적 현상학적 환원, 종교적 현상학적 환원, 경제적 현상학적 환원 등으로 불릴 수 있다.

현상학적 환원이 태도변경을 의미하기 때문에, 다양한 유형의 현상학적 환원의 정체를 이해하기 위해서 우리는 다양한 유형의 태도변경이 가능하다는 사실에 유의할 필요가 있다. 우리는 다양한 유형의 태도를 나름의 학문적 관심에 따라 여러 가지 방식으로 분류할 수 있다. 그러면 이 점과 관련해 다음의 몇 가지 사실을 살펴보기로 하자.

1) 앞서 우리는 미적 태도, 윤리적 태도, 종교적 태도, 경제적 태도 등에 대해 살펴보았다. 이 모든 태도들의 특징은 그것들이 모두 일상적 삶을 살아가는 자연스런 태도라 할 수 있으며 그러한 점에서 그것들은 모두 자연스런 태도라 불릴 수 있다. 자연스런 태도가 일상적인 생활세계를 토대로 전개되기 때문에 우리는 자연스런 태도를 생활세계적 태도라 부를 수도 있을 것이다. 앞서 살펴본 네 가지 유형의 자연스런 태도 이외에 다양한 유형의 자연스런 태도, 예를 들어 역사적 태도, 사회적 태도, 정치적 태도, 문화적 태도 등이 존재한다.

2) 앞서 살펴본 자연스런 태도를 취할 경우 우리는 아직 이론적 작업 내지 학적 작업을 수행하고 있는 것이 아니다. 그러나 우리는 자연스런 태도를 취하면서 단순히 일상적 삶을 살아가는 대신에 그러한 태도 속에서 현출하는 대상 및 세계를 이론적이며 학적인 관점에서 연구할 수 있다. 이 경우 우리는 자연스런 태도와는 구별되는 이론적 태도를 취하게 되는데, 그 예로는 미학적 태도, 윤리학적 태도, 종교학적 태도, 경제학적 태도뿐 아니라, 역사학적 태도, 사회학적 태도, 정치학적 태도, 문화인류학적 태도, 더 나아가 다양한 유형의 자연과학적 태도 등을 들 수 있다.

3) 그러나 자연스런 태도이든 이론적 태도이든 지금까지 살펴본 다양한 유형의 태도를 취하면서 우리는 명시적이든 암묵적이든 "세계는 존재

하는 것의 총체다"라는 생각, 즉 세계의 일반정립을 가지고 살아간다. 후설은 이처럼 세계의 일반정립을 전제하는 태도를 자연적 태도라 부른다. 그러나 우리는 자연적 태도뿐 아니라, 그와는 전혀 다른 새로운 태도를 취할 수도 있다. 이러한 새로운 태도의 가능성을 이해하기 위해서 우리는 주체와 세계의 관계를 고찰할 필요가 있다. 우리가 자연적 태도를 취할 경우 나를 포함하여 모든 주체는 여타의 대상들과 마찬가지로 세계를 이루고 있는 한 부분으로서 경험된다. 그러나 주체가 이처럼 언제나 세계를 이루고 있는 한 부분으로서만 경험되는 것은 아니다. 경우에 따라 의미로서의 세계는 주체에 의존적이며 주체에 의해 구성된 것으로서 경험될 수도 있다. 예를 들어 내가 어떤 특정한 기분에 휩싸이게 되면 지금까지 어떤 모습으로 나에게 현출하던 세계는 지금까지와는 전혀 다른 모습으로 현출하게 된다. 내가 극도로 권태로운 기분에 사로잡히면 나에게는 모든 대상이 권태로운 것으로 경험되는데, 그 이유는 모든 대상이 현출할 수 있는 터인 의미로서의 세계가 나에게 권태로운 것으로 경험되기 때문이다. 이와 반대로 내가 극도로 축복받은 기분에 젖게 되면 나에게는 모든 것이 축복스러운 것으로 경험되는데, 그 이유는 모든 대상이 현출할 수 있는 터인 의미로서의 세계가 나에게 축복스러운 것으로 경험되기 때문이다. 이러한 사실은 의미로서의 세계가 의미를 부여하는 주체의 의식에 의존해 있으며 주체의 의식의 구성 산물이라는 사실을 잘 보여 주고 있다. 그런데 이처럼 의미로서의 세계가 주체에 의존적이며 주체의 의식의 구성 산물이라는 사실에 초점을 맞추어 주체와 의미로서의 세계의 관계를 분석하려고 시도할 경우 우리는 더 이상 세계의 일반정립을 전제하는 자연적 태도에서 살아가는 것이 아니며, 자연적 태도와는 전혀 다른 새로운 태도에서 살아가는 것인데, 후설은 이처럼 새로운 태도를 초월론적 태도라고 부른다.[25)]

다양한 태도에 대한 이러한 논의를 토대로 우리는 앞서 살펴본 몇몇 유형의 현상학적 환원 이외에 다양한 유형의 현상학적 환원이 존재한다는 사실을 알 수 있다. 이 점과 관련해 우리는 다음의 몇 가지 사실을 지적하고자 한다.

1) 앞서 우리는 자연스런 생활세계적 태도에 대해 살펴보았는데, 우리는 다양한 유형의 이론적 태도를 취하다가 그로부터 생활세계적 태도로 이행해 갈 수 있다. 우리는 이처럼 다양한 유형의 이론적 태도로부터 생활세계적 태도로 이행해가는 태도변경을 생활세계적 환원이라 부를 수 있다. 앞서 우리는 미적 태도, 윤리적 태도, 종교적 태도, 경제적 태도 등에 대해 살펴보았는데, 다른 여타의 태도에 머물다가 이러한 태도들 각각으로 이행하는 과정을 각기 미적 현상학적 환원, 윤리적 현상학적 환원, 종교적 현상학적 환원, 경제적 현상학적 환원 등으로 부를 수 있을 것이다. 이러한 다양한 유형의 현상학적 환원들은 모두 생활세계적 환원의 일종이다.

2) 다른 한편 우리는 생활세계적 태도 속에서 살아가다가 이론적 태도로 전환할 수 있는데, 이처럼 이론적 태도로의 변경 역시 현상학적 환원이라 불릴 수 있다. 이 경우 우리는 이러한 새로운 유형의 현상학적 환원을 방금 살펴본 다양한 유형의 현상학적 환원과 구별해 미학적 현상학적 환원, 윤리학적 현상학적 환원, 종교학적 현상학적 환원, 경제학적 현상학적 환원이라 부를 수 있을 것이다.[26] 이러한 다양한 유형의 현상학적 환

25) 이 점에 대해서는 이남인, 『현상학과 해석학』, 서울대학교출판부, 2004, 73쪽 이하를 참고할 것.

원은 다양한 유형의 인문사회과학이 가능하기 위한 방법적 토대가 된다. 말하자면 인문사회과학에 종사하는 연구자들은 각자 자신에게 주어진 대상 영역을 탐구하기 위하여 주제적 또는 비주제적으로 특정한 유형의 현상학적 환원을 수행하고 있는 것이다.

그런데 여기서 유의해야 할 점은 인문사회과학의 영역에서 사용되는 이처럼 다양한 유형의 환원 이외에도, 자연과학의 영역에서 사용되는 다양한 유형의 현상학적 환원 역시 가능하다는 사실이다. 이 점과 관련해 우리는 자연과학적 탐구가 가능하기 위해서도 자연적 대상 영역으로 우리의 시선을 돌리도록 해 주는 태도변경이 필요하다는 사실에 유의할 필요가 있다. 말하자면 자연적 대상 영역으로 우리의 시선을 돌리도록 해 주는 태도변경은 자연과학적 탐구를 가능하게 해 주는 방법적 절차라 할 수 있다. 우리는 이처럼 자연과학적 탐구를 가능하게 해 주는 방법적 절차인 환원을 자연과학적 현상학적 환원이라 부를 수 있을 것이다.[27]

3) 우리는 세계의 일반정립을 전제로 하는 자연적 태도에서 초월론적 태도로 이행해 가면서 태도변경을 수행할 수 있는데, 이러한 태도변경이 바로 초월론적 현상학적 환원이다. 물론 다른 유형의 현상학적 환원과 비교해 볼 때 초월론적 현상학적 환원을 수행하기가 훨씬 더 어려운 것은 사실이다. 그 이유는 세계의 일반정립을 전제하는 자연적 태도는 우리에게 아주 친숙한 반면 자연적 태도의 정립을 벗어난 초월론적 태도는 우리

---

26) 선이론적인 일상적 태도와 이론적 태도가 구별되는 한 우리는 미적 현상학적 환원과 미학적 현상학적 환원, 윤리적 현상학적 환원과 윤리학적 현상학적 환원, 종교적 현상학적 환원과 종교학적 현상학적 환원 등을 구별할 수 있다.

27) 후설 역시 『위기』에서 자연과학적 현상학적 환원 내지 물리학적 현상학적 환원의 가능성에 대해 언급하고 있는데, 이 점에 대해서는 『위기』, 255를 참조할 것.

에게 매우 낯설기 때문이다. 그러나 이러한 사실이 초월론적 현상학적 환원이 불가능하다는 사실을 함축하는 것은 아니다. 오히려 의미로서의 세계가 주체의 구성 작용에 의존적이며 따라서 세계의 일반정립이 결코 자명한 것이 아니라는 사실을 이해한 사람의 경우 언제든지 손쉽게 초월론적 현상학적 환원을 수행하면서 초월론적 현상학적 탐구를 수행할 수 있다. 두말할 것도 없이 세계의 일반정립이 자명한 것이 아니라는 사실을 아직 파악하지 못한 사람에게 초월론적 현상학적 환원은 불가능한 것처럼 보일 수 있다. 따라서 초월론적 현상학적 환원의 가능성을 해명하기 위해 일차적으로 해명해야 할 것은, 의미로서의 세계가 주체의 구성 작용에 의존적이며 따라서 세계의 일반정립이 결코 자명한 것이 아니라는 사실이다.[28)]

지금까지 우리는 태도변경이라는 개념을 토대로 현상학적 환원이 무엇인지 해명하고자 시도하였다. 지금까지의 논의를 통해 알 수 있듯이 다양한 유형의 현상학적 환원 중에서 대부분의 것들은 우리가 살아가면서 어떤 의지적인 노력도 없이 자연스럽게 수행하는 것들이다. 대부분의 사람들이 그에 대해 의식하고 있지 못할지라도 우리는 일상적 삶을 살아가면서 암묵적으로 다양한 유형의 현상학적 환원을 수행하면서 살아가고 있다. 이 점과 관련해 우리는 모두 일상적인 삶을 살아가면서 다양한 유형의 태도변경을 수행하면서 살아가고 있다는 사실에 유의할 필요가 있

28) 자연적 태도의 일반정립에 대한 판단중지를 수반하는 초월론적 현상학적 환원은 가장 수행하기 어려운 환원이며 후설이 가장 심혈을 기울여 논의한 환원이다. 지면 관계상 우리는 이 글에서 그에 대해 자세하게 논의할 수 없다. 초월론적 현상학적 환원에 대해서는 이남인, 『현상학과 해석학』, 서울대학교출판부, 2004, 73쪽 이하를 비롯해 이 주제를 다루고 있는 여러 부분을 참고할 것.

다. 예를 들어 아침에 집을 나와 직장으로 출근한 사람의 경우 그가 직장에서 자신의 일에 충실하게 몰두하고 있는 한, 그는 나름대로 현상학적 환원을 수행했다고 할 수 있다. 그는 이제 출근하기 전 집에서 그가 취했던 가족 구성원으로서의 태도에서 벗어나 사원의 태도를 취하면서 살아가고 있는 것이다. 이제 그에게 현출하는 모든 사람과 대상은 사원으로서 그가 취하는 태도 때문에 특정한 의미를 지닌 것으로 개시된 세계의 한 요소로서 경험되는 것이다. 이제 그가 하루 일과를 마치고 집으로 돌아와 가족구성원의 일원으로서의 역할에 충실하게 되면, 그는 이미 암묵적으로 또 다른 유형의 현상학적 환원을 수행했다고 할 수 있다. 그에게는 이제 모든 사람과 대상이 가족구성원으로서 그가 취하는 태도에 의해 개시되는 세계의 한 요소로 경험되는 것이다.[29] 그 이외에도 어떤 특별한 노력이 없이도 우리가 자연스럽게 수행할 수 있는 다양한 유형의 현상학적 환원이 존재한다. 앞서 우리는 미적 현상학적 환원, 윤리적 현상학적 환원, 종교적 현상학적 환원, 경제적 현상학적 환원 등에 대해 살펴보았는데, 이러한 다양한 유형의 현상학적 환원 역시 특별한 의지적인 노력 없이 수행할 수 있는 현상학적 환원이라 할 수 있다.

물론 모든 유형의 현상학적 환원이 이처럼 무의식적으로 수행될 수 있는 것은 아니다. 어떤 유형의 현상학적 환원은 의식적 노력을 기울여야만 수행가능하다. 앞서 살펴본 유형의 현상학적 환원과는 달리 이러한 유형의 현상학적 환원은 그 정체를 파악하기가 쉽지 않다. 그 대표적인 예는 초월론적 현상학적 환원이다. 초월론적 현상학적 환원은 우리가 일상적으로 살아가고 있는 "자연적 태도의 일반정립"[30]을 벗어날 때 가능한 환

29) 이 점과 관련해 우리는 후설이 『위기』의 35절에서 판단중지를 해명하면서 그것을 직업적 태도에 비유하고 있다는 사실에 유의할 필요가 있다.

원이기 때문에 우리가 자연적 태도의 일반정립 속에서 살아가는 한 그의 정체를 파악하기가 쉽지 않다. 그럼에도 불구하고 그것 역시 태도변경의 일종인 한 우리가 태도변경을 충분히 이해할 경우 우리는 그의 정체를 정확하게 이해할 수 있다.

물론 우리는 초월론적 현상학적 환원의 정체를 해명하기 위하여 우선 그 정체를 이해하기 쉬운 다양한 유형의 현상학적 환원에 대한 해명을 시도하여야 한다. 앞서 우리는 후설이 현상학적 환원을 해명하면서 종종 데카르트가 제시한 세 번째 방법의 규칙을 준수하지 않고 처음부터 가장 이해하기 어려운 유형의 현상학적 환원인 초월론적 현상학적 환원을 해명하고자 시도하면서 난관에 봉착한다는 사실을 지적하였는데, 우리는 후설과는 달리 세 번째 방법의 규칙을 준수하면서 이해하기 쉬운 유형의 현상학적 환원에 대한 해명에서 시작하여 이해하기 어려운 유형의 현상학적 환원에 대한 해명을 시도해야 하는 것이다. 실제로 우리는 이 장에서 데카르트가 제시한 세 번째 방법적 규칙에 따라 현상학적 환원을 해명하고자 시도하였다. 그에 따라 우리는 가장 이해하기 쉬운 유형의 현상학적 환원인 자연스런 태도에서 가능한 다양한 유형의 현상학적 환원을 맨 먼저 해명하고 가장 이해하기 어려운 유형의 현상학적 환원인 초월론적 현상학적 환원을 맨 나중에 해명하고자 시도하였다. 그리고 이처럼 데카르트가 제시한 세 번째 방법의 규칙을 준수하면서 초월론적 현상학적 환원을 해명하고자 시도하였기 때문에, 우리는 초월론적 현상학적 환원이 결코 신비스러운 절차가 아니라는 사실을 이해할 수 있게 되었다.

---

30) E. Husserl, *Ideen zu einer reinen Phänomenologie und phänomenologischen Philosophie. Erstes Buch: Allgemeine Einführung in die reine Phänomenologie. 1. Halbband. Text der 1.-3. Auflage*, Den Haag: Martinus Nijhoff, 1976(Hua III/1, 『이념들 I』), 60.

3. 현상학적 환원과 사태 개시 기능

지금까지 우리는 현상학적 환원이란 태도변경을 의미하며 다양한 유형의 태도변경이 존재하기 때문에 다양한 유형의 현상학적 환원이 존재한다는 사실을 살펴보았다. 그런데 태도변경으로서의 다양한 유형의 현상학적 환원이 가지고 있는 공통점은 그것들이 모두 우리에게 나름의 방식으로 특정한 사태 영역을 개시해 주고 그처럼 개시된 영역을 직시할 수 있도록 해 주는 방법적 절차라는 데 있다. 따라서 그것은 진리의 발견이라는 점에서 아주 적극적인 기능을 가지고 있다. 그런데 이 점과 관련해 지적해야 할 것은, 다양한 유형의 현상학적 환원 중에서 여러 가지 구속 때문에 특히 수행하기 어려운 환원은 우리를 그러한 구속으로부터 해방시키면서 사태를 개시해 주는 기능을 탁월하게 가지고 있다는 점이다. 그 가장 대표적인 예는 초월론적 현상학적 환원이다. 이 점과 관련해 후설은 『위기』에서 초월론적 현상학적 환원의 문제를 다루면서 다음과 같이 말한다.

> "이 경우 판단중지가 무의미한 습관적 판단을 억제함에 머무르는 것이 아니라, 판단중지와 더불어 철학자의 시선이 실제로 완전하게 해방된다고 하는 사실, 무엇보다도 가장 강력하고 가장 보편적이며 그래서 가장 은밀한 내적인 구속, 즉 세계의 선소여성의 구속으로부터 해방된다고 하는 사실을 실제로 통찰하는 일이 필연적이다. 이러한 해방과 더불어, 그리고 이러한 해방 속에서 세계 자체와 세계의식 사이의 절대적으로 완결적이고 절대적으로 독자적인 보편적인 상관관계에 대한 발견이 가능하다."[31]

31) E. Husserl, *Die Krisis der europäischen Wissenschaften und die transzendentale*

이처럼 후설은, 현상학적 환원이 사태 개시 기능을 지니고 있다는 사실을 강조하고 있다. 이처럼 태도변경으로서의 현상학적 환원이 다양한 유형의 사태를 개시해 주는 기능을 가지고 있기 때문에 현상학적 환원은 다양한 유형의 현상학이 엄밀한 학으로 정초될 수 있기 위한 방법적 토대이다. 이 점과 관련해 유의해야 할 점은 "현상학적 환원이 없는 현상학"은 불가능하다는 사실이다. 만일 그 어떤 학이 명시적이든 암묵적이든 현상학적 환원의 방법을 사용하지 않고 전개되었다고 한다면 그것은 진정한 의미에서 현상학이라 불릴 수 없다. 이처럼 현상학적 환원은 엄밀한 학으로서의 현상학을 정립함에 있어 결정적으로 중요한 의미를 지니며 다양한 유형의 현상학이 존재하기 때문에 다양한 유형의 현상학적 환원이 존재한다.

이처럼 현상학적 환원이 사태 개시 기능을 가지고 있음에도 불구하고, 후설은 현상학적 환원에 대한 그의 해명 방식이 지니고 있는 문제점 때문에 현상학적 환원이 지닌 사태 개시 기능을 충분히 보여 주고 있지 못하다. 그의 해명 방식이 지니고 있는 문제점이란 앞서 살펴보았듯이 판단중지 및 그와 연관된 배제, 괄호치기 등의 개념을 토대로 현상학적 환원을 해명하려는 방식을 뜻한다. 앞서도 지적하였듯이 판단중지, 배제, 괄호치기 등의 개념은 현상학적 환원이 마치 우리가 사태에 대해 판단중지하고 그에 대해 괄호치면서 그것을 배제하는 과정인 듯한 인상을 준다. 여기서 우리는 판단중지라는 개념을 토대로 현상학적 환원을 해명하는 방식과 비교해 볼 때, 태도변경이라는 개념을 토대로 현상학적 환원을 해명하는 우리의 방식이 현상학적 환원이 사태 개시 기능을 가지고 있다는 사실을

Phänomenologie. Eine Einleitung in die phänomenologische Philosophie, Den Haag: Martinus Nijhoff, 1954(Hua VI, 『위기』), 154.

보다 더 극명하게 보여 준다는 점에서 특히 장점을 가지고 있다는 사실을 확인할 수 있다. 현상학적 환원이 사태 개시 기능을 가지고 있다는 사실을 보여 주지 못하는 방식으로 현상학적 환원에 대한 해명이 수행될 경우 그러한 해명은 실패한 해명에 불과하다. 필자의 견해에 의하면 판단중지 개념을 토대로 현상학적 환원을 해명하려는 후설의 시도는 현상학적 환원이 가지고 있는 사태 개시 기능을 충분히 보여 주고 있지 못하며 그러한 점에서 그것은 실패한 시도에 해당한다.

태도변경이라는 개념은 현상학적 환원뿐 아니라, 판단중지를 해명함에 있어서도 크게 기여할 수 있다. 태도변경에 대한 앞서의 논의를 통해 우리는 현상학에서 판단중지가 무엇을 의미하는지 이해할 수 있다. 판단중지는 현상학적 환원이 가능하기 위한 방법적 전단계로서, 그것은 늘 "…… 에 대한 판단중지"를 의미한다. 여기서 우리는 현상학적 환원이 언제나 "~로부터 ~로의 환원"을 의미하며[32] 따라서 그것은 언제나 방향성을 지니고 있다는 사실을 유의할 필요가 있다. 이 경우 환원의 출발점과 종착점은 노에시스적으로 말하자면 이전의 태도와 새로운 태도이며 노에마적으로 말자자면 이전의 태도를 통해 개시되는 세계와 새로운 태도를 통해 개시되는 세계이다. 그런데 현상학적 환원을 통해 이전의 태도 및 그를 통해 개시되는 세계로부터 새로운 태도 및 그를 통해 개시되는 세계로 이행할 수 있기 위해서는 우리가 이전의 태도 및 그를 통해 개시되는 세계의 존재에 대해 "무관심한 채 완전히 마음을 끊어야 하는데", 후설은 바로 이처럼 주체가 이전의 태도에 대해 "무관심한 채 완전히 마음을 끊은 상태"를 판단중지라 부르는 것이다. 이처럼 판단중지란 어떤 하나의 태도에서 다른 하나의 태도로의 태도변경이 완벽하게 수행될 경

32) 이 점에 대해서는 『위기』, 155, 170 등을 참조할 것.

우 필연적으로 따라 나오는, 이전의 태도에 대한 주체의 전적으로 "무관심한 태도"를 뜻한다.

판단중지와 관련해 필자는 다음과 같은 두 가지 사실을 지적하고자 한다.

첫째, 후설은 판단중지를 설명하면서 "배제", "괄호침" 등의 개념을 사용하며 이러한 개념은 마치 현상학적 환원을 통해 모든 것이 우리의 시선에서 사라지는 것과 같은 인상을 준다. 그러나 이러한 인상은 사실과 부합하지 않는다. 그 이유는 판단중지를 통해서는 단지 이전의 태도에 대해서만 판단중지가 이루어지고, 그것이 "배제되며", "괄호쳐질" 뿐이며, 그 대신 들어서는 새로운 태도를 통해 개시되는 세계는 본래적인 새로운 관심의 대상이 되기 때문이다. 따라서 우리는 후설이 판단중지를 "무관심함"과 연관지어 설명하려고 할 때 그의 본래의 의도가 무엇인지 정확하게 이해해야 한다. 판단중지를 수행할 경우 그를 통해 주체가 이전의 태도 및 그를 통해 개시되는 세계에 대해 철저하게 무관심한 태도를 보이는 것은 사실이지만 그렇다고 해서 우리는 판단중지가 "무관심함" 그 자체를 목표로 삼고 있는 것이라고 생각해서는 안 된다. 그 이유는 판단중지 이후에 주체는 새로운 태도를 통해 개시되는 새로운 세계에 대해서 진지하고 철저한 관심을 가지면서 그에 몰두하기 때문이다.

둘째, 앞서 우리는 판단중지라는 개념에 대한 해명을 토대로 태도변경이라는 개념을 해명하고자 하는 후설의 전략이 난점을 안고 있음을 지적하였는데, 이제 우리는 그 난점이 무엇인지 조금 더 구체적으로 이해할 수 있다. 지금까지의 논의를 통해 우리는 태도변경이라는 절차가 판단중지라는 절차보다 훨씬 더 이해하기 쉽고 또 수행하기도 쉬운 절차라는 사실을 이해하였다. 따라서 판단중지라는 개념에 대한 해명을 토대로 태도변경이라는 개념을 해명하는 것보다는 태도변경이라는 개념에 대한 해명을 토대로 판단중지 및 그와 연결된 개념들을 해명하는 것이 더 쉽고 현실적인 전략임이 드러난다.

현상학적 환원에 대한 지금까지의 논의를 통해 우리는 1장에서 살펴본 현상학적 환원에 대한 하이데거, 데리다, 타미니오 등의 견해에 다음과 같이 근본적인 문제점이 있음을 알 수 있다.

1) 앞서 살펴보았듯이 하이데거는 현상학적 환원을 "……을 도외시하는 과정"으로 이해하고 있다. 여기서 우리는 하이데거가 현상학적 환원을 "……을 도외시하는 과정"으로 이해하면서 현상학적 환원을 판단중지와 동일한 것으로 이해하고 있음을 알 수 있다. 그러나 현상학적 환원이 판단중지와 동일한 것은 아니다. 앞서 살펴보았듯이 현상학적 환원은 태도변경을 통하여 사태로 진입하는 과정을 뜻하기 때문이다. 현상학적 환원과 관련해 하이데거가 가지고 있는 또 다른 문제점은 그가 다양한 유형의 현상학적 환원이 존재한다는 사실을 인식하지 못하고 현상학적 환원을 초월론적 현상학적 환원과 동일시하고 있다는 사실이다.[33]

2) 데리다는 현상학적 환원을 일종의 "배제", 또는 추상으로 이해하면서 모든 것이 서로 얽혀 있기 때문에 이처럼 배제 또는 추상을 의미하는 현상학적 환원은 불가능하다고 주장한다. 그러나 현상학적 환원에 대한 그의 이해는 정확하지 않다. 그 이유는 배제 혹은 추상이 태도변경으로서의 현상학적 환원과 동일한 것이 아니기 때문이다. 배제 또는 추상이란 주어진 어떤 것에서 특정한 요소를 배제하거나 추상하는 것을 뜻하며, 따

33) 이 점에 대해서는 이남인, 『현상학과 해석학』, 서울대학교출판부, 2004, 465쪽 이하를 참고할 것.

라서 배제 또는 추상의 작업은 태도변경과 다른 것이다. 그리고 현상학적 환원이 태도변경을 뜻하며 앞서 살펴보았듯이 태도변경이 실제로 가능하기 때문에 현상학적 환원이란 데리다의 주장과는 달리 불가능한 것이 아니다.[34)]

3) 후설에서 시작해 하이데거를 거쳐 그 후에 등장한 현상학자들에게 이르기까지 "현상학적 환원이 형태변화를 거쳤다"는 타미니오의 견해 역시 심각한 문제점을 지니고 있다. 그 이유는 이러한 견해가 다양한 유형의 현상학적 환원이 존재하며 그것들 각각이 그 어떤 다른 것에 양도할 수 없는 고유한 권한을 지니고 있다는 사실을 망각하고 있기 때문이다. 후설이 『이념들 I』에서 선보인 데카르트적 길을 통한 초월론적 현상학적 환원의 방법뿐 아니라, 비데카르트적 길을 통한 초월론적 현상학적 환원의 방법, 더 나아가 "존재로의 환원"을 의미하는 하이데거의 현상학적 환원, 그리고 그 후에 등장한 여러 현상학자들이 선보인 다양한 유형의 현상학적 환원은 나름의 고유한 권리를 지니고 있으며 따라서 그것들은 형태변화를 거쳐야 할 이유가 없다. 후설 이후에 등장한 다양한 현상학자들이 사용하는 현상학적 환원과 마찬가지로 후설의 현상학적 환원 역시 나름의 고유한 권리를 가지고 있다. 이 점과 관련해 우리는 후설의 경우 그가 제시하는 현상학적 환원이 문제를 가지고 있는 것이 아니라, 그에 대한 그의 해명 방식이 문제를 가지고 있다는 사실에 유의할 필요가 있다.

---

34) 이에 대한 자세한 논의는 Nam-In Lee, "Phenomenology of Language beyond the Deconstructive Philosophy of Language", *Continental Philosophy Review* 42/4(2009)를 참고할 것.

4. 현상학적 환원과 현상학의 미래

지금까지 우리는 현상학적 환원에 대한 후설의 해명 방식이 지니고 있는 문제점을 비판적으로 검토하면서 현상학적 환원에 대한 타당한 해명 방식이 무엇인지 살펴보고 그에 따라 현상학적 환원의 정체를 해명하고자 시도하였다. 이러한 점에서 지금까지 논의된 내용은 "현상학적 환원의 현상학"의 중요한 한 부분을 이루는 내용이라 할 수 있다. 두말할 것도 없이 "현상학적 환원의 현상학"의 탐구 영역은 무한하며 지금까지 우리가 살펴본 것은 그 중의 한 부분에 지나지 않는다. 그러면 이제 현상학적 환원이 21세기 현상학의 전개를 위해 지니는 몇 가지 의의를 살펴보면서 "현상학적 환원의 현상학"과 관련된 이 글의 논의를 마무리하기로 하자.

앞서 살펴보았듯이 현상학적 환원은 태도변경을 뜻하며 무한히 다양한 유형의 태도변경이 가능하기 때문에 무한히 다양한 유형의 현상학적 환원이 가능하다. 물론 후설이 다양한 유형의 현상학적 환원의 방법을 개발하였음은 두말할 필요도 없다.[35] 후설 이후 등장한 현상학자들도 나름대로 다양한 유형의 현상학적 환원을 개발하면서 현상학의 새로운 영역을 개척해 나갔다.[36] 그러나 후설을 비롯해 여러 현상학자들이 지금까지

35) 후설이 개발한 다양한 유형의 현상학적 환원의 방법에 대해서는 D. Lohmar, "Die Idee der Reduktion. Huserls Reduktionen und ihr gemeinsamer, methodischer Sinn", in: H. Hüni/P. Trawny (eds.), *Die erscheinende Welt. Festschrift für Klaus Held*, Berlin: Duncker & Humboldt, 2002를 참조할 것.

36) 이 점과 관련해 우리는 하이데거, 메를로-퐁티 등 후설 이후의 현상학자들 역시 현상학적 환원의 방법을 사용하고 있다는 사실을 지적하고자 한다. 물론 이 점은 앞으로 더 자세하게 논의될 필요가 있다. 『존재와 시간』에서 사용되고 있는 현상학적 환원에 대해서는 이남인, 『현상학과 해석학』, 서울대학교출판부, 2004, 465쪽 이하를 참고할 것. 메를로-퐁티의 『지각의 현상학』에서 사용되고 있는 현상학적 환원에 대해서는 필자의 근간 저술 『몸의 현상학과 초월론적 현상학』을 참조할 것.

개발한 다양한 유형의 현상학적 환원의 방법들은 무한히 다양한 현상학적 환원 중의 극히 일부분에 불과하며, 앞으로 다양한 유형의 현상학적 환원의 방법을 개발하면서 새로운 유형의 현상학을 개척해 나갈 필요가 있는데, 이 점과 관련해 필자는 다음과 같은 몇 가지 사실을 지적하고자 한다.

첫째, 현상학적 환원은 우선 철학으로서의 현상학을 정립함에 있어서 결정적으로 중요한 의미를 지닌다. 사정이 이러함에도 불구하고, 앞서 살펴보았듯이, 철학적 현상학의 영역에서 다양한 현상학자들은 현상학적 환원에 대해 서로 다른 다양한 견해를 피력하고 있다. 이처럼 그들이 서로 다른 다양한 견해를 피력하는 데 대한 일차적인 책임은 후설에게 있다고 할 수 있다. 이제 이 점과 관련해 21세기 철학의 가장 중요한 과제는, 그동안 등장한 다양한 유형의 철학적 현상학의 방법적 토대가 되는 다양한 유형의 현상학적 환원의 정체가 무엇인지 확인하고 또 그들 사이의 연관을 추적하는 데 있다. 이러한 작업을 통해 다양한 유형의 현상학적 환원의 정체가 어느 정도 해명된 후에야 지금까지 드러나지 않았던 새로운 유형의 현상학적 환원의 방법을 개발하면서 철학으로서의 현상학의 새로운 다양한 영역을 개척하는 일도 가능할 것이다. 철학으로서의 현상학의 영역에서 현상학적 환원에 대한 논의는 종결된 것이 아니다. 그에 대한 논의는 앞으로 활발하게 전개될 필요가 있다.

둘째, 현상학적 환원의 문제는 다양한 분야 및 차원의 응용현상학을 정립해 감에 있어서 결정적으로 중요한 의미를 지닌다. 현재 전세계적으로 응용현상학 연구가 활발하게 진행되고 있으나, 응용현상학의 방법에 대한 논의는 충분하게 전개되고 있지 못하다. 그러나 이 점과 관련해 유의하여야 할 것은 응용현상학을 전개함에 있어서 가장 먼저 해결해야 할 일이 다양한 응용현상학을 전개하기 위해 필요한 현상학적 환원의 정체를 해명하는 일이라는 점이다. 이처럼 다양한 유형의 현상학적 환원의 정체가 올바로 해명될 때 비로소 다양한 분야 및 차원의 응용현상학을 체계적으로 전개시키는 일이 가능하기 때문이다.[37)]

셋째, 동양의 다양한 철학사상과 대화하면서 현상학의 새로운 지평을 개척하는 일은 21세기 현상학의 중요한 과제 중의 하나에 속한다. 동양의 다양한 철학사상과 대화하기 위해서 일차적으로 이루어져야 할 작업은 동양의 다양한 철학사상에 대한 정확한 이해이다. 그리고 동양의 다양한 철학사상을 정확하게 이해하기 위한 첩경은 서양철학을 통해 형성된 다양한 전제로부터 해방되어 동양의 철학사상이 해명하고자 하는 사태를 직시하는 일이며, 이를 위해서는 현상학적 환원이 필요하다. 동양의 철학사상이 해명하고자 하는 사태는 무한히 다양하며, 동양의 다양한 철학사상과 대화하면서 현상학의 새로운 지평을 개척하기 위해 일차적으로 이루어져야 할 작업은 다양한 동양의 철학사상이 다루고자 하는 사태를 직시할 수 있는 다양한 유형의 현상학적 환원을 모색하는 일이다.

---

37) 필자는 그동안 응용현상학의 몇몇 분야를 예로 들어 응용현상학의 범위와 방법 등에 대해 논의하였다. 이 점에 대해서는 필자의 다음의 글들을 참조할 것: 이남인, 「현상학과 질적연구방법」, 『철학과 현상학 연구』 24, 2005; 「현상학적 사회학」, 『철학과 현상학 연구』 33, 2007; 「현상학적 교육학」, 『교육철학』 47, 2010; Nam-In Lee, "What is Applied Phenomenology", in: Proceedings for the 3rd PEACE International Conference; "Phenomenology of Language beyond the Deconstructive Philosophy of Language", *Continental Philosophy Review*, 42/4 (2009).

A. N. Whitehead's Ideas on Peace*

| Prof. Youn Hong Chung(Chungnam National University) |

I

Discussions on peace have been generally related to an outlook on the universe a world view. Desire for peace has been a central motive since human being began to exist in the world. Conflicts between war and peace increased the intensity and urgency of the latter as civilization and human enlightenment developed. It is true that the great philosophers of every age contributed to solve the difficult problem of what is the real essence of peace. Exploration of peace is part of a larger effort to confirm conditions to facilitate

* 이 논문은 일본 과정철학회(The Japan Society for Process Studies) 창립 30주년 초청 국제학술회에서 발표된 논문임.

progress and peace of man, rather than only to pursue the essence itself. Therefore, the study of peace in philosophy shifted its emphasis from human nature to an analysis of social organism in connection with historical background.

Whitehead establishes a new metaphysics, not restricted to philosophical problems such as analysis of language and epistemology in his own era, and he sought the philosophical foundation for an organism based on mathematics and modern science, different from other philosophers concerned. He argues that "the safest general characterization of the European philosophical tradition is that it consists of a series of footnotes to Plato."[1] He also mentions that Plato tried to conceive of a complete fact. He distinguished, "the seven main factors interwoven in fact: - The Ideas, The Physical Elements, The Psyche, Eros, The Harmony, The Mathematical Relations, The Receptacle."[2] As Plato identified seven basic elements as his final problem, Whitehead, despite a 2500 year time lapse, proposed the issue as his main philosophical interest. In this aspect, Whitehead's system is another footnote on Plato. However, as human beings have experienced drastic changes in social organization, in artistic achievement, in religion and science for 2500 years, the philosophical system of Plato and Whitehead has been

1) A. N. Whitehead, *Process and Reality*, Ed. by D. R. Griffin and D. W. Sherburne, The Free Press, N. Y., 1978, p.39.(Indicated as P. R.)

2) A. N. Whitehead, *Adventures of Ideas*, The Macmillan Company, N. Y., 1967, p.158.(Indicated as A. I.)

observed to have substantial differences.

Whitehead argues that the specific aspects of Plato's seven elements were activated among Western nations and these aspects civilized those nations. I think that when these seven metaphysical notions are interpreted with modern meanings, the interpretation must start from a concept of "process." To Whitehead, "process" as a creative act, belongs to an essence of creative advance that is absorbed into a new unity in which the past is accompanied by the ideal and by foresight. "The new direction of aim is initiated by Spontaneity, an element of confusion. The enduring Societies with their rise, culmination, and decay, are devices to combine the necessities of Harmony and Freshness. There is the deep underlying Harmony of Nature, as it were a fluid, flexible support."[3)]

II

Whitehead tries to find a clue for solutions to social problems of our era in Plato's philosophy. As mentioned above, a 2500 year time interval between Whitehead and Plato reveals substantial differences of historical intellect such as social organization, artistic achievement, religion and science. Socrates' death made Plato think that to lead the state stricken by injustice to the righteous

3) *Ibid*., p.286.

state and to terminate human misery, philosophers, who are convinced that justice is necessary virtue for ideal, should govern the state. Plato's ideal state is a state where citizens do their jobs harmoniously and thus realize state justice. Therefore, for Plato, justice is achieved through social harmony among citizens and justice becomes a condition of peace. State members' individual desires results in disunion of a state. Therefore, to achieve a states' peace, it is necessary for each member to restrain his individual desire.

Although Plato presents the implication of a state according to his idea of peace, in historical aspects, that cannot be the same as a contemporary philosopher, Whitehead. According to Whitehead : "the Universe achieves its values by reason of its coordination into societies of societies, and into societies of societies of societies. Thus an army is a society of regiments, and regiments are societies of men, and men are societies of cells, and of blood, and of bones, together with the dominant society of personal human experience, and cells are societies of small physical entities such as protons, and so on, and so on"[4], and "a society is a nexus which 'illustrates' or 'shares in', some type of 'Social Order'."[5] A society possesses attributes that makes it a society, and as situations change, it also changes its inessential attributes. The Greek and Roman societies at their best have been the standard of western civilization. They

---

4) *Ibid.*, p.206.

5) *Ibid.*, p.203.

were speculative, adventurous and eager for novelty. Without adventure, civilization decays. For a society to be civilized, five attributes, truth, beauty, adventure, art and peace are necessary. Whitehead argues that "I choose the term 'Peace' for that Harmony of Harmonies which calms destructive turbulence and completes civilization."[6] To Whitehead, peace does not mean anesthesia, but the crown of life and motion of soul in positive feeling. "It[peace] comes as a gift. The deliberate aim at Peace very easily passes into its bastard substitute, Anesthesia. In other words, in the place of a quality of 'life and motion', there is substituted their destruction. Thus Peace is the removal of inhibition and not its introduction. ... In fact it is largely for this reason that Peace is so essential for civilization. It is the barrier against narrowness. One of its fruits is that passion whose existence Hume denied, the love of mankind as such."[7] As seen here, Whitehead's idea of peace is a philosophical concept to establish peace.

As mentioned earlier, Plato notes that to realize state justice, citizens must do their jobs harmoniously. Justice is achieved through social harmony among citizens. Citizens' individual desires can results in the disunion of a state. Therefore, to achieve a state's peace, it is necessary for each citizen to restrain his individual desire by reason. Whitehead argues that as a community changes,

6) *Ibid.*, p.285.

7) *Ibid.*, pp.285~286.

every rule and norm needs to change according to the light of reason. "It is the first step in sociological wisdom, to recognize that the major advances in civilization are processes which all but wreck the societies in which they occur : - like unto an arrow in the hand of a child. The art of free society consists first in the maintenance of the symbolic code ; and secondly in fearlessness of revision, to secure that the code serves those purposes which satisfy an enlightened reason. Those societies which cannot combine reverence to their symbols with freedom of revision, must ultimately decay either from anarchy, or from the slow atrophy of a life stifled by useless shadows."[8)]

III

The ancient natural philosophers sought permanence in the process of fluxes. Pythagoras regarded men, society and the universe as a product of numerical harmony and order. Logical harmony accompanied by a situation that composes a unity is exclusive and subsumptive. Therefore, order and disorder come from numerical harmony and disharmony. Peace and war all come from harmony and disorder. Peace means harmony and order, and war

---

8) A. N. Whitehead, *Symbolism, Its Meaning and Effect*, G. P. Putnam's Sons, N. Y., 1958, p.88.

means disharmony and disorder. They are made of numerical arrangements and proportions. Pythagoras penetrates the importance of numbers as a supporting measure that represents conditions inherent in the order of the nature. Whitehead argues that "his philosophical speculations reach us through the mind of Plato. The Platonic world of ideas is the refined, revised form of the Pythagorean doctrine that number lies at the base of the real world."[9] There is 1300 year interval between the era of Pythagoras and Plato and an era when Whitehead and Bertrand Russell co-authored *Pricipia Mathematica.* But the clue of Whitehead's idea on peace can be found in both Plato and Pythagoras. His definition, "mathematics is the science of the most complete abstractions to which the human mind can attain"[10], is a philosophical definition rather than a mathematical definition. This reveals Whitehead's metaphysical inclination. Whitehead's philosophy laid the cornerstone of process, passing through a period of mathematical logic, of science philosophy and of metaphysics. Whitehead philosophy succeeds the western traditional philosophy, but he reorganizes western traditional philosophy into philosophy of process.

It is quite likely that Whitehead's process philosophy originated from Heraclitus. Whitehead argues that becoming and perishing of an entity is a process that is constantly repeated, and his argument

9) A. N. Whitehead, *Science and the Modern World*, Macmillan Publishing Co., Inc., p.28.
10) *Ibid.*, p.34.

is in the same vein with Heraclitus's proposition, "no one crosses the same river twice", which means all things are in a state of flux. By introducing a unity that is hidden behind flux and change, which is a concept of logos, a unifying rule, Heraclitus explains nature.

As a process philosopher, Heraclitus regards confrontation and harmony as factors of flux and change. His theory that confrontation and harmony are interwoven became a model of dialectic theory. Heraclitus' formula of peace is harmony through confrontation. Permanent peace is not achieved by ending the war. Rather, after the confrontation is terminated, stasis and extinction are left. As Heraclitus who recognizes that peace is achieved through harmony of opponents, Whitehead considers peace as harmony and confrontation as stasis.

Whitehead and Russell expand in *Principia Mathematica* the meaning of mathematics through a series of arguments by symbols. In those three books, they confront the challenge of mathematics and philosophy. Russell mentions that Whitehead handed over philosophical problems to him.[11] Comparing Whitehead's philosophy of peace with Russell's will help to consider the former's.

Even when Russell focused on writing *Principia Mathematica* he never lost his interest in politics. Russell warned the outbreak of

---

11) cf. Bertrand Russell, *My Philosophical Development*, George Allen & Uwin, Ltd., London, 1959, p.74.

the third world war and if it really breaks out, he thought human being would be exterminated. Because of this desperate urgency, he suggests that to achieve peace, people must abandon nuclear weapons and a world government should be established for the long term solution. Because of nuclear weapon, the third world war will be a horrible one. The only permanent method to prevent this tragedy is to establish the world government to monopolize the military force. Russell's idea on establishment of the world government to prevent the third world war is based on an unrealistic idealism resulting from an obsessive thought that men must avoid war.

Different from Russell who advocates the constitution of a world government to prevent war, Kant advocates a union closer the League of Nations that is guaranteed by agreements among nations. Kant thinks there is no complete solution for permanent peace. What men can do is to try to approach gradually to a goal of eternal peace. In terms of peace, history is a process of a consistent endeavor to reach that goal.

IV

Whitehead's idea of peace differs from both Russell who advocates for a world government and also from Kant who favors a world confederation as seen in the League of Nations. His solution is not through concrete institutes or organizations. As mentioned earlier, Whitehead argues that we should make progress and peace asymptotically through a creative advance. Therefore, to him peace cannot be completed but only approached, that is asymptotically reached. This is in the same vein as Kant who considers eternal peace as an gradual approach and history is a process to achieve it. Whitehead's thought that is applied to the ideas of peace is based on a process through historic progress. He declares that peace is a standard of civilized behavior, and he tries to find the historical basis for peace. As human beings who experience their history, they know which is climax and decline of human experience when political or cultural aspects are described intensively. Whitehead argues that the adventures of ideas are a synonym of human history. "The history of ideas is dominated by a dichotomy which is illustrated by this comparison of Steam and Democracy in recent times to Barbarians and Christians in the classical civilization. ... Sometimes the period of change is an age of hope, sometimes it is an age of despair. When mankind has slipped its cables, sometimes it is bent on the discovery of a New World, and sometimes it is hunted by the dim sound of the breakers dashing on the rocks ahead. The Fall of the Roman Empire occurred in a prolonged age of despair: Steam and Democracy belong to an age of hope. It is easy to exaggerate the contrast between these two kinds of ages of transition."[12)]

Whitehead's history of ideas dichotomizes concepts such as the modern times of steam and democracy, and the Roman Empire of Barbarianism and Christians. "To Attila and his hordes their incursion into Europe was an enjoyable episode diversifying the monotonous round of a pastoral life. But we have preserved for us hymns and ejaculations of sentinels in North Italian towns as they paced the walls amid the gathering gloom of a winter's night: - 'From the fury of the Huns, Good Lord deliver us.' In this instance it seems easy to discriminate; barbarism and civilization were at odds with each other, and we stand for civilization."[13)]

To sum up, discussions on peace have become an important ingredients to the world view. The quest for peace has been a central motive to facilitate human progress and peace. Analysis of social organism is a working hypothesis to irenology. Since a working hypothesis is essentially hypothetical, to approach the principle of irenology, it must be asymptotic. Whitehead tries to seek a solution of peace in social harmony and human reason. He thinks of the Greek and Roman societies during their best periods as the standard of civilization. Ideas that built their societies are speculative, adventurous and eager for novelty. Without adventure, civilization is completely decay.

What distinguishes Whitehead from Russell and Kant is the fact that while these two mainly rely on a type of world government,

---

12) *A. I.*, pp.5~6.

13) *Ibid.*, p.6.

Whitehead mobilizes the creative advance to attain world peace. Whitehead' emphasis on asymptotical approach to peace of the world constitutes the characteristic of his thought of peace through a creative advance. Therefore, to him peace cannot be completed but can only be continually approached, that is asymptotically reached.

디폴트 논리 연구

| **정영기**(대전대 대우교수) |

1. 머리말

고전 논리학은 정형화된 지식이나 명제만을 다룬다. 가령 연역논리학의 정언명제가 그런 예이다. 논리학을 지식표현의 도구로 생각할 때 일상생활에서 우리가 사용하는 다양한 명제들을 논리학으로 표현한다는 것은 거의 불가능에 가깝다. 특히 인공지능의 경우 일상생활에서 일어나는 현상을 표현해야 한다. 지식표현이 문제가 된다. 그러나 지식표현이라는 것이 그렇게 간단한 일이 아니다. 실제로 어떤 상황이나 문제를 표현하려면 고려해야 할 변수들이 매우 많다. 물론 많은 변수 중에 가장 중요한 변수가 있지만 그 변수만을 다룰 수는 없다. 많은 종속변수와 보조변수들이 있다. 고전논리는 고려해야 할 변수 중에 극히 제한된 변수만을 고려한다.

일반적으로 컴퓨터는 자료처리작업은 잘 수행하지만 추리를 하고 지식을 얻고 사용하는 능력을 갖고 있지 않다. 컴퓨터는 문제해결능력을 갖고 있지 않다. 인공지능(Artificial Intelligence)은 문제해결 프로그램에 초점을 맞춤으로써 자료처리작업 이상의 일을 수행하려고 한다. 인공지능은 지능적인 컴퓨터를 만들기 위한 원리와 방법론에 대한 연구이며, 일반적으로 문제해결에 관심을 갖는다. 문제해결이란 어떤 목적을 얻기 위한 행위수행으로 정의할 수 있다.[1)]

인공지능 컴퓨터는 지식을 명확하게 표현하고 사용함으로써 문제해결 능력을 발휘할 수 있다. 지식은 데이터베이스 안에서 (서술문 형식으로) 명확하게 표현되거나 (과정 속에) 암시적으로 표현된다. 암시적인 지식은 명확한 지식보다 다소 어렵게 이해되거나 조작된다. 맥카시(J. McCarthy)는 문제 진술에 명확하게 표현되지 않은 상식적 지식을 문제해결자가 공급해야 한다고 주장한다. 그 지식은 우리가 취하는 입장과는 무관하게 문제해결에 필요하다. 문제 표현을 위해 제공되야 하는 상식적 지식은 경험적 지식이며, 고려 중인 문제 영역에 특수한 지식이고, 경험적 지식이 변화할 때 수정되어야 한다. 그러나 이 지식은 명확한 명제의 형태로 제공될 필요는 없다. 이렇게 불완전한 지식에 기초하여 추리하는 것이 우리의 일상적인 추리이며 상식적인 추리이다.[2)]

상식적인 추리는 예외적일 수 있는 일반적인 규칙을 사용하는 능력에 깊이 의존하고 있다. 우리가 일상생활에서 내리는 의사결정 중에 완전한 확실성을 갖고 있는 것은 거의 없다.[3)] 그러나 일상생할 속에서 우리는 의사결정을 내리지 않을 수 없다. 우리는 불확실성에도 불구하고 계속 행위하기 위해 결정을 내린다. 예를 들어, 우리는 일과 후에 집으로의 자동차

---

1) 인간들은 다음과 같이 문제해결을 한다. 첫째, 최적의 시간 내에 문제해결을 하며 둘째, 주어진 자료가 불완전하고 부정확하더라도 문제해결을 하며 셋째, 반복된 시도 후에 작업수행능력을 향상시킬 수 있다.

2) Grigoris Antoniou, "A Tutorial on Default Logic", ACM Computing Surveys, Vol. 31. No. 3. September 1999, p.337.

3) Philippe, Besnard, *An Introduction to Default Logic*, Springer-Verlag, 2011, p.3.

운전을 생각하며 암암리에 다음과 같이 가정한다. 자동차는 마지막에 주차한 곳에 주차해 있으며, 배터리는 잘 작동하고 있으며, 길은 막혀 있지 않으며 등등. 그러나 이런 기대는 깨질 수 있으며 그런 경우 우리는 기존의 신념을 재평가할 준비를 해야 한다. AI 연구자들은 상황에 대해 완전하고 정확한 지식이 없는 가운데에서 합리적으로 행위하는 능력을 매우 중요시하였다.[4] 상식적인 추리에서 우리는 지지하는 증거와 모순되는 증기의 부재에 기초하여 가정을 세운다. 전통 논리는 지식의 부재를 고려하는 수단을 갖추고 있지 않다.

현대사회는 정보사회이다. 정보사회는 정보가 끊임없이 대량 생산되고 증가되어 확대 재생산되는 사회이며, 정보가 우리의 삶을 지배하는 사회이다. (물론 어떤 사회에서도 그러했지만) 정보사회에서는 특히 관련 정보를 충분하게 획득하기가 쉽지가 않다. 그렇지 않아도 이 세상에 확실한 것은 거의 없다. 벤자민 크랭클린은 1789년 세금과 죽음 이외에는 확실한 것이 아무 것도 없다고 말했다.[5] 우리는 불완전하고 부족한 정보에 기초하여 의사결정할 수밖에 없다. 그렇지만 계속해서 들어오는 새로운 정보에 관심을 가지고 귀를 기울여야 한다. 우리는 시간의존적인 과정 속에서 의사결정을 해야 한다. 이런 환경 변화에 맞는 새로운 논리학의 개발이 요구되는데 필자는 디폴트 논리(default logic)가 그런 요구를 만족시키는 새로운 논리라고 생각한다. 디폴트 논리는 정보사회에 맞는 인공지능의 논리이다. 이 글은 디폴트 논리에 대한 연구이다.

---

4) D. W. Etherington, "Formalizing Nonmonotonic Reasoning Systems", in Artificial Intelligence 31, 1987, p.42.

5) M. L. Ginsberg(ed.), *Readings in Nonmonotonic Reasoning*, Morgan Kaufmann Publishers, Inc. Los Altos, California, 1987, p.1. 재인용.

2. 디폴트 용어 분석

디폴트라는 용어는 여러 가지 분야에서 사용되고 있다. 그렇다 보니 의미상 혼란이 있다. 여러 분야에서 다양하게 사용되는 디폴트라는 용어의 의미를 분석해 보자. 컴퓨터 과학에서 디폴트는 소프트웨어 장치, 컴퓨터 프로그램에 의해 자동으로 할당된 값이거나 설정을 의미한다. 디폴트 값이란 짧게 기본 값 내지는 초기 값이다. 자세히 말하면 어떤 프로그램에서 사용자가 값을 정해 주지 않았을 때 디폴트 값을 사용하면 프로그램에 세팅되어 있는 기본 값이 사용된다. 이것이 디폴트이다. 이해하기 쉽게 윈도우를 새로 깔았다면 기본 바탕화면에 어떤 것도 사용자 임의로 설정된 것 없는 그 상태가 바로 디폴트이다.

경제학에서 디폴트는 채무를 갚지 못하거나 채무계약을 이행하지 못함을 의미한다. 채무 불이행은 빚진 상태로 그대로 돌아가는 것이다. 빚을 갚은 상태로 나아가지 못하고 원래 상태인 빚쟁이 상태로 들어가는 초기 값이다. 디폴트 또는 채무불이행(non payment)이란, 민간 기업이 공채나 사채, 은행 융자 등을 받았는데 이자나 원리금을 계약대로 상환할 수 없는 상황, 또는 정부가 외국에서 빌려온 차관을 정해진 기간 안에 갚지 못하는 경우를 말한다. 뿐만 아니라 차관 계약상 부과의무 사항을 위반한 경우에도 디폴트가 성립한다. 디폴트 즉 채무불이행 상황이라고 판단한 채권자가 채무자나 제3자에게 통보하는 것을 디폴트 선언(declaration of default)이라고 한다.

테니스 디폴트는 테니스 경기의 용어로서 선수가 코트에 나타나지 않거나 자기의 잘못, 또는 규칙에 관련된 부당한 행위로 인해 경기에 출전하지 못한 경우의 실격을 말한다. 중대한 규칙 위반으로 선수가 경기 출전 자격을 상실할 경우, 대회 당국이 그 선수를 실격시키는 것을 가리킬 때는 디스퀄리파이(disqualify)라고 한다.

디폴트 옵션이라는 말도 여러 분야에서 사용된다. 디폴트 옵션이란 어떤 특정한 선택의 변경이 없다면 원래 주어진 대로 자동 선택되는 것을 말한다. 디폴트 옵션(default option)은 컴퓨터 프로그램 언어 등에서 옵션을 지정하지 않았을 때 자동적으로 선택되는 옵션을 말한다. 최상의 선택은 아니더라도 필수적인 것은 놓치지 않도록 해 준다는 장점이 있다. 이는 일상생활에서도 자주 접할 수 있다. 복잡한 투자상품이나 다양한 이동통신 요금제 등을 선택할 때 대부분의 사람들이 선호하는 것을 선택하게 하는 것을 말한다. 차를 구입할 때 구매자가 추가적인 옵션을 가하지 않으면 기본적으로 차를 살 때 차에 제공되는 것을 예로 들 수 있다.

디폴트 규칙이라는 말도 있다. 전문가 시스템은 어렵고 복잡한 문제에 높은 생산성을 보장해 주는 방법이다. 더구나 일정계획 전문가는 확보하기도 어려울 뿐만 아니라 지역을 달리하는 많은 분야에서 필요로 한다. 따라서 일정계획을 수행할 수 있는 전문가 시스템을 구축할 수 있다면 그 시스템으로 인한 보상이익은 극대화될 수 있을 것이다. 전문가 시스템의 가장 핵심적인 요소는 지식베이스와 추론기관으로 구성되어 있다. 전문가시스템도 지식획득과정의 어려움이 존재한다. 새로운 문제에 대하여 전문가 시스템을 구축할 경우나 수긍할 만한 전문가 지식이 존재하지 않을 때에는 지식획득 시 가장 흔히 이용하는 면접방식을 통하여 지식을 추출해 낼 수 없다.

생산일정 계획용 전문가시스템을 위한 지식획득 시에도 이와 동일한 어려움이 예상된다. 전문가시스템을 구축하였더라도 시간이 변화함에 따라 그 지식원(knowledge Source)이 변하는 경우 이로 인한 시스템의 재구축이 필요하게 된다. 생산일정계획을 위한 주요방법들의 현실감 결여는 자금이나 자원 면에서 제약을 받는 중소기업들에게는 커다란 생산성의 저하로 나타날 수밖에 없다. 따라서 이러한 기술 제약이나 자원을 절약하는 방법으로 디폴트 규칙이 제안된다. 우선 공장이 직면할 수 있는 다양한 상황에 여러 형태의 작업처리규칙을 모의실험한다. 각각의 실험 중 기업의 기준목표에 가장 적합한 결과를 제시하는 규칙만을 수집한다. 이렇게 수집된 여러 형태의 규칙 조합 중 가장 많은 비율을 차지하는 규칙을 디폴트 규칙으로 정의한다.[6)]

디폴트 추리는 추론을 하기 위한 충분한 정보가 없을 경우 인공지능에서 자주 이용되는 방법이다. 디폴트 규칙도 이와 유사한 특성을 갖는다. 많은 시간과 전문인력이 계속적으로 요구되는 모의실험을 이용하지 않고 생산일정을 계획할 때 어느 규칙이 가장 바람직한 것인가를 결정하려고 하는 경우 이를 위한 충분한 정보가 존재하지 않는다. 더욱이 전문가시스템의 경우에도 본질적인 지식획득의 어려움으로 인해 좋은 규칙을 찾는 것은 용이하지 않다.[7)]

롱맨(Longman) 영어사전에 의하면 디폴트는 다섯 가지 의미를 갖고 있다. 첫째, 경기나 경쟁 등에서 상대가 게임을 하지 않았거나 상대가 없어 이겼다면 by default로 즉 부전승으로 이긴 것이다. 또는 무엇인가를 바꾸기 위해 아무 것도 하지 않은 경우 그 무엇이 일어나면 by default로 일어난 것이다. 둘째, 빌린 돈을 적절한 시점에 갚지 못한 경우이며 채무불이행을 말한다. 셋째, 법에 의해서나 의무로 하기로 되어 있는 어떤 것을 실행하는 데 실패한 것이며 결석재판이라고 한다. 넷째, 컴퓨터에서 변경하지 않으면 기본으로 하도록 되어 있는 방식을 말한다. 다섯째, 어떤 것이 부족하거나 없기 때문에(in default of something)라는 의미로

6) 김선욱, 「생산일정계획에서 Default Rule의 유용성」, 『신소재연구논집』, 제4집, 1994, 78면.

7) 위의 글, 79면.

디폴트를 사용하는 경우이다.[8)]

이상의 분석을 바탕으로 디폴트를 세 가지 의미로 정리할 수 있다. 첫째, 디폴트는 임시적이라는 의미를 갖고 있다. 이 경우 디폴트의 사전적인 의미인 결석, 결핍은 반대되는 정보가 없음을 의미한다. judgement by default는 결석재판을 의미한다. default conclusion의 default는 반대되는 정보가 없는 한에서 타당하다는 의미이므로 default conclusion은 임시적인 결론이다. 둘째, 디폴트는 규칙의 의미를 갖고 있다.[9)] 디폴트는 반대되는 정보가 없는 한에서 부분적인 정보에 기초하여 일정한 결론을 이끌어 낼 수 있도록 해 주는 규칙이다. 그러나 반대되는 새로운 정보가 나타날 경우 그 결론은 수정되고 다른 디폴트가 나온다. 새로운 정보에 나타남에 따라 여러 가지 디폴트가 가능해진다. 셋째, 디폴트는 전형성이나 초기 값을 의미한다. 앞에서 옵션을 지정하지 않았을 때 자동으로 선택되는 옵션을 디폴트 옵션이라고 했는데 이 경우 디폴트는 전형적인 옵션을 말하며 초기에 주어지는 값을 말한다.

3. 디폴트의 비단조논리적 성격

디폴트 논리는 디폴트 가정에 의한 추리를 형식화하기 위해 라이터(R. Reiter)가 제안한 비단조논리이다. 디폴트 논리는 디폴트로 어떤 것이 참이라는 것처럼 사실을 표현한다. 반면에 고전논리는 어떤 것이 참이거나 어떤 것이 거짓이라는 것을 단지 표현할 뿐이다. 이것이 문제인 이유는

---

8) http://www.ldoceonline.com/dictionary/default_1 참조.

9) 베스나드는 디폴트를 규칙이 아니라 공리이론의 특별한 집합으로 간주한다. Philippe, Besnard, op.cit., p.76 참고.

추리는 대부분의 경우 참이지만 항상 참이지는 않는 사실을 종종 포함하기 때문이다. 고전적인 사례는 "새는 전형적으로 난다."이다. 이 규칙은 "모든 새는 난다."라는 식으로 표현되지만 펭귄은 날지 못한다는 사실과 모순된다. 또는 이 규칙은 "펭귄이 아니고 타조도 아닌 모든 새는 난다."라는 식으로 표현되지만 그 규칙에 예외를 요구한다. 디폴트 논리는 모든 예외를 명시적으로 언급하지 않으면서 이런 추리규칙을 형식화하려고 한다.

단조논리의 데이터베이스 내에 있는 모든 지식들은 서로 독립적이기 때문에 이들 상호간에 서로 아무런 영향을 미치지 못한다. 통상적인 논리에서 추론은 논리시스템에 새로운 공리가 추가되더라도 이 시스템으로부터 생성될 수 있는 정리의 집합 크기가 줄어들지 않으므로 이런 의미에서 단조롭다고 한다.[10] 이러한 추론형태의 특징은 첫째, 새로운 정보가 시스템에 부가되었을 경우 이 정보와 과거 정보 사이에 모순이 없는가를 체크할 필요가 없으며 둘째, 일단 증명이 된 사실에 대해 증명을 위해 필요로 했던 다른 정보를 기억할 필요가 없다. 왜냐하면 이러한 추론 시스템에서 일단 지식베이스 내에 들어온 정보는 사라질 염려가 없기 때문이다. 그러나 실제세계에서는 불충분한 정보, 변화상황 등의 문제로 인해서 이런 추론구조로는 처리가 불가능한 많은 경우가 발생하게 된다.[11]

직관적으로 단조성(monotonicity)이란 새로운 지식을 알게 되었을 때 알려진 지식이 환원될 수 없는 것을 의미한다. 단조논리는 디폴트 논리나 귀추논리나 신념수정 같은 다양한 추리과정을 처리할 수 없다. 디폴트추

10) 최정희, 박영택, "온톨로지 Open World 추론과 규칙 Closed World 추론의 통합", 소프트웨어 및 응용 제37권 제4호, 정보과학회논문지, 2010, 283면.

11) 이강희, 최종수, 「확장된 논리에 의한 추론 시스템에 관한 연구」, 『추계종합학술대회 논문집』, 중앙대학교 전자공학과 영상정보연구실, 1987, 300면.

리에서 그 결과는 반대되는 증거가 없다는 이유에서만 도출될 수 있다. 귀추논리(歸推論理, abductive logic)에서 그 결과는 설명 같은 것에 의해서 오직 도출된다. 신념수정에서 새로운 지식은 오래된 신념과 모순될 수 있다.

민스키(M. Minsky)는 특정한 새가 날 수 있는가 없는가를 결정하는데 관련된 규칙과 예외를 형식화하는 자동추리의 기초로서 고전논리를 제안하는 사람들에 대해 처음으로 비판하였다. 민스키는 일상적인 추리를 자동화하려는 체계는 필연적으로 비단조적이여야 한다고 주장하였다. 그는 고전논리가 상식적 추리를 표현하기에는 부적절하다고 지적하면서 "비단조논리"(Nonmonotonic Logic)[12]라는 용어를 1975년 처음 사용하였다.[13]

고전논리는 단조적(monotonic)이다. 그 이유는 어떤 데이터베이스와 규칙이 있고 그 데이터베이스에 정보를 부가할 경우 새롭게 얻어진 연역의 결론은 원래 데이터베이스의 부분집합이기 때문이다. 다시 말하면, T가 문장 집합이며 w가 문장일 때마다 일련의 문장 집합 N에 대해 $T \models w$는 $T \vee N \models w$를 함축한다. 다시 말하면 새로운 정보 N은 이전의 결론 w를 보전한다. 그러나 비단조논리에서는 부분적인 정보에 기초하여 추리하지만 새롭게 얻어진 정보가 그 추리와 모순되면 우리는 그 추리를 철회하며 주장의 일부분을 수정한다. 존 타버(John Taber)는 비단조논리의

12) 비단조(非單調, nonmonotonic)는 음악적인 의미에서 단조(短調, minor)라는 말을 연상시켜 오해의 소지가 있지만 적절한 번역어가 없는 관계로 nonmonotonic을 비단조라고 번역하였다.

13) D. Perlis, "Nonmonotonic reasoning", in Shapiro, S. C.(editor-in chief)(1992), p.1302; 다음 논문 참조. M. Minsky, "A Frameword for Representing Knowledge", in P. Winston, ed., *The Psychology of Computer Vision*, McGraw-Hill Book Co., Inc., New York., 1975.

특징을 새로운 정보에의 민감성(sensitive to new information)이라고 표현했다.[14)]

비단조논리의 특징은 불완전한 정보에 기초하여 추리하는 것이며 그 이상의 정보가 주어질 경우 이전에 내린 결론을 철회할 준비를 해야 한다.[15)] 가령 우리는 모든 새는 난다고 알고 있다. 앞에서 T ⊨ Fly(Tweety)라고 해 보자. 그러나 이후에 Tweety가 타조라는 것을 알았다면 우리는 확장된 공리 집합이 Tweety는 난다를 함축하지 않기를 원한다. 즉 우리는 다음과 같은 것을 원한다. T∨ {Ostrich(Tweety)} ⊭Fly(Tweety) 이것은 고전 논리에서는 불가능하다. 일상적 추리를 형식화하는 논리적 메카니즘이 무엇이든 그것은 비단조적이어야 한다. 즉, 그 결론은 철회 가능해야 한다고 라이터는 주장한다.[16)]

민스키가 고전논리는 적절하지 않다고 주장하는 또 다른 이유가 있다. 새는 난다는 경우를 살펴보자. 일반적으로 새는 날지만 날지 않는 새도 많다. 그러나 우리가 날지 않는 새의 모든 경우를 고려하지는 못한다. 다음과 같은 공리를 가지고 난다(fly)는 것에 대한 모든 예외를 다음과 같이 열거한다고 하더라도,

$$(\forall x)Bird(x) \& \neg Emu(x) \& \neg Dead(x) \&....... \supset Fly(x)$$

---

14) J Taber, "Is Indian Logic Nonmonotonic?", Philosophy East and West, vol 54, no. 2. April, 2004, p.141.

15) Gerhard Brewka, Jürgen Dix, and Kurt Konlige, *Nonmonotonic Reasoning: An Overview* (Stanford: Center for the Study of Language and Information), 1997, p.ix.

16) R. Reiter, "Nonmonotonic Reasoning", In Shrobe, H. E., and AAAI(eds.), *Exploring Artificial Intelligence*, Survey Talks from the National Conference on Artificial Intelligence, Morgan Kaufmann Publishers, Inc, 1988, p.449

Bird(Tweety)로부터 Fly(Tweety)를 도출할 수 없다. 왜냐하면 Tweety는 Emu가 아니고 Tweety는 죽지 않았고 등이 주어지지 않았기 때문이다.[17] 고전논리로는 그런 예외적인 경우인 날지 않는 새들을 열거하기가 불가능하다. 이 경우 조건언의 전건이 도출될 수 없으며 따라서 조건언의 후건이 도출될 수 없다. 비단조논리는 디폴트를 사용하여 그런 추리를 할 수 있다.

인공지능의 문제해결에 있어서 많은 경우 비단조논리가 적절하다. 특히 문제 영역이 다음과 같은 특성을 갖고 있을 때 비단조논리의 필요성은 더욱 명백해진다.[18] 첫째, 주어진 정보가 확실하지 않고 기존 정보에 부합하지 않는 경우이다. 예를 들면 센서(sensor)를 통해서 들어오는 영상정보는 특히 이런 특성을 갖는 경우가 많다. 둘째, 주어진 정보가 불완전한 경우이다. 불완전한 정보로부터 결론을 내려야 하는 경우는 우리 주변에 수없이 많다. 예를 들면 문제의 성질 자체가 완전한 정보를 얻을 수 없는 경우가 있다. 이러한 경우 사람들은 주먹구구식의 방법으로 결론에 도달하곤 한다. 그리고 비록 완전한 정보를 이론상 얻을 수 있지만 그 완전한 정보를 얻을 수 있는 시간이 없는 경우가 있다. 실시간(real time) 시스템인 경우 대개 이러한 범주에 속하게 된다. 또한 완전한 정보를 얻기에는 너무 큰 값을 치러야 하는 경우가 있다. 이 모든 경우 시스템이 어떤 가정을 설정하여 사용하고 더 자세한 정보가 들어옴에 따라 그것에 맞게 대응해 나가야 한다. 셋째, 문제의 영역 자체가 불완전한 경우이다. 실생활에

---

17) 날지 않는 다른 종류의 새는 많기 때문에 날지 않는 새를 구별하는 문제는 자격 문제(qualification problem)라고 불린다. M. R. Genesereth and N. J. Nilsson, *Logical Foundations of Artificial Intelligence*, Morgan Kaufmann Publishings, Inc. 1987, p.117.

18) 박승수, 「비단순추론과 그 응용」, 『정보과학회지』, 제10권, 제4호, 1992, 8~9면.

서 계획을 수립하고 그에 따라 움직이는 시스템의 경우 많은 예기치 못한 사태가 발생할 수 있다. 그것은 우리가 사는 세상이 시간이 지남에 따라 변화하기 때문이다. 이러한 불완전한 영역에서의 지식표현 및 처리에는 비단조논리가 적합하다.

4. 디폴트의 구조분석

1) 디폴트의 의미론

비단조논리는 1980년을 전후로 해서 본격적으로 연구가 시작되어[19] 여러 사람들이 개발하여 많이 발전하였다. 맥더모트(D. McDermott), 도일(J. Doyle), 라이터(R. Reiter)는 1980 년에 두 가지 다른 형식체계를 만들었다.[20] 맥더모트와 도일은 비단조논리라는 말을 그대로 사용하였으나 라이터는 디폴트 논리를 개발하였다.

라이터는 일관성에 기초하여 비단조 추리에 접근하며 디폴트 논리를 개발하였다.[21] 디폴트는 다르게 증명되지 않는 한 (또는 다르게 증명될 때까지) 어떤 언명이 믿어질 수 있다는 언명이거나 규칙이다. 디폴트 S는

---

19) 《인공지능》(Artificial Intelligence)는 1980년 특별이슈로 비단조논리를 다루었다. 1984년에는 뉴욕에서 국제적인 워크숍이 개최되었으며, 그 이후 1987년부터는 비단조논리에 대한 국제적인 워크숍이 2년마다 개최되고 있다.

20) D. McDermott and J. Doyle, "Non-Monotonic Logic I", Artificial Intelligence 13(1-2), 1980, pp.41~72; R. Reiter, "A Logic for Default Reasoning", Artificial Intelligence 13(1-2), 1980, pp.81~132.

21) R. Reiter, "A Logic for Default Reasoning" in M.L. Ginsberg(ed.), *Readings in Nonmonotonic Reasoning*, Los Altos, California, 1987, p.68.

S가 아니라고 증명되지 않는 한 S는 추리될 수 있다고 해석된다. 디폴트는 큰 변화 없이 예외가 인정될 수 있는 일반성을 진술할 때 사용된다. 예를 들어 디폴트가 '모든 새는 날 수 있다'라면, 이 경우 예외는 펭귄이나 타조이다.

예를 들어 보자. 창수는 전산학과 교수이다. 그러므로 창수는 박사 학위를 갖고 있다. 물론 그가 박사 학위를 갖고 있지 않을 수 있다. 만일 그가 박사 학위를 갖고 있지 않다는 믿을 만한 정보를 듣는다면 우리는 그 결론을 철회한다. 창수의 예는 default 추리의 일반적인 패턴을 예시해준다. 그 예는 다음과 같이 분석된다.[22)]

> x가 전산학과 교수이고 x가 박사 학위를 갖고 있지 않다고 증명되지 않는 한, 우리는 x가 박사 학위를 갖고 있다고 추리할 수 있다.

그런 추리의 결론 부분을 디폴트라고 부른다. 새로운 부분은 "~라고 증명되지 않는 한" 부분이다. 이 부분이 의미하는 것을 형식화하는 데에는 생각보다 세밀한 것이 요구된다. 그러나 실제 프로그램에 그것을 작용시키는 것은 어렵지 않다. "~라고 증명되지 않는 한" 부분은 "consistent"라는 기호를 도입하여 표현할 수 있다. 즉 (~P)라고 추리될 수 없으면 (consistent P)는 참이다. 반대되는 정보가 없는 한[23)], 기존 정보에 기초하여 일정한 결론을 주장할 수 있다는 것이다.

라이터는 일상적인 논리와 추리규칙에 디폴트라고 불리는 새로운 종

---

22) E. Charniak, and D. McDermott, *Introduction to Artificial Intelligence*, Addison-Wesley Publishing Company, 1985, p.370.

23) 다음 세 가지 표현 "반대되는 정보가 없는 한", "결론의 부정이 증명되지 않는 한", "일관성이 유지되는 한"은 같은 의미이다.

류의 추리규칙을 접합하여 디폴트를 형식화한다. 디폴트는 다음과 같은 형식이다. P이고 그것이 Q라고 가정하는 것과 일관된다면 R이라고 추리하라. 이것은 다음과 같이 쓴다. P : Q/R. (여기에서 P, Q, R은 일상적인 정식이다.) 조건 P가 주어지면, 디폴트는 Q가 아니라고 증명되지 않는다면 R의 추리를 허용한다. 구체적으로 라이터는 다음과 같은 추리규칙을 도입한다.[24)]

$$\frac{\text{Bird}(x) : \text{M Fly}(x)}{\text{Fly}(x)}$$

이것의 의미는 다음과 같다.[25)] x가 새이고 x가 난다고 일관성 있게 가정할 수 있다면 x는 날 수 있다고 우리는 추리할 수 있다. 이것을 일반화하면 다음과 같은 추리규칙을 얻을 수 있다.[26)]

$$\frac{\alpha(x) : \beta(x)}{\gamma(x)}$$

위에서 $\alpha(x)$는 선행조건이고, $\beta(x)$는 테스트 조건이고, $\gamma(x)$는 디폴트의 결과이다. 위 규칙은 $\neg\beta(a)$가 도출되지 않으면 $\alpha(a)$로부터 $\gamma(a)$를 도출할 수 있음을 의미한다. 달리 말하면, $\alpha(x)$가 타당하고 $\beta(x)$가 일관되게

---

24) 여기에서 M은 "그것은 ~라고 추리하는 것과 일관성이 있다."라고 해석된다. (M is to be read as "it is consistent to assume.") R. Reiter, op.cit., p.68.

25) 여기에서 M Fly(x)는 결론 Fly(x)에 대한 전제가 아니라 Bird(x)로부터 Fly(x)를 도출하기 전에 충족되어야 하는 조건이다.

26) R. Reiter, op.cit. p.456. 위의 추리는 $\beta(x)$와 $\gamma(x)$가 같은 경우이다.

가정될 수 있다면 우리는 γ(x)라고 추리할 수 있다.

디폴트 논리는 문장들의 집합을 가지고 시작한다. 이 문장들은 세계에 대해 참이라고 알려진 것들이다. 우리는 전지하지 않으므로 이 지식은 보통 불완전하며 우리의 세계에 대한 지식에는 일정한 갭이 있다. 디폴트는 불완전한 이론이 더 완전하게 확장하도록 만드는 기능을 한다. 그 디폴트는 가망성 있는 결론을 가지고 그 갭을 채운다. 따라서 불완전한 이론이 Bird(Tweety)를 포함하고 Fly(Tweety)가 그 이론과 일관성을 가지면 나는 새에 대한 위의 default 도식에 의해 Fly(Tweety)를 부가함으로써 그 이론을 확장시킬 수 있다.

라이터는 디폴트 이론 T=⟨W, D⟩의 확장(extension) 개념을 도입한다.[27] T=⟨W, D⟩에서 W는 일련의 정식이고 D는 일련의 디폴트이다. 이 경우 얻어진 확장은 행위자의 가능한 신념이 된다. 우리는 디폴트에 의해 불완전한 지식을 확장시킬 수 있으므로 확장[28]은 디폴트 논리에서 매우 중요한 기능을 수행한다. 확장은 일련의 신념들인데, 그 신념들은 세계에 대해 알려진 것에 비추어 어떤 의미에서 정당화되거나 합리적인 신념들이다.[29] 세계에 대한 우리의 지식은 일련의 문장들로 표현되는데 그 문장

27) H. Geffner, *Default reasoning : causal and conditional theories*, The MIT Press. 1992, p.15.

28) 각각의 확장은 다음과 같은 성질을 갖고 있다.

① 모든 확장 E는 W를 포함한다.

② E는 (단조적) 연역 하에 닫혀 있다.

③ E는 default에 충실하다.

이것의 의미는 다음과 같다. $\alpha : \beta / \gamma$ 형식의 이론에 default이 있고 $\alpha \in$ E이고 $\neg\beta \notin$ E이면 $\gamma \in$ E이다. Hanks, S., and McDermott, D., "Nonmonotonic Logic and Temporal Projection", Artificial Intelligence 33, 1987, p.382.

29) John Horty, "Defaults With Priorities", Journal of Philosophical Logic 36, 2007, p.369.

들은 보통 불완전하다. 사이먼(H. Simon)은 비단조논리의 특징을 다음과 같이 말한다.[30] 비단조 추리의 핵심은 기존의 명제와의 일관성에 기초하여 직접적인 증명 없이 어떤 명제를 주장하는 것이다. 디폴트 논리는 정상적으로 참인 것에 기초하여 결론으로 점프하는 과정이라고 할 수 있다.

2) 디폴트의 존재론

인공지능 연구자들은 상황에 대해 완전하고 정확한 지식이 없는 가운데에서 합리적으로 행위하는 능력을 매우 중요시한다.[31] 필자는 가능한 모든 경우를 고려하는 행위보다 전형적인 경우를 고려하는 비단조논리적인 행위가 합리적 행위임을 주장한다. 고전적 합리성은 확률적인 계산에 근거한 행위이다. 그러나 많은 경우 우리는 예상결과에 대해 정확하게 평가할 수 없으며 대안의 비교평가기준도 갖고 있지 않다. 비단조논리는 수적인 확률이 얻어지지 않을 경우 확률정보를 표현하는 데 사용된다. 우리가 직면한 상황에서 합리적인 행위는 확률적인 계산보다는 규범에 의지하는 것이 바람직하다.

그런 규범은 명확하게 제시되는 경우와 암묵적으로 제시되는 경우가 있다. 명확하게 제시되는 경우는 닫힌세계 가정(closed world assumption)이다. 닫힌세계 가정은 라이터가 도입하였다. 닫힌세계 안의 데이터베이스는 부정적인 정보를 포함하지 않는다. 그 데이터베이스로부터 부정적인 사실을 도출할 수 있는가를 결정하기 위해서는 긍정적인 사실의

30) H. A. Simon, "Search and Reasoning in Problem Solving", Artificial Intelligence 21, 1983, p.18.

31) D. W. Etherington, "Formalizing Nonmonotonic Reasoning Systems", Artificial Intelligence 31, 1987, p.42.

참을 증명해 보아야 한다. 긍정적인 사실의 참을 증명하지 못했을 경우 부정적인 사실이 참이라고 가정된다. 다시 말하면 닫힌세계 가정 하에서 어떤 대답은 증명을 발견하지 못하는 결과로서 인정된다.

많은 경우 닫힌세계 가정은 적절하다. 왜냐하면 오직 긍정적인 지식만을 명확하게 표현하고 부정적인 사실의 참을 디폴트로 가정하는 것이 자연스럽기 때문이다. 명확하게 표현해야 할 부정적인 정보의 양은 너무나 많다. 이것은 실제 데이터베이스에서 참일 것이다. 데이터베이스는 그런 부정적인 정보를 명확하게 표현하는 대신, 닫힌 세계 가정에 의해 부정적인 정보를 암묵적으로 표현한다. 닫힌 세계 가정은 모든 관련된 긍정적인 정보가 명확하게 표현되었다는 것을 말한다.

예를 들어 보자. 가령 비행 횟수와 비행하는 도시들을 표현하는 비행기 운행 스케줄을 위한 데이터베이스가 있다고 해 보자. 비형식적으로는 이 데이터베이스(database)에 상업적으로 운행 가능한 모든 비행 항로를 적어둘 수 있을 것이다. 그러나 우리는 모든 비행기 운행과 그 운행에 의해 연결되지 않는 도시들을 데이터베이스에 포함하길 원하지 않을 것이다. 이유는 그 정보의 양이 너무 많기 때문이다. 예를 들어, 대한 항공 707은 런던과 파리를 연결하지 않으며, 토론토와 몬트리올을 연결하지 않으며, 동경과 아테네를 연결하지 않는다. 명확하게 표현해야 할 부정적인 정보의 양은 너무나 많다. 긍정적인 사실이 데이터베이스에 명확하게 표현되지 않는다면 그 부정이 참이라고 전제된다. 따라서 A도시에서 B도시로의 비행기 운행에 관한 정보가 없다면 그런 운행은 존재하지 않는다. 즉 반대되는 정보가 없다면 A도시로부터 B도시로의 비행기 운행은 없다고 가정할 수 있다. 우리가 여행사 직원에게 오쉬코쉬(Oshkosh)에서 민스크(Minsk)로 가는 항공편에 대해 물었을 때, 그는 자신의 비행기운행 데이터베이스에는 그런 항공편이 언급되지 않았으며 자신이 가진 정보로는 그런 항공편이 있다는 것을 증명할 수 없다고 말한다. 그러므로 부정은 증명할 수 없음으로 간주된다.[32](Negation is treated as a failure to prove)

승계추리(inheritance reasoning)는 디폴트에 의해서 집합의 표준적인(prototypical) 성질을 표현한다. 변화에 대한 추리에서 디폴트는 관련된 변화가 없는 경우 불변하는 성질의 경향을 표현한다. 전형적으로 새는 난다. 따라서 임의의 어떤 새가 날지 못한다는 것을 알지 못하는 한, 그 새가 날 수 있다고 default하게 추리할 수 있다. 이 경우 우리는 대상의 전형적인 성질을 진술하는 기술을 필요로 한다. 승계 추리는, 문제의 성질이 구체적으로 무시되지 않는 한, 하위집합이 상위집합의 성질을 승계받는 분류적 계층에 적용된다.

프레드가 날개를 갖고 있는지를 알고자 한다고 해 보자. 우리의 데이터베이스는 당연히 다음과 같이 말할 것이다. 동물들은 일반적으로 날개가 없지만 새들은 날개를 가진 특별한 종류의 동물이다. 타조가 날개를 가졌다는 것에 대해 어느 것도 명확하게 말하지 않는다. 그러나 타조는 새이므로 타조는 그런 성질을 조류로부터 승계받을 수 있다. 프레드가 날개를 가졌는가를 결정하기 위해서는 앞의 첫 번째 대답으로 돌아가 계층을 따져 보기만 하면 된다. 또 프레드가 짖을 수 있는가를 알고자 한다면 모든 동물들의 집합을 따져 보아야 할 것이다. (개를 제외한) 동물들은 일반적으로 짖지 않으므로 프레드도 짖지 않는다고 우리는 결론 내린다. 승계추리는 비단조적이다. 왜냐하면 새인 펭귄이 날지 않더라도 새들은 난다고 가정하기 때문이다. 따라서 그 이상의 정보는 결론의 철회를 초래할 수 있다.

---

32) M. L. Ginsberg, op. cit., p.3.

3) 디폴트의 전형성

비단조논리는 전형성(typicality)에 기초한 추리이다. 새를 판단하는 경우 "전형적으로 새는 난다."는 사실에 기초하여 어떤 것이 새라면 그것은 난다고 결론 내린다.[33] 그런 결론은 그 새가 전형적인 새라는 사실, 즉 그 새가 비전형적이지 않다는 사실에 기초하여 내려진 판단이다. 그 결론은 잠정적인 결론이다. 따라서 그 새가 전형적인 새가 아니라고 판명 나면 그 결론은 수정된다. 그 결론은 반대되는 정보가 없는 한에서 타당하고 반대되는 정보가 나오면 결론은 수정되므로 그 추리는 비단조적이다.

구체적인 상황 속에서 행위하는 우리는 능력의 한계와 제약 때문에 가능한 모든 경우를 고려하는 것보다는 전형적인 경우를 고려하는 것이 효율적이다. 의사들이 진단을 내리는 경우 전형성에 기초하여 진단을 내린다. 의사들은 건강한 사람이라면 전형적으로 신체가 어떤 상태를 유지한다는 것을 알고 있다. 환자가 전형적인 신체상태를 갖지 않는 경우 징후에 따라 병의 진단을 내린다. 가령 의사들은 환자에게 잘 먹느냐 또는 대소변을 잘 보느냐고 묻는다. 건강한 사람이라면 전형적으로 잘 먹고 대소변을 잘 볼 것이기 때문이다. 한의사들도 전형성에 기초하여 진단을 내린다. 가령 환자의 얼굴이 보통 이상으로 검을 경우 간의 이상을 진단하며, 환자의 얼굴이 보통 이상으로 흰 경우 폐의 이상을 진단하며 환자의 얼굴이 보통 이상으로 붉을 경우 심장의 이상을 진단한다. 그러나 그런 진단이 반드시 적중하지는 않는다. 다른 이유 때문에 환자의 얼굴이 검거나 붉거나 희게 될 수 있기 때문이다.[34]

33) Ibid., p.2.

34) 정영기, 『과학적 설명과 비단조논리』, 엘맨출판사, 1996, p.102.

실제로 우리의 상식은 전형성에 기초한 추리를 하고 있으며 비단조논리는 그것을 잘 반영하고 있다. 이 경우 전형성은 이제까지 타당하다고 인정되어 온 것이며 검증된 것이어서 신뢰할 수 있는 것이다. 따라서 전형성에 기초한 추리는 많은 경우 성공을 가져다준다. 마치 바둑에서 정석(定石)을 믿고 바둑을 두면 대부분의 경우 좋은 결과를 가져다주는 것과 같다고 할 수 있다.

앞에서 살펴본 바대로 모든 경우를 고려하는 행위보다 전형적인 경우를 고려하는 행위가 합리적이다. 그러나 전형적인 경우를 고려하고 모든 경우를 고려하지 않기 때문에 그리고 전형적인 경우가 전형적이지 않은 경우로 판명날 수 있기 때문에 기존의 신념을 수정해야 할 경우가 생긴다. 신념을 형성하는 것도 중요하지만 새로운 정보에 따라 적절하게 신념을 수정하는 것이 합리적이다. 신념형성과 신념수정은 비단조논리의 중요한 두 가지 측면이다.

의사가 환자의 질병을 치료하면서 우선은 전형적인 진단을 한다. 가령 환자가 이런 증상을 가진 경우 어떤 병이라고 진단할 수 있으며 저런 증상을 보일 경우 다른 병이라고 진단할 수 있다. 그러나 전형적인 진단이 반드시 적중하는 것은 아니기 때문에 계속되는 진단에 의해 새로운 증상이 발견되면 의사는 이전의 결론을 수정해야 한다.

4) 디폴트의 의사소통기능

비단조논리는 어떻게 사용되는가? 멕카시(J. McCarchy)는 몇 가지 경우를 다음과 같이 제시하고 있다.[35] 첫째, 비단조논리는 의사소통의 규약

---

35) J. McCarthy, "Applications of Circumscription to Formalizing common-Sense

으로 사용된다. 가령 A가 B에게 새를 포함하는 상황을 말해 준다고 해 보자. 그 새가 날 수 없으며 그것이 사실이라면 A는 그 사실을 B에게 말해 주어야 한다. 반면에 그 새가 날 수 있다면 그 사실을 말할 필요가 없다. 왜냐하면 새가 날 수 있다는 것은 당연한 것이기 때문이다. 내가 나의 친구를 고용하여 그 친구에게 새장을 만들어 줄 것을 부탁하였는데 그 친구가 새장의 천장을 만들지 않았다면, 내가 그 새가 날 수 있다는 것을 말하지 않았더라도 나는 비용을 지불하지 않아도 된다. 그러나 내가 펭귄용으로 생각한 새장에 나의 친구가 새장의 천장을 만들다가 낭비된 비용에 대해 내가 불평한다면, 새장에 넣을 새가 날 수 없다는 것을 말했어야 한다는 나의 친구의 말은 옳다. 이것은 일상생활에서 의사소통의 관례 또는 규약(communication convention)을 보여 주는 예이다. 이러한 규약은 단조 논리로는 표현할 수 없다.

우리는 일상생활에서 수많은 문제에 직면한다. 그런데 우리가 직면한 문제상황을 정확하게 표현하기는 불가능하다. 이 경우 지식의 부가가 필요한데 그것은 비단조논리적인 부가이어야 한다. 멕카시는 비단조 추리가 필요한 이유를 설명하기 위해 선교사와 식인종 예를 사용하였다.[36]

> 세 사람의 선교사와 세 명의 식인종이 강가에 있다. 두 사람이 탈 수 있는 노를 젓는 보트가 있다. 강가 어느 쪽에든 식인종이 선교사보다 많으면 선교사는 잡아먹힐 것이다. 그들은 어떻게 강을 건널 것인가?

이 문제에 접한 사람들은 보트를 저어서 모두 무사하게 강을 건너게 하

Knowledge", Artificial Intelligence 28, 1986, p.91.

36) J. McCarthy, "Circumscription-A Form of Non-Monotonic Reasoning", In Ginsberg, M. op.cit., p.146.

고 불행을 피하는 전략을 고안하려고 할 것이다. 그런데 어떤 사람에게 문제를 주었는데 그가 잠시 생각한 후에 강 위로 1마일 올라가서 다리를 건너간다는 제안을 하였다고 해 보자. 이에 대해 나는 다음과 같이 말할 것이다. "무슨 다리냐? 그 문제의 표현에는 다리가 언급되지 않았다." 그러나 그 바보는 "너는 다리가 없다고 말하지 않았다."라고 대답할 것이다. 이에 대해 다리가 없다고 말하지 않은 것을 인정하고, 나는 다리가 배제하도록 문제를 수정한다. 그 바보에게 그 문제를 다시 주었다. 그는 헬리콥터를 제안한다. 헬리콥터를 배제하였더니 이번에는 그가 날개 달린 말을 제안한다.

그가 정상적인 자세로 그 문제를 풀도록 만드는 것에 지쳐서 나는 그에게 해결책을 알려 주었다. 이에 대해 그는 그 보트에 물이 새거나 노가 없을 수 있다는 이유로 나의 해결책을 공격한다. 나는 다시 문제의 표현에 생략된 부분을 보충하지만, 그는 바다 공룡이 강을 헤엄치거나 보트를 삼킬 수 있다는 지적을 한다. 나는 이제 그가 꼼짝 못하는 추리 양식을 찾는다. 아무리 그 바보에 대해 분노하더라도 보트를 이용하지 않고 강을 건너는 방법은 없으며 그 보트에는 이상이 없다고 그 문제를 표현하는 것은 문제를 지나치게 규정하는 것이다.

문제해결에 직면한 관찰자에게 어떤 정보가 유용하며 그 정보로부터 어떤 결론을 이끌어 내는가하는 문제는 인식론적으로 매우 중요하다.[37) 여기에서 멕카시의 관심은 추리의 정확성이다. 그런데 인간의 모든 추리가 형식논리로 담겨질 수 있는 것은 아니다. 문제의 표현은 많은 것을 생략하고 있다. 여기에서 우리가 상식을 동원해야 한다는 것을 멕카시는 지

37) J. McCarthy, "Epistemological Problem of Artificial Intelligence", In Ginsberg, M. op.cit., p.46.

적하고 있다. 위의 문제에서 보트에 이상이 없으며 보트 사용을 방해하는 그 외의 다른 것이 없다면 강을 건너기 위해 보트가 사용될 수 있다는 것은 상식적 지식의 일부분이다.[38] 따라서 노가 없을 수 있는 가능성은 강을 건너기 위해 보트가 사용될 수 있다는 사실에 의해 배제된다.

우리가 보트 등에 대한 상식적 사실과 문제의 진술을 고찰해 보면 다리나 헬리콥터가 없다고 결론 내릴 수 있다. 다리가 있느냐 없느냐 하는 문제는 논리의 문제가 아니라 사실의 문제이다. 만일 편리한 다리가 있고 그 다리가 형식적인 문제 표현에 포함되지 않았다면 그 문제 표현은 문제에 대한 정확한 기술이 아니다. 문제를 정확하게 표현하기 위해, 다리가 없으며 헬리콥터가 없다는 식으로 없는 모든 것들을 명제로 표현할 필요는 없다고 사이먼은 말한다.[39] 우리는 우리가 직면한 상황에서 그 상황에서 참인 것을 명확하게 진술하고 그 상황에서 참이 아닌 것에 대한 진술을 생략하는 표현에 기초하여 문제상황에 대해 추리해야 한다. 그 상황에서 어떤 것이 참이고 참이 아니냐 하는 것은 논리의 문제가 아니고 사실의 문제이다.

멕카시는 문제 진술에 명확하게 표현되지 않은 상식적 지식을 문제해결자가 공급해야 한다고 주장한다. 그 지식은 우리가 취하는 입장과는 무관하게 문제해결에 필요하다. 문제 표현을 위해 제공되야 하는 상식적 지식은 경험적 지식이며, 고려 중인 문제 영역에 특수한 지식이고, 경험적 지식이 변화할 때 수정되어야 한다. 그러나 이 지식은 명확한 명제의 형태로 제공될 필요는 없다. 이렇게 불완전한 지식에 기초하여 추리하는 것이 우리의 일상적인 추리이며 상식적인 추리이다. 이런 상식적 추리를 비

38) J. McCarthy, op. cit., p.146.

39) H. A. Simon, “Search and Reasoning in Problem Solving”, Artificial Intelligence 21, 1983, p.21.

단조논리가 잘 반영하고 있다. 그리고 비단조논리의 이런 형식이 없으면 상식적인 사실을 일상언어로 표현하기가 어렵다.[40)]

5. 맺는 말

이상에서 필자는 디폴트의 용어분석과 비단조논리적 성격과 디폴트의 구조분석을 하였다. 마무리하면서 필자는 디폴트의 정당성을 합리성 개념에서 찾고자 한다.

고전논리는 정보와 지식을 명확한 명제의 형태로 표현한다. 그러나 문제해결을 위해 우리에게 필요한 정보를 명확하게 표현한다는 것이 사실상 불가능하다. 필자의 경험사례를 들어 보자. 필자는 13~15년 전에 가지고 있던 중고차를 친구의 소개로 친구의 지인에게 판매한 경험이 있다. 필자와 친구의 지인은 약속된 장소에서 만나 엔진상태와 브레이크 등 중요 부분을 설명하고 70만 원에 사는 것으로 구두계약을 했다. 그 당시는 밤이기 때문에 어두워 차를 볼 수 없으니 내일 낮에 만나 차를 다시 살펴본 다음에 돈을 주고받고 인수인계하기로 하였다. 다음날 약속장소에서 만나 필자는 자동차 키를 건네주면서 한번 타보시고 혹시 마음에 들지 않으면 사지 않아도 된다고 말해 주었다. 사실 전날 필자가 자동차의 중요상태만 말해 주었고 밤이었기 때문에 타 보지 못했으니 이제 찬찬히 살펴보라는 의미로 키를 건네준 것이다. 그러나 그 사람은 한참 살펴보더니 돈을 주고 차를 인수하겠다고 했다. 그러면서 필자는 자동차 트렁크에 약간 비가 센다는 것을 미리 말하지 못했다고 하면서 양해를 구했다. 그 사

40) J. McCarthy, op. cit., p.147.

람은 약간 고개를 갸우뚱하였지만 별것 아니라는 듯 괜찮다고 말했다. 필자는 그래서 한번 타 보시고 둘러보면서 결정하라고 재차 말해 주었다. 그 사람은 조금 망설이더니 알았다면서 돈을 주고 자동차를 인수해 갔다.

사실 그 사람한테 말하지 않았지만 필자가 자동차의 상태에 대해 완전하게 말한다는 것은 거의 불가능하다. 중고 자동차가 70만 원 정도라면 전형적으로 받아들여야 할 부분이 있다. 물론 어느 부분이 전형적인 것인지에 대해서는 논란의 여지가 있다. 그렇다 보니 의사소통에서 문제가 생긴다. 다른 예를 들어 보자. 요즘 커플매니저들이 많이 활동하고 있다. 커플매니저는 결혼 적령기의 남자와 여자를 소개하는 일을 하는데 남자와 여자를 소개한다는 것이 얼마나 어려운 일인가? 사실 본인도 자신을 잘 모르는 게 사람인데 하물며 다른 사람을 소개한다니? 참 어려운 일이며 믿지 못할 일이다. 그러니 남자와 여자가 서로 만나서 자세하게 알아본 다음 신중하게 결정할 일이다.

다른 예를 들어 보자. 어느 집을 방문해야 하는데 그 집의 어린아이에게 줄 선물을 산다고 해 보자. 그 어린아이가 15세 남자라는 것만 알고 나머지는 모른다고 해 보자. 그 아이가 무엇을 좋아하는지 거의 정보가 없는 상황이다. 그렇다면 고전논리로 본다면 정보가 없으므로 판단할 방법이 없다. 그러나 15세 남자 아이라면 전형적으로 좋아하는 것에 대해 주변에서 듣거나 관찰한 정보나 자료를 우리는 갖고 있다. 그런 정보나 자료도 불완전하지만 사실 어느 정도는 검증된 것들이다. 물론 그 집의 남자 아이가 그 나이 또래의 남자 아이들이 전형적으로 좋아하는 것을 좋아하지 않을 수도 있다.

그렇게 본다면 우리 주변에 디폴트 논리가 사용되는 부분은 굉장히 많다. 가령 보험회사에서 한국인의 평균수명을 예측해서 보험료를 산정한다고 해 보자. 이 경우도 통계자료들을 이용해서 한국인의 평균수명을 디폴트로 추산해야 할 것이다. 평균수명을 넘어 사는 사람도 있을 것이고 평균수명을 살지 못하는 사람도 나올 것이다. 제약회사에서 약을 만들 때 약을 먹는 분량 횟수 등을 어린아이와 성인 등으로 나누어 계산할 것이다. 컴퓨터 프로그램을 만드는 사람들이 컴퓨터 사용자들이 어떤 운영체계를 사용한다고 가정하고 프로그램을 만들 것인가? 요즘 한국인들은 전형적으로 어떤 운영체계를 사용한다고 가정하지만 그렇지 않은 사람들에 대해서도 대안을 마련해야 할 것이다.

결국 디폴트 논리의 정당성은 합리성에서 찾을 수 있다. 우리가 살아가면서 경험하고 관찰하는 것을 토대로 얻은 정보와 지식을 활용하여 의사결정에 사용하는 것이 합리적이라는 의미이다. 그 정보와 지식이 불완전하고 부분적이지만 의사결정에 사용하고 또 다른 정보와 지식이 부가되면 그에 맞게 수정하는 것이 합리적이다. 그것이 우리들이 의사결정하며 살아가는 모습이다. 디폴트 논리는 신념형성과 신념수정의 논리이며 의사결정의 논리이다. 우리가 살아가면서 얻은 지식과 정보가 불확실하더라도 어느 정도 검증된 것이기 때문에 일단 믿고 사고하고 추리하는 것이 합리적이다. 디폴트 논리에 의한 추리가 합리적이라는 것이다.

물론 어느 상황에서 여러 가지의 디폴트가 생길 수 있다. 어느 것이 합리적인지를 결정하기는 그렇게 쉽지 않다. 그렇기 때문에 다중 디폴트의 문제가 발생한다. 또한 디폴트와 확률적 추리와의 비교 문제도 제기될 수 있다. 다중 디폴트와 확률적 추리와의 비교 문제는 필자의 또 다른 연구과제로 남겨 두고자 한다.

니체의 헤라클레이토스와 원효의 일심

– 인간중심적인 대상적 차별을 넘어서*

| **이주향**(수원대 교양과(철학) 교수) |

1. 니체: 철학과 종교

현대의 개별철학은 존재를 일면적으로 부분적으로만 문제 삼는다. 현대의 철학은 생 전체를 책임지지 않으며, 책임지려 하지도 않고, 책임질 수 있다고 믿지도 않는다. 근대 이후 현대철학의 목표는 '구원'이 아니다. 현대에서 철학은 개별과학에 대한 메타학문이거나, 생의 구획을 그어 놓고 그 영역의 문제를 반성해 내는 것이다. 현대의 철학은 분업화 · 전문화된 사회의 영향 아래 신이라든가, 절대정신이라든가, 절대 혹은 최고의 가치라든가 하는 형이상학적 가치를 지워 갔다. 그런 점에서 현대철학은 무엇을 보고 어떻게 살 것인가라는 문제를 놓고 생 전체를 반성적으로 성찰하는 종교와 구별된다.

* 이 논문은 『니체연구』 제6집에 실렸던 것임.

최고의 가치를 지닌 것은 "존재의 모태 속에, 불변하는 것 속에, 숨어 있는 신 안에, '물 자체' 속에"[1] 존재하는 것이 아니라고 단언한 니체는 형이상학적 가치를 지우는 데 중요한 가교역할을 했다. 그러나 니체 철학은 여전히 종교적이다. 절대적 가치를 지닌 삶을 문제 삼아 철학을 "총체적 존재의 상을 개념으로 서술하는 예술"[2]로, 철학자를 바로 그 삶의 현장을 전면적이고 총체적으로 반성케 하는 "새로운 번개를 잉태하는 뇌우"[3]로 파악하기 때문이다. 그런데 왜 총체적 존재의 상, 바로 존재의 실상이 문제되어야 하는가? 허상은 왜곡이고, 왜곡은 '자기훼손'이며 고통이기 때문이다. 기독교 전통에서 태어나서 자란 니체가 기독교가 그리는 존재의 상에 대해 "모든 자유와 긍지, 모든 정신의 자기확실성을 바치는 희생"[4]이며 동시에 이는 "노예가 되는 것이고 자기조소이자 자기훼손"[5]이라고 소리를 높이는 것은, 생명력으로 충만한 세계를 일그러뜨리고 자르고 쏟아 내는 왜곡이고 고통이기 때문이다.

그렇다면 생명력 넘치는 땅에 충실하라고 선포하는 니체가 본 존재의 실상[6]은 무엇인가? 무엇을 보았기에 니체는 헤라클레이토스 곁에서는 따뜻해지고 기독교적 전통 속에 대해서는 냉정해지고 차가워지는가? 제2장

---

1) 니체전집14(KGW VI2), 『선악의 저편』, 김정현 옮김, 책세상, 2002, 16쪽. *이하 인용은 『선악의 저편』으로 줄임.

2) 니체전집14(KGW I4, II2, II4), 『플라톤 이전의 철학자들』, 김기선 옮김, 책세상, 2003, 239쪽. * 이하 인용은 『플라톤 이전의 철학자들』로 줄임.

3) 『선악의 저편』, 308쪽.

4) 『선악의 저편』, 83쪽.

5) 『선악의 저편』, 83쪽.

6) 존재의 실상은 불교적 개념이다. 그것은 니체가 비판한 이데아의 세계, 참된 세계가 아니다. 오히려 그것은 니체의 '총체적 존재의 상' 에 조응한다. 『우상의 황혼』에서 니체는 플라톤 이후 중세 기독교 세계를 거치면서 돈독해진 '참된 세계' 에 대해서는 불필요하고 쓸데없어진 날조된 관념이어서 없애 버려야 한다고 주장한다.

에서는 기독교 교리가 역사적으로 어떻게 대상적 차별의 관점에 충실해 왔는지에 대한 니체의 비판을 다루면서 이 시대에 기독교가 유효할 수 있는 가능성은 없는지를 타진해 볼 것이다.

"모든 아름다움은 생식하게끔 자극한다."[7]고 믿는 니체는 금욕을 순결한 것으로 파악하는 기독교에 대해 "삶에 대한 원한"[8]을 토대로 하고 있는 종교로 파악한다. 그렇다면 역시 수도자들에게 금욕을 요구하는 불교에 대해서도 동일한 판단을 내릴 수 있을 것인가? 묘하게도 니체는 인간 중심적인 대상적 차별을 경계한다는 점에서 불교적 인식론을 닮아 있다. 세상에 대한 그리고 '나'에 대한 근본적 인식은 동양과 서양을, 근대와 고대를 차별하지 않는 것인지도 모르겠다.

니체는 헤라클레이토스의 "모든 것은 하나다."라는 명제를 통해 사물에 대한 인간적 편견을 지우려 했다. 필자는 헤라클레이토스의 명제를 통해 니체가 보려 했던 것이 대승의 중요한 경전인 『반야심경』의 핵심개념 '색즉시공(色卽是空)'의 이해 속에, 그리고 원효의 일심사상 안에 반복되고 있다고 생각한다. 제3장에서는 이들을 비교 · 분석하면서, 많이 닮아 있는 니체의 생성의 철학과 불교의 일심사상이 어떤 점에서 달라지는지를 검토해 볼 것이다. 그럼으로써 궁극에서 현대사회가 야기하는 문제를 누가 더 근원적으로 해결 혹은 해소할 수 있는지 그 가능성을 살펴볼 것이다.

---

7) 니체전집15(KGW VI3), 『우상의 황혼』, 백승영 옮김, 책세상, 2002, 104쪽. * 이하 인용은 『우상의 황혼』으로 줄임.

8) 『우상의 황혼』, 202쪽.

2. 니체의 생성의 철학과 기독교의 반자연

청허 서산 스님이 말한다. "주인은 객에게 제 꿈을 이야기하고 객은 주인에게 제 꿈을 이야기한다. 이제 두 꿈 이야기를 하는 나그네, 이 또한 꿈 속의 사람이구나.(主人夢說客 客夢說主人 今說二夢客 亦是夢中人)"[9] 청허가 본 세상은 니체가 본 세상과도 일목 상통한다. 니체는, 우리는 "세계를 너무도 오랫동안 우리가 숭배하고자 하는 의미에서 해석하였다."고 비판한다. 스토아학파는 자연조차 스토아철학에 따른 자연이기를 원하며[10] 기독교는 신의 섭리로 세계가 진행되어 간다고 믿는다는 것이다. 이러한 현상은 실재를 망각한다는 의미에서 꿈과 다를 바 없다. 니체는, 세계는 우리가 믿었던 가치를 지니고 있지 않다고 단언한다. 그럼에도 불구하고 우리의 믿음체계 때문에 세계, 즉, 생성의 거친 흐름이 보이지 않는 것이라는 것이다.[11] 그것은 망념 때문에 경계를 짓는 양상, 즉, 대상적 차별이 생기고 그 결과 진여(眞如)의 세계가 숨어 버린다고 했던 원효와 일치한다. 세계는 존재의 이데아가 아니라 생성의 강이다. 생성의 강은 흐름을 멈추지 않으며, "힘들의 작용은 동시에 힘의 상실을 내포하는 것"[12]이기 때문에 생성의 강은 동시에 파괴의 강이기도 하다.

> "초목은 미친 듯이 성급하게 계속 싹트고는 다시 사라질 것입니다. 자, 충분합니다. 우리에게 존속하는 것처럼 보이는 모든 형체는 사건의 화급함 속에서 융해되어 생성의 거친 흐름에 삼켜질 것입니다."[13]

---

9) 『청허당집』, 朴敬 譯註, 동국역경원, 1993, 115쪽.
10) 『선악의 저편』, 24쪽.
11) 『플라톤 이전의 철학자들』, 315쪽.
12) 『플라톤 이전의 철학자들』, 313쪽.

세계는 만물이 가고 만물이 다시 오는 순환의 세계, 흐름의 세계라는 그 이해가 기독교에 없는 것이 아니다. 전도서의 기자는 이렇게 쓰고 있다.

> "한 세대는 가고 한 세대는 오되 땅은 영원히 있도다. 해는 떴다가 지며 그 떴던 곳으로 다시 빨리 돌아가고 바람은 남으로 불다가 북으로 돌이키며 이리 돌며 저리 돌아 불던 곳으로 돌아가고 모든 강물은 다 바다로 흐르되 바다를 채우지 못하며 어느 곳으로 흐르든지 그리고 연하여 흐르느니라 …… 이미 있던 것이 후에 다시 있겠고 이미 한 일을 후에 다시 할지라."[14)]

한 세대가 가고 한 세대가 온다. 이미 있는 것이 후에 다시 있을 것이다. 존재의 수레바퀴는 그렇게 굴러간다. 그런데 그 동일한 사태를 놓고 꾸는 꿈, 혹은 해석하는 시선은 어찌 그리 다를까? 니체는 만물이 가고 만물이 다시 오는 데서 영원히 흘러가는 생성의 흐름을 보지만 기독교는 허무를 본다. 존재자의 허무를 봐서 해 아래 새것이 없다고, 그러니 해 아래서 행하는 모든 일이 "바람을 잡으려는 것" 처럼 허무한 것이라고 하는 것이다.

사실 그 무상에의 체험은 니체와 기독교와 불교가 공통된 것인지도 모르겠다. 달라지는 것은 그 무상을 해석하고 처리하는 방식이다. 불교와 니체는 그 무상을 개별존재자의 숙명으로 기꺼이 받아들인다. 그러나 기독교는 무상과 소멸을 두려워하여 무상하지 않은 영원한 존재로 도피 혹은 귀의한다. 해 아래서 행하는 모든 일이 바람을 잡으려는 것처럼 허무한 일이라면 허무의 바람을 막아줄 수 있는 영원한 하나님, "너의 창조자" 를 기억해서 선악을 심판하는 하나님을 경외하라고 하는 것이다.[15)]

---

13) 『플라톤 이전의 철학자들』, 315쪽.

14) 전도서, 1:4-9.

15) 전도서, 12장.

니체가 볼 때 '영원한 하나님' 이라는 상은 유한한 인간의 두려움이 만든 허상이다. 당연히 탈가치화해야 하는 존재 중의 존재다. 그 존재야말로 허위의식으로서의 노예도덕이 싹트는 원천이기 때문이다. 인간은 유한성이 버거워 천 년도 어제 같은 영원한 신의 품으로 숨어 버렸다. 그렇게 숨기 위해 인간은 자연스럽기만 한 삶에의 속성까지 저주해야 했다. 그 결과 탄생한 설화가 예수의 동정녀 탄생 설화다. 그것은 모든 인간이 거기서 태어나는 '성' 을 불결한 것으로 인식하는 설화로써 삶을 향한 본능적인 의지를 모욕하고 좌절시키는 이데올로기일 수밖에 없다. 당연히 그것은 생명으로서 인간의 자기부정이고 자기모독이다.

> "삶을 불결한 것으로 만든 것은 삶에 대한 원한을 토대로 하고 있는 그리스도교였다. 그리스도교는 삶의 시작에, 삶의 전제조건에 오물을 들이 부었던 것이다." [16]

생식과 성적 신비를 "삶에 대한 개가를 부르는 긍정" [17]으로 파악하는 긍정하는 니체가 동정녀를 순결의 상징으로 파악한 기독교에 대해 '삶에 대한 원한' 이 있는 종교로 파악하는 일은 자연스럽기까지 하다. 『안티 크리스트』의 '그리스도교 반대법' 에서 니체는 모든 종류의 반자연적은 악덕이라고 선언하면서 순결에 대한 설교는 반자연을 공공연히 도발시키기 때문에 삶의 성령을 거스르는 진정한 죄라고 주장한다.[18] 삶의 중심을 삶에 둘 때 생식과 성적 신비는 순결하지 못한 불결이 아니라 삶으로 향하는 신성한 길이다. 삶의 중심을 삶에 둘 때 " '피안', '최후의 심판', '영혼

16) 『우상의 황혼』, 202쪽.
17) 『우상의 황혼』, 202쪽.
18) 니체전집15(KGW VI3), 『안티크리스트』, 백승영 옮김, 책세상, 2002, 319~320쪽.

의 불멸', '영혼' 자체라는 개념들 …… 은 사제들을 지배자로 만들었고 지배자로 남게 했던 고문기구들이자 잔임함의 체계들"[19]이다. 그렇다면 삶의 중심을 삶에 둘 때 이 세상은 어떤 세상이고 그 시선에서 보았을 때 기독교는 무엇이 문제인가?

> "그리스도교가 부정하는 것은 누구인가? '이 세상을 무엇이라고 말하고 있는가? 사람들이 군인이라는 것, 판관이라는 것, 애국자라는 것; 명예를 지킨다는 것; 이익을 원한다는 것; 긍지를 지킨다는 것 등이 세상이라 말하며 이런 자들을 부정하지 않는가. 이런 순간들의 모든 실천이, 이 모든 본능이, 행위로 된 모든 가치평가가 오늘날에는 반그리스도교적들이라고 하는데: 그럼에도 불구하고 현대인은 그리스도교인이라고 불리는 것을 부끄러워하지 않으니, 현대인은 도대체 어떤 종류의 허위의 괴물이어야 한단 말인가!"[20]

명예를 지키고 이익을 추구하고 긍지를 지키는 등의 행위는 삶의 현장 그 자체다. 기독교가 이런 모든 행위를 반그리스도적이라고 파악한다면 기독교는 삶의 중심을 삶에 둔 종교가 아닐 뿐 아니라 니체의 지적대로 "허위의 괴물"이다.

그런데 정말 기독교가 명예를 지키고 이익을 추구하고 긍지를 지키는 등의 행위를 반그리스도적이라고 평가하는가? 기독교는 이익을 추구해서는 안 되고 명예를 지켜서도 안 된다는 얘기를 하고 있는 것이 아니라 명예를 지키고 이익을 추구하는 일 이상이 있다는 사실을 보여 주고 싶었던 것이 아닐까? 그리고 그 시선에서 삶을 보면 삶의 중심을 다시 세울 수

---

* 이하 인용은 『안티크리스트』로 줄임.

19) 『안티크리스트』, 265쪽.

20) 『안티크리스트』, 266쪽.

있다는 주장을 하고 있는 것이 아닐까? 마치 헤라클레이토스를 통해 생을 바라보면 생에 또 다른 지평이 있음을 짐작하게 되듯이.

명예를 지키기 위해 때로는 복수할 수도 있고, 이익을 추구하기 위해 때로는 간계를 부리고, 사랑을 지키기 위해 질투하고, 긍지를 지키기 위해 경제적 손실을 감수하기도 하는 등의 활력이 넘치는 삶의 행위를 폄훼하는 일이 삶을 박제하는 일이라면 때로는 그 전부를 괄호치는 일을 폄훼[21] 하는 일은 삶에서 의미를 빼앗아 가 버리는 일이 아닐까? 존재 자체를 문제 삼는, 세속적 자아가 아닌 자아에 관심을 갖는 일이 니체의 말대로 소멸에 대한 두려움이기만 할까? 우리가 영성이라고 부르는, 그것이 하나님이든, 태극이든, 도든, 열반이든 무한한 존재를 갈망하는 종교적 태도가 소멸에 대한 두려움을 소화하지 못해 자신이 태어나고 자란 땅에도 충실치 못한 겁 많은 인간의 자승자박이기만 한가?

니체는 그리스도교에는 '신성한' 목적이 결여되어 있다고 한다. "삶의 독살, 삶의 비방, 삶의 부정, 육체의 경멸, 죄 개념을 통한 인간 가치의 저하와 인간의 자기모독"[22]의 목적뿐이라는 것이다. 그 관점에서 본다면 "이제는 내가 사는 것이 아니라 내 속의 그리스도가 산다."는 기독교의 중심 고백은 삶을 독살하고 비방하고 부정하는 데 충실한 노예의 자기고백일 것이다.[23] 그러나 과연 그렇기만 할까? 기독교의 중심 고백에 대해

---

21) 니체는 "분노와 복수와 질투와 조소와 폭행을 알지 못하는 신이 무슨 가치가 있을 것인가? 승리와 파괴의 황홀한 열정조차 일지 못하는 그런 신 말이다."라고 쓰고 있다. 『안티크리스트』, 231쪽.

22) 『안티크리스트』, 301~302쪽.

23) 니체는 『안티크리스트』에서 "나를 따르려는 사람은 누구든지 자기를 버리고 제 십자가를 지고 떠나야 한다."는 등의 기독교 신앙고백에 대해 문제 삼고 있는데 그 모두가 "이제는 내가 사는 게 아니라 내 속에 그리스도가 산다."는 사도 바울의 고백으로 귀결될 수 있을 것이다. 『안티크리스트』, 279~280쪽 참조.

오히려 더 자유로운 해석이 가능하지 않을까? "이제는 내가 사는 것이 아니라 내 속의 그리스도가 산다."는 고백은 세속적인 편견에 물든 대상적 차별을 갖지 않게 되었다는 뜻이 될 수도 있지 않을까? 아니 원래는 그 뜻에 보다 가까운 것이 아닐는지. 그렇게 해석한다면 오히려 기독교의 중심 고백은 사물에 대한 인간적 편견을 그 사물의 특성으로 파악하는 인식론을 경계한 니체의 헤라클레이토스와 만나게 된다.

하느님 앞에서는 만물이 차별이 없다. 유한한 인간이 그 하느님을 품는다는 것은 만물이 차별이 없다는 것을 받아들이는 것이다. 그러므로 내 안에 그리스도가 산다는 것은 만물에 차별이 없는 신의 눈으로 세상을 보려 한다는 것이고 그것은 인간적인 편견에 물든 대상적 차별을 갖지 않으려 한다는 뜻이기도 하다. 그렇다면 그것이야말로 헤라클레이토스의 로고스나 원효의 일심과 통하는 맥락이 아닐까?

필자는 기독교가 역사적으로, 니체가 지적한 대로 '반자연'의 표상으로서 삶에의 의지를 좌절시키고 노예도덕을 강화시켜 왔다는 사실을 부정하려는 것이 아니다. 필자가 지적하고 싶은 것은 니체는 생을 비틀고 일그러뜨리고 건조하게 만든 기독교적 패러다임에 저항하느라 온 힘을 기울였기 때문에 초월적 태도 일반에 대해서도 공정하기 힘들지 않았을까 하는 점이다.

분명히 역사적인 권력이 되어 특정한 체제와 결탁했던 기독교가 주장해 온 그런 초월성을 문자 그대로 받아들이기는 힘들 것이다. 그러나 특정한 교리에 감염된 기독교적 초월성을 부정한다고 모든 종류의 초월성을 부정해야 하는가? 과연 철학이 삶에서 초월성을 지워낼 수 있을까? 그리고 초월성을 부정한다고 삶이 언제나 힘에의 의지로 충만한 풍요로운 삶으로 생생하게 살아나는가? 필자는 아니라고 생각한다. 오히려 더 극악해지거나 권태로워지거나 밋밋해질 가능성이 있다고 생각한다. 사실 현대의 중요한 문제는 초월적인 태도 때문이 아니라 초월적인 태도를 제거했기 때문에 생긴 것일 수도 있다. 더구나 니체 자신이 그렇게 애정을 보인 헤라클레이토스에게로 가면 초월은 제거될 수 없는 눈이다. 필자는 헤라클레이토스에 대한 니체의 애정에서 인간적 편견의 무서움을 질타하는 니체의 모습을 발견한다. 그런데 왜 니체는 헤라클레이토스의 '생성'과 '투쟁' 개념을 강조하고 "진리를 듣고 나서도 이해하지 못하는"[24] 형이상학적 태도에 대해서는 슬쩍 넘어가는 것처럼 보이는가? 필자는 니체가 헤라클레이토스를 통해 확인하려 했던 세계가 원효의 일심사상에 오면 더 명확해진다는 주장을 하려 한다. 제3장에서는 니체의 헤라클레이토스와 원효의 일심을 비교함으로써 어떻게 사물에 대한 인간중심적인 편견을 거둬 낼 수 있는지, 그리고 인간중심적인 편견을 거둬 내고 만날 수 있는 세계는 어떤 세계인지를 살펴볼 것이다.

3. 관점적 가상성과 진망(眞妄)을 넘어서 : 헤라클레이토스의 하나와 원효의 일심

"진리란 없다는 것: 사물의 절대적 성질이란 없다는 것, '사물 자체'란 없다는 것—이것 자체가 허무주의이며 그것도 가장 극단적인 허무주의(Der extremste Nihilismus)이다. 이 허무주의는 사물의 가치를, 어떠한 실재(Realitat)도 그 가치에 대응하지 않고 대응했던 적도 없었으며 오히려 가치설정자가 지닌 힘의 증후이자 그의 삶의 목적을 위한 단순화에 지나지 않는 것, 바로 거기에 부응한다."[25]

---

24) 『플라톤 이전의 철학자들』, 311쪽.

니체에 따르면 '사물 자체'란 의미에서 진리란 없다. 존재하는 것은 진리가 아니라 가치이며 가치를 설정하는 가치설정자다. 당연히 사물의 가치는 가치가 "설정되는 것인 한 필연적으로 이를 설정하는 주체의 상대적 관점에 의해 규정된다."[26] 이 상대성 혹은 관점적 가상성은 헤라클레이토스의 저 유명한 명제, "바닷물은 가장 청정하면서도 오염된 것이다. 물고기에게는 마실 수 있는 건강한 물이지만 인간에게는 마실 수 없는 위험한 물이다."라는 명제에서 분명해진다. 좋음과 나쁨, 건강함과 위험함, 청정과 오염 등 대립되는 가치는 관점 상대적이며 그런 의미에서 실상이 아니라 가상이다. 오르막길과 내리막길이 동일한 길인 것처럼 선과 악, 낮과 밤, 빛과 그림자처럼 대립하는 것들의 가치는 대립의 구조에 의해 만들어질 뿐 절대적이지 않다.

> "어떤 것이 어떻게 그와 반대되는 것에서 생겨날 수 있을 것인가? 예를 들어 진리가 오류에서 생겨날 수 있는가? 아니면 진리에의 의지가 기만에의 의지에서 생겨날 수 있는가? 아니면 사심이 없는 행위가 이기심에서 생겨날 수 있는가? 아니면 현자의 순수하고 명철한 관조가 욕정에서 생겨날 수 있는가?"[27]

니체는 "존중할 만한 사물의 가치를 만드는 것이 바로 겉보기에 대립되는 저 나쁜 사물과 위험할 정도로 유사하고, 또 연관되어 있으며, 단단히 연계되어 있고, 어쩌면 본질적으로 동일 것일 수 있다."[28]는 데 주목한

---

25) 니체전집22(KGW VIII2), 『유고(1887년 가을~1888년 3월』, 백승영 옮김, 책세상, 2000, 23~24쪽.

26) 김기선, "도덕적 관점에서 본 니체의 헤라클레이토스", 『니체연구 제5집: 니체 사상의 역사적 조명과 현대적 이해』, 한국니체학회 편, 세종출판사, 2003, 38쪽.

27) 『선악의 저편』, 16쪽.

28) 『선악의 저편』, 17쪽.

다. 예를 들어 "낮과 밤은 분리해서 생각할 대상들이 아니라 하나이며 동일한 관계의 대립적 측면들"[29]인데 대립으로 나타나는 것들의 단단한 연계를 보지 못하는 것은 '한정된' 인간적 이해력의 결과[30]다. 그것은 진리에 대해 "듣고 나서도 이해하지 못하게" 만드는 것이며 착각을 만드는 무서운 것이다. 이것을 벗어 버릴 수 있는 가능성을 보는 것이 "모든 것에 내재하는 '하나'인 로고스"를 듣는 것이며 "나 자신을 탐구"하는 것이 아닐는지. 그런 의미에서 헤라클레이토스의 로고스는 원효의 일심과 놀랍도록 닮아 있다.

> "어젯밤 잠자리는 땅막이라 편했는데 오늘 밤 잠자리는 귀신의 집에 의탁하니 매우 뒤숭숭하구나. 알겠도다! 마음이 일어나므로 갖가지 법이 일어나고, 마음이 사라지므로 땅막과 무덤이 둘이 아님을. 삼계는 오직 마음이요(又三界唯心), 만법은 오직 인식일 뿐이다(萬法唯識). 마음 밖에 법이 없는데 어찌 따로 구하겠는가?(心外無法, 胡用別求?) 나는 당나라로 가지 않겠다!"[31]

마음 밖에 법이 없다는데 그 마음이란 무엇인가? 땅막과 귀신의 집을 나누는 것도 마음이요, 더러움과 깨끗함을 나누는 것도 마음이고, 참됨과 거짓됨을 나누는 것도 마음이다. 그렇지만 또 땅막과 귀신의 집이 둘이 아님을 보는 것도 마음이 아닌가! 대립해 있는 것처럼 보이는 것이 사실은 둘이 아닌 하나임을 보는 마음, 굳이 이름을 붙이자면 그 마음이 일심(一心)이다.

---

29) 『플라톤 이전의 철학자들』, 309쪽.

30) 『플라톤 이전의 철학자들』, 315쪽.

31) 찬녕, 『송고승전』, 권4, '唐新羅國義湘傳', 북경, 중화서국, 1987, 76쪽.

"염정의 모든 법은 그 본성이 둘이 없어, 진망의 이문이 다름이 있을 수 없기 때문에 '일(一)'이라 이름하며, 이 둘이 없는 곳이 모든 법 중의 실체인지라 허공과 같지 아니하여 본성이 스스로 신해(神解: 영묘하게 이해함)하기 때문에 '심(心)'이라고 이름함을 말한 것이다. 그러나 이미 둘이 없는데 어떻게 '일(一)'이 될 수 있는가? '일(一)'도 있는 바 없는데 무엇을 '심(心)'이라 말하는가? 이러한 도리는 말을 여의고 생각을 끊은 것이니 무엇이라 지목할지를 모르겠으나, 억지로 이름 붙여 일심(一心)이라 하는 것이다."[32]

염(染)과 정(淨)은 본성이 둘이 아니고, 진(眞)과 망(妄) 혹은 진(眞)과 속(俗)에도 둘이라는 분별이 있을 수 없다. 이미 둘이 아니기에 하나도 고집할 필요가 없지만 말길도 끊어지고 이치 길도 끊어지고 분석 길도 낼 수 없는 그 사태에 대해 말을 하자니까 일심이다. 그런 의미에서 원효의 일심은 헤라클레이토스의 '하나'와 묘하게도 일치한다.[33] 헤라클레이토스의 "모든 것은 하나다."라는 명제 이해가 의식의 주관적 사태가 아닌 것처럼 원효의 일심도 주관적 사태가 아니다. 그것은 차라리 신옥희의 해석대로 "포괄적이며 무애(無碍)로운 진속불이(眞俗不二), 염정무이(染淨無二)의 신비로운 실재체험을 표현하기 위해 억지로 붙여 놓은 가명"[34]이다. 그 일심은 "주객의 분별을 초월한 신비적 주객합일의 경지"[35]를 드러

---

32) 『원효의 대승기신론소 · 별기』, 은정희 역주, 일지사, 1991, 88쪽. * 이하 『원효의 대승기신론소 · 별기』로 줄여 인용.

33) 헤라클레이토스의 하나에 대한 김기선의 해석은 헤라클레이토스의 하나가 원효의 일심과 얼마나 닮아 있는지를 그대로 드러낸다. "하나인 것에 관한 어떤 말도 이미 그 하나를 벗어나게 된다. 그럼에도 우리가 로고스를 말할 수 있는 것은 우리의 존재 자체가 이미 로고스의 빛 속에서 그것에 의해 자양받고 있기 때문이다." 김기선, "도덕의 관점에서 본 니체의 헤라클레이토스" 참조.

34) 신옥희, 『일심과 실존: 원효와 야스퍼스의 철학적 대화』, 이화여대출판부, 2000, 22쪽.

35) 위의 책, 24쪽.

낸다는 점에서 헤라클레이토스의 로고스를 닮아 있다.

당연히 로고스가 인식될 수 있는 대상이 아닌 것처럼 일심도 인식의 대상이 아니다. 오히려 인간이 스스로 투사한 인식의 그물, 가치의 그물이 로고스의 대한 통찰을 막는 것이다. 대상적 차별에 대한 집착인 망념(妄念)이 일심을 통찰하지 못하게 만드는 것과 같다. 그래서 원효는, 마음이 망념을 여의어야 일체의 경계상이 없어진다고 하는 것이다.[36] 그 망념의 상태는 "로고스를 등진 상태에서 자신의 관점에 따라 모든 것을 파악하고 판단하면서, 사물들에 대한 자신들의 판단이 그 사물 자체의 고유한 특성으로 여기는 상태"[37]다.

그러면 망념을 여의고 인간이 스스로 투사한 인식의 그물을 거둬 내게 되면 세계는 어떻게 달라지는가? 로고스의 귀를 기울일 줄 알면 어떤 세계가 나타나는가? 니체에 따르면 그 세계는 '그것은 있다'고 사람들이 말하는 사물이 없는 세계다.[38] 왜냐하면 생성의 강이 끊임없이 흐르기 때문이다.[39]

'그것은 있다'고 사람들이 말하는 사물은 없다! 헤라클레이토스를 등에 업는 니체의 이 선언은 대승의 경전인 『반야심경』의 정신을 그대로 닮아 있다. 현장법사가 옮긴 『반야심경』에는 이렇게 되어 있다.

> 舍利子 色不異空 空不異色 色卽是空 空卽是色 受想行識亦復如是
>
> 사리자여, 색(色)은 공(空)과 다르지 않으며 공(空) 또한 색(色)과 다르지 않

---

36) 『원효의 대승기신론소 · 별기』, 105쪽.

37) 김기선, 59쪽.

38) 『플라톤 이전의 철학자들』, 316쪽.

39) 현장법사가 옮긴 한역 『반야심경』은 동북아 불교권에서 가장 널리 스님들이 외우는 경전이다. 한국불교의 모든 의식에서도 바로 이 현장 역 『반야심경』이 독송된다.

아서 색즉시공, 공즉시색이니, 수(受), 상(想), 행(行), 식(識) 또한 이와 같은 것이다.

반야심경의 핵심이고 또 불교의 핵심이라고 할 수 있는 색즉시공(色卽是空) 공즉시색(空卽是色)이 나오는 문맥이다. 공(空)이란 무엇인가? 무엇보다 그것은 텅 비어 있는 허공이 아니다. 허공도 허공이라는 공간을 가진 실체 아닌가? 공이 공인 것은 색이 공하기 때문이다. 즉, 색에 자성(自性)이 없기 때문에 공이라 하는 것이다. 색에 자성이 없다는 것은 만물에 자성이 없다는 것이다. 만물에 자성이 없다는 것은 영속하는 실체가 없다, 즉, '그것은 있다'고 사람들이 말하는 사물은 없다는 것이다.

원효가 말한다. "생(生)은 곧 적멸(寂滅)이 되나 멸을 고집하지는 않고 멸(滅)이 곧 생이 되나 생에 머무르지는 않는다. 생과 멸은 둘이 아니고 동(動)과 적(寂)도 다름이 없다. 이와 같은 것을 이름하여 일심의 법이라 한다. 비록 실제로는 둘이 아니나 하나를 지키지는 않고 전체로 연(緣)을 따라 생하고 동한다."[40]

영속하는 실체가 없다! 만물은 인연 따라 변화의 과정 속에 노정되어 있을 뿐, 영속하는 고유한 본성을 가지지 않는다. 『반야심경』과 원효의 그 통찰은 헤라클레이토스를 통해 존재자를 부정하면서 "되어감의 과정"[41] 속에서 모든 것이 흐른다는 니체의 통찰에 맞닿아 있다고 생각한다. 우리에게 존속하는 것처럼 보이는 모든 형체는 "사건의 화급함 속에서 융해되어 생성의 거친 흐름에 삼켜질 것"이기 때문에 '그것은 있다'고 할 수 없다. 불교 식으로 말하면 고정된 상을 만드는 일은 실상을 배반하는 것이

40) 원효, 『금강삼매경론』; 고영섭, 『원효』, 한길사, 1997, 188~189쪽에서 재인용.
41) 『플라톤 이전의 철학자들』, 316쪽.

다. 독자적으로 영속하는 사물은 없기 때문이다.

만물은 '독자적으로'가 아니라 '유기적으로', '고독하게'가 아니라 '관계 속에서' 그 존재를 드러내고 있다. 그러니 한 생명이 살아가는 것은 만 생명의 은혜인 것이고 한 송이 국화꽃을 피우기 위해 봄부터 소쩍새가 울고 천둥은 먹구름 속에서 또 그렇게 우는 것이다.

4. 니체의 유럽과 우리의 현실

헤라클레이토스와의 유사성에도 불구하고 헤라클레이토스에게 매혹당하는 니체는 불교에 대해서는 반신반의한다. 니체는 불교가 고통에 대한 싸움을 하는, "선과 악의 저편에 서 있는 …… 실증적 종교"[42]라고 긍정하면서도 "호의적이고 부드럽고 지나치게 정신적이 되어 버린 인간 종을 위한" 평화의 종교, "문명의 종말을 위한, 지쳐 버린 문명을 위한 종교"라는 점에서는 비판적이다. 그렇다면 니체는 대승적 통찰과 유사한 헤라클레이토스에게서 어떻게 매혹된 것일까? 니체가 헤라클레이토스에게서 매혹을 느꼈던 것은 무슨 이유였을까? 불교에 대한 니체의 태도로 볼 때 헤라클레이토스에 대한 니체의 매혹은 "모든 것은 하나다."라고 하는 형이상학적인 신비적 실재체험은 아니었던 것 같다. 그렇다면 니체의 매혹은 유전과 파괴를 긍정하는 생성의 철학이 아니었을까? 그러면 그 차이성은 어디서 오는 것일까?

니체에게는 적이 분명했다. 유전과 파괴를 긍정함으로써 니체는 '참된 세계'로 생성의 실재를 날조하는 기독교와 플라톤적인 철학에 대해 허무

---

42) 『안티크리스트』, 236쪽.

를 선언하고자 했던 것이다.

"'참된 세계'는 실제의 세계와 모순되는 것에서 구축되었다. 사실 그것이 도덕적이고—시각적인 착각에 불과한 한, 하나의 가상세계이다. …… '참된 세계'—더 이상 아무 쓸모없는 관념 …… 이것을 없애 버리자!"[43)]

그 '참된 세계'를 없애 버리기 위해 그는 대립되는 것들의 '투쟁'을 강조하는 헤라클레이토스 곁에서 따뜻해지지 않았을까? 그에게 있어 '참된 세계'는 온 힘을 다해 투쟁해도 그 뿌리를 뽑기 힘든 유럽의 무서운 현실이었으므로.

그렇지만 지금은? 지금은 '참된 세계'가 "전혀 거짓말을 하지 않는"[44)] 감각을 억압하는 그런 시대가 아니다. 그런 의미에서라면 그야말로 신은 죽었다. 그런데 신이 죽은 뒤 신으로부터 해방된 감각 혹은 욕망은 인간으로 하여금 거짓 없는 세계에서 자유를 누리게 했는가? 산업혁명이 성공한 이후 지금까지 서구문화는, 기독교가 신의 이름으로 그랬던 것 못지않게 반자연적이고 독선적이며 이기적이다. 인류는 열심히 자연을 파괴해 물질을 만들었고 그것을 화폐로 바꾸는 데 집착했다. 자본의 확대재생산을 위해서라면 침략도 불사했다. 자연적 가치나 생성 혹은 생명의 가치가 아니라 경제적 가치가 모든 가치 위에 군림해서 감각을 조작하고 끊임없이 욕망을 재생산해 내고 있고, 그 결과 인류는 한쪽에서는 기아로 죽어가고[45)] 또 다른 한쪽에서는 끊임없이 거품욕망에 시달리고 했다. 신은 죽

---

43) 『우상의 황혼』, 103쪽, 104쪽.

44) 니체는 "감각은 전혀 거짓말을 하지 않는다. 감각의 증거를 가지고 우리가 만들어 내는 것 …… 즉 이성이 우리에게 감각의 증거를 변조하게 하는 원인"이라고 한다. 『우상의 황혼』, 97쪽.

고 기독교는 힘을 잃었지만 모든 가치 위에 군림한 경제적 가치는 신의 자리를 대신하고 있다. 경제적 가치 창출에 앞잡이 노릇을 한 과학기술의 발전은 경제적인 부를 신처럼 믿고 따랐고, 인간과 인간, 민족과 민족, 국가와 국가 사이의 통용되는 논리는 바로 경제 · 군사적인 논리였다. 세계는 물신의 왕국이 되고 인간은 그 왕국을 지키는 전사로서, 예전에 기독교왕국에서 그랬던 것처럼 전사의 도덕, 노예도덕을 익히고 있다.

지금은 신이 대항해야 하는 막강한 적이 아니다. 이제 탈가치화하고 "허무"를 선언해야 하는 것이 있다면 모든 가치 위에 군림한 경제적 가치다. 소유하는 문화, 이기성의 문화는 고삐 풀린 거품욕망의 귀결이다. 그런 점에서 이 시대는 니체가 "지쳐 버린 문명을 위한 종교"라고 비판했던 불교적 패러다임이 요구되는 시대라고 생각한다. 이 시대는 신을 향한 '투쟁'보다는 내 안의 욕망을 돌아보고 '성찰 · 참회'해야 하는 시대이기 때문이다.

사실 현대문명은 욕망의 문명이고 이기적으로 자가발전한 욕망이 약탈을 결행하는 약탈의 문명이다. 이기적으로 부풀어 오르기만 하는 욕망이 자본을 만나고 기술을 만나 자연을 약탈하고 이웃을 약탈한다. 그 약탈의 문명이 언제까지 유지될 수 있을까. 잉카문명이 망한 것은 개발에 개발을 더해 농지의 지력이 떨어지고 숲이 황폐했기 때문이었다.

왜 우리는 자연을 약탈하고 이웃을 약탈하는가? 너무 많은 소비 때문이다. 예를 들면 에너지 소비로 경제체제가 유지되고 성장되는 현대문명은 에너지를 얻기 위해 폭력을 수반한다. 세계 4%의 인구 미국은 세계 에너지의 25%를 소비하고 있다. 당연히 에너지를 위해 전쟁도 불사한다. 그것

45) 지구상의 60억의 사람 중에서 12억이나 되는 사람들은 하루 1달러 미만의 수입으로 살아가고 있고, 1억 5천만 명의 어린이들은 거리에서 잠을 자고 있단다. 매일 3만 5천 명의 아이들이 먹을 것이 없어 죽거나 전쟁터의 총알받이가 되고 있다.

이 이라크 전쟁의 본질이었다. 그러니 악의 축은 이라크나 북한이 아니라 에너지 소비에 의존하는 현대자본주의 그 자체이고, 자기성찰 없이 맹목적으로 달려가는 현대문명이다.

현대문명의 아이로 태어나 에너지 소비에 길들여지고, 무한경쟁체제에서 공존을 모르는 우리, 이제 파괴에 둔감하고 절제를 모르는 자본주의적 욕망을 근원적으로 성찰하지 않으면 안 된다. 그 성찰의 자리가 말한다. 세상의 모든 것은 하나로 연결되어 있다고. 생명은 서로서로 연관되어 있다고.

생명과 생명은 서로 연결되어 있고, 한 생명이 살아가는 것은 만 생명의 은혜다. 한 톨의 쌀에도 온 우주의 기운이 함축되어 있는 것이다. 한 그릇의 밥에는 투박한 농부의 손길이 스쳐 있고, 질척거리는 논이 스며 있고 햇살이 들어 있고, 바람이 들어 있다. 그러니 밥을 제대로 먹는다면 농부가 되고 태양이 되고 바람이 될 수 있을 것이다.[46] 화엄사상의 요약판이라고 할 수 있는 의상대사의 법성게(法性偈)의 표현대로 "하나 가운데 일체요, 많은 가운데 하나며, 하나가 곧 일체요, 많은 것이 곧 하나다."[47] 당연히 자연을 돌보는 것이 나를 돌보는 것이요, 현재를 돌보는 것이 미래를 돌보는 것이다.

> "세상의 모든 것은 하나로 연결되어 있다. 사람이 삶의 거미줄을 짜 나가는 것이 아니다. 사람 역시 한 올의 거미줄에 불과하다. 따라서 그가 거미줄에 가하는 모든 행동은 반드시 그 자신에게 되돌아오기 마련이다."[48]

---

46) 이주향, 『내 가슴에 달이 들어』, 문예당, 2002, 75쪽.

47) "一中一切多中一, 一卽一切多卽一" 지안, 『법성게강설』, 도서출판 동안기획, 1999, 27쪽.

48) 시애틀추장, '어떻게 공기를 사고판단 말인가', 『나는 왜 너가 아니고 나인가』, 류

서로 연결되어 있지 않는 존재는 없다.

시화 역, 김영사, 2003, 18쪽.

| 제5부 |

현대 사회의 문제와 철학사상

한국사회의 유교적 전통과 가족주의*

– 담론 분석을 중심으로

| **최영진**(성균관대 유학/동양학부 교수) |

1. 머리말

'회사를 가정처럼, 사원을 가족처럼'

우리가 흔히 접하는 이 광고문은 심각한 자기모순을 내함하고 있다. 기업은 이윤추구를 목적으로 하는 타산적 · 인위적 조직체이며, 가정 내지 가족은 이해관계를 넘어서서 친애의 감정을 매개로 하는 자연적인 집단이다. 또한 기업은 공적 영역이며 가족은 사적 영역이다. 사회집단(social group)의 분류 방식에 의한다면 가족과 기업은 게마인샤프트(Gemeinschaft)/게젤샤프트(Gesellschaft), 일차집단(primary group)/이차집단(secondery group)이라는 도식으로 규정될 수 있다.[1] 이 두 집단은 정반

* 이 논문은 한국철학회 춘계학술대회(2005년)에 발표했던 논문을 수정 보완한 것임.

1) 가족을 게마인샤프트로로 분류하는 것에 대한 비판이 없는 것은 아니다.(이문호, 「'조직' 으로서의 가족: 한국 가족주의의 전통과 근대화」, 2003, 학진지원과제(KRF-

대되는 경향을 갖는다. 그러므로 '회사=가정, 사원=가족'이라는 주장은 이질적이며 배타적인 두 항을 동질화시키는 오류를 범하는 것이다. 이 광고문은 "부모가 능력껏 일해서 어린아이의 필요에 따라 분배해 주고, 어린아이는 자라서 노동을 하면 노동력 없는 늙은 부모의 필요에 따라 분배해 준다."라는 가족의 일반원리[2]를 기업에 적용시키려는 것으로서, 사원들에게 회사에 대한 무조건적 희생을 강요하는 음모가 스며 있다고도 볼 수 있다.[3] 기업은 고도의 합리성과 효율성을 기반으로 하는 조직으로서 전형적인 근대의 산물이다. 반면에 '사원을 가족처럼'이라고 말할 때의 가족은 이와 반대되는 속성을 지니고 있다는 점에서 전근대성을 갖는다. 한국사회에서 기업이 가정과 동일시된다는 사실은 근대성과 전근대성이 혼재하고 있다는 하나의 예증이다.

역사의 발전과정에 있어, '근대'는 전 시대인 중세와 여러 가지 측면에서 이질적인 정신적 특징을 갖는다.[4] 그러나 서구는 자기원인과 자생력에 의하여 중세를 극복하고 근대를 창출함으로서 전근대와 근대는 연속성을 갖는다. 반면에, 비서구권은 서구 제국주의 세력에 의하여 '강요당한 근대'를 맞는다. 특히 1세기 만에 근대화를 성공적으로 성취한 동아시아는 근대를 이식할 수 있는 터전을 닦기 위하여 전근대를 부정하고 제거하는 작업을 선행하였으며, 이에 따라 전근대와 근대는 단절될 수밖에 없

2003-073-.AM1002) 보고서 참조.)

2) 이숙인, 「유교 가족원리의 공동체적 의미」, 『동아시아 문화와 사상』, 6집, 동아시아문화포럼, 2000, 35쪽.

3) 이승환, 「한국 '가족주의'의 의미와 기원, 그리고 변화 가능성」, 『유교사상연구』, 한국유교학회, 2004, 51면~58면 참조.

4) 럿셀은 '쇠약해 가는 교회의 권위'와 '강대해 가는 과학의 권위'를 근대가 중세와 구별되는 중요한 특징으로 거론한다.(럿셀, 『서양철학사』, 한철하, 대한교과서(주), 1995, 660면)

었다. 이를 상징적으로 말한다면 자족적 경제와 교환 경제, 농촌과 도시, 혈연적 공동체와 계약적 이익사회의 단절이라고 표현할 수 있다.[5)]

그러나 인위적인 개폐가 가능한 제도와 달리 전통적 의식과 관습은 본질적으로 연속성을 갖는다. 특히 한국은 동아시아 한자문화권 가운데에서도 전근대 사회의 지도 이념이었던 유교적 전통이 가장 강하게 작동하고 있는 사회로 인식되고 있다.[6)] 그 대표적인 실례로서, 한중일 삼국 가운데 유일하게 한국에서 유교식 제사가 가정의 가장 중요한 행사로서 시행되고 있는 현상을 들 수 있다. 우리에게 유교는 한갓 추상적인 관념이 아니라 일상적인 생활 속에서 끊임없이 부딪히는 경험적인 현실적 기제이다. 사회과학계의 일각에서 '유교'를 키워드로 한국사회를 분석하려고 시도하는 것은 바로 이와 같은 이유 때문이다.[7)]

한국사회의 유교적 전통 가운데, 가장 구속력이 강한 것이 가족주의이다.[8)] 한국의 가족주의적 사고와 행태는 찬양과 비난의 양극단을 오가면

---

5) 이태훈, 「유교적 가족관과 시민적 가족관」, 『동양사회사상』, 2집, 동양사회사상학회, 1999, 163쪽 참조.

6) 최근 프랑스의 국립동양어문화대학과 사회과학고등연구원은 다음과 같은 프로젝트를 진행하고 있다. "〈연구주제: 현대 한국사회에서 유교적 전통과 가치 표방의 목적〉 한국사회는 아시아 국가들 가운데 유교적 의례주의가 가장 깊이 뿌리내려 있는 사회이고, 엘리트 계층의 유교 및 일반 대중의 유교가, 중국 대륙에서 단절을 겪은 것과는 달리, 일정한 사회적 공간 내에서 여전히 그 소통 수단을 보존하고 있는 사회입니다. 따라서 저희들이 한국의 학자들과 공동 연구망을 구축하고 현재 연구계획을 한국사회로 확대시키고자 하는 것은 대단히 중요한 일이 아닐 수 없습니다. 이 연구방문의 실현을 위해서 한국 측 연구자들의 협력을 간절히 요청하는 바입니다." 이는 국제 학계에서 한국이 유교적 전통이 가장 강한 국가로 인식되는 하나의 예이다.

7) 함재봉, 『유교 민주주의 자본주의』, 전통과현대, 2000, 9면; 최영진/소현성, 「한국사회학계의 유교인식 유형과 그 문제점」, 『동아시아 문화와 사상』, 10호, 2003, 동아시아문화포럼, 12~24쪽 참조.

8) 가족주의는, 사회의 기본구성 단위는 개인이 아니라 가족집단이며 가족집단은 국가를 포함한 다른 어떠한 사회집단보다 우선시된다는 신념이다.(함인희, 「산업화에 따

서 오늘 우리의 삶을 지배하고 있다. 이와 같은 문제의식에서, 한국사회를 이해하기 위한 하나의 방법으로 유교 가족주의의 본질과 이에 대한 담론들을 분석하고자 한다.

2. 유교적 가족주의의 본질

유교가 인간의 가장 기본적 공동체인 '가족'을 근간으로 하여 구성되어 있다는 사실은 의심할 여지가 없다. 이것은 유교 규범의 원형인 오륜 가운데 제일조가 '부자유친(父子有親)'이라는 데에서 확인할 수 있다. 유교의 최고 덕목인 인(仁)을 실행하는 기제로 '효(孝)와 제(弟)'를 제시한 것[9]은 유교가 바로 가족윤리를 기초로 하고 있다는 사실을 언명한다.

유교의 가족윤리는 개인보다 가족 구성원들 사이의 관계성에 초점을 맞춘다. 앞에서 언급한 오륜 가운데 가족관계를 규정한 '부자유친(父子有親)'과 '부부유별(夫婦有別)'은 부모와 자식, 남편과 아내의 관계를 규정한 것이다. 즉 부모와 자식, 남편과 아내 각각의 규범을 말한 것이 아니라 양자 사이의 규범적 관계를 제시한 것이다.

이와 같은 사고는 유교의 관계적 사유에 그 원형을 두고 있다. 이미 알려진 바와 같이, 유교적 사유의 기저를 이루는 것은 음양론이다. 그 원류는 『주역』의 구성 요소인 음효/양효에서 찾을 수 있다. 음양은 본래 음지와 양지를 가리키는 문자이다. 그러나 음양 개념의 성립과 변용 과정을 검토해 보면, 『주역』에 있어 음양은 구체적인 사물 또는 사물의 양상을

른 한국 가족의 비교적 의미」, 『한국 가족 상의 변화』, 서울대출판부, 2001, 25쪽)

9) 『논어』, 「학이」. "孝弟也者 其爲仁之本與"

지칭하는 개념이라기보다, 대대(對待) 관계에 있는 전 개념 쌍을 포섭하는 범주적 개념이라고 볼 수 있다. '음양'이라는 단어가 성립되기 이전부터 '대대' 관념은 존재하였으며, 음양은 대대관념을 나타내기에 가장 적합한 용어로서 선택된 것에 불과하다. '대대'란 '서로 마주하며 기다린다.'라는 의미인데, 대대관념을 표상한 최초의 매개체는 ⚊와 ⚋이라고 하는 기호이다. 기호는 의미를 간이화(簡易化)·직관화·형상화하여 감성적 직관을 통하여 인식하게 하는 매개체이다. 기호의 의미는 신호등의 적신호·청신호와 같이 항상 다른 기호와의 연관 아래에서만 결정되며, 기호로서의 기능도 그 상호작용 속에서 비로소 생겨난다. 역학사상에 대한 최초의 표현 매개체가 기호였다는 사실 자체가 상호 연관성이라고 하는 '관계'를 그 중심 과제로 부각시키기에 충분하다. 즉 ⚊과 ⚋은 상반적인 타자와의 관계에 의해서만 의미를 갖고 기능할 수 있는 관계성을 표상한다. 이것이 서로 반대가 되어야 감응하여 조화되어 하나가 된다고 하는 '상반응합(相反應合)'의 논리로서, 『주역』에 있어 대대관념의 원형이 된다.[10]

음양적 논리는 자연과 사회 및 인간을 바라보는 세계관의 기저를 이루고 있다. 인간의 윤리적 규범도 '관계성'을 토대로 규정되기 마련이다. 가족 구성의 양대 축인 부모/자식, 남편/아내는 각각 독립된 실체로서 존재하는 것이 아니라, 부자관계, 부부관계를 구성하는 항으로서 존재한다. 이것이 우리의 가족과 서구의 훼밀리(family)가 구별되는 지점이다.[11]

맹자가 "내 늙은 부모를 공경하는 마음으로 남의 부모를 공경하며, 내

10) 졸저, 『원문으로 읽는 주역』, 민족문화문고, 2005, 12~14면.

11) 김태길, "우리들의 가족은 본래가 '하나'였고, 그들의 근대적 훼밀리는 본래 '여러 사람의 모임'으로서 존재한다."(『유교적 전통과 한국사회』, 철학과현실사, 2001, 171쪽)

자식을 사랑하는 마음으로 남의 자식을 사랑하면 천하를 손바닥 위에서 움직일 수 있다."[12]라고 말한 바와 같이, 유교의 가족 중시는 방법론적 성격을 갖는다. 가족 내에서 형성되는 혈연적·자연적인 사랑과 배려를 타인에게 베풀라는 것이다. 가족윤리는 그 자체가 목적이라기보다 사회윤리의 실천을 위한 방법인 것이다. 그러나 '내 부모만을 공경하고 내 자식만을 사랑함(老吾老幼吾幼)'에 머물 때 유교의 가족공동체주의는 가족이기주의로 타락하게 된다. 이것은 유교의 영향만이 아니라, 가족이 본래 갖는 이중성에 그 근본 원인이 있다. 가족은 척박한 사회의 갈등과 소외로부터 벗어나 가족 구성원들의 정신과 육체를 보호해 주는 애정의 공간이다.[13] 그러나 가족의 사적인 내적 통합성이 사회 전체의 공적인 통합성을 저해하며 공동선의 추구에 장애요인이 되기도 한다.[14] 개인적 차원에서의 가족 중심적 태도와 행동은 사회적 차원에서 타 가족 경시적 태도를 수반할 뿐만 아니라 배타적 이기주의를 조장하여 다른 가족과 갈등을 초래하는 '반사회성'을 갖는다.[15] 이것이 플라톤이 가족의 해체를 주장한 이유이기도 하다.[16] 유교는 이 점을 매우 경계한다. 혈연적인 사적 연줄망이 공적 영역을 침해하는 통로를 차단하기 위하여 이론적·제도적 장치를 구축한 것이 이상적인 유교사회이다. 선진시대 정전제에서부터 나타나는 '선공후사(先公後私)'의 규범은 19세기까지 동아시아 유교문화권에 있어 부동의 준칙이었다.[17] 성리학에서 주장하는 '천리지공(天理之公)'과

12) 『孟子』, 「梁惠王」 上. "老吾老以及人之老 幼吾幼以及人之幼."
13) 장경섭, 「열린 가족, 공공 가족」, 『동아시아 문화와 사상』, 제5호, 2000, p.12.
14) 위의 책, p.15.
15) 위의 책, pp.16~17.
16) 강선미 외, 『가족철학』, 이대출판부, 1997, 32면.
17) 김기현, 「유교사상에 나타난 공과 사의 의미」, 『동아시아 문화와 사상』, 제9호, 2002, 52면.

'인욕지사(人慾之私)'의 준엄한 구별과 '존천리 거인욕(存天理 去人慾)'의 수양론이 그 단적인 예이다. 주자는 그 심성론적 근거로서 인심도심설을 구축하였다. 역사상 가장 전형적인 유교사회를 창출했던 조선조는 이를 법으로서 제도화시켰다. 과거시험에서의 상피제도와 다양한 형법의 제정 등이 그것이다.[18)]

여기에서 한 가지 집고 넘어가야 할 문제는, 유교에는 공동체주의적 요소와 함께 개인의 주체성과 자율성, 그리고 인간의 존엄성을 중시하는 전통이 강하게 자리 잡고 있다는 사실이다.[19)] 『논어』에서 "하늘이 나에게 덕을 낳아 주셨다."[20)]라고 공자가 말한 것은 '나'가 도덕의 주체임을 자각한 고백이며[21)], "인을 이루는 것은 나에게서 유래하니 남에게서 유래하겠는가."[22)]라는 구절은 유교의 최고 덕목인 인이 바로 나 자신에게 달려 있음을 주장한 것이다. 이와 같은 입장은 "하늘이 명한 것을 성이라고 하며, 성을 따르는 것이 도라고 하며, 도를 닦는 것을 교라고 한다."[23)]라는 『중용』 첫 문장에 대한 주자의 주석에서 확인될 수 있다.

> "사람들은 자기에게 본성이 있는 것은 알지만 그것이 하늘에서부터 나오는 것은 알지 못하며, 일에 도가 있는 것은 알지만 그것이 본성에서부터 유래하는 것은 알지 못하며, 성인이 가르침을 주신 것은 알지만 그것이 내가 본래 가지

18) 진희권, 「조선시대 법제도를 통해 본 공사관」, 위의 책, 85~97면.

19) 이좌용 · 최영진, 「가족과 개인」, 『윤리질서의 융합』, 철학과현실사, 1996, pp.172~174 참조. 이것을 드베리는 자유주의적 전통이라고 부른다.(드베리 저, 『중국의 자유 전통』, 표정훈 역, 이산, 1998; 정재현, 「유교의 공동체주의와 현대관리사상」, 『유교문화연구』, 1집, 2000, pp.74~77 참조)

20) 『論語』, 「述而」. "天生德於予."

21) 유승국, 『동양 철학 연구』, 1985, 근역서재, pp.105~108 참조.

22) 『論語』, 「顏淵」. "爲仁由己 而由人乎哉."

23) 『中庸』, 1章. "天命之謂性 率性之謂道 修道之謂教."

고 있는 것에 근거하여 재제(裁制)하는 줄은 알지 못한다."[24]

주자는 유교의 도덕률과 규범이 자신의 선천적 본래성에 기초하여 정립되며 그 본성은 천이라는 절대적 존재에 근거한다고 주장한다. 여기에서 인간은 외적인 권위에서부터 탈피하여 자신의 판단에 의하여 행위할 수 있는 자율적 존재로 정립된다.[25]

3. 효의 현재성

유교적 가족공동체는 부/자 간의 깊은 관계성(父子有親)과 그 규범인 '자/효(慈/孝)'를 기축으로 한다. 그 가운데에서도 자녀가 부모를 사랑하고 보살피며 배려하는 '효'를 기반으로 한다. 유교는 효를 기초로 가족이론을 만들고 그 위에 정치이론을 만들어 하나의 체계를 세운 것이다.[26]

사회학자 이태훈의 분석에 의하면, '가(家)'를 표현하는 서구의 언어들

---

24) "蓋人之己之有性 而不知其出於天 知事之有道 而不知其由於性 知聖人之有教 而不知因吾之所固有者裁之也."

25) 유교는 공자 이후 도덕률이 인간의 내면 세계에 근거함을 주장하는 맹자와, 禮라는 외재적인 규범에 근거하여 인간의 선천적 본성을 교정해야 한다는 순자의 두 입장으로 분화된다.(拙稿, 「繫辭傳에 있어서의 善의 성립근거」, 『성대 논문집 인문과학』, 19집, 1989, pp.20~23 참조) 맹자의 경우는 개인의 자율성과 주체성이 강조되는 반면에 순자에 있어서는 상대적으로 개인의 자율성보다 군주의 권한을 강조하는 전체주의적 성향이 강하다.(성태용, 「순자의 성론」, 『순자 사상의 본질과 철학사적 위상』, 1995년도 동양철학연구회 추계학술발표회 논문집, pp.3~9 참조) 주자학에서 『맹자』를 사서의 하나로 존중함에 따라, 순자 학설의 일부가 주자학에 수용되기는 하였으나, 맹자의 입장이 유학의 주류를 이루게 되고, 양명학에 이르러 맹자적 요소가 한층 강화된다.

26) 加地伸行 저, 『유교란 무엇인가』, 김태준 역, 지영사, 1999, p.61 참조.

이 일관되게 공간성을 중심으로 이해되는 반면, 유교의 가족은 시간성을 중심으로 규정된다.[27] 이러한 유교의 가족에 대한 관념은 생사관에서 여실하게 드러난다. 유교의 생사관은, 공자의 "삶을 아직 알지 못하는데 어찌 죽음을 알겠는가." 에 대한 다음과 주석에서 잘 살펴볼 수 있다.

> "낮과 밤은 기의 밝음과 어둠이고, 삶과 죽음은 기의 모임과 흩어짐이다."[28]

유교에서는 삶과 죽음을 밤/낮과 같이 자연의 필연적인 변화현상으로 규정하는 동시에, 본질적 동일성을 갖는 것으로 본다. 즉 '기'라는 동일자의 두 측면－ '모임과 흩어짐' －으로 보는 것이다. 그러므로 죽음은 '무화(無化)'가 아니라 '무형화(無形化)'에 불과한 것으로 기의 원초적 동일성은 연속된다. 그리고 기의 연속성을 매개로 생명도 연속한다. 다음과 같은 주석에서, 이와 같은 생명관의 전형을 볼 수 있다.

> "나의 이 몸은 조상이 남긴 몸이며 조상의 기는 흘러서 나에게 전해지니 없어진 적이 없다. …… 사람의 기가 자손에게 전해지는 것은, 나무의 기가 열매에 전해지며 이 열매가 전해져서 다 없어지지 않으면 나무를 낳고 이 나무가 비록 말라서 없어져도 오히려 기가 여기에 분명히 있는 것과 같다."[29]

---

27) 이태훈, 「가족의 시간성과 가정의 공간성」, 88면. family를 라틴어 famulus에서 유래하며 '하인' 을 의미한다는 주장도 있다. 이 어원은 여성이나 아이, 그리고 하인이라는 가족 구성원이 가장인 남성의 소유로 간주되는 것을 의미한다.(리사 터틀, 『페미니즘사전』, 유혜련 외, 동문선, 1986, 156면)

28) 輔慶源, 『論語集註大全』. "晝夜者 氣之明晦也 死生者 氣之聚散也"

29) 『論語集註大全』, 「八佾」, 小注. "吾之此身 卽祖考之遺體 祖考之氣 流傳於我 而未嘗亡也 …… 人之氣流傳於子孫 如木之氣 傳於實 此實之傳不泯 則其生木 雖枯毁無餘 而氣之在此者 猶自若也"

조상의 기는 자손대대로 이어지며 조상의 몸은 자손의 몸으로 살아 움직인다. 나의 몸은 바로 나의 부모 · 조부모를 거쳐 수백 대 조상의 몸으로 소급되며, 앞으로 무한하게 자손의 몸으로 남게 된다. 즉 개체의 생명은 소멸되지만 '조상-나-자손'으로 이어지는 가족의 생명은 연속한다. 여기에서 생명의 유한성에 대한 문제, 즉 죽음의 문제가 극복될 수 있는 단초가 마련된다.30) 이것이 유교에서 횡적(공간적)인 부부 관계보다 종적(시간적)인 부자 관계를 중시하는 이유이다.31)

삶과 죽음, 조상과 자손의 연속성이 상징적으로 연출되는 장이 바로 제례(祭禮)이다. 제사는 향을 피우고 술을 부어서 조상의 혼백을 부르고 음식을 대접하면서 자손과 조상이 마주하는 과정을 상징적으로 연출하는 것이다. 자손은 제사를 통하여 내 생명의 근원인 조상의 모습을 보고 그 목소리를 들으며 바로 여기에 나와 함께 존재함을 확인한다.

유교의 효 관념은 바로 이와 같은 생사관 · 가족관에 기반을 둔 것이다. 율곡이 효도를 '생사지도(生事之道)', '사장지도(死葬之道)', '제지지도(祭之之道)'라는 3단계로 나누어 설명한 것이 그 단적인 예이다.32) 율곡은 '신체발부는 부모에게서 받은 것이다.'라는 『효경』의 명제, 곧 내 몸은 바로 부모가 남기신 몸이라는 사실에 대한 분명한 인식이 효의 출발점이라고 강조한다. 자식의 몸은 본래가 부모의 몸이기 때문에 부모와 자식은 한 몸이며, 한 몸이기 때문에 사랑은 필연적이다. 이 원초적 사실을 부인하고 물욕에 엄폐되어 자신의 몸을 자기의 소유로 알 때에 '한 몸', '사

30) 加地伸行, 앞의 책, 43면 · 57~58면 참조.

31) 한국인에게 자식은 자기라는 유한성을 후손이라는 무한성에 의탁시키는 가장 중요한 대상이 되어 있는데, 이 점을 한 미국 학자는 재미있게 관찰하고 있다.(송복, 『동양적 가치란 무엇인가』, 생각의 나무, 1999, 183면)

32) 곡, 『성학집요』, 「효경장」.

랑'이라는 부자간의 본래적 관계가 파괴될 수밖에 없다. 한방에서 몸이 마비되는 것을 '불인(不仁)'하다고 표현한다. 불인, 즉 마비된 사람은 자신의 신체에 가해지는 고통을 느끼지 못한다. 우리는 일반적으로 타인의 고통에 대해서는 무감각하지만 내 자식과 부모의 고통에 대해서는 민감하지 않을 수 없다. 그들은 바로 나와 한 몸이기 때문이다. 이 사랑이 자식을 향할 때 '자(慈)'가 되며 부모와 조상을 향할 때 '효'가 된다. 요컨대, 효란 본래가 나와 한 몸인 부모(조상)의 몸을 내 몸으로서 사랑하는 것이다. 율곡이 효도를 살아 계실 때 섬기는 것뿐만이 아니라 장례와 조상에 대한 제례까지 포함시킨 이유가 여기에 있다. 나의 몸은 부모를 매개로 조상에게 무한히 소급되기 때문이다.

한국사회에 있어, 효는 박제화된 전 시대의 덕목이 아니라 우리가 일상생활에서 부딪히며 경험하는 현재적 규범이다. 정부에서는 효행문화를 계승하고 장려하기 위하여 '효행장려지원법'을 제정하고[33], 전문가에게 효 문화 실천을 위한 방안을 연구시킨다.[34] 어버이날이 되면 어김없이 대중가수들의 효 콘서트가 열리며[35], 기업들은 효 마케팅에 열을 올린다.[36] 효에 관한 여론조사는 우리사회에 효 문화가 살아 있음을 다시 한번 확인시켜 준다.[37] 그리고 사회가 해체되는 위기를 극복할 수 있는 대안적 규범으로 효가 제시된다.[38] 중앙일보와 경기문화재단이 공동으로 효 의식

---

33) 「효행장려법 국회 제출」, 『중앙일보』, 2005. 5. 4.

34) 보건복지부는 이대 사회학과의 조성남 교수에게 '고령화 · 정보화 시대의 신 효문화 실천 방안 연구'를 의뢰하였다. 그 결과 노인의 소외현상이 두드러지게 나타났으며 그 해소 방안으로 대화와 관심이 무엇보다 중요한 것으로 진단되었다.(「이대 조성남 교수 '대화 · 관심으로 소외감 덜 수 있다'」, 『중앙일보』, 2005. 2. 20.

35) 「하춘화 효 콘서트」, 『중앙일보』, 2005. 4. 26.

36) 「KT 어버이날 시내외 전화 첫 5분 무료」, 『조선일보』, 2005. 5. 6; 「대우증권, 미스터랩 '효 나눔' 상품 판매」, 『조선일보』, 2005. 4. 27.

37) 「초중학생 68% '부모에게 장기 기증」, 『중앙일보』, 2005. 4. 19.

을 조사한 결과 한국은 유교국가 가운데 효사상이 가장 내면화된 사회이며[39], 가족유대가 여전히 강력한 것으로 나타났다. 이에 근거하여 조사자는 '일과 놀이, 정치와 교육 현장 등 중요한 삶의 현장에서 야기된 문제와 갈등을 해결할 수 있는 출발점에 효를 내세우자.'라고 주장한다.

효의 기능적인 측면은 '죽음'의 문제와 연계하여 모색될 수 있다. 인간의 자연사(自然死)는 성장과정과 역순을 밟아 진행된다. 다른 동물들과 달리, 인간은 일정기간 타자의 도움 없이는 생존할 수 없는 것과 같이—공자가 3년 상을 주장한 이유가 여기에 있다—죽음의 과정 또한 타자의 도움을 요구한다. 자식의 효는 자기를 낳아 주고 자신의 능력으로 살 수 있을 때까지 생존하게 보살펴 준 부모가 죽음에 이르는 과정을 책임지는 것이다. 이와 같은 관점에서, 사회학자 송복이 효의 사회적 기능을 노인복지 차원에서 주장하는 것은 타당성을 인정할 수 있다. 그는 노인이 유기된 상황에서는 가족에 최고 가치를 부여할 수 없기 때문에 가족제도의 유지자체가 위협받게 되며, 이는 사회해체를 재촉하게 된다고 말한다.[40] 서구에서 가족의 대체제도로서 사회복지 제도를 발전시켰으나, 오히려 가족해체 요인으로 작용하여 사회해체의 위기를 고양시키는 경우가 많다. 그러므로 가장 개인주의가 팽배한 서구 사회에서도 가족의 책임성이 전례 없이 강조된다. 국가, 또는 공식적인 어떤 기구도 가족을 대체할 수는 없다는 것이다. 그는 다음과 같은 결론에 도달한다.

---

38) 「'효의식 조사' 험악해져가는 세상 문제해결 출발점은 효」, 『중앙일보』, 2005. 2. 10.
39) 서울과 경기 지역 남녀 1000명을 대상으로 조사한 결과 '부모 봉양은 자식의 책임이자 의무라는 데에 동의하는가' 86%, '효도를 해야 집안이 잘되며 가족의 결속이 강화된다' 80%, '부모가 배우자보다 중요하다' 51% 동의하는 등 효의 가치를 매우 높은 것으로 평가했다.(위의 책)
40) 송복, 『동양적 가치란 무엇인가』, 생각의 나무, 180면, 1999.

“전통과 현대 어느 사회든 효가 아니면 ‘가족가치’는 재생산되지 않는다. …… 효가 아니면 높은 이혼율, 제로출산 등 심각한 해체위기에 놓인다. 그리고 사회는 날로 위협적인 분열 현상을 드러낸다. 효가 사회통합의 지름길이며 사회발전의 지름길이 되는 것이다.[41]

효를 근간으로 하는 유교의 가족윤리는 빛과 아울러 그늘을 드리우면서[42] 지금 우리의 현재를 지배하고 있다.

4. 한국의 산업화와 가족주의의 강화

1960년 한국은 국민소득 78달러의 세계 최빈국이었다.[43] 그러나 2005년 세계은행의 통계에 의하면 우리는 국민소득 1만 2030달러로서 49위, 경제규모(GN) 5764억 달러로서 세계 11위이다. 불과 50년도 채 안 되는 기간 동안 100배 이상의 경제성장을 이룩한 것이다. 이 같은 수치는 한국의 압축적 근대화 · 산업화를 상징적으로 보여 준다.

우리가 앞에서 고찰한 가족주의는 자급자족적인 농촌경제가 만들어 낸 보편적 이념이라고 볼 수 있다.[44] 그러므로 산업화 · 도시화가 진행되면 가족주의는 약화되고 해체되기 마련이다. 김태길은, 1960년대 근대화라는 이름으로 산업화가 추진하자 미국식 개인주의가 본격적으로 수용되었으며 도시화에 따르는 사고방식과 생활양식의 변화에 의하여 가족의

41) 송복, 위의 책, 182면.

42) 이숙인, 앞의 논문, 53~54면 참조.

43) 함재봉, 앞의 책, 20면.

44) 이태훈, 「유교적 가족관과 시민적 가족관」, 169면.

존재 이유가 감소하고 나와 가족을 '하나'로서 의식해야 할 조건이 사라졌거나 약화되었다고 진단하였다.[45] 그러나 이러한 진단은 피상적인 고찰에서 나온 것에 불과하다. 실증적인 조사 연구에 의하면, 산업화가 오히려 기족의 유대 및 결속을 강화시키는 것으로 나타났다.[46] 한국사회에서 일어난 최근의 산업화 과정은 조선시대에 이미 제도화되었던 가족중심의 가치관에 의하여 저해된 것이 아니라 오히려 촉진되었다는 데에 그 특수성이 있다는 것이다.[47] 함인희는 「산업화에 따른 한국 가족의 비교적 의미: 변화와 관계의 역동성」이라는 논문에서 다음과 같이 주장한다.

1. 도시 지역의 주거시설 미비로 먼 친척과의 동거가 이루어짐에 따라 자연히 상호작용하는 친족의 범위가 농경사회보다 확대되는 결과를 가져왔다. 특히, 도시화로 인한 이농 이후의 적응 과정에서 친족의 중요성이 더욱 증가되었다. 농촌 지역의 친족유대가 산업현장으로 전이되고 친족은 노동자와 근대화된 산업조직을 매개하는 새로운 기능을 담당하는 동시에, 가족이 위기에 처했을 때 가족을 지원하는 역할도 유지되었다.

2. 급격한 사회변동 과정에서 전통적 공동체가 분해되고 사회구조적 분화가 진행됨에 따라 발생하는 불안과 충격을 해결하는 데에 가족주의적 가치지향성이 문화적 자원으로 활용되어 강화되었다. 해방이후 극심한 사회혼란과 생존이 위협받는 상황에서 가족 이외의 보호막이 거의 전무하였기 때문에 직계가족 중심의 연줄망에 기초한 사회조직 원리 및 가치관이 오히려 강화된 것이다.

---

45) 김태길, 앞의 책, 98~99면.

46) 함인희, 「산업화에 따른 한국 가족의 비교적 의미」, 『한국 가족상의 변화』, 서울대 출판부, 2001, 24면.

47) 박영신, 한국사회의 변동과 가족주의」, 『역사와 사회변동』, 사회학연구소, 1987, 277~278면.(함인희, 위의 책, 26면에서 재인용)

3. 한국의 기업경영전략에서 가족공동체적 이미지를 연상시킴으로서 노사관계의 융합과 일체를 강조하는데, 사주는 가부장적 온정주의에 입각한 가장으로 부각되고 조직의 운영도 합리주의 · 개인주의에 입각한 직무중심이 아니라 전통적 가족주의에 입각한 유사공동체로서의 직장을 중심으로 이루어진다.

근대화=산업화라는 공식에 입각해 볼 때에 전근대사회의 산물인 가족주의가 산업화를 촉진시키고, 산업화가 가족주의를 강화시키는 상호관계성은 기존의 이론틀로써 설명하기 어려운 한국사회의 특수한 현상이라고 할 것이다. 이 점에서, 한국의 가족을 근대적 합리성이 강하게 내포된 2차 집단으로 규정하는 이문호의 관점을 검토해 볼 필요가 있다. 그는 조선시대의 법전과 사대부 가문의 가훈을 분석하여 다음과 같은 결론을 내린다.

"한국 유교 가족의 특성은 정치적 권력을 목적으로 결합되면서 결속력이 강화되었고 예를 강조하면서 가족의 행동양식이 공적으로 형식화되어 갔다. 이로 인해 목적합리성과 행동규범의 공식화라는 2차 집단, 즉 근대조직의 특성을 지니는 한국적 가족주의가 발생하였고, 한국사회는 근대화 과정에서 흔히 생각하는 '문화적 지체' 현상을 겪지 않았다. …… 이렇게 볼 때 한국의 근대화는 전통의 붕괴가 아니라 오히려 전통이 확대되는 과정이었다. 겉모습은 물론 달라졌다. 그러나 이것은 한국인의 마음속 깊이 내면화된 가족주의의 전통이 새로운 '옷'을 입고 나타난 것이다. 유교적 가족주의에서 발생한 '지식은 권력'이라는 표상은 교육열과 교육계급사회를 만들었고, 형식지향적 사고는 대량생산 체제와 관료조직을 발전시켰다.[48]

48) 이문호, 앞의 책, 26면.

이 주장은, 한국의 가족주의가 산업화=근대화 과정에서 소멸되지 않고 오히려 강화 내지 확산되는 이유를 한국의 유교적 전통 가족이 갖는 2차 집단적 성격에서 찾고 있다. 이 주장은 유교 자체가 갖는 근대성과 전근대성에 대한 다양한 논의를 필요로 한다. 다만 한 가지 분명한 것은, 가족주의가 근대적 산업화의 장애 요인으로 간주하는 서구적 근대화이론이 더 이상 한국사회를 분석하는 준거가 될 수 없다는 사실이다.[49)]

5. 결론: 단절과 연속

'회사를 가정처럼, 사원을 가족처럼'이라는 표어는, 상반되는 성격의 '가족=1차 집단'과 '기업=2차 집단'을 동일시하는 오류를 범한 것이다. 이 표어가 타당성을 갖추기 위해서는 가족이 기업원리에 의해서 작동되든지, 아니면 기업이 가족원리에 의하여 작동되어야 한다. 이문호의 결론은 전자의 경우이며, 함인희의 주장 3은 후자의 경우이다. 앞에서 언급한 바와 같이, 유교는 가족윤리와 사회윤리를 일치시킨다. 『대학』에서 "'효(孝)'는 군주를 섬기는 근거이고 '재(弟)'는 어른을 섬기는 근거이며 '자(慈)'는 대중을 이끄는 근거이다."[50)]라는 구절은 바로 이 점을 말한 것이다. 이 글에서 '효·제·자'라는 가족윤리가 국가 통치의 규범으로 규정된다. 동시에 가족은 순수한 사적 영역이 아니라 공적인 성격을 짙게 갖고 있다. 즉 국가와 가족은 상호침투되는 것이다. 이것은 국가, 나아가 우주를 하나의 가족으로 보는 유교의 세계관을 토대로 한 것이다. '천하일

49) 가족주의 내지 유교를 근대화의 장애로 보는 견해는, 유교학자인 현상윤의 『조선유학사』에도 나타난다.(현상윤, 『조선유학사』, 현음사, 2000, 7~9면)

50) 『대학』, 9장. "孝者所以事君也 弟者所以事長也 慈者所以事中也"

가(天下一家)'라든가, 『주역』에서 천지수화(天地水火) 등 자연물을 상징하는 8괘를 부모 형제에 유비시키는 것[51] 등이 그 전형적인 예이다. 가족과 기업을 동질화시키는 의식의 내면에는 이와 같은 유교의 전통이 자리 잡고 있는지도 모른다.

약 1세기 전, 한국의 지식인들은 동도서기론과 문명개화론의 대립 속에서 주체적으로 근대화를 추진하였다. 그러나 제국주의 세력에 의하여 근대화는 좌절되고 식민지로 전락한다. 전 시대의 지도이념이었던 유교는 망국의 주범으로 매도당하고 일제는 식민지 통치에 불리한 전통적 가치관과 관습을 미개한 것으로 낙인찍었다. 해방 후 서구문화를 선진적 모델로 받아들이면서 전통과의 단절은 더욱 심화된다. 그러나 우리가 앞에서 검토한 바와 같이, 유교적 전통은 근대화 과정에서 새로운 옷을 입고 재생산된다. 유교는 지난 반세기 동안 근대화=산업화의 추동세력일 뿐만 아니라 현대 사회의 규범으로 재규정된다.[52]

한국의 가족주의적 전통에 대한 평가 또한 여기에서 크게 벗어나지 않는다. 유교에 내함되어 있는 가족주의는 가부장적 권위주의와 남존여비적 질서를 바탕으로 한 보수적 규범체계로 비판받아 왔다. 그러나 한국의 근대화를 추동시킨 유교적 전통 가운데 핵심은 가족주의이며, 산업화와 가족주의가 함수관계에 있다는 사실이 경험적으로 입증되고 있다. 뿐만 아니라, 파편화 · 원자화된 개인의 상실감과 공허감 · 소외감, 그리고 사회의 분열을 극복하기 위해 자유주의와 공동체주의 조화가 시도되는 이 시점에서, 역사적으로 가족을 중심으로 공동체주의를 실현했던 전통은 우리에게 하나의 바람직한 모델을 제공할 수 있다.[53] 이와 같은 관점에서

51) 정병석, 「유가의 생명관」, 『동아시아문화와 사상』, 4호, 2000, 60면 참조.

52) 조용헌, 「유교와 규범」, 『조선일보』, 2005. 3. 14; 안성규, 「사화의 교훈」, 『중앙일보』, 2005. 1. 25.

우리는 다음과 같은 목소리에 귀를 기울일 필요가 있다.

> "서구가 노인들을 양로원에서 벗어나게 할 방법을 찾고 있는 이 순간에도 개도국의 신흥 중산층은 더욱더 양로원을 고집한다."[54)]

약 1세기 전, 미개한 조선을 개화시키기 위한 근대화 프로젝트가 시작된 이후 한국 가족의 형태와 기능, 그리고 윤리는 많은 변화를 겪어 왔다.[55)] 그리하여 오늘 우리는 전통적 가치관과 서구적 가치관의 충돌, 세대 간 · 남녀 간의 갈등 등으로 사회가 분열되는 위기감을 심각하게 느끼고 있다. 근대화 과정에서 가족주의가 강화되는 가운데에서도 이혼율의 증가[56)]와 낮은 출산 등으로 가족 해체가 가속된다. 여기에서 전통과 근대의 '단절/연속'이라는 이중주가 다시 확인된다. 이 시점에서 우리는 근대를 넘어서서 전통을 재조명하며, 이를 기반으로 탈근대를 기획해야 할 것이다.

---

53) 졸고, 『유교사상의 본질과 현재성』, 성대출판부, 2002, 67면.

54) Glnanne Brownelldhl, 「특명, 지구 고령화 탈출구를 찾아라」, 『뉴스위크』 633호, 2005. 1. 18.

55) 이정덕 외, 『한국의 근대 가족윤리』, 신정, 2002 참조.

56) 부부 사이의 애정에 기초한 가족보다 각자의 역할 수행에 충실한 기정이 오히려 안정적이며, 한국의 이혼율은 상대적으로 높지 않다는 견해도 있다.(함인희, 앞의 논문) 이 주장에 의거한다면 '夫婦有別'이라는 유교의 가족윤리가 가족을 안정시키는 기제로 작용할 수 있다.

신채호의 투쟁적 자아관*

| **신정근**(성균관대학교 동양철학 교수) |

1. 문제제기

신채호(1880~1936)는 자신의 사고와 행위를 지탱하는 세계관이 총체적으로 흔들리던 시대를 살았다.[1] 인문지리로 보면 중국 중심 세계의 밖에 있던 서양이 제국주의의 실체를 분명하게 드러내면서 서세동점의 상황이 심화되고, 역사로 보면 동아시아에서는 서양에 비해 좀 늦게나마 전근대에서 근대로 넘어서기 위한 진통과 갈등이 격화되고, 조선(대한제국) 일국의 관점에서 보면 일본의 국권 침탈로 인해 위태로웠던 '국가'의 소멸이 현실화되고 있었다. 이 상황은 전근대의 왕조 교체나 왕조 내의 반

* 이 논문은 성균관대학교의 2008학년도 성균학술연구비에 의해 연구되었음. 이 글은 『철학』 109집, 2011. 11.에 수록되었음.

1) 신채호의 생애와 관련해서 신용하, 「제1장 신채호의 생애와 업적」, 증보 『신채호의 사회사상연구』, 나남출판, 2004; 김삼웅, 『단재 신채호평전』, 시대의창, 2005 참조. 신채호 사상의 다양한 측면과 관련해서 대전대학교 지역협력연구원 엮음, 『단재 신채호의 현대적 조명』, 다운샘, 2003 참조.

정과 비교할 수 없는 패러다임 교체라는 혁명의 양상을 띠었다.

이러한 상황에서 사람은 정체성의 혼란을 겪지 않을 수가 없다. '나'(신채호)는 수학기에 조선 성리학의 세례를 흠뻑 받아서 성장했지만 청년기에 신학문(사회진화론)을 통해 서양이라는 다른 세계의 실체를 목도했다. '나'는 중국 중심의 닫힌 천하관을 가지고 성장했지만 그 세계를 주변으로 몰아내고 다른 중심이 형성되는 새로운 세계를 인정하게 되었다. '나'는 조선 사람으로 나서 그렇게 살아왔지만 일본 사람이 되거나 그걸 거부한다면 망국의 유랑자가 되어야 했다.

여기서 우리는 신채호가 정체성의 혼란을 통해 자아의 위기를 겪었으리라 어렵지 않게 예상할 수 있다. 물론 그는 그 위기를 겪고서 『논어』에 나오는 '은자(隱者)'들처럼 정체성을 위협하지 않는 미시 세계의 안전지대로 퇴각하지 않았다. 그는 위기를, 전근대의 자아를 벗어나 근대의 자아로 탈바꿈하는 장으로 삼았다. 이 자아는 전근대의 차별적 자아를 극복하여 근대의 보편 자아를 이론화하는 문맥과 전근대의 무기력한 자아를 반성하여 국난의 극복과 민족공동체의 구원을 일구어 내려는 운동론의 문맥 중 어느 쪽에 가까울까? 이에 대한 대답 여하에 따라 신채호의 사상은 근대성 담론에 함몰될 수도 있고, 탈근대와 탈식민주의 담론으로 이월할 수도 있다. 이 글에서는 후자에 초점을 맞추고자 한다.

이 글에서는 신채호가 전근대의 주체를 근대적 주체로 전환시키며 자아의 정체성을 재정립하는 여정을, 천하(가족) 대 민족(국가), 시비 대 이해, 대아 대 소아와 같은 키워드를 대립적으로 재구성하여 살펴보고자 한다. 자아의 재정립은 조화적 자아가 아니라 투쟁적 자아가 철저하게 국난 극복의 실천을 함으로써 검증된다. 신채호의 실천은 결국 실패와 미완(未完)으로 끝이 났다. 신채호는 실패를 좌절과 타락이 아니라 도전과 시도의 맥락으로 재해석하여 실패한 독립 운동의 의미를 부여했다. 즉 그는 실패할 줄 알더라도 또 시도하고 실패하더라도 또 시도할 수밖에 없다. 나는 맺는 말에서 '실패의 존재론'이란 관점에서 그가 말한 자아의 정체성을 정리하고자 한다.

2. 연구사 정리: '조선학'의 정립과 그 정체

신채호의 사상에는 그의 폭넓은 활동 영역만큼이나 다양한 계기들이 있다. 예컨대 조선 성리학(주자학), 개신유학(동도서기), 사회 진화론(개화자강), 민족주의(국수주의), 아나키즘(민중혁명) 등이 있다. 얼핏 봐도 이들은 서로 모순된다. 설혹 모순되지 않는다고 하더라도 양립이 가능한지 논변을 해야 할 듯하다. 우리는 이처럼 모순되는 신채호의 사상을 어떻게 이해할 수 있을까? 지금까지 연구 경향을 보면 세 가지로 요약할 수 있다. 첫째가 전환설이고 둘째가 중핵설이고 셋째가 절충설이다.[2]

전환설은 신채호가 특정한 상황을 맞이하여 그것을 돌파하기 위해 사상을 바꾸었다는 것이다. 적게는 이변설(二變說)에서 많게는 사변설이 있다. 이변설은 저항적 민족주의에서 아나키즘으로 바뀐 것을 말한다.[3] 삼변설은 계몽사상가에서 민족주의자로, 민족주의자에서 아나키스트로 변했다는 것이다.[4] 사변설은 정통유학에서 개신유학으로, 개신유학에서 사

2) 최홍규는 신채호의 연구 성과를 1930~민족해방기, 1960년대, 1970~1980년대로 나누어 고찰하고 있다. 최홍규, 『신채호의 역사학과 민족운동』, 일지사, 2005, 11~56쪽 참조.

3) 김종학은 민족을 중심으로 한다는 점에서 중핵설에 속하지만 민족주의의 변화를 말한다는 점에서 이변설에 속한다. 그는 신채호가 아나키즘을 수용한 게 아니라 그것을 민중적 민족주의의 틀에서 변용했다고 본다. 「신채호와 민중적 민족주의의 기원」, 『세계정치 7』, 28집 1호, 2007 봄 · 여름호.

회 진화론으로, 사회 진화론에서 민족주의로, 민족주의에서 아나키즘으로 변했다는 것이다.[5)]

중핵설은 신채호가 상황 전개에 따라 새로운 사상을 주장한 것 같지만 실제로 중심 사상은 변하지 않고 일생 동안 지속되었다는 것이다. 이로써 신채호 중심 사상은 외연이 끊임없이 확대되었을 뿐 사상 자체가 바뀐 것은 결코 아닌 것이 된다. 어떤 이는 신채호가 어떠한 노선을 펼치고 어떠한 주장을 하더라도 그 밑바탕에는 민족이란 중심 코드가 면면히 자리하고 있다고 보았다. 즉 국가를 잃었지만 국수를 보존하여 민족을 수호하겠다는 논리이다.[6)] 어떤 이는 신채호의 사상을 반(反)유교로 규정하는 것을 일차원적인 시각이라고 지적하며, 자세히 살펴보면 신채호는 형식화된 유교를 비판하고 유교의 본의를 계승하여 근대적 주체를 확립하는 논리를 펼쳤다고 말한다.[7)]

절충설은 신채호의 사상적 변화를 인정하지만 변화의 이면에 불변의 중심 사상이 있다는 것이다. 김기승은 전환설을 수용하면서도 유교가 신채호 사상의 기초 또는 토대로 작용하고 있다고 보았다.[8)]

나는 전환설과 중핵설 그리고 절충설 세 가지 모두 신채호 사상의 면면을 드러내는 데에 일조를 했다고 생각한다. 이러한 연구 성과에 의해서

---

4) 이호룡, 「신채호의 아나키즘」, 『역사학보』, 177집, 2003, 74~75, 100쪽.

5) 전환설이 신채호 사상을 연구하는 일반적인 경향이다. 김삼웅, 『단재 신채호평전』, 348쪽.

6) 양진오, 「영웅의 호출과 민족의 상상: 망명 이후 신채호의 소설을 중심으로」, 『현대소설연구』, 38집, 2008; 박노자, 「1900년대 초반 신채호의 민족, 국수 개념의 계보와 지역적 맥락」, 『전통: 근대가 만들어낸 또 하나의 권력』, 인물과사상사, 2010.

7) 박정심, 「신채호의 유교인식에 관한 연구: 근대적 주체 문제와 관련하여」, 『한국사상사학』, 22집, 2004.

8) 김기승, 「단재의 사상적 변화와 유교: 단재사상 형성의 유교적 기초」, 『대동문화연구』, 29집, 1994 참조.

신채호 사상의 특성과 의의가 밝혀져 왔다. 하지만 기존의 관점이 과연 연구자의 관점보다 신채호의 진술을 그대로 대변하고 있는지 의심이 든다. 또 이들은 신채호의 사상을 늘 19세기 후반에서 20세기 초반에 시대가 급격하게 바뀌어 가는 상황으로 환원해서 설명하려는 경향을 드러낸다. 즉 애국계몽이 주류일 때 신채호의 사상도 애국계몽을 주장하고, 1920~30년대 아나키즘과 사회주의가 득세하자 신채호의 사상도 그와 발맞춰 바뀌어 갔다는 것이다. 이에 따르면 차이가 있더라도 신채호 사상이 다변하는 시대 상황들 중에 어느 것을 대변하느냐, 라는 논점으로 단순해진다.

신채호의 발언 의도를 살린다면 그의 사상은 시대 상황들 중의 어느 한 계기가 아니라 그것을 아우르는 '조선학'의 정립으로 보는 것이 타당하다고 생각한다. 그의 말을 들어 보자.[9] "무슨 주의(主義)가 들어와도 조선의 주의가 되지 않고 주의의 조선이 되려 한다. 그리하여 도덕과 주의를 위하는 조선은 있고 조선을 위하는 도덕과 주의는 없다." 이 말을 그대로 읽으면 민족주의이니 사회진화론이니 아나키즘 자체가 신채호의 사상을 규정할 수는 없다. 왜냐하면 그것들은 신채호의 사상에서 그 자체로 독자성을 갖는 것이 아니라 철저하게 '위해야 할' 조선에 종속되기 때문이다. 조선을 위한 주의 또는 조선을 위한 도덕이라는 기치에 보이듯이 그의 사상은 '조선'을 목표로 설정하고 있다. 이러한 점에서 우리는 신채호가 직접 '조선학'이라고 말한 적은 없지만 그의 사상이 '조선학'으로 귀결된다

9) 「浪客의 新年漫筆」(1925), 하-25~26/6-200(583) 필자는 두 종류의 『단재 신채호 전집』를 참조했다. 하나는 단재신채호선생기념사업회 편, 개정판 『단재 신채호 전집』(전4권), 형설출판사, 1972: 1987 개정4쇄이고 다른 하나는 단재신채호전집편찬위원회, 『단재신채호전집』(전9권), 독립기념관 한국독립운동사연구소, 2007이다. 출처는 두 종류 모두 병기한다. 앞의 것은 4권본이고, 뒤의 것은 9권본이다. 9권본의 경우 괄호 앞의 숫자는 원본, 괄호 안의 숫자는 새활자본의 쪽수를 가리킨다.

고 볼 수 있다.[10] 즉 조선학은 신채호가 「아(我)란 관념(觀念)을 확장(擴張)할지어다」와 「유교확장(儒教擴張)에 대(對)한 론(論)」라는 글에서 말하듯이 과거의 자아를 부정하고 새로운 목표를 설정하는 것이 아니라 자아를 끊임없이 확장해 가는 여정에 찾아낸 광맥이었고 이후에 자신을 인도하는 빛과 같았다. 즉 확장이야말로 신채호가 조선학을 찾아서 자아의 정체성을 확립하는 핵심 코드였던 것이다.

3. 세계 질서: 천하(가족) 대 국가와 민족

1) 전근대 세계 질서의 변화

빠르게는 17세기 늦게는 19세기 이전 동아시아의 국제 질서를 중국 중심의 사대와 교린으로 설명한다. 약소한 왕조 국가는 중국을 대국 또는 상국(上國)으로 보아 주기적으로 조공 무역을 하고, 약소한 왕조끼리는 교린을 펼쳐서 천하, 즉 하늘 아래의 세계가 장기적으로 안정된 체제를 누렸다. 이를 중화주의라고 한다. 그러나 청의 등장으로 중화주의 세계관의 균열이 생겨나기 시작했다. 청이 세계적으로 발전된 상태를 이룩했다고 하더라도 조선과 일본은 그들이 한족이 아닌 만주족이라는 사실에 더 주목했다. 왜냐하면 조선과 일본은 그들이 종래 문화의 중심이 아닌 변방에 있다가 물리적 힘을 바탕으로 중화의 세계를 일시적으로 탈취한 것으로 보았기 때문이다. 이러한 판단에 따라 조선과 일본은 약속이나 한 듯

---

10) '조선학' 개념과 관련해서 미야지마 히로시, 「일본의 국학과 한국의 조선학」, 『동방학지』, 143집, 2008; 조성산, 「18세기 후반~19세기 전반 '朝鮮學' 형성의 전제와 가능성」, 『동방학지』, 148집, 2009 참조.

이 중화가 청에 의해 장기간 탈취될 수 없으며 자국이 사라진 명을 대신하여 중화를 수호하는 소중화(小中華)가 될 만하다고 선언했다.[11)]

전근대의 중화주의는 현대 중국의 민족주의로 변주될 정도로 여전히 그 위력이 적지 않다. 하지만 그 중화주의에는 서양의 기독교처럼 오늘날 민족주의로만 환원되지 않고 탈민족주의 모색을 위한 자원이 들어 있다. 그렇지 않다면 아무리 전근대라고 하더라도 중화주의의 가치를 내면화시킨 유교적 가치가 중국을 넘어서 동아시아의 공유 자원으로 여겨지지 않았을 것이다.

전근대에서 그 자산은 다름이 아니라 효제(孝弟)와 같은 사람의 자연성에 바탕을 두고 사람과 사람 나아가 국가와 국가의 상호 침탈적 도발을 억제하는 만물일체의 세계관이라고 여겨졌다. 물론 오늘날 부모와 자식의 관계가 문화권마다 다양한 방식으로 드러나는 것을 보면 효제에도 자연성만이 아니라 문화성에 착색된 측면이 있다. 여하튼 전근대의 동아시아 사람은 혈연만이 아니라 지연·인문으로 연결된 동류의식을 가지게 되었다. 이로써 나와 세계는 주체와 객체로 대립하는 것이 아니라 둘 사이의 경계 없이 혼융된 존재가 된다. 나와 세계를 갈라놓는다면 그것은 병적이고 문제 상황이 된다. 진정한 사람이라면 나는 나와 세계 사이의 미세한 균열마저 메워서 둘이 완전히 일치하는 상태에 도달하고자 노력하고자 한다. 이 상태는 바로 인(仁)의 가치가 구현하고자 하는 목표였다. 물론 현실적으로 나와 세계 사이의 균열을 기획하고 그 균열에서 나의 이익을 챙기려는 사람이 없었다는 것은 아니다. 인의 가치가 존중되는 한, 동아시아에는 세계를 복수의 세력으로 나누고 그에 따라 다중심이 생성

---

11) 가쓰라지만 노부히로 지음, 『동아시아 자타인식의 사상사』, 김정근·김태훈·심희찬 옮김, 논형, 2009 참조.

되어 중심끼리 무한 대립으로 이어지는 갈등은 억제될 수 있었다.

신채호는 1889년 신기선(申箕善)의 추천으로 성균관에 입교하여 서울 생활을 하기 전에 주로 고전 유학, 조선 성리학 관련 공부를 위주로 했다. 이에 의하면 그는 적어도 만물일체의 세계관에 대한 자신의 관점을 피력했으리라 예상할 수 있다. 만약 신채호가 만물일체에 깃든 인(仁)의 가치를 긍정한다면, 그는 여전히 전근대의 세계 질서를 수용하는 것이 된다. 반면 인의 가치를 부정한다면 그는 기존의 질서 원칙을 초월하고 새로운 세계 질서의 원리를 모색하게 될 것이다.

> 만일 자비지인(慈悲至仁)한 눈으로 보면 천상(天上)의 일성(一星)이 떨어지며, 대지(大地)의 일초(一稍)가 여의는 데도 모두 애곡(哀哭)할 바이나, 그러나 이 세계는 약육강식하는 권권리(拳權利) 세계(世界)라, 입으로 인의(仁義)를 말하며 손으로 총검(銃劍)을 빼드는 고로, 만국평화회의(萬國平和會議) 내면(內面)에 전란(戰亂)의 고통(苦痛)이 잠복(潛伏)하였으며, 동양평화(東洋平和) 창도자(唱導者)의 배후(背後)에 살인(殺人)의 이기(利器)를 가졌나니, 하물며 우리의 자국(自國)도 보존(保存)치 못한 놈으로 박애(博愛)를 말하며, 세계(世界)를 돌아봄이 어찌 치인(痴人) 치상(痴想)이 아닌가.[12]

원래 자비(慈悲)와 지인(至仁)이라는 관점에서 보면, 하늘에서 별이 하나 떨어지고 땅의 일부분이 떨어져 나가더라도 그것은 나와 무관한 일이 아니라 가슴 아프고 고통스런 사태이다. 나의 일부가 떨어져 나가는 것과 마찬가지이기 때문이다. 나와 만물은 피도 물도 섞이지 않은 무정(無情)의 관계가 아니라 원래 하나의 덩어리로서 슬픔과 기쁨을 함께하는 유정

12) 「道德」, 하: 141/7: 166(630~631)쪽.

(有情)의 관계이기 때문이다. 전근대 유교의 가치로 말하자면 별이나 흙덩어리는 나와 만물일체의 세계에 들어 있다.

하지만 신채호는 명분으로 인의를 내세우면서 실제 행동에서 총칼을 들이대는 현실을 두 눈으로 똑똑히 목도하고서 명분과 현실의 배리(背理)와 역설을 밝혀냈다. 이러한 배리가 엄연히 사실인 상황에서, 인의와 사랑의 도덕은 만물일체의 세계관과는 전혀 달리 읽히게 된다. 즉 만국평화회의(Hague Conventions of 1899 and 1907)에는 전쟁의 고통이 묻어 있고, 일본이 동양 평화[13]를 외치지만 그 뒤에 살인의 무기가 있다는 사태의 이면, 즉 표면에 가려진 진실을, 신채호는 읽어 내기에 이르렀다. 국제 정세와 현실 정치를 바라보는 냉엄한 눈을 갖추자, 제 나라도 지키지 못하면서 박애를 부르짖는 일이 옳지도 아름답지도 숭고하지도 않을 뿐만 아니라 얼마나 어리석고 무지하며 멍청한가라는 사실의 인식에 도달하고 있다. 적어도 이 지점에서 신채호는 만물일체의 유가적 가치로 현실을 규제할 수 없다고 보아 그 가치를 부정했다고 할 수 있다.

2) 한말의 국가와 민족

신채호의 눈에는 세계가 더 이상 인의와 자비를 펼치는 도량(道場)이 아니다. 세계는 이제 근대에 등장한 국가가 각자의 이익을 극대화시키기 위해서 약육강식이 벌어지는 정글로 변했던 것이다. 이로써 신채호는 세계를 더 이상 만물일체의 세계관으로 조망을 하지 않고 그것을 대체하는 새로운 관점을 내세웠다.

---

13) 신채호가 일본이 말한 동양평화의 허구성을 비판하는 글로는 「東洋主義에 對한 批評」(1909), 하: 88~91/ 6: 360~361(686~688)쪽 참조.

맹자 이래 유학에서는 인의예지의 도가 밝게 드러나고 또 그 도가 현실을 완전하게 규제하느냐에 따라 역사를 둘, 즉 도가 있는 세계와 도가 없는 세계로 나누었다. 다시 도가 있는 세계를 도통으로 엮어서 그 계보를 신성시했다. 신채호는 만물일체의 세계관을 부정한 만큼 세계 질서를 도통의 역사로 환치시키지 않았다. 대신에 그는 역사를 신(身)·가(家)·국(國)으로 바뀌어 가는 단계로 규정했다.[14] 그는 역사를 상고(上古), 중고(中古, 또는 중세中世), 근세(近世)로 구분하고 그 단계의 이행을 진보(進步)로 규정하고 있다. 그리고 각각의 단계마다 주도적인 관점, 즉 질서의 중심으로 신·가·국을 대응시키고 있다. 그의 주장을 조금 자세하게 들여다보자.

초기 인류는 인류의 모습을 하고는 있지만 지식과 덕성이 발달하지 못해서 오로지 개인의 생존을 도모할 뿐 가족의 윤리가 없었다. 신채호는 이를 인류 역사의 제1기, 즉 포유(哺乳)시대로 보고 신(身)의 관념이 중시된 시대로 보았다. 철기시대가 개막한 뒤로 인류는 지능을 계발하여 무기를 만들면서 약육강식이 진행되었다. 그 결과 몇몇 가(家)가 상호 결합의 필요성을 자각하면서 가족 중심의 부락이 생겨나게 되었다. 신채호는 이를 인류 역사의 제2기로 보고 가(家)의 관념이 중시된 시대로 보았다.

부락 단계에 다시 약육강식이 진행되어 처음으로 국가의 이름이 등장하게 되었다. 예컨대 동국(東國, 조선)의 조선·부여·신라·고구려, 지나(支那, 중국)의 당(唐)·우(虞)·하(夏)·상(商)·주(周), 서구의 아테네·스파르타·마케도니아 등이 탄생했다. 하지만 이들은 이름이 국가라고 하더라도 국가의 실질에 어울리지 않았다. 왜냐하면 이들은 군주 아니면 귀족이 토지를 사유재산으로 삼았고 인민(人民)을 노예로 간주했고,

14) 「身·家·國 三觀念의 變遷」(1909), 별집: 153~156/6: 351~356(682~684)쪽.

제국이라고 해도 군주가 국가를 사유하고 국민(國民)은 없고 신민(臣民)만 있으므로 이는 진정한 국가라고 할 수 없기 때문이다. 이러한 상황은 몽골의 원 제국에까지 적용되었다. 신채호는 이를 인류 역사의 제3기로 보고 그 특성을 가족적 국가로 보았다. 인류는 빠르게는 18세기 늦게는 20세기의 제4기에 이르러서야 국가가 국민의 공산(公產)이 되고 국민이 국가의 공권(公權)을 누리는 진정한 국가, 즉 국민의 민주공화제(Democratic Republic)를 가지게 되었다.

이렇게 보면 신채호는 국가의 탄생을 인류 역사가 최고의 진보에 도달한 것으로 간주하고 있다. 그는 근대의 발명품이자 진보의 산물로서 국가의 정체를 동시대 사람들에게 설득하기 위해서 노력했다.[15] 아울러 그는 가족 단계의 신민(臣民)에서 국가 단계의 국민(國民)으로 탈바꿈하려면 국가의 흥망 · 치란 · 화복을 자신의 책무로 인식하는 새로운 국민, 즉 신민(新民)이 되어야 한다고 역설했다.[16] 이 20세기에서 국가가 있다는 것은 인류가 성취한 진보에 동참하는 것이다. 반면 국가가 없다는 것은 사람이 20세기를 살면서도 제 권리를 지킬 터전을 상실하게 되는 것이다.

20세기 초반의 신채호는 역사(이론)의 진보를 통해 국가를 발견해 냈

15) 「國家는 卽 一家族」(1908), 별집: 148~149/6: 278(642)쪽. 이 글은 얼핏 1년 뒤의 「身 · 家 · 國 三觀念의 變遷」에 비해서 개념의 혼동을 보여 주는 듯하다. 이는 신채호가 낯선 '국가'를 익은 '가족'에 비유해서 설득하려는 시도로 볼 수 있다. 왜냐하면 이 글에서도 그는 국가를 황실이나 정부와 일치시키는 사고를 부정하고 있기 때문이다. 황실 또는 정부를 국가로 착각하게 되면 책무는 군주나 관리가 지게 되고, 일반 백성은 국가의 흥망 · 치란 · 화복과 무관하다고 생각하게 된다. 이는 '國家精神'이 아주 유치한 단계이다. 「打破 家族的 觀念」(1908), 별집: 164~166/6: 287~290(646~648)쪽에서도 가족 관념에 기인하여 가족 교육을 받아서 가족 사상만 발달하고 가족 사업에 빠져서 "國이란 一念은 腦에 不照하며 民族이란 二字는 眼에 不映하여" 국가 안위에 무관심한 실태를 비판하고 있다. 따라서 신채호가 가족과 국가를 혼동한 게 아니라 국가의 존재를 가족을 빌어 설명한 것으로 볼 수 있다.

16) 「二十世紀 新國民」(1910), 별집: 210~229/6: 461~485(734~746)쪽 참조.

지만 현실에서 그 국가를 잃어버릴 위기에 처하게 되었다. 그러면 국가 없는 국민은 어떻게 되는가? 그 국민은 역사 진보의 과정에서 슬프지만 소멸할 수밖에 없는 운명을 받아들여야 하는 것인가? 그렇다고 한다면 국가를 되찾으려는 노력은 무의미(무가치)한 행위의 반복일 뿐이다. 따라서 국가를 잃은 국민이 유의미한 인간적 활동을 하려면 또 다른 가치의 근원을 필요로 한다.

신채호는 국가를 둘, 정신적 국가(추상적 국가)와 형식적 국가(구체적 국가)로 나누는 시도를 하게 된다. 형식적 국가는 영토 · 주권 · 대포 · 육군 · 해군 등의 집합체를 가리킨다. 정신적 국가는 민족의 독립할 정신, 자유(自由)할 정신, 생존(生存)할 정신, 국위(國威)를 떨칠 정신, 국광(國光)을 밝게 드러낼 정신을 가리킨다. 이 구분법에 따라 그는 다소 역설적인 결론을 끌어낸다. 정신적 국가가 망하면 형식적 국가가 망하지 않았다고 하더라도 그 국가는 이미 멸망한 것이다. 반면 정신적 국가가 망하지 않았으면 형식적 국가가 망했을지라도 그 국가는 망하지 않게 된다.[17]

이 논리에 따르면 조선이 망하더라도 그것은 형식적 국가가 망한 것에 지나지 않고 정신적 국가를 잃지 않는다면 언제나 형식적 국가와 재결합할 수 있는 것이다. 이로써 신채호는 조선 사람이 조선 사람으로 살려면 형식적 국가의 멸망에도 불구하고 1차적으로 정신적 국가의 발견과 유지를 위해 헌신하고 다시 형식적 국가의 탈환을 위해 노력해야 한다는 유의미한 인간적인 행위의 근거를 찾아낸 것이다. 신채호의 정신적 국가는 그 자신의 낭가 사상, 박은식의 조선혼(朝鮮魂), 정인보의 조선얼, 문일평의 조선심(朝鮮心) 등으로 진행되어 갔다.[18]

---

17) 「精神上 國家」(1909), 별집: 160/6: 336(673~674)쪽.

18) 이런 논의에서 '민족적 자아' 형성을 볼 수 있다. 이와 관련해서 서연호 외, 『한국 근대 지식인의 민족적 자아형성: 일제 식민지 체험을 넘어서』, 소화, 2004 참조.

정리하자면 전근대의 동아시아는 만물일체의 세계관에 입각해서 나와 타자, 국가와 국가, 인종과 인종 등 나와 세계 사이를 갈라놓는 어떠한 실체를 허용하지 않고 자비(慈悲)와 지인(至仁)의 공동체를 지향했다. 신채호는 20세기에 살면서 명분의 인의(仁義)와 실제의 총검 사이의 배리를 목도하고서 강력한 국가의 수립을 추구했다. 따라서 전근대의 세계 질서는 명분상으로 천하, 실제로 가족 중심이었다면 20세기의 세계 질서는 국가 중심으로 유지되게 되었다. 하지만 20세기의 조선이 그 국가를 상실하게 되자 신채호는 정신적 국가, 즉 민족, 국가정신을 그 대안으로 내놓은 것이다.

4. 도덕: 시비 대 이해

1) 전근대의 '시비' 도덕

동아시아 사상사에서 맹자는 인간의 본성과 관련해서 뚜렷한 족적을 남긴 인물이다. 그는 처음으로 성선(性善)을 주장하여 도덕의 근원을 밝혔을 뿐만 아니라 도덕적 행위의 구조를 제시했다. 그는 당시 사람이 이익을 추구하고 손해를 피하려고 한다는 호리피해(好利避害)의 인간 이해에 맞서서 이해를 넘어선 인간의 심리적 근원을 제시했다.

그의 이야기에 따르면, 사람이 앞에 우물(위험)이 있는데도 그쪽으로 기어가는 아이를 본다면 어떻게 할까? 호리피해의 인성론에 따를 경우 사람은 생명에 위협이 되거나 자신에게 불리한 일이 생긴다면 아이를 구하지 않을 것이고 또 자신에게 이익이 생긴다면 아이를 구할 것이다. 맹자는 사람이라면 누구나 그 사태에서 이해를 전혀 고려하지 않고 위험에 빠진 아이에만 집중하여 아이를 안전하게 구하게 된다고 생각했다. 이처럼 맹자는 아무런 조건 없이 위험에 빠진 타자를 구하도록 이끄는 인간의 순수한 심리 기제를 측은지심이라 불렀다(「공손추」상 6). 맹자는 이 측은지심이야말로 사람이 이해를 넘어서 타자와 연대할 수 있는 덕성[仁德], 즉 인간다운 특성으로 보았다.

송명 성리학에서 맹자의 측은지심과 인덕(仁德)을 사람과 사람 사이에 적용되는 인덕(人德)에 한정시키지 않고 사람과 만물의 관계에까지 확장시켰다. 이제 사람은 주위 사람과 타자를 향해 측은지심대로 행동할 뿐만 아니라 동물과 식물에게도 측은지심대로 행동할 수 있고 또 하도록 요구되었다. 연꽃을 사랑했던 주돈이는 창 안에 난 풀조차 생의를 가진 존재로 보고 베지 않았다고 한다.[19] 이는 송명 성리학자들이 잡초를 측은지심의 의미장으로 포함시켰다는 것을 상징적으로 보여 준다. 이것이 바로 만물일체의 세계관이다.

캉유웨이(康有爲, 1858~1927)는 신채호보다 약간 앞선 시기에 타자로서 서양을 만나서 기존의 전통 학문을 총체적으로 반성하는 작업을 수행했다. 그는 음양과 오행을 자연과학으로 믿지 않았지만 맹자의 측은지심을 부정하지는 않았다. 다만 그는 측은지심을 만물일체의 맥락이 아니라 타자에게 적대적인 행위를 할 때 겪는 저항의식으로서 불인인지심(不忍人之心)의 맥락에서 수용했다. 이렇게 보면 인덕은 전근대에 고착되지 않고 근대로 이식될 수 있는 가치를 지니고 있는 것이다.[20]

신채호는 캉유웨이보다 약간 뒤에 활동하면서 인덕의 가치를 전혀 달

19) 그는 연꽃을 좋아해서 「愛蓮說」을 지었다. 그는 이러한 감수성을 풀에까지 확대되어 식물에서 생명을 읽어낸 것이다. 이 이야기는 『근사록』에 보인다.(周子窗前草不除去, 問之, 云與自家意思一般, 是也.)

20) 캉유웨이의 이런 주장은 그의 『大同書』, 『孟子微』 등에 보인다.

리 해석했다. 물론 이 차이는 순전히 이론적인 대립이 아니라 상황의 차이에 연유한다. 왜냐하면 당시 중국은 약소하더라도 제국주의의 반식민지에 놓여 있었고, 조선은 일본의 완전한 식민지였기 때문이다.

신채호는 국가의 상실이라는 미증유의 생생한 체험을 바탕으로 도덕과 진리의 표준을 무엇으로 보아야 하는가라는 질문을 정면으로 던졌다. "구시(舊時)의 도덕(道德)이나 금일(今日)의 주의(主義)한 것이 그 표준(標準)이 어디서 낫느냐? 이해(利害)에서 낫느냐? 시비(是非)에서 낫느냐?"[21] 여기서 이해(利害)는, 양 혜왕이 맹자에게 리오국(利吾國)의 길을 물었을 때, 맹자가 양 혜왕에게 그 물음이 결국 전체를 파멸적인 재앙으로 이끌 수 있으므로 피해야 한다고 말했던 정리(征利)의 다른 이름이다(「양혜왕」 상1). 시비(是非)는 맹자가 사람이 다른 생물과 구별되는 인간다운 가치를 드러낼 수 있다고 말했던 사단(四端) 중의 하나였다.

신채호는 사단(四端)과 인덕(人德)의 가치가 현실적으로 들어맞지 않는 것을 보여 주기 위해서 맹자와 같은 전략을 채택하고 있다. 만약 도덕의 표준이 시비에서 생겨난다고 한다면, 다음의 상황은 생기지 않아야 한다. 다음의 상황이 일어난다면, 도덕의 표준이 시비에서 생기지 않는다는 것이다. 이를 위해 그는 네 가지의 예시를 들고 있다. 첫째, 더운 여름날 나무 그늘에서 더위를 피하고서는 겨울이 되면 사람은 나무를 베서 불을 땐다. 둘째, 소를 부려서 농사를 짓고서 농한기에 소를 잡아먹는다. 셋째, 벌과 황충이(메뚜기)의 양식을 빼앗는다. 넷째, 총 · 폭탄 · 대포로 세계를 습격하여 인류의 종자(種子)를 멸절(滅絶)시키고 있다.[22] 즉 현실에서는 네 가지만이 아니라 이와 유사한 일이 비일비재하게 일어나고 있다. 이는

---

21) 「浪客의 新年漫筆」(1925), 하: 25/6: 200(583)쪽 참조.

22) 「浪客의 新年漫筆」(1925), 하: 25/6: 200(583)쪽.

결국 사단과 인덕이 사람을 규제할 수 없다는 것을 보여 주는 것이다.

물론 이 예증들을 인간의 우발적인 행위, 이기적인 인간의 부도덕한 행위로 간주할 수 있다. 앞의 셋은 인간의 무지, 배은망덕, 몰염치, 후안무치를 나타내고, 넷째는 인간의 의도적인 범죄를 가리킨다. 하지만 마지막에서 들고 있는 인간의 인간에 의한 멸종은 단순히 우발성과 이기성의 문제로만 한정시킬 수는 없는 것이다. 신채호는 특히 마지막에 초점을 두고서 "인류보다 더 죄악(罪惡) 많은 동물이 없다."고 보았다. 사람이 이익을 위해서 나무 · 소 · 벌과 황충이라는 특정한 대상에 국한되지 않고 인류의 종자를 멸절시킬 정도로 명백한 죄악을 저지르고 있기 때문이다. 이로써 우리는 측은지심이 만물일체의 인덕일 수도 없으며 불인인지심(不忍人之心)의 인덕일 수도 없다는 것을 알 수 있다. 따라서 신채호는 전근대의 사단(四端)과 사덕(四德)이 근대의 사람을 규율할 수 없다는 한계를 드러냈다고 보았던 것이다. 이러한 판단은 그냥 이론적 층위에만 머무는 것이 아니라 국가의 해방을 위한 전략 수립의 실천적 층위에도 그대로 적용되었다.

2) 한말의 '이해' 도덕

신채호는 도덕의 근원을 정면으로 물었다. 이 물음을 통해 그는 시비(是非) 중심의 전근대 도덕을 이해(利害) 중심의 도덕으로 전환하고자 하였다. 이 전환은 맹자로 대변되는 유교의 입장에서 보면 시비와 이해의 가치 전도이자 도덕의 붕괴라고 할 수밖에 없다. 하지만 신채호는 20세기 조선이 처한 상황을 적시하면서 '이해'는 입증하기 이전에 현실에서 분명하게 작동하고 있는 사실이며 이를 모른다면 전도된 인식의 결과일 뿐이라고 역설하고 있다. 이제 왜 그가 근대 도덕의 근원을 시비가 아니라 이해에서 찾아야 한다고 주장하는지 그 논리를 살펴보자.

첫째, 시비는 독립적 가치가 없으며 이해(利害)로 환원해서 설명할 수 있다. 신채호는 인류의 최고 목표를 생존에 둔다. 따라서 이해는 각각 인류의 생존에 부합하느냐 반대되느냐에 따라 결정된다. 예컨대 중국의 역대 사서를 모아 놓은 이십사사(二十四史) 중에 「조선열전」과 「삼한열전(三韓列傳)」을 보면 곳곳에서 우리 민족을 "조선인(朝鮮人) 천성인후(天性仁厚) 이이도어(易以道御)"[23]라며 칭찬하고 있다. 말 자체에만 주목하면 '인후'(仁厚)는 최고의 상찬일 수 있다. 속내로 보면 이 말은 칼 · 창 · 대포와 같은 무기의 힘을 빌리지 않고 인의(仁義) 도덕(道德)의 말로 조선을 조종하는 고삐 역할을 했다는 것이다.

우리 민족은 중국이 우리에게 해(害)가 되는 일도 선도(善道)라고 하면 그러려니 생각하고 리(利)가 되는 일도 악도(惡道)라고 하면 또 그러려니 생각한다는 것이다. 이처럼 말의 내막을 모른 채 "중국인(中國人)이 가장 우리 조선(朝鮮)을 예미(譽美)한다."며 우쭐거린다는 것이다. 이는 결국 시비(是非)만 가릴 줄 알고 시비 속에 담긴 이해(利害)를 보지 못하는 것이다. 여기서 신채호는 "시비는 이해의 별명(別名)이다."는 결론을 끌어낸다.[24] 이에 따르면 시비는 이해를 숨기는 장식 기능을 할 수는 있지만 이해로부터 독립할 수 없는 것이다. 결국 이 세상의 모든 사태는 이해로 환원해서 설명할 수 있게 된다.

둘째, 이해는 모순이 되므로 한쪽에 이익이 되면 다른 한쪽에 손해가 된다.

---

23) '인후'는 4권본(하: 147), 9권본의 원본(7: 174)에 모두 人厚로 되어 있지만 9권본의 새활자본(7: 620)에는 仁厚로 되어 있다. 여기서는 후자를 따라 원문을 仁厚로 고쳐서 읽는다.

24) 「利害」, 하: 145, 147~148/7: 172(619)쪽 참조.

신채호는 이해의 속성을 모두를 만족시키는 이해관계가 성립되지 않는다고 보았다. 그의 예증에 따르면 연개소문은 고구려에게 호국(護國)의 거물(巨物)이지만 당나라에게 멸시당하고 설인귀(薛仁貴)는 고구려에게 반국(叛國)의 역신(逆臣)이지만 당나라에게 존중된다.[25] 하나의 대상도 국가의 관점에 따라 이익과 손해가 반드시 갈리게 되어 있다.

그는 이 문제를 단순히 경제 영역에 한정시키고 않고 사상 영역으로 확장시킨다. 전근대에서 공자는 국가를 초월해서 보편적 가치를 설파한 인류의 큰 스승으로 평가를 받아 왔다. 신채호는 공자의 사상마저도 후대의 "제자(弟子)들도 본사(本師)의 정의(精義)를 잘 이해(理解)하여 자가(自家)의 리(利)를 구(求)하므로" "일본의 공자(孔子)와 중국의 공자와 다르기 마련"이라고 보았다. 이에 따르면 초월적이며 보편적인 공자의 유일성은 존재할 수 없고 국가에 따라 달리 이해된 공자들만 있게 된다.[26]

하지만 우리 민족은 중국 유자가 "공자가 성인(聖人)이니 공자를 받듦이 옳다."고 하니 금세 "수 천 년(數千年) 상전(相傳)한 국수(國粹)와 교의(教義)를 버리고" 또 "중국은 천하(天下)의 중(中)이니 서방(西方) 열국(列國)이 중국을 존모(尊慕)함이 옳다고 하니" 금방 "독립(獨立) 자강(自强)하던 정신(精神)을 잃어버리는" 행태를 조금도 주저하지 않았다.[27] 이에 따르면 20세기의 국가는 공동의 목표를 위해서 공공선(public good)을 추구한다거나 공익(public interest)을 위해 협조할 수 없다.

당시 일본은 동양의 여러 나라가 일치단결하여 서양의 동점(東漸)을 막

---

25)「利害」, 하: 145~146/7: 172(619)쪽 참조.

26)「浪客의 新年漫筆」(1925), 하: 25~26/6: 200~203(583~590)쪽 참조.

27)「利害」, 하:147/7: 172(619)쪽 참조. 앞서 본 '仁厚'를 신채호는 소설 『꿈하늘』에서도 다시 끄집어낸다. "이 '仁厚' 두 자가 우리를 衰하게 한 原因이라. 同族에 대한 仁厚는 興하는 原因이 되거니와 敵國에 대한 仁厚는 亡하게 되는 原因이 될 뿐이니라." (하: 187/7: 29쪽 참조).

자는 동양주의를 주창했다. 신채호는 국가가 주이고 동양이 객인데 동양주의자들은 동양을 주로, 국가를 객으로 설정한다고 보았다. 이 주장에 따르면 결국 국가의 흥망을 외세에 맡긴 채 동양을 수호하자는 논리로 이어진다고 신채호는 보았다. 결국 동양주의는 국가를 구하는 것이 아니라 국혼을 찬탈하는 것이라며 신채호는 그 허구성을 비판했다.[28)] 국가는 자국의 생존을 위해 타국과 늘 대립과 모순의 관계에 놓이게 되는 것이다.

여기에 이르면 신채호의 이해는 약간 독특한 맥락을 드러내고 있다는 것을 알 수 있다. 그의 이해는 고전경제학파가 말하듯이 사익의 자유로운 추구가 보이지 않는 손에 의해 공익(국익)의 증대와 생산력의 발달로 이어진다고 했던 사익과 국익의 관계와 다르다. 또 그의 이해는 인간 행위의 윤리적 기초를 개인의 이익과 쾌락의 추구에 두고, 무엇이 더 많은 이익(결과)을 가져오는가를 따지는 공리주의와도 다른 측면이 있다.

여기서 우리는 신채호의 '이해' 속에서 사회진화론의 흔적을 쉽게 읽어낼 수 있다. 우리나라에는 량치차오(梁啓超, 1873~1929) 등의 저작을 통해 사회진화론이 물경천택(物競天擇)·우승열패(優勝劣敗)·적자생존(適者生存)·생존경쟁 등의 조어로 소개되었다.[29)] 이러한 사상은 신채호의 글에서도 여실히 나타난다. 소설 『꿈하늘』에서 천관(天官)의 입을 통해 "인간(人間)에게는 싸움뿐이니라. 싸움에 이기면 살고 지면 죽나니 신(神)의 명령(命令)이 이러하다."며 약육강식의 사실을 밝히고 있다.[30)] 나아가 그는 20세기의 경쟁은 국가 경쟁의 형태로 첨예화되고 그 원동력과

28) 「東洋主義에 對한 批評」(1909), 하: 88~91/6: 360~364(686~688)쪽. 아울러 그는 「浪客의 新年漫筆」(1925)에서 프롤레타리아(民衆, 無產者)의 국제동맹에 부정적인 시각을 가지고 있었다.

29) 이광린, 「구한말 진화론의 수용과 그 영향」, 『한국개화사상연구』, 일조각, 1979; 전복희, 『사회진화론과 국가사상: 구한말을 중심으로』, 한울아카데미, 1996 참조.

30) 『꿈하늘』, 하: 176/7: 22쪽.

승인은 한두 사람이 아니라 국민 전체에 달려 있다는 점을 역설하고 있다. 태고 시대의 민족으로는 중고(中古) 시대에 존립할 수 없고 중고 시대의 민족으로는 20세기에 존립할 수 없다. 예컨대 태고 시대를 벗어나지 못한 묘족(苗族)과 아이누족(蝦夷族)은 각각 중고 시대에 득세한 한족과 일본족에 멸망되었다. 중고 시대를 벗어나지 못한 안남(安南, 베트남)·면전(緬甸, 미얀마)·지나(支那, 차이나)는 20세기에 쇠망을 벗어나지 못했다.[31)]

아주 특이하게도 신채호의 사회진화론은 현실 세계만이 아니라 사후 세계에도 그대로 적용되고 있다. 『꿈하늘』의 주인공 한놈은 영계(靈界)를 순방하다 제일 먼저 을지문덕을 만났다. 그는 "영계(靈界)도 육계(肉界)와 같이 항상 칼로 찌르며 총으로 쏘아 서로 죽이는 참상(慘狀)이 있습니까?" 라고 을지문덕에게 질문했다. 을지문덕은 사람이 죽으면 착한 이의 넋은 천당(天堂)에 가고 모진 이의 넋은 지옥에 간다는 '한놈'의 상식을 어리석은 사람이 믿는 것으로 간주하고 자칫하면 망국멸족(亡國滅族)로 이어질 수 있다고 경고한다. 이어서 두 사람의 이야기는 "육계나 영계나 모두 승리자의 판이니 천당(天堂)이란 것은 오직 주먹 큰 자가 차지하는 집이요, 주먹이 약(弱)하면 지옥으로 쫓기어 가리라!" 고 정리했다.[32)] 즉 영계는 욕계의 구원이 아니라 욕계의 연장일 뿐이다. 달리 말하자면 영계는 욕계의 식민지로 있는 것이다. 이로써 사회진화론은 육계와 영계를 모두 포괄하는 절대적 보편적 진리가 되고 있다.

이러한 근거에서 신채호는 도덕의 근원을 이해에서 찾고 있다. 그렇다고 하더라도 신채호의 '이해'설이 정당한 도덕이라는 것을 자동으로 입증

---

31) 「二十世紀 新國民」(1910), 별집: 210~211/6: 461쪽.
32) 『꿈하늘』, 하: 182~183/7: 26~27쪽.

할 수 없다. 반드시 다음의 질문을 거쳐야만 이해 도덕설의 자격을 갖출 수 있다. "무엇을 위한 이해이며, 또 모든 이해는 정당화될 수 있는가?"

신채호는 생존-이해의 도덕은 매국자와 정탐노(偵探奴)가 생존-이해를 위해서 매국하고 정탐한다는 주장을 어떻게 배제할 수 있을까? 그는 자신이 말하는 생존이 개인의 차원이 아니라 전체의 차원이며, 신체의 차원이 아니라 정신의 차원이라고 이해 도덕설의 적용 범위를 제한시키고 있다.[33] 물론 이런 주장의 바탕에는 21세기가 개인 중심이 아니라 국가 중심으로 세계 질서가 유지된다는 자신의 주장이 전제되어 있다. 이를 통해서 신채호의 생존-이해 도덕은 개인에 적용되는 것이 아니라 국가 단위에 적용되는 논리라는 것을 확인할 수 있다.

다시 국가의 생존-이해와 관련되는 일이라면 어떠한 일도 정당화될 수 있는가? 그는 여러 곳에 폭력 사용을 긍정하고 있다. 「이해」에서는 국민이 되어 이 세계에서 생존을 하려면 "칼을 가지고 살육(殺戮)을 부름이 우리에게 리(利)하거든 이대로 하며, 눈을 감고 평화(平和)를 찾음이 우리에게 리(利)하거든 이대로 하며, …… 이 세계 안에 무릇 우리에게 리(利)되는 것이라 하거든 환영하며 수입하고, 해되는 것이거든 배척하여 말살할지라."(하: 146~147/7: 173)며 폭력이든 평화이든 모든 것을 사용할 수 있다고 보았다. 이러한 폭력론은 「조선혁명선언」에서 4부류로 대상을 제한하면서 암살 · 파괴 · 폭동으로 구체화되고 있다(하: 43).[34] 실제로 신채호는 무정부주의동방연맹의 결의를 실천하기 위해 1928년에 위체(爲替, 환어음)를 위조해서 송금한 뒤에 진짜 돈을 찾는 방식으로 자금을 마련하고자 했다. 그는 결국 이 사건으로 체포되어 신문을 받을 때도 재판장의 심

---

33) 「利害」, 하: 150/7: 177쪽.

34) 폭력 사용의 대상은 1) 조선총독과 각 관공리, 2) 일본천황과 각 관공리, 3) 탐정노와 매국적, 4) 적의 모든 시설물 등이다.

리에서 '사기' 사실을 시인하고 위의 목적을 설명한 뒤에 사기가 정당하다는 주장을 펼쳤다. 목적이 정당하다면 수단도 정당하며 양심에 부끄럽지도 거리끼지도 않는다고 답변하고 있다.[35)]

신채호는 사회진화론에 바탕을 둔 생존 지상주의에 근거해서 아무런 제한 없이 폭력 만능론을 주장하는 것일까? 그렇지는 않다. 1928년 4월 재중국 조선무정부주의자연맹 북경회의에서 채택된 신채호의 「선언문」을 보면 허무주의 색채를 드러내고 있다. "이 야수세계(野獸世界), 강도사회(强盜社會)에 '정의'(正義)니 '진리'(眞理)니 가 다 무슨 방귀이며, '문명'(文明)이니 '문화'(文化)니 가 무슨 똥물이냐?"(하: 49) 세상의 도덕과 진리는 결국 억압하고 통제하는 수단인 상황에서 폭력 이외의 다른 방법이 없다는 결론을 드러낸 것이다. 그러나 「선언문」의 특성을 고려한다면 신채호가 「이십세기 신국민」에서 역설했던 신국민의 평등 · 자유 · 정의 · 의용(毅勇) · 공공(公共) 등 다섯 가지 도덕을 부정했다고 할 수 없다(별집: 215~219). 그렇다면 신채호의 폭력론은 맹자의 이폭역폭(以暴易暴)의 혁명론처럼 야수세계와 강도사회라는 제한 조건에서 정당화된다고 할 수 있겠다. 이런 측면에서 신채호의 이해론은 국가 공리주의의 특성을 띤다고 할 수 있다.

5. 본질: 한말의 대아와 소아 도식

신채호는 전근대의 인격적 존재들이 일구어 놓은 문화적 성취, 즉 국수(國粹)를 높이 취급했다. 그는 그들을 위인으로 높이 취급하면서도 전근

35) 「公判記錄」(報道의 一部), 하: 426~472쪽.

대 사상에서처럼 주체로 설정하지 않는다. 그는 세계를, 도덕을 구현하여 삶의 의미를 깊이 파는 거룩한 도량(道場)으로 보지 않고 살아남는 것을 지상명령으로 삼는 약육강식의 정글로 보았다. 이로 인해 신채호는 전통문화로서 국수를 찾아서 지키기 위해서 과거의 성인에 의존해야 하지만 현재의 생존을 위해서 성인을 소환할 이유가 없었던 것이다. 아울러 더 이상 그는 사람을 대인(군자)과 소인, 대체와 소체, 도심과 인심의 도식을 차용할 이유가 없으므로 아와 비아, 대아와 소아라는 다른 분류 도식을 세워야 했다.

이와 관련해서 우리는 신채호의 주장 중에서 가장 널리 알려진 "역사란 무엇이뇨. 인류 사회의 아(我)와 비아(非我)의 투쟁"이라는 말에 주목할 필요가 있다. 신채호는 근대에서 발견한 국가의 생존을 위해서 함께 참여하는 사람을 '아'(我)라고 명명했다. 그는 아(我)와 비아(非我)의 아(我)가 아로서 존재하기 위해서 시간에서 생명이 끊어지지 않는 상속성을 지니고 또 공간에서 영향을 파급시키는 보편성을 지니고 있어야 한다고 생각했다.[36)]

용어상으로 먼저 이 아(我)가 개별적 행위 주체를 가리키는 말이 아니라 국가의 집단 생존을 꾀하기 위해 참여하는 일군의 사람을 가리키는 집합 명사라는 점에 주의해야 한다.[37)] 이는 "내란 범위는 시대를 따라 줄고 느나니 가족주의의 시대에는 가족이 '내'요, 국가주의의 시대에는 국가가 '내'라."고 하는 말에서 확인할 수 있다.[38)] 이처럼 아를 자아(self)와 동일한 것으로 생각하지 않아야 한다. 첫째 아는 데카르트가 말하는 개별적인 코기토 주체가 아니기 때문이다. 신채호는 근대를, 데카르트처럼 사람

---

36) 『조선상고사』, 상: 31~2/1: 5쪽 참조.

37) 「二十世紀 新國民」(1910), 별집: 210~211/6: 461쪽 참조.

38) 『꿈하늘』, 하: 185/7: 28쪽.

이 사유 능력을 발휘하여 명석 판명한 인식을 하는 주체로 등장하는 시대로 보지 않고, 국민 국가가 힘을 결집하여 타국의 위협으로부터 자국을 보호하는 투쟁 주체로 모습을 드러내는 시대로 보았기 때문이다. 둘째 아가 자기 동일성을 가지고 존재하는 철학의 실체가 아니라 상황과 개인의 의사에 따라 양적 증감과 질적 응축이 생겨날 수 있는 사회학의 세력을 가리킨다는 점도 주의할 필요가 있다. 이를 받아들인다면 신채호가 아를 대아와 소아로 구분하는 논법을 이해할 수 있게 된다. 아(我)가 자기 동일성을 갖는 실체나 사유 주체라고 한다면 그 앞에 양적 다소를 나타내는 대(大)와 소(小)를 첨가할 수 없다.

이제 아와 비아, 예컨대 조선(한국)과 일본의 투쟁에서 아가 생존을 유지하려면 어떻게 해야 될까라는 점을 살펴보자. 아의 역량을 극대화하려면 조선 자체를 대상으로 할 수 없으므로 조선의 아를 이루어 개별적 아(我)에 눈을 돌릴 수밖에 없다.

먼저 조선인은 20세기에 가족적 국가에서 진정한 국가의 신국민으로 태어났으므로 국민에 어울리는 국성(國性)을 가져야 한다. 이때에 신채호는 스스로 자신의 정체를 낯설어하는 과거의 사농공상(士農工商)을 권리와 의무의 주체인 신국민(新國民)으로 변신시키고자 했다. 신채호는 신국민은 아란 관념이 상당히 박약하여 무엇을 어떻게 해야 할 줄 모르는데, 이 상태가 지속된다면 조선의 아는 반드시 쇠망하게 될 것이라고 생각했다. 이를 막으려면 신국민은 "차(此) 국(國)은 아(我)의 국(國)이니, 차(此) 국(國)을 존(存)할 자(者)도 아(我)요 홍(興)할 자(者)도 아(我)라. …… 차(此) 세계(世界)는 아(我)의 세계(世界)니, 차(此) 세계(世界)를 안(安)할 자(者)도 아(我)며 구(救)할 자(者)도 아(我)라."라는 자각을 해야 한다. 신채호는 이에 대해 "아(我)란 관념(觀念)을 확장(擴張)할지어다."라고 요구했다.[39)]

신채호의 아는 근대에서 발견한 국가를 수호하는 투쟁 주체이다. 이 아는 단일하지 않고 두 층위로 나누어진다. 신채호는 대인과 소인 또는 대체와 소체의 도식을 대아와 소아의 도식으로 변환시키고 있다. 여기서 대아와 소아는 각각 사람의 정신 · 영혼과 신체 · 물질을 가리킨다. 대아는 불사(不死)하고 영원히 존재하는 진아(眞我)이지만 소아는 필사(必死)하고 일시적으로 존재하는 가아(假我)이다.

신채호는 왜 소아가 아니라 대아에 주목하는 걸까? 이는 일시적인 소아에 주목하게 되면 개별적인 사람의 소아가 소멸하는 것과 동시에 투쟁도 끝나게 되기 때문이다. 앞서 말했던 형식적 국가와 정신적 국가의 틀을 빌면 형식적 국가가 망하더라도 정신적 국가만은 소멸하지 않아야 했다. 이처럼 아직 투쟁이 끝나지 않았는데 투쟁 주체가 소멸한다면 아와 비아의 투쟁에서 아의 생존을 보장할 수 없게 된다. 이런 측면에서 신채호는 소멸로부터 자유로운 대아의 가치를 발견하고서 그것을 강조했다. 나아가 그는 대아의 가치를 강조하는 데에 그치지 않고 그것이 시대와 상황에 따라서 자유롭게 변신을 거듭할 수 있다고 보았다.

예컨대 정신으로서 대아는 먼저 사상 · 목적 · 주의 등과 동일하다. 또 대아는 원근을 뛰어넘어서 가고자 하는 곳을 가며 기구를 이용하지 않아도 공중을 달릴 수 있고 시간적으로도 천만세(千萬世) 이전과 이후의 시간대에도 편재한다. 나아가 대아는 무공을 발휘해야 하면 광개토왕 · 을지문덕 · 대조영 · 최영 · 이순신 등으로 드러날 수 있고, 문학(文學. 철학 포함)을 실현해야 하면 루소 · 칸트 · 볼테르 · 다윈이 될 수 있고, 봄 햇살을 즐기려면 꽃과 나무들 사이를 돌아다니는 벌과 나비가 될 수 있다.[40)]

---

39) 「我란 觀念을 擴張할지어다」(1909), 별집: 157/6: 357(684~686)쪽.

40) 「大我와 小我」(1908), 하: 83~87/6: 38~43(507~510)쪽.

이러한 대아의 변신을 보면 신채호는 자아의 내면으로 파고 들어가며 그 내면 여행을 자유로운 상상력과 결합시키고 있고 부재의 세계를 끊임없이 동경하는 낭만주의 색채를 여과 없이 드러내고 있다.[41] 이로써 우리는 신채호가 시간과 공간의 제약을 받지 않으며 자유자재로 변신하는 정신의 힘을 빌어서 영속적인 아와 비아의 투쟁에서 끝내 승리를 쟁취하려고 했다는 것을 알 수 있다.

이제 마지막으로 신채호는 대아와 소아의 도식에서 대아를 중시하여 어떻게 아와 비아의 투쟁에서 승리할 수 있다고 생각했을까라는 물음을 풀어 보기로 하자.

첫째, 아는 증감이 가능하더라도 아가 느슨하지도 않고 분열되지도 않아야 한다. 이와 관련해서 신채호의 『조선상고사』에 나오는 말에 주의할 필요가 있다. 그는 역사를 아와 비아의 투쟁으로 규정한 뒤에 바로 "아(我)의 중(中)에 아(我)와 비아(非我)가 있으면 비아(非我) 중(中)에도 또 아(我)와 비아(非我)가 있다."(상: 31/1: 5) 표현을 조금 바꾼다면 아에는 아지아(我之我)와 아지비아(我之非我)가 있는 것이다. 아지아가 성인이나 열사라고 한다면 아지비아는 소인이나 노예라고 할 수 있다.

이렇게 되면 역사는 아와 비아라는 민족끼리의 투쟁이면서 동시에 아지아와 아지비아라는 민족사이의 투쟁이라는 이중성을 지니게 된다. 사실 신채호의 이중적인 투쟁을 이해해야만 그의 논설만이 아니라 문학(소설)을 제대로 파악할 수 있다.

『꿈하늘』에서 한놈은 끊임없이 대상을 바꿔가며 만나다가 강감찬과 조우하는 상황에서 지옥 이야기를 끄집어낸다. 강감찬은 단군이 나라를 세

41) 신채호 저작 중 문학, 특히 소설을 낭만주의로 분석하는 시도가 있다.(김경복, 「일제하 아나키즘 소설 연구」, 『현대문학이론』 30, 2007)

울 때 "나라에 충성하며, 집안에서 효도하고 우애하며, 벗을 미덥게 사귀며, 싸움에서 뒷걸음질 말며, 생물을 죽이매 골라 죽임이라."는 오계(五戒)를 정해서 그것을 위반하면 사람을 지옥에 보냈다고 한다. 시간이 지나 요즘에는 7가지의 국적(國賊)을 두는 지옥이 있고, 12가지의 망국노(亡國奴)를 두는 지옥이 있다며 19가지 지옥을 설명하고 있다.[42] 결국 19가지는 아지비아를 가리키는 것이다. 국적과 망국노들을 현실에서 응징하지는 못하더라도 영계에서 심판하여 현실에서 사람들이 그들과 같은 죄상을 짓지 않도록 훈계하는 것이다. 즉 아에서 아지비아의 출현을 막음으로써 아지아의 단일성을 높이게 된다. 이는 아가 비아와의 투쟁에서 이기는 길이기도 하다.

또 『백세 노승의 미인담』을 보면 납치된 아내를 찾으려고 북경(北京)에 온 노승의 아비와 여종 신분이나 기지가 뛰어난 예쁜이의 대화에서 고려가 몽골과의 싸움에서 질 수밖에 없는 이유를 말하고 있다. "가령 몽고 사람 백만 명이 있다 하면 그 백만 명이 다 몽고입니다. 우리 고려는 백만 명이 있다 하면 그 중(中)에 양반이 있고, 노예가 있고, 상놈이 있고, 잡색이 있어 백만 명에 구십구만 명은 고려가 아니고, 겨우 일만 명이 고려입니다."[43] 얼핏 보면 신채호는 전근대의 사농공상 사민(四民) 체제를 없애서 신분 해방을 하자는 말로 보인다. 고려와 몽고를 아와 비아의 투쟁으로 본다면, 몽고는 백만 명이 있으면 모두 아지아가 되는 반면 고려는 양반 · 노예 · 상놈 · 잡색 등으로 분열되어 겨우 일만 명만 아지아라는 것이다. 결국 같은 백만 명이 있다고 하더라도 고려는 구십구만 명의 아지비

42) 『꿈하늘』, 하: 207~210쪽. 崔玉山은 신채호의 『꿈하늘』을 단테의 『신곡』과 비교해서 논의하고 있다. 「東洋意大利之夢: 申采浩的夢天與但丁的神曲作品結構之比較」, 『延邊人學學報(社會科學版)』, v. 39, n. 3, 2006 참조.

43) 『百歲 老僧의 美人談』, 하: 295쪽.

아와 일만 명의 아지아이므로 백만 명의 아지아인 몽고를 이길 수 없다는 이야기로 읽어 낼 수 있다. 고려의 상황은 얼마든지 조선의 상황으로 환치할 수 있다.

신채호는 역사와 문학을 구분하지 않고 아의 단일성, 순수성을 제고해서 아와 비아의 투쟁에서 이기려고 했던 것이다. 단일성과 순수성을 높이려면 조선의 아는 물질적인 것에 유혹되지도 변절하지 않아야 한다. 이는 결국 신채호가 소아보다 대아를 강조할 수밖에 없는 이유이기도 하다.

둘째, 교육을 통해 체육(體育), 즉 신체를 단련(발육)해야 한다. 그는 20세기의 신국민이 국가와 민족의 운명을 방관하지 않고 자신의 권리와 의무라는 측면에서 판단하고 행동하려면 교육을 거쳐야 한다. 교육이 없다면 애국심이 생길 리가 없고 의무를 깨닫지 못해 제 스스로 일신과 국가를 망치게 될 것이다. 신채호는 처음에 교육을 지육 · 덕육 · 체육 셋으로 나눈 뒤에 그 중에 체육이 가장 중요하다고 주장했다.[44)]

체육이 지육과 덕육의 배양을 위한 기초가 된다. 몸이 건강하지 않으면 지육도 덕육도 불가능하기 때문이다. 그리고 "체육(體育)은 신체(身體)를 활동(活動)하여 지기(志氣)를 장쾌(壯快)케 하여 기예(技藝)를 연습(鍊習)하여 군사(軍事)를 학성(學成)하게 한다."[45)] 이렇게 보면 체육의 역설과 정육은 대아의 강조와 모순되지 않는다. 체육은 아가 비아와의 투쟁에 이길 수 있는 강인한 체력과 군건한 지기를 길러 주고 정육은 개별적인 사람이 투쟁의 집단 주체로서 아와 깊이 결합하게 해 주고 대아는 아의 정

---

44) 「德 · 智 · 體 三育에 體育이 最急」(1908), 별집: 129~130/6: 244(625~626)쪽; 「西湖問答」(1908), 별집: 132~140/6: 399~409쪽. 신채호는 「新教育(情育)과 愛國」, 하: 131~135/7: 179~171(624~626)쪽에서 智 · 德 · 體의 발육 이외에 情育을 추가하고 있다. 정육은 감정의 격발과 자극이 아니라 자연적인 감수성을 계발하여 특정 대상을 향해 愛情을 갖도록 하는 것이다.

45) 「西湖問答」(1908), 별집: 139/6: 404쪽.

체성을 밝혀서 투쟁을 영속적으로 진행할 수 있는 원동력과 정당성을 부여하기 때문이다.

신채호는 위에서 살펴보았듯이 20세기 초에 한국인의 집단 생존이 의문시되는 상황에서 생존에 이익을 가져오는 사람과 손해를 가져오는 사람을, 각각 성인과 소인으로 명명했다. 그는 이를 열사(烈士)와 노예(奴隷)의 구분으로 바꾸어 말하고 있다. 즉 열사는 한국의 생존을 위해 적국과 싸우는 사람이라면 노예는 적국과 싸움을 포기하거나 반대로 적국에 협조하여 구생(苟生), 즉 구차하게 목숨을 비는 사람이다.[46] 열사의 딴 이름으로 군자도 나온다. 군자는 개인을 희생하여 전체를 살리는 인물로 재소환되고 있다. 여기서 군자는 단순히 사리심(私利心)을 극복하고 공공심(公共心)을 가진 인격적 존재로만 등장되지 않고 투쟁에서 전체적이고 장기적인 관점을 가진 인물로 부활되고 있다.[47]

군자와 대아는 전근대처럼 조화를 본질적 가치로 삼는 것이 아니라 투쟁을 현실과 역사의 동력으로 삼고 있다. 이런 점에서 군자와 대아는 투쟁적 자아의 다른 이름이라고 할 수 있다. 이로써 전근대에 소인과 소아의 특징으로 간주되던 투쟁이 신채호에 의해서 긍정적 가치로 부활하게 되었다.

6. 맺는 말: 실패 존재론

신채호는 꿈에도 그리던 조선의 해방과 독립이 일찍 그리고 쉽게 찾아

46) 「利害」, 하: 150~151/7: 177쪽 참조.
47) 「二十世紀 新國民」, 별집: 217~218/6: 465쪽.

오리라 생각했을까? 죽은 사람을 대상으로 확인할 수 없는 질문을 던진다는 측면에서 무의미한 질문이라고 할 수 있다. 하지만 이 질문은 신채호에게 반드시 물을 수밖에 없는 특성을 가지고 있다. 그가 조선의 독립을 원했던 만큼 독립 운동의 실패보다는 성공이 압도적인 아니 비교할 수 없는 절대적인 가치를 갖는다고 할 수 있다. 하지만 현실에서 작은 성공이 있었다고 하더라도 조선의 완전한 독립은 실패로 끝이 났다. 신채호도 독립을 보지 못하고 죽었다.

그렇지만 신채호의 활동은 실패로 끝난 것이 분명하다. 이 실패는 어떤 의미를 가지고 있는 것일까? 만약 실패가 아무런 의미가 없다면, 독립 운동가의 변절은 합리적 역사 발전에로의 동참이라고 할 수도 있을 것이다. 다시 서두에 던졌던 질문으로 돌아가 보자. 나는 신채호가 조선의 독립이 일찍 그리고 쉽게 오리라고 예상하지 않았다고 생각한다.

우리는 신채호가 '실패'의 위대성을 강조하는 데에서 그 대답의 이유를 찾을 수 있다. 신채호의 글을 읽다 보면 당혹스럽게도 실패의 가치를 신성으로까지 격상시키고 있다. 그는 국가 주도의 시대에서 생존-이해의 도덕을 역설했으므로 당연히 '성공'을 강조해야지 왜 실패에 주목하고 있는 것일까? 그는 성공한 사람이 위인으로 평가받는 세태를 냉소적으로 비판한다. 가만히 따지고 보면 성공한 사람이란 약은 꾀를 부려서 만만한 일에 착수해서 남들보다 앞서 결과를 낸 사람을 가리키는 경우가 많다.

또 사람들은 "나무에 잘 오르는 놈은 나무에 떨어져 죽고, 물 헤엄을 잘 치는 놈은 물에 빠져 죽는다."는 것을 험한 세상을 살아가는 지혜로 여기고, "두 손을 비비고 방 안에 앉아" 있으려고 한다. 그러면 물론 실패하는 일이 없을 것이다. 이 때문에 실패를 두려워한다면 "인류 사회가 적막한 총묘(冢墓)와 같게 된다."고 비판했다.

세상에서 말하는 성공이란 비정상적인 방법도 꺼리지 않은 채 전체를 보지 못하고 부분에 빠져서 개인적 성과를 누리는 것이다. 신채호의 말로 하면 소아(小我)와 형식적 국가만을 보는 사람이다. 반면 실패란 불가항력적인 상황에도 운명에 맞서서 나아가는 사람이 겪는 불가피한 사태이다. 실패한 사람은 담이 참으로 컸으며 관찰이 참으로 명쾌했으며 의기가 참으로 왕성했기에 때문에 온갖 불안과 공포에 짓눌리지 않고 자신의 길을 걸어갔던 것이다. "실패자(失敗者)와 성공자(成功者)를 비(比)하면 실패자는 백보(百步)나 되는 큰물을 건너뛰던 자(者)이요, 성공자는 일보(一步)의 물을 건너뛰던 자(者)이어늘, 이제 성공자를 노래하고 실패자를 웃으니, 인세(人世)의 전도(顚倒)가 또한 심(甚)하도다."[48]

신채호는 20세기 초 국권 상실의 상황에서 사람들이 웃고 비웃으며 떠드는 성공과 실패의 언어를 수집하여, '실패'에서 결과에 개의치 않고 끊임없이 분투하는 인간을 찾아내고 '성공'에서 결과에 조바심 내면서 자신의 작은 몫을 지키기 위해 온갖 편법을 일삼는 타락의 징후를 읽어 냈다. 나는 신채호의 실패 이야기는 신채호가 쓴 자문자답의 일기라고 생각한다. 다른 사람이 물을 수도 있지만 신채호는 자신에게 끊임없이 물었으리라. "네가 하는 일이 성공할 것인가 실패할 것인가?" 설혹 실패한다고 하더라도 그는 후회하지도 좌절하지도 않았을 것이다. 왜냐하면 실패야말로 상실의 시대에 사람이 사람다워지려면 반드시 겪어야만 하는 소명의 초대장이기 때문이다. 그래서 나는 마지막으로 신채호가 실패의 존재론을 쓰게 되었다고 말하고 싶다.

이로써 신채호에게 실패는 결과주의의 개념이 아니라 존재론적 개념이 된다. 독립은 이제 조선이라는 민족 공동체의 정치적 독립만이 아니라 신채호라는 개별 인간의 존재론적 전환과 의미화를 위한 영원한 운동을

48) 실패와 관련해서 「失敗者의 神聖」, 하: 124와 「失敗」, 하: 381의 두 글을 보라.

추동하는 힘이다. 그 과정에서 실패는 지속적으로 자신의 본질적 요소와 비본질적 요소, 즉 아(我)와 비아(非我) 그리고 아지아(我之我)와 아지비아(我之非我)를 구별하게 하면서 전자로의 몰입과 현재화를 추동하게 만든다. 따라서 변절은 냉정한 역사 법칙의 객관성에 의해 정당화되는 것이 아니라 자신의 독립을 포기하는 타락이 되는 것이다. 변절은 역사 발전에의 동참이 아니라 자기 혁신의 포기에 대한 변명에 불과하기 때문이다. 반면 실패는 비본질적인 것, 즉 타자 및 나 안의 타자와의 견결한 투쟁을 통해 자아를 공고하게 구축하는 영구적인 활동이 되는 것이다.

기축시대의 도래와 유영모의 철학

—구체적 주체와 보편적 전체(절대 하나)의 만남을 중심으로

| **박재순**(유영모·함석헌 씨올사상연구소 소장) |

1. 들어가는 말

자연생명과 인간정신은 시간과 공간의 구체적 삶을 살면서 다양하고 복잡한 물질세계의 법칙적 속박에서 벗어나, 내가 나답게 되는 구체적인 주체의 자유에 이르고 전체가 하나로 통하는 절대 하나의 세계에 이르려 한다. 주체의 자유와 전체의 통일이 생명과 정신의 본성과 목적이다. 주체의 자유와 전체의 통일은 참되고 영원한 생명을 나타낸다. 주체와 전체의 일치를 추구한 인류의 정신사는 자연종교시대와 국가종교시대를 거쳐 기축시대의 영성에 이르렀다. 자연종교는 자연만물에서 영원한 생명과 가치를 찾으려 했고 국가종교는 국가권력과 국가에서 영원한 생명과 가치를 만나려 했다. 자연종교와 국가종교는 모두 인간의 생명과 정신 밖에서 영원한 생명과 가치를 찾으려 했다는 점에서 공통적이다.

첫 번째 기축시대의 성현들은 국가종교문명이 강성했던 2500년 전쯤

에 거의 동시에 출현하여 인간의 생명과 정신 내면에서 인간의 본성 속에서 영원한 생명과 가치를 발견하였다. 기축시대의 성현들인 석가, 공자, 노자, 예레미아(예수), 소크라테스는 인간의 이성과 영성에서 영원한 생명과 진리를 깨닫고 체험하였다. 이들은 인간 주체의 내면적 깊이에서 보편적 전체에 이르렀다. 이들은 인간의 이성과 영성, 본성 속에 영원한 생명과 가치의 씨알맹이가 있음을 자각하고 그 생명과 진리를 가르치고 실천하였다. 이로써 기축시대의 성현들은 생명과 정신의 본성과 목적에 이르렀다.

이들이 인간의 내면에서 깨달은 생명과 진리는 사랑, 자비, 인(仁), 이치(理致)로 표현되고 이들의 윤리는 내게 싫은 것을 남에게 하지 말라는 황금률(黃金律)로 나타났다. 기축시대의 성현들이 깨달은 생명과 진리는 나를 나답게 하는 참된 주체성의 진리이면서 전체가 하나로 통하게 하는 참된 보편성의 진리였다. 기축시대의 영성가들은 나와 너와 그를 각각 저답게 주체적이게 하면서 전체가 하나됨에 이르게 하는 영성적 깨달음에 이르렀다. 자연종교와 국가종교가 생명과 정신의 껍데기인 물질세계와 권력과 제도에 매여 있었다면 기축시대의 성현들은 생명과 정신의 알맹이에 충실하고 그것을 드러내었다. 기축시대의 영성은 주체적 각성과 전체의 일치를 추구하는 씨올정신과 진리를 자각하고 나타냈다.

그러나 첫 번째 기축시대의 영성적 깨달음은 시대와 공간의 제약 때문에 주체와 전체의 관점에서 충분히 발현되고 실천되지 못했다. 첫 번째 기축시대는 아직 신분계급이 지배하는 비민주시대였고, 미신과 운명이 지배하는 비과학적 시대였으며, 국가의 울타리를 벗어나지 못하는 국가주의 시대였다. 따라서 구체적인 주체성의 완전한 실현에 이르지 못했고 전체 하나됨의 활달한 자유와 통일에 이르지 못했다. 기축 시대는 아직 민이 역사를 진전시키는 주체라는 자각이 충분히 이루어지지 못했고 역사의 주체로서 민이 이룩한 역사적 진보를 경험하지 못했다. 따라서 기축시대의 성현들이 자각한 깨달음과 내용을 민중이 계승하여 주체적으로 실천하지 못하고 성현들을 믿고 따르는 비주체적인 종교에 머물고 말았다. 또한 이성의 진리를 추구하는 철학과 영성의 진리를 깨닫고 실천하는 종교가 분리되고 말았다. 종교와 철학의 분리는 인성과 영성의 분리를 가져옴으로써 인간과 인류문명을 분열과 혼란에 빠트렸다.

기축시대의 성현들도 주체와 전체의 생명철학적 진리를 온전하고 제대로 드러내지 못했다. 석가와 불교경전에서는 생명의 자람과 역사의 진보를 말하지 못했다. 공자는 왕조사회의 신분질서를 벗어나지 못했고, 소크라테스는 식민지 정복을 추구한 아테네의 국가주의에서 벗어나지 못했다. 예수와 기독교는 밝은 지성의 사유를 충분히 강조하지 못했고 민중이 역사와 하늘나라 건설의 주역임을 드러내지 못했다. 따라서 기축시대의 영성은 국가주의로부터 자유롭지 못했고 민중의 주체성을 충분히 강조하지 못했다.

오늘의 시대는 신분계급을 타파한 민주화, 미신을 타파한 과학기술과 산업화, 국가의 장벽을 허문 세계화가 동시에 일어나고 있다. 오늘 우리는 동서 문명의 합류 속에서 동서고금의 정신과 사상이 회통하는 것을 경험하고 있다. 이런 시대 상황은 역사와 사회의 낡은 껍데기에서 벗어나 생명과 정신의 씨올을 깨닫게 하고, 주체성과 전체성의 온전한 일치를 실현할 수 있는 시대적 조건을 마련해 주고 있다. 이제 인류는 '나는 나대로' 자유로운 주체가 되고 온 인류와 자연 생명과 우주만물이 하나로 되는 우주통일의 꿈을 꿀 뿐 아니라 그 꿈을 실현할 수 있게 되었다. 껍데기 종교에서 알맹이 종교로, 믿고 따르는 종교에서 스스로 깨닫고 실천하는 종교로 나갈 수 있다. 예수는 예수의 때를 살고 나는 나의 때를 사는 종교, 석가는 석가의 삶을 살고 나는 나의 삶을 사는 종교, 공자는 공자의 세계를 살고 나는 나의 세계를 사는 정신과 철학이 나와야 한다.

이런 맥락에서 유영모와 함석헌의 씨올사상이 이성과 영성의 통합, 주체와 전체의 통일을 추구하고 실현했다는 점에서 그리고 동서고금의 정신과 사상을 회통시켰다는 점에서 이들의 정신과 사상은 민주화, 산업화, 세계화의 상황에서 새로운 기축시대의 도래를 예감케 하고 새로운 기축시대로 이끌고 있다.

2. 한국 현대사와 유영모의 철학

유영모의 철학은 동서 문명의 만남과 민주화 과정으로 전개된 한국 현대사의 독특한 상황에서 형성되었다. 한국 현대사에서 동아시아의 종교문화 사상과 서구의 기독교 정신, 이성철학(과학철학), 아래로부터의 민주 정신이 합류하였다. 나라가 망하고 국가권력과 지배이념이 쇠퇴했기 때문에 한국 민중은 역사의 전면에 나설 수 있었고, 서구 문명을 깊이 받아들일 수 있었다. 게다가 비기독교 국가인 일본의 점령을 당했기 때문에 한국의 민중과 지식인들이 기독교를 열렬히 받아들였다. 동서 문명의 만남에서 비롯된 민중의 각성 운동이 동학혁명 이후 3 · 1독립운동, 4 · 19혁명 그리고 민주화운동으로 줄기차게 이어졌다.

동서 문명의 만남과 민주화과정으로 전개된 한국 현대사에 충실하게 유영모는 동서 사상을 아우르는 생명철학을 형성하고 민중과 민주의 관점에서 씨올철학을 추구하였다. 첫째 그의 철학은 동서 문명과 사상을 아우르는 종합철학이었다. 그는 "서양 문명의 골수(기독교 신앙)"를 "동양 사상의 뼈대 속에 넣으려" 했다. 그리고 '생각'을 철학의 중심에 놓음으로써 서구의 이성철학을 깊이 받아들였으나 '생각'을 '나'를 생성시키는 생명의 존재론적 행위이고 신과 소통하는 영적 행위라고 봄으로써 이성과 영성을 통합하였다. 그에게는 옛날의 사상과 오늘의 사상, 동(東)의 정신과 서(西)의 정신이 "모두 한 정신"이다.[1] 그는 '하나(절대자)'로 돌아가 '전체 하나'의 자리에 서려고 했다. 전체 하나의 자리에 서면, 동서고금의 구별이 없다. 동양 사람이 서양 경전을 더 잘 알고 서양 사람이 동양 경전을 더 잘 알게 되는 경지에 이른다.[2]

둘째 그의 철학은 민주적인 씨올철학이다. 유영모는 조선왕조의 외교권을 일본에 빼앗긴 1905년에 기독교 신앙을 받아들이고, 일제의 식민지가 된 1910년부터 오산학교의 과학교사가 되어 국민 교육에 힘썼다. 서구문명으로부터 기독교 신앙과 민주 정신을 받아들인 안창호와 이승훈이 조직한 신민회(新民會)는 나라를 구하려면 민이 깨어나 "백성 한 사람 한 사람이 덕스럽고 밝고 힘 있는 사람"이 되어야 한다고 보고 교육 운동을 펼쳤다.[3] 신민회의 평안북도 책임자로서 이승훈은 오산학교를 세워 기독교 신앙에 근거한 교육 운동을 펼치고 3·1독립운동을 주도했다. 유영모와 함석헌은 이승훈의 교육 운동에 적극적으로 참여했다. 유영모는 3·1독립운동을 주도한 이승훈의 제자이며 민주화운동의 선봉에 섰던 함석헌의 스승이다. 유영모가 시작한 씨올사상을 함석헌이 발전시키고 실천하였다. 함석헌이 사회와 역사의 변혁 운동에 앞장섰다면, 유영모는 생각에 의해 내면을 깊이 파고들어 깊은 영성의 세계와 씨올철학의 토대를 형성하는 데 힘썼다. 유영모는 노동자, 농민이 '오늘의 예수'라고 했고[4] 햇빛

---

1) 유영모, 『다석강의』, 현암사, 2006, 310쪽.

2) 서양정신을 아는 서양사람이 동양경전을 이해할 때 동양정신만을 알고 동양경전을 이해하는 사람보다 더 잘 알 수 있고, 동양정신을 아는 동양사람이 서양경전을 이해할 때 서양정신만을 알고 서양경전을 이해하는 사람보다 더 잘 알 수 있다. 『다석강의』, 312쪽.

3) 김기석, 『南岡 李承薰』, 한국학술정보(주), 2005, 86쪽.

에 그은 농부의 얼굴에서 진인(眞人)의 경지인 화광동진(和光同塵)을 보았다.[5]

유영모의 철학은 그의 삶에서 피어난 것이다. 그는 자신의 출세를 위한 대학 진학을 포기하고, 땀 흘려 일해서 사랑으로 남을 섬기는 삶을 살기 위해서 시골로 들어가 농사를 지었다. 그는 일생 가난한 민중의 한 사람으로 살기를 원했다. 그는 하루를 일생으로 보고 하루 한 끼 식사만 하면서 금욕적이고 영성적인 삶을 살았다. 그는 50대 초에 해혼(解婚)하고 금욕 생활에 들어갔으며 날마다 새벽 3시에 일어나 냉수마찰을 하고 무릎 꿇고 앉아, 자신을 제사지내는 심정으로 경전 연구와 진리 탐구에 몰입했다. 그의 글과 사상에는 삶과 정신의 깊은 체험이 배어 있다. 그의 오랜 수행과 성찰에서 나온 말과 글은 깊고 힘이 있다. 그의 사상과 철학은 책을 통해서 이론적으로 구성된 것이 아니라 그의 몸과 정신 속에서 일상의 삶 속에서 그리고 역사 속에서 체험되고 확증된 것이다.

3. '나'의 깊이에서 만난 절대자

동서고금의 사상을 아우르는 전체성의 철학과 민중의 주체를 확립하는 주체의 철학을 추구한 유영모는 주체와 전체의 일치를 탐구하였다. 그는 주체인 '나'의 깊이에서 '전체 하나'인 절대자를 만나려 했다.

---

4) 유영모, 「짐짐」, 『多夕日誌, 上』, 789~92쪽.

5) "화기광 동기진(和其光 同其塵)" (빛을 부드럽게 하여 티끌과도 함께 함)은 老子 道德經 4장에 나오는 말로서, 도덕에 일치하는 이상적인 진인(眞人)의 삶의 모습을 나타낸다. 박영호, 『진리의 사람 다석 유영모』, (上), 42쪽.

1) '나'의 철학

유영모는 민중을 일깨워 주체로 일어서게 하는 교육 운동을 더욱 심화시켜서, '나'를 깊이 파는 철학을 추구하였다. 그에 따르면 물질적 탐욕, 생사의 두려움, 지식의 집착에서 벗어난 '나'에 이르는 것이 인간의 성숙이고 삶의 목적이다. 그는 경전을 읽을 때 남의 이야기로 읽지 않고 '내가 살고 죽는' 이야기로 읽었다. 경전은 '나'를 비추는 거울이다. 경전을 읽는 목적은 참된 '나'를 찾고 참된 '나'에 이르는 것이다. 경전을 읽고 또 읽어서 그 내용을 압축하면 '나'가 된다고 했다.[6)]

인성과 천성의 일치를 말하는 동양종교 사상과 인간을 하나님의 형상을 지닌 존재로 보는 기독교 사상에 비추어 유영모는 인간의 속에서 하나님을 찾았다. 그는 탐욕과 두려움과 지식으로 막힌 '나'의 속을 '생각'에 의해 비우고 뚫음으로써 '나'의 깊이에서 '없음'과 '빔'에 이르렀다. 그리고 그 '없음'과 '빔'에서 절대자를 만나고 절대자와의 만남에서 '참 나'를 발견 했다. 그는 절대자를 참된 주체 '나'와 절대의 '하나'로 파악했다. "모세가 신에게 이름을 묻자 신은 '나는 나다.'고 말했다. 신에게는 이름이 없다. 상대 세계에서 '하나'라면 신이다. 절대의 '하나'는 신이다."[7)]

주체인 '나'이면서 전체 '하나'인 절대자는 인간의 '나'를 참된 '나'가 되게 하고 '전체 하나'로 이끈다. 사람은 절대자인 신과 통할 때 비로소 사람이 되고 힘이 난다. "내 정신과 신이 통할 때 눈에 정기가 있고 말에 힘이 있다."[8)] 신과 통하는 사람의 숨은 우주 대자연의 생명과 통하고 초월과 무한의 하늘과 통한다. "마음 문이 열리고 코가 뚫리고 귀가 띄며,

6) 유영모, 「긋 끝 나 말씀」, 『多夕日誌, 上』, 735~6쪽.
7) 유영모, 『다석강의』, 현암사, 2006, 322~3쪽.
8) 유영모, 「밀알(2)」, 『多夕日誌, 上』, 821쪽.

큰 기운이 온 몸의 세포들을 꿰뚫고, 땅과 바다와 온 우주를 하나로 꿰뚫는다."[9]

유영모에 따르면 인간에게 신을 찾는 본성이 있고, 그 본성의 깊은 곳에 신이 깃들어 있다.[10] 따라서 사람의 얼굴이 우주보다 깊다.

> 얼굴을 보니 그 골짜기가 한없이 깊다. …… 소뇌, 대뇌를 넘어서 우주의 무한한 신비가 얼굴 뒤로 연결되어 있다. …… 별 하늘 뒤에 천천만만의 별 하늘 … 그 뒤에 생각의 바다가 있고 신의 보좌가 있고 얼굴의 골짜기 한없이 깊다. 그 깊은 그윽한 곳에 얼굴의 주인인 진짜 얼이 계신 것이다.[11]

신이 깃들어 있는 "사람은 만물의 근원이요 밑둥"이다.[12] 사람은 우주 생명진화의 중심이며 끝이다. 사람의 본성, 속알은 하나님과 직통하는 자리다. 우주만물 가운데 사람처럼 깊은 자리가 없고 사람처럼 높은 자리가 없다. 우주만물을 초월하는 자리는 사람의 속에 있다. 참으로 초월하려면 사람의 '속의 속'으로 파고들어 가야 한다. 그러므로 유영모에게는 솟아오르는 초월이 제 속으로 파고들어 가는 것이다.[13]

유영모의 철학에서는 '내'가 절대자 속에 해소되지 않고 더욱 강조된다. 역사의 주체인 '내' 안에 주(主), 절대자 하나님이 있다. 절대자는 '우리' 속에서 "제 주장을 하고 …… 과거, 현재, 미래 속을 가는 …… '주(主), 나'이다."[14] 하나님과 통한 '나'는 우주와 생명의 중심이며 길이다.

9) 유영모, 「제소리」, 『제소리』, 316쪽.
10) 박영호 편, 『다석 유영모 어록: 다석이 남긴 참과 지혜의 말씀』, 두레, 2002, 39쪽.
11) 유영모, 「사람꼴」(버들푸름5), 『多夕日誌, 上』, 722쪽.
12) 유영모, 「건」, 『다석일지』(영인본), 상, 794쪽.
13) 유영모, 「하나」, 『多夕日誌, 上』, 759~760쪽.
14) 유영모, 「주일무적」, 『多夕日誌, 上』, 752쪽.

"내가 길이요 진리요 생명"이라는 예수의 말을 유영모는 자신의 말로, '참 나'에 이른 모든 인간의 말로 이해했다.[15] '나'에게서 길이 나고 진리가 생성되고 생명이 나온다. '내'가 길이다. 유영모는 우주와 생명의 큰 길로서의 '나'를 이렇게 표현한다. "길은 언제나 환하게 뚫려야 한다. …… 비록 성현이라도 길을 막을 수는 없다. …… 언제나 툭 뚫린 길 이 길로 자동차도 기차도 비행기도 자전거도 나귀도 말도 벌레도 일체가 지나간다. 이런 길을 가진 사람이 우주보다 크고 세계보다도 큰 길이다."[16]

2) 천지인 합일체험과 귀일(歸一)사상

유영모는 주체인 '나'와 전체 하나인 절대자와의 만남과 일치를 천지인 합일로 설명했다. 그는 1943년 2월 15일(음력 설날) 이른 아침에 북악(北岳) 마루에서 하늘과 땅이 자신의 몸과 마음에서 하나로 뚫림을 체험했다. 이때 지은 시구는 다음과 같다. "우러러 하늘 트고 잠겨서 땅 뚫었네. 몸 펴고 우러러 끝까지 트니 하늘 으뜸 김! 맘 가라앉혀 잠기고 뚫어서 땅 굴대 힘 가운데 디뎠네."[17] 몸을 펴서 하늘 원기와 통하고 마음을 뚫어서 땅 중심에 이른다고 하였다. 몸으로 하늘 숨을 쉬고 마음으로 땅의 힘 가운데를 밟는다. 몸으로 하늘과 하나로 되고 마음으로 세상의 중심과 주체가 된다. 그는 '하늘과 땅과 자신'이 하나임을 체험하고 '하나'를 붙잡고 '하나'를 지향하였다.

그의 천지인 합일 사상은 하늘과 땅 사이에 곧게 선 인간의 모습과 직결된다. 인간이 발을 땅에 딛고 머리를 하늘로 향하여 곧게 선 것은 생명

---

15) 유영모, 「자고 새면」, 『제소리』, 397쪽.
16) 유영모, 「속알」, 『多夕日誌, 上』, 864쪽.
17) 『진리의 사람 다석 유영모』(下), 84~5쪽.

진화과정의 귀결일 뿐 아니라 하늘을 그리워하고 하늘과 하나로 되려는 형이상학적이고 종교철학적인 인간 본성을 나타낸다. 인간의 '나'는 물질의 낮은 단계에서 정신의 높은 단계로 나아가는 생물학적 진화의 과정과 법칙을 구현한 존재로서, 땅에서 하늘로, 물질에서 영으로 올라감으로써 만물의 이치를 드러낸다. "변화 발전해 가는 이치의 길 …… 그 이치를 파악하고 그 이치를 가지고 다시 하늘을 올라가는 길이 만물의 이치를 아는 중묘지문(衆妙之門)이다."[18]

유영모에게 '하나'는 상대세계를 초월한 '하늘', 절대자 하나님을 나타낸다.[19] 인간은 '하나'(하늘)를 향해 올라감으로써 천지인 합일에 이른다. 유영모 사상의 핵심은 '하나로 돌아감(歸一)'에 있다. "모든 문제는 마침내 하나(一)에 연결되어 있다. 문제는 언제나 하나(전체)인데 하나(一)로 참 살고 하나(一)로 돌아가자는 것이다."[20] 사람은 하늘과 땅 사이에 참여하여 '하나'를 세우는 존재다.[21]

'하나'로 돌아가는 것은 하늘로 올라가는 것이다. 하늘로 오르려면 하늘과 땅 사이에 곧게 서야 한다. 땅으로 굽으러 들면 하늘로 오를 수 없다. 곧음은 인간의 주체를 나타낸다. 하늘은 모든 것을 아우르는 두루 원만함을 나타낸다. 곧음과 두루 원만한 동그라미가 하나로 결합됨으로써 천지인 합일이 이루어진다. 유영모는 한글의 기본 모음과 십자가로써 이러한 천지인 합일을 설명하였다. 한글 기본 모음 •는 '하늘'을 나타내고, ㅡ는 '땅'을 나타내고 ㅣ는 '사람'을 나타낸다. 사람 ㅣ는 하늘 •과 땅 ㅡ를 하

18) 유영모, 「매임과 모음이 아니!」, 『多夕日誌, 上』, 744쪽.

19) 『다석강의』, 747쪽.

20) 박영호 엮음, 『多夕 柳永模 어록』, 두레, 2002, 40쪽.

21) 1963년 12월 23일과 25일의 일지. 『多夕日誌, 下』, 512, 514쪽. 『다석일지공부』 4, 497, 501쪽.

나로 잇고 통합하는 형상을 나타낸다. 사람은 하늘과 땅을 하나로 잇는 존재다. 유영모는 천지인 합일을 •ㅡㅣ와 십자가를 결합함으로써 나타냈다. •ㅡㅣ를 겹쳐 놓으면 십자가가 된다.[22] 십자가는 자기를 이기고 하늘로 올라가 천지인 합일, 다시 말해 상생과 평화의 하늘나라를 여는 것이다.

3) 없이 계신 이-절대 하나

절대자는 물질과 이성의 빛이 꺼진 어둠 속에서 그리고 '빔'과 '없음' 속에서 드러난다. 유영모는 '하나님'을 '없이 계시는 이'라고 했다. 하나님은 '빔(空)'과 '없음(無)'의 차원을 가지면서 '있음의 세계'를 아우르는 전체다. 유영모는 '빔(空)'을 "맨 처음으로 생명의 근원이요, 일체의 뿌리 …… 곧 하나님"이라 하고, 인격적인 하나님을 "유무를 초월"한 "맨 처음 일체"라고 하였다.[23] 하나님은 상대적 유무(有無)의 세계에서는 없으나 상대적 유무를 넘어서 전체를 생동케 하는 존재로는 있다.[24]

절대자의 초월적 차원인 '없음'은 인간의 실존적 삶과 직결된다. 유영모는 이렇게 말했다. " '없(無)'에 가자는 것 …… 이것이 내 철학의 결론이다. …… 이 '없'이 내 속에 있는 것이다."[25] '없'이 내 속에 있는 것이라고 함으로써 유영모는 형이상학적 사변에 빠지지 않고 생명과 얼의 현실 속에서 '없'을 생각한다. 하나님은 '있음(有)'을 나타내는 물질(몸)과 '없음(無)'을 나타내는 정신(맘)을 통전시키는 '하나'이다.[26]

---

22) 1955년 12월 17일, 26일 일지. 『多夕日誌, 上』, 291쪽.
23) 『진리의 사람 다석 유영모』(下), 86쪽.
24) 『진리의 사람 다석 유영모』(下), 138쪽.
25) 박영호 풀이, 『多夕 柳永模 명상록』, 두레, 2000, 328, 330쪽.

없이 계신 하나님은 유와 무를 종합한 전체로서의 하나이다.[27] 전체로서의 하나님의 자리는 온갖 시비를 넘어서서 '하나됨'에 이르는 자리이다. "시시비비 따지는 것은 내가 지은 망령이요. …… 하나님을 믿고 만족하면 일체의 문제가 그치고 만다. 시비의 끄트머리는 철인의 경지에 가야 끝이 나고 알고 모르는 것은 유일신에 가야 넘어서게 된다."[28] 없이 계신 하나님과 통하면 신통하여 천지유무를 통하고, 옳고 그름, 앎과 모름을 넘어서 하나로 통하게 된다. 옳고 그름과 앎과 모름의 일차원적이고 평면적인 논리와 주장을 넘어서 둥글게 하나로 통하는 '가운데(中)'와 '떳떳함(公)'의 세계는 유무상통(有無相通)하는 없이 계신 하나님의 자리에 가야 열린다.

그러면 어떻게 해야 하나님의 자리에 가서 하나님과 통하게 되는가? 유영모는 하나님과 통하는 두 가지 방법을 말하였다. 첫째 민중의 심정과 처지를 알아서 민중과 같이 걱정하면 "(주체와 전체인) 신과 관계가 된다. 신과 관계가 되면 …… 각하면 (무엇이든) 알게 된다."[29] 둘째 없이 계신 하나님과 통하는 길은 '고디(곧음)'뿐이다. "고디만이 하나님과 통할 수 있다. 정직만을 신이 좋아하신다." 정직을 강조한 유영모는 "사실이 신의 말"이라고 하였다. 곧은 길만이 마음 놓고 턱턱 걸어갈 수 있는 길이고 이기는 길이라고 하였다.[30]

26) 박영호 풀이, 『多夕 柳永模 명상록』, 두레, 2000, 337쪽.
27) 유영모, 「여오」, 『多夕日誌, 上』, 832쪽.
28) 유영모, 「여오」, 『多夕日誌, 上』, 832쪽.
29) '神以知來' (신이지래)를 설명하는 『다석강의』, 230쪽 참조.
30) 유영모, 「말씀」, 『多夕日誌, 上』, 887쪽.

4. 하나님 안에서 인간과 물건의 해방과 완성

1) 물체도 주체다

유영모는 인간의 정신뿐 아니라 물체도 절대자에게 닿는 존재의 깊이를 가진 신령한 존재로 보았다. 그는 만물을 '죽은 물체'로 단순한 인식의 대상으로 보지 않았다. 그에게 만물은 모두 '말씀'을 드러내는 실마리이며, 자신의 존재를 피워 내는 불꽃이다.[31] 유영모는 만물을 신의 말씀을 나타낸 '글씨'라고도 했다. "하늘과 땅의 뭇 물질세계가 다 내 손을 대어 읽어야 할 점자(點字)로 된 (계시의) 글 문장들이다."[32] 이렇게 만물을 '말씀'을 드러내는 실마리와 글씨로 본 것은 세상이 말씀으로 창조되었다는 기독교적 세계관을 반영한다.

유영모는 물체를 '물질의 주체'로 보았다. 그는 물질의 주체를 물질의 '머사니', '거시기'라고 했다.[33] 분명하게 특정 지을 수 없는 무엇을 나타내는 말인 '머사니'와 '거시기'는 사물과 물건의 본질로서 특정한 개체 속에 있는 것이면서 '전체적 하나(全一)'와 연결된다. 전체적인 '하나'가 모든 사물과 물체의 주체와 본질이다. 하늘과 땅에 있는 모든 현상과 사물의 그 밑뿌리는 '머사니'이고 '머사니'는 '하나'이다. '하나'로서 '머사니'는 "하늘과 땅의 뿌리"다.[34]

'머사니'는 물건의 가치이며 본질이다. '머사니'가 떠나가면 물건의 성

---

31) 유영모, 「제소리」, 『제소리』, 328~9쪽.

32) "하늘 따 뭇 몬이 다 내 손대여 읽을 글월" 1960년 7월 27일 일지. 『다석일지공부』 3, 684쪽.

33) 『다석강의』, 250, 237쪽.

34) 『다석강의』, 250쪽.

질이 없어진다. 머사니가 몸에 들어가면 활기가 있고, 떠나면 아무 것도 아닌 것이 된다.[35] '머사니'는 '참 뜻'이다. 물건 속에 '참 뜻'이 있으면 물건은 '참'이 된다. 물건이 살고 죽는 가치를 나타내는 '참 뜻'이 신(神)이다. 만물에 들어가 자기를 주장하는 '머사니', '참', '뜻', '신(神)'이 물건의 주체(主體)다.[36]

머사니를 지닌 물체는 우주 전체와 긴밀하게 결합되어 있다. 물체의 본성이며 주체인 '머사니'는 물체의 뿌리이며, 참이고 보편적이고 영원하며 '하나'이다. 모든 물체는 전체 하나와 이어지고 전체 하나를 드러내는 것이므로 한없이 깊고 신령한 것이다. 물체는 주체로서 무한한 깊이를 가지며, 우주 전체와 연결된 신성을 지니고 있다. 따라서 물질의 주체이며 본성인 머사니를 탐구하면 끝없이 새로운 것이 나온다. 물체의 '참(진리)'을 따져 나가면 그 물체에서 새로운 것이 주체로서 자꾸 나온다. 이처럼 새롭게 나오는 것이 참(진리)이다.[37] 유영모는 주역(周易)에 나오는 개물성무(開物成務)를 "천하의 모든 현상과 물건의 이치와 그 뜻이 변하는 것을 규명"함으로써, "완전히 …… 연구해서" "물건이 점점 더 열리게 하여" 우리가 "점점 잘 살게 된다."고 했다.[38]

2) 인간과 물건의 해방과 완성

물건이 열려서 풍성하게 되려면 물건을 주체로 여기고 물건이 물건 그대로 주체로서 드러나게 해야 한다. 유영모는 물건이 물건으로서 그대로

---

35) 『다석강의』, 237쪽.
36) 『다석강의』, 248~9쪽.
37) 『다석강의』, 250~252쪽.
38) 박영호 엮음, 『多夕 柳永模 어록』, 두레, 2002, 435쪽. 『다석강의』, 227쪽.

드러나려면 물건과 인간이 서로에게서 해방되어야 한다고 보았다. 먼저 인간이 물건에서 해방되어야 한다. 물건에 욕심을 내고 집착하는 인간은 물건을 물건 그대로 주체로 보지 못하고 물건을 소유, 대상으로만 여긴다. 인간이 물건에 집착하면 물건에 사로잡히고, 물건에 사로잡히면 물건에 갇힌다. 물건에 대한 욕망과 집착에서 벗어나야 인간은 영적인 존재로서 자유롭게 자기를 실현하고 완성할 수 있다.[39)]

인간이 물건에 대한 욕심과 집착에 사로잡히면, 물건도 인간의 욕심과 집착에 의해 갇힌다. 물건은 물건 그 자체로서 드러나지 못하고 물성의 깊이를 알 수 없게 된다. 욕심과 집착에 휘둘린 인간의 인식론적 폭력에 희생된 물건은 은폐되고 왜곡되며, 파괴된다. 유영모는 인간이 욕심과 집착에서 벗어나 텅 빈 마음에 이르는 것이 인간이 물건에서 해방되고 물건이 인간에게서 해방되는 길이라고 보았다. 욕심과 집착에서 벗어난 맑고 빈 마음이 만물을 천연 그대로 조작 없이 주체로 물성 그대로 드러나게 한다. 물건이 인간의 마음에 의해 왜곡되거나 조작되지 않고 그대로 드러나면, 인간의 속알, 정신이 밝아지고 마음은 빈탕이 된다. "만물이 …… 조작 없이 천연 그대로 마음에 제대로 보이면 …… 우리의 속알은 밝아진다. 이것이 빈탕을 유지하는 것 …… 빈탕의 마음을 만드는 것이다."[40)]

인간의 마음에 물건에 대한 욕심이 생기면 마음은 어두워지고 영적인 자유를 잃는다.[41)] '몬(물건)'에 '맘'이 살아나면(生心) 몬도 맘도 못쓰게 된다. 몬과 맘이 서로 자유롭게 되려면 맘이 빈탕 마음을 지켜야 하고 빈탕마음을 지키려면 빈탕한 데로 가서, 빈탕한 데의 주인인 '전체 하나' 하나님께로 가야 한다.[42)] '전체 하나'의 주인인 하나님께 가야 편견을 넘어

39) 『다석강의』, 478쪽.
40) 『다석강의』, 471쪽.
41) 『다석강의』, 471~2쪽.

서서 만물을 살리고 '내' 마음이 자유롭게 완성될 수 있다.[43)]

3) 모름을 지킴

인간과 물건의 해방과 완성에 이르려면 절대자(절대 하나)에게 이르러야 한다. '절대 하나'는 이성의 빛과 물질의 빛으로는 닿을 수 없다. 절대자의 존재는 캄캄한 모름의 세계다. 절대자인 신을 탐구한 유영모는 이성의 한계를 인정하고 지식을 넘어서는 '모름'의 차원을 존중하고 지키려 했다.[44)]

모름의 차원을 존중하는 유영모의 사상은 이성과 앎을 강조하는 서구의 인식론적 경향과 대조된다. "너 자신을 알라"고 한 소크라테스는 모름('나에 대한 무지')에서 앎에로 나아갔다. 소크라테스, 플라톤, 데카르트, 칸트, 헤겔, 피오렌자는 이성에 대한 신뢰 속에서 진실을 탐구한다. 여성신학자 피오렌자의 의심의 해석학은 인간 이성의 밝음으로 성경 본문의 어둠을 밝히려 한다.[45)]

그러나 이성의 밝음으로는 인간과 물건의 주체와 깊이(절대자의 존재)를 드러낼 수 없다. 모름을 지킬 때 절대자 안에 머물 수 있고 절대자 안에 머물러야 변함없는 '늘'에 이르고 '늘'에 이르러야 필연이 성립하며 필연이 성립해야 인간과 물건의 해방과 완성이 이루어진다. 인식론적 과학적

---

42) '몬에 맘'이란 글과 '말슴 듣는 우에'라는 글의 풀이를 보라. 『다석강의』, 471~479쪽.
43) 같은 글.
44) 유영모, 「꽃피」, 『多夕日誌, 上』, 825쪽.
45) 피오레자는 이성의 이념적 가치판단에 비추어 성서의 본문에 대한 불신과 의혹을 가지고 성서의 본문을 해체하고 재구성하려고 한다. Elizabeth Schüssler Fiorenza, *In Memory of Her: A Feminist Theological Reconstruction of Christian Origins*, New York Crossroad, 1984, p13.

지식, 선악판단의 지식은 모름을 지킬 때만 인간과 물건을 해방하고 완성하는 데 기여할 수 있다. 모름을 잊은 지식은 생명과 정신을 파멸로 빠트린다. 신을 버리고 선악과를 먹고 선악의 지식에 빠진 인간이 타락했듯이, 모름을 지키지 않으면 생명과 정신뿐 아니라 물건과 일이 파멸에 이른다. 모름을 지킬 때 비로소 생명과 존재에 대한 자아의 인식론적 제약과 한계, 왜곡과 폭력에서 벗어나 생명과 존재를 있는 그대로 전체 속에서 볼 수 있다. 모름을 강조한 유영모의 사상은 지식을 버리고 모름을 붙잡은 아시아의 선불교 전통과 상통할 뿐 아니라 선악과를 먹고 선악의 지식에 빠져 타락했다는 성경의 기본 가르침과 일치한다.

5. '나'와 절대자의 소통과 사귐

1) 절대자와 소통하는 자리 '가운데'

유영모는 '이제, 여기, 나'에 집중하고 오늘 하루를 일생으로 알고 살았다. 그는 주어진 순간의 삶 속에서 절대자(영원한 생명)와 소통하고 사귀는 삶을 추구했다. 유영모는 하늘과 땅과 인간, 만물과 이웃과 신이 두루 통하는 가운데를 추구했다. '가운데'는 이제 여기 나의 삶 속에서 열리는 새로운 존재의 지평이다. 그는 예수를 "높·낮〔높음과 낮음〕, 잘·못〔잘함과 못함〕, 살·죽〔삶과 죽음〕 …… 가온대〔가운데〕로 …… 솟아오를 길 있음 믿은 이"[46]라고 했다. 가운데는 신과 인간과 만물이 서로 다름을 넘어서 공존 상생할 수 있는 자리다. 유영모는 '가운데' 이르는 것을 '가온

46) 유영모, 「우리 아는 예수」, 『多夕日誌, 上』, 921쪽.

찍기'라고 했다. 인간의 부풀어 오른 마음과 생각을 한 점으로 줄여서 그 가운데 점을 찍음으로써, 우주와 시간의 가운데에 이른다.[47] 이렇게 도달한 '가운데'는 우주와 시간, 만물과 삶의 중심인 절대자다.[48]

가온 찍기의 철학은 '지금 여기'의 한 점에서 절대자와의 만남이 이루어지고 이 만남에서 모든 것이 결정된다는 점에서 미정론에 이른다. 미래의 일은 미래의 '지금 여기'에서 결정될 것이다. 그리고 '나'는 한 점이 되어 모든 것의 중심이신 하나님과 통함으로써 모든 것과 통하는 '가운데 길(中道)'에 이른다.[49] 가온 찍기는 신비한 명상과 내면적 수행에 머물지 않고 끝끝내 표현하고 실천하는 것이다. 가온 찍기에서 '나'를 하나의 점으로 찍음으로써 '나'는 점으로서의 자리만 남고 무화되고 부정되었으나 끄트머리 한 점으로서의 '나'는 무의 심연 속에 가라앉지 않고 "딱딱한 땅을 딛고 사는" 책임적인 실천의 주체로 된다.[50]

2) 생각하는 곳에 신이 있다

데카르트와 마찬가지로 유영모도 인간을 생각하는 존재로 보았다.[51] 데카르트에게서 '생각하는 나의 존재의 확실성'은 해와 달로 대표되는 물질적인 대상세계의 확실성을 증명하는 토대가 되었다. 데카르트가 '나'의 존재를 확인하고 자연세계에 대한 탐구로 나갔다면, 유영모는 '나'의 존재를 확인하고 '나'의 속으로 파고들어가 절대자를 탐구했다.

---

47) 유영모, 「긋 끝 나 말씀」, 『多夕日誌, 上』, 734쪽.
48) 유영모, 「젖은 눈물」, 『多夕日誌, 上』, 728쪽, 『다석일지공부』 6, 26, 57쪽.
49) 유영모, 「하게 되게」, 『多夕日誌, 上』, 810쪽.
50) 유영모, 「긋 끝 나 말씀」, 『多夕日誌, 上』, 734쪽.
51) 유영모, 「바람직한 상」, 『多夕日誌, 上』, 852쪽.

유영모는 물질적 대상세계의 존재를 부정하고 '나'와 '생각'을 확증한다. "해요 달, 저게 있는 것인가? 없는 것이다. 있는 것은 오직 나뿐, 그 중에서도 생각뿐이다."[52] '나'는 절대자를 발견하는 자리이며 '생각'은 절대자인 신과의 연락과 소통이다.[53] 거룩한 생각은 "하나님 아버지에 대한 사랑이 있을 때 피어나는 하나의 정신적인 불꽃"이며, 이 불꽃 속에서 피어나는 "진리의 불꽃 …… 하나님의 말씀"이다.[54] 말씀은 우주와 생명의 근원(하나님)과 통한다. "말씀의 근원은 사람의 정신이 아니라 하나님의 가운데(中)이다."[55] 유영모는 신의 말씀이 "맨 꼭대기"이고 "말씀에 우주가 달려 있다."고 한다.[56]

생각은 '나'를 낳는 생명의 불꽃

유영모는 만물, 살림, 생각을 하나님을 향해 '불태우고 바치는' 제사로 설명하였다. 인간의 살림은 먹이인 물질을 불살라서, 즉 번제(燔祭)로 드려서 힘을 얻고, 만물은 서로 먹이와 힘이 되는 불꽃 제사를 드리고, 생각도 말씀을 불사르는 제사다.[57]

"나는 생각한다."는 말이 데카르트에게는 인식론적 명제였지만 유영모에게는 존재론적 명제, 생명론적 명제였다. "생각하는 것이 생명이니 힘을 다해서 마음을 다해서 생각한다."고 했다.[58] 생각을 삶의 행위로 본 유

52) 유영모, 「빛」, 『多夕日誌, 上』, 855쪽.
53) 유영모, 「무거무래 역무주」, 『多夕日誌, 上』, 746쪽.
54) 『진리의 사람 다석 유영모』(下), 389쪽.
55) 『진리의 사람 다석 유영모』(上), 57쪽.
56) 유영모, 「말씀」, 『多夕日誌, 上』, 887쪽.
57) 유영모, 「제소리」, 『제소리』, 328쪽.
58) 『다석일지공부』 1, 460~1쪽.

영모는 삶의 주체인 '나'를 '생각의 끝머리', '생각의 불꽃'이라고 했다. 생각과 '나'를 일치시킨 유영모는 생각을 '정신의 불꽃'이라 했고, 이 정신의 불꽃에서 '내'가 나온다고 하였다. 데카르트에게서 생각은 존재를 인식하는 행위라면 유영모에게는 생각이 '나'의 존재를 생성하는 행위다. 따라서 유영모는 "내가 생각하니까 내가 나온다. 생각의 불이 붙어 내가 나온다. 생각에서 내가 나온다."고 했다.[59)]

'나'는 삶의 불꽃이기 때문에 생각으로 '나'를 불태움으로써만 '나'는 생겨나고 존재하며, 그러한 존재로서의 '나'를 알게 된다. "('나'의 중심에는) 불꽃밖에 없다. 생각의 불꽃 끄트머리인 '나'를 자꾸 낳아서 나가야 한다."[60)] '나'를 불태우고 새롭게 낳는 것은 앞으로 나가는 것을 뜻한다. 나를 낳아간다는 것은 나의 바탈, 속알을 살리는 것이다. "고디 곧장 오르고 올라 내 속에 있는 고디(神)를 살려 내어 …… 내 속에 가장 옹근 속알이 있는 것을 자각하여 깨닫고 나오는"[61)] 것이다.

유영모에게 진정한 생각은 근심, 걱정, 번민이 아니며, 헛된 공상이 아니다. 유영모는 죽이는 생각과 살리는 생각을 구분한다. "머리를 무겁게 숙여 떨어뜨리며 하는 생각은 사람을 죽게 하는 생각"이다. 그러나 신을 향한 생각은 생명을 살리는 불꽃이다. 생각하면 살아난다.[62)]

생각하는 곳에 신이 있다

생각은 사람을 위로 올라가게 하고 하늘(하나님)과 소통하게 한다. 참

---

59) 유영모, 「정(2)」, 『多夕日誌, 上』, 740쪽.
60) 『다석강의』, 212~6쪽, 220~4쪽, 226쪽.
61) 유영모, 「긋 끝 나 말씀」, 『多夕日誌, 上』, 733, 736쪽.
62) 유영모, 『제소리-다석 유영모 강의록』, 328쪽.

된 생각, 거룩한 생각은 하나님과 연락된 것일 뿐 아니라 하나님과 뗄 수 없이 결합되어 있다. 그러므로 유영모는 "생각하는 곳에 하나님이 계신다(念在神在)."[63]고 말한다. "나는 생각한다. 그러므로 나는 존재한다."는 데카르트의 명제가 뒤집힌다. 생각과 존재의 주체인 인간의 '나' 대신에 신이 존재의 주체로 나온다. 생각하는 주체는 사람만이 아니라 하나님(神)이기도 하다. 생각하는 행위에서 입증되는 것은 인간인 '나'의 존재가 아니라 신의 존재다. 생각은 하나님의 뜻을 밝히는 것이다.[64]

유영모에게 생각은 개념과 논리를 따르는 단순한 추리가 아니라 우주의 궁극적인 주체이고 영원한 타자인 신에 대한 그리움과 사랑에서 타오르는 것이며 자신을 새롭게 형성하고 넘어서서 신에게로 솟아오르는 행위이다. 이러한 생각에 신이 주체로 참여하고 이러한 생각에서 신의 존재를 확인하고 경험한다.

3) 없음과 빔에 맞추어 놀기 : 민중 초인(超人)

절대자와 소통하는 숨과 영은 낮보다는 밤에, 빛보다는 어둠 속에서 잘 통하고 깊어진다. 유영모는 이미 33세 때 "어둠이 분명 빛보다 크다."[65]고 했다. 그는 해를 어둡다 하고 물질계를 단일허공의 한 티끌에 지나지 않는다고 했다.[66] 유영모는 공(空)을 참된 실재로 보고 공을 친밀하고 다정하게 느꼈다. 유영모는 '빔'을 하나님과 동일시한다. "빔처럼 높고, 밝고, 거룩한 것은 없다."[67] 최고로 높고 밝고 거룩한 존재는 하나님이다. 그는

---

63) 『다석강의』, 97쪽; 『진리의 사람 다석 유영모』(上), 53~54쪽.
64) 유영모, 「밀알(1)」, 『多夕日誌, 上』, 819쪽.
65) 유영모, 「저녁찬송」, 『제소리』, 387쪽.
66) 유영모, 「빈탕한데 맞혀놀이」, 『多夕日誌, 上』, 895~6쪽.

허공을 '하나님의 마음'이라 했고 신령한 허공을 하나님이라고 하였다.[68]

허공은 하나님의 품이다. 유영모는 모든 얽매임에서 벗어나 하나님의 품인 '빈탕한데'에서 자유롭게 신선처럼, 어린이처럼 놀려고 했다. 세상에 대한 집착이나 명예, 물욕과 유혹을 다 버리고 없음의 '빈탕한데'서 노는 삶이 그의 인생결론이었다.[69] 모든 것을 아우르는 바깥 '한데', 시원한 데서 우주의 바깥에서 놀자는 것[70]은 장자의 '거닐어 노님'(逍遙遊)을 연상시킨다.

유영모는 빈탕한데 놀이를 하나님과의 부자유친(父子有親), 하늘을 사귐(親天)이라고 했다. 이것은 물질적 이해관계와 사회적 대립관계를 넘어선 초월적인 자유의 삶이다. 이것은 물질상대세계를 부정하거나 버리는 것이 아니라 신의 아들(天子)로서 우주만물을 이치에 맞게 온전히 실현하는 것이다. 이것은 자연의 생명원리에 따라 '맘대로 하고', '몸대로 되게' 하는 것이며, 몸과 마음의 자유로운 경지다.[71] 이것은 자연과 몸을 정복하고 지배하며 인위적으로 움직이는 게 아니라 "몸은 그저 몸대로, 몸은 그저 몸대로" 그냥 놓아두는 것이다. 사람과 자연에 대해 부자연한 간섭을 버리고 사람을 사람대로 자연을 자연대로 둔다. 그렇게 함으로써 "사람은 사람 노릇 하고 몬〔물건〕은 몬들 절로 되게!" 하자는 것이다.[72]

유영모는 이것을 '절로, 제절로'의 이치이고 길이라고 한다. 이것이 뭇 생명과 사물이 제 본성에 따르고 제 바탕(本性)을 실현하는 진리의 길이다. 세상이 불행하고 혼란스러워진 것은 이 '절로'의 길에 이르지 못했기

67) 『진리의 사람 다석 유영모』(下), 333, 328쪽.
68) 『진리의 사람 다석 유영모』(下), 199쪽.
69) 유영모, 「빈탕한데 맞혀 놀이」, 『多夕日誌, 上』, 890쪽.
70) 유영모, 「빈탕한데 맞혀 놀이」, 『多夕日誌, 上』, 891~892쪽.
71) 유영모, 「하게 되게」, 『多夕日誌, 上』, 809쪽.
72) 같은 글, 810쪽.

때문이다. 이 길로 가면 만족할 만한 세상이 온다.[73] 이 길에는 기존의 완성이 없다. 늘 열린 길이고 스스로 힘써야 할 길이다. 이 길을 가는 사람과 일은 완성되거나 결정되지 않은 원고, 늘 완성을 위해 새로 써야 할 원고라는 의미에서 미정고(未定稿)다.[74]

유영모는 또한 이 길을 '사랑의 길(仁道)'이라고 했다. 이것은 몸(맘)대로 하고 몸대로 되는 '제절로'의 길이지만 늘 미완성의 길이므로 사랑으로 힘써 이뤄야 할 길이다. 그러나 이 길은 사랑으로 가야 할 길일 뿐 아니라 사랑을 이루는 길이기도 하다.[75] 왜냐하면 사랑 안에서 생명과 존재는 실현되고 완성되는 '제절로'의 길에 들기 때문이다. 인간과 물건, 마음과 몸이 '맘대로 하고, 몸대로 되게' 하는 것은 사랑뿐이다.[76] 빈탕한 데서 놀이하는 사람은 물질적 상대세계를 초월한 초인이지만, 사랑으로 섬기고 살리는 길을 가는 어린이처럼 작고 겸허한 초인이다. 그는 노동하는 흙 묻은 신선이고 역사와 사회의 무거운 짐을 진 민중 초인이고, 어린이 같은 성인(聖人)이다.

6. 한국 현대철학으로서 유영모 철학의 의미와 위치

유영모는 동아시아 문명의 주체성을 가지고 서구문명을 적극적으로 받아들여 동서 문명을 아우르는 창조적 생명철학을 형성하고, 식민지 백성으로서 밑바닥 민중과 자기와 그리스도를 동일시하면서 민중철학을 제

73) 같은 글.

74) 같은 글, 811쪽.

75) 같은 글, 810쪽, 810~812쪽.

76) 같은 글, 811~812쪽.

시했다. 그는 한국 현대사의 현실에 충실했기 때문에 한국 현대사 속에서 전개되는 동서 문명의 만남과 민주화운동을 몸과 마음에 체화하고 그것을 사상과 철학으로 형성할 수 있었다. 밖으로 동서 문명을 아우르고 안으로 민중 주체의 철학을 확립한 것은 자신의 편견과 탐욕을 비우고 자기 내면의 깊이와 높이에서 전체 하나인 절대자와의 초월적 일치에 이르렀기 때문이다. 절대자와의 만남과 일치에서 유영모는 탐욕과 편견에 사로잡힌 자아로부터 벗어나서 정신의 주체적 깊이와 참된 보편성에 이르렀고, 이러한 내적 깊이와 거리낌 없는 자유 속에서 문명의 벽을 넘어 동서 문명을 아우르고, 역사의 밑바닥에 있는 민중의 처지와 심정을 가지고 철학을 형성할 수 있었다.

그는 유교, 불교, 도교의 동양 종교사상을 기독교 정신에 비추어 해석하고 기독교 사상을 동양 종교사상에 비추어 해석했다. 그는 신앙과 생각을 삶과 철학의 중심에 놓음으로써 이성과 영성을 통합하고 민중의 자리에서 민중 주체의 철학을 제시하였다. 그의 철학은 한국 역사 속에서 생겨난 한국철학이고 동서 문명을 아우르는 세계철학이며 이성과 영성을 통합한 종합철학이고 민중의 심정과 처지에서 사유한 민중철학이다. 그는 한국말과 글로 철학한 첫 번째 인물이다. 유영모에게서 참된 의미의 한국 현대철학이 시작되었다.

유영모에 앞서 정약용이 기독교와 과학을 받아들여 원시 유교를 바탕으로 개혁적인 철학을 제시했다. 그러나 정약용은 유불선과 서구 정신문화의 만남과 대화를 활달하게 추진하지 못하고 자유로운 민주 정신과 원리를 일관성 있게 선언하거나 민주 운동에 참여하지 못했다. 동학의 최제우와 최해월도 서구 문명의 도전과 자극을 주체적으로 받아들여 민중의 각성 운동을 일으키고 독창적인 철학과 사상을 형성했지만 부적과 주문을 사용함으로써 과학적이고 합리적인 정신을 고취하지 못했다. 동서 문명을 아우르고 민주정신과 과학정신에 투철하다는 점에서 주체의 자유와 깊이를 궁극적인 전체성에 이르기까지 탐구했다는 점에서 유영모의 철학은 진정한 한국 현대철학이고 세계철학이라고 할 수 있다. 유영모는 동양 종교사상과 기독교 사상을 종합함으로써 종교다원주의철학의 선구이고 생명과 민중의 관점에서 사유함으로써 씨올사상, 민중신학, 생명철학의 원조가 되었다.

유영모의 철학은 동서 문명의 만남과 민중의 주체적 자각으로 전개된 한국 현대의 정신사적 과제와 목적을 구현한 것이다. 그의 철학에서 동서 정신문화들의 핵심이 통합되고 민중의 주체적 자각이 심오하게 탐구되었다. 유영모는 민중정신, 이성적 과학정신, 세계통일정신을 토대로 깊은 영성을 지닌 생명철학을 제시하였다. 그의 철학은 지역의 문화전통과 국가의 울타리를 넘어서 기축시대에 이룩한 동서의 정신문화를 회통하고 근현대의 과학정신과 민주정신을 체득하여 민중의 이성적 영성적 자각과 실천을 추구했다는 점에서 둘째 기축시대의 도래를 예감케 하고 새로운 기축시대에 이르는 길을 열고 있다고 생각된다. 또한 그의 삶과 정신과 사상은 민족 문화적 주체성을 가지고 세계평화와 통일을 이루는 세계시민의 정신과 자격을 닦는 데 기여할 수 있다.

1930년대 한국 사회주의 지식인의 민족주의 운동 비판*

— 잡지 『비판』을 중심으로

| **도면회**(대전대 역사문화학과 부교수) |

1. 머리말

1919년 3 · 1운동으로 일제의 통치 정책이 문화주의로 바뀐 이후 한국 사회에는 제한적이나마 언론 · 출판 · 집회 · 결사의 자유가 허용되었다. 『동아일보』, 『조선일보』 등 일간신문과 『개벽』, 『조선지광』, 『동명』 등 수십 종의 잡지가 창간되었다. 청년 운동, 소년 운동, 여성 운동, 노동 운동, 농민 운동, 형평 운동 등 각종 부문 운동이 발전하면서 조선농민총동맹, 조선노동총동맹, 조선청년총동맹 등 전국적 조직이 만들어졌고 각 지역별로도 운동 조직이 활발하게 꾸려졌다. 이들 운동에는 일본 · 러시아 등

* 이 글은 대전대학교 인문예술대학 『인문과학논문집』 49집(인문과학연구소, 2012)에 게재되었던 것임.

을 통해 사회주의 사상을 습득한 사회주의 지식인들이 대거 참여하고 있었다. 이들은 1925년 조선공산당을 창립한 이후 1927년에는 비타협적 민족주의 세력과 함께 신간회를 출범시켜 민족 통일 전선 운동을 전개해 나갔다.

그러나 비타협적 민족주의 세력과 통일전선을 구축하여 신간회를 중심으로 반일 민족해방운동을 전개해 왔던 사회주의자들의 운동 노선은 1928년 말 코민테른 제6차 대회에서 「조선 농민과 노동자의 임무에 대한 테제」(이하, 「12월 테제」)를 발표한 이후 좌경 노선으로 급변하였다. 특히 1930년 9월에 발표된 프로핀테른(국제적색노동조합)의 「조선의 혁명적 노동조합의 임무에 관한 테제」(이하, 「9월테제」)는 신간회를 일제의 '자치' 약속에 매수당한 반소비에트적 민족개량주의 단체로 규정하고 한국의 사회주의자들로 하여금 신간회 해소 투쟁을 전개하도록 촉구하였다. 그 결과 창립 이후 처음으로 일제 당국의 집회 허가를 얻어 1931년 5월 신간회 전국대회가 개최되고, 여기서 사회주의자들 중 신간회 해소를 주장하는 세력이 중심이 되어 신간회는 자체적으로 해산 결의를 내리고 말았다.[1)]

이후 한국의 민족주의 운동은 물론이고 비합법적 노동운동과 농민운동도 일제의 가혹한 탄압을 받고 퇴조기에 접어들었다.[2)] 비타협적 민족주의 세력은 운동 노선상의 혼돈을 겪음은 물론, 최린 · 이광수로 대표되는 자치운동 세력과도 뚜렷한 차이를 보이는 활동을 전개하지 못하고 있던 것으로 생각된다.[3)] 많은 민족주의 운동가들이 민족해방운동 전선에서 빠져나갔다. 일부는 조선학운동, 고적보존운동, 문자보급운동, 만주동포

1) 신간회 해소 과정에 대해서는 이균영, 『신간회연구』, 역사비평사, 1994, 381~534쪽.
2) 신용하, 『신간회의 민족운동』, 경인문화사, 2007, 312쪽.
3) 박찬승, 『한국근대정치사상사연구』, 역사비평사, 1991, 352~355쪽.

구제운동 등을 전개하였지만 1937년 중일전쟁 발발 이후에는 일제의 탄압과 일제가 제공한 여러 가지 회유책에 의하여 점차 운동의 대열에서 멀어져 갔다.[4)]

사회주의 세력은 「12월 테제」와 「9월 테제」의 방침에 의거하여, 일제에 의해 파괴된 조선공산당을 인텔리 분파 투쟁이 없는 노동자 · 농민에 뿌리를 둔 당으로 재건하고자 하였다. 이를 위해서 경제적 투쟁에만 매몰되지 않고 사회주의 혁명을 목표로 삼는 혁명적 노동 · 농민조합 운동을 조직할 것이 지상의 과제로 제시되었다.[5)]

잡지 『비판』의 민족주의 운동 비판은 이러한 맥락에서 검토해 볼 필요가 있다. 『비판』은 사회주의자 송봉우(宋奉禹)가 편집인 겸 발행인으로서 1931년 5월에 창간하여 1940년 3월 26일 통권 114호를 내고 종간되었다.[6)] 창간사에서 "우리는 선(善)을 설(說)하는 독사(毒蛇)의 본신(本身)을 밝히며 화장(化粧)한 꾀꼬리의 정체를 드러내어 우리의 앞에 펼쳐 놓아 이목의 난탁을 밝히는 데 극미(極微)한 도움이나마 도움이 될까 하여 『비판』을 발행한다."라고 한 데서 알 수 있다시피, 주된 목적은 민족주의 운동 또는 사이비 사회주의자에 대한 폭로 또는 이론 투쟁에 있었다고 판단할 수 있다.

1920년대부터 백가쟁명식으로 발간되기 시작한 잡지들은 1930년대에 접어들면 검열 · 정간 · 폐간 등 일제의 문화적 폭력 외에 시장에서의 과

---

4) 최규진, 『조선공산당재건운동』, 경인문화사, 2009, 4쪽.

5) 최규진, 위의 책, 16~23쪽.

6) 송봉우는 1900년 경남 하동 출신으로 일본 유학생들의 사회주의 사상 단체인 북성회의 집행위원, 조선청년총동맹 집행위원, 조선공산당 중앙검사위원 등으로 활동하다가 검거되어 징역형을 받았다. 출옥 후 『비판』 발행을 주관하였으며, 1934년 7월 '군관학교 학생 파견 사건' 에 연루되어 일본 경찰에 체포되었다.(한국정신문화연구원, 『민족문화대백과사전』, 「송봉우」편)

열 경쟁을 극복하고 생존해야 하는 운명에 처하게 되었다.[7] 『비판』은 일제 당국의 탄압은 물론 같은 시기에 발행되던 동아일보사의 『신동아』, 김동환 등의 『삼천리』 등과 경쟁해야 했다. 당시 『신동아』는 정치 · 경제 · 사회 · 학술 · 문예 등 각 방면을 아우르는 '망라주의'를 취하고 『삼천리』는 "누구든지 볼 수 있고 버릴 기사가 없는", "민중에게 이익되는" '혼합주의' 편집 방침을 고수하고 있었다. 이에 비하여 『비판』은 정치 · 시사에 대한 비판, 국내외의 운동 정세 보도, 사상 · 경제 연구, 사회 이면 폭로, 각종 통계, 문예 등을 편집하는 '정론주의'를 취하였다. 그러기에 『비판』은 발행 부수가 7~8천 부에서 최대 1만 부까지 오를 만큼 지식 대중들의 인정을 받았지만, 창간 2년 만에 휴간을 할 만큼 일제 당국의 원고 삭제, 기사 제재 금지 등 엄청난 탄압을 받았다.[8]

『비판』 기사의 논조는 창간 5주년을 맞는 1937년 5월호부터 변화하기 시작하였다. 딱딱함, 난해함을 버리고 대중화 노선을 취하는가 하면 예술과 스포츠, 문단 상황을 알려주는 정보 제공란이 신설되고 영화와 연극 등에 관한 기사도 취급하기 시작하였다. 그러나 종이값의 폭등과 총독부의 물자 통제에 따라 열악해지는 출판 환경을 견디다 못해 1940년 3월호로 종간을 하게 되었다.

본고에서는 잡지 『비판』을 통해서 자치운동 세력은 물론 신간회에 참여했던 비타협적 민족주의 세력의 운동 노선에 대한 맹렬한 비판 의식을 검토하고자 하였다. 이를 통해서 「12월 테제」와 「9월 테제」 공표 이후 1930년대 한국의 사회주의 지식인들이 민족주의 운동을 어떻게 인식하고 비판했는지를 생생하고 구체적으로 살펴볼 수 있음은 물론, 일제의 가혹

7) 유석환, 「1930년대 잡지시장의 변동과 잡지 『비판』의 대응」, 『사이間SAI』, 제6호, 241~243쪽.

8) 위의 글, 246~253쪽.

한 탄압과 회유책 속에서 점차 퇴영해 가면서 지식인으로서의 자기모순을 드러내는 모습도 아울러 확인할 수 있을 것이다.

2. 신간회 해소에 대한 평가

신간회 해소 문제는 1931년 5월 신간회 해소 전후 민족주의와 사회주의 운동 진영 양쪽에서 치열하게 논쟁되어 온 주제였다.[9] 그런 만큼 다양한 논의가 가능했겠지만, 『비판』에 글을 게재한 필자들은 한결같이 프로핀테른에서 발표한 「9월 테제」의 논조를 그대로 반복하고 있다. 1927년 신간회 창립을 즈음하여 보여 주었던 민족주의와 사회주의의 협동을 주장하는 노선에 대해서는 무조건적인 비판만 있을 뿐, 그에 대한 성찰적 반성이 보이지 않는다. 오로지 신간회의 그간 활동 일체를 송두리째 비판함은 물론, 향후 비타협적 민족주의 세력과의 관계에 대해서도 하등 기대를 걸고 있지 않는 논조로 일관하고 있다.

신간회 해소 직후 나온 몇 가지 글들 중에서 대표적인 논조를 보자면

> 신간회는 5년 동안 무슨 일을 했는가? 원산 · 부산 · 평양의 대쟁의를 비롯 광주 · 용천 · 단천의 농민투쟁으로부터 전조선 각지에 미만한 대소 무수의 대중적 투쟁에 신간회는 어떠한 역능을 수행하였던가? 대책 강구를 결의하고 혹은 조사위원을 파견하며 혹은 조사 보고를 지회에 전명(電命)했을 뿐.[10]

---

9) 비타협적 민족주의자 안재홍과 사회주의 지식인들은 1931년 전후 『비판』 잡지를 통해 신간회 해소를 둘러싸고 열띤 논쟁을 벌였다. 이에 대해서는 김문종, 「일제하 사회주의 잡지의 현실 인식에 관한 연구」, 고려대학교 박사학위논문, 2006, 170~174쪽 참조.

이라 하여 활동에 대해 혹독한 비판을 전개한 뒤 이에 대한 책임은 다음과 같이 사회주의자에게도 있다고 하였다.

> 신간회는 결국 한 민족협동전선의 매개체임에 불외(不外)하였던 것이다. 그럼에도 불구하고 그것은 '민족주의자와 사회주의자의 제휴'라는 막연한 환상과 '하등의 계급적 지도를 갖지 않은 당면 이익만을 위한 협동투쟁'이라는 무원칙한 이론에 겸하여 조직과정과 투쟁과정을 동일한 과정으로 파악하지 않은 인식상의 착오를 가미하였음으로 말미암아 소호(少毫)도 그 본래의 직능을 수행하지 못하였을 뿐 아니라 협동전선을 과대평가한 중대한 과오는 마침내 계급운동의 전면에 심심한 위축의 상처를 내였다.[11]

즉, 신간회 활동에 참여한 사회주의자들은 막연한 환상, 무원칙한 이론, 인식상의 착오 등 세 가지 문제점을 지니고 있었다고 한다. 그리고 신간회 해소 이후의 발전 방향은 노농소비에트에 입각한 원래 의미에서의 통일 전선을 결성하는 데 있다고 하였다. 한편 민족주의자들에 대해서는 견인하는 것이 아니라 그들의 개량주의적 정체를 부단히 적출하여 대중의 앞에 폭로하고 그럼으로써 그들을 대중으로부터 분리 고립하게 하여 모든 피압박 대중 층에 광범히 잠재한 투쟁 요소를 사회주의자들의 영향 아래로 끌어들여야 한다고 주장했다.

---

10) 박일형, 「협동전선의 금후전망」, 『비판』, 1931. 6.

11) 위의 글.

3. 민족주의 운동 일반에 대한 평가

『비판』 필자들은 자치운동을 주장하던 타협적 민족주의 세력과 이에 반대하던 비타협적 민족주의 세력 양자 사이에 큰 차이가 있다고 보지 않았다. 이들은 당시 진행되고 있던 일본 자본의 대규모 진출과 일본인 이민의 급증, 각 지방마다 조직되기 시작한 지방 의회 등이 자신들의 인식이 올바름을 증명하는 유력한 증거라고 보았다. 앞으로 민족 부르주아지들은 이러한 자본주의적 발전과 그들 사회적 지위의 향상을 통해 민족조직을 구성할 것일진대 그 중견부는 지주 · 상공부르주아지와 각파 종교인이 차지할 것이라고 전망했다.

따라서 이들이 어떠한 민족적 조직이나 단체를 구성하더라도 그 정강은 결코 근본적인 문제인 민족해방 문제를 표현하지 못할 것이고 그 조직은 "그들의 출세 기회 즉 사교기관, 관청과의 교제기관, 외래 부르주아지와의 거래소가 될 것" 이라고 단정하였다.[12)]

이들이 가장 격렬하게 비판한 대상은 민족주의 세력이 진행하던 소위 '민족적 표현 단체 재건' 움직임이었다. 여기서 한 필자는 "우익 민족개량주의자는 솔직하게 자치권 획득 운동을 정치적 기도로 삼으며 좌익(비타협적 민족주의자 - 인용자)은 교묘한 공각적(空殼的) 언사를 번롱(翻弄)하여 그 개량주의적 정체를 숨기면서 민족 부르주아지 및 소부르조아지의 이익을 도모하는 것" 이라고 일단 비타협적 민족주의와 타협적 민족주의 사이의 차이점을 인정한다. 하지만 '민족적 표현 단체 재조직 문제'를 중심으로 그들의 정치적 활동이 점차로 표면화될 것이며 계급의식이 결핍한 대중 층에 그들의 활동을 뿌리박으려 할 것도 용이하게 예상할 수

---

12) 김명식, 「민족단체 재건계획에 대하여 분열이냐? 배반이냐?」, 『비판』, 1932. 3.

있다는 점에서 양자는 차이가 없다고 하였다.[13)]

타협적 민족주의 세력의 움직임은 필자들에 의하면 두 가지 사건이 계기가 되어 활발하게 나타났다고 하였다. 하나는 충무공 이순신 유적 보존 문제였고 또 하나는 만주사변 이후 중일 간의 전쟁으로 인한 만주동포 조난 문제였는데 전자보다는 후자가 민족 전체의 감정을 움직이기에 훨씬 유력한 것으로 평가하였다.[14)]

그리하여 "민족주의자들은 이순신과 만주 '동포'를 미끼로 소위 '민족애'란 그들 전매의 유령상품을 크게 과장하고 그리 함으로써 범민족적 대동단결론의 이론적 근거를 창작하였는데" 그 대표격이 이광수의 「조선민족운동의 3기초사업」이라는 논문이라고 하였다.[15)] 이광수는 이 논문에서

> 근래에 민족(民族)이라는 말을 기(忌)하는 사람이 잇다. 그들은 얼 맑시스트의 무리다. 그들은 대명(大明)을 조국이라고 부르던 자와 같은 노예사상을 가진 무리다. 왜 그런고 하면 적어도 이 세기에 잇어서 오인(吾人)의 인식에 들어오는 실재는 오직 민족이 잇을 따름인 까닭이다.[16)]

라고 민족의 영원성을 강조한 후 조선 민족에게 세 가지 기초 사업이 필요하다고 주장했다. 세 가지란 ① 인텔리겐챠 층이 민족운동의 원동력이 되어 정치적 색 없는 단체(수양동우회의 재편)를 결성해야 한다는 것, ② 문맹 타파와 정치 색채 없는 단결 훈련을 통한 농민 · 노동자의 계몽과 생산력 향상, ③ 낭비 습관 교정과 판매 · 소비의 합리화를 위한 협동조합

---

13) 陳元, 「민족적 표현단체 재조직문제' 에 대한 비판」, 『비판』, 1932. 2.
14) 위의 글.
15) 박일형, 「민족과 민족운동 수양동우회는 어데로 가나?」, 『비판』, 1932. 4.
16) 李光洙, 「朝鮮民族運動의 三基礎事業」, 『동광』, 제30호, 1932. 1.

운동을 말한다.

이에 대해 박일형은 이광수가 말하는 기초 사업의 부당성을 다음과 같이 논박하였다. 첫째, 정치가 경제의 집약적 표현이거늘 식민지에서의 온갖 경제적 수탈 · 억압에 대해 저항할 때 정치적인 것이 가미되지 않을 수 없으므로 정치 색채 없는 단체 결성은 아무런 의미가 없다. 둘째, 협동조합 운동이란 프롤레타리아트의 계급투쟁과 일정한 관련을 갖지 않는 한 자본주의적 상업자본과의 경쟁에서 승리할 수 없는 것이 필연적이라고 하였다.

이러한 논조는 동아일보사가 1932년 7월경 개최한 '궁민(窮民) 구제 지상 좌담회'에 제출된 여러 가지 궁민 구제 대책에 대한 비판으로 연결되었다. 좌담회에는 궁민 구제 대책으로 토목사업, 채무 지불 정지, 궁민의 각종 부담 경감, 소작권 확립, 금주 · 단연 및 소비 절약과 부업 장려를 통한 자작 자급, 저리 금융 등이 제출되었다. 김일양이란 필자는 이에 대해 조목조목 그 불가함을 언급하고, 좌담회에 참석한 자들은 모두 지방의 대소 지주, 공직자 아니면 도시의 유산 계급 또는 유한 계급들 뿐이니 직접 체험을 가진 빈농의 한마디가 무엇보다 중요하다고 촌평했다. 그리하여 동아일보에서 개최한 이 좌담회는 정치적 공명심에서 발단된 행동에 불과하다고 하였다.[17)]

이처럼 타협적 민족주의 세력에 대한 비판이 맹렬한 반면, 안재홍 등 비타협적 민족주의 세력에 대한 비판은 신간회 해소에 관한 논쟁 시기를 제외하면 그다지 찾아보기 어렵다. 이는 안재홍이 만주 동포 구제 성금을 조선일보사의 자본금으로 유용한[18)] 죄목으로 투옥되고 출옥 이후에도 사

17) 金一陽, 「俎上에 올린 東亞紙의 窮民救濟 紙上座談會」, 『비판』, 1932. 10, 1933. 1.
18) 秋鐵嶺, 「조선일보사 구제금 유용사건 검토」, 『비판』, 1932. 5.

회 활동 무대에 그다지 등장하지 않았던 점, 기타 비타협적 민족주의 세력의 활동이 그다지 활발하지 않았기 때문이 아닌가 추측된다.

물론, 이들에 대한 비판이 없지는 않았다. 다소 뒷 시기이지만, 안재홍 · 정인보 등이 『여유당전서』를 출간하고(1934～1935), 정인보가 「오천년간 조선의 얼」(1935～1936)을 집필한 이후 이들에 대한 학문적 검토가 이루어지고 신랄한 비판이 이루어진다. 이에 대해서는 후술하기로 한다.

4. 기독교 · 천도교 등 종교 비판

『비판』 필자들은 종교에 대해 매우 비판적이었다. 이는 "종교는 아편이다."라는 마르크스주의 명제에 입각한 것이기도 하지만, 일제하 대중사회에서 종교, 특히 3 · 1운동을 주도했던 기독교 · 천도교의 영향력이 매우 컸기 때문이기도 하다. 특히 천도교에 대해서는 맹렬한 비판을 퍼부었다. 이는 최린 등 천도교 신파 세력에서 1925년에 조직한 조선농민사가 농민에 대해 미치는 영향력이 매우 컸기 때문이기도 하지만, 천도교 측에서 민족운동의 영도권이 자신들에게 있다고 주장하여 사회주의자들이 분개했기 때문이기도 하다.

천도교와 사회주의가 충돌하는 직접적 계기가 된 것은 『신계단』 1932년 11월호에 실린 다음과 같은 기사 내용이었다.

> 세상이 말세가 된 탓인지 …… (중략) …… 정녀(貞女)의 탈을 쓴 매춘부, 사람 탈을 빌려 온 요망스런 독갑이! 별별 기기괴괴한 잡놈 잡년 독갑이가 백주대로에서 난무를 하며 횡행하고 있다. 이리 뛰고 저리 뛰고 이리 밧치고 저리 밧치며 제 멋에 제가 취해서 야단들이니 가위 기관(奇觀)이라고 하겠다. 우리

는 일찍이 이 사랑스런(!) 조그만 괴물들 중에 '천도교'라고 이름 지어 부르는 정녀의 탈을 쓴 매춘부가 있음을 알았다. 그리하여 그것이 갖은 교태를 부리며 예민(?)한 …… (중략) …… 유혹의 손을 흔들고 다니는 꼴을 잘 알고 있는 것이다. 그들은 매춘 행위를 하기 위하여서는 모든 종류의 비굴한 수단과 후안무치한 간계를 고르기에 주저치 않는다. 우리는 그 비굴! 후안무치한 행동의 조그만 일례로서 『신인간』 9월호에 게재된 「조선운동과 영도권문제」라는 것을 들 수 있으니 원래가 무지한 그들로서는 너무나 건방지게 문제를 제출하였다.

이 글에 대해 1932년 11월 천도교 청우당 측이 해명을 요구하며 『신계단』 잡지사로 몰려가 잡지사 기자를 폭행한 사건이 일어났다. 『비판』과 『신계단』 잡지사의 간부들은 동년 동월 21일 천도교 정체 폭로 비판회를 조직하여 천도교에 대한 근본적 대책을 강구하는 한편[19), 『비판』 등 잡지를 통해 천도교의 반민중적 운동 노선이나 민중 수탈 측면을 강조하기 시작했다. 우선

일반적으로 일체의 종교 제도는 계급적 지배의 요구(要具)인 동시에 하나의 착취기관이다. …… (중략) …… 종교도 인간의 물질적 조건에 의하여 생성되는 것이요 그 근본적 조건 역시 경제적 정치적 질서의 반영이므로 사회적 제조건의 동인 여하에 의하여 종교적 세력이 움직이고 있는 것이다. …… (중략) …… 천도교가 현재 어렴풋한 행동에서 정면에 나서서 반(反) 무산계급적 태도를 취하는 것도 우연한 일이 아니라 종래 축적되어 온 천도교가 가지고 있던 봉건적 잔존 세력의 새로운 동향의 단편을 말하는 것이다.[20)]

19) 一記者, 「천도교청우당의 신단계사 습격사건과 천도교 정체 폭로비판회 조직경과」, 『비판』, 1933. 1.
20) 南哲水, 「반종교운동 천도교의 권력 - 종교비판의 危害에 대하여」, 『비판』, 1933. 1.

라고 한 데 이어 천도교의 운동 노선을 본격적으로 검토해 들어갔다. 천도교의 운동노선은 주관적 · 기계적 · 관념적이라고 비판한 후 "그들은 노동자 · 농민 · 소시민 층을 중심으로 하여 결성된 집단이면서도 …… 무의식한 대중에게 '인내천주의'란 아편의 주사를 하여 그들의 계급성을 마비시킴으로써 …… 천도교가 대다수 하층 부대를 흡수하고 있음에도 불구하고 그들의 역사적 진로에로 방향을 돌리지 않고 역행(逆行)을 기도하고 있음으로써 그 반동적 죄과가 오직 착취 기구에만 그치는 것보다 더 크고 위험하다."[21]라고 하여 전체 민족해방운동에 미치는 해악을 언급하였다.

이러한 비판 논조는 1936년 이후 재개되었다. 농촌의 천도교 신자들이 간부들에 의해 어떻게 수탈당하는가를 폭로하고 곧이어 천도교를 학문적 관점에서 본격적으로 검토하였다. 인호진은 천도교 간부들의 농민 수탈을 다음과 같이 폭로하였다.[22]

> 동학은 갑오 동학란 이후 삼남 지방은 미미하였다. 그러나 그와 반대로 서북 지방에 그들의 발전은 급격하여 어떤 곳은 거의 천도교 촌이 된 곳도 있다. …… (중략) …… 대부분은 입교한 연후에 과중한 부담으로 말미암아 소작인이나 화전민이 된 것이다. …… (중략) …… 그러면 매년 교회 부담은 얼마나 되는가 하고 물으면 적어도 매년 1호당 수십 원씩이라고 할 것이다. …… (중략) …… 국세 부담은 연중 1~2원 이내이지만 교회 헌납은 성미(誠米) · 기도미(祈禱米) · 희사금 · 특별의연금 등 별별 구실을 만들어 가지고 감언이설로 민재를 편취한다. 그들 중앙 간부라는 자는 어느 한 사람도 축첩(蓄妾)하지 않

21) 南哲水, 「천도교의 조선운동관 검토」, 『비판』, 1933. 3.
22) 인호진, 「弔鐘을 울린 천도교」, 『비판』, 1936. 3.

은 자가 없으며 매일 장취(長醉)로 지나지 않는 자가 없다.

이청원은 동학이 동학 농민혁명 운동 시기에 전국민의 '집단화'를 가능케 한 유일한 매개체라 하여 역사적 지위와 의의를 인정하지만 "금일이 동학의 후신인 천도교에 대해서도 그와 같은 평가를 내린다고 하면 그것은 큰 잘못일 것이다."[23]라 하여 종교의 역할이 역사적 시기에 따라 차이가 나는 점을 인정해야 한다고 주장했다.

"종교는 아편이다."라는 전제는 기독교에 대해서도 그대로 적용되었다. 기독교와 사회주의를 동일하거나 유사한 종류로 취급하고자 하는 기독교 사회주의에 대해 비판한 데 이어서, 기독교 교단이 장로교・감리교로 양분되고 또 각각의 교단 역시 남・북으로 양분된 현상을 당시 신흥우의 축첩(?)행위와 연관지어 폭로하고 있다.[24] 후자는 생략하고 전자 즉 기독교 사회주의에 대한 비판만 언급하기로 하겠다. 이에 의하면 조선의 기독교 사회주의자는 고등학교 졸업 정도 이상의 지식층인 동시에 소상인・소농민의 자제들로서 거의 대부분 일본의 가가와 도요히코(賀川豊彦)[25]의 영향을 받아 기독교적으로 사회를 개선하고자 한다는 것이다. 그

23) 이청원, 「'인내천주의' 의 현대적 고찰」, 『비판』, 1937. 3.

24) 舌火子, 「俎上에 올린 조선기독교의 전모」, 『비판』, 1935. 12, 1936. 3.

25) 가가와 도요히코(1888~1960)는 기독교 사회 운동가로 1909년부터 고베 시의 빈민굴에 살면서 빈민 구제 사업을 시작했다. 미국에서 신학을 공부하고 귀국한 후 노동운동에 투신, 1921년 고베에서 대규모 노동 쟁의를 지도하고 투옥되었다. 쟁의 좌절 이후 노동 운동 현장에서 물러나 1922년에 일본농민조합을 결성하였다. 1926년 노동농민당 중앙위원이 되었다가 당이 분열된 후 무산 정당 운동을 그만 두었다. 농민 전도를 위하여 농촌 복음 학교를 열었으며, 도시 소비조합 운동, 의료조합 조직, 농촌 산업 조합 운동 등 기독교적 속죄와 사랑의 실천으로서 여러 가지 사회 사업과 사회 운동에 참여하였다. 태평양 전쟁기에는 반전 운동의 혐의로 헌병대에 구치당했으며, 전후 일본사회당 결성에 참여했다.(『日本大百科全書』, 小學館)

러나 그들의 사랑이란 자선이요 동정에 불과한 것이요 현재 우리 조선 민중이 궁핍을 당하는 것은 사랑이 없어서가 아니라 민족부르주아들이 발호하는 까닭이다. 따라서 사실상 "기독교 사회주의는 민족주의이며 부르주아 자유주의이며 사회 민주주의의 우익이며 무정부주의의 하나이며 개량주의이며 온정주의의 대본영"이라고 하여 사회주의와는 전혀 관계없는 것이라고 비판하였다.[26)]

5. 학문 · 철학적 이론 투쟁과 퇴영화

1930년대 중반 이후에는 『비판』의 논조가 변화하기 시작하였다. 1931년 만주국 수립, 1937년 중일전쟁 도발 등으로 일제의 파쇼 통치가 극도로 강화되기 시작하였다. 많은 민족운동 단체가 해산되고 각종 경제 · 정치 · 사회적 활동이 극단적으로 통제당하였다. 『비판』지 역시 이러한 흐름을 면할 수 없었다. 앞서 보았듯이 지면 배치상에서 예술과 스포츠, 문단 상황을 알려주는 정보 제공란이 신설되고 영화와 연극 등에 관한 기사가 등장하였다. 수록되는 글의 논조가 상당히 완화되었을 뿐 아니라, 글의 주제도 국제 정세 또는 철학적 논쟁, 역사학적 논쟁, 지식인론 등이 대부분을 차지하게 된다. 필자들은 이 시기의 지식계 전반을 다음과 같이 서술하고 있다.

가지각색의 이론의 영역에 한하여 특히 철학상에 있어서의 부르조아 이데

---

26) 정지일, 「김문경군의 "기독교와 사회주의론" 말살」, 『비판』, 1933. 1; 김무신, 「타도 기독교사회주의자」, 『비판』, 1933. 3.

올로기의 영향의 가장 특징적인 발견은 차치하고라도 정치 영역에 있어서의 조선형적 파시즘의 공연한 도량(跳梁: 안재홍을 비롯한 일련의 민족주의적 광신자들의 최근 동향), 역사과학 영역에 있어서의 복고주의적 편향, 경제학 영역에 있어서의 루빈주의의 만연, 그리고 예술 영역에 있어서의 문학 이론의 다원화 내지 형이상학에의 교류(박영희 · 백철 · 이갑기 등의 최근의 변절행위) 등등의 표면화된 사실들은 산업혁명 이전의 반역사적 문화 현상을 방불케 하는 반동적 발견인 것이다.[27)]

이러한 인식은 이들로 하여금 반동 · 보수로 보이는 논자들에 대한 학문적 · 철학적 비판으로 나아가게 만들었다. 우선 안재홍 · 정인보에 대한 이청원의 비판이 대표적이라고 할 수 있다.[28)] 이청원은 우선

현금 조선 내지에는 일부 인사들에 의하여 '조선을 알자'고 하는 것을 기화로 과거의 역사적 현실의 한 개의 사실을 고유의 신비적인 것으로 조화조화(組化造化)시키어 그것에 대한 무조건적 신앙을 강요하고 있는 것도 한 개의 현상적 사실인 것이다. 특히 이 방면에서 대활약을 전개하고 있는 것은 신라의 국선 화랑제도, 이조의 정다산, 동학 등이 있다.[29)]

라고 한 데 이어 정인보의 저술에 대해서도 역사학이 아니고 신학과 다름없다고 비판했다. 그는 또 이러한 움직임이 단순히 하나의 학문적 성격으로 그치는 것이 아니라 그 결론을 민중에게 강요하고 있는 정치적 성격의 것으로까지 나아가는 것이 아니냐고 의혹의 눈길을 보내고 있다.

27) 蓮湖亭人, 「문화영역에 현현되는 악질적 제류에 항하여」, 『비판』, 1937. 2.
28) 김태준, 「무지의 폭로!! 단군기자문화설」, 『비판』, 1937. 7도 참조.
29) 이청원, 「'인내천주의' 의 현대적 고찰」, 『비판』, 1937. 3.(동경에서 집필)

> 이상이 조선의 얼에 의한 단군론의 요령인데 우리는 이곳에서 신이 아니시고 인(人)이라고 하는 단군이 차츰차츰이 아니시고 신성한 불가침적인 신적 섭리에 들어가게 되는 것을 이해하기에 조금도 곤란하지 않은 것이다. …… (중략) …… 정다산론에 있어서도 정다산의 장점, 특점만 그나마 왜곡(歪曲)적으로 논하여 그에 조선의 얼을 부여하고 있는 것이다. …… (중략) …… 신라의 국선화랑 제도에 있어서도. 그들은 복고에 의하여 현실의 기형적, 객관적 사정과 하등의 인연이 없는 주관적 원망=희구를 과거의 '오천 년간의 조선의 얼'에서 즉 과거의 민족적 위대성에서 발견하고 이 주관화된 신비적인 '오천년간의 얼'에 의하여 현실의 모든 구체 객관적 사정을 설명하고 해석하려고 한다. 그들이 가지고 있는 역사인식에 있어서의 유일한 표본으로서의 신비적 표현 그것이 잘 말하고 있는 바와 같이 그들은 절대로 현실의 기형적 구조체를 정당히 파악하지 못함은 물론 …… [30]

학문의 기초라고 할 수 있는 철학 분야에서도 논쟁이 진행되었다. 이는 흡사 레닌이 1905년 러시아 1차 혁명 좌절 이후 러시아 사상계의 혼돈을 해결하기 위해 1909년에 발간한 『유물론과 경험론비판』의 논조와 유사한 것으로, 존재와 운동의 관계, 변증법의 진리성 여부, 존재와 사유의 관계 등 철학의 원초적 문제들에 대한 공박으로 이루어지고 있다.[31]

그러나 1938년으로 접어들면서 사회주의 지식인들은 더욱 참담한 심정으로 빠져들어 가고 있었던 듯하고 필자들 역시 그러한 면모를 보이고 있다. 물론 마지막까지 자신들의 사회주의적 이념을 고수하려고 한 것으로 보이지만, 그러한 흔적은 독자들이 읽어 낼 수 없을 만큼 옅어져 가고

30) 이청원, 「'조선의 얼' 의 현대적 고찰」, 『비판』, 1937. 3.(동경에서 집필)
31) 金義浩, 「金基錫의 '新哲學의 指導原理' 의 비판」, 『비판』, 1937. 7.

있는 것으로 보인다. 예컨대 부르주아·소부르주아·프롤레타리아트 등의 개념이 시민·소시민·혁신적 계급 등으로 대치되고 혁명과 개량의 개념도 현상타파·현상유지 등의 개념으로 바뀌었다. 이념성이 탈색된 개념들이 글 속에 등장하면서 상당히 추상성·관념성이 높은 논리가 전개되고 있음을 볼 수 있다.

이에 더하여 나타난 것이 '지식인론'의 등장이었다. 그리하여 혹자는 지식인을 지식 계급이라고 규정하는가 하면[32], 혹자는 '지식 계급'이라는 개념은 있을 수 없다고 하기도 하였다.[33] 또 혹자는 지식인론은 원래의 의미－러시아 혁명운동 초기에 나타난 인텔리겐챠론－에 불과한 것으로 치부하는 등[34] 이들 사회주의 지식인은 자신들의 사회적 수명이 다한 것으로 인식하고 있다. 특히 흥미로운 점은, 이 단계에 와서는 사회주의자이건 민족주의자이건 "지식인들은 어차피 동일한 공통성을 더 많이 지니고 있다."는 견해를 표명하고 있다는 점이다.

> 지식 계급은 이와 같이 분해 과정을 거니는 것이요 필연적으로 그 내부 대립을 재래(齎來)하는 것이나 또 한편으로 지식 계급으로서의 많은 공통성을 가졌다. 그것은 그들의 지식을 통해서 사회 문화 향상에 노력하며 문화 발전을 억압하고 저해하는 모든 경향과 사상에 대하여 반발하려는 태도에 있어서 공통한 것이다. 물론 그간에는 견해의 상위(相違)로 반영되는 이데올로기의 대립이 있으나 이 점도 그들이 인텔리의 이름에 상부(相符)할 만한 양심의 소유자인 때 단순한 정치적 의도에서 출발한 것과 달라서 그 인간적 감정이라든가 과학적인 문화 의식이라든가에 있어서 많은 공통성을 보유하는 것이니 이것이 현

32) 천광인, 「지식계급의 사회적 역할」, 『비판』, 1938. 10.
33) 김남수, 「인텔리문제의 신과제」, 『비판』, 1938. 10.
34) 凡人, 「지식계급의 일반적 규정」, 『비판』, 1938. 10.

금에 있어서도 지식 계급 일반을 말할 수 있는 유일의 근거가 되는 것이며 지식 계급 일반에게 문화 향상을 위한 기대를 갖게 하는 소이다.[35)]

여기서는 그토록 맹렬하게 민족주의 운동 세력을 비판하던 모습이 사라져 버렸음을 확인할 수 있다. 민족주의 운동 세력이 노동자 · 농민의 계급성을 발휘하지 못하게 하고 자본가 · 지주의 이익을 변호한다고 비판하던 논조도 사라졌다. 민족주의 계열 지식인이나 그들을 비판했던 자신들, 즉 사회주의 지식인들이나 모두 똑같이 문화를 향상시키는 역할을 하는 동질적인 존재라고 주장하고 있다.

이는 역설적으로, 1930년대 초반에 그토록 열렬히 주장했던 '소부르주아를 분리 고립시키는 노선'을 사회주의 지식인 자신들에게도 관철시킨 결과를 낳았다. 즉, 사회주의 지식인들은 자기들이 비판하고자 했던 대상과 똑같은 존재로 변신하였으니, 1930년대 후반 이후 사회주의 지식인은 조선공산당 재건 운동이나 혁명적 노동 · 농민운동에 직접 참여하지 않은 이상 모두 스스로 자기모순에 빠진 존재가 되어 버리고 만 셈이다.

6. 맺는 말

이상에서 보았듯이 『비판』지는 「12월 테제」, 「9월 테제」의 방침을 수용하여 혁명적 노동운동의 전위기관지로 민족해방운동을 선도해가는 세력의 잡지로 창간되었으나 일제의 탄압과 회유가 극심화함에 따라 자기모순에 빠지고 마는 모습을 보이게 되었다.

35) 천광인, 「지식계급의 사회적 역할」, 『비판』, 1938. 10.

『비판』 필자들은 1930년대 중반까지는 지하 운동에 몸담고 있지 않은 사회주의 지식인들이 담당할 수 있는 최대한의 역할, 즉 반대 진영인 민족주의 진영에 대한 이론적 비판을 담당했다고 볼 수 있다. 이들은 현실의 직접적인 혁명 운동에 몸담고 있지 않다 해서 곧 사회민주주의와 같은 온건 노선으로 빠지지 않고 코민테른 · 프로핀테른 등 국제 공산주의 노선에 매우 충실한 입장을 견지하고 있을 뿐 아니라 사회주의 이론 자체에도 상당한 식견을 보이고 있었다. 물론, 개중에는 원색적인 비판부터 시작해서 원론적인 수준에서의 명제 나열에만 그치는 글들도 많이 존재한다. 이는 그 필자들의 저급한 도덕적 수준에만 책임을 돌릴 문제는 아니고 당시 조선 지식인들의 사회주의 이념 소화 수준이 저급한 데에도 일말의 원인을 돌려야 하지 않을까 생각한다.

그러나 1930년대 중반 이후가 되면 일제의 탄압과 회유책 등에 의해 민족주의 세력과 마찬가지로 사회주의자들 중 상당수도 사상 전향을 하기 시작했다. 『비판』의 기사 배치와 논조 변화는 이러한 현실 상황을 반영한 것으로 보이지만, 이는 한때 민족주의자 세력에 퍼붓던 비난과 비판을 자신들도 똑같이 받게 됨을 의미하는 것이었다.

〈본고와 관련된 『비판』 기사〉

정동호	신간회 해소론	1931.5
안재홍	해소반대자의 처지에서	1931.5
박일형	협동전선의 금후전망	1931.6
박덕창	반해소파의 두상에 일봉	1931.7~8
안재홍	해소파에게 與함	1931.7~8
김기림	신간회 최후의 전체대회를 보고	1931.6
정동호	신간회 해소론(속)	1931.6

일기자	비판의 비판 - '민족사회주의론강' 비판	1931.10
김약수	사회운동의 이모양 저모양을 駁함	1931.11
一記者	비판의 비판	1931.6
권일문	지사 토벌론	1932.1
김약수	조선운동의 신전개	1932.2
일기자	비판의 비판 - '조선운동의 재음미' 의 재음미	1932.2
진영철	김약수씨의 평문을 읽고	1932.4
안봉우	혜성지 편집자에게 與함	1932.4
陳 元	'민족적 표현단체 재조직 문제' 에 대한 비판	1932.2
김명식	민족단체 재건계획에 대하여	1932.3
유해송	1933년과 조선운동	1933.1
남철수	반종교운동 천도교의 권력	1933.1
일記者	천도교청우당의 신단계사 습격사건과	1933.1
남철수	천도교의 조선운동관 검토	1933.3
유해송	천도교일파의 내용 검토비판	1933.3
박명줄	반맑스주의이론과 천도교의 철학적 근거	1933.6
인호진	조종을 울인 천도교	1936.3
이청원	'인내천주의' 의 현대적 고찰	1937.3
설화자	俎上에 올린 조선기독교의 전모 -신흥우사건을 주로 하야	1935.12
설화자	俎上에 올린 조선기독교의 전모(속)	1936.3
김무신	타도 기독교사회주의자	1933.3
정일지	김문경군의 '기독교와 사회주의' 론 말살	1933.1
현인	종교비판과 반종교운동	1932.2
김태준	무지의 폭로!! 단군기자문화설	1937.7
이청원	'조선의 얼' 의 현대적 고찰	1937.3
蓮湖亭人	문화영역에 현현되는 악질적 제류에 抗하야	1937.2
김의호	김기석씨의 '신철학의 지도원리' 의 비판	1937.7
윤규섭	휴매니즘론	1937.7
조길영	현대사조의 대중성과 유행성	1937.9
최여성	지성의 능동적 의의	1938.6
천광인	지식계급의 사회적 역할	1938.10

김남수	인텔리문제의 신과제	1938.10
범인	지식계급의 일반적 규정	1938.10

글로벌 시대의 다문화 교육*

| **김석수**(경북대 철학과 교수) |

1. 들어가는 말

오늘날 왜 다문화 교육이 우리에게 중요한 문제로 부각되고 있는가? 이 시대가 글로벌 시대가 되지 않았다면 다문화 교육 역시 우리에게 중요한 관심사가 되지 않을 수도 있다. 인터넷 문화의 확산과 정보화 사회의 도래로 기존의 국경 중심의 국민(민족)국가(Nationalstaat)는 더 이상 적극적으로 역할하기가 어려운 상황이다. 들뢰즈와 네그리의 주장처럼, 지금 이 시대는 국경과 영토를 가로지르는 '노마드의 시대'[1]이자, 국민(민족) 국가를 가로지르는 '제국의 시대'[2]이다. 자본이 이윤을 남길 수 있으면

---

* 이 글은 『가톨릭철학』 제17호(2011)에 게재된 논문을 수정 · 보완하여 재수록함.

1) G. Deleuze & F. Guattari, *Mille plateaux*, Paris: Éd, de Minuit, 1980, 467쪽 참조. 질 들뢰즈 & 펠릭스 가타리, 『천개의 고원』, 김재인 역, 새물결, 2003, 723쪽 참조.

2) M. Hardt · A. Negri, *Empire*, Cambridge: Harvard Univ. Press, 2000, xii~xiii쪽. 안토니오 네그리 · 마이클 하트, 『제국』, 윤수종 옮김, 이학사, 2007, 15~17쪽 참조.

어디든지 달려가는 무한질주의 시대인 오늘날, 현실 영토와 장벽이 굳건히 유지되기는 더 이상 어려운 실정이다.

더군다나 이 시대는 정치적 지배의 시대를 넘어 경제적, 문화적 지배의 시대로 옮겨 왔다고 해도 과언이 아니다. 더 이상 국지적으로는 살아갈 수 없는 시대에 우리는 접어들었다. 따라서 기존의 국경 · 영토 중심의 사고를 통해서는 21세기 사회를 살아가기 어렵게 되었다. 그러므로 우리는 우리의 아이들에게 과거처럼 '국민교육헌장'을 암기하고 낭독하며 살아가도록 요구할 수 없으며, 한 국민, 한 민족에 예속되어 살아가도록 강요할 수도 없다. '동일성'을 지향하는 문화로는 오늘의 제국 시대를 우리는 더 이상 살아갈 수 없다. 그래서 우리는 자라나는 우리의 아이들에게 '차이성'에 민감하게 반응하여, 이를 존중하면서도 동시에 보편성을 지향하는, 이른바 '구체적 보편성'을 추구하도록 가르쳐야 한다.

그러나 불행하게도 우리의 현대사는 이런 '구체적 보편성'을 마련할 수 있는 역량을 우리에게 제공해 주지 못했다. 우리는 이승만 정권 시대부터 부단히 '뭉치면 살고 흩어지면 죽는다.'는 일민주의(一民主義) 이념을 주입받고 살아왔으며, 또한 최근에는 이런 강한 보편주의의 억압으로부터 벗어나 서구보다 더 강하게 상대주의로 치닫고 있다. 한마디로 우리의 현대사는 '우리 안의 나'와 '우리 바깥의 나'가 착종되어 있고, 사이비공동체주의(의리주의)와 사이비자유주의(이기주의)가 혼재하고 있다.[3] 교육에 있어서도 이런 양상이 동일하게 나타나고 있다. 학생을 교육함에 있어서 가족이나 학교에서도 자(自)집단 내에서는 강한 의리주의가 작동하지만 타(他)집단과 관련해서는 이기주의가 작동하고 있다.

---

3) 이승환, 「한국에서 자유주의-공동체주의 논의는 적실한가? - 아울러 '유사 자유주의'와 '유사 공동체주의'를 동시에 비판함」, 철학연구회 편, 『자유주의와 공동체주의』, 1999. 05. 29, 103, 113쪽 참조.

그러나 교육이 동일성만을 지향하거나 차이가 아닌 차별로 향해 있는 한, 우리 모두가 세계시민사회의 일원이 되기에는 부적합하다. 사실 문화의 존재 이유가 인간의 자유와 평등을 마련하고 그 존엄성을 확립하는 데 있다면, 그리고 교육이 이런 문화를 길러 내고 이런 문화의 주체가 될 수 있는 인간을 양성하는 데 있다면, 교육은 기본적으로 다양한 문화에 대한 존중과 상생을 통한 화합으로 향해 있어야 할 것이다. 교육의 근본적 지향이 서로가 주체가 되는 길로 가는 데 있다면, 교육은 본질적으로 다문화에 대한 존중으로 이어지지 않으면 안 될 것이다. 하지만 우리의 역사는 차이에 대해서 세심하게 배려하면서 보편으로 향하는 교육을 제대로 실현하지 못했으며, 또 그렇게 할 여력도 갖지 못했다. 오늘날에도 우리의 교육은 이와 같은 양상으로부터 자유롭지 못하다. 이런 상황으로 인해 우리 교육현장에는 타자에 대한 배려보다 자기의 권리를 우선적으로 추구하는 경향이 강하게 나타나고 있다. 또한 교육을 받은 집단들 사이에도 학연을 매개로 하는 배타적 이기주의가 여전히 작동하고 있다. 우리 교육의 이와 같은 상황은 이주자들의 증가로 새롭게 형성되고 있는 다문화 공동체의 바람직한 모색과 관련해서도 적지 않은 문제를 낳고 있다. 특히 우리의 교육이 각자의 능력을 확장하고 높여 가는 지성교육의 차원을 넘어 타자와 더불어 살아갈 수 있도록 하는 감성교육을 제대로 수행하지 못함으로써 문화적 차이를 수용하고 조화시키는 열린 교육을 온전히 마련하지 못하고 있다.

이 글은 이와 같은 문제의식 아래서 다음과 같은 문제들을 다루고자 한다. 우선 첫째로, 이 글은 민족과 시민의 상호 관계를 중심으로 국민(민족)국가가 제국 시대에 어떻게 자리매김되어야 하는가를 다루고자 한다. 둘째로, 다문화주의의 본질과 그 전개 양상을 살펴보고, 아울러 한국의 다문화 교육이 어떻게 진행되어 왔는지에 대해서 살펴보고자 한다. 마지막으로 이런 논의를 바탕으로 한국 다문화 교육이 어떤 방향으로 나아가야 할지 살펴보고자 한다.

2. 제국의 시대, 국민(민족)국가의 새로운 모색

지금 우리는 '국민-민족'의 시대[4], '민중'의 시대, '시민'의 시대를 거쳐 '다중(multitudo)'의 시대로 이행하는 상황을 경험하고 있다. 그동안 우리는 '국민-민족'의 시대, '민중'의 시대를 거치면서, 한편에서는 집권자가 추구한 국가와 민족의 노래 아래, 다른 한편에서는 혁명 지도자가 추구한 민중의 노래 아래 나 개인을 희생해야만 했다. 이런 거대서사시의 비극은 '시민'의 시대가 온 이후에도 큰 변화 없이 지속되었다. 87년 6월 민주항쟁 이후 시민운동이 확산되었음에도 불구하고, 여전히 조직이나 집단이 나보다 우위에 있는 상황을 완전히 벗어나지 못했다. 더군다나 중앙조직이 지방조직에 운동노선이나 정책을 하달하는 수직적 구조로부터 우리는 완전히 벗어나지 못했다.[5]

우리 "현대사의 국가주의는 '민족주의=반공주의=산업주의'라는 등식과 더불어 지탱되어" 왔으며, 유기체적 세계관에 입각하여 개인을 국가에 예속시켰다.[6] 사실 한국 현대사에서 민족과 국가를 강조한 '국민교육헌장' 역시 "나는 생각한다. 그러므로 나는 민족에 속해 있다."[7]라는 것을

4) 여기서 '국민'은 국가의 법적 구성원이라는 중립적 개념보다는 국가주의 이데올로기 아래 포섭된 대상으로서의 '국민'을 의미한다.

5) 김석수, 「21세기 사회와 시민자치 - 자율, 인정, 연대, 그리고 자치를 중심으로」, 사회와 철학 연구회 편, 『사회와 철학』, 제14호, 2007, 27쪽 참조.

6) 김석수, 「근대적 국가이미지의 형성과 참여철학자들의 역할: 해방 후에서 군사정권 시기까지」, 한국영상문화학회 편, 『영상문화』, 제8호, 2003, 11쪽.

대원칙으로 하고 있었다. 이 헌장은 박완서가 주장했듯이 '어린 아이들의 의식에까지 파고들어 그들을 국가에 순종케 하였으며', 정말이지 25년(1968~1994) 동안이나 '나'를 언제나 '우리 안의 나'가 되게 하였다.[8] 이처럼 당시의 국가와 민족은 개인들의 자율성을 외면하고 모두를 동일성에 가두는 '이데아이자 감옥이었다.'[9] 그래서 아나키즘에 집중하였던 하기락도 당시의 상황을 "자율과 민주화와 평화를 요구하는 젊은이들의 함성을"[10] 외면한 것으로 규정하였다. 이처럼 당시의 국가주의와 민족주의는 우리의 자율성을 억압하였다.

한편 '국가주의'를 통해 추구된 '국민'의 강조가 지닌 지배 구조에 저항하는 '민중'이라는 새로운 주체가 출현하였다. 그러나 우파의 '국민' 못지않게 좌파의 '민중' 역시 '나'보다는 '우리'를 강조하는, 이른바 '우리 안의 나'를 추구하였다. 우리의 민중운동은 우리의 저항 운동에 강한 영향을 미친 마르크스주의의 계급투쟁과 직결되어 있었다. 익히 알다시피 마르크스주의의 계급투쟁 이론도 개인들의 결집된 힘, 이른바 집단의 힘을 극대화함으로써 억압 세력을 타도하려고 하였다. 우리의 민중세력 역시 이런 논리 아래서 인간 해방을 모색하려고 하였다. 특히 우리의 민중운동은 민족통일운동과도 연관되어 있었으며, 우리의 사회주의운동도 조국 근대화운동 못지않게 민족주의적이었다.[11] 좌든 우든, 모두 민족주

7) 임지현, 「일상적 파시즘의 코드 읽기」, 『당대비평』, 제8호, 삼인, 1999, 42쪽; 김석수, 같은 쪽 재인용.

8) 박거용, 「군사 파시즘의 잔재와 교육」, 『당대비평』, 제8호, 1999, 101~103쪽; 김석수, 같은 쪽 참조.

9) 김석수, 같은 글, 12쪽.

10) 하기락, 『탈환 - 백성의 자기해방의지』, 형설출판사, 1985, 299~300쪽; 하기락, 『자기를 해방하려는 백성들의 의지』, 신명, 1993, 413~414쪽.

11) 여기에 대한 자세한 사항은 필자의 졸고, 『한국 현대 실천철학』, 돌베개, 2008, 21~29, 168~238쪽 참조.

의로부터 자유롭지 못했다. 국민이든 민중이든 그 속에는 항상 '우리'가 중시되었다. 또한 건설적 주체로 요구된 '국민'도, 저항적 주체로 요구된 '민중'도 위로부터 지시를 받는 수동적 처지로부터 자유롭지 못했다. 이른바 우리는 서구의 근대적 주체처럼 개인의 권리와 자유를 마련하기 위해 밑으로부터 스스로 주체가 되어 자신의 삶을 꾸려가는 능동적 주체가 되지 못했다.

우리는 '민족'이라는 단어를 떠나 나 개인의 존재 가치를 논하기가 어려웠다. 따라서 우리는 자(自)집단 내에서는 매우 이타적이었지만, 타(他)집단에 대해서는 매우 배타적이었다. 한마디로 우리는 가족적 운명 공동체가 확대된 국가 형태를 지속해 왔다. 물론 87년 6월 민주항쟁 이후 우리 사회에도 서구처럼 밑으로부터 능동적으로 자신의 삶을 꾸려 가는, 그리고 '우리'보다는 '개인'의 가치를 중시하는 새로운 주체, 이른바 '시민'이라는 주체가 출현하기도 했다. 그러나 앞서 언급하였듯이, 이 시민 역시 서구의 시민과 달리 중앙 시민조직의 영향 아래서 활동하는 수동적 주체의 형태를 크게 벗어나지 못했다.

이처럼 우리의 국민, 민족, 민중, 시민은 능동적 자발성을 지닌 주체로 제대로 자리하지 못했다. 우리의 현대사는 '민족'의 범주를 벗어나 타민족, 타문화와 긍정적으로 호흡하며 살아온 역사가 일천하다. 그러므로 우리에게 다문화 국가, 다민족 국가라는 개념은 낯설고 불편할 수밖에 없다. 그럼에도 불구하고 오늘날 신세대들은 과거 기성세대에 비해서 훨씬 더 강하게 '우리 바깥의 나'가 되려고 한다. 이런 상황은 어쩌면 자연스러운 것인지도 모른다. 왜냐하면 누구나 강한 억압을 받으면 그로부터 탈출하려고 할 것이기 때문이다. '민족'이라는 것 아래서 강하게 구속을 당한 우리들은 서구보다 더 강렬하게 '민족'을 벗어나려고 한다.[12)] 임지현은 '민족주의는 반역이다'라고까지 주장한다.[13)] 실제로 현실 공간보다 사이버 공간이 더 큰 영향력을 행사하는 오늘날, 그 속에서 출현하는 아바타들은 익명성을 배경으로 자신의 권리를 강력하게 주장하고 있다. 이들은 운명을 공유하며 민족을 통해서 서로 결집하려는 기존의 '우리주의'를 부담스러워한다. 아바타로 출현하는 오늘의 개인들에게 고향을 묻고 나이를 묻는 것은 실례이며, 이들이 추구하는 미래는 탈역사적이고, 탈지역적이다. 이들에게 민족이나 국가라는 것은 거추장스러운 것이 되어 가고 있다. 더군다나 시장과 결합된 아바타들의 태도는 철저하게 개인주의화되고 있다. 이처럼 오늘날 인터넷문화의 발전과 신자유주의의 확산은 민족주의, 국가주의를 위협하고 있으며, 게다가 시장이 국지적으로 지배하던 시대를 넘어 세계적으로 지배하게 됨으로써, 이 시대는 다국적 기업의 시대, 이른바 제국의 시대에 이르렀다. 이 제국은 더 이상 개인을 국가와 민족의 범위 안에 예속된 '나'로 머물도록 허락하지 않는다.

이미 세계 인구의 3%가량에 해당하는 2억 명 이상의 인구가 1년 이상 타국에서 거주하는 시대, 이른바 이주의 시대가 되었다.[14] '나'는 이제 민족이나 국가라는 단위를 넘어서 세계시민으로 살아가지 않을 수 없다. 물론 세계시민으로 살아간다는 것이 민족으로서의 나를 지워 버려야 함을 의미하는 것은 아니다. 우리는 오늘날 신자유주의의 영향 아래서 세계화에 직면하고 있으며, 따라서 당연히 다양한 민족, 인종, 문화가 가로지르기를 행하는 유목의 시대를 피할 수 없다. 마치 미국이 옛날 다양한 민족, 인종이 모여들어 형성되었듯이, 지금 우리 사회도 더 이상 타 민족, 타 인

12) 한승완은 이 점과 관련하여 우리는 '종족적 민족'(ethnic nations)에서 '시민적 민족'(civic nations)으로, 두꺼운 에트노스(ethnos)로부터 얇은 에트노스로 이동해 왔다고 지적하고 있다.(한승완, 「한국 국민정체성의 형성과 통일」, 『사회와 철학 연구회 2011 하계 심포지움』, 2011. 9. 3, 16~19쪽)

13) 임지현, 『민족주의는 반역이다』, 소나무출판사, 1999 참조.

14) 「한겨레 21」, 제824호, 2010년 8월 20일.

종, 타 문화를 배제할 수 없다. 자본이 국제적이듯이, 민족과 문화 역시 이들로부터 자유로울 수 없다. 이제 우리는 '나'보다 '우리'가 강조되는 '장소적 공동체'[15]의 시대를 넘어 '우리'보다 '나'가 강조되는 '선택적 공동체'[16]의 시대에 살고 있다. 이 선택적 공동체는 정태적 문화, 고정된 국가를 허용하지 않는다. 이런 공동체가 더욱 더 확산 심화되는 오늘날의 사회는 다문화 사회가 될 수밖에 없다. 이런 사회에서 나는 민족주의에 예속된 나로만 더 이상 살아갈 수 없다.

이런 면에서 오늘날 우리는 근대적 주체에 내재된 '민족'의 차원을 넘어, 즉 자연적 조건에 얽매어 그 속에서 살아갈 수밖에 없는 운명공동체의 구성원이 되는 차원을 넘어, 누구나 존엄한 인격체로서 인권을 보장받는 합리적 주체, 이른바 '시민'으로 거듭나야 한다. 그래서 하버마스도 한 '국가나 민족의 자율성'도 중요하지만, 이를 넘어서 이 지구상에 존재하는 모든 개인들 각각을 똑같이 존엄하게 바라보는 보편적 인권의 관점으로, 이른바 '세계시민주의적 관점'으로 나아가려고 하였으며, 바로 이런 시각에서 그는 근대의 국민(민족)국가도 '민족이라는 "역사적 운명공동체의 특수주의"를 넘어 시민이라는 "평등한 권리공동체의 보편주의"로 지양해 왔기 때문에 나름대로 성공을 거둘 수 있었다고 보고 있다.'[17] 이

---

15) 기타노 슈(北野收), 「'참가' 개념을 둘러싼 사상과 발언의 검토 - 공적 영역의 계획이론과 지역의 양면성으로 본 인적 자원론」, 니시카와 요시아키 · 이사 아쓰시 · 마쓰오 다다스 엮음, 『시민이 참가하는 마치즈쿠리』, 커뮤니티 비즈니스 편, 진영환 · 진영효 · 정윤희 옮김, 한울아카데미, 2006, 263쪽. '장소적 공동체의 경우는 개인들이 가족, 이웃, 학교를 중심으로 공동체를 형성하는 것이라면, 선택적 공동체의 경우는 혈연, 지연으로 연결된 공간적 인접성에 예속되지 않고 자신들의 가치관이나 이익에 따라 자유롭게 이동하는 개인들로 형성된 공동체이다.' (이진우, 「자유의 한계 그리고 공동체주의」, 철학연구회 편, 『자유주의와 공동체주의』, 1999. 05. 29, 99~100쪽)

16) 이진우, 같은 글, 97쪽 참조.

른바 그에 의하면 근대의 국민(민족)국가는 혈통과 같은 자연적 조건에 예속된 민족 개념을 넘어 정치적 단계로 이행하는 공적 시민의 관점에서 공화주의적 이념을 추구하여 시민들의 연대를 형성해 왔기 때문에 지탱될 수 있었다. 따라서 그는 민족에 기초하고 있는 기존의 국민(민족)국가로는 글로벌 시대의 지구적 경제가 낳고 있는 무역전쟁(초국적 기업과 은행의 횡포), 인권유린, 생태계 문제 등에 대해서 더 이상 적극적으로 대처할 수 없다고 보며, 그래서 그는 기존의 "국민(민족)국가적 연대" 에만 머무르지 말고 이를 넘어 "시민적 연대" 로까지 나아가야 함을 주장한다.[18)]

하버마스의 이런 주장에 따르면, 우리는 여전히 서구적인 근대적 합리성을 추구하는 시민적 주체가 되지 못하고 있다. 왜냐하면 우리의 주체는 혈연, 지연, 학연에 얽매인 자연적 공동체의 차원을 제대로 넘어서지 못하고 있기 때문이다. 물론 그렇다고 합리적 주체로서의 이런 시민이 곧바로 온전한 주체가 되는 것은 아니다. 왜냐하면 자유주의에 기반을 두고 있는 이런 시민은 합리적 보편성에 입각하여 인권을 확보하고 자율적 주체로서의 자리도 마련하지만, 연대성에 입각하여 타자들과 교감하는 부분에서는 많은 문제를 안고 있기 때문이다.[19)] 이성적 합리성에 입각하여 정의를 추구함으로써 인권을 확보하는 자율적 개인도 중요하지만, 그 속

---

17) 하버마스 저, 황태연 역, 『이질성의 포용』, 나남, 2000, 145~157쪽; 김석수, 「세계시민주의에 대한 현대적 쟁점과 칸트」, 한국칸트학회 편, 『칸트연구』, 제27집, 2011, 155~156쪽.

18) 하버마스, 같은 책, 156~157쪽; 하버마스 저, 『분열된 서구』, 장은주 · 하영주 역, 나남, 2009, 104~106쪽; 김석수, 같은 글, 156쪽; J. Habermas, *The Postnational Constellation: Political Essays*, Cambridge: MIT press, 2001, pp.99~102; J. Habermas, "Citizenship and National Identity: Some Reflections on the Future of Europe", *Praxis International*, Vol.12-1, 1992, pp.2~10.

19) 김석수, 「21세기 사회와 시민자치 - 자율, 인정, 연대, 그리고 자치를 중심으로」, 12~19쪽 참조.

에서 출현할 수 있는 파편적이고 고립적인 자아를 넘어 타자의 고통에 진정으로 동참하는 연대적 자아를 확립하는 것도 그에 못지않게 중요하다.[20] 나종석의 주장처럼 자유와 평등과 같은 정의의 원칙이나 민주주의적 원리만으로는 사회적 연대를 형성하는 데 충분하지 못하며, 이것은 공동체주의의 연대성 원리를 통해 보완되어야 할 것이다.[21] 우리는 민족에서 시민으로의 이행을 더 중시하는 하버마스의 주장에만 머물지 않고, 이를 넘어 시민을 민족을 통해 보완하는 작업도 함께 이루어 내야 할 것이다. 이것은 테일러(C. Taylor)가 시민적 가치를 포기하지 않으면서 민족적 가치를 구현하고자 한 길이기도 하며, 또한 오늘날의 애국주의자들이 추구하려는 길이기도 하다.[22]

결국 민족을 단위로 하는 장소적 공동체와 시민을 단위로 하는 선택적 공동체는 새롭게 종합되어야 한다. 장소적 공동체에 기초하고 있는 민족만을 강조하면, 비록 공동체 구성원들 사이의 강한 연대는 확보할 수 있지만, 외부 이주자들로 구성된 선택적 공동체의 현실적 조건을 무시하여 소수자인 이주자들을 고립시킬 수 있다.[23] 또한 역으로 선택적 공동체에

---

20) 나종석, 「분단과 국민국가의 미래: 한반도에서의 통일은 단일형의 국민국가 형태를 띠어야 하는가?」, 사회와 철학 연구회 2011 하계 심포지움』, 2011. 9. 3, 9~12쪽 참조.

21) 나종석, 같은 글, 11쪽; C. Taylor, *The Malaise of Modernity*, Concord: Anansi, 1991, pp.23.

22) C. Taylor, Philosophical Arguments, Harvard Univ. Press, 1995, pp.187~215 · 253.(* 앞으로 PA로 약기함.) 애피아(K. A. Appiah), 퍼트남(H. Putnam), 힘멜파브(G. Himmelfarb), 벡(U. Beck), 벅(S. Bok) 등도 다른 맥락에서 이와 같은 주장을 한다(김석수, 「세계시민주의에 대한 현대적 쟁점과 칸트」, 172~173쪽 참조). 또한 너스봄도 세계시민주의를 주장하지만, 그렇다고 자신들의 삶을 풍요롭게 해주는 원천인 지역적 정체성을 버릴 필요는 없다고 강조한다.(M. C. Nussbaum, "Patriotism and Cosmopolitanism", in J. Cohen(ed.), *For Love of Country*, Boston: Beacon Press, 2002, p.4 참조.)

23) 킴리카는 이런 맥락에서 공동체주의는 잘못하면 개인의 권리와 자유를 억압하는

기초하고 있는 시민만을 강조하면, 비록 공동체 구성원들 각자의 자율성은 확보할 수 있지만, 소수자인 이주자들과 형식적 관계를 넘어 구체적 관계를 마련하기 어려우며, 따라서 서로를 진정으로 인정하고 이해하는 공감대를 형성하기 어렵다. 우리는 다문화 사회의 출현을 현실로 받아들여야 하고, 이런 다문화 사회에서 살아가기 위해서는 우리 사회에 이주해 온 자들을 정의의 차원에서 우리의 시민으로 인정해야 하며, 나아가 연대의 차원에서 이들이 자신들의 전통을 소중히 하면서 우리와 한 민족처럼 살아갈 수 있도록, 그래서 그들이 이 땅의 삶에 주체적으로 참여할 수 있도록 여건을 마련해 주어야 할 것이다. 그것은 그들의 자유와 권리를 인정함이자, 동시에 그들의 문화와 우리의 문화가 함께 어울려 더 발전된 새로운 문화로 나아감이다. 오늘날의 교육 역시 이런 시각에서 이루어져야 할 것이다. 21세기 한국사회의 다문화 교육은 시민과 민족, 정의 및 민주주의 원리와 연대성의 원리를 새롭게 종합하는 차원에서 이루어져야 할 것이다.

3. 다문화주의와 한국의 다문화 교육

한국은 이미 다문화 국가이다. 행정안전부 2012년 1월 조사에 의하면 국내체류 외국인의 수는 1,409,577명에 이르렀다.[24] 현재는 전국 228개 시군구에 외국인이 살지 않는 곳이 한 곳도 없을 정도이며, 2020년에는

전체주의적 형태를 지닐 수 있다고 지적한다.(W. Kymlicka, "Community", Robert E. Goodin and Phililp Pettit(ed.), *A Companion to Political Philosophy*, Oxford: Basil Blackwell, 1993, p.375.)

24) news1 Korea, 2012. 08. 09.

전체 인구의 5%가, 2050년에는 9.2%가 외국인 이주자로 구성될 정도이다.[25] 상황이 이러하다 보니 UNESCO와 OECD도 한국을 "다문화 국가"로 분류하고 있으며, UN의 인종차별철폐위원회(CERD)도 한국이 "순수혈통(poor blood)", "혼혈(mixed-blood)"과 같은 용어를 사용하지 말도록 요구하였다(2007.8.10).[26] 이제 더 이상 한국도 과거 단일민족에 입각한 혈통주의적 국가관을 주장할 수 없는 상황이며, 독일처럼 속지주의를 채택해야 하는 실정이다. 앞서 언급하였듯이, 적어도 1990년대 이전에는 한국은 좌든 우든 '민족'이라는 것을 중요하게 생각하였지만, 지금은 1950년대 이후 유럽이 겪었던 상황을 마찬가지로 겪고 있다. 익히 알다시피 유럽은 그동안 파시즘의 문제를 해결해야 했고, 또한 노동이민의 확산(1950~70년대)과 그에 따른 다문화 사회의 출현에 대한 대안을 모색해야 했으며, 이로 인해 더 이상 강한 민족주의를 고수할 수 없게 되었다.[27]

우리 역시 이처럼 다문화 국가가 될 수밖에 없는 상황이다. 따라서 우리의 교육도 과거처럼 민족주의적 관점에 머물러서는 안 될 것이며, 이런 다문화 시대에 맞추어 새롭게 이루어져야 할 것이다. 전재영의 분석에 의하면 해방 이후 한국에서 이루어진 교육은 1992년까지는 "단일문화 교육"이나 "세계시민 교육"에 집중하였을 뿐이며, 1993년 이후 세계화가 선언되면서 다문화 교육이 태동하기는 했지만, 이 교육도 제대로 준비되기

---

25) 「뉴시스(NEWSIS), 2011년 5월 19일. "다민족 사회" 코리아 리포트, 『세계일보』, 2007년 4월 24일.

26) Committee on the Elimination of Racial Discrimination Seventy-first session, Summary Record of the 1834th Meeting, Held at the Palais Wilson, Geneva, 10 August 2007, (http://daccess-dds-ny.un.org/doc/UNDOC/GEN/G07/434/97/PDF/G0743497.pdf?OpenElement), pp.9~10; 정의철, 「다문화사회와 다문화 교육: 참여적 다문화 미디어교육 사례」, 『국제비교한국학회』, 제19권, 2011, 74쪽.

27) 박노자, 「'무지개의 나라'가 되기 위해서」, 『한겨레』, 2007. 06. 06.

시작한 것은 2006년 이후이다.[28] 이처럼 한국의 다문화 교육의 역사는 오래되지 못했다.

그런데 그동안 전개되어 온 한국의 다문화 교육을 제대로 살펴보려면 이와 연관된 '다문화주의'부터 먼저 살펴볼 필요가 있다. 익히 알다시피 '다문화주의'는 캐나다에서 1971년에 퀘벡(Québec)주 문제와 관련하여 국가정책으로 채택된 후, 그 이후 세계 각 지역으로 이주민이 증가하면서 여기에서 발생하는 다양한 문제들, 이른바 원거주자와 이주자 사이에서 발생하는 다양한 갈등들을 극복하기 위해 호주, 미국 등 여러 나라들에서 두루 사용되고 있다.[29] 이 다문화주의는 소수자 내지는 약자의 문화들을 하나의 문화로 통일하려는 "단일문화주의(monoculturalism)"를 비판하는 과정에서 발생하였다.[30] 사실 다문화주의는 소수자에 속하는 이주자들의 삶이 주류 집단에 속하는 거주자들로부터 단순히 차별받지 않도록 하는 차원에 머물기보다는, 이를 넘어 이들도 자신들이 속해 있는 공동체에 주체적으로 참여하여 자신들의 정체성을 적극적으로 모색하면서 인간적 삶을 누릴 수 있도록 하는 데 관계한다.[31] 그러나 '자유주의적 다문화

28) 전재영, 「다문화 교육의 메타분석적 접근」, 한국초등도덕교육학회 편, 『초등도덕교육』, 제35권, 2011, 34쪽.

29) 윤인진, 「국가주도 다문화주의와 시민주도 다문화주의」, 한국사회학회 동북아시대위원회 용역과제 07-7, 2007-8, 259쪽 참조. Minelle Mahtani, "Interrogating the Hyphen-Nation: Canadian Multicultural Policy and 'Mixed Race' Identities", *Social Identities* vol. 8, nr. 1, 2002, pp.67~70; B. Parekh, *Rethinking Multiculturalism – Cultural Diversity and Political Theory*, New York: Palgrave Macmillian, 2006, p.5 참조.

30) D. T. Goldberg, "Introduction: Multicultural Conditions", in David Theo Goldberg(ed.), *Multiculturalism: A Critical Reader*, Cambridge, UK: Blackwell, 1994, pp.7 · 11 참조.

31) 김남국, 「다문화의 도전과 사회통합; 영국, 프랑스, 미국 비교 연구」, 『유럽연구』, 제28권 3호, 2010, 144~145쪽 참조.

주의'는 전자에 치중하였지, '비판적 다문화주의'가 중시하는 후자의 관점으로 제대로 이행하지 못하고 있다.[32] 사실 '자유주의적 다문화주의'는 다문화 사회를 자유주의적 관점에서 접근하기 때문에 자유주의의 기본 입장을 완전히 벗어나지는 못한다. 이른바 테일러가 주장하는 것처럼 자유주의가 지향하는 '평등한 존엄성의 정치'는 평등을 특권화함으로써 서로의 차이에 대해서 민감하게 반응하는 '차이의 정치'를 제대로 구현하지 못한다(PA, 233~248).[33] 앞장에서 언급하였듯이, 자유주의는 개인의

---

32) 이귀우, 「비판적 다문화주의와 문학연구」, 서울여자대학교 인문과학연구소 편, 『인문논총』, 6권, 1999, 61~68쪽 참조. 전자는 '주류 다문화 교육' 에 치중하지 '비판적 다문화 교육' 으로 이어지지 못하고 있다.(전경숙 · 정기선 · 이지혜, 「다문화교육 정책 방안 연구」, 경기도교육청, 경기도가족여성개발원, 2007, 16~19쪽 참조; 이경호, 「다문화사회의 대두와 시민교육의 과제 - 관용성을 중심으로」, 『사회와 교육』 25권, 1997, 293~298쪽 참조) D. Nylund는 다문화주의를 '자유주의적 다문화주의' 와 '비판적 다문화주의' 로 분류하고 후자의 입장에서 인종차별의 문제를 논하고 있다.(D. Nylund, "Critical Multiculturalism, Whiteness, and Social Work: Towards a More Radical View of Cultural Competence", in *Journal of Progressive Human Services* Vol. 17(2), 2006, pp.27 · 30 · 40 참조) 맥라렌도 '자유주의적 다문화주의' 를 비판하는 '비판적 다문화주의' 를 인종주의, 단일문화주의, 중심문화주의를 넘어 서로의 역사적, 사회적, 문화적 차이를 존중하고, 연대를 모색하는 입장으로 보고 있다.(P. McLaren, "White Terror and Oppositional Agency: Towards a Critical Multiculturalism", in D. T. Goldberg(ed.), *Multiculturalism: A Critical Reader*, Cambridge, UK: Blackwell, 1994, pp.45~74 참조)(* 앞으로 WTOA로 약기함)

33) 비판적 다문화주의자인 맥라렌 역시 이런 맥락에서 한 집단의 정체성(identity)을 탈역사적, 탈사회적, 탈문화적 동일성(sameness)이나 차이성(difference)에 기초하려고 하는 보수적인 자유주의적 입장이나 좌파 자유주의적(left-liberal) 입장은 모두 본질주의(절대주의)에 빠져 분리주의나 중심주의를 낳고 있다고 비판한다(WTOA, 51~55). 그래서 킴리카는 자유주의의 이런 한계를 극복하기 위해, 자유주의와 문화의 상관성에 중심을 두고 자유주의가 강조하는 자율성을 문화적 토대 위에 자리매김하고, 자유주의와 다문화주의를 결합하려고 한다.(W. Kymlicka, *Multicultural Citizenship: A Liberal Theory of Monority Rights?* Oxford: Clarendon Press, 1995, pp.75 · 83 참조) 그렇지만 그 역시 자유주의가 중시하는

자유와 권리를 합리적으로 마련하는 자율성을 강조하는 관점으로서, 여기서는 각자의 자유와 권리를 보장받는 '정의'의 관점을 넘어 타자의 고통에 동참하여 서로 고통을 나누는 '연대'의 관점이 미약하다. 이른바 근대 자유주의가 부르주아지의 기득권 논리로부터 자유롭지 못했듯이, 다문화 사회에 기초로 작동하고 있는 자유주의도 주류 집단의 지배논리로부터 자유롭지 못하다.[34] 그래서 다문화 이론가인 뱅크스(J. Banks)도 이런 맥락에서 작동해 온 기존의 "자유주의적 동화주의자"(liberal assimilationist)나 "주류 시민성 교육"(mainstream citizenship education)을 비판하고 다문화 교육이 "비판적 시민성 교육"(critical citizenship education)으로 나아가야 함을 주장하고 있다.[35]

실제로 '자유주의적 다문화주의'는 이주민 소수자의 권리와 자유를 법적으로 보장하는 데는 많은 노력을 기울여 왔지만 자유주의의 한계를 제대로 벗어나지 못했다. 즉, 이 입장은 이주민 소수자들의 문화와 정체성을 인정하고 존중하며 이들과 함께 살아가는 적극적인 문화적 연대의 길

자율성을 문화적 유대보다 우위에 둠으로써 자유주의의 한계를 근원적으로 벗어나지 못함을 지적받고 있다.(설 한, 「킴리카(Kymlicka)의 자유주의적 다문화주의에 대한 비판적 고찰: 좋은 삶, 자율성, 그리고 문화」, 『한국정치학회보』, 제44집 제1호, 2010, 59~70쪽 참조) 그런가 하면 역으로 그의 시민권 이론이 민족 집단을 중시함으로써 개인의 권리를 억압하는 반자유주의적 결과를 낳고 있다고 비판받기도 한다.(케이스 포크 지음, 이병천 · 이종두 · 이세형 옮김, 『시티즌십』, 아르케, 2009, 120쪽 참조)

34) 김태원, 「다문화현상에 대한 사회통합 관점에서의 비판적 고찰」, 영남대학교 민족문화연구소 편, 『민족문화논총』, 제44권, 2010, 395쪽; 박휴용, 「다문화주의에 대한 비판적 이해와 비판적 다문화교육론」, 영남대학교 민족문화연구소 편, 『민족문화논총』, 제44권, 2010, 57쪽 참조.

35) James A. Banks, "Diversity, Group Identity, and Citizenship Education in a Global Age", *Educational Researcher*, 37권 3호, 2008, 133~136쪽.(* 앞으로 본문에 DGICE로 약기함) 맥라렌은 이런 맥락에서 사회적 질서를 비환원주의적 관점에서 접근하는 "비판적 교육학(critical pedagogy)"을 주장한다(WTOA, 62).

을 제대로 모색하지 못했다(WTOA, 51 · 57~58).[36] 그래서 오늘날 비판적 다문화주의자들은 서로의 정체성을 존중하는 '인정의 정치'에 기초하여 이주민 소수자들을 주류 집단의 관용-동화의 대상이 되게 하기보다는 인간적인 삶을 주체적으로 기획할 수 있는 역량을 갖춘 존재가 되도록 하는 데 훨씬 더 비중을 두고 있다.[37] 이런 맥락에서 뱅크스도 타 문화와 관계하여 자신의 문화를 고집하지 않고 서로의 정체성을 인정하면서도 보편적 가치를 모색하는 "변혁적 시민성 교육"(transformative citizenship education)을 강조하고 있다(DGICE, 135~137). 그는 이런 교육을 통해 '학생들로 하여금 자신들의 문화적, 민족적, 지역적, 지구적 정체성을 발전시키면서, 동시에 세계시민적 가치와 전망들을 증진하고자' 하였다(DGICE, 135).[38] 이처럼 적극적인 다문화 교육을 모색하는 입장에서 자유주의를 비판하는 다문화주의자들은 자유주의의 관용 정책에 머물려고 하지 않으며, 이를 넘어 소외된 소수자들이 한 공동체의 방향 설정에 적극적으로 참여하여 활동할 수 있도록 만들려고 한다. 그래서 이들은 주류 집단의 구성원과 소외된 소수자 사이에서 서로의 정체성을 진정으로 인정하고 차이를 존중하는 인정의 정치, 차이의 정치를 구현하려고 한다(PA, 232~256. WTOA, 53. DGICE, 133).[39] 가령 테일러의 경우, 그는 공

36) 정의철, 같은 글, 77쪽; 김미나, 「다문화 사회의 진행 단계와 정책의 관점: 주요국과 한국의 다문화 정책 비교 연구」, 서울대학교 한국행정연구소 편, 『행정논총』, Vol. 47, No. 4, 2009, 199쪽 참조.

37) 전경숙 · 정기선 · 이지혜, 같은 글, 18쪽; 정의철, 같은 글, 78쪽 참조.

38) James A. Banks, 지음, 『다문화교육 입문』, 모경환 외 옮김, 아카데미프레스, 2008, 40~41쪽 참조.(* 앞으로 '다교입' 으로 약기함.)

39) 장의관, 「다문화주의의 한국적 수용 – 주요 쟁점의 분석과 정책 대응」, 『국가전략』, 제17권 2호, 2011, 124~126, 137~138쪽 참조; A. Ripstein, "Multiculturalism", in E. Craig(ed.), *Encyclopedia of Philosophy* Vol. 6, New York: Routledge, 1998, pp.599~602 참조.

동체 구성원들을 중립적 개인으로 설정하고, 관용의 원칙에 입각하여 갈등을 해소하고자 하는 자유주의는 서로의 문화적 차이를 무시하며, 궁극적으로 보편성으로 위장된 특수주의로 향해 있음을 지적하고 있다(PA, 236~237 · 246~250). 그래서 그는 문화적 차이에 민감하고, 이 차이를 존중하면서 연대하는 길로 나아가기 위해서는 이런 자유주의적 관점을 넘어 서로의 정체성에 대해서 진정성을 가지고 임하는 관점으로 이행해야 함을 강조한다.

이런 맥락에서 뱅크스도 다문화 교육을 '인종적으로, 민족적으로, 성(gender)적으로, 종교적으로, 문화적으로 다른 집단에 속해 있는 학생들에게 똑같이 교육받을 기회를 제공하고, 나아가 그들 모두가 자신들이 속해 있는 문화공동체에 능동적으로 참여할 수 있는 주체가 되도록 돕는 것' 임을 주장하고 있다(DGICE, 129~139. 다교입, 2~52 · 203).[40] 그러므로 다문화 교육은 이주자들이 이주한 나라에 단순히 적응하거나 동화되도록 하는 차원에 머물러서는 안 되며, 이를 넘어 이들이 주류 문화에 참여하여 기존 문화와 이주 문화를 상생적 차원에서 재창조하여 문화의 풍요로움을 마련하는 데 기여할 수 있도록 해야 한다. 그야말로 다문화 교육은 교육 그 본래의 사명, 이른바 모두가 인간으로서 존엄함을 누릴 수 있게 해야 한다. 따라서 다문화 교육은 이주자들이 주류문화로부터 배제되고 예속된 수동시민이 아니라 이를 넘어 자신들이 소속되어 있는 공동체에 적극적으로 참여할 수 있는 성원권을 가진 능동시민이 되도록 해야 한다(DGICE, 136~137. 다교입, vii, 7~8 · 27~30 · 148).

그러나 유감스럽게도 현실은 이주자들을 수동시민으로 전락시키는 경

40) James A. Banks, "Multicultural Education: Characteristics and Goals", in James A. Banks · Cherry A. McGee Banks, *Multicultural Education*, Hoboken: Wiley, 2010, pp.3~4 · 25 참조.(* 앞으로 ME로 표기함)

향이 강하다. 이는 칸트 시대, 시민을 수동시민과 능동시민으로 분류하고, 자립 능력을 갖지 못한 전자에 대해서는 투표권을 인정하지 않았던 차별의 또 다른 형태이기도 하다.[41] 돈이 없어, 먹고 살기가 힘들어 온 이주자들을 공동체의 활동에 참여하지 못하도록 해서는 안 된다. 비록 자유주의적 다문화주의자들은 법적인 제도적 차원에서 이런 부분을 많이 개선하고 있지만, 이들에 비판적인 다문화주의자들이 볼 때 이들의 개선은 정치적 · 경제적 차원을 넘어 문화적 차원으로까지 이어지지 못하고 있다. 다문화 교육은 이주 소수자들에게 정치적 · 경제적 차원을 넘어 문화적 차원에서도 주체의 자리를 확보할 수 있도록 해 주어야 한다. 물론 이렇게 하기 위해서는 다문화 교육은 문화적 지배 논리와 밀접하게 연관되어 있는 정치적 · 경제적 차원의 부당한 지배 구조도 개선하는 일에 관여해야 하며, 나아가 서로의 정체성 차이가 본질적인 차이가 아니라 역사적이고 사회적인 "관계 속에 놓여 있는 차이(difference-in-relation)" 임을 내국인과 이주자 모두 인식할 수 있도록 해야 할 것이다(WTOA, 58). 그럴 경우에만 다문화 교육 역시 성공적일 수 있다.

그런데 한국의 다문화 교육을 바라보면 아직 이런 단계에 제대로 진입하고 있지 못하다. 양영자의 주장에 따르면 그동안 한국의 다문화 교육은 크게 4영역에서, 즉 "소수자 적응 교육", "소수자 정체성 교육", "소수자 공동체 교육", "다수자 대상의 소수자 이해 교육" 이 이루어져왔다.[42] 이들 영역에서 이루어진 한국의 다문화 교육은 소수자에게 우리의 언어나

---

41) I. Kant, Metaphysik der Sitten, Königlich Preußischen Akademie der Wissenschaaften(Hrsg.), Kant's gesammelte Scriften Band IV, Berlin, 1911, p.314 참조.(* 이하 '아카데미판 칸트전집 ~권' 으로 표기함)

42) 양영자, 「한국 다문화 교육의 개념 정립과 교육과정 개발 방향 탐색」, 이화여자대학교 교육대학원 교육학과 2008년도 박사학위 논문, 74~188쪽 참조; 정의철, 같은 글, 80~81쪽 참조.

문화를 익히도록 하여 한국생활에 빨리 적응할 수 있도록, 또한 자신들의 전통문화를 사랑하고 동시에 거주지 문화를 오해하지 않도록 애썼다. 나아가 이렇게 함으로써 우리의 다문화 교육은 이주자들이 기존 공동체와 잘 어울릴 수 있도록, 심지어는 내국인이 이주자에 대해서 잘못된 선입견을 갖지 않도록 하는 데도 기여하였다.[43]

그러나 우리의 다문화 교육은 여전히 이주자에 대한 우리의 잘못된 인식을 시정하는 것보다는 그들이 우리 사회에 적응하고 동화되도록 하는 데 쏠려 있다. 이런 면에서 한국의 다문화 교육은 사실상 서로 주체가 되는 새로운 문화를 만드는 교육이 아니라 지배문화와 이주문화 사이의 분절성을 강화시키고, 전자가 후자를 포섭하는 형태를 지녀 왔다. 그리고 우리의 다문화 교육은 문화가 진정 어떠해야 하는가에 대한 진지한 고민이 미약하였다. 이른바 우리의 다문화 교육은 문화의 존재 이유와 본질에 대한 논의로부터 한국인과 이주민 사이에 열린 소통이 가능한 동태적 문화를 모색하는 작업이 부족하였다. 또한 우리의 다문화 교육은 이주민에 대한 단순한 적응교육을 넘어 이들이 이 땅에서 주체로서 살아갈 수 있는 여건을 제대로 제공하지 못했다. 이른바 우리의 다문화 교육은 '우리 안의 타자'에 대한 고민 없이 '우리 바깥의 타자'를 대하는 형식주의적 차원을 넘어서지 못했다. 우리 역시 이런 면에서 자유주의적 다문화 교육의 수준을 넘어서지 못하고 있다. 아니 아직도 민족주의적 의식이 우리들 저변에 많이 깔려 있어 우리의 다문화 교육은 자유주의적 다문화 교육의 수준에조차 온전히 이르지 못하고 있다. 이러한 점들과 관련하여 박노자는 다음과 같이 언급하고 있다.

---

43) 양영자, 같은 글, 74~85쪽 참조.

한국에서 평생을 보낼 사람이면 한국어를 잘 구사해야 하는 것이 마땅하고, 결혼이민자들을 위한 한글교육은 사실 아직까지 체계화되지도 않고 태부족하기도 하다. 그런데 과연 '민족'이 의미를 잃어가는 시대에 다른 문화적 배경을 가진 타자들을 이 땅에 산다고 무조건 '한국화' 시킬 필요가 있는가? 성리학이 기승을 부렸던 조선에 비해 전통적으로 여성의 위치가 더 높았던 베트남이나 필리핀 여성들에게 가부장적 이데올로기에 젖은 구시대 관습들을 '전통예절'이니 '전통문화'니 거창한 이름을 붙여 가르친다는 것은 과연 민주주의와 다양성의 시대에 적합한 일인가? 외국인 여성과 그 자손들에게 한국어를 가르치는 것도 중요하지만 자신의 언어와 문화를 계속 보존하는 것도 그들의 인권 중 하나다. …… 우리가 정말로 다양성의 사회로 가자면, …… 그들의 문화 · 언어적 독자성을 제도적으로 보장해야 한다.[44)]

이처럼 우리는 미국이 과거 '백인중심주의'나 '단일문화주의'에 입각하여 자신의 나라에 이주해 온 소수자들을 모두 미국 백색문화에 동화시키려고 했던 문제를 고스란히 안고 있다.[45)] 그러나 미국도 1960~70년대 이후 점차 이주 소수자들의 다양한 저항에 부딪히면서 이들이 삶의 능동적인 주체로서 활동할 수 있도록 교육의 방향을 변경하지 않을 수 없었듯이(DGICE, 129~132. ME, 6 · 25. 다교입, 8 · 25 · 35~36), 우리 역시 그런 상황에 처해 있다. 그러므로 우리는 현재의 우리의 다문화 교육을 마지못해 수동적으로 개선할 것이 아니라 적극적이고 능동적으로 개선해 나가야 할 것이다. 원래 교육이 서로로부터 배우고 가르치려는, 이른바 서로

---

44) 박노자, 같은 글.

45) D. T. Goldberg, 같은 글, 3~6쪽 참조; Thomás R. Jiménez, "From Newcomers to Americans: An Integration Policy for a Nation of Immigrants", in *Immigration Policy in Focus*, Vol. 5, Issue. 11, 2007, p.7 참조.

주체가 되는 교육이 되어야 하듯이, 다문화 교육 역시 서로 다른 문화의 구성원들이 함께 주체가 되는 길로 나아가야 할 것이다.

이제 우리의 다문화 교육도 단순히 외부자로서의 이주민에 국한하여 이들을 우리에게 동화시키는 특별교육의 수준에 머물 것이 아니라, 구성원 모두로 하여금 이 시대가 딛고 가야 할 다문화 사회의 새로운 삶의 양식, 이른바 민족주의와 세계시민주의를 새롭게 조화시킬 수 있는 보편교육으로 거듭나야 할 것이다. 더 이상 이 시대는 '민족문화의 정체성이 곧 시민문화의 정체성'이 될 수는 없다(DGICE, 132~134).[46] 따라서 민족문화는 시민문화와 새롭게 지양 종합되어야 한다. 이를 위해서는 우리도 이제 지난날 국가주의에 의해서 주입된 민족주의와 그 속에 자라난 폐쇄적 문화를 반성해야 할 것이며, 나아가 오늘날 지나치게 시장의 논리에 포섭된 시민주의와 그 속에 자라난 계산적 문화도 개선해야 할 것이다. 이른바 우리는 이런 대립적 문화의 갈등을 넘어 개인의 존엄함과 공동체의 소중함을 함께 구현할 수 있는 참된 문화의 위상을 정립해야 할 것이다. 따라서 우리는 문화의 진정한 의미를 고민하지도 않은 채 동화주의나 관료주의적 관점에서 이주자들을 교육해서는 안 될 것이다.[47] 더 이상 다문화 교육이 세계시민으로서의 시민권에 대한 고민 없이 기존의 국민(민족)국가의 역량만을 강화하려고 해서는 안 될 것이다. 앞으로의 다문화 교육은 자민족 중심주의를 넘어 민족과 시민을 비판적으로 종합하는 방향으로 나아가야 할 것이다. 따라서 우리는 이러한 관점에서 이주노동자들이나

46) 황정미, 「다문화시민 없는 다문화 교육 - 한국의 다문화 교육 아젠다에 대한 고찰」, 한국사회역사학회 편, 『담론 201』, 13권 2호, 2010, 95쪽.

47) 김희정, 「한국의 관주도형 다문화주의」, 오경석 외, 『한국에서의 다문화주의』, 한울아카데미, 2007, 70~77쪽; 이선옥, 「한국에서의 이주노동운동과 다문화주의」, 오경석 외, 같은 책, 100~105쪽; 황정미, 같은 글, 94쪽 참조.

이주여성들의 인권 문제에 대해서도 좀 더 근원적으로 접근해야 할 것이며, 더 이상 형식적인 교육이나 문화행사를 통해서 국민(민족)국가의 우월성을 지속하려는 동화정책에 머물러서는 안 될 것이다.[48]

우리의 다문화 교육도 이주자들이 정치적 시민권, 경제적 분배권, 문화적 자주권을 제대로 누릴 수 있도록 진행해야 할 것이다. 이제는 '장소적 공동체'가 지니고 있는 '정태적 문화'의 차원을 넘어 '선택적 공동체'가 지닌 '동태적 문화'의 관점에서, 그리고 근대 부르주아적 시민, 즉 사민(私民)을 넘어 공민(公民)의 단계에서, 자율적 시민과 연대적 시민을 함께 조화시키는 다문화 교육이 요구된다. 우리의 다문화 교육은 민족주의의 배타적 태도와 시민주의의 형식적 태도를 함께 극복하여 민족의 구체성과 시민의 보편성을 새롭게 종합하는 구체적 보편의 길로 나아가야 할 것이다. 이렇게 함으로써 다문화 교육은 이주민 '"소수집단의 자율성"을 살려주는 데 집중하는 "간(間)문화주의"(inter-culturalism) 교육과 "시민적 연대"에 기초하여 "민주주의 교육"을 추진하는 "반인종주의 교육", "반차별 교육"'[49]을 함께 담아낼 수 있어야 할 것이다. 나아가 우리의 다문화 교육은 간문화주의 교육과 반차별 교육을 넘어 서로의 차이를 존중하면서 연대를 모색하는 교육으로 나아가야 할 것이다. 즉, 우리의 다문화 교육은 동화주의적 교육을 넘어 비판적 다문화주의가 지향하는, 이른바 서로의 차이를 존중하면서 함께 연대하는 교육으로 나아가야 할 것이다. 그래서 다문화 교육은 공동체의 공동선을 지향하는 민족과 정의와 민주주의를 지향하는 시민을 새롭게 조화시켜 내야 할 것이다(다교입, 6~8).[50] 이른바 다문화 교육은 민족문화의 연대성과 시민문화의 자율성을 새롭게

48) 이선옥, 같은 글, 103~106쪽 참조.
49) 황정미, 같은 글, 114쪽.
50) 오경석 외, 같은 책, 237~249쪽 참조.

조화시키고, 다양한 문화의 상호 공존의 차원을 넘어 새로운 정체성을 마련하는 단계로까지 나아가야 할 것이다. 이렇게 함으로써 우리의 다문화 교육도 기존의 민족주의 시각을 넘어 세계시민으로서의 시각도 갖추도록 해야 할 것이다. 따라서 이런 시각에 기초하여 우리의 다문화 교육도 황정미의 주장처럼 "단지 이주민을 위한 것이 아니라 다문화사회로 진입하고 있는 한국사회의 새로운 시민상, 다문화 시민의 양성과 직결"[51]이 되도록 해야 할 것이다.

4. 나가는 말 – 미래의 다문화 교육의 토대 구축을 모색하며

다문화 교육의 대상은 크게 두 부류로, 즉 '다문화 가정의 학부모와 학생, 그리고 일반학생, 교사, 공무원, 일반국민으로 대별될 수 있다.'[52] 다문화 교육은 전자에게는 그들이 이주해 온 국가의 언어, 문화, 제도 등에 대해서 빨리 파악하고 적응하여 자립할 수 있도록 도와주어야 하며, 후자에게는 기존의 혈통주의에 입각한 편견을 버리고 이주 소수자들도 우리의 삶에 중요한 존재임을 인식하고 이들을 배려할 수 있는 능력을 갖출 수 있도록 해야 한다. 따라서 다문화 교육은 기득권 논리를 넘어 서로의 존재가 똑같이 중요함을 인식할 수 있도록 해 주어야 한다. 이런 의미에서 다문화 교육은 원거주자나 이주자 모두 타문화를 이해할 수 있고, 또한 민족적 관점을 중시하되 이를 넘어 세계시민적 관점에서 인식하고 실천할 수 있는 능력을 갖추도록 해 주어야 한다.

---

51) 황정미, 같은 글, 118쪽.

52) 윤인진, 「한국의 다문화교육에 대한 평가와 향후 과제」, 연세대학교 언어연구교육원 한국어학당, 『외국어로서의 한국어 교육』, 제34권, 2009, 76-77쪽.

오늘날 우리 사회의 이주자의 상당 부분은 그들이 자발적으로 원해서 이주해 왔다기보다는 자신들의 삶의 생존 조건 때문에 어쩔 수 없이 이주해 왔다고 해도 과언이 아니다. 그러므로 이들에게 아무리 한국 문화를 이해하고 우리와 함께 살아가자고 제안해도, 이들이 의식주를 해결할 수 있는 기본 조건을 확보하지 못하면, 이는 현실성이 없는 이야기이다. 우리 역시 우리의 경제적 조건 때문에 이들을 받아들인 면이 강하다. 그러므로 이주해 온 외국인이든 원래 거주한 내국인이든, 이들 모두는 서로의 생존 조건이라는 함수 속에서 다문화 사회를 허락한 것이다. 따라서 우리는 이주자들에게 이들이 스스로 살아갈 수 있도록 경제적 자립 능력을 길러 주어야 한다. 이들이 경제적으로 자립하지 못한다면, 그래서 이들이 늘 노동 조건이 열악한 상황 속에서, 즉 노동 인권이 무시되는 상황 속에서 살아갈 수밖에 없다면, 우리는 그들에게 공동체 구성원으로서의 역할을 제대로 수행하도록 요구할 수 없다. 사실 누구나 자립을 확보하지 못하면 자신의 자율성도 공허할 수밖에 없다. 자립은 자율의 기본 조건이다. 이들에게 이런 자립 조건을 마련해 주지 않으면 인간으로서의 기본 존립도 위협받게 될 것이다. 이렇게 될 경우 사회에는 범죄가 늘게 마련이며, 궁극적으로는 사회 자체가 불안하게 될 것이다.

그러므로 한국사회가 발전하기 위해서는 이들 이주자들에게도 자립 능력을 길러 주어야 할 것이다. 그러기 위해서는 우리의 다문화 교육도 삶의 가장 기본적 조건인 언어능력과 노동능력을 그들이 갖출 수 있도록 해 줌과 동시에, 기득권을 가진 우리 내국인이 이주자의 임금을 착취하고, 인권을 무시하며, 그들에게 폭력을 행사하는 제국주의적 발상을 갖지 않도록 해야 할 것이다. 적어도 우리의 다문화 교육은 우리 내국인으로 하여금 이주자가 우리의 노예가 아니라는 사실을, 마치 에르곤(ergon)이 파레르곤(parergon)을 통해서 돋보이게 되듯이, 그들을 통해서 우리가 더욱 돋보이게 된다는 사실을 잘 직시할 수 있도록 해야 할 것이다. 이렇게 함으로써 다문화 교육은 우리 내국인들로 하여금 이주자들이 경제적 차원에서 겪고 있는 고통을 공감하고, 그들을 배려하며 감사할 줄 아는 능력을 갖추도록 해야 할 것이다. 이른바 다문화 교육은 경제적 차원에서 이주자들이 자립적인 능력을 갖출 수 있도록 해 주어야 할 것이다.

다음으로 다문화 교육은 이주자들에게 그들이 주류 문화에 대해 위압감을 느끼거나 부정적인 의식을 갖지 않도록, 아니 이 문화 속에도 인간의 삶의 소중한 요소들이 담겨 있음을 이해할 수 있도록 도와주어야 할 것이다. 즉, 다문화 교육은 우리의 문화가 억압적이어서 이주자들이 돈만 벌면 언제든지 떠나려는 배타적인 문화로 이해되지 않도록 잘 안내해 주어야 할 것이다. 이른바 다문화 교육은 내국인의 문화가 경제적 식민지를 넘어 문화적 식민지를 구축하는 것으로 이해되지 않도록 이주자들의 의식을 개선하는 데 도움을 주어야 할 것이다. 그리고 다문화 교육은 이주자들로 하여금 자신들이 떠나온 나라나 지역의 문화도 인간 삶의 소중한 가치를 담고 있다고 느끼도록 자긍심을 심어 주어야 할 것이며, 자신들의 문화가 거주지 문화와 함께 할 수 있음을 잘 인식할 수 있도록 도와주어야 할 것이다. 나아가 다문화 교육은 기존 거주 내국인과 이주 외국인 모두를 대상으로 이들이 서로의 문화에 대해 진정성을 가지고 소통하게 함으로써 모두가 함께 참여할 수 있는 제3의 문화를 일구어 내도록 해야 할 것이다. 특히, 이 교육은 내국인과 관련하여 이들이 자신들의 문화를 지배문화로 인식하지 않고, 오히려 자신들의 문화도 타국이나 타 지역의 문화를 통해서 비로소 생명력을 지닐 수 있게 됨을 제대로 인식할 수 있도록 해 주어야 할 것이다. 이른바 다문화 교육은 문화적 차원에서 이주자들이 자신들의 삶을 자율적으로 영위하고, 동시에 거주지 문화와 연대할 수 있는 능력을 갖추도록 해 주어야 할 것이다.

앞장에서 언급하였듯이, 이와 같은 것이 제대로 가능하기 위해서는 다문화 교육은 이주자와 내국인 모두로 하여금 그들이 전통적인 장소적 공동체와 정태적 문화에 예속된 민족 차원에만 머물지 않고, 이를 넘어 선택적 공동체와 동태적 문화에 진입해 살고 있는 시민 차원까지도 함께 고려하여, 우리가 살고 있는 세계를 인식하고, 그 인식된 내용을 실천하도록 해야 할 것이다. 이것은 이주자나 내국인 모두에게 함께 이루어져야 할 것이다. 물론 그렇다고 이런 세계시민교육이 민족의 문화나 전통을 완전히 벗어나라는 뜻은 아니다. 누구나 과거를 먹고 살듯이, 자신들의 삶의 터전인 역사적 전통과 문화를 벗어날 수는 없다. 하지만 우리는 과거만을 먹고 사는 것이 아니라 현재에 살아야 하고, 또 미래를 살아가야 한다. 이런 맥락에서 현재의 지평과 미래의 지평에 동참하는 차원에서 각자의 과거적 유산을 일신우일신(日新又日新)해야 한다. 과거에 얽매여 강한 민족주의를 표방하면 이주자와 내국인은 모두 적대적 관계에 들어갈 수밖에 없고, 그렇게 되면 투쟁을 낳아 결국 파국을 초래할 수밖에 없다. 이를 벗어나기 위해서는 모두 '평등한 존엄의 정치', '적대의 정치'를 넘어 '차이의 정치', '인정의 정치'로 이행해야 할 것이다. 그것은 공동체주의적 민족과 자유주의적 시민의 새로운 만남이어야 한다. 따라서 이것은 배타적 민족주의나 추상적 세계시민주의를 넘어 민족의 긍정적 토대 위에서 세계시민으로 나아가는 길이어야 한다. 강한 보편주의나 강한 상대주의, 강한 자율성이나 강한 연대성은 결국 파국을 초래하기 마련이다. 다문화 교육은 이 파국을 극복할 수 있도록 해야 할 것이다.

이상과 같은 목적을 제대로 실현하기 위해서는 우리는 '반성적 판단력(reflektierende Urteilskraft)'[53]과 '공통감(sensus communis)'[54]을 중시

---

53) 호바르트와 아렌트는 특수성을 살리면서 보편성에 관계하는 칸트의 반성적 판단력

하는 교육을 해야 할 것이며, 해석학적 방법을 통해 '지평혼융(Horizontverschmelzung)'[55]을 얻어 낼 수 있는 교육을 해야 할 것이다. 앞서 언급하였듯이, 우리는 그동안 너무 지나치게 민족주의라는 강한 보편주의, 이른바 동일성을 지향하도록 교육을 해 왔으며, 또한 건전한 합리성보다는 이기적이고 계산적인 합리성을 도모하도록, 이른바 추상적인(형식적인) 합리성을 추구하도록 교육을 해 온 면이 강하다. 이런 상황 속에서는 이방인, 이주자들의 삶과 가치를 이해하기 어렵다. 우리의 다문화 교육은 그동안 우리가 추구해 온 보편성이 추상적 보편성으로 전락하여 특수성을 억압하는 폭력적 현상을 낳을 수 있음을 알아차리게 해야 하며, 이성적인 계산적 권력 구조를 넘어 감성적 차원에서 아픔과 기쁨을 공유할 수 있는 미감적 태도를 간직하도록 해야 할 것이다. 이렇게 하기 위해서는 우리의 다문화 교육은 특수적인 것들을 억압하는 '논리적 보편성'이 아니라 이들을 존중하면서 이들과 함께 할 수 있는 '미감적 보편성'을 추구하는 반성적 판단력을 기를 수 있도록 해야 할 것이며(KU, 215), 나아가

(I. Kant, *Kritik der Urteilskraft*, 아카데미판 칸트전집 5권, 179, 214쪽. * 앞으로 KU로 표기)에는 전체주의와 자유주의의 폭력을 해결할 수 있는 단초가 담겨 있다고 보고 있다.(H. Arendt, R. Beiner(ed.) *Lectures on Kant's Political Philosophy*, Chicago: The University of Chicago Press, 1982, pp. 42~43 · 111~112. D. Howard, "Zwischen Recht und Gerechtigkeit - Politik der Urteilskraft versus Antipolitik", in Chr. Demmerling & Th. Rentch(Hrsg.), *Die Gegenwart der Gerechtigkeit*, Berlin: Akademi Verlag GmbH, 1995, pp.112~119; 김석수, 「칸트의 반성적 판단력과 현대철학」, 한국칸트학회 편, 『칸트와 미학』, 민음사, 1997, 358~359쪽 참조)

54) 칸트는 '공통감'을 사람들 사이의 의사소통을 가능케 하는 근거(KU, 293)로 보고 있다. 그의 공통감은 개념의 속박을 넘어 서로의 고유한 감정을 함께 나누는 데로 향해 있으며, 따라서 자율성과 연대성의 조율에 중요한 기여를 할 수 있다.(김석수, 같은 글, 366~367쪽 참조)

55) H. G. Gadamer, *Wahrheit und Methode*, 가다머전집 제1권, Tübingen: J. C. B. Mohr, 1986, pp.311~312 참조.(* 앞으로 GM으로 약기함.)

각자의 특수한 감성이 함께 공명할 수 있는 공통감을 추구하도록 해야 할 것이다.[56] 우리의 이성교육이나 감성교육은 지나치게 추상적이거나 특수적이다. 이 대립의 구도를 넘어서는 교육이 요구된다. 칸트의 공통감 이론에는 이런 교육의 가능성이 담겨 있다. 그의 공통감 이론은 기존의 전통과 관습에 얽매이지 않는, 이른바 편견에 사로잡히지 않는 계몽적 태도와, 나의 특수한 상황을 절대시하지 않고 타자의 입장에서 사유하려는, 이른바 나의 마음을 넓혀 나가 타자와 함께 하려는 연대적 태도가 담겨 있다(KU, 294). 우리가 이주자에 대해서 갖는 편견을 시정하고, 그들의 입장에서 사유하려는 마음가짐은 의사소통의 기본 조건이다.[57] 이 공통감은 자기 이익에 몰입되어 있는 주관적 자율을 넘어 타자와 공감에 이르려는 '관계적 자율(relational autonomy)'로 향해 있다.[58] 우리는 이런 관계적 자율을 통해 자유주의의 자율성이 공동체주의의 연대성과 상생할 수 있도록 해야 한다.[59] 즉 우리는 이 관계적 자율을 통해 특권적 위치에 있는 개인이나 집단의 제한된 지평을 허물어뜨리고 그동안 배제되고 불리했던 개인이나 집단의 지평으로 나아가야 한다.[60] 진정으로 자율적인

---

56) 가다머는 비코가 공통감을 추상적 보편성이 아니라 "한 집단, 한 민족, 한 국가 또는 인류 전체의 공동성을 나타내는 구체적 보편성"으로 파악하고 있음을 강조한다(GM, 26쪽).

57) J. Nedelsky, "Judgement, Diversity, and Relational Autonomy", in Ronals Beiner and Jennifer Nedelsky(ed.), *Judgement, Imagination, and Politics*, Lanham · Boulder · New York · Oxford: Rowman & Littlefield, 2001, p.109 참조.

58) 같은 글, 111쪽 참조. 이런 '관계적 자율'을 통해 자유주의에 대한 공동체주의의 비판을 보완하려는 움직임이 존재한다(C. Mackenzie and N. Stoljar(ed.), *Relational Autonomy*, Oxford Univ. Press, 2000, pp.259~300 참조).

59) 호바르트도 칸트의 반성적 판단력은 개인의 자율성을 공동체 구성원들의 연대성으로 이어지게 한다고 보고 있다.(D. Howard, 같은 글, 121쪽 참조)

60) J. Nedelsky, 같은 글, 114쪽 참조.

판단은 관계적 자율이어야 하며, 이 자율은 연대성으로 향하는 공통감을 기초로 해야 한다.[61] 우리의 다문화 교육도 바로 이러한 공통감으로 향해 있어야 한다.

나아가 이 공통감이 추상적이거나 공허한 상태가 되지 않기 위해서는 현실 공동체들의 다양성에 열려 있어야 한다. 그러기 위해서는 이 공통감은 이들이 소통하는 언어적 현장에 관계를 맺어야 한다.[62] 사실 모든 적대 의식은 소통의 부재에서 비롯된다. 소통은 언어를 통해서 이루어지는 법이다. 죽은 언어와 살아 있는 언어, 추상적이고 형식적인 언어와 구체적이고 내용이 있는 언어의 차이는 언어의 역사성에 대한 존중 여부에 달려 있다. 언어가 살아있는 언어가 되려면, 그 언어는 중립적인 개인들의 합리적인 사고에만 기초하고 있는 언어가 아니라 각자의 체험적 역사를 실어 나르는 '이야기' 속에 자리하고 있는 언어여야 한다.[63] 그러나 근대적인 상업세계의 부르주아지들의 언어, 현대적인 사이버세계의 아바타들의 언어는 역사성을 지우고 무국적, 무역사의 언어로 출현하고 있다. 따라서 이들 언어 속에는 서로의 역사를 구체적으로 체험하고 표현하고 이해하는 해석학적 경험이 자리하기 어렵다. 더군다나 언어가 자본과 권력에 포섭되면서 지배문화의 언어는 계급적이고 폭력적인 현상을 나타내고 있다. 이런 언어관은 이주자들로 하여금 지배언어에 바탕을 두고 있는 주류

61) 반성적 판단력과 공통감을 통한 자율성과 연대성의 조화 모색에 대한 보다 자세한 논의는 필자의 졸고, 「현대 실천철학에서 칸트 공통감 이론의 중요성 - 자율성과 연대성을 중심으로」, 대한철학회 편, 『철학연구』, 제123집, 2012, 67~81쪽 참조.

62) Rudolf A. Makreel, *Imagination and Interpretation in Kant - The Hermeneutical Import of the Critique of Judgement*, Chicago and London: The Univ. of Chicago Press, 1990, pp.155~171 참조.

63) 이런 맥락에서 가다머는 "이해의 언어성은 영향사적 의식의 구체화이다."(GM, 393)라고 주장한다.

문화에 적응하고 동화되도록 강요하는 식민화를 낳게 되며, 다문화 사회를 지배 제국에 넘기게 되는 결과를 낳는다. 이것은 결국 모두를 파국으로 이끄는 결과를 낳게 될 것이다. 우리는 역사를 머금고 있는 '이야기'가 있는 언어문화를 마련해야 한다. 그것은 곧 나와 마주하고 있는 타자를 '사물로서의 그것(es)'이나 '반성된 너(du)'가 아니라 '말하는 너(du)'로 만나는 것이자(GM, 264~368), 값을 매길 수 없는 얼굴로서의 타자에 참여함이다. 이처럼 서로가 기초하고 있는 역사적 전통과 그로 인해 발생하는 서로의 차이를 진정으로 존중하고, 그 바탕 위에서 서로에 대해서 열린 태도로 임하여 서로의 정체성을 인정하면서 연대를 모색하려는 대화의 과정 속에서만 우리는 진정한 다문화 사회를 마련할 수 있다(PA, 229~237 · 253~256).

따라서 앞서 언급한 공통감은 역사를 머금고 있는 체험적 언어로 이루어지는 대화를 통해서 구체성을 확보할 수 있어야 하고, 또한 동시에 이를 넘어 보편성을 실현할 수 있어야 한다. 공동체 구성원들 각자가 자기 정체성을 소중히 하는 자율적 태도를 갖되, 서로가 간직하고 있는 체험적 언어에 귀를 기울이고 함께 참여하는 상태가 될 때에만, 비로소 다문화 사회도 조화를 이룬 성숙된 사회가 될 수 있을 것이다. 그러므로 우리의 다문화 교육은 현실적인 문화적 차이를 무시하고 이성적인 합리적 보편성을 특권화하여 공동체 구성원들 사이의 연대성을 소홀히 하는 자유주의적 태도도 넘어서야 하고, 또한 현실적 문화공동체의 보편적 관습이나 관례를 특권화하여 개인의 자율성을 구속하는 차원도 넘어서야 한다. 우리의 다문화 교육은 서로의 차이를 진정으로 존중하면서도 각자의 지평들이 서로 자율적으로 연대하는 관점으로 나아가야 할 것이다(PA, 252~253. 다교입, 27~28).

우리는 이제 자유와 권리를 중시해 온 근대 자유주의적 시민과 오늘날의 신자유주의적 시민을 넘어 각 문화집단의 역사에 귀를 기울이고 연대하는 공동체, 이른바 서로의 문화에 대해서 미감적 태도로 공감하고 체험적 대화로 이해하는 공동체를 모색해야 할 것이다. 다문화 교육의 지향점 역시 여기에 있어야 할 것이다. 따라서 우리의 다문화 교육도 칸트의 반성적 판단력과 공통감, 그리고 해석학적 방법에 기초해서 이루어질 필요가 있다.